**Jozef Petro, Karin Werner**
**Tschechien**

*Mich rührt so sehr*
*böhmischen Volkes Weise*
*schleicht sie ins Herz sich leise,*
*macht sie es schwer.*

Rainer Maria Rilke

Jozef Petro, Karin Werner
# Tschechien

# Impressum

Jozef Petro, Karin Werner
## *Tschechien*

erschienen im:
**Reise Know-How Verlag Peter Rump GmbH**
Osnabrücker Str. 79
33649 Bielefeld

© **Peter Rump** 1997
2. aktualisierte Auflage **1999**

**Gestaltung**:
Umschlagkonzept: M. Schömann, P. Rump
Umschlag: Günther Pawlak, Faktor Zwo! Bielefeld
Inhalt: Kordula Röckenhaus
Karten: Prag der Verlag, sonstige B. Spachmüller
Fotos: der Autor, Karin Werner (KW), Roswitha Gost (RG), Klaus Werner (WE)

**Druck, Bindung:** Fuldaer Verlagsanstalt GmbH, Fulda

**ISBN:** 3-89416-600-2

PRINTED IN GERMANY

Dieses Buch ist erhältlich in jeder Buchhandlung der BRD,
Österreichs, der Niederlande und der Schweiz.
Bitte informieren Sie Ihren Buchhändler über folgende Bezugsadressen:

**BRD:** Prolit GmbH, Postfach 9, 35461 Fernwald (Annerod) sowie alle Barsortimente
**Schweiz:** AVA-buch 2000, Postfach 27, CH-8910 Affoltern
**Österreich:** Mohr Morawa Buchvertriebs GmbH, Sulzengasse 2, A-1230 Wien
**Niederlande:** Nilsson & Lamm BV, NL-1380 AD Weesp

Wer im Laden trotzdem kein Glück hat, bekommt unsere Bücher direkt bei:
**Rump-Direktversand,** Heidekampstr. 18, 49890 Lingen (Ems) oder über
den **Büchershop auf der Internet-Homepage** WWW.REISE-KNOW-HOW.DE

●Wir freuen uns über Kritik, Kommentare und Verbesserungsvorschläge.

# *Inhalt*

# *Vor der Reise*

# *Praktische Reisetips A–Z*

# *Land und Natur*

# *Staat und Gesellschaft*

# Ostböhmen

# Südmähren

# Mittelmähren

# Nordmähren

# Anhang

## Exkurse zwischendurch

Zwei Mönche aus Byzanz in Mähren 59
Böhmen, Mähren, Tschechei oder Tschechien? 85
Beethoven und Teplice 122
Hopfen 126
Johann Wolfgang von Goethe und Karlsbad 161
Die Choden 180
Kleine Geschichte des Pilsener Biers 185
Zwei Schriftsteller des Böhmerwaldes 212
Joachim Barrande 322
Weinanbau in Böhmen und Mähren 382
Franz Freiherr von der Trenck 387
Die Baťa-Schuhdynastie 418

# *Vorwort*

Tschechien ist ein Land kultureller und landschaftlicher Vielfalt. Es ist ein Urlaubsziel, das Reisenden zu allen Jahreszeiten etwas zu bieten hat. Wanderer, Skiläufer, Radfahrer und "Road-Trip"-Touristen werden hier Umgebungen und Atmosphären finden, die zu einem erholsamen und interessanten Urlaub beitragen.

So seltsam dies angesichts der Nähe zum deutschsprachigen Ausland auch erscheinen mag, viele Sehenswürdigkeiten des Landes sind ausländischen Besuchern auch Jahre nach der politischen Wende noch weitgehend unbekannt. Nach wie vor beschränken sich die allermeisten Reisenden auf die touristischen Zentren Prag, Karlstein, Karlsbad und Marienbad, wohingegen viele andere Städte und Landschaften nur wenig besucht werden. Was denjenigen entgeht, die ausschließlich die touristischen Zentren besuchen, zeigen die Beschreibungen im vorliegenden Band, der bewußt die weniger populären Orte mit einschließt und den Anspruch verfolgt, touristische Ziele des ganzen Landes umfassend und dicht darzustellen. Man wird feststellen, daß sich der Besuch vieler weniger prominenter Orte lohnt, da diese neben touristischen Sehenswürdigkeiten auch ein Gefühl für das Leben der Tschechen vermitteln können.

Nur wenige kennen etwa die südböhmische Stadt Český Krumlov mit ihrem guterhaltenen mittelalterlichen Stadtkern und der zweitgrößten Burg des Landes oder die südmährische Stadt Telč mit dem in Europa wohl einmaligen Marktplatz im Stil der Renaissance. Weitgehend unbekannt sind auch das hügelige Südböhmen, das mit seinen zahlreichen Schlössern, Burgen und Seen sowohl für Rad- als auch für Autotouristen ein lohnenswertes Ziel darstellt. Ein Geheimtip sind ebenfalls die weitgehend unberührten Gebirge des Landes, wie die Jeseníky- oder die Beskiden-Region in Nordmähren.

Dieses Reisehandbuch soll Ihnen den Zugang zu den wenig bekannten Schätzen tschechischer Kultur und Landschaft erleichtern und mit vielen praktischen Tips einen angenehmen und erlebnisreichen Aufenthalt ermöglichen.

Die Autoren

# Hinweise zur Benutzung

Zum Aufbau des Buches: Während im ersten Teil allgemeine Informationen zur Reisevorbereitung, zu Land und Leuten und zur Situation der Besucher im Land gegeben werden, widmet sich der zweite Teil des Buches den einzelnen Regionen und Orten. Neben präzisen Beschreibungen der hiesigen Sehenswürdigkeiten und Stimmungen werden auch die praktischen Bedürfnisse der Besucher berücksichtigt. So werden ausführliche Informationen zu Unterkunft, Essen und Trinken, Museen, Einkaufen und anderen Angeboten bereitgestellt.

Angenehm reisen beinhaltet auch, daß man jederzeit weiß, wie und wann man von einem Ort zum anderen gelangt. Aus diesem Grund sind Zug-, Bus- und Autoverbindungen zu und von jedem beschriebenen Ort aufgelistet. Besondere Engpässe oder Notwendigkeiten zur Vorsorge, aber auch spezielle Höhepunkte, die man sich keinesfalls entgehen lassen darf, werden als "Tip" gekennzeichnet. Daß das vorliegende Buch dem Leser eine Menge Insiderwissen bietet, ist durch den Umstand gewährleistet, daß einer der beiden Autoren in Tschechien lebt und das Land bestens kennt.

Wir gehen davon aus, daß die meisten Besucher Tschechiens das Land in west-östlicher Richtung bereisen. Daher erfolgt die Beschreibung der einzelnen Regionen und Städte in dieser Abfolge.

Die Gebiete Nordböhmen, Westböhmen, Südböhmen, Prag, Mittelböhmen, Ostböhmen, Südmähren, Mittelmähren und Nordmähren werden jeweils in einem Kapitel behandelt.

Landschaftliche oder kulturell-politische Einheiten wie z.B. der Böhmerwald, die westböhmischen Kurorte, das Riesengebirge und das Jeseníky-Gebirge bilden Untereinheiten der einzelnen Kapitel.

Außerhalb solcher Gebiete richtet sich die Reihenfolge der Ortsbeschreibungen nach den üblichen Reiserouten der meisten PKW-Touristen, wobei die Richtung immer von der Grenze ins Landesinnere verläuft. Eine Ausnahme bildet lediglich Mittelböhmen, dessen Orte im Uhrzeigersinn beschrieben werden.

Der schnellen Orientierung im Buch dient das Register im Anhang. Dort findet der Leser auch ein Verzeichnis wichtiger Ortsnamen in Deutsch und Tschechisch und eine kleine Sprachhilfe mit Erklärung der Aussprache.

Noch eine Bemerkung zum Schluß. Obgleich seit der Öffnung der Grenzen im Jahr 1989 bereits ein Jahrzehnt vergangen ist, befindet sich Tschechien noch immer im Umbruch und viele Veränderungen finden gerade im Bereich der touristischen Infrastruktur statt. So kann es immer mal wieder vorkommen, daß Informationen im vorliegenden Buch nicht mehr zutreffen. Wir versuchen jedoch, alle Angaben regelmäßig zu überprüfen und auf dem neuesten Stand zu halten, und sind dankbar, wenn Sie uns auf Veränderungen hinweisen.

# *Vor der Reise*

# Anreise

Die Einreise mit dem *Pkw* erfolgt gegenwärtig über ungefähr 40 Übergänge von Deutschland und Österreich aus, einige kleine Grenzübergänge sind lediglich für Bürger der angrenzenden Staaten offen.

Direkte *Busverbindungen* nach Prag, Brno, Budweis, Ostrava und zu anderen tschechischen Städten gibt es von vielen deutschen Städten aus.

Seit einigen Jahren ist Tschechien auch an das IC/EC-Netz angeschlossen. Direkte *Züge* fahren von Berlin, Frankfurt, Köln, München, Wien und Zürich ins Land.

Direkte *Flüge nach Prag* gibt es aus Berlin, Köln, Düsseldorf, Frankfurt, Genf, Hamburg, Hannover, München, Nürnberg, Stuttgart, Wien und Zürich. *Air Ostrava,* eine regionale Fluggesellschaft, bietet *Flüge nach Ostrava* aus Frankfurt, Hamburg, Berlin, Hannover, Wien und Amsterdam.

# Einreise-bestimmungen

*Deutsche* brauchen bei der Einreise lediglich einen gültigen Ausweis oder einen Reisepaß, *Österreicher* und *Schweizer* benötigen einen gültigen Reisepaß. Für eine Aufenthaltsdauer von bis zu 90 Tagen sind alle Besucher von der Visumspflicht befreit.

# Unterkunft

In den letzten Jahren ist das Angebot an *Hotel- und Privatzimmern* größer

als die Nachfrage. Besonders die teuren Luxushotels in Prag und Brno sind nur selten einmal ausgebucht. Trotzdem sollte man in der *Hochsaison* mit Engpässen rechnen, die vor allem in Prag und den anderen Zentren des Tourismus eintreten können. Eine Ausweichmöglichkeit bieten die teuren Hotels.

# Versorgung

Das Angebot an Lebensmitteln und anderen Produkten des täglichen Bedarfs ist bis auf Gemüse und Obst gut und vielfältig, wobei die Preise niedriger sind als in den westlichen Nachbarländern. Selbstversorger finden hier ideale Bedingungen vor, sich preisgünstig und gut zu ernähren.

# Transportmittel

*Bahn* und *Busse* bringen Reisende auch in entlegenere Orte. Infolge der Kürzung der staatlichen Subventionen für den öffentlichen Transport schrumpfen jedoch die Verkehrsnetze, was besonders in abgelegenen Gebieten spürbar wird. Der Busverkehr zwischen größeren Orten ist gut, billig und pünktlich. Züge haben öfter Verspätungen als Busse und sind nicht immer sauber.

# Autofahren

Der *Zustand der Straßen* des Landes ist in der Regel gut. Dies gilt jedoch nicht für die Autobahn Prag – Brno, die ständig ausgebessert wird. Man sollte die **Geschwindigkeits-begrenzungen** beachten, da in Tschechien häufig Radarkontrollen durchgeführt werden. Besonders oft sind sie in Prag und Umgebung. Die tschechische Polizei ist auch mit mobilen Radarmeßgeräten ausgestattet, die meist auf der Autobahn eingesetzt werden. Da man die Meßwagen nicht als solche erkennen kann, empfiehlt sich eine gemäßigte Fahrweise. Vorsicht ist bei Überholmanövern auf engen Landstraßen angeraten. Auch sollte man wegen der Gefahr von Autodiebstählen besser auf bewachten Plätzen parken.

# Geld

Der **Wechselkurs** der tschechischen Krone gegenüber der DM ist seit einigen Jahren stabil. Schwarztauschen gehört der Vergangenheit an, die Krone ist seit Herbst 1995 konvertierbar, Kreditkarten werden überall im Land akzeptiert.

# Kosten und Preise

Obwohl in den letzten Jahren die Preise im Land gewaltig angestiegen sind, ist Tschechien immer noch ein vergleichsweise **günstiges Reiseland.** Dies trifft jedoch nicht auf die Zimmerpreise in Luxusherbergen und auf die schicken Restaurants in Prag zu, deren Preise denen im deutschsprachigen Raum angeglichen wurden.

# Verständigung

Das Personal in Hotels und Gaststätten sowie in anderen Bereichen der touristischen Infrastruktur spricht mehrheitlich etwas Deutsch. Die Verständigung außerhalb dieses Sektors hingegen kann schwierig werden, wenn man nur Deutsch spricht. Die jungen Tschechen lernen lieber Englisch als Deutsch, wohingegen viele ältere Leute Deutsch sprechen.

Es ist also u.U. sinnvoll, sich einen Sprachführer mit auf die Reise zu nehmen. Empfehlenswert: " Tschechisch Wort für Wort" aus der Reihe " Kauderwelsch" desselben Verlages.

# Reisezeit

Die ideale Reisezeit ist Frühling oder Herbst, in den Sommermonaten muß man besonders in den Zentren des Tourismus auf großen Andrang gefaßt sein. Anders ist dies im Gebirge oder in den anderen weniger stark frequentierten Gebieten des Landes, deren Besuch weniger anstrengend und auch erheblich preisgünstiger ist.

# Das Land
# im Überblick

- **Offizieller Name:** Tschechische Republik (Česká republika)
- **Verkürzter Name:** Tschechien (Tschechei ist historisch negativ belastet)
- **Kennzeichen:** CZ
- **Präsident:** *Václav Havel*
- **Ministerpräsident:** *Miloš Zeman* (seit 1998)
- **Nationalflagge:** oben roter, unten weißer Streifen mit einem blauen Dreieck auf der linken Seite
- **Hauptstadt:** Praha (Prag), 1.204.953 Einwohner
- **Weitere wichtige Städte:** Brno (387.570), Ostrava (323.870), Plzeň (170.449), Hradec Králové (100.280)
- **Sprache:** Tschechisch
- **Gesamtfläche:** 78.866 qkm (21. Platz in Europa)
- **Einwohnerzahl:** 10.315.000 (14. Platz in Europa), Stand aus dem Jahre 1998
- **Bevölkerungsdichte:** 131 Einwohner/qkm
- **Nationalitätenstruktur:** 81,2% (10.302.215) Tschechen, 13,2% (1.356.000) Mähren, 3,0% (308.000) Slowaken, 0,6% (59.383) Polen, 0,5% (48.556) Deutsche, 0,4% (44.000) Schlesier, 0,3% (32.903) Roma, 0,2% (20.000) Ungarn, 0,2% (19.932) Ukrainer, 4.300 Russen, 1.700 Ruthenen, alle Angaben aus dem Jahre 1998.
- **Administrative Einteilung:** 76 Kreise
- **Politisches System:** Parlamentarische Demokratie, Mehrparteiensystem
- **Regierung:** Minderheitsregierung der Tschechischen Sozialdemokratischen Partei (ČSSD)
- **Höchster Berg:** Sněžka, 1.602 Meter ü.M.
- **Längster Fluß:** Moldau (433 km)
- **Währung:** tschechische Krone (koruna česká / Kč), Kurs: 1 DM = 19 Kč (Stand Februar 1999)

# *Praktische Reisetips A–Z*

# *Ausrüstung*

Für einen *Städtebesuch* braucht man keine spezielle Ausrüstung, doch empfiehlt es sich, ein Paar bequeme Schuhe mitzunehmen, da das in vielen Städten noch vorhandene Kopfsteinpflaster andernfalls zur Tortur für die Füße werden kann.

Im Gebirge und auf *Wandertouren* sind festes Schuhwerk, warme und regenfeste Kleidung, ein Rucksack, eine Taschenlampe, Batterien und gute Landkarten mitzunehmen. Dieses Zubehör kann man in Tschechien kaufen, wo vieles erheblich preiswerter ist als in Deutschland. In Fachgeschäften in Prag und anderen größeren Städten kann man sich komplett ausrüsten, auch mit Markenprodukten.

Bei Wandertouren ist es ratsam, *Proviant* mitzunehmen. Zwar sind in den meisten Gebieten Gaststätten oder Imbißbuden vorhanden, doch weiß man nie, ob sie geöffnet sind, durch die Privatisierung haben viele Gaststätten mehrfach den Eigentümer gewechselt.

Für Naturfreunde, die nichts gegen eine *Übernachtung im Freien* haben, ist auch die Mitnahme eines Zeltes, einer Isomatte und eines Schlafsackes empfehlenswert. Mit Ausnahme der Nationalparks und Naturschutzgebiete kann man überall im eigenen Zelt im Freien übernachten.

# *Autofahren*

### *Straßennetz*

Besucher, die mit dem eigenen Wagen anreisen, sollten wissen, daß das Autobahnnetz des Landes sehr beschränkt ist. 1998 umfaßte es insgesamt ca. 500 km. Bis zum Jahre 2010 sollen weitere 500 km gebaut werden. Alle Autobahnen beginnen in Prag.

Die Autobahn *D1* führt von Prag nach Brno und weiter in Richtung Olomouc. Zur Zeit ist sie bis zur Stadt Vyškov fertiggestellt, und mit 230 km ist sie die längste des Landes.

Die *D2* zweigt in Brno von der D1 in Richtung Bratislava ab und ist bis zur tschechisch-slowakischen Grenze 59 km lang.

Die *D5* Prag – Pilsen – tschechisch-deutsche Grenze Rozvadov/Waidhaus mit Anschluß an das deutsche Autobahnnetz wurde 1997 eröffnet, wobei der Ring um Pilsen noch nicht fertiggestellt ist.

Die *D8* Prag – Ústí nach Labem – Dresden reicht zur Zeit auch nur bis nach Lovosice. Die *D11* Prag – Hradec Králové mit Anschluß nach Polen reicht heute bis Poděbrady.

Die tschechischen Autobahnen sind im Vergleich zu den deutschen weniger stark befahren (eine Ausnahme bilden die Strecken um Prag), und Autofahren wäre fast ein Vergnügen, wenn der allgemeine Zustand der Autobahnen besser wäre.

Der Zustand der meisten *Landstraßen* ist gut. Leider sind sie oft nur einspurig, so daß man bei starkem Verkehr und vielen Lastkraftwagen gezwungen ist, oft zu überholen. Mit Staus muß besonders Freitag nachmittags und Sonntag abends in der Umgebung von Prag gerechnet werden.

Auf Bundesstraßen kommt es vor, daß langsame Lkw oder Pkw mit dem

Ausweichen auf den Standstreifen den schnelleren Wagen das Überholen erleichtern. Doch Vorsicht auf der Autobahn! Es ist nicht üblich, daß man mit der Warnblinkanlage auf einen Stau aufmerksam macht, sondern, ein oder zweimal Blinken bedeutet, "Danke" an den Fahrer, der Platz gemacht hat.

### Verkehrsvorschriften

Die Verkehrsvorschriften in Tschechien sind weitgehend mit denen in Deutschland und in den übrigen EG-Staaten identisch. Doch gilt in Tschechien beim Fahren ein **absolutes Alkoholverbot.** Auch sollten Fahrer besonders im Sommer mit häufigen *Radarkontrollen* rechnen. Bevorzugt finden Kontrollen in der Nähe der deutschen Grenze statt. Man sollte nicht vergessen, daß die Höchstgeschwindigkeit auf Autobahnen 130 km pro Stunde ist! Bei Überschreitung der Höchstgeschwindigkeit muß man mit Strafen bis 2.000 Kronen rechnen.

---

### Höchstgeschwindigkeiten

**Innerhalb geschlossener Ortschaften:**
- 50 km/h

**Außerhalb geschlossener Ortschaften:**
- 80 km/h    Motorradfahrer
- 80 km/h    Pkw mit Anhänger
- 90 km/h    Pkw
- 90 km/h    Omnibusse

**Autobahnen:**
- 130 km/h

---

Und Vorsicht! Die tschechische Polizei verfügt über mobile Radarsysteme, mit denen einige als Polizeiautos nicht erkennbare Wagen ausgestattet sind.

### Dokumente

Man braucht in Tschechien lediglich seinen nationalen Führerschein und den Kraftfahrzeugschein mitzuführen. Es ist sinvoll, auch die grüne Versicherungskarte bei sich zu haben, obwohl es offiziell nicht verlangt wird. Auch darf das Nationalitätskennzeichen nicht fehlen. Wenn man einen Wagen fährt, der nicht auf den Fahrer zugelassen ist, braucht man eine schriftliche Bestätigung des Eigentümers, daß man berechtigt ist, den Wagen auch im Ausland zu benutzen.

### Maut

Ab dem 1.1.1995 wurde auf Autobahnen und autobahnähnlichen Schnellstraßen eine Maut eingeführt. Die Höhe der **Mautgebühr** beträgt 800 Kč (etwa 42 DM). Ähnlich wie in der Schweiz muß eine entsprechende **Vignette** innen am rechten Teil der Windschutzscheibe aufgeklebt werden. Wenn man ohne die Vignette auf der Autobahn erwischt wird, beträgt das Bußgeld 500 Kč. Vignetten werden an der Grenze, an Tankstellen und auf Postämtern verkauft.

### Tanken

Das Netz der **Tankstellen** ist zwar nicht so dicht wie das in den westeuropäischen Staaten, es ist jedoch ausreichend. Im allgemeinen sind

Tankstellen durchgehend von 6.00 bis 20.00 Uhr geöffnet. Auf Hauptstraßen und in jeder größeren Stadt findet man Tankstellen, die rund um die Uhr dienstbereit sind.

In Tschechien gibt es drei **Benzinsorten:** 96 Oktan Super, 91 Oktan Spezial und 96 Oktan bleifreies Benzin, das mit der grünen Aufschrift **Natural** gekennzeichnet ist. Bleifreies Benzin gibt es beinahe an jeder Tankstelle zu kaufen, Ausnahmen bilden Tankstellen in kleinen Ortschaften. Da die **tschechische Tankstellen-Gesellschaft Benzina** ihr Marktmonopol vor einigen Jahren verloren hat, sind besonders auf Autobahnen und in größeren Städten auch **internationale Konzerne** wie *ÖMC, Aral, DEA, JET* und andere präsent. Diese bieten der Kundschaft im Vergleich die besseren Serviceleistungen. Die **Preise** variieren zwischen den einzelnen Tankstellen nur sehr wenig. Ein Liter Super kostet etwa 23 Kč, Spezial 22 Kč, Natural (bleifreies Benzin) bekommt man für 23 Kč, und für Diesel (auf tschechisch nafta) bezahlt man 19 Kč (Stand: Anfang 1999). Umgerechnet beträgt der Preis von Natural etwa 1,21 DM.

## Pannen

Im Unterschied zur jüngeren Vergangenheit, als für West-PKW nur schwierig **Ersatzteile** zu bekommen waren, sind diese heute flächendeckend in den Autosalons und Werkstätten des Landes erhältlich.

Der **tschechische Partner des** *ADAC* heißt *UAMK* und hat seinen Sitz in Prag 10, Černomořská 9, Tel. (02) 747433, 746000. In Prag unterhält *UAMK* eine Werkstatt, die durchgehend geöffnet ist. Den **Pannendienst von UAMK** erreicht man unter der Nummer 154 oder (02) 67310713. Die gelben Pannendienstwagen (gelbe Engel genannt) sind ständig auf den Autobahnen unterwegs, doch leider nur selten auf anderen Straßen.

Außer diesem Pannendienst gibt es noch einige **private Pannendienste,** z.B. den *Autoclub Bohemia Assistance (ABA),* der ebenfalls Pannenhilfe leistet. Er ist unter der Nummer 124 zu erreichen.

## Parken

In beinahe jeder Stadt besteht im Zentrum und in den umliegenden Straßen **Park- und Halteverbot.** Aus diesem Grunde ist es ratsam, einen Parkplatz aufzusuchen. Die meisten **Parkplätze** sind überwacht und befinden sich in Zentrumsnähe. Es ist nicht empfehlenswert, seinen Wagen trotz Parkverbot am Straßenrand zu parken, denn die Polizei ist schnell mit dem Abschleppwagen zur Stelle. In letzter Zeit werden häufig auch Reifen-Krallen benutzt!

Wie auch in anderen Ländern stellen ausländische Wagen oftmals eine willkommene Zielscheibe für übereifrige Ordnungshüter dar. Das **Bußgeld** für Parken im Halteverbot beträgt je nach Größe der Stadt zwischen 500 und 2.000 Kronen. Erfahrungsgemäß bringt es nichts, mit den Polizisten zu diskutieren, da sie auf die Bestimmungen pochen.

Besonders schlimm ist die **Lage in Prag und Brno,** wo es oft schwierig ist, einen Parkplatz im Zentrum zu finden. Im April 1996 wurde in Prag ein neues Parksystem eingeführt. Die Straßen im Zentrum wurden in vier Zonen eingestuft: in Zonen mit absolutem Parkverbot und in Zonen mit zeitlich begrenzten Parkmöglichkeiten.

### Diebstahl

Da in den letzten Jahren die Zahl der Autodiebstähle stark zugenommen hat, ist es angeraten, ausschließlich **bewachte Parkplätze** zu benutzen. Für Profidiebe, die die Autos für den "Weiterexport" stehlen, stellen selbst ausgetüftelte **Alarmsysteme** kein Problem dar. Die Dreistigkeit der Diebe kennt keine Grenzen, es sind sogar schon Fälle bekannt geworden, in denen die Diebe Autos mit einem "Abschleppwagen" abholten!

Man sollte auch nicht vergessen, alle Wertgegenstände aus dem Wagen zu entfernen, sobald man ihn verläßt.

# Bekleidung

Die Bekleidung betreffend, sind für einen Aufenthalt in Tschechien keine besonderen Maßnahmen zu treffen. Was man zu Hause trägt, eignet sich auch für den Aufenthalt in Tschechien. Besucher aus dem Westen und Norden Deutschlands werden feststellen, daß es weniger regnet als zu Hause. Die Winter sind im allgemei-

nen kälter. Darum empfiehlt es sich bei einem Aufenthalt im Winter, genügend warme Kleidung mitzunehmen.

# Diplomatische Vertretungen

### Vertretungen deutschsprachiger Länder in Tschechien

● **Deutsche Botschaft,** Vlašská 19, 110 00 Praha 1 – Malá Strana, Tel. (01) 24510323, Metro Malostranská.
● **Österreichische Botschaft,** Viktora Huga 10, 150 00 Praha 5 – Smíchov, Tel. (01) 24511677, Metro Anděl.
● **Schweizer Botschaft,** Pevnostní 7, 16000 Praha 6 – Střešovice, Tel. (01) 24311228, Fax (01) 24311312, Metro Dejvická.

### Tschechische Botschaften

● **in Deutschland:** Ferdinandstr. 27, Tel. (0228) 91970, 53127 Bonn.
● **in Österreich:** Penzingerstr. 11-13, Tel. (0222) 8943741, 1140 Wien.
● **in der Schweiz:** Muristr. 53, Tel. (031) 443645, 3006 Bern 16.

# Ein- und Ausreisebestimmungen

Für einen Besuch in Tschechien brauchen Bürger der Bundesrepublik Deutschland lediglich einen Ausweis oder einen Reisepaß. Die Bürger Österreichs und der Schweiz brauchen nur einen Reisepaß. Von der Visumspflicht sind Deutsche,

Praktische Tips

Österreicher und Schweizer befreit, sofern der Aufenthalt nicht länger als 90 Tage dauert.

Die **Zollbestimmungen** besagen, daß alle Gegenstände des persönlichen Bedarfs zollfrei ein- und ausgeführt werden dürfen. Zum persönlichen Gebrauch ist die Mitnahme von 200 Zigaretten bzw. einer entsprechenden Menge anderer Tabakwaren, von 2 l Wein und 1 l Spirituosen gestattet. Die Ein- und Ausfuhr von frei konvertierbaren Währungen, einschließlich tschechischer Kronen, unterliegt keinen Einschränkungen. Bei einem Betrag über 100.000 Kronen (ca. 5.300 DM) besteht allerdings eine Meldepflicht beim Zoll an der Grenze.

# Einkäufe

Die meisten Geschäfte sind montags bis freitags durchgehend von 8.00 bis 18.00 Uhr **geöffnet,** viele Lebensmittelgeschäfte öffnen bereits um 7.00 Uhr. Samstags schließen die Geschäfte um 12.00 oder 13.00 Uhr, in kleinen Städten aber oft schon um 11.00 Uhr. Hier kann es auch vorkommen, daß kleine Geschäfte eine Mittagspause einlegen. Da es in Tschechien kein Ladenschlußgesetz gibt, haben einige Geschäfte in Prag und in anderen größeren Städten länger geöffnet als oben angegeben. Einige Lebensmittelgeschäfte haben sogar sonntags geöffnet.

Aufgrund des günstigen Wechselkurses kann man in Tschechien einiges **preiswerter kaufen** als im deutschsprachigen Ausland. An erster Stelle ist tschechisches Glas zu nennen, das als **Souvenir** hoch im Kurs steht. Weitere beliebte Mitbringsel sind Lederartikel, Bücher, Keramik und Porzellan sowie CDs mit klassischer Musik.

# Elektrizität

Überall im Lande gibt es 220 V. Die Stecker sind identisch mit den im deutschsprachigen Raum, Adapter sind daher nicht notwendig.

# Essen und Trinken

### Typisch tschechische Gerichte

Wenn man Aussagen von tschechischen Kellnern glauben darf, setzt sich "tschechisches Essen" aus **wenigen Standardgerichten** zusammen, wobei Schweinebraten mit Sauerkraut und Knödeln unangefochten Nummer eins der Hitliste ist. Als hierzu passende Getränke gelten Bier und Becher-Likör. Die in tschechischen Lokalen am häufigsten servierte Nachspeise ist Palatschinken. Auf den Spitzenreiter Schweinebraten folgen auf den Plätzen zwei und drei der Beliebtheitskala Lendenbraten mit Rahmsauce und Knödeln und Rindergulasch mit Knödeln.

Nach Darstellung der meisten Kellner ist damit das Angebot der tschechischen Küche erschöpft. Falls der Gast sich für keines dieser drei Ge-

McDonalds macht auch vor Tschechien nicht Halt

nannt. Falls man also den engen Bereich der oben genannten Standardgerichte verlassen möchte, studiere man die tschechischen Namen.

Wie man sieht, handelt es sich oft um einfache Gerichte, die in gehobenen Restaurants nicht angeboten werden.

### Gemüse- und Salatbeilagen

Besucher aus Westeuropa registrieren oft negativ den recht **spärlichen Anteil** an frischen Gemüse- und Salatbeilagen. Der Grund für die eher symbolischen frischen Speisebestandteile ist in dem hohen Preis für Gemüse zu suchen, das viele Monate des Jahres aus Westeuropa importiert werden muß. Bei den relativ niedrigen Essenspreisen liegt teures Importgemüse nicht im Bereich des Möglichen.

### Vegetarisch essen

Dennoch wurden in den vergangenen Jahren vor allem in Prag kleine Bistros und Restaurants eröffnet, in denen frische Salate ganzjährig angeboten werden. Auch in den größeren Hotels sind Salatbuffets mittlerweile obligatorisch. Für alle Vegetarier hier einige Tips bezüglich vegetarischer Speisen im **Prager Stadtzentrum:** Empfehlenswert ist das reichhaltige Salatbüffet im Hotel Palace, Eingang aus der Jindřišská-Straße. Sehr preiswert sind zwei kleine Naturspeiseläden, wo man an einer Theke eine Kleinigkeit essen kann: Country Life in der Melantrichova-Straße 15 und in der Jung-

richte entscheiden kann, wird gerne auch das Wiener Schnitzel als viertes tschechisches Nationalgericht ins Spiel gebracht.

Man mag es vielleicht nicht glauben, aber diese vier Gerichte, die auf keiner tschechischen Speisekarte fehlen, sind tatsächlich zentraler Bestandteil der tschechischen Nationalküche. Das bedeutet natürlich nicht, daß die Tschechen sich vorwiegend von diesen Gerichten ernähren. Tatsächlich enthält die nach Regionen variierende tschechische Cuisine eine breite Vielfalt von Speisen, die Besuchern normalerweise vorenthalten bleiben. Die wichtigsten werden in der folgenden Liste ge-

## Jídelní lístek – Die Speisekarte

| | |
|---|---|
| **Polévky** | **Suppen** |
| *bramborová* | Kartoffelsuppe |
| *cibulová* | Zwiebelsuppe |
| *česneková* | Knoblauchsuppe |
| *čočková* | Linsensuppe |
| *dršťková* | Kuttelsuppe |
| *fazolová* | Bohnensuppe |
| *gulášová* | Gulaschsuppe |
| *houbová* | Pilzsuppe |
| *hovězí vývar* | Rinderkraftbrühe |
| *hrachová* | Erbsensuppe |
| *kulajda* | Kartoffelsuppe mit Eiern, Milch und Pilzen |
| *rajská* | Tomatensuppe |
| *rybí* | Fischsuppe |
| *slepičí* | Hühnchensuppe |
| *zeleninová* | Gemüsesuppe |
| *zelná s klobásou* | Weißkrautsuppe mit Wurst |

| | |
|---|---|
| **Teplé předkrmy** | **Warme Vorspeisen** |
| *anglická slanina s vejci* | Spiegeleier mit englischem Speck |
| *bramborák* | Kartoffelpuffer |
| *cmunda se salámem* | Kartoffelpuffer mit Salami |
| *ďábelské toasty* | Teufelstoasts (mit scharfem Hackfleisch) |
| *míchaná vejce* | Rühreier |
| *omeleta* | Omelette |
| *párek s hořčicí* | Würstchen mit Senf |
| *smažený sýr* | panierter Käse |
| *špagety* | Spaghetti |
| *sýrova jehla* | Käsespieß |
| *šumavská topinka* | geröstete Brotscheiben mit Rühreiern und Käse |
| *teplá šunka* | warmer gekochter Schinken |
| *topinka* | geröstete Brotscheiben |
| *zapečená šunka s vejci* | Spiegeleier mit Schinken |

| | |
|---|---|
| **Studené předkrmy** | **Kalte Vorspeisen** |
| *anglická slanina* | Englischer Speck |
| *český salám s cibulí* | Tschechische Salami mit Zwiebel |
| *pražská šunka* | Prager (gekochter) Schinken |
| *salám* | Salami |
| *sardinky* | Sardinen |
| *sýr Eidam* | Eidamkäse |
| *šunka* | Schinken |
| *šunka s okurkou* | Schinken mit Gurke |
| *tlačenka s cibulí* | Preßwurst mit Zwiebel |
| *utopenec* | in Essig eingelegte Wurst mit Zwiebel |
| *zavináč* | Rollmops |

| | |
|---|---|
| **Hotová jídla** | **Hauptgerichte** |
| *cikánska pečeně* | Zigeunerbraten (mit Paprika, Zwiebel und Tomaten) |
| *cmunda* | Kartoffelpuffer |
| *čočka s párkem* | Linsen mit Würstchen |
| *drůbeží játra na cibulce* | gedünstete Geflügelleber mit Zwiebel |
| *hovězí játra dušená* | gedünstete Rinderleber |
| *hovězí maso vařené* | gekochtes Rindfleisch |
| *knedlíky s vejci* | Knödel mit Eiern |
| *moravský brabec* | gebratene kl. Stücke vom Schweinefleisch |
| *pečené kuře* | gebackenes Hähnchen |
| *plněné bramborové* | mit Rauchfleisch oder |
| *knedlíky* | Salami gefüllte Kartoffelknödel |
| *španělský ptáček* | Rindfleischroulade gefüllt mit Würstchen, Speck, Gurken und Eiern |
| *úzený bůček* | geräuchertes Bauchfleisch (sehr fett) |
| *úzené maso* | Rauchfleisch |

| | | | |
|---|---|---|---|
| *úzená krkovička* | geräuchertes Schweinefleisch | **Ryby** | **Fischgerichte** |
| *úzená kýta vařená* | gekochte Rauch-keule | *kapr* | Karpfen |
| | | *kapr po cikánsku* | Karpfen Zigeuner-art (mit Gemüse) |
| *vepřová kotleta* | Schweinekotelet | *kapr na česneku* | Karpfen auf |
| *vepřové žebírko* | Schweinerippchen | | Knoblauch |
| | | *mořská štika* | Seehecht |
| **Jídla na objednávku** | **Gerichte auf Bestellung** | *pstruh* | Forelle |
| | | *pstruh na modro* | gekochte Forelle |
| *biftek s vejcem* | Beefsteak mit Ei | *pstruh pečený* | gebackene Forelle |
| *flamendr* | mit Zwiebel gerö-stete kleine Stücke vom Schweine-fleisch | *pstruh na roštu* | Forelle vom Grill |
| | | *pstruh smažený* | panierte Forelle |
| | | *rybí filé* | Fischfilet |
| | | *smažený kapr* | panierter Karpfen |
| *kuřecí maso s ananasem* | Hähnchenfleisch mit Ananas | *smažené rybí filé* | paniertes Fischfilet |
| *kuřecí maso na* | Hähnchenfleisch mit | **Přílohy** | **Beilagen** |
| | | *brambory* | Kartoffel |
| *žampionech* | Champignons | *bramboráčky* | kleine Kartoffel-puffer |
| *přírodní vepřové žebírko* | Schweinerippchen natur | *bramborová kaše* | Kartoffelpüree |
| | | *bramborové knedlíky* | Kartoffelknödel |
| *roštěná* | Rostbraten | *bramborový salát* | Kartoffelsalat |
| *roštěná na roštu* | Rostbraten vom Grill | *čočka na kyselo* | Linsen mit Essig |
| | | *fazolové lusky* | grüne Bohnen-schoten |
| *roštěná se šunkou a vejcem* | Rostbraten mit Schinken und Ei | *fazole na kyselo* | weiße Bohnen mit Essig |
| *smažená játra* | geröstete Leber | *houskové knedlíky* | Semmelknödel |
| *smažená kuřecí prsíčka* | geröstete Hähn-chenbrust | *hrachová kaše* | Erbsenpüree |
| | | *hranolky* | Pommes Frites |
| *smažený vepřový řízek* | Wiener Schnitzel | *chlupaté knedlíky* | Kartoffelknödel |
| *smažený kuřecí řízek* | paniertes Hähn-chenschnitzel | *chleb* | Brot |
| | | *knedlíky* | Knödel |
| *smažený sýr se šunkou* | panierter, mit Schinken gefüllter Käse | *krokety* | Kroketten |
| | | *opečené brambory* | geröstete Kartof-feln |
| *špíz* | Spieß | *pečivo* | Gebäck |
| *vepřové žebírko se šunkou a vejcem* | Schweinerippchen mit Schinken und Ei | *rýže* | Reis |
| | | **Saláty** | **Salate** |
| | | *červená řepa* | rote Rübe |
| *vepřová játra na roštu* | Schweineleber vom Grill | *hlávkový* | Kopfsalat |
| | | *míchaný* | gemischter Salat |
| *vídeňská roštěná* | Wiener Rostbraten | *mrkvový* | Karottensalat |
| | | *okurkový* | Gurkensalat |
| | | *paprikový* | Paprikasalat |
| | | *rajčatový* | Tomatensalat |
| | | *zelný* | Weißkrautsalat |

Praktische Tips

mannova-Straße 1, außerdem gibt es noch die kleine Salatbar Konírna in der Anenská-Straße 11.

Während die vegetarischen Angebote sich in Prag weiter entwickeln, ist Ähnliches *in anderen tschechischen Städten* nicht zu beobachten. Dort unternommene Versuche, die vegetarische Küche zu etablieren, scheiterten zumeist, da die überwiegende Mehrheit der Tschechen nicht auf Fleisch verzichten möchte.

### Gaststätten

Bis 1989 waren alle Gaststätten je nach Preis und Ausstattung in vier Preisstufen eingeteilt. Im Zuge der Privatisierung des gastronomischen Gewerbes fiel diese offizielle Einteilung nach Kategorien weg.

Auf manchen Speisekarten wird zwar immer noch die *Preisstufe* aufgeführt, darunter steht jedoch in der Regel auf tschechisch "smluvní ceny", was als "Preise nach Vereinbarung" übersetzt werden kann. Überflüssig zu sagen, daß dies nicht bedeutet, daß der Essenspreis zwischen Wirt und Gast vereinbart werden kann. Nachdem die erste Welle der Privatisierung die meisten Gaststätten erfaßt hatte, konnte der Staat den Gastwirten die Preise nicht mehr diktieren. Während dieser Zeit führte man den irreführenden Terminus "Preise nach Vereinbarung" ein. Tatsächlich geht es darum, daß die Preise vom Gastwirt festgelegt werden.

Die meisten Gaststätten präsentieren ihre *Speisekarten* in einem Schaukasten am Eingang. Enthalten

Metamorphose einer Bierstube

die Speisekarten keine Preisangaben, muß man mit gepfefferten Preisen rechnen.

Im allgemeinen gilt, daß die **Preise** im Stadtzentrum und in der Nähe von Sehenswürdigkeiten deutlich höher sind als in abgelegeneren Restaurants. Oft sind die Preise von neu eröffneten Restaurants sehr hoch, so daß nur wenige betuchte Touristen sich hier bewirten lassen können.

In solchen touristischen Lokalen muß man für eine komplette Mahlzeit etwa 20 DM veranschlagen. Neben dieser mittleren Preiskategorie existieren sowohl erheblich preiswertere als auch deutlich teurere Restaurants. In letzteren kann man leicht 100 DM für ein Abendessen ausgeben.

Positiv ist zu vermerken, daß besonders in der letzten Zeit viele Gaststätten eröffnet werden, die preiswerte Speisen anbieten. Wahrscheinlich haben viele Gastwirte festgestellt, daß sie ohne die weniger zahlungskräftigen einheimischen Gäste nicht überleben können. Erfreulicherweise existieren solche Gaststätten auch im Zentrum von Prag. Dort kostet ein Hauptgericht und ein großes Bier etwa 5-7 DM.

Die alte **Einteilung der Gaststätten** in restaurace (Restaurant, Gaststätte), hospoda, pivnice (Bierstube), vinárna (Weinstube), kavárna (Café), cukrárna (Konditorei) gilt zwar immer noch, aber seit dem Ende der sozialistischen Ära hat sich hier einiges verändert. So gilt nicht mehr, daß Bier nur in Bierstuben ausgeschenkt wird. Bier, in den meisten Fällen Fla-

Würstchenbude auf Rädern

schenbier, bekommt man neuerdings auch in Weinstuben, Diskotheken und Cafés.

Meistens gelten folgende **Öffnungszeiten:** Cafés 9 bis 22 Uhr, Bierstuben 10 bis 23 Uhr, Restaurants 11 bis 22 Uhr und Weinstuben 11 Uhr morgens bis 4 Uhr nachts. Da es keine Polizeistunde gibt, gibt es besonders in Prag und in anderen größeren Städten Lokale, die die ganze Nacht geöffnet haben.

### Trinkgeld

In bezug auf die Trinkgeldgepflogenheiten sollte man wissen, daß man den Betrag immer aufrundet, wobei man sich an die **10%-Regel** halten sollte. Mit einem überdurchschnittli-

Keine Mahlzeit ohne Fleisch

chen Trinkgeld und demonstrativem Prassen unterstützt man nur Kellner in der Meinung, daß Ausländer nichts Besseres mit ihrem Geld anzufangen wissen, als es ans Bedienungspersonal zu verschenken.

### Eine kleine Pivologie

Bier wird in Tschechien nach Stärkegehalt unterschieden. Es gibt 10-, 12-, 13- und 14grädiges Bier. Bei der **Gradzahl** handelt es sich nicht um den Alkoholgehalt des Bieres, sondern um den Stammwürzegehalt. Zur Ermittlung des Alkoholgehaltes gilt die Regel: Gradzahl geteilt durch 3. Die meistgezapften **Biersorten** sind 10- und 12grädige helle Biere. Bei 13- und 14grädigen Bieren handelt es sich ausschließlich um dunkle Biere.

In den meisten Bierstuben wird ein helles und ein dunkles Bier gezapft. Manche Bierstuben zapfen jedoch auch zwei helle Biersorten, oft ein 10- und ein 12grädiges Bier. Das Bier wird in der Regel aus **Halbglitergläsern** getrunken. Neben dem **großen Bier** (*velké pivo*) ist es auch möglich, ein **kleines Bier** zu bekommen (*malé pivo,* d.h. 0,3 l). Dieses "Kinderbier" gilt jedoch als "unmännlich" und ist daher meist Frauen vorbehalten.

Eine neue, bei Bierpuristen verpönte Erscheinung, die sich vor allem bei jungen Leuten großer Beliebtheit erfreut, ist das *"řezané pivo",* was soviel bedeutet wie "an der Theke gemischtes helldunkles" Bier.

Bier ist für viele Tschechen so wichtig wie Brot; man sollte sich also nicht darüber wundern, daß viele Tschechen schon um 10 Uhr morgens Bier trinken. Von der **Bedeutung des Gerstensaftes** im gesellschaftlichen Leben zeugt auch die Tatsache, daß in Tschechien eine Bierpartei existiert, eine Bierzeitung herausgegeben wird und neuerdings Wissenschaftler sogar Konferenzen über die Rolle des Bieres und des Stammtisches in der tschechischen Literatur veranstalten. Wo? Natürlich in einer Bierstube.

### Wein

Die wichtigsten **Weinanbaugebiete** befinden sich in Südmähren, und zwar zwischen den Städten Mikulov und Znojmo. Gekeltert wird hier Rot- und Weißwein. Die besten Weine kommen aus Mikulov und Velké Pavlovice. Das zweite berühmte Anbaugebiet befindet sich nördlich von Prag in der Nähe der Stadt Mělník. Hier wird der bei Weinkennern hochgeschätzte rote und weiße Wein gekeltert, der unter dem Namen Libuše vermarktet wird. Das dritte Weinanbaugebiet, das zu den nördlichsten Europas gehört, ist der Ort Velké Žernoseky in der Nähe von Litoměřice in Nordböhmen.

Möchte man in einer **Weinstube** einen wirklich erlesenen Tropfen probieren, frage man nach "archívni vino" aus Südmähren. Es handelt sich um Wein, der in Flaschen reift. Man sollte übrigens grundsätzlich keinen Wein in 1-Liter-Flaschen bestellen, da er meistens nichts taugt. **Von Weinkennern empfohlen** werden 0,7-L-Flaschenweine aus Südmähren, der Lidmila-Wein aus Mělník und Wein aus Velké Žernoseky. In manchen Weinlokalen in Prag und in Südmähren bekommt man auch gute offene Weine.

Auch sollte man wissen, daß die **Weinbestellung** in Tschechien problematisch ist, da die gewohnten Klassifizierungen "trocken", "halbtrocken" und "lieblich" hier nicht bekannt sind.

Seit 1995 gilt in Tschechien ein neues Weingesetz, das Wein in folgende **Kategorien** einteilt: Tafelwein (revove vino stolni), Qualitätswein (revove vino jakostni) und Qualitätswein mit Prädikat (revove vino s privlastkem). Eine besondere Klasse bildet der sogenannte Archivwein (archivni vino), der mindestens drei Jahre reifen muß, davon zwei Jahre im Faß.

# Feste und Feiertage

| | |
|---|---|
| ● **1. Jan.** | Neujahr |
| ● **1. Mai** | Tag der Arbeit |
| ● **8. Mai** | Tag der Befreiung vom Faschimus |
| ● **5. Juli** | Tag der slawischen Glaubensboten *Kyrillos* und *Methodios* |
| ● **6. Juli** | Gedenktag für *Jan Hus* (gestorben 1415) |
| ● **28. Okt.** | Tag der Entstehung der selbständigen Tschechoslowakei (1918) |
| ● **24. Dez.** | Heiliger Abend |
| ● **25.-26. Dez.** | Weihnachten |

# Film und Foto

Falls man **Filmmaterial** für seine Foto- oder Videokamera zu Hause vergessen hat, ist das kein Problem, denn Farb- und Schwarzweißfilme gehören zum Standardangebot eines jeden Fotogeschäfts und vieler Souvenirkioske in Tschechien. Die **Preise** sind etwa mit denen in Deutschland identisch. Auch gibt es vielerorts einen **Schnellentwicklungsservice** für Farbfotos.

# Geldfragen

## Währung

Die tschechische Währung heißt **tschechische Krone** (koruna česká), verkürzt Kč. Eine Krone besteht aus 100 Hellern (haléř), verkürzt hal. Seit Herbst 1995 ist die tschechische Krone frei konvertierbar und darf frei ein- und ausgeführt werden.

*Praktische Tips*

(Foto KW)

Größere Summen ab 100.000 Kronen müssen an der Grenze angemeldet werden. Zur Zeit gibt es die folgenden **Banknoten:** 20, 50, 100, 200, 500, 1.000, 2.000, 5.000 Kronen. Außerdem gibt es **Münzen** im Wert von 10, 20, 50 Hellern und 1, 2, 5, 10, 20, 50 Kronen. Die alten tschechoslowakischen Banknoten gelten nicht mehr. Das gilt auch für die alten Münzen.

Der aktuelle **Umtauschkurs** liegt bei 1.937 Kč für 100 DM, Stand Februar 1999. Der Wechselkurs ist stabil und bewegte sich 1998 zwischen 1800 und 1900 Kč für 100 DM.

### Geldumtausch

Die niedrigsten **Umtauschgebühren** in Höhe von 2% verlangen Banken, private Reisebüros verlangen in der Regel 4-6%, Wechselstuben in Hotels um 7%.

Es ist davon abzuraten, in den hellbeleuchteten **Čekopoint- und Exact-Wechselstuben** zu wechseln, die im Zentrum von Prag und in der Nähe der wichtigen Sehenswürdigkeiten wie Pilze aus dem Boden geschossen sind. Die Provisionshöhe ist bei diesen Wechselstuben so irreführend angegeben, daß der Kunde meist erst zu spät bemerkt, daß man ihm unverschämte 10% Provision abverlangt hat.

Einige dieser Wechselstuben ködern die Kunden mit einem besseren Kurs als dem normalen Tageswert. Leider bemerkt der Kunde meistens zu spät, daß auf den Tafeln die Aufschrift WE SELL (Verkaufskurs) steht und nicht der Einkaufskurs der Fremdwährung.

Auch manche **Reisebüros** berechnen getrennt 2% Provision (auf der Tafel im Schaufenster angegeben) und zusätzlich 2% Gebühr (nicht auf der Tafel angegeben). Grundsätzlich gilt, daß Reisebüros mindestens 4% Provision berechnen müssen, um etwas am Geldwechsel zu verdienen. Um Mißverständnissen vorzubeugen, ist es ratsam, einfach zu fragen, wieviel man für sein Geld bekommt. Kolik dostanu za sto marek? (Wieviel bekomme ich für hundert Mark?)

Einige **Wechselstuben im Zentrum von Prag:**
● **Komerční banka,** Na příkopě 28 (am unteren Teil des Wenzelsplatzes), 2 % Wechselgebühr, Mo.-Fr. 8.00-18.00 Uhr, immer eine Schlange, dazu Geldautomat für Kreditkarten.
● **Živnostenská banka,** Na příkopě 20, Mo.-Fr. 8.00-18.00 Uhr, auch Geldautomat für Kreditkarten, 2% Wechselgebühr, ständig viele Leute.
● **Bank of Austria,** Melantrichova ulice der Bankautomat wechselt rund um die Uhr die wichtigsten Währungen.
● **Československá obchodní banka,** Na příkopě 14, 2% Gebühr, Mo.-Fr. 8.00-18.00 Uhr, wenig ausgelastet.
● **American Express,** Václavské náměstí 47, 2% Wechselgebühr, Mo.-Fr. 9.00-18.00 Uhr, Sa 9.00-12.00 Uhr.

Auf allen **Bahnhöfen** gibt es Wechselstuben. Allerdings gilt hier ein schlechterer Kurs als in Banken. Reisende, die mit dem Europabus auf dem **Busbahnhof Florenc** ankommen, finden eine Wechselstube in der Halle, 2% Wechselgebühr! Eine Wechselstube befindet sich auch auf dem **Flughafen Ruzyně.**

## Geldautomaten

Geldautomaten, an denen man mit seiner Kreditkarte (Visa, Mastercard) Geld abheben kann, findet man an jeder größeren Bank. Einige **zentral gelegene Geldautomaten in Prag:** Komerční banka, Na příkopě 28, am unteren Teil des Wenzelsplatzes neben dem Eingang in die U-Bahn, Živnostenská banka, Na příkopě 20. Wenn das Online-System nicht arbeitet, wende man sich an den Schalter. In der Bank of Austria, Melantrichova ulice, findet man Wechselautomaten, wo man DM, Dollars, Schilling und weitere europäische Währungen rund um die Uhr umtauschen kann.

## Schwarztauschen

Schwarztauschen gehört der Vergangenheit an und **lohnt sich nicht mehr.** Die Scharen von Schwarztauschern aus der sozialistischen Ära sind verschwunden. Einige nostalgische "On-the-road-Wechsler", die übriggeblieben sind, bieten einen unerheblich besseren Wechselkurs an als die Banken. Andererseits sollte man das **Risiko** nicht unterschätzen, von diesen illegal arbeitenden Tauschern betrogen zu werden. Risikofreudige Spielernaturen können hier auf ihre Kosten kommen, allen anderen sei von solchen Tauschtransaktionen abgeraten.

## Schecks

Eurocheques werden von Banken und vielen Wechselstuben akzeptiert. Ein Eurocheque kann bis zur Höhe von 6.500 Kč eingelöst werden.

### Kreditkarten

Kreditkarten werden in sehr vielen Restaurants, Gaststätten und in fast jedem Hotel akzeptiert, und zwar nicht nur in Prag, sondern auch in kleineren Städten. Auch gibt es bei fast jeder größeren Bank einen Geldautomaten, wo man mit seiner Visa oder Master-Card Geld abheben kann. Nimmt man diese Leistung in Anspruch, wird der ausgezahlte Betrag mit 3% (mindestens aber 10 DM) plus 1% Auslandseinsatz belastet.

# Gesundheit

Zwischen Deutschland und Tschechien besteht noch *kein Versicherungsabkommen* über eine kostenlose medizinische Versorgung. Zwar wird Erste Hilfe auch ohne Versicherung frei gewährt, jedoch alles, was darüber hinausgeht - der Aufenthalt im Krankenhaus, Medikamente und eventueller Rücktransport - muß vom Patienten selbst bezahlt werden. Deshalb empfehlen wir, vor der Reise eine *Auslandsreisekrankenversicherung* abzuschließen.

Rezeptfreie Medikamente, Vitamine und ähnliches, kann man in der *Apotheke* (lékárna) kaufen. Zur Auswahl stehen einheimische wie auch ausländische Medikamente. Die Apotheken sind Mo.-Fr. 8.00-18.00 Uhr geöffnet. Adressen der notdiensthabenden Apotheken findet man in jeder Apotheke.

- *Erste Hilfe* (inkl. Zahnarzt und Apotheke) gibt es in der Straße Palackého 5, Prag 1, in der Nähe des Karlsplatzes (Tag und Nacht). Eine Alternative dazu bietet die *Notfallabteilung für Ausländer* im Krankenhaus Na Homolce, Roentgenova 2, Prag 5 - Motol, Tel. (02) 52921111.

# An- und Rückreise

### Mit dem Auto

Falls man mit dem eigenen Wagen anreist, müssen Führerschein und Kraftfahrzeugschein mitgeführt werden. Es wird empfohlen, auch die grüne Versicherungskarte mitzunehmen, sie ist jedoch nicht obligatorisch.

Man sollte nicht vergessen, daß seit 1.1.1995 *für die Benutzung der Autobahnen und Schnellstraßen eine Maut* erhoben wird. Da von den meisten Reisenden, die über Waidhaus, Waldmünchen, Furth im Wald und Bayrisch Eisenstein einreisen, die Autobahn benutzt wird, muß ab nun eine *Maut-Vignette* gekauft werden. Die Vignette, die ähnlich wie die Schweizer Vignette aussieht, kostet 800 Kronen und ist rechts an der Windschutzscheibe zu befestigen. Am besten kauft man sie gleich an der Grenze. Darüber hinaus werden Vignetten auch auf Postämtern und Tankstellen verkauft.

### Grenzübergänge für Autofahrer aus Sachsen

- Zittau/Hrádek n. Nisou (durch Polen)
- Seifhennersdorf/Varnsdorf
- Neugersdorf/Rumburk
- Schmilka/Hřensko
- Bahratal/Petrovice
- Zinnwald/Cínovec
- Reitzenhain/Hora Sv. Šebastiána
- Oberwiesenthal/Boší Dar
- Klingenthal/Kraslice
- Schönberg/Vojtanov

### Grenzübergänge aus Bayern

- Selb/Aš
- Schirnding/Pomezí nad Ohří
- Waldsassen/Svatý Kříž

Altes Schätzchen (KW)

- Mährig/Broumov
- Waidhaus/Rozvadov
- Eslarn/Železná
- Stadlern/Rybník
- Waldmünchen/Lísková
- Furth i.W./Folmava
- Eschlkam/Všeruby
- Rittsteig/Sv. Kateřina
- Bayrisch Eisenstein/Železná Ruda
- Phillipsreuth/Strážný

### Grenzübergänge aus Österreich

- Leonfelden/Studánky
- Wullowitz/Dolní Dvořiště
- Gmünd/České Velenice
- Neunagelberg/Halámky
- Grametten/Nová Bystřice
- Fratres/Slavonice
- Drosendorf/Vratenín
- Hardegg/Čížov
- Retzbach/Hnanice
- Klein Haugsdorf/Hatě
- Laa an der Thaya/Hevlín
- Drasenhofen/Mikulov
- Reinthal/Břeclav

### Mit der Bahn

Seitdem Tschechien ans IC/EC-Netz angeschlossen ist, dauert die **Anreise nach Prag** nicht mehr so lange wie früher. Die zeitraubenden Aufenthalte an der Grenze sind entfallen, so daß man nun zügig einreisen kann.

Von Berlin aus dauert die Anreise nach Prag etwa fünf Stunden, ab Frankfurt 9 Stunden, ab Hamburg 9 Stunden, ab Wien 5 Stunden und ab Zürich 12 Stunden.

Die Fahrt mit dem Zug ist im Vergleich zum Bus teurer. Um Geld zu sparen, empfehlen wir, in Deutschland eine **Fahrkarte** lediglich bis zur Grenze zu kaufen. Die Karte für die Strecke von der Grenze bis nach Prag löst man beim tschechischen Schaffner im Zug. Diese Fahrkarte kostet mit Zuschlag für das Lösen der Fahrkarte im Zug etwa 7 DM,

33

vorausgesetzt man zahlt in Kronen. Zahlt man in DM, dann kostet die Strecke etwa 25 DM. Da der Aufenthalt an der Grenze in der letzten Zeit nur wenige Minuten dauert, bleibt nur wenig Zeit zum Geldwechseln. Man muß sich also sehr beeilen, wenn man Geld sparen will. Wichtig! Man sollte auf keinen Fall sein Gepäck im Zug unbeaufsichtigt lassen, um Geld wechseln zu gehen!

### Bahnhöfe in Prag

● *Hauptbahnhof* (Hlavní nádraži), Wilsonova-Straße, Prag 2, Metrostation: Hlavní nádraži, Linie C, Auskunft Tel. (02) 24217654.
● *Masarykbahnhof* (Masarykovo nádraži), Hybernska-Straße, Prag 1, Metrostation: Náměstí Republiky, Linie B, Auskunft Tel. (02) 24224200.
● *Bahnhof Smíchov* (Smíchovské nádraži), Nádražní-Straße, Metrostation: Smíchovské nádraži, Linie B, Auskunft Tel. (02) 542797.
● *Bahnhof Praha-Holešovice,* Metrostation: Nádraži Holešovice, Linie C.

Seit einigen Jahren sind auch *Interrailkarten* in Tschechien gültig. Da die Strecken jedoch kurz und die Fahrkarten in Tschechien für Reisende aus dem westlichen Ausland sehr preiswert sind, bietet die Interrailkarte keinen finanziellen Vorteil.

### Mit dem Bus

Billiger als mit dem Zug kommt man mit dem Bus nach Tschechien. Die meisten *Buslinien* fahren Prag an und bieten die Möglichkeit, unterwegs in Pilsen oder Teplice auszusteigen. Zwei Buslinien verbinden Düsseldorf, Köln, Prag und Brünn. Daneben gibt es eine Busverbindung

von München über Budweis und Tabor nach Brünn. Im Sommer (Juli, August) gibt es eine Busverbindung von Salzburg über Linz nach Budweis.

### Busverbindungen zwischen Deutschland und Tschechien

● *Düsseldorf – Köln – Bonn – Prag –- Brno,* Abfahrt Di. 6.00 Uhr, Ankunft Prag 19.00 Uhr, Abfahrt Do. 19.00 Uhr, Ankunft Prag Fr. 8.00 Uhr, Abfahrt Fr. 16.00 Uhr, Ankunft Prag Sa. 5.30 Uhr, Abfahrt So. 16.00 Uhr, Ankunft Brno Mo. 8.15 Uhr. Rückverbindung Mi. 21.00 Uhr Do. 8.30 Uhr, Fr. 18.00 Uhr, So. 21.00 Uhr.aus Brno, Preise 100 DM/165 DM. Info: *Deutsche Touring,* Am Römerhof 17, 60486 Frankfurt am Main, Tel. (069) 7903246, Fax (069) 7903250.
● *Köln – Düsseldorf – Essen – Dortmund – Kassel – Eisenach – Gera – Dresden – Prag – Brno,* Abfahrt Do. 17.15 Uhr, Ankunft Brno Fr. 10.00 Uhr, Abfahrt So. ab Düsseldorf 16.00 Uhr, Ankunft Brno Mo. 8.30 Uhr. Zurück ab Prag Mi., So. 21Uhr, ab Brno Fr. 18.00 Uhr. Preise 100 DM/165 DM. Info: *Deutsche Touring,* Breslauer Platz, 50668 Köln, Tel. (0221) 137784.
● *Karlsruhe – Stuttgart – Prag,* Abfahrt So. 20.00 Uhr, Ankunft 6.30 Uhr, Zurück Fr. 22.00 Uhr, Ankunft Sa. 8.45 Uhr. Info: *Deutsche Touring,* Arnulf-Klett-Platz 2, 70173 Stuttgart, Tel. (0711) 225881.
● *Düsseldorf – Frankfurt – Prag,* Abfahrt Fr., So. 16.30 Uhr, Abfahrt Di. 6.00 Uhr, Ankunft 19.00 Uhr. Zurück Mi., Fr., So. um 21.00 Uhr, Ankunft 10.00 Uhr.
● *Münster – Dortmund – Würzburg – Prag,* Abfahrt So. 8.30 Uhr, Ankunft 21.35 Uhr. Zurück Sa. 8.30 Uhr, Ankunft 21.35 Uhr.
● *München – Prag,* Abfahrt Mo., Mi. 9.00 Uhr. Ankunft 16.20 Uhr, Abfahrt Fr. 15.00 Uhr, Ankunft 22.20 Uhr, zurück Abfahrt Di., Do., Fr. 9.00 Uhr, Ankunft 16.20 Uhr, Abfahrt So. 15.00 Uhr, Ankunft 22.20 Uhr. Info: *Autobus Oberbayern,* Lenbachplatz 1, 80333 München, Tel. (089) 323040
● *Hamburg – Berlin – Prag,* Abfahrt Mo., Mi., Fr., Sa. 20.00 Uhr, Ankunft 6.15 Uhr.

Zurück geht es dann Di., Do., Fr., So um 20.00 Uhr.

● *München – Budweis – Brno,* Abfahrt Do., So. 22.00 Uhr, Ankunft 7.00 Uhr. Zurück Fr., Mi. um 21.15 Uhr, Ankunft 7.00 Uhr.

● *Frankfurt a.M. – Würzburg – Nürnberg – Karlovy Vary – Plzeň – Mariánské Lázně – Karlovy Vary – Prag,* ganzjährig Abfahrt Sa. 8.30 Uhr, Ankunft 19.00 Uhr. Zurück Abfahrt Sa. 20.00 Uhr, Ankunft So. 6.45 Uhr. In der Zeit vom 1.4. bis 30.9. zusätzlich dazu tgl. (außer Sa.) Abfahrt 20.00 Uhr, Ankunft 5.00 Uhr. Zurück Abfahrt 21.00 Uhr, Ankunft 6.45 Uhr.

● *Brno – České Budějovice – Passau – Regensburg – Nürnberg – Würzburg – Frankfurt a.M.,* Abfahrt Sa. 19.50 Uhr Ankunft So. 8.00 Uhr. Zurück Fr. Abfahrt 21.00 Uhr, Ankunft Sa. 9.20 Uhr. Vom 3.4. bis 25.10. zusätzlich dazu und zu gleichen Zeiten Abfahrt aus Frankfurt Di., Abfahrt aus Brno Mo.

● *Ostrava – Olomouc – Brno – Praha – Berlin – Hannover – Bremen – Hamburg,* Abfahrt Sa. 17.00 Uhr, Ankunft So. 12.55 Uhr, zurück Abfahrt Do. 15.20 Uhr, Ankunft 11.00 Uhr. In der Zeit vom 26.6. bis 13.9. zusätzlich Abfahrt Di. 19.00 Uhr, Ankunft 14.25 Uhr. Zurück Mo. 12.20 Uhr Ankunft Di. 8.00 Uhr.

● *Ostrava – Olomouc – Hradec Králové – Nürnberg – Frankfurt a. M. – Bonn – Düsseldorf,* Abfahrt Sa. 15.00 Uhr, Ankunft So. 11.30 Uhr. Zurück Abfahrt Do. 17.45 Uhr, Ankunft 14.10 Uhr. In der Zeit vom 26.6. bis 28.9. zusätzlich zur gleichen Zeit Abfahrt Di., zurück Abfahrt So.

● *Ostrava – Olomouc – Brno – München – Stuttgart – Karlsruhe,* Abfahrt Di.,Sa. 13.15 Uhr, Ankunft Mi.,So. 8.15 Uhr. Zurück Do., So. 17.45 Uhr, Ankunft Fr., Mo. 14.10 Uhr.

Die **Ankunft** der meisten Busse *in Prag* erfolgt auf dem Busbahnhof Florenc, Metro-Linie C und B. Auf dem Bahnhof befindet sich eine Wechselstube und eine Gepäckaufbewahrung.

Andere fahren bis zur Metrostation Zelivskeho (Linie A). In der Nähe der Metrostation, im Hotel Don Giovanni, kann der Neuankömmling Geld tauschen.

## Mit dem Flugzeug

**Linienflüge** der Gesellschaften *Lufthansa, Eurowings, Austrian Airlines, Swissair* und der *ČSA* verbinden folgende deutsche Städte mit Prag: Berlin, Köln, Düsseldorf, Frankfurt, Hamburg, Hannover, Nürnberg, München und Stuttgart. In der Schweiz gibt es entsprechende Linienflüge von Genf und Zürich, in Österreich von Wien aus.

**Air Ostrava,** eine regionale Fluggesellschaft, bietet Flüge nach Ostrava aus Frankfurt, Hamburg, Berlin, Hannover, Wien und Amsterdam. Auskunft und Buchung: *Air Ostrava,* Ostrava International Airport, Tel. (069) 6659432-3, Fax (069) 6659451. Reservierung in Prag, Tel. (02) 24889383; Flughafen Berlin-Tempelhof, Tel. (030) 69513354; Flughafen Hannover, Tel. (0511) 9772462, 560; Flughafen Wien, Tel. (01) 70072520.

● Die tschechische Luftfahrtgesellschaft *ČSA* hat einen neuen *City Service Centre* (Adresse s.u.) in unmittelbarer Nähe des Platzes Náměstí Republiky (Metro: Náměstí Republiky) eröffnet. Von hier aus fahren ca. alle 30 Minuten, zwischen 6 und 21 Uhr, die kleinen **Mikrobusse** der Firmen *CEDAZ* und *Welcome Touristic Shuttles* **zum Flughafen und zurück.** Einfache Fahrt kostet 90 Kč mit CEDAZ und 80 Kč mit Welcome Touristic. Die CEDAZ-Busse halten auch an der Metrostation Dejvická (Linie A). Billiger erreicht man den Flughafen mit dem Bus Nr. 119, Abfahrt ab Metrostation: Dejvická, Preis 10 Kč (Fahrschein vorher kaufen).

### Vertretungen der Luftfahrtgesellschaften in Prag

●*ČSA City Centre,* V Celnici 5, Tel. 2010 4111, Reservierung: Tel. (02) 2324305, 24815105, on-line-Flugplan im Internet: http://www.csa.cz.
●*Lufthansa,* Pařížska 28, Tel. (02) 24810994, 24811007, 24810258.
●*Swissair,* Pařížska 11, Tel. (02) 24812111.
●*Austrian Airlines,* Revoluční 15, Tel. (02) 2313378, 2311872, Fax (02) 2317227.

### Auslandsvertretungen der ČSA

●*Düsseldorf,* Graf-Adolf-Straße 68, Tel. (0211) 350834, Fax (0211) 350835.
●*Frankfurt am Main,* Rathenauplatz 2-8, Tel. (069) 9200350, 92003512, Fax (069) 92003520.
●*Hamburg,* Georgplatz 6, Tel. 339354-5, Fax 335691.

●*Genf,* Office 324, 342a, P.O.B. 219, Genf-Flughafen, Tel. (022) 7178420, Fax (022) 7883153.
●*Wien,* Parkring 12, Tel. 5123805, 5129886, Fax 512380575.
●*Zürich,* Löwenstraße 20, Tel. (01) 2187010, Fax (01) 2187020.

# Hygiene

Die Hygiene vieler **Toiletten** in älteren Hotels, Gaststätten und Restaurants hat sich im Vergleich zur Vergangenheit nur wenig zum Besseren verändert. Obwohl Toiletten als die ersten "Wirtschaftszweige" privatisiert,

(Foto KW)

das heißt verpachtet wurden, sind sie häufig nicht sauberer als vorher.

Für die Benutzung der Toiletten muß man einen kleinen Betrag (1-2 Kronen) zahlen.

Besser ist die Situation in neueröffneten Gaststätten, wo die hygienischen Einrichtungen meist sauber und in Ordnung sind.

# Informationsstellen

## Informationen vor der Reise

Touristische Informationen über Tschechien, etwa in Form von Prospekten, einfachen Landkarten etc. kann man bei den im folgenden genannten Informationsstellen und Reisebüros anfordern.

### in Deutschland
● *Satur,* Strausberger Platz 8, 10243 Berlin, Tel. (030) 4294113, Fax (030) 4274756. Nur Reiseprospekte.
● *ČEDOK,* Kaiserstr. 54, 60329 Frankfurt am Main, Tel. (069) 2740170, Fax (069) 235890 und Leipziger Str. 60, 10117 Berlin, Tel. (030) 2044663/2044644.
● *Tschechisches Zentrum,* Leipziger Straße 60, 10117 Berlin, Tel. (030) 2082592.
● *Tschechische Zentrale für Tourismus,* Karl-Liebknecht Straße 34, 10178 Berlin, Tel. (030) 2010515.

### in der Schweiz
● *ČEDOK,* Uraniastr. 34/II., 8001 Zürich, Tel. (01) 2114245.

### in Österreich
● *Tschechische Zentrale für Tourismus,* Herrengasse 17, 1010 Wien, Tel. (01) 5352361, Fax (01) 5352360.

## Informationsstellen in Tschechien

In vielen tschechischen Städten befinden sich kleine *Touristeninformationen* auf den zentral gelegenen Marktplätzen. Falls solche Informationsstände in dem einen oder anderen Fall nicht existieren sollten, empfiehlt es sich, das *örtliche Reisebüro* zu konsultieren, wo man Reisende mit Informationen bezüglich des Ortes und seiner Umgebung versorgt.

*In Prag* betreibt die *Tschechische Zentrale für Tourismus* (Česká centrála cestovního ruchu) eine neue Informationsstelle in der Národni Str. 37 gegenüber dem Tesco-Kaufhaus (ehemaliges Kaufhaus Maj) in Richtung Wenzelsplatz. Öffnungszeiten: Mo-So 10-18 Uhr, Tel. (02) 24211458. Neben mündlichen Auskünften werden Prospekte, Pläne, Karten, Hotelverzeichnisse und anderes Informationsmaterial aus den verschiedenen Regionen des Landes angeboten.

Unweit vom Wenzelsplatz in der Rytířská-Str. 12 befindet sich das *Prague Tourist Center,* Tel./Fax (02) 24212209, das für Prag und Zentralböhmen zuständig ist. Hier kann man Ausflüge, Theaterkarten und Unterkünfte buchen, Geld wechseln sowie Karten und Reiseführer kaufen.

Der *Prager Informationsservice PIS* hat seine Zentrale in der Straße Na Příkopě 20, geöffnet Mo.-Fr. 8.00-18.00, Sa 9.00-13.00 Uhr, telefonische Auskunft (02) 544444-47. Serviceleistungen des PIS: Zimmervermittlung, Theater-, Konzertkartenverkauf, Stadtführungen, Ausflüge in die Umgebung von Prag.

**Praktische Tips**

Das Reisebüro **ČEDOK,** Na Příkopě 18, Tel. (02) 24197111, Fax (02) 2321656, unterhält im Erdgeschoß des Gebäudes eine große Abteilung, die ausländischen Touristen folgende Leistungen bietet: Geldwechsel, Stadtrundfahrten, Ausflüge, Fahrkartenverkauf etc.

### Touristische Zeitungen und Zeitschriften

● **"Das Bohemia-Prag Journal":** Ein auf Hochglanzpapier gedrucktes Journal in deutscher Sprache, das über Städte und Sehenswürdigkeiten im ganzen Lande berichtet, hauptsächlich aus Farbbildern und Werbeanzeigen besteht und wenig Praktisches enthält. Angeboten wird es meist in Hotels und in Reisebüros.

● **"Praha, Was, Wo, Wann":** Artikel über Prag (auf deutsch), Interviews mit prominenten Persönlichkeiten, ebenfalls viele Werbeanzeigen.

● **"Die Länder der böhmischen Krone":** Das Hochglanzjournal in deutscher Sprache erscheint sechsmal jährlich und bietet allen, die tieferen Einblick in die tschechische Geschichte und Kultur gewinnen wollen, die notwendigen Informationen.

**Tierparks:** Außer in Prag gibt es Tierparks auch in Brno, Ústí nad Labem, Liberec und beim Schloß Ohrada in der Nähe von Hluboká bei Budweis. Am interessantesten für die Kleinen ist aber gewiß ein Besuch des ostböhmischen Safariparks in Dvůr Kralove. Die Tiere bewegen sich dort nämlich frei auf riesigen offenen Flächen.

**Puppentheater:** In Prag bietet sich die Möglichkeit, mit Kindern ein Puppentheater zu besuchen.

**Dampferfahrt:** Eine weitere Möglichkeit der Unterhaltung von Groß und Klein bietet eine Dampferfahrt auf der Moldau. Daneben kann man von Prag aus an Bord eines Dampfers bis zur Slapy-Talsperre südlich von Prag fahren. Von hier aus ist es möglich, auf dem Wasserweg zu den Burgen Orlík und Zvíkov zu gelangen.

Falls man mit kleinen Kindern unterwegs ist, die noch **Windeln** brauchen, sollte man wissen, daß Windeln überall zu bekommen sind und daß man auf die von zu Hause gewohnten Markenartikel auch in Tschechien nicht zu verzichten braucht. Ebenso verhält es sich mit **Babynahrung.**

# Mit Kindern unterwegs

Burgen und Schlösser, Museen und Galerien sind Umgebungen, die für Kinder eher uninteressant sind. Damit auch Kinder auf ihre Kosten kommen, hier folgende Tips:

# Lernen und Arbeiten

Wenn jemand aus dem westlichen Ausland einem Tschechen erzählt, daß er in Tschechien arbeiten möchte, wird der glauben, daß der Volontär verrückt geworden ist. Warum, wird er oder sie denken, wo das Gehalt doch so niedrig ist? Für diejenigen, die es trotzdem tun wollen, hier folgende Hinweise:

Wer in Tschechien arbeiten möchte, benötigt eine **Arbeitserlaubnis** und eine **Aufenthaltserlaubnis.** Wenn man eine Arbeitsstelle hat, bereitet es in der Regel kein Problem, die zwei oben genannten legalen Hürden zu nehmen. Als erheblich schwieriger erweist es sich im Vergleich dazu, eine **Wohnung** zu finden, was besonders auf Prag zutrifft. Da Wohnungen hier absolute Mangelware sind, werden besonders von Ausländern überhöhte Mieten verlangt.

# Maße und Gewichte

Maße und Gewichte sind in Tschechien mit denen in Deutschland identisch. Ein Unterschied zwischen beiden Ländern besteht darin, daß man in Tschechien nicht 100 Gramm, sondern 10 Dekagramm Schinken bestellt und daß der Begriff Pfund unbekannt ist. Stattdessen sagt man ein halbes Kilo (půl kila).

# Nachtleben

Obwohl sich auch dieser Bereich in den letzten Jahren verändert hat, ist das tschechische Nachtleben, verglichen mit dem anderer europäischer Städte, dürftig. Dominiert wird es von Bars, Discos, Varietés und Nachtclubs, in denen zu mitternächtlicher Stunde Striptease dargeboten wird.

Neben diesen Etablissements existieren besonders in Prag und Brno viele Jazzclubs, die von einem breiten Publikum besucht werden.

# Prostitution

Prostitution ist besonders in Prag, Cheb, Teplice sowie im gesamten Grenzgebiet sehr verbreitet. Versuche der Behörden, die Prostitution aus dem Straßenbild zu verbannen, sind bis dato erfolglos geblieben. Über ein **Gesetz** in dieser Richtung wird schon seit Jahren erfolglos im Parlament diskutiert, da die Meinungen zu diesem Thema extrem auseinanderklaffen. Während die einen meinen, man solle Prostitution verbieten, meinen andere, sie solle als Gewerbe legalisiert werden. Als Folge dieser Meinungsverschiedenheiten bleibt Prostitution wie bisher ein grauer Bereich, in dem eine wachsende Zahl junger Frauen in ungesicherten Verhältnissen und unter sozialem Druck ihr Leben fristet.

# Öffnungszeiten

**Banken und Wechselstuben** sind von 8.00 Uhr bis 18.00 Uhr geöffnet, manche haben zwischen 12.00 und 13.00 Uhr Mittagspause.

**Museen und Galerien** gewähren in der Regel (außer montags) von 8.00/9.00 Uhr bis 17.00/18.00 Uhr Einlaß.

**Burgen und Schlösser** sind von Mai bis September von 9.00 bis

Praktische Tips

39

17.00/18.00 Uhr geöffnet. Im April und im Oktober kann man die meisten Burgen und Schlösser nur samstags und sonntags besichtigen, in den Wintermonaten sind sie geschlossen.

Die Öffnungszeiten der **Geschäfte** sind unter dem Abschnitt "Einkäufe" einige Seiten zuvor aufgeführt.

## Post

Die Postämter sind im allgemeinen montags bis freitags von 7.30 bis 18.00 Uhr geöffnet, samstags von 8.00 bis 12.00 Uhr.

Ein Brief nach Deutschland muß mit 8 Kč, eine Postkarte mit 5 Kč frankiert werden. Die Post ist etwa 3-5 Tage bis nach Deutschland unterwegs.

## *Radfahren*

Auch in Tschechien ist Radfahren in der letzten Zeit "in". Besonders im Sommer sind überall im Lande Radler unterwegs. Die **besten Bedingungen für Radtouren** bieten West- und Südböhmen mit ihren sanften Hügellandschaften. Hier erwarten den Radtouristen nicht nur alte Schlösser und Burgruinen, sondern auch idyllische kleine Orte mit weißgetünchten Häusern und roten Dachziegeln. Wenn es Radlern zu heiß wird, brauchen sie hier nicht weit zu fahren, um einen Teich zu finden, in dem man sich erfrischen kann.

● Im Sommer 1998 wurde **zwischen Wien und Prag** ein markierter **Radweg** eröffnet. Die ganze Strecke ist 450 km lang (auf der tschechischen Seite 416 km) und führt über nicht sehr stark befahrene Straßen. Auf der tschechischen Seite ist sie durch **schwarz-**

Prager Impressionen (KW)

**gelbe Schilder** mit einem Fahrrad und der Entfernung zum nächsten Ort gekennzeichnet. Der tschechische Teil der Strecke beginnt am Grenzübergang Schrattenberg/Valtice und führt weiter über Mikulov, Vranov nad Dyjí, Staré Město pod Landštenem nach Jindřichův Hradec. Hier beginnt der landschaftlich schönste Teil der Strecke, der bis Planá nad Lužnicí führt. Weiter geht es über Tábor, Sedlec-Prčice, Sedlčany, Neveklov, Týnec nad Sázavou und Průhonice nach Újezd bei Prag, unweit der U-Bahn Linie C, Station Háje. Wir empfehlen den Radführer mit Karte: Cykloprůvodce Praha-Wien, 1:175.000, Greenways, Verlag SHOcart, Zlín.

# Reisezeit

Zu den schönsten und für den Besucher angenehmsten Monaten in Tschechien gehören April, Mai, September und Oktober. Herbst- und Frühlingstage können besonders auf dem Lande wirklich märchenhaft sein. Im Sommer kann es in Prag sehr heiß sein, auch ist die Stadt dann voll von Touristen aus aller Herren Länder. Dies trifft noch extremer auf Ostern und Pfingsten zu, wenn die Stadt vor Touristen aus ihren Nähten zu platzen scheint.

# Sicherheit

Die **Kriminalitätsrate** steigt in Tschechien von Jahr zu Jahr. Während Prag bis 1989 eine relativ ruhige und sichere Stadt war, ist dies gegenwärtig nicht mehr der Fall.

Zu den verbreitetsten Delikten gehören **Raubüberfälle,** die meistens nachts geschehen. Falls man

auf der Straße überfallen wird, sollte man dies unverzüglich der Polizei melden, obwohl die Aufklärungsrate solcher Verbrechen sehr gering ist. Um so wichtiger ist es, Vorbeugungs-maßnahmen zu ergreifen. Man sollte niemals sein gesamtes Geld bei sich tragen und das, was man nicht unmittelbar braucht, im Hotel deponieren. Eine andere Möglichkeit besteht darin, einen Geldgürtel oder einen nicht gut sichtbaren Geldbeutel bei sich zu tragen.

Sehr verbreitet ist auch **Autodiebstahl.** Man sollte deshalb ausschließlich auf bewachten Parkplätzen parken. In Prag gibt es einige rund um die Uhr bewachte Parkplätze und Parkhäuser (z.B. am Hauptbahnhof und in der Nähe des Smetanatheaters), wo man seinen Wagen abstellen sollte, falls die eigene Unterkunft keinen bewachten Parkplatz besitzt. In anderen Städten gibt es bewachte Parkplätze meistens bei den großen Hotels. Auch wenn man dort nicht wohnt, ist es normalerweise erlaubt, dort zu parken.

# Sport und Erholung

**Wasserwandern** ist sehr populär in Tschechien. Da mittlerweile an einigen Orten an der Moldau Kanuverleihe existieren, braucht man sein Kanu nicht mehr von zu Hause mitzubringen, um die Moldau zu befahren. Auch Schutz-Anzüge und anderes Zubehör wird hier verliehen, zudem existiert ein Abholservice für die Wassersportler (s. Vyšší Brod).

*Praktische Tips*

**Wandern** hat eine lange Tradition im Lande, und alle Wanderwege sind gut markiert. Gute Möglichkeiten zum Wandern bieten das Riesengebirge, der Böhmerwald sowie das Jeseníky- und das Beskydy-Gebirge in Mähren. Sehr zu empfehlen sind die Wanderkarten des tschechischen Touristenclubs (Klub českých turistů-KČT), die in Buchhandlungen erhältlich sind.

**Skifahren** ist der populärste Wintersport in Tschechien. Die bekanntesten Wintersportzentren befinden sich im Riesengebirge, wobei man hier keine Pisten und Infrastruktur wie in den Alpen erwarten darf.

# Sprache

Als deutschsprachiger Tourist wird man im Dienstleistungssektor besonders in Prag keine Probleme haben, da Hotelpersonal, Kellner und Reisebüroangestellte meistens **Deutsch** oder **Englisch** sprechen. Schwierigkeiten können beim Einkaufen entstehen, da die meisten Verkäuferinnen lediglich Tschechisch sprechen.

Falls man sich auch außerhalb des "Schnitzel-und-Bier-Bereiches" mit Tschechen in Deutsch oder Englisch unterhalten will, wird man feststellen, daß dies in der Regel nicht einfach ist, da nur wenige Tschechen diese Sprachen so gut beherrschen, daß man mit ihnen problemlos auch über anspruchsvolle Themen sprechen kann. Doch die Zeiten ändern sich. Als Folge der Öffnung der Grenzen im Jahre 1989 arbeiten oder studieren viele junge Tschechen im Ausland und erwerben dabei Fremdsprachenkenntnisse.

Man sollte als Tourist versuchen, ein paar Brocken **Tschechisch** zu sprechen, denn man kann als ausländischer Besucher nicht davon ausgehen, daß alle Tschechen Deutsch oder Englisch sprechen können oder wollen. Einen Beitrag zur Lösung der Sprachprobleme leisten der Kauderwelsch- Sprachführer "Tschechisch Wort für Wort" aus dem *Reise Know How - Verlag Peter Rump* und das kleine deutsch-tschechische Glossar am Ende dieses Reisehandbuches.

# Telefonieren

Neben öffentlichen **Münzfernsprechern** wurden in den letzten Jahren auch öffentliche **Kartentelefone** eingeführt. Ein Ortsgespräch (d.h. eine Einheit) kostet 3 Kč, eine Minute nach Deutschland, Österreich oder in die Schweiz kostet etwa 16 Kč. Die **Telefonkarten,** die auf Postämtern verkauft werden, sind bedauerlicherweise von Zeit zu Zeit ausverkauft, da der Vertrieb nicht reibungslos funktioniert. Ebenfalls erhältlich sind die Karten in vielen Kiosken. Allerdings sind sie hier etwas teurer als auf der Post. Eine Telefonkarte mit 50 Einheiten kostet 150 Kč, mit 80 Einheiten 240 Kč und mit 100 Einheiten 300 Kč.

Eine Alternative zu den öffentlichen Telefonzellen bieten die **Postämter,** wo man in den meisten Fällen eine Kabine zugewiesen bekommt, selbst wählt und am Ende den fälligen Betrag bezahlt. An manchen Postämtern wird eine Vorauszahlung von 100 Kč verlangt, die am Ende verrechnet werden.

## *Sommerzeit*

Ähnlich wie in anderen Ländern der Europäischen Union ist auch in Tschechien vor einigen Jahren die Sommerzeit eingeführt worden.

## *Unterkunft*

War es vor einigen Jahren noch schwierig, in Tschechien ein Hotelzimmer zu finden, hat sich die Situation im Zuge der *Privatisierung des Hotelwesens* grundsätzlich verändert. Überall im Lande werden neue Hotels und Pensionen erbaut sowie

die alten rekonstruiert und modernisiert.

Besonders *in Prag* ist das Angebot an Betten zur Zeit größer als die Nachfrage, leider besonders in der Kategorie der 4- und 5-Sterne-Hotels. In der Kategorie der 2- und 3-Sterne-Hotels ist das Angebot im Vergleich dazu nicht so breit. Zu Engpässen kann es besonders zu Ostern, zu Pfingsten, am Jahreswechsel und während der Sommerferien kommen.

### *Hotels*

Die alte sozialistische Hotelklassifizierung gilt nicht mehr. Stattdessen wird nun das international verbreitete *Sternesystem* benutzt. Dazu einige Bemerkungen: Alle vor kurzem neuerbauten 4- und 5-Sterne-Hotels entsprechen dem *westlichen Stan-*

Grand Hotel Europa (KW)

**dard** dieser Kategorie, was auch für die meisten neuen 3-Sterne-Hotels gilt. Anders verhält es sich oft bei den alten, in der Regel zwar gelifteten 3-Sterne-Hotels, deren Leistungen dennoch oftmals nur den Leistungen von 2-Sterne-Hotels entsprechen. Hier sollte man sich gut informieren, bevor man bucht.

### Pensionen

So gut wie alle neueröffneten privaten Pensionen haben Zimmer mit Dusche und Toilette, Telefon, manche sogar mit Kabel- oder Satellitenfernsehen. Sie sind zwar einfach, aber modern eingerichtet. Die **Qualität** der angebotenen Leistungen ist meist auf gutem Hotelniveau, wobei die **Preise** niedriger sind. So ist es ohne Zweifel besser, in einer neuen Pension als in einem alten Hotel der sozialistischen Ära zu nächtigen. Kostenpunkt um 25-30 DM im DZ pro Person.

### Privatunterkunft

Wenn man mit dem Pkw durchs Land fährt, bemerkt man an vielen Häusern die Schilder "Zimmer frei", die auf Unterkünfte in Privatquartieren hinweisen. Sowohl in kleineren als auch in größeren Städten sollte es kein Problem sein, eine private Unterkunft zu bekommen.

Junges Radio für junge Leute (KW)

In größeren Städten einschließlich Prag ist es aus praktischen Gründen empfehlenswert, sich an **Zimmervermittlungen** zu wenden, die eine breite Auswahl von Zimmern in ihrer Kartei führen, so daß man hier mühelos das passende finden sollte. Die Zimmervermittlungen verfügen meist über Fotos der angebotenen Zimmer, so daß der Gast im vorhinein weiß, was ihn erwartet.

Wenn man **auf eigene Faust** sucht, ist es sinnvoll, sich das Zimmer anzusehen, bevor man es bucht. Mužu vidět pokoj? (Kann ich das Zimmer sehen?) Pro Person zahlt man zwischen 20 DM auf dem Lande und 30-35 DM in Prag.

### Jugendherbergen

Heute finden sich in dem IYHF-Verzeichnis einige einfache Hotels und Pensionen, die als **Jugendherbergen** klassifiziert sind. Von Deutschland aus können sie über *International Booking Network* im Hotel Beta in Prag, Hotel Interservis in Brno und Hotel Krakonos in Mariánské Lázně gebucht werden (Adressen siehe in den jeweiligen Ortskapiteln).

Was häufig in Reiseführern als Jugendherberge bezeichnet wird, CKM, Žitná 12, Prag 2, ist ein **Jugendhotel,** das meist voll belegt ist.

Eine weitere Möglichkeit, preiswert unterzukommen, bieten im Sommer auch die **Studentenheime** in Prag und anderen tschechischen Hochschulstädten, da diese während der Sommerpause zu "Jugendherbergen" umfunktioniert werden.

### Camping

In Tschechien gibt es über 200 **Campingplätze.** Die meisten liegen in der Nähe von Talsperren, Teichen, Seen, einfach überall, wo es eine **Bademöglichkeit** gibt.

Sehr viele Campingplätze bieten außer dem Platz für Ihren Campingwagen oder Platz zum Zelten auch die Möglichkeit, in einfachen kleinen **Holzbungalows** zu übernachten. Eine vorherige Reservierung ist empfehlenswert, da es eher unwahrscheinlich ist, daß man vor Ort eine der begehrten Hütten (bungalovy, chatky) ergattert.

### Preise

Was die Preise für Unterkunft betrifft, sollte man wissen, daß die **Luxushotels** beinahe so viel kosten wie in Deutschland, wenn man vor Ort bucht und zahlt. Wenn man nicht auf Vier-Sterne-Luxus verzichten will, empfiehlt es sich, eine Pauschalreise zu buchen.

Was die **mittlere Preislage** betrifft, muß man mit mindestens 150 DM für ein Doppelzimmer rechnen. Um die 100-150 DM kostet das DZ mit Dusche/WC in älteren Prager Hotels, für ein einfaches Zimmer ohne Dusche zahlt man um die 70 DM.

Generell empfiehlt sich für Besucher mit **weniger Geld** die Unterkunft in Pensionen oder bei Privatleuten.

### Buchung vor der Reise

In **ČEDOK-Zweigstellen** in Deutschland, Österreich und in der Schweiz

*Praktische Tips*

45

(Adressen s. Unterkapitel Informati-on) können auch Hotelunterkünfte gebucht werden. Leider gilt dies nur für 3-, 4- und 5-Sterne-Hotels.

Bei den folgenden zwei Reisebüros können sie von Deutschland aus Un-terkünfte in preiswerten Hotels und Pensionen buchen:

● AVE, Pod Barvířkou 6/747, 15000 Prag 5, Tel. 00420-2-57315191, Fax 00420-2-57 315193, e-mail: avetours@avetours.anet.cz, http://www.ave.anet.cz.
● Prague Tourist Center, Rytířská 12, 11000 Prag 1. Tel./Fax 00420-2-24212209, 2423 6047.

# Verkehrsmittel

Das Verkehrsnetz in Tschechien ist gut ausgebaut. Auch wenn man oh-ne eigenen Wagen kommt, wird man keine Schwierigkeiten haben, sich im Lande zu bewegen. Mit der *Bahn* oder dem *Bus* erreicht man auch entlegenere Ortschaften. Es ist be-sonders hervorzuheben, daß die tschechischen Transportmittel sehr *preisgünstig* sind. Zum Beispiel ko-stet die Fahrt mit dem Bus von Čes-ké Budějovice nach Prag (150 km) ungefähr 7 DM. Trotz der Preiser-höhungen sind Züge noch um eini-ges billiger als Busse.

Die einzige regelmäßige *Flugver-bindung nach Prag* unterhält die nordmährische Metropole Ostrava. Außer der ČSA fliegt die Strecke auch die private Air Ostrava, der Flug dauert ca. eine Stunde.

# Versicherungen

Für alle wertvollen Gegenstände, die man mit auf die Reise nimmt, emp-fehlen die Versicherungsgesellschaf-ten, eine *Reisegepäckversiche-rung* abzuschließen.

Da die Bedingungen zur Schadens-regulierung sehr umfangreich sind, sollte man genau überlegen, ob die-se Versicherung im Einzelfall wirklich sinnvoll ist.

Da zwischen Deutschland und Tschechien bis dato kein Versiche-rungsabkommen existiert, empfiehlt es sich ebenfalls, eine *Reisekran-kenversicherung* abzuschließen (s. auch Gesundheit). Bereits für weniger als 15 DM erhält man in Deutschland ganzjährig gültige Auslandskranken-versicherungen (max. Auslandsauf-enthaltsdauer jeweils ca. 40 Tage).

Betreffs *Autoversicherung* siehe Abschnitt Auto.

# *Land und Natur*

# Geographie

Tschechien liegt im zentralen Teil Europas und nimmt eine *Fläche* von 78.864 qkm ein. Die maximale Entfernung zwischen dem nördlichsten und dem südlichsten Punkt beträgt 278 km, zwischen dem westlichsten und dem östlichsten Punkt 493 km.

Das Land *grenzt* im Südwesten und Westen an Deutschland, im Norden an Polen, im Osten an die Slowakei und im Süden an Österreich. Die Grenze zu Deutschland hat eine Länge von 810 km, zu Polen 762 km, zur Slowakei 272 km und zu Österreich 466 km.

Von den Nachbarländern ist Tschechien fast vollständig durch *Gebirgszüge* getrennt. Die südwestliche Grenze zu Deutschland bildet der Böhmerwald (der Name *Český les* bezeichnet den nördlichen Teil und *Šumava* den südlichen Teil des Gebirges). Im Nordwesten wird Tschechien durch das Erzgebirge (Krušné hory) von Deutschland getrennt, die nördliche Grenze zu Polen verläuft durch das Jizerské-hory-Gebirge und das Riesengebirge (Krkonoše) mit der Schneekoppe (Sněžka), die mit 1.601 Metern der *höchste Gipfel* des Landes ist. An der nördlichen Landesgrenze erstrecken sich der Orlické-hory- und der Jeseníky-Gebirgszug. Die östliche Grenze, d.h. die Grenze zur Slowakei, bilden die Weißen Karpaten (Bílé Karpaty) und das Javorníky-Gebirge. Nur ein Teil der südlichen Grenze zu Österreich, und zwar der mährische, ist flach, denn auch die böhmische Grenze zu Österreich ist hügelig.

Auch im Landesinneren dominieren bis auf wenige Ausnahmen Gebirge und Hügelland. Das betrifft sowohl West-, Nord- und Südböhmen als auch die Gebiete an der historischen Grenze zwischen Böhmen und Mähren, an der sich die Böhmisch-Mährische Höhe (Českomoravská vysočina) erstreckt.

Die stark landwirtschaftlich genutzten *Ebenen* des Landes befinden sich vorwiegend im Elbebecken in Ost- und Mittelböhmen und im Zentrum Mährens zwischen den Städten Brno und Olomouc sowie südlich von Brno und im Becken des Morava-Flusses.

Das *Wasserstraßennetz* des Landes ist zwar dicht, jedoch sind die meisten Flüsse schmal und kurz. Geologisch Interessierte wissen, daß durch Tschechien die Wasserscheide verläuft, die Nord- und Ostsee vom Schwarzen Meer trennt. Die Moldau (tsch. *Vltava),* dank *Smetanas* gleichnamiger Symphoniedichtung der bekannteste Fluß des Landes, ist mit 433 km der längste tschechische Strom. Die Moldau, die im Böhmerwald entspringt, fließt in Süd-Nord-Richtung. Kurz hinter Prag mündet die Moldau in die Elbe.

Der zweitwichtigste Fluß des Landes ist die 364 km lange Elbe (tsch. *Labe),* die in Ost-West-Richtung fließt und bei der Stadt Děčín die tschechisch-deutsche Grenze passiert. Der bedeutendste Fluß in Mähren ist die Morava, die in Nord-Süd-Richtung fließt und bei der slowakischen Hauptstadt Bratislava in die Donau mündet.

# Klima

Das Wetter in Tschechien ist durch **kontinentales Klima** geprägt, was heiße Sommer und kalte Winter bedeutet. Im Zuge der allgemeinen Erwärmung und Klimaveränderung waren auch in Tschechien in den vergangenen Jahren einige **Veränderungen** zu beobachten. So waren die vergangenen Winter nicht mehr so kalt wie die Winter vor 20 Jahren.

Damit einhergehend waren auch die Schneewerte niedriger. Andererseits geschah es einige Male, daß die Temperaturen bis auf minus 15-20 Grad fielen und mehrere Wochen auf diesem niedrigen Stand blieben. Die Sommer der vergangenen Jahre waren heiß. Im Sommer 1994 hielten sich Durchschnittstagestemperaturen von 30-35 Grad anderthalb Monate lang!

Land und Natur

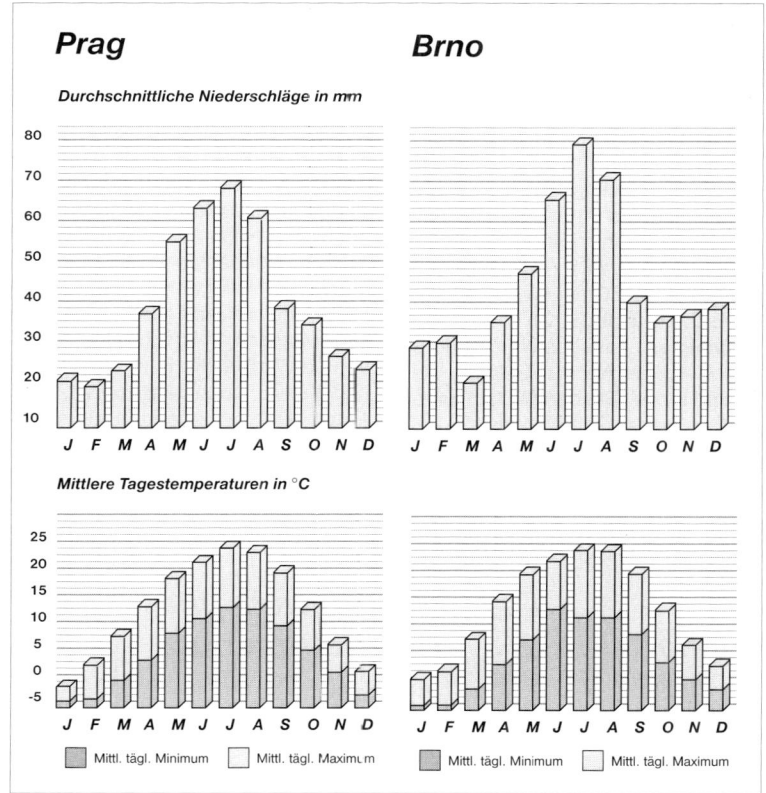

**Prag**

**Brno**

*Durchschnittliche Niederschläge in mm*

*Mittlere Tagestemperaturen in °C*

Mittl. tägl. Minimum    Mittl. tägl. Maximum

Mittl. tägl. Minimum    Mittl. tägl. Maximum

# *Flora*

Auf tschechischem Gebiet wachsen einige Tausend Arten von Pflanzen mitteleuropäischer Flora. Die **Pflanzenstruktur** variiert entsprechend der Höhe des Gebietes und ist der deutschen ähnlich. Zu den meistverbreiteten Laubbäumen gehören Buche, Eiche, Ahorn, Kastanie, Weide und Linde. Bei den Nadelbäumen sind es Tanne, Fichte und Kiefer.

Die obere **Waldgrenze** liegt auf einer Höhe von etwa 1.200-1.300 Metern. Höher liegt dann die subalpine Zone, zu deren typischem Waldbestand Latschenkiefern gehören.

# *Fauna*

Die tschechische Fauna ist der deutschen und österreichischen ähnlich. Zu den meistvertretenen Tierarten gehört das **Rotwild.** Insgesamt leben in tschechischen Wäldern etwa 250.000 Rehe und 25.000 Hirsche. Es ist besonders in West- und Südböhmen nichts Außergewöhnliches, Rehe am Wald und Wiesenrand zu beobachten. Außerdem leben in den Waldgebieten des Landes zahlreiche **andere Tierarten,** wie z.B. Mufflons, Wildschweine, Luchse und Wildkatzen, aber auch Bären und Wölfe. Doch sind die letzteren selten und vorwiegend in abgelegenen Gebirgsregionen zu finden. Auch sind hier kleinere Tierarten wie Hasen, Fasane und Rebhühner zahlreich vertreten.

# *Umwelt- und Naturschutz*

### *Umweltschutz*

Das **Umweltbewußtsein** der Tschechen ist leider noch nicht sehr weit entwickelt. Der Grund hierfür ist in vierzig Jahren kommunistischer Ignoranz hinsichtlich ökologischer Probleme zu suchen. Die Themen Luftverschmutzung, Smog, Waldsterben, saurer Regen u.a. waren während der kommunistischen Herrschaft tabu. Doch im Zuge des gesellschaftlichen Wandels haben sich auch einige Umweltschutzorganisationen gebildet.

Bis jetzt gibt es jedoch **noch keine konsequente Umweltschutzpolitik** in Tschechien, was nicht dem Umweltminister zuzuschreiben ist, sondern seinen Kollegen, die Umweltpolitik für zweitrangig halten. Das Wort des Umweltministers hat dementsprechend wenig Einfluß. Viele seiner Vorschläge und Entscheidungen werden von seinen Kabinettskollegen nicht ernst genommen. Ein Beispiel für diese Haltung war die Reaktion des Kabinetts auf die abschlägige Entscheidung des Umweltministers in bezug auf ein geplantes Zementwerk am Rande der Karstregion in der Nähe der Stadt Beroun 1994. Nach vehementen Protesten übten Regierungsmitglieder massiven Druck auf den Umweltminister aus, der den Bau 1995 bewilligte.

Daß diese Politik auf Widerspruch in der Bevölkerung trifft, zeigen Umfrageergebnisse, bei der 60% der tschechischen Bevölkerung ihrer Regierung eine schlechte Umweltpolitik attestieren. Als einer der führenden **Gegner ökologischer Positionen** muß Premierminister *Václav Klaus* genannt werden, der in Interviews keinen Hehl daraus macht, daß er dem freien Spiel der Marktkräfte weit höhere Priorität einräumt als ökologischer Verantwortung.

Aus Gründen der Fairness muß man jedoch zugeben, daß die Aufgaben der Regierung auf dem Gebiet des Umweltschutzes zu groß sind, um sie im Handumdrehen bewältigen

Land und Natur

Hopfen

zu können. Vierzig Jahre kommunistischer Vernachlässigung dieser Problematik haben in manchen Gebieten **ökologische Desaster** hinterlassen. Besonders schlimm ist die Lage in Nordböhmen, wo sich die Kohle- und Chemieindustrie konzentriert, und in Nordmähren, wo die Stahlindustrie ansässig ist. Bereits vor zwanzig Jahren berichteten europäische Umweltorganisationen über Waldsterben, Smog und sauren Regen in diesen Gebieten.

Die amtierende Regierung hat als **Maßnahmen zur Verbesserung der Situation** beschlossen, den Braunkohleabbau in Nordböhmen allmächlich zu begrenzen und die ökologisch katastrophalsten Kohlekraftwerke im Lande außer Betrieb zu setzen. Die Rolle der Kohlekraftwerke bei der Energiegewinnung sollen in Zukunft Atommeiler übernehmen. Während die Entscheidung, einige der Braunkohlekraftwerke und Kohlereviere zu schließen, im benachbarten Sachsen begrüßt wurde, trafen diese Ideen bei den betroffenen tschechischen Arbeitern auf wenig Gegenliebe.

Die schwierige ökologische Problematik wird ebenfalls am **Bau eines Atomkraftwerks** in Temelín bei České Budějovice, etwa 50 km von der österreichischen und bayrischen Grenze entfernt, deutlich belegt. Dieser stößt sowohl bei Politikern als auch bei Umweltschutzorganisationen der Nachbarländer auf vehemente Ablehnung. Das AKW, das russischen Typs ist, soll mit einem US-amerikanischen Sicherheitssystem der Firma *Westinghouse* ausgestattet werden. Die österreichische Regierung versuchte, beim amerikanischen Senat ein Verbot der Lieferung durchzusetzen, doch vergebens. Dieses Beispiel illustriert die nicht gerade beneidenswerte Lage der tschechischen Regierung in Sachen Umweltschutz.

## Naturschutz

Die **ersten Naturschutzgebiete** in Böhmen und Mähren wurden bereits während der Zeit der k.u.k. Monarchie gegründet. Zu den ersten gehörten der Wald Hojná Voda südlich von Budweis, der 1838 zum Schutzgebiet erklärt wurde. Im gleichen Jahre wurde auch der Boubín-Urwald im Böhmerwald zum Schutzgebiet erklärt. Insgesamt gibt es in Tschechien etwa 1.600 Naturschutzgebiete.

Die heutige Gesetzgebung unterscheidet je nach Lage, Wichtigkeit und Größe sieben **Arten von Naturschutzgebieten.**

● **Nationalpark** *(Národní park):* Er ist ein Gebiet, das im Laufe der Zeit nur wenig von menschlicher Tätigkeit umgeformt wurde. Das Ziel der Schutzmaßnahmen ist die Erhaltung des bestehenden Ökosystems. Insgesamt gibt es in Tschechien drei Nationalparks mit einer Gesamtfläche von 1.398 qkm.

Der im Süden gelegene Nationalpark Šumava (Böhmerwald) an der Grenze zu Deutschland hat eine Fläche von 950 qkm und ist damit der größte des Landes. Er wurde im Jahre 1963 gegründet. Im gleichen

Jahr wurde der Nationalpark Krkonoše (Riesengebirge) gegründet. Er bedeckt eine Fläche von 385 qkm. Dieser Nationalpark erstreckt sich auch auf der polnischen Seite des Riesengebirges. Der Nationalpark Podyjí ist der dritte Nationalpark und wurde im Jahre 1991 errichtet. Er befindet sich in der Nähe der mährischen Stadt Znojmo. Der kleine Nationalpark (Gesamtfläche: 63 qkm) wird von einem 150 Meter tiefen Canon des Flußes Dyje und dessen unmittelbarer Umgebung gebildet.

●*Naturschutzgebiet* (*Chráněná krajinná oblast*)*:* Es steht an zweiter Stelle in der Hierarchie. Insgesamt gibt es in Tschechien 24 Naturschutzgebiete mit einer Gesamtfläche von 10.254 qkm. Es handelt sich um ausgedehnte Gebiete, deren heutiges Aussehen das Resultat der Auseinandersetzung des Menschen mit den Kräften der Natur ist. Zu den bekanntesten Naturschutzgebieten gehört Šumava (Böhmerwald). Ein weiteres Naturschutzgebiet existiert bei Moravský kras (Mährischer Karst) in der Karstregion nördlich von Brno. Außer einigen Tropfsteinhöhlen befindet sich hier auch die 138 Meter tiefe Schlucht Macocha. Sehr bekannt ist das Naturschutzgebiet Labské pískovce (Elbesandsteine), auch als Böhmische Schweiz bekannt, das unweit Děčín direkt an der Grenze zu Sachsen liegt. Die zwei mährischen Naturschutzgebiete Jeseníky und Beskydy bieten Gebirgswälder mit sehr guten Wandermöglichkeiten. Von ausländischen Touristen werden diese Gebiete bis dato kaum besucht.

●*Staatliches Naturreservat* (*Státní přírodní rezervace*)*:* Es steht an dritter Stelle der Hierarchie von Naturschutzgebieten. Insgesamt gibt es in Tschechien ca. 1.500 Reservate mit einer Gesamtfläche von 74.000 ha. Hierbei handelt es sich meist um kleinere Gebiete mit weitgehend unberührten Ökosystemen.

●*Geschützter Fundort* (*Chráněnénáleziště*)*:* Er ist ein kleines Gebiet, in dem lediglich ein Bestandteil (Mineral, Baum, Blume, Vogel) der Natur unter Schutz steht.

●*Geschützte Parkanlagen und Gärten* (*Chráněné parky a zahrady*)*:* Sie sind künstlich angelegte Parkanlagen, die historisch oder botanisch für wertvoll befunden werden.

●*Geschützter Naturfundort* (*Chráněná přírodní památka*)*:* Er ist ein Monument, das durch die Interaktion von Mensch und Natur geschaffen wurde, z.B. ein Altes Grubenbergwerk.

●*Geschütztes Naturgebilde* (*Chráněný přírodní výtvor*)*:* Es ist ein Element der Natur, das als wertvoll und schützenswert gilt, z. B. ein alter Baum, eine Quelle oder eine Baumallee.

In einigen Naturschutzgebieten wurden *naturwissenschaftliche Lehrpfade* eingerichtet. Offenes Feuer oder wildes Campen ist in Naturschutz gebieten selbstverständlich verboten.

Alle diese Schutzgebiete sind mit einem *Schild* gekennzeichnet, das mit dem Wappen der Tschechischen Republik, einer Karte und dem Namen des Gebietes versehen ist. Die oben genannten tschechischen Be-

*Land und Natur*

griffe werden Ihnen helfen, die Kategorie des Schutzgebietes zu erkennen.

Denjenigen, die sich für Naturschutzgebiete interessieren, empfiehlt sich die **Karte** der Naturschutzgebiete der Tschechischen Republik (Chráněná území přírody České republiky), Maßstab: 1:500.000, herausgegeben vom Verlag *Žaket,* Roztoky u Prahy. Sie enthält auch ein Verzeichnis der etwa 1.600 geschützten Flora- und Faunaarten. Die Beschriftung ist leider nur in Tschechisch.

# *Staat und Gesellschaft*

# *Staatssymbole*

## *Staatswappen*

Das Staatswappen der Tschechischen Republik wird von einem in vier gleiche Felder geteilten Schild gebildet. Das obere linke und das rechte untere Feld zeigen auf rotem Hintergrund das traditionelle **Symbol des böhmischen Staates:** der silberne Löwe in Kampfstellung. Das zweischwänzige Wappentier trägt eine Königskrone. Das obere rechte Feld zeigt vor blauem Hintergrund einen rotsilbernen Adler, traditionelles **Symbol von Mähren.** Links unten ist auf gelbem Hintergrund das **Symbol von Schlesien** abgebildet: ein schwarzer Adler, der auf der Brust einen Halbmond trägt. Das Zentrum des Halbmondes wird von einem Kreuz gebildet, die beiden Enden werden von Kleeblättern geschmückt.

## *Geschichte des Wappens*

Soviel man heute weiß, erschien das **böhmische** königliche **Symbol** erstmals auf der Titelseite des Passionals der Äbtissin *Kunhuta,* der Schwester des Königs *Přemysl Otakar II.,* welches aus den Jahren 1313-1321 stammt. Auf diesem Wappen ist der silberne Löwe vor rotem Hintergrund dargestellt. Über dem Wappen befindet sich die Aufschrift Boemie.

Das **Wappen des mährischen Landes,** das Bestandteil des böhmischen Königreiches war, erschien erstmals im Heidelberger Kodex Manesse aus dem 14. Jh. Es handelt sich um einen rot-silbern gewürfelten Adler. Man nimmt an, daß dieses Symbol aus dem ursprünglichen Zeichen der Přemysliden abgeleitet wurde.

Während der Regentschaft der Luxemburger Dynastie wurden die einzelnen schlesischen Fürstentümer zum Bestandteil des böhmischen Königreiches (Corona regni Bohemiae). Man vermutet, daß das **Wappen Schlesiens,** ein schwarzer Adler, aus dem Wappen des Wroclawer Fürstentums abgeleitet wurde. Da ein kleiner Teil Schlesiens auch heute noch Bestandteil der Tschechischen Republik ist, hat sich der schlesische Adler im Staatswappen von Tschechien erhalten.

Die **viergeteilte Struktur des Wappens,** in denen die einzelnen Symbole plaziert sind, ist sehr alt. Sie prägte bereits das Wappen der polnischen Königsdynastie der Jagiellonen, die zeitweilig auch Könige von Böhmen waren. Im Jahr 1527 benutzte *Albrecht Dürer* diese Struktur bei dem Wappenentwurf für *Ferdinand I.,* dem ersten Habsburger auf böhmischem Thron. Von diesem Wappen sind dann später viele Variationen abgeleitet worden.

## *Staatsfahne*

Die tschechische Nationalfahne ist mit der Fahne der ehemaligen Tschechoslowakei identisch. Die Fläche der Fahne ist horizontal in eine obere weiße und eine untere rote Hälfte geteilt. Die linke Seite schließt mit einem blauen Dreieck ab. Die Fahne entstand nach der Gründung der Tschechoslowakischen Republik im Jahr 1918.

## *Staatshymne*

Der Text der tschechischen Staatshymne lautet: *"Kde domov můj"* (Wo ist meine Heimat) und war ursprünglich ein **Lied aus der Oper "Fidlovačka",** die 1834 im Ständetheater in Prag uraufgeführt wurde. Komponiert wurde die Oper vom damaligen Kapellmeister des Theaters, *František Škroup.* Da die Oper ein

Flop war, wurde sie bereits nach zwei Aufführungen abgesetzt. 30 Jahre später, als die **tschechische Nationalbewegung** in vollem Gange war, entdeckte man Libretto und Noten der Oper wieder, und es kam zu vielen Aufführungen.

Es kristallisierte sich nach einiger Zeit heraus, daß das Lied "Wo ist meine Heimat", das die Schönheiten des Landes besingt, wie kein anderes vom tschechischen Volk **als Nationalhymne akzeptiert** wurde. Trotz der großen Popularität des Liedes fand es nicht die ungeteilte Zustimmung der Führer der tschechischen Nationalbewegung, die schließlich an den Komponisten *Bedřich Smetana* herantraten und diesen baten, eine Nationalhymne zu komponieren. *Smetana* jedoch lehnte dies mit der Erklärung ab, daß das Volk seine Hymne bereits gewählt hätte.

Den **Höhepunkt seiner Popularität** erreichte "Wo ist meine Heimat" während des Ersten Weltkrieges, als viele tschechische Soldaten in der k.u.k. Armee kämpften.

Erst nach der Entstehung der Tschechoslowakei im Jahr 1920 wurde dem Lied der **offizielle Status der Nationalhymne** verliehen.

# Geschichte

## Frühe Geschichte

Die **ältesten von Menschen gefertigten Geräte,** die auf dem Gebiet der heutigen Tschechischen Republik gefunden wurden, sind nach Schätzungen von Experten etwa 1,7 Mio. Jahre alt. Sie wurden unlängst beim Bau der Autobahn Praha – Plzeň in der Nähe der Stadt Beroun entdeckt. Zahlreicher sind archäologische Funde aus der **Steinzeit.** Diese zeugen davon, daß in der Zeit zwischen 40.000 und 10.000 v. Chr. das Gebiet von Jägern und Sammlern besiedelt war. Die wichtigsten archäologischen Entdeckungen aus dieser Zeit stammen aus Südmähren. Zu den berühmtesten gehört die sogenannte Venus von Věstonice, eine kleine Frauenfigur, die von einigen Anthropologen als Beleg für eine matriarchalische Gesellschaftsform interpretiert wird. Neben der kleinen Statue aus gebranntem Lehm wurden nahe dem südmährischen Ort Dolní Věstonice auch Reste von Mammuts, kleine Keramikfiguren und einige Gräber entdeckt.

Noch zahlreicher sind Funde, die aus der **Bronze- und Eisenzeit** stammen und die zum Beispiel in Únětice bei Prag ausgegraben wurden. Zu den ersten heute identifizierbaren Völkern, die im heutigen Tschechien lebten, gehörten die **Kelten** (im 4. Jh. v. Chr.). Man vermutet, daß nach dem keltischen Stamm der Bojer auch das Land benannt wurde und daß der lateinische **Name Bohemia** dem Begriff Boiohemum entlehnt wurde. Die Kelten, die Hirten, Landwirte und Schmiede waren, lebten etwa seit dem 2. Jh. v. Chr. in befestigten Siedlungen (oppidum), von denen an vielen Orten Überreste erhalten geblieben sind. Zu den bekanntesten gehören Závist bei Zbraslav in der Nähe von Prag und Stradonice bei Beroun westlich von Prag.

Im 1. Jh. v. Chr. wanderten aus dem Norden **germanische Stämme** ein. Zu den bekanntesten gehören die Markomannen, die sich in Böhmen ansiedelten, und die Kvaden, die in Mähren ansässig wurden. Hier stießen diese Stämme an die Nordgrenze des römischen Imperiums, die entlang der Donau verlief. Zwischen Markomannen und Kvaden einerseits und **Römern** andererseits kam es Anfang unserer Zeitrechnung zu häufigen kriegerischen Auseinandersetzungen. Der römische Kaiserphilosoph *Marcus Aurelius* nahm am Krieg gegen die Markomannen teil und starb dabei im Jahr 180 bei Vindobona (Wien).

## Ankunft der Slawen

In der Zeit der **Völkerwanderung** zogen die germanischen Stämme in westlicher Richtung weiter. Auf dem freigewordenen Gebiet siedelten sich seit dem 5. Jh. **slawische Stämme** an, die aus dem Gebiet der heutigen Ukraine kamen. Erste schriftliche Dokumente, in welchen Slawen erwähnt werden, stammen aus dem 8. und 9. Jh. Verfasser dieser Schriftquellen waren arabische Kaufleute und fränkische Mönche.

Das erste Staatsgebilde der Slawen, das **Reich des Samo,** entstand wahrscheinlich irgendwo in Südmähren an der Grenze des avarischen Einflußbereiches in den zwanziger Jahren des 7. Jh. Als *Samo* identifiziert man heute einen fränkischen Kaufmann, der den Aufstand der Slawen gegen die Avaren führte. Nach dem erfolgreichen Ausgang des Aufstandes wählten ihn die Slawen vermutlich zu ihrem Führer. *Samos* Erfolgssträhne hielt an, so daß er im Jahr 631 sogar das Heer des Frankenkönigs *Dagobert* besiegen konnte. Jedoch war *Samos* Reich nur von kurzer Dauer und löste sich kurz nach dem Tod seines politischen Führers auf.

## Großmährisches Reich

Historischen Quellen zufolge **entstand** das Großmährische Reich **unter Fürst Mojmír I.** in der ersten Hälfte des 9. Jh. in Südmähren. Das Reich *Mojmírs I.* umfaßte das heutige Gebiet von Südmähren und der Westslowakei. Im Westen grenzte es an das Fränkische Königreich, mit dem *Mojmír* oft in kriegerische Konflikte verwickelt war.

Eine Folge der anscheinend nicht nur konfliktgeladenen grenzübergreifenden Kommunikation war die **Ausbreitung des christlichen Glaubens** über die Grenzen Frankens hinweg auf slawisches Gebiet.

Nach *Mojmírs I.* Tod im Jahre 846 übernahm sein Neffe **Rostislav** die Herrschaft. Die Feindschaft zum fränkischen König *Ludwig I.* und das Bestreben, den Einfluß der expansiv auftretenden fränkischen Bischöfe einzudämmen, führten *Rostislav* dazu, religiöse Unterstützung in Byzanz zu suchen.

Diese Orientierung war jedoch nicht von langer Dauer, denn im Jahr 870 wurde *Fürst Rostislav* von seinem Neffen *Svatopluk* gefangengenommen und an die Franken übergeben. **Svatopluk** übernahm die Nachfolge seines Onkels auf dem Thron. Während seiner Regierungszeit erreichte das **Großmährische Reich** seine **größte Ausdehnung.** Es umfaßte das Gebiet des heutigen Böhmen und Mähren, Südpolen und Nordungarn. *Svatopluk* starb im Jahr 894.

Seinem Nachfolger **Mojmír II.** gelang es in den folgenden Jahrzehnten nicht, das Reich zusammenzuhalten. Zuerst separierte sich Böhmen, wo einheimische Fürsten wieder die Oberhand gewinnen konnten, dann folgte Ungarn. Als *Mojmír II.* im Jahr 904 den Krieg gegen Ungarn verlor, bedeutete diese Niederlage das endgültige **Ende des Großmährischen Reiches.**

## Die Přemysliden

Nach dem Zerfall des Großmährischen Reiches bildete sich ein neues Machtzentrum in Böhmen. Die führenden **Fürstendynastien in Böhmen** waren damals die Přemysliden in Zentralböhmen und die Slavníkovci in Ostböhmen.

Der **erste historisch belegte Fürst der Přemysliden** hieß **Bořivoj,** der das Land von Prag aus regierte. Er wurde wahrscheinlich vom mährischen Erzbischof *Methodios* getauft und starb im Jahr 889. Seine Frau **Ludmila,** ein Opfer der herrschenden Rivalitäten zwischen westlicher und östlicher Orientierung, wurde 921 ermordet und später heiliggesprochen.

*Ludmila* war die Großmutter und Erzieherin des **Fürsten Václav (Wenzel),** der diesen Rivalitäten etliche Jahre später ebenfalls zum Opfer fiel. Nach *Václavs* Ermordung durch seinen Bruder *Boleslav* im Jahr 935 (nach anderen Quellen 929) in Stará Boleslav nördlich von Prag wurde des Fürsten Tod vor allem von fränkischer Seite zu einem Märtyrertod stilisiert und *Wenzel,* fortan **Schutzpatron der Tschechen,** heiliggesprochen.

Aus dem Jahrzehnte später stattfindenden **Machtkampf zwischen Přemysliden und**

## Zwei Mönche aus Byzanz in Mähren

Eines Frühlingstages im Jahr 864 kamen mit zahlreichen Begleitern aus Konstantinopel zwei Mönche in Mähren an. Sie hießen *Konstantinos* und *Methodios,* und sie folgten der Einladung des mährischen Fürsten *Rostislav.*

Warum nur hatte der **mährische Fürst** die Missionare aus dem weiten Byzanz eingeladen, hatte das Christentum seine Wurzeln in Mähren doch bereits vor der Ankunft der zwei Byzantiner gefaßt? Der Grund ihres Kommens lag in der Tatsache, daß die neue Religion der Bevölkerung von fränkischen Priestern gebracht worden war, was bedeutete, daß das Land kirchlich unter die Aufsicht des Passauer Bischofes und des Papstes gestellt wurde.

Mit dem Ziel, den **Einfluß der fränkischen Bischöfe** zu **schmälern,** wandte sich *Rostislav* zunächst an *Papst Nikolaus I.* in Rom. Er bat den Papst, ein neues mährisches Bistum zu schaffen, dem ein hiesiger Bischof vorstehen sollte. Als der Papst dies ablehnte, beschloß der mährische Fürst, **Hilfe im fernen Byzanz** zu suchen. Er bat das Oberhaupt der orthodoxen Kirche, den byzantinischen Kaiser *Michal III.,* Kirchenmänner nach Mähren zu entsenden. Seinem Willen wurde entsprochen, indem **Konstantinos** (auch *Kyrillos* genannt) und **Methodios,** zwei Brüder aus der griechischen Stadt Thessaloniki, nach Mähren geschickt wurden.

Da Thessaloniki damals von Makedoniern bewohnt war, sprachen die beiden Mönche **Makedonisch,** eine Variante des Altbulgarischen. Da diese Sprache dem Mährischen ähnelte, war eine wichtige Voraussetzung für die geplante Missionsaufgabe gegeben.

Noch vor der Abreise nach Mähren übersetzte *Konstantinos* zentrale religiöse Schriften aus dem Griechischen ins Makedonische. Aufgrund der mangelnden Kompatibilität des griechischen bzw. makedonischen und mährischen Alphabets entwickelte er die neue **glagolithische Schrift.** In dieser Schrift wurden die Übersetzungen geschrieben.

Da *Methodios* und *Konstantinos* in Mähren ihre **Gottesdienste** in **altslawischer Sprache** abhielten, stießen sie auf heftige Kritik durch die fränkischen Priester, die die Messe in Latein zelebrierten. Die bessere Verständlichkeit des Altslawischen bescherte den Orthodoxen andererseits eine wachsende Beliebtheit in der Bevölkerung.

Die Nachricht, daß Gottesdienste nicht in Latein, sondern in Altslawisch abgehalten wurden, gelangte selbstverständlich auch nach **Rom,** wohin der weiterhin für Mähren zuständige Papst *Nikolaus I.* die zwei Brüder zitierte, um sie dazu zu vernehmen. Als sie dort im Jahr 867 ankamen, lebte *Nikolaus I.* nicht mehr. Da der neue Papst *Hadrian II.* weniger dogmatisch als sein Vorgänger war, gelang es den zwei Brüdern, Altslawisch als Kirchensprache zu verteidigen.

Nach dem Tode von *Konstantinos* im Jahr 869 und seiner Heiligsprechung wurde sein Bruder **Methodios** vom Papst im selben Jahr als **mährischer Erzbischof** geweiht. Nach Mähren zurückgekehrt, setzte er seine Missionsarbeit fort und kämpfte mit aller Kraft gegen die Politik der fränkischen Priester. Dies führte dazu, daß *Methodios* später noch einmal nach Rom reisen mußte, um seine Ansichten und vor allem die neue Kirchensprache zu verteidigen.

*Methodios'* Tod im Jahr 885 bedeutete zugleich auch das **Ende der byzantinischen Mission in Mähren.** Die lateinische Liturgie wurde wieder eingeführt, Schüler und Mitstreiter von *Methodios* wurden entweder eingekerkert oder des Landes verwiesen.

Die **Orthodoxen** fanden schließlich in Bulgarien und um Kiew herum eine **neue Heimat,** wo sowohl das Altslawische als Kirchensprache als auch die glagolithische Schrift überlebt haben. Bemerkenswert an dieser Schrift ist, daß sich aus ihr zunächst die kyrillische und später auch die russische Schrift entwickelten, die bis heute in Rußland, Bulgarien, in der Ukraine und in Serbien benutzt wird.

*Slavníkovci* gingen erstere als Sieger hervor. Nach der Ermordung der Slavníkovci durch *Boleslav II.* im Jahr 995 wurde dieser zum stärksten Fürsten im Lande. Nach der zwischen 1017 und 1029 stattfindenden *Eingliederung Mährens ins böhmische Reich* wurden die Grenzen des späteren Königreichs Böhmen und der heutigen Tschechischen Republik gesetzt.

Die Geschichte des Přemyslidenfürstentumes im folgenden Jahrhundert war durch ständige *Auseinandersetzungen mit den Nachbarstaaten* geprägt, die man dazu bewegen wollte, das neue Staatsgebilde anzuerkennen. Das Geschehen in der innenpolitischen Arena war während des 11. Jh. durch starke Rivalitäten gekennzeichnet.

Im Jahr 1085 wurde auf der Prager Burg *Vratislav I.* zum *ersten böhmischen König* gekrönt. Der Titel war ihm von *Heinrich IV.,* dem Kaiser des Heiligen Römischen Reiches Deutscher Nation, verliehen worden. Jedoch war der tschechische Königstitel zu dieser Zeit noch nicht erblich, so daß bis zur Krönung des zweiten tschechischen Königs *Vladislav II.* im Jahre 1158 nahezu 100 Jahre vergingen. *Vladislav I.* erhielt den Königstitel als Gegenleistung für seine militärische Unterstützung *Kaiser Friedrichs I. Barbarossa.* Die Krönungsfeierlichkeiten fanden in Regensburg statt.

Erst in der Sizilianischen Goldenen Bulle aus dem Jahr 1212 bestätigte *Kaiser Friedrich II.* den Königstitel des böhmischen Königs *Přemysl Otakar I.* und garantierte alle bis zu diesem Zeitpunkt erlangten Privilegien auch für seine Nachfolger.

Unter König *Přemysl Otakar II.,* der in den Jahren 1253-1278 regierte, *expandierte das böhmische Königreich* beträchtlich. Es erstreckte sich zu dieser Zeit vom Riesengebirge bis zur Adria. *Přemysl Otakar II.,* der achtundzwanzigste Herrscher der Přemyslidendynastie, herrschte 25 Jahre lang. Während seiner Regentschaft initiierte er die Gründung von 25 Städten, weitere 50 entstanden aufgrund der Eigeninitiative wirtschaftlich florierender Kommunen. *Přemysl Otakar II.,* auch der Goldene König genannt, starb im Jahr 1278 in der Schlacht am Marchfeld.

Nachfolger des Goldenen Königs wurde sein Sohn *Václav II.,* der im Jahr 1300 auch zum polnischen König gekrönt wurde. Mit ihm endete der Einfluß der Přemysliden in Mitteleuropa, denn mit der Ermordung seines Sohnes *Václav III.* im Jahr 1306 in Olomouc *starb die Přemyslidendynastie aus,* die über 400 Jahre das Schicksal Böhmens und Mährens bestimmt hatte.

## Johann von Luxemburg

Aus dem anschließenden Kampf um den tschechischen Thron ging *Johann von Luxemburg,* Sohn des römischen Kaisers *Heinrich VII.,* erfolgreich hervor. Der Vierzehnjährige heiratete *Eliška,* die achtzehnjährige Witwe des letzten Přemyslidenkönigs *Václav III.* Im Jahr 1311 wurde *Johann von Luxemburg* in der Wenzelsbasilika auf dem Hradschin zum *böhmischen König* gekrönt.

Die erste Phase seiner Regentschaft war durch ständige *Auseinandersetzungen mit dem tschechischen Adel* geprägt, in deren Verlauf der Adel sich durchzusetzen vermochte. Damit wurde des Königs innenpolitische Position geschwächt, so daß sich *Johann von Luxemburg* mehr und mehr der *europäischen Politik* widmete. Seine Versuche, sein Königreich zu vergrößern, waren jedoch nur wenig erfolgreich. Die Besetzung einiger norditalienischer Städte dauerte nicht lange an, und sein Versuch, durch Heiratsallianzen Kärnten und Tirol für seine Nachkommen zu sichern, schlug fehl.

Doch gelang es *Johann von Luxemburg, Schlesien* und *Egerland zu integrieren.*

Im Jahr 1346 *starb Johann von Luxemburg* bei Kressenbrun in einer der ersten Schlachten des Hundertjährigen Krieges zwischen Frankreich und England, bei dem er als Verbündeter des französischen Königs agierte.

## Karl IV. und Wenzel IV.

*Václav* (seit 1323 *Karl),* Sohn von *Johann von Luxemburg* und *Eliška,* wurde am 14.5.1316 in Prag geboren. Etliche Jahre seiner *Kindheit* (1323-30) verbrachte er in Paris am Hofe seines Onkels, des französischen Kö-

Kaiser Karl IV. und König Wenzel IV. am Altstädter Brückenturm, 1390-1395

nigs *Karl IV.*, wo er als Siebenjähriger *Blanka von Valois* heiratete. Auch wurden ihm hier die Grundlagen von Politik, Diplomatie und Wissenschaft beigebracht. Im Jahr 1347 wurde er als *Karl IV.* zum böhmischen König gekrönt.

Als **böhmischer König und** seit 1355 auch als **römischer Kaiser** wählte er Prag zu seiner Hauptstadt. Als Folge dieser Entscheidung erreichte das rapide wachsende **Prag** einen **wirtschaftlichen und kulturellen Höhepunkt.** *Karl IV.* veranlaßte hier die Gründung der Universität und initierte den Bau einer langen Steinbrücke über die Moldau. Weiterhin beeinflußte er das Stadtbild durch die Gründung der Prager Neustadt. Auch den Hradschin ließ *Kaiser Karl* nicht unangetastet. Hier veranlaßte er den Umbau der Kathedrale, der, ebenso wie viele andere Bauvorhaben auch, von Baumeister *Peter Parler* projektiert wurde.

*Karl IV.* war ein **gebildeter Herrscher.** Er sprach Lateinisch, Französisch, Deutsch und Italienisch. Er war auch literarisch tätig und tat sich als Verfasser der Autobiographie "Vita Carolis" hervor.

**Wenzel IV.,** der nach dem Tode seines Vaters *Karl IV.* im Jahr 1378 zum böhmischen König gekrönt wurde, wird im Vergleich zu seinem berühmten Vater als **schwacher Herrscher** bewertet. Die außenpolitische Stellung des böhmischen Königs wurde während seiner Herrschaft geschwächt, seine Auseinandersetzungen mit dem Klerus begünstigten Tendenzen gesellschaftlicher Polarisierung. Diese Entwicklung spielt für das Verständnis der zeitgleich aufkeimenden Hussitenbewegung eine zentrale Rolle.

## Die Hussiten

Während der Regierungszeit *Wenzels IV.* wuchsen die **gesellschaftlichen Spannungen** im böhmischen Reich. Diese wurden in der Folgezeit ins religiöse Feld verlagert, wo sie unter Glaubensgesichtspunkten thematisiert wurden. Als ein wichtiger Faktor für die wachsenden Konflikte kann die Rolle des katholischen Klerus interpretiert werden, der, obschon Demut predigend, selbst in Wohlstand schwelgte.

Heerführer der Hussiten

Magister **Jan Hus,** ein beliebter Prediger in der beim Prager Bürgertum populären Prager Bethlehemskapelle, stand unter dem Einfluß der Schriften des englischen Kirchenreformators *John Wycliff.* Unterstützt von einer Allianz aus Bürgern und Geistlichen, die untere kirchliche Ränge bekleideten, trat *Hus* Anfang des 15. Jh. für die **Reform der Kirche und der Gesellschaft** ein. Seine Forderungen, die im wesentlichen die Rückkehr zur Einfachheit, zu biblischen Idealen und zur Armut der ersten Christen beinhalteten, stießen auf die Ablehnung des Papstes, des Kaisers und des hohen Klerus. Als man ihm verbot, in Prag zu predigen, verließ er die Stadt und begann fortan, in Südböhmen zu predigen. Damit erweiterte sich der Kreis seiner Sympathisanten und Schüler.

Da der katholische Klerus nicht vermochte, *Hus'* Einfluß einzudämmen, lud man den Magister nach Jahren der Auseinandersetzung unter dem Versprechen freien Geleits **nach Konstanz zum Konzil,** wo er seine Ansichten darlegen sollte.

Nachdem *Hus* auf das Angebot eingegangen war, wurde er vom Konzil verurteilt und **als Ketzer** im Jahr 1415 auf dem Scheiterhaufen **verbrannt.**

Vor dem Hintergrund sozialer Spannungen, die im Zusammenhang mit dem sich emanzipierenden böhmischen Bürgertum zu verstehen sind, trug *Hus'* Tod dazu bei, daß in Böhmen **Unruhen** ausbrachen, deren Initiatoren als Hussitenbewegung bezeichnet werden. Der Kampf der Hussiten gegen die Allianz aus Kirche und dem nach der böhmischen Krone trachtenden *Kaiser Sigismund,* endete nach vielen Schlachten mit der endgültigen **Niederlage der Hussiten** im Jahr 1434 in der Schlacht bei Lipany.

## Georg von Poděbrad und die Jagiellonen

Im Jahr 1458 wählten die böhmischen Stände **Georg von Poděbrad** zum böhmischen König. Dieser war der erste und gleichzeitig der letzte Vertreter des böhmischen Adels, der zum König gewählt wurde. Georg von Poděbrad herrschte in Böhmen von 1458 bis 1471. Seine **ausgleichende Politik** berücksichtigte sowohl die Interessen des Adels als auch die der Bürgerschaft.

Nach seinem Tode fiel die böhmische Krone an die polnische Dynastie der **Jagiellonen,** die von 1471 bis 1526 in Böhmen und Mähren herrschten. Mit dem Tode des letzten Jagiellonen im Jahr 1526 wurde der böhmische Thron wieder frei.

## Die ersten Habsburger

Die Wahl der böhmischen Stände fiel auf den österreichischen Erzherzog *Ferdinand von Habsburg,* der als **Ferdinand I.** zum böhmischen König gekrönt wurde. Mit dieser Wahl wurden die Habsburger zur stärksten und einflußreichsten Dynastie in Europa. *Ferdinands* Bruder, *Karl V.,* war nämlich seit 1516 König von Spanien und seit 1530 auch römischer Kaiser.

Mit Ferdinand I. begann in Böhmen und Mähren die **Herrschaft der Habsburger,** die bis zum Jahr 1918 andauerte. Einer der Gründe, aus denen die Stände gerade Ferdinand wählten, lag in dem Umstand, daß er vor seiner Wahl allen Forderungen der Stände zugestimmt hatte. Nach seiner Wahl jedoch unternahm er viele Anstrengungen, um die Macht der Stände zu verringern. Die **Streitigkeiten zwischen König und Ständen** mündeten im Jahre 1547 in den ersten Aufstand der böhmischen Stände gegen *Ferdinand* ein. Obwohl der Aufstand niedergeschlagen wurde, kam das Land nicht zur Ruhe. Die Auseinandersetzungen fanden auch auf religiöser Ebene statt: Katholische und protestantische Interessengruppen bekämpften einander insbesondere in der zweiten Hälfte des 16. Jh. Die dauernden Auseinandersetzungen wurden erst im Jahr 1609 befriedet, als *Kaiser Rudolf II.* den Protestanten die Religionsfreiheit bestätigte.

## Rudolf II. – Ein Sonderling auf dem Kaiserthron

*Rudolf II.,* römischer Kaiser und böhmischer König, gehört zu den bekanntesten Herrschern des Landes. Die Behauptung mag unglaubwürdig klingen, da Rudolf II. die Politik mied und die Regierungsgeschäfte wesentlich seinen Beratern überließ. Stattdessen widmete sich der Kaiser seinen **gewaltigen Kunstsammlungen,** die neben Gemälden und Skulpturen auch eine bizarre "Wunderkammer" enthielt. Nachdem Rudolf Prag als seine Residenzstadt gewählt hatte und mitsamt seinem Hof von Wien nach Prag gezogen war, erlebte Prag eine kurze Zeit der Blüte, da der kaiserliche Hof das wirtschaftliche Geschehen belebte.

*Kaiser Rudolf,* der neben seiner ungezügelten Sammelleidenschaft Berühmtheit durch den Umstand erlangte, daß er mit dem jüdischen Gelehrten *Rabbi Löw* obskure Treffen abhielt, bei denen der jüdische Gelehrte den Kaiser in die Geheimlehre der Kabbala

eingeweiht haben soll, betätigte sich auch als **Förderer der Wissenschaften.** Unter seiner Ägide wirkten wissenschaftliche Größen wie der dänische Astronom *Tycho von Brache* und sein deutscher Kollege *Johannes Kepler.* Zu *Rudolfs* bedeutendsten Staatsakten gehörte das Majestat der Religionsfreiheit aus dem Jahr 1609, in dem er allen Ständen im Königreich die freie Wahl der Religion zusicherte.

Im Jahr 1611 mußte der Exzentriker *Rudolf* die **Macht** an seinen deutlich pragmatischeren Bruder *Matthias* abgeben. Wenige Jahre nach Regierungsantritt von König Matthias spitzten sich die **konfessionellen Streitigkeiten** in Böhmen wieder zu.

## Der Fenstersturz

Am 23. Mai 1618 entsandte der Kongreß der böhmischen Stände eine Delegation auf den Hradschin. Diese drang mit Gewalt in die Statthalterkanzlei und stürzte die kaiserlichen Statthalter *V. Slavata* und *J. B. von Martinic* zusammen mit dem Schreiber *Fabricius* aus dem Fenster. Der spektakuläre Prager Fenstersturz bedeutete den **Auftakt des Dreißigjährigen Krieges.**

Als *König Matthias* 1619 starb, wählten die böhmischen Stände im August 1619 *Friedrich von der Pfalz,* einen protestantischen Fürsten aus Deutschland, zum böhmischen König. Der Winterkönig, wie Friedrich genannt wird (er regierte nur einen Winter lang), floh jedoch nach der **Niederlage des ständischen Heeres** auf dem Weißen Berg am 8.11.1620 aus dem Lande. Mit dieser vernichtenden militärischen Niederlage war die Rebellion der vorwiegend protestantischen Stände endgültig gebrochen.

## Der Dreißigjährige Krieg

Die **Rache der Habsburger** folgte auf dem Fuße. Am 21.6.1621 wurden auf dem Altstädter Ring in Prag 27 Menschen (drei Adlige, sieben Ritter und 17 Bürger) **hingerichtet.** Vielen anderen wurde das gesamte **Vermögen beschlagnahmt,** Tausende gingen

Der Prager Fenstersturz

ins **Exil.** Darunter waren berühmte Künstler und Wissenschaftler, zu denen neben anderen der protestantische Theologe, Philosoph und Pädagoge *Jan Amos Comenius* sowie der Maler und Grafiker *Václav Hollar* gehörten.

Die überwiegende **Mehrheit des tschechischen Adels** war protestantisch und verließ nach der Niederlage am Weißen Berg das Land, insgesamt 320 adlige Familien. Deren Eigentum wurde dem kaisertreuen Adel übergeben, dessen Mitglieder überwiegend aus den deutschen Ländern, Italien und Frankreich stammten.

Die Niederlage am Weißen Berg bedeutete für die **böhmischen Stände** den **Verlust aller Macht.** Nach dem Edikt von *Ferdinand II.* von 1627 wurde die böhmische Krone für Habsburger erblich, die Stände hatten zukünftig kein Mitspracherecht bei der Wahl des Königs, und der Katholizismus wurde zur einzig erlaubten Religion erklärt.

Darüber hinaus wurde die **deutsche Sprache** in Böhmen und Mähren als gleichwertig zur tschechischen erklärt (später wurde sie zur alleinigen Amtssprache erhoben).

Der verbliebene tschechische Adel germanisierte sich, so daß die tschechische Sprache stark an Bedeutung verlor.

Parallel zu dieser Umstrukturierung des Adels erfolgte die intensiv betriebene **Rekatholisierung** des Landes, auch als Gegenreformation bekannt. Die seitens des Jesuitenordens generalstabsmäßig betriebene Umerziehungsmaßnahmen durchdrangen nach und nach das ganze Land, so daß innerhalb von hundert Jahren die Mehrheitsverhältnisse von Protestanten und Katholiken umgekehrt werden konnten: Während vor dem Dreißigjährigen Krieg etwa 85-90% der Bevölkerung Protestanten gewesen waren, bestand der überwiegende Teil der Bevölkerung zu Beginn des 18. Jh. aus Katholiken. Teil der Katholisierungskampagne war u. a. die Heiligsprechung des ehemaligen Generalvikars *Jan Nepomuk* im Jahr 1729.

Infolge all dieser Maßnahmen **verloren Böhmen und Mähren** ihre **staatsrechtliche Autonomie,** der Weg zum absolutistischen Staat wurde geebnet. Von dieser Zeit an wurde das böhmische Königreich von Wien aus regiert.

## Die Aufklärung

Auf die Phase des strengen Absolutismus folgte Mitte des 18. Jh. die Epoche des aufgeklärten Absolutismus, dessen prominenteste Vertreter *Kaiserin Maria Theresia* (1740-80) und ihr Sohn *Joseph II.* (1780-90) waren. Teil der **umfassenden sozio-politischen Reformen** war es, die enge Verklammerung von Kirche und politischen Herrschern zu lösen, was zur Folge hatte, daß zahlreiche böhmische Klöster geschlossen wurden. Eine weitere Maßnahme der Aufklärung war die Aufhebung der Leibeigenschaft 1781, die eine Voraussetzung zur Entwicklung einer modernen Industriegesellschaft war. Die Auflösung des einflußreichen Jesuitenordens, der viele Jahre lang als Mittler zwischen Herrscherhaus und Untertanen gewirkt hatte, trug ebenfalls zur Schaffung einer modernen Gesellschaft bei. Zu den weitreichenden Veränderungen zählten auch die Einführung der allgemeinen Schulpflicht sowie die Gewährung von Religionsfreiheit 1781, die eine Glaubensbekenntnis zur Privatsache des einzelnen Bürgers erklärte.

Alle diese und andere Reformen ermöglichten die **schnelle Entwicklung der Industrie**. Die ersten Wirtschaftszweige, die in Böhmen Fuß faßten, waren die Glas- und die Textilindustrie. Am Ende des 18. Jh. waren etwa 20% der Bevölkerung in der Textilindustrie tätig! Mit der Entwicklung der Industrie begann auch der Zuzug ländlicher Bevölkerungsteile in die städtischen Zentren, deren Bevölkerungszahl während dieser Zeit rapide anstieg.

## Die tschechische Nationalbewegung

Die tschechische Nationalbewegung, deren **Anfänge** am Ende des 18. Jh. liegen, begann als emanzipatorische Bewegung einer im unteren sozialen Spektrum angesiedelten Bevölkerungsgruppe. Die böhmische Gesellschaft setzte sich zu Beginn des 19. Jh. im wesentlichen aus Tschechen, Deutschen und Juden zusammen. Von diesen besetzten die Deutschen, zu denen sich auch die Gruppe der wohlhabenden Juden zählte, die oberen und mittleren sozialen Ränge. Demgegenüber wurden die unteren sozialen Ränge zum überwiegenden Teil von Tschechen und ärmeren Juden eingenommen.

**Initiatoren** der tschechischen Nationalbewegung waren die gebildeten Mitglieder der tschechischen Bevölkerungsgruppe, die versuchten, dem dominierenden Deutschtum kulturell etwas entgegenzusetzen. Dabei betrieb man energisch die **Förderung der tschechischen Sprache**, die vor allem im städtischen Umfeld unterrepräsentiert war. Aus diesem Grund ist die tschechische Nationalbewegung in der ersten Phase eng mit den Namen der Philologen und Gründer der Bohemistik *Josef Jungmann* und *Josef Dobrovský* verknüpft.

Die zweite Phase der tschechischen Nationalbewegung, die in die Mitte des 19. Jh. datierte, war bereits mit **Forderungen** der Tschechen **nach politischer Autonomie** verknüpft.

Um ihre Autonomie vom national sich formierenden Deutschland zu demonstrieren, veranstalteten tschechische Nationalisten im Juni 1848 in Prag den **Slawischen Kongreß,** welcher als Gegenveranstaltung zum Frankfurter Parlament gedacht war. An dieser Veranstaltung nahmen Vertreter aller slawischen Völker teil, die in der Österreichischen Monarchie lebten. Die Zusammenkunft wurde zur Formulierung von **revolutionären Thesen** genutzt, in denen eine Neustrukturierung des Habsburgerreiches gefordert wurde. Das bisherige Machtgefälle sollte zugunsten von mehr Selbständigkeit der nationalen Gruppen des Reiches aufgegeben werden. Verfasser dieser Thesen, die als Austroslawismus bekannt wurden, war der tschechische Historiker *František Palacký.*

Doch der Elan der Slawen reichte zu diesem Zeitpunkt noch nicht aus, um die Machtbalance zu kippen, die **Revolution von 1848** wurde **zerschlagen,** und die politischen Führer der Tschechen gingen entweder ins Exil oder zogen sich aus dem öffentlichen Leben zurück.

In der dritten Phase der Nationalbewegung, die die zweite Hälfte des 19. Jh. beherrschte, spaltete sich die politische Repräsentation der Bewegung in **zwei Flügel.** Die liberal-konservativen Politiker, geführt von *Palacký,* genannt **Alttschechen,** standen den radikalen, genannt **Jungtschechen,** gegenüber. Von diesen beiden gewannen die letzteren gegen Ende des 19. Jh. die Oberhand im politischen Leben der (offiziell noch nicht anerkannten) tschechischen Nation.

## Der Zerfall der österreichischen Monarchie

Das Attentat auf den österreichischen Thronfolger *Franz Ferdinand* am 28.6.1914 in Sarajevo bedeutete auch den Anfang vom Ende der Österreichisch-Ungarischen Monarchie. Zu Anfang des Ersten Weltkrieges gingen einige tschechische Politiker aus Angst vor Verfolgung durch die österreichischen Behörden ins Exil. Der bekannteste unter ihnen war *Tomáš Garrigue Masaryk,* Philosoph und Universitätsprofessor in Prag. Zusammen mit *Eduard Beneš* und dem slowakischen Astrophysiker *Milan Rastislav Štefánik* bildete er fortan den Kern der **tschechischen Exilopposition** gegen die österreichische Monarchie. Zunächst forderten die Tschechen noch keinen autonomen Staat, sondern lediglich eine Staatengemeinschaft im Rahmen der Monarchie.

Im Laufe der Zeit aber nahm die Idee eines selbständigen Staates Form an. Im Jahr 1916 wurde in Paris der Tschechische, später dann der **Tschechoslowakische Nationalrat** geformt, dessen Haupttätigkeiten das Werben um internationale Unterstützung für den neuen Staat und die Koordination politischer Aktionen waren. Unterstützung fand der Nationalrat besonders durch angelsächsische Intellektuelle und Publizisten, später auch durch Politiker. Eine nicht unwesentliche Rolle bei dem Knüpfen dieser Allianzen spielte die Tatsache, daß der spätere Präsident der Republik, *Tomáš Garrigue Masaryk,* dank seiner amerikanischen Frau über gute Kontakte zu einflußreichen US-amerikanischen Persönlichkeiten verfügte. Währenddessen pflegte der in Paris lebende Slowake *Milan Rastislav Štefánik* enge Kontakte zu französischen Politikerkreisen.

Da auch die Politiker daheim nicht untätig waren und intensiv für die künftige Republik warben, wurde im Sommer 1918 der Tschechoslowakische Rat als **tschechoslowakische Regierung** von der französischen, englischen und amerikanischen Regierung anerkannt.

## Die Tschechoslowakische Republik

Die Tschechoslowakische Republik wurde am 28.10.1918 ausgerufen. Zum **ersten Präsidenten** des neues Staates wurde am 14.11.1918 *Tomáš Garrigue Masaryk* gewählt.

Die **Slowaken,** die bis zum Krieg administrativ zu Ungarn gehörten, bekannten sich zu dem neuen Staat mit einer Deklaration am 30.10.1918. Die **Karpatho-Ukraine,** der östlichste Teil der Republik, der administrativ ebenfalls zu Ungarn gehört hatte, trat im Mai 1919 der Tschechoslowakischen Republik bei. Die Anerkennung der Tschechoslowakischen Republik war ein Resultat der Friedenskonferenz 1919 in Versailles.

Die **Grenzen** des neuen Staates wurden in bilateralen Verträgen festgelegt: mit Deutschland im Vertrag von Versailles am 28.6.1919, mit Österreich im Vertrag von Saint-Germain am 10.9.1919 und mit Ungarn im Vertrag von Trianon am 4.6.1920.

Nach anfänglichen Protesten arrangierten sich auch die **in Böhmen lebenden Deutschen** mit dem neuen Staat. Eine Rolle spielte hierbei, daß ihnen einerseits kulturelle Autonomie und andererseits ein schneller wirtschaftlicher Aufschwung versprochen wurden, zu dem es wenig später auch tatsächlich kam.

Der neue Staat wurde auf dem **Leitgedanken der Toleranz** der in der Tschechoslowakei vorhandenen kulturellen Vielfalt aufgebaut. Wie die Ereignisse der folgenden Jahre jedoch belegen, waren die Differenzen zwischen den verschiedenen Volksgruppen größer als angenommen, und es wurde deutlich, daß die Gründung eines Staatsgebildes allein nicht ausreicht, um sie zu überwinden.

Die **ethnische Bevölkerungsstruktur** der Tschechoslowakischen Republik nach der Volkszählung aus dem Jahr 1921 war

Tomáš Garrigue Masaryk

*Gesellschaft*

wie folgt: Von den 13.613.172 Einwohnern waren 51% Tschechen, 23,4% Deutsche, 14,5% Slowaken, 5,5% Ungarn, 3,4% Ruthenen, Ukrainer und Russen, 1,3% Juden und 0,6% Polen.

Die offizielle **Sprache** des neuen Staates war Tschechisch, in Bezirken mit einem hohen anderssprachigen Bevölkerungsanteil jedoch war es erlaubt, diese Sprache auch im Kontakt mit Behörden zu benutzen.

67

Obwohl den deutschen Bewohnern bei der Gründung der Tschechoslowakei kulturelle Autonomie zugesichert worden war, taten sich einige schwer mit dem Verlust der Vormachtstellung, die sie in der k.u.k. Monarchie innegehabt hatten. Dies betraf besonders die **deutschen Beamten,** die im Jahr 1926 eine Prüfung über die Beherrschung der Amtssprache (Tschechisch) ablegen mußten. Da viele bei dieser Prüfung durchfielen, wurden zahlreiche deutsche Beamte arbeitslos. Der Prestigeverlust zum einen, die verstärkte Propaganda von Nazideutschland zum anderen schürten die **Spannungen zwischen Tschechen und Deutschen** während der 30er Jahre.

Nach der **Machtübernahme Adolf Hitlers** in Deutschland verschlechterte sich das soziale Klima zwischen Tschechen und Deutschen in Böhmen rapide. Hintergrund der wachsenden Spannungen war die Wirtschaftskrise und die damit einhergehende hohe Arbeitslosigkeit, die besonders die mehrheitlich von Deutschen bewohnten hochindustrialisierten Grenzgebiete Böhmens traf. Diese gerieten mehr und mehr in den **Sog der deutschnationalen Welle.**

Ausdruck der verstärkten Hinwendung der in Böhmen lebenden Deutschen zum Deutschen Reich waren wachsende Vorwürfe gegen die tschechoslowakische Regierung, sie setze sich nicht genügend für die Deutschen ein. Diese Vorwürfe gipfelten in der **Autonomieforderung der deutschen Minderheit.** Die Lage eskalierte, als die Regierung im Jahr 1933 eine Reihe von Gesetzen verabschiedete, welche demokratische Freiheiten der Bürger beschnitten (Zensurmaßnahmen und Verbot von zwei nationalistischen sudetendeutschen Parteien).

Der deutschnationale Trend zeichnete sich auch in den Wahlergebnissen der Parlamentswahl von 1935 ab. In diesen erhielt die **Sudetendeutsche Partei (SdP)** 15% der Wählerstimmen und wurde zur stärksten Partei im Land. Als eine überparteiliche Bewegung im Jahr 1933 von *Konrad Henlein* gegründet, veränderte die SdP ihre Orientierung, nachdem sie von Mitgliedern der verbotenen Sudetendeutschen Parteien als deren neue politische Plattform erschlossen

worden war. Diese unterhielten enge Kontakte zu *Hitlers* NSDAP.

Als die Regierungsparteien in Prag nach dem Anschluß Österreichs ans Deutsche Reich den Ernst der Lage erkannten und sich bereit erklärten zu dem **Zugeständnis eines Minderheitenstatus für die deutsche Bevölkerungsgruppe,** war es bereits zu spät. Am 24.4.1938 forderte die SdP im Karlsbader Programm unter anderem völlige Autonomie, freies Bekenntnis zum Deutschtum und zur deutschen Weltanschauung. Gegenvorschläge der Regierung im Mai 1938 wurden von der SdP abgelehnt. Im Gegenteil stellte der Parteivorsitzende *Konrad Henlein* nach Absprache mit *Adolf Hitler* noch **weiterreichende Forderungen,** welche für die Regierung unerfüllbar waren. In öffentlichen Erklärungen machte *Henlein* keinen Hehl daraus, daß das **Ziel** seiner Politik der **Anschluß der mehrheitlich von Deutschen bewohnten Gebiete Böhmens ans Deutsche Reich** war. Dieser wurde in Berlin bereits seit April 1938 generalstabsmäßig vorbereitet. Der Fall Grün beinhaltete die Zerschlagung der Tschechoslowakei.

## Das Münchener Abkommen

Am 29.9.1938 wurde in München von *Adolf Hitler, Benito Mussolini, Neville Chamberlain* und *Edouard Daladier* (Vertreter der Tschechoslowakei wurden nicht eingeladen) das sogenannte Münchener Abkommen unterschrieben. Das Münchener Diktat beinhaltete die Aufforderung an die Tschechoslowakei, die Grenzgebiete mit mehr als 50% deutschem Bevölkerungsanteil an das Deutsche Reich abzutreten.

Diese Forderung rief im Land eine **gesellschaftliche Krise in der Tschecheslowakei** hervor. Der überwiegende Teil der Bevölkerung einschließlich der Armeeführung erklärte sich bereit, die Republik zu verteidigen, forderte die Mobilmachung und lehnte das Münchener Abkommen ab. Präsident *Beneš* jedoch, der ein riesiges Blutvergießen befürchtete, entschied sich **gegen die militärische Verteidigung des Landes** und beugte sich am 30. September dem Münchener Diktat, woraufhin die **Grenzgebiete der Tschechoslowakei von der deutschen Armee besetzt** wurden.

Am 5. Oktober legte *Eduard Beneš* sein Amt nieder und ging ins Exil nach England. Zum neuen Präsidenten wurde *Emil Hácha* gewählt, der die schwierige Aufgabe hatte, *Hitlers* Plänen etwas entgegenzusetzen. Diese zielten klar auf die **Besetzung des gesamten Landes** ab. Diese erfolgte am 15. März 1939, nachdem tags zuvor slowakische Nationalisten mit *Hitlers* Zustimmung einen selbständigen Slowakischen Staat gegründet hatten und Präsident *Emil Hácha* zu *Adolf Hitler* nach Berlin zitiert worden war, wo ihm mitgeteilt wurde, daß am nächsten Tag die Wehrmacht die Rest-Tschechoslowakei besetzen würde.

Nachdem die deutsche Seite drohte, Prag zum Ziel intensiver Luftangriffe zu machen, erklärte *E. Hácha* in Berlin sein **Einverständnis mit der Okkupation.** Tags darauf marschierte die Deutsche Armee in Prag ein, und das Protektorat Böhmen und Mähren wurde gegründet.

## Das Protektorat Böhmen und Mähren

Das Protektorat Böhmen und Mähren war ein **Teil des Deutschen Reiches.** Seiner proklamierten Autonomie waren enge Grenzen gesetzt, im Laufe der Zeit wurde sie gänzlich abgeschafft. Die Regierungsgeschäfte wurden dem Reichsprotektor unterstellt, der die wirtschaftlichen und Humanressourcen des Landes für *Hitlers* Kriegsvorbereitungen nutzte.

Wer konnte, ging ins **Exil.** Die Kommunisten wählten Moskau, die Liberalen und Konservativen London. Von diesen zwei Städten aus wurde zukünftig auch der **Widerstand gegen Hitler** organisiert. Das Widerstandszentrum in London leitete der ehemalige Präsident *Eduard Beneš*, in Moskau führte der Vorsitzende der Kommunistischen Partei *Klement Gottwald* die Widerstandsbewegung. Die **Exilregierung in London** wurde im Jahr 1941 sowohl von der englischen als auch von der sowjetischen Regierung anerkannt.

Eine der wichtigsten Aktionen der Widerständler war das **Attentat auf den stellvertretenden Reichsprotektor** *Reinhard Heydrich,* das im Mai 1942 in Prag verübt wurde und bei dem *Heydrich* ums Leben kam.

Die Antwort der Okkupationsmacht war **Terror,** eine Welle von Festnahmen und Hinrichtungen folgte. Insgesamt wurden unmittelbar nach dem Attentat 1.600 Leute hingerichtet, Tausende wurden in Konzentrationslager verschleppt, wo sie später umkamen. Das Dorf Lidice bei Kladno wurde der Erde gleichgemacht, alle Männer wurden erschossen, Frauen und Kinder in Konzentrationslager verschleppt.

## Der Prager Aufstand

Am 5. Mai 1945 begann der Aufstand der Prager Bevölkerung gegen die Naziokkupation. Die tschechischen Aufständischen richteten einen **Hilferuf an die Führung der US-amerikanischen Armee,** welche am 6. Mai die westböhmische Stadt Pilsen befreite. Da Prag jedoch seit den politischen Vereinbarungen von Jalta zur russischen Einflußsphäre gehörte, stoppte die US-Armee an der Demarkationslinie etwa 100 km westlich von Prag, was zur Folge hatte, daß die **Prager** im Kampf gegen die Deutschen **ohne den Beistand der Alliierten** blieben.

Daß dieser Kampf dennoch erfolgreich war, manifestierte sich am 8. Mai, als die deutsche Militärführung und Vertreter des tschechischen Widerstandes den **Vertrag über den Abzug der deutschen Truppen** unterschrieben.

Unmittelbar nach dem Fall Berlins am gleichen Tag eilten die **sowjetischen Einheiten** aus Berlin in Richtung Prag, wo sie am 9. Mai ankamen. Da die Mehrheit der deutschen Einheiten inzwischen aus Prag abgezogen war, fanden in Prag nur vereinzelte Zusammenstöße statt.

## Die ersten Nachkriegsjahre

Die erste tschechoslowakische Nachkriegsregierung begann ihre Arbeit bereits im April 1945, und zwar im Osten der Republik, in

69

der Stadt Košice, die als erste von den Deutschen befreit worden war. Diese *"Regierung der Nationalen Front"* war das Ergebnis von Vereinbarungen zwischen der Londoner Exilregierung unter Leitung von *Eduard Beneš* und Vertretern der tschechoslowakischen Kommunisten in Moskau. In *Gesprächen zwischen Kommunisten und Exilregierung,* die im März 1945 in Moskau stattfanden, erwiesen sich die von *Stalin* instruierten Kommunisten als überlegene Verhandlungspartner. Bereits in diesen Verhandlungen stellten die Kommunisten die Weichen für ihre spätere Regierungsübernahme, da es ihnen gelang, konservative Konkurrenten per Parteienverbot von politischen Aktivitäten auszuschließen. Die Zustimmung zu diesem Punkt war ein schwerwiegender Fehler von Expräsident *Beneš.* Weitere sollten Jahre später folgen.

Die während der deutschen Okkupation aufgestaute *Wut der tschechischen auf die deutsche Bevölkerungsgruppe* kam unmittelbar nach der Befreiung des Landes zum Ausdruck. Vergeltungsmaßnahmen, die Tschechen gegen Nazis, mutmaßliche Kollaborateure und Nazi-Sympathisanten initiierten, trafen nicht nur die einzelnen Schuldigen, sondern die deutschsprachige Bevölkerung allgemein. Da Deutschen nach dem Kriege die tschechoslowakische Staatsangehörigkeit entzogen wurde, gerieten sie in eine rechtlose Situation. Etwa 700.000 Deutsche wurden gewaltsam in der ersten Phase aus ihren Städten, Dörfern und Häusern vertrieben und ihres Eigentums enteignet. Die *erste gewalttätige Phase der Vertreibung der Deutschen* wurde von Verbrechen begleitet, bei denen Tausende ums Leben kamen.

Den *rechtlichen Rahmen für die Vertreibung* (die tschechische Seite benutzt den Begriff Abschiebung) bildeten Dekrete von Präsident *Beneš* aus dem Jahr 1945 über die Bestrafung von Naziverbrechern und ihren Mithelfern. Nachdem auch die Alliierten auf der Potsdamer Konferenz grünes Licht für die Abschiebung der Deutschen gegeben hatten, begann im Januar 1946 die *zweite Phase.* Nach offiziellen Angaben wurden insgesamt ca. 2,2 Mio. Deutsche

abgeschoben. Dabei wurden ganze Gebiete entvölkert. Nur ein kleiner Teil der Deutschen durfte bleiben. 1948 lebten in der Tschechoslowakei nur noch 185.000 Deutsche.

In der ersten tschechoslowakischen Nachkriegsregierung, die aus den Moskauer Verhandlungen hervorgegangen war, übernahmen Kommunisten alle Schlüsselministerien. Der *wachsende Einfluß der Kommunistischen Partei* zeigte sich auch bei der *Parlamentswahl* im Mai 1946. Nachdem die Kommunisten mit 38% der Stimmen ihre Konkurrenten überrundet hatten, ernannte man den Parteivorsitzenden *Klement Gottwald* zum Ministerpräsidenten. Durch dieses Wahlergebnis gestärkt, strebte die Kommunistische Partei zielbewußt die totale Machtübernahme an: Oppositionspolitiker wurden bespitzelt und Opfer von Attentatsversuchen, darüber hinaus drohten kommunistisch geführte Gewerkschaften mit Streiks und Gewaltaktionen.

Auch die durchgeführte Politik wurde mehr und mehr von den Kommunisten geprägt, was sich in der Verstaatlichung großer Unternehmen und in der Ablehnung des Marschallplans 1947 manifestierte.

## Der kommunistische Putsch

Die im Februar 1948 von den *Kommunisten bewußt hervorgerufene Regierungskrise* führte folgendermaßen zur kommunistischen Machtübernahme: Aus Protest gegen die Politik des kommunistischen Innenministers boten die Minister der demokratischen Parteien dem Präsidenten ihre Demission an. Sie hofften, daß dieser ihre Demission nicht annehmen und damit die Kommunisten zwingen würde, sich der Mehrheit zu unterwerfen oder aber, daß der Präsident die Demission annehmen und Neuwahlen ausschreiben würde. In der Zwischenzeit, so dachte man, würde eine überparteiliche Regierung die Macht ausüben.

Soweit die Theorie, die Praxis sah jedoch ganz anders aus. Der Präsident *Beneš* nahm die Demission an. Damit gab er dem *Druck von Kommunistenführer Gottwald* nach, der hm mit Bürgerkrieg drohte.

Anstatt Neuwahlen auszuschreiben, beauftragte er *Gottwald,* die freigewordenen Ministerposten neu zu besetzen.

## Kommunisten an der Macht

*Klement Gottwald* bildete die **neue Regierung ausschließlich mit Kommunisten.** Nachdem Präsident *Beneš* im Sommer 1948 sein Amt niedergelegt hatte, wurde *Gottwald* schließlich zum neuen Präsidenten gewählt.

Als Folge der kommunistischen Machtübernahme im Februar 1948 kam es zu **Repressionen gegenüber politischen Gegnern** durch politische Säuberungen, manipulierte Wahlen, Arbeitslager für alle Andersdenkenden und politische Schauprozesse.

Die ersten begannen bereits im Herbst 1948. Weitere folgten, nachdem 1949 russische Berater ins Land kamen, um bei der Eliminierung des Klassenfeindes behilflich zu sein. **Erste Opfer** dieser Repressionen waren die Politiker anderer Parteien, besonders die, die während des Krieges in London tätig gewesen waren.

Es ging weiter mit der **Verfolgung mißliebiger Kommunisten.** So wurde neber vielen anderen der ehemalige Parteivorsitzende *Rudolf Slánský* verhaftet und mit 11 anderen hochrangigen kommunistischen Politikern Anfang der 50er Jahre zum Tode verurteilt. Ironischerweise traf es häufig Kommunisten, die nach dem kommunistischen Putsch 1948 selbst Greueltaten an Oppositionspolitikern und der Bevölkerung begangen hatten.

Der **Tod von Josef Stalin und Klement Gottwald** 1953 schürte bei der Bevölkerung Hoffnung auf politische Veränderungen. Diese waren jedoch vergebens, denn die Betonköpfe blieben unverändert an der Macht.

Im Jahre 1960 entschied der damalige Präsident und Parteivorsitzende *Antonín Novotný,* daß der Sozialismus im Land aufgebaut sei und daß diesem Umstand durch eine **Umbenennung des Landes** Rechnung getragen werden solle: Die Tschechoslowakische Republik sollte in Zukunft Tschechoslowakische Sozialistische Republik heißen.

Das Land war zwar "sozialistisch", die **wirtschaftliche Lage** jedoch war katastro-

phal. Obwohl die Fünfjahrespläne offiziell immer erfüllt wurden, blieb die Produktion weit hinter den Erwartungen der Bevölkerung zurück. Dies führte dazu, daß in der ersten Hälfte der sechziger Jahre nicht nur sozialistische Ökonomen, sondern auch leitende Parteifunktionäre über eine Verquickung von plan- und marktwirtschaftlichen Elementen nachdachten. Die von *Ota Šik* ausgearbeitete **Wirtschaftsreform,** die 1965 eingeleitet wurde, erbrachte jedoch keine schnelle wirtschaftliche Wende.

Doch die **Reformen** beschränkten sich nicht nur auf die Wirtschaft. Betroffen vom leisen Wandel waren auch **andere Bereiche der tschechoslowakischen Gesellschaft,** in denen vermehrt Widerstand gegen die Parteidoktrin laut wurden.

Eine führende Rolle bei diesen Prozessen spielten besonders tschechische Schriftsteller und Studenten.

## Der Prager Frühling

Die jahrelange Unzufriedenheit der Bevölkerung entlud sich in den 60er Jahren in **Protesten der Bevölkerung,** die nicht länger gewillt war, akute wirtschaftliche Engpässe hinzunehmen. Die Initialzündung der Protestwelle, die schließlich zum Prager Frühling führte, ging von Bewohnern des Studentenwohnheimes im Prager Viertel Strahov aus, die eines Herbsttages 1967, "Wir wollen Licht!" skandierend, auf die Straße gingen, um gegen die mangelhafte Stromversorgung im Studentenwohnheim zu protestieren. Nachdem die Protestierenden von der Polizei brutal zusammengeprügelt worden waren, begann eine Welle von **Studentendemonstrationen** im ganzen Land.

Da die Führung der Kommunistischen Partei bereits Monate zuvor von der Parteibasis für ihre Unfähigkeit kritisiert worden war, die wirtschaftlichen Probleme des Landes zu lösen, mußte etwas unternommen werden. Der erste Schritt für den Neubeginn war die Wahl des Slowaken **Alexander Dubček zum neuen Parteivorsitzenden.** *Dubček,* der *Antonín Novotný* in diesem Amt ablöste, befürwortete eine **Demokratisierung des Sozialismus.**

71

Doch unterschätzten die tschechischen und slowakischen Kommunisten bei ihrem Versuch, eine "sozialistische Gesellschaft mit menschlichem Antlitz" zu entwickeln, die **Reaktion der Sowjetunion.** Bereits nach kurzer Zeit wurde deutlich, daß dem großen Bruder im Osten die tschechoslowakischen Reformen zu weit gingen. Nachdem man Prag mehrfach aufgefordert hatte, den Reformkurs zu stoppen und die tschechoslowakische Seite allen Warnungen zum Trotz an ihrer Linie festhielt, rollten Panzer der sozialistischen Bruderstaaten in Richtung Prag. Am 21. August 1968 besetzten die **Armeen des Warschauer Paktes** mit Ausnahme Rumäniens das Land.

Ein Jahr später wurde *Alexander Dubček* als Parteisekretär abgesetzt und durch *Gustáv Husák* ersetzt. Es folgte eine erneute Welle von **politischen Säuberungen,** diesmal glücklicherweise ohne Todesurteile.

## Die siebziger und achtziger Jahre

Den Zeitraum zwischen 1969 und 89 könnte man als **Dornröschenschlaf der tschechoslowakischen Gesellschaft** charakterisieren. Die Genossen saßen fest im Sattel. Wer konnte, emigrierte, wer bleiben mußte, verhielt sich ruhig. Der **Rückzug ins Privatleben** war angesagt. Fernsehen, Biertrinken und das Verbringen des Wochenendes auf dem Lande war die Reaktion der Bevölkerungsmehrheit auf die repressive Situation. Zwischen der Regierung und der Bevölkerung kam es zu einem Konsens, der, salopp, auf folgende Formel gebracht werden kann: Ihr (Bevölkerung) laßt uns regieren, und wir (Regierung) lassen euch in Ruhe leben, vorausgesetzt, ihr mischt euch nicht in die Politik ein und kritisiert uns nicht.

Größere politische Aktionen gegen die Herrschenden wurden erst wieder gegen Ende der 70er Jahre ins Leben gerufen. Die berühmteste ist wohl die **Charta 77,** eine Forderung nach Einhaltung der Menschenrechte in der Tschechoslowakei. Diese fast ausschließlich von Intellektuellen unterschriebene Charta weckte die Regierung aus ihrem Dornröschenschlaf. Die ersten

Sprecher der Charta waren der Dramatiker *Václav Havel,* der Philosoph *Jan Patočka* und der ehemalige Außenminister aus dem Jahr 1968, *Jiří Hájek.* Alle drei **Dissidenten** wurden nach Veröffentlichung der Charta zur Zielscheibe von Verhören, Verhaftungen, Gefängnisstrafen, Arbeitsverboten und weiteren Schikanen. Die Tatsache, daß die Charta 77 zwischen 1977 und 1989 nur von etwa 1.000 Menschen unterschrieben wurde, macht deutlich, daß politisches Dissidententum während dieser Zeit ein sehr randständiges Phänomen war.

Dieses begann im Laufe der achtziger Jahre allmählich zu verändern. In den Achtzigern waren es hauptsächlich junge Leute, die den Prozeß gesellschaftlicher Veränderung einleiteten. Während sich die Älteren resigniert in die Bier-, Fernsehen- und Wochenendhauswelt zurückzogen, erschien dies vielen Mitgliedern der jungen Generation als zu wenig. Der wachsende **Unmut der Jugend** führte zu einem allmählichen Anstieg der Zahl der politischen Oppositionsgruppen und Initiativen. Diese innergesellschaftliche Entwicklung wurde ab 1983 noch durch *Michail Gorbatschows* Glasnost-Politik beschleunigt.

## Die Samtrevolution

Als im Jahr 1989 der bekannteste tschechoslowakische Oppositionelle *Václav Havel* wieder einmal verhaftet wurde, protestierte diesmal nicht nur ein Dutzend von Dissidenten, sondern eine große Zahl von Oppositionellen. Etwa 40 000 Personen, viele von ihnen bekannte Persönlichkeiten des öffentlichen Lebens (Schauspieler, Schriftsteller, Wissenschaftler), unterzeichneten die an die Regierung gerichtete Forderung, die Menschenrechte zu respektieren und einen Dialog mit der Opposition zu führen. Den Hintergrund für die **neue Dynamik der Opposition** bildeten die Öffnung der Grenzen in Ungarn im Juni 1989, die Besetzung der Westdeutschen Botschaft in Prag durch ausreisewillige Ostdeutsche, Demonstrationen Hunderttausender Ostdeutscher gegen die DDR-Regierung im Oktober in Leipzig, das Ende der DDR-Regierung am 7. November und schließlich der Fall der Berliner Mauer am 9. November.

Die Initialzündung für diese Protestwelle war auch dieses Mal **studentischer Protest,** der von der Polizei niedergeknüppelt wurde. Schauplatz des Geschehens war die Narodni-Straße in Prag, und es war der 17. November 1989. Es handelte sich bei der Demonstration um eine offiziell genehmigte Kundgebung, im Rahmen derer an die Schließung der Hochschulen durch die deutschen Besatzer 50 Jahre zuvor erinnert werden sollte. Nach einer gewalttätigen Auseinandersetzung zwischen Studenten und Polizei begannen die Studenten zu streiken.

Der nächste Schritt wurde von **Prager Schauspielern** getan, die einen Solidaritätsstreik einleiteten. Zwar blieben die Theater geöffnet, doch anstatt zu spielen, diskutierte man mit dem Publikum über die politische Situation im Land.

Am 19. November gründeten die Oppositionsgruppen in einem der Theater das **Bürgerforum** (*Občanské forum-OF*) und wählten *Václav Havel* zum Sprecher dieser Bewegung. Das Bürgerforum koordinierte die in den kommenden Tagen stattfindenden Protestaktionen.

Zunächst protestierte man auf dem Prager Wenzelsplatz. Als dieser nicht mehr ausreichte, um die Menschenmengen zu fassen, wählte man den riesigen offenen Platz vor dem Sparta-Fußballstadion als örtlichen Rahmen für die Massendemonstrationen. Nachdem die Zahl der Protestierenden bereits die Millionengrenze überschritten hatte, wurden schließlich auch die **Arbeiter** aktiv, die **landesweite Streiks** durchführten.

Nachdem sich innerhalb weniger Tage sämtliche sozialen Schichten der Protestbewegung angeschlossen hatten, erkannte die **Führung der Kommunistischen Partei,** daß sie jedweder sozialen Basis enthoben war. Am 24. November trat der Parteivorsitzende *Miloš Jakeš* zurück. Zunächst um eine **Kompromißlösung** bemüht, bot man dem Bürgerforum eine Mitarbeit in der Regierung an. Das Forum akzeptierte und gewann schnell an Einfluß. Zwar wurde am 5. Dezember mit *Marián Čalfa* ein Kommunist zum Ministerpräsidenten gewählt, doch die Re-

gierungsmehrheit hatten bereits die Nichtkommunisten. Am 10. Dezember schließlich, am Tag der Menschenrechte, resignierte Präsident *Gustáv Husák.*

*"Havel na hrad"* (Havel auf die Burg) forderten nun die Studenten und die Bevölkerung. **Václav Havel,** anderthalb Monate zuvor noch Staatsfeind Nummer eins, wurde am 29. Dezember 1989 zum **Präsidenten der Tschechoslowakei** gewählt. Damit war die erste Phase der Samtrevolution zu Ende.

## Der Neuanfang

Die neue Regierung begann unverzüglich, die politische und ökonomische Reform der tschechoslowakischen Gesellschaft in die Wege zu leiten. Bereits am 29. November 1989 wurde die führende Rolle der Kommunistischen Partei aus der Verfassung gestrichen, weitere **politische Änderungen** folgten in den kommenden Monaten. Da das Bürgerforum die Parlamentswahlen im Jahr 1990 gewann, stellte es mit seinem slowakischen Partner "Öffentlichkeit gegen Gewalt" (VPN) die neue Regierung.

Damit begann das **Ringen um ökonomische Reformen,** bei dem sich zwei Seiten gegenüberstanden. Auf der einen Seite waren die Reformatoren aus dem Jahr 1968, die für eine allmähliche Ablösung der Planwirtschaft durch die Marktwirtschaft plädierten, auf der anderen die Vertreter der wirtschaftlichen "Schocktherapie" und des schnellen Wandels. Der Dissens über den wirtschaftlichen Kurs führte im Jahr 1991 zur **Spaltung des Bürgerforums** (OF). Aus dem politischen Kampf ging schließlich Finanzminister *Václav Klaus,* Bewunderer der liberalen Milton-Friedman-Schule, als Sieger hervor. *Klaus,* der mit Gleichgesinnten das Bürgerforum verließ, gründete die **Bürgerlich-Demokratische Partei (ODS),** die seinen liberalen Kurs unterstützte.

Die Schocktherapie begann mit der **Preisliberalisierung** einerseits und der **Privatisierung staatlicher Betriebe** andererseits. In der ersten Runde, der sogenannten "kleinen Privatisierung", wurden hauptsächlich Geschäfte, Gaststätten und kleine Dienstleistungsfirmen an Interessenten verkauft. Die zweite Runde beinhaltete dann die "große Privatisierung", bei der die Couponmethode angewendet wurde (siehe Kapitel Wirtschaft). Diese begann im Jahr 1991 und wurde 1994 abgeschlossen.

Das zweite große Problem, vor dem die Regierung stand, waren die zunehmenden *Spannungen zwischen Tschechen und Slowaken.*

Auftakt der Konflikte zwischen beiden Gruppen war die Auseinandersetzung um den neuen *Namen des gemeinsamen Staates.* Die slowakische Seite lehnte den Namen "Tschechoslowakische Republik" ab. Nach langem Hin und Her einigte man sich schließlich auf einen Kompromiß, der lautete: Tschechische und Slowakische Republik.

Die ökonomischen Reformen hatten insbesondere den Niedergang der Schwerindustrie zur Folge, was sich in der Slowakei, wo sich die Schwerindustrie konzentrierte, besonders stark auswirkte. Das von der tschechoslowakischen Regierung zu Beginn ihrer Amtszeit verabschiedete Ausfuhrverbot für Waffen führte in einigen Gebieten der Slowakei zu hoher Arbeitslosigkeit, die teilweise zweistellige Ziffern erreichte. Die *schlechte wirtschaftliche Situation der Slowakei* nahmen im März 1991 einige Nationalisten in Bratislava zum Anlaß, die Selbständigkeit der Slowakei zu fordern. Nach andauernden Auseinandersetzungen wurde diese Forderung zwei Jahre später Wirklichkeit.

In diesen zwei Jahren gelang es den *slowakischen Nationalisten* in wachsendem Maße, die Bevölkerung davon zu überzeugen, daß die wirtschaftlichen Probleme der Slowakei wesentlich durch die falsche Politik der tschechischen Regierung verursacht würden.

In zähen Verhandlungen errang die *slowakische Seite mehr und mehr Autonomie* von der Regierung in Prag. Die Entscheidung zur nationalstaatlichen Autonomie brachten schließlich die Parlamentswahlen im Juni 1992.

## Die Spaltung der Tschechoslowakei

Aus den 1992er *Wahlen* ging *in Tschechien* die rechtsliberale Bürgerlich-Demokratische Partei (ODS) des amtierenden Ministerpräsidenten *Václav Klaus* mit etwa 33% Stimmen als Sieger hervor.

Bei den *Wahlen in der Slowakei* siegte mit etwa 30% Stimmen die Bewegung für eine Demokratische Slowakei (HZDS), an deren Spitze die populistische Nationalist *Vladimír Mečiar* steht. Wie die nachfolgenden Entwicklungen illustrieren, hatte *Mečiars* Politik das *Ziel der Loslösung der Slowakei.* Dies wurde in aller Schärfe deutlich, als in der zweiten Runde der Präsidentenwahl am 16.7.1992 die Mehrheit der slowakischen Abgeordneten *Václav Havel* die Stimme verweigerte und einen Tag später die *Slowakei ihre Souveränität erklärte.* Als daraufhin Václav Havel am 20.7. das Amt des Präsidenten niederlegte, waren die Weichen in Richtung Trennung gestellt.

Die Auflösung der Tschechoslowakei wurde in mehreren *Verhandlungen* zwischen Václav Klaus und Vladimír Mečiar festgelegt. Beide Politiker lehnten ein Referendum der Bevölkerung ab und übergingen damit den *Wunsch weiter Teile der Bevölkerung* und vieler Politiker. Wie Umfragen führender Meinungsforschungsinstitute im Sommer und Herbst des Jahres zeigten, waren etwa 80% der Tschechen und 65% der Slowaken gegen die Auflösung der Tschechoslowakei. Nur etwas mehr als 20% der Slowaken befürworteten einen selbständigen slowakischen Staat. Dennoch wurde am 25.11. 1992 nach langen kontroversen Debatten die *Spaltung der Tschechoslowakei von den Politikern beschlossen.* Seit dem 1.1. 1993 ist die Trennung Wirklichkeit.

## Die tschechische Republik

In den ersten beiden Jahren der Existenz der Tschechischen Republik konzentrierte sich die Regierung hauptsächlich auf die *Durchführung von Wirtschaftsreformen.* Mit der zweiten Runde der Großen Privatisierung im Jahr 1994 wurde die *Privatisie-*

*rung von Staatseigentum* abgeschlossen. Damit wurden innerhalb von vier Jahren etwa 80% des Staatseigentums im Wert von ungefähr 350 Milliarden Kronen an Privatleute verkauft.

Die Verlangsamung des Wirtschaftswachstums, Handelsdefizit und andere ökonomische Probleme führten im Jahre 1997 zu einer *Regierungskrise* und schließlich zum Rücktritt der Regierung unter der Führung von *Václav Klaus.* Die vorzeitigen *Wahlen,* die im Juni 1998 stattgefunden haben, gewann mit 32% Stimmen die Tschechische Sozialdemokratische Partei (ČSSD) unter der Führung von *Miloš Zeman.* Da die Sozialdemokraten aber keinen Koalitionspartner gefunden haben, mußten sie eine Minderheitsregierung bilden.

# Verwaltung

Seit dem 1.1.1993 ist die neue *Verfassung* gültig.

Das *Parlament* besteht aus zwei Kammern, dem Abgeordnetenhaus und dem Senat. Für das Abgeordnetenhaus werden alle vier Jahre 200 Abgeordnete gewählt. Der Senat hat 81 Senatoren, die für sechs Jahre gewählt werden.

Das *Staatsoberhaupt* ist der Präsident, der vom Parlament gewählt wird. Die Amtszeit des Präsidenten beträgt fünf Jahre, er kann nur zweimal hintereinander gewählt werden. Er hat keine politische Macht.

Die bei den Parlamentswahlen erfolgreichen Parteien bilden die *Regierung* und stellen den *Ministerpräsidenten.* Für den Eintritt ins Parlament müssen die Parteien wie in Deutschland ein *5-Prozent-Hürde* überwinden.

*Wahlrecht* haben die Bürger ab dem Alter von 18 Jahren.

Weil die Parteien sich seit mehreren Jahren nicht auf die *administrative Gliederung* des Landes einigen können, ist Tschechien zur Zeit provisorisch in 75 Kreise eingeteilt.

# Aktuelle Politik

### Parteienlandschaft

Nach der 1991 erfolgten *Spaltung des Bürgerforums* (OH), das maßgeblichen Anteil an dem Sturz der kommunistischen Regierung hatte, stabilisierten sich die Verhältnisse in der Politik. Aus dem *rechten Flügel* des Bürgerforums haben sich die beiden rechtsorientierten Parteien *Bürgerlich-Demokratische Partei* (ODS) und *Bürgerlich-Demokratische Allianz* (ODA) entwickelt.

Trotz der Erfolge der ODS bei der Einführung der Marktwirtschaft nimmt die Popularität der Partei in letzter Zeit ab. Nach Umfragen sank die Popularität der Partei von 33% auf 28% im Jahr 1998. Der Grund für das *schwindende Wählervertrauen in die ODS* liegt in den vielen unerfüllten Wahlversprechen, so zum Beispiel das Versprechen, daß alle ehemaligen Kommunisten aus wichtigen Posten des öffentlichen Lebens entfernt werden. Im krassen Widerspruch zu den vollmundigen Versprechen von damals sitzen heute viele *ehemalige Genossen* auf zentralen Regierungsposten. Fakt ist, daß viele ehemalige Kommunisten nach der Revolution ihre Parteibücher wegwarfen und Mitglieder der ODS wurden.

Auch das Versprechen, den *Mittelstand* zu unterstützen, wurde nicht in vollem Maße realisiert: Die hohe Steuerbelastung (39%) sowie die restriktive Bank- und Steuerpoli-

Gesellschaft

tik treiben viele kleine und mittlere Unternehmen in den Bankrott.

Andererseits subventioniert die Regierung immer noch riesige und uneffektive staatliche Kombinate, von denen viele nach wie vor von alten Genossen geleitet werden. Der Grund hierfür liegt in der Angst vor Konkursen und anschließender Arbeitslosigkeit. Diese *Subventionspolitik* ist auch der Grund, warum die Arbeitslosenquote nur bei etwa 5% (1998) liegt.

Die *Parteispendenaffäre* 1997 führte nicht nur zum Sturz der Regierung von *Václav Klaus* (ODS) sondern auch zur Spaltung der Partei. Die Unzufriedenen gründeten eine neue Partei, die *Union der Freiheit* (US).

Am Rande des rechten politischen Spektrums steht die *extremistische Republikanische Partei* (SPR-RSČ), die rechtsradikale chauvinistische Positionen vertritt und bei den Parlamentswahlen 1998 mit nur 4% die 5%-Hürde nicht schafften. Der Führer der Partei ist *Miroslav Sládek,* der sich dadurch hervortut, daß er regelmäßig in Schlägereien oder bewaffnete Konflikte mit der Polizei verwickelt ist.

Die *Sozialdemokratische Partei* (ČSSD), bis 1998 die stärkste oppositionelle Partei, gewann 1998 mit 33% die vorzeitigen Wahlen. Ihr Vorsitzender *Miloš Zeman* ist dank seines Sinns für Humor ein gerngesehener Gast in allen Talk-Shows, eine Alternative zum Regierungsprogramm bot er allerdings nicht. So ist auch der Erfolg der Sozialdemokraten bei den Parlamentswahlen 1998 eher auf die Unzufriedenheit vieler Menschen mit der Politik der rechtsgerichteten Regierungsparteien zurückzuführen als darauf, daß die Sozialdemokraten eine neue wirtschaftliche Vision anzubieten hätten.

Die ehemalige Kommunistische Partei hat sich in drei Parteien gespalten. Die stärkste ist die *Kommunistische Partei von Böhmen und Mähren* (KSČM), die von etwa 10% der Wähler unterstützt wird. Die Partei hat großen Rückhalt bei älteren und einkommensschwächeren Bevölkerungsschichten.

Es ist noch die *Christlich-Demokratische Union/Tschechische Volkspartei* (KDU-ČSL) zu nennen, die hauptsächlich von der ländlichen Bevölkerung unterstützt

wird und seit Jahren mit etwa 8% der Stimmen rechnen kann. Die *Union der Freiheit* (US), die von den ausgetretenen Mitgliedern der ODS gegründet wurde, bezeichnet sich als eine rechts-liberale Partei und hat die Unterstützung von etwa 7-10%. Die *ODA,* bis 1998 die Regierungspartei, verschwand von der politischen Bühne. Sie stellte keine Kandidaten für die Wahlen 1998 und wird nur noch von etwa 1% der Wähler unterstützt.

## Situation in Regierung und Parlament

Die rechtsorientierte Koalitionsregierung von ODS, ODA und KDU/ČSL, die nach den Wahlen 1996 ins Leben gerufen wurde, regierte nur 2 Jahre. Die Wirtschaftskrise, Handelsdefizit und nicht zuletzt die Parteispendenaffäre der ODS führte zur Regierungskrise und im Herbst 1997 auch zum Rücktritt der von der ODS geführten Koalitionsregierung. Die neue Übergangsregierung bildete *Josef Tosovský* der Gouverneur der Tschechischen Nationalbank.

Die *Wahlen im Juni 1998* gewann die bisher oppositionelle Tschechische Sozialdemokratische Partei (ČSSD) unter der Führung von *Miloš Zeman.* Sie erhielt 32% der Stimmen. Zur zweitstärksten Partei wurde die ODS mit fast 28%, die Kommunisten (KSČM) erhielten 11% und wurden damit zur drittstärksten Partei. Auf Rang vier kam mit 9% die Christlich-Demokratische Union (KDU/ČSL), die Union der Freiheit (US) erhielt ebenfalls fast 9%. Für Überraschung sorgten die Republikaner, denen die Meinungsinstitute 8% und mehr vorausgesagt haben; trotzdem erhielten sie nicht ganz 4%.

Obwohl die drei rechtsorientierten Parteien (ODS, KDU, US) rein rechnerisch eine Mehrheit im Parlament bilden konnten, verhinderte die Feindseligkeit zwischen *Klaus* und den Führern der anderen zwei Parteien dies. Da die Sozialdemokraten keinen Koalitionspartner finden konnten, drohte dem Land eine Periode der politischen Instabilität.

Nach kurzer Zeit einigten sich die Führer der zwei stärksten Parteien, *Zeman* und *Klaus* auf den sogenannten *Oppositions-*

**vertrag.** Entsprechend diesem Vertrag einigten sich die zwei Parteien auf gemeisame Zusammenarbeit, einfach gesagt auf die zukünftige Teilung der Macht und Ausgrenzung der kleinen Parteien aus dem politischen Leben. Laut diesem Vertrag wurde die **Minderheitsregierung** unter der Führung von *Miloš Zeman* gebildet. Als Dank dafür, daß Parlamentarier der ODS bei der Abstimmung den Saal verließen und so die Minderheitsregierung der Sozialidemokraten ermöglichten, erhielt *Václav Klaus* von der ODS den Sitz des **Parlamentsvorsitzenden.** Weiter wurde vereinbart, daß die Sozialdemokraten alle wichtige Entscheidungen mit der ODS besprechen werden. Die ODS hat sich dazu verpflichtet, daß sie die ČSSD-Regierung in dieser Legislaturperiode nicht stürzen wird. Und letztendlich, gewinnt bei den nächsten Wahlen die andere Partei, d.h. die ODS, werden sie die Rollen wieder ändern. Soweit die Theorie. Ob es klappt wird die Zukunft zeigen.

# Wirtschaft

Nach den politischen Veränderungen in den Jahren 1989-90, be denen die Kommunistische Partei ihre politische Macht verlor, erfolgte eine Reihe wirtschaftlicher Veränderungen, die darauf abzielten, die ganze Wirtschaft, die bis 1989 staatlich organisiert war, in private Hände zu überführen. Es ging also darum, für die Betriebe, Institutionen, Krankenhäuser, Geschäfte usw., die bis dato alle in staatlichem Besitz gewesen waren, einen privaten Eigentümer zu finden. In der 1990 projektierten Einstiegsphase, der sogenannten **kleinen Privatisierung,** wurden hauptsächlich Geschäfte und kleine Dienstleistungsunternehmen verkauft oder verpachtet.

In der zweiten Phase, der **großen Privatisierung,** die 1991 begann, wurde der Rest des Staatseigentums privatisiert. Hierbei wurde die sogenannte **Couponmethode** angewendet. Jeder erwachsene Bürger hatte die Möglichkeit, für 1.000 Kronen ein Couponbuch mit 1.000 Punkten zu kaufen und diese in einzelne Unternehmen oder in verschiedene Investitionsfonds zu investieren. Die große Privatisierung lief in **zwei Phasen** ab. Jeder Bürger bekam also die Möglichkeit, zweimal je 1.000 Punkte zu investieren. Die zweite Phase wurde im Jahr 1994 realisiert. An der Couponprivatisierung nahmen insgesamt etwa 6 Mio. Tschechen teil. Mit anderen Worten: Von 10 Mio. Tschechen sind etwa 6 Mio. Aktionäre.

Nach Abschluß der zweiten Phase im Herbst 1994 befinden sich ca. 80 % der tschechischen Wirtschaft in privaten Händen, womit die **Privatisierung weitgehend abgeschlossen** wurde. Die **noch nicht privatisierten Unternehmen** sind nationale Versorgungsunternehmen und Institutionen wie z.B. die Post, die Eisenbahn, die Luftfahrtgesellschaft ČSA, Elektrizitätsfirmen und einige Großbanken, die auch in Zukunft entweder staatlich bleiben werden oder für die die Regierung finanzkräftige Käufer aus dem Ausland finden muß.

Die von vielen Experten als Nebenerscheinung der schnellen Privatisierung prophezeite hohe **Arbeitslosigkeit** blieb bis jetzt aus. Ende 1998 lag die Arbeitslosenquote bei etwa 5%. Wie bereits gesagt, ist die niedrige Arbeitslosenzahl u.a. dadurch zu erklären, daß die tschechische Regierung einige große Firmen massiv durch Subventionen unterstützt. Auf der anderen Seite mangelt es beispielsweise im Bausektor an Arbeitskräften, so daß hier verstärkt Arbeitskräfte aus der Slowakei, der Ukraine, Polen und dem ehemaligen Jugoslawien eingestellt werden.

Ähnlich wie in allen ehemaligen kommunistischen Ländern, die eine Phase der strukturellen wirtschaftlichen Veränderung durchlaufen, ist auch in Tschechien das *industrielle Produktionsvolumen* deutlich gesunken. So wurde 1992 etwa 40% weniger industriell produziert als 1989. Die Lage scheint sich mittlerweile stabilisiert zu haben, und es gibt Anzeichen dafür, daß in den nächsten Jahren die Produktion wieder ansteigt.

Nach der Preisliberalisierung und der Einführung der Mehrwertsteuer *(daň z přidané hodnoty-DPH)* im Januar 1993 stieg die *Inflationsrate* im Jahr 1992 auf 20%, im Jahr 1994 sank sie bereits auf 10%, 1995 lag sie bei etwa 9%.

Der *Durchschnittsmonatslohn* betrug Ende 1998 ungefähr 11.000 Kronen, was fast 600 DM entspricht.

# Tourismus

Die Erleichterung der Einreisebedingungen und die Abschaffung des Pflichtumtausches im Jahr 1989 bewirkte einen rapiden Anstieg der *Zahl ausländischer Besucher* in der Tschechoslowakei und später auch in Tschechien. Besuchten im Jahr 1985 "nur" 16,5 Millionen Besucher das Land, so stieg die Zahl im "Revolutionsjahr" 1989 bereits auf 29,5 Millionen. Dieser Trend hielt in den folgenden Jahren an: 1990 besuchten 46,5 Mio. ausländische Touristen das Land, 1991 waren es 65 Mio. und 1992 sogar 83 Mio. Besucher aus dem Ausland.

Der Besucheransturm führte dazu, daß sich die *touristische Infrastruktur* in den vergangenen Jahren deutlich verbesserte. Neue Hotels, Restaurants und Reiseunternehmen wurden gegründet. Während unter der kommunistischen Herrschaft die Nachfrage nach Hotelkapazitäten größer als das Angebot war, ist die Lage jetzt umgekehrt. Besonders in Prag wurden in den vergangenen fünf Jahren viele neue Hotels eröffnet. Die meisten gehören leider zur 4-und-5-Sterne Kategorie mit entsprechenden Preisen. Auch die Zahl der Restaurants hat sich vervielfacht. Auch hier gilt, daß es sich meistens um teure Restaurants handelt, die sich speziell an ausländische Touristen richten. Da jetzt das Angebot größer als die Nachfrage ist, bleiben viele dieser teuren Hotels und Restaurants außerhalb der Hauptsaison halbleer.

Obwohl sich die touristische Infrastruktur in den letzten Jahren erheblich verbessert hat, muß noch eine Menge Arbeit getan werden, um das *Niveau der Leistungen* dem hohen europäischen Standard anzugleichen. Mancher Kellner, Restaurantinhaber und die meisten Taxifahrer sind der festen Überzeugung,

Touristenspektakel im Zentrum der Prager Altstadt (RG)

Gesellschaft

daß der Tourist eine spezielle Kategorie Mensch ist, dem man für wenig Leistung viel Geld aus der Tasche ziehen kann. Nach Angaben aus dem Jahr 1994 waren 20% der Besucher mit dem Niveau der Leistungen und dem Straßenzustand in Tschechien nicht zufrieden.

# Massenmedien

### Presse

Die tschechische Presse ist fest in den Händen von ausländischen Investoren. Nach der Samtrevolution von 1989 wurden Dutzende von **neuen**

**Zeitungen** und Wochenblättern gegründet. Während 1989 landesweit 18 Tageszeitungen existierten, waren es 1992 landesweit 76 Tageszeitungen! Nach vierzigjähriger Abwesenheit privater Pressemedien kauften viele Leute täglich mehrere Tageszeitungen. Die anfängliche Neugier ließ jedoch im Lauf der Zeit nach, so daß viele der neuen Zeitungen bald wieder von der Bildfläche verschwanden.

Im harten Konkurrenzkampf überlebten vorzugsweise die Blätter, die mit einem großen finanziellen Polster ausgestattet waren. Dies führte zum verstärkten Engagement **ausländischer Investoren.** Der größte ausländische Investor ist der Schweizer *Ringier-Verlag,* der sowohl Tages- als auch Wochenblätter besitzt. Ebenfalls bedeutend ist die Die *Neue Passauer Presse* aus Passau, die mit einer gezielten Einkaufspolitik etwa 30 regionale Zeitungen aufgekauft hat. Diese waren ursprünglich in Händen von Magistraten, die nach der Revolution die Zeitungen ohne viel Federlesens zu Spottpreisen verkauften. An dritter Stelle steht die *Rheinisch-Bergische Verlagsgesellschaft,* die im Jahre 1998 die "Lidové noviny" vom *Ringier-Verlag* gekauft hat.

**"Blesk"** (Blitz) wird täglich von etwa 300.000 Lesern gekauft. Sie gehört zum *Ringier-Verlag.* Was Form und Inhalt betrifft, ist "Blesk" weitgehend mit der deutschen Bildzeitung identisch. Nackte Frauen, Kriminalität und Skandale aus dem wirtschaftlichen und politischen Leben gehören zu den Hauptthemen des Boulevard-Blattes.

Unter den seriösen Zeitungen dominiert die ehemalige Zeitung der kommunistischen Jugendorganisation, die seit der Revolution **"Dnes"** (Heute) heißt. Mit einer Auflagenhöhe von 400.000 ist sie die meist gelesene Zeitung des Landes. Auch sie gehört ausländischen Investoren. Ihre Popularität verdankt "Dnes" hauptsächlich ihrer einfachen und kurzen Berichterstattung, die sie für die Bevölkerungsmehrheit attraktiv macht.

Hauptsächlich von Intellektuellen wird die **"Lidové noviny"** (Volkszeitung) gelesen. Die Zeitung, die im Jahr 1893 gegründet und von den Kommunisten im Jahr 1948 verboten wurde, tauchte in den Jahren 1988-

89 als illegales Dissidentenblatt wieder aus der Versenkung auf. Die Dissidentenzeiten sind jedoch längst vorbei, und heute ist der Hauptaktionär auch dieser Zeitung der *Ringier-Verlag*. Die Pluspunkte der Zeitung sind ihr ausführlicher Auslandsteil sowie ausführliche Berichte, Polemiken und Beobachtungen, die für ein anspruchsvolleres Publikum geschrieben werden.

Eine aus der sozialistischen Ära stammende Zeitung ist das Wirtschaftsblatt *"Hospodářske noviny"* (Wirtschaftszeitung), das ausführlich über das Wirtschaftsleben des Landes berichtet.

Eine weitere vielgelesene Zeitung aus der sozialistischen Ära ist die ehemalige kommunistische *"Rudé Právo"* (Rote Fahne), die heute nur noch *"Právo"* (Recht) heißt und fast ausschließlich von kommunistischen Parteigenossen und Sympathisanten gelesen wird. Sie behauptet stolz, die meistgelesene Samstagszeitung des Landes zu sein.

Und nun zu Zeitungen in fremden Sprachen: An alle Pragbesucher wendet sich die *"Prague News"*. Die Zeitung erscheint zweimal monatlich wechselweise auf Deutsch und auf Englisch. Leider findet man in der "Prague News" fast keine "news", da den größten Teil der Druckfläche Anzeigen bilden. Der informative Nutzen reduziert sich daher im wesentlichen auf Informationen über Kino, Theater und Konzerte. Die "Prague News" bekommt man unentgeltlich an Hotelrezeptionen!

Unter den deutschsprachigen Zeitungen ist die *"Prager Zeitung"* an erster Stelle zu nennen. Es handelt sich um eine Wochenzeitung, die ausführlich über das gesellschaftliche Leben, die politische und die wirtschaftliche Lage im Lande berichtet. Leider ist der Stil der meisten Artikel sehr nüchtern und das Layout ein wenig konservativ.

Eine weitere Zeitung heißt *"Česky (Böhmen) Express"*. Der Inhalt des Express, der einmal im Monat erscheint, ist zweisprachig. Auch hier kommt die Berichterstattung im Verhältnis zur Werbung zu kurz.

Wer wirklich ausführlich über das politische und wirtschaftliche Leben in Tschechien informiert werden möchte und kein Tschechisch spricht, muß englischsprachige Zeitungen zu Hilfe nehmen. An die etwa 20.000 bis 30.000 Amerikaner, die zur Zeit in Tschechien leben, richtet sich die Wochenzeitung *"The Prague Post"*. Ausführliche kritische politische und wirtschaftliche Berichte sind die Hauptmerkmale dieser Zeitung, die im Layout der Londoner Times ähnelt.

An Geschäftsleute wendet sich die *"Central European Business Weekly",* die auch in der Slowakei, in Polen, Ungarn, USA und Großbritannien erhältlich ist. Schwerpunkt des Blattes sind wirtschaftliche Analysen.

Neuerdings gibt es auch eine Kulturrevue in englischer Sprache. Sie heißt *"YAZZYK Magazine"* und befaßt sich mit der Kulturszene der ehemeligen sozialistischen Länder. Hauptsächlich geht es um Prosa, Poesie und Fotografie.

Gesellschaft

### Fernsehen

Im tschechischen Fernsehen gibt es zur Zeit zwei öffentlich-rechtliche, zwei private Sender und ein Kabelprogramm. Kanal *ČT1* ist der öffentlich-rechtliche Sender, der mit dem ZDF zu vergleichen ist. *ČT2* ist der zweite öffentlich-rechtliche Kanal, dessen Programmstruktur den deutschen Regionalsendern (WDR, HR, BR) ähnelt. Neben Unterhaltungsprogrammen liegt ein weiterer Schwerpunkt des Senders auf Kultur- und Dokumentarbeiträgen.

Der erste tschechische Privatsender *Premiera TV* wurde in *Prima* umbenannt und strahlt sein Programm seit einiger Zeit auch flächendeckend aus. Die Programmstruktur von Premiera TV ist etwa mit der von RTL vergleichbar, die Einschaltquoten liegen bei etwa 3%.

Der damals erste flächendeckende tschechische Privatsender heißt *NOVA* und strahlt seine Programme seit Februar 1994 aus. Der Mehrheitsanteil (51%) des Senders ist im Besitz der US-amerikanischen Kosmetikfirma *Estée Lauder*. Auch die Programmstruktur dieses Senders ähnelt der von RTL. Nach nur wenigen Monaten seines Bestehens verwies NOVA mit Einschaltquoten von etwa 65% das erste Programm des Tschechischen Fernsehens ČT1 auf Platz 2. Pluspunkte sammelt NOVA besonders bei Nachrichtenjournalen, deren Berichterstattung aggressiver ist als die der öffentlich-rechtlichen Sender. Hauptbestandteile des Programms werden von US-amerikanischen Serien wie "Dallas", "M.A.S.H.",

"Matlock", "Cosby Show" und ähnlichen Serien gebildet.

Der tschechische Kabelsender heißt *Hallmark*, und mit der Erweiterung des Kabelfernsehnetzes steigt auch die Zuschaueranzahl. Mittlerweile kann man in Tschechien über den Kabelanschluß etwa 25 Fernsehprogramme inklusive 8 deutsche Kanäle empfangen.

In *Grenzgebieten* werden auch ARD, ZDF, RTL, BR, die österreichischen ORF1, ORF2, zwei polnische und zwei slowakische Sender empfangen.

Von der großen Popularität des *Satellitenfernsehens* zeugen die Satellitenschüsseln, die seit der Samtrevolution wie Pilze aus dem Boden geschossen sind.

### Rundfunk

Mit dem Ende des staatlichen Monopols im Rundfunkbereich öffneten sich neue Möglichkeiten auch auf diesem Gebiet. Neben dem staatlichen gibt es seitdem mehrere *private Rundfunksender,* deren Programmstruktur überall gleich ist: Musik und Werbung, Werbung und Musik.

Insgesamt gibt es nun über 80 Rundfunkanstalten in Tschechien, davon strahlen 3 private und 3 öffentlich-rechtliche Sender *(Radiožurnál, Praha, Vltava)* flächendeckend aus.

# *Menschen und Kultur*

# Bevölkerung

Nach offiziellen Angaben hatte die Tschechische Republik im Jahr 1991 10.312.548 Einwohner. Die **Bevölkerungsstruktur** sieht folgendermaßen aus: 81,3% Tschechen, 13,2% Mähren, 3,0% Slowaken, 0,9% Deutsche (inkl. Schlesier), 0,6% Polen, 0,3% Roma, 0,2% Ungarn, 0,1% Ukrainer, 4.300 Russen und 1.700 Ruthenen. Die Bevölkerungszuwachsrate betrug 1991 0,5 Prozent, und die Bevölkerungsdichte 131 Einwohner pro Quadratkilometer. Die weibliche Population ist ungefähr um 300.000 Personen stärker als die männliche.

Nach der Öffnung der Grenzen haben sich besonders in Prag viele **Ausländer** angesiedelt. Ende 1994 lebten in Tschechien offiziell etwa 75.000 Ausländer dauerhaft, die tatsächliche Zahl ist jedoch erheblich höher.

An erster Stelle unter den ausländischen Bewohnern rangieren die US-Amerikaner. Man nimmt an, daß zur Zeit mehr als 30.000 **US-Amerikaner** im Lande leben. Außer "white-collar workers", die hier amerikanische Firmen vertreten, handelt es sich meistens um junge "traveller" und "graduates", die zumeist in Prag leben. Als Grund für die starke Anziehungskraft Prags auf junge Amerikaner mögen die vergleichsweise niedrigen Preise einerseits und die romantische Atmosphäre andererseits gelten. Obwohl die Zeiten vorbei sind, als der Besitz eines US-amerikanischen Reisepasses bereits ausreichte, um eine Stelle als wirtschaftlicher "Berater" zu bekommen, gibt es auch heute noch mannigfaltige Jobmöglichkeiten für US-Amerikaner in Tschechien.

Neben US-Amerikanern bilden in Prag inoffiziellen Quellen zufolge **Chinesen** die zweitgrößte ausländische Bevölkerungsgruppe mit etwa 20.000 Chinesen. Wie andernorts auch unterhalten die Chinesen hier Restaurants und Geschäfte.

# Religion

Zum römisch-katholischen Glauben bekennen sich etwa 4 Mio. Tschechen (39%), zum Protestantismus etwa 2,5% und zum Hussitentum etwa 1,7% der Bevölkerung. Anhänger der jüdischen Religion sind etwa 1.300 Tschechen. Laut Statistik gehören etwa 40% der Tschechen keiner religiösen Gemeinschaft an. Von den verschiedenen Gemeinden und Sekten, die im Land nach 1989 Fuß gefaßt haben, sind die stärksten die Zeugen Jehovas mit ungefähr 15.000 Anhängern.

Neben Guruhs aller möglicher Sekten aus dem Ausland beackern auch einheimische Sektenführer erfolgreich das Feld.

# Verhaltenstips

Das **Verhältnis von deutschsprachigen Touristen und Tschechen** ist nicht immer so harmonisch, wie dies die Prospekte einiger Reiseveranstalter suggerieren: Die Reisenden gefallen sich leider oft genug in der Rolle der "Wohlstandskinder" und nörgeln während ihres Aufenthaltes zum Teil grundlos herum. Die Tschechen haben natürlich ihre Strategien entwickelt, um die in ihren Augen blasierten Westtouristen kaltzustellen. Unfreundlicher Service und/oder ostentatives Desinteresse an den herumprotzenden Besuchern sprechen eine deutliche Sprache.

Von den neuen Politikern Tschechiens wird das Gefühl der Gemeinsamkeit aller Europäer beschworen. In dieser Richtung wird ein Ausweg aus der schwierigen Situation gesucht, die infolge von fast einem halben Jahrhundert getrennter Entwicklung diesseits und jenseits des Eisernen Vorhangs entstanden ist. Doch die Gräben sind noch lange nicht zugeschüttet. Im Gedächtnis der alten Tschechen ist die Epoche des deutschen Faschismus noch lebendig und nach wie vor ein Rest Mißtrauen gegenüber dem mächtigen Nachbarn vorhanden.

Bei den jungen Tschechen ist es eine Mischung aus Faszination, die der glänzende Westen auf sie ausübt, und einem ganz verständlichen

---

### Böhmen, Mähren, Tschechei oder Tschechien?

Die Teilung der Tschechoslowakei löste ein **Problem der Benennung** des von den Slowaken verlassenen Restgebildes aus. Es stellte sich die Frage: Wie sollte man die Tschechische Republik verkürzt nennen: Böhmen, Mähren, Tschechei oder Tschechien?

**Böhmen** und **Mähren** sind historisch überlieferte Begriffe, die für die Gebiete, die heute die Tschechische Republik bilden, seit etwa dem 10. Jh. verwendet werden. Von dem Großmährischen Reich war bereits im historischen Teil die Rede, auch wurde erwähnt, daß der lateinische Begriff Bohemia dem Namen des keltischen Stammes der Bojern entlehnt wurde. Nachdem Mähren im 11. Jh. mit Böhmen vereint worden war, blieb es Teil des böhmischen Königreiches, hatte aber einen besonderen Status als Markgrafschaft inne. Dieser spiegelt sich in dem Umstand wieder, daß sich die Bewohner von Mähren auch heute noch als *Moravané* (Mährer und nicht als Češi (Tschechen) fühlen. Würde man das neue Staatsgebiet heute Böhmen nennen, würden sich die Bewohner der mährischen Gebiete gewiß ausgeschlossen fühlen.

Der Begriff **Tschechei** wurde von *Hitler* und den Nazis eingeführt und hatte eine abwertende Bedeutung. Dies wird besonders von der älteren Generation so empfunden.

Obwohl heute die meisten Tschechen den tschechischen Term *Česko* (übersetzt etwa: Tschechei) als Kurzform zur Bezeichnung ihres Land gebrauchen, ist hervorzuheben, daß der tschechische Begriff im Gegensatz zum deutschen erst seit wenigen Jahren gebraucht wird und daher historisch nicht belastet ist. Gerade in der jüngsten Vergangenheit scheint sich der Begriff *Česko* als Kurzform durchzusetzen.

Die dritte Bezeichnung **Tschechien** (*Čechie)* wurde schon in der Zeit der k.u.k. Monarchie benutzt, setzte sich jedoch gegenüber dem damals dominierenden Begriff Böhmen nicht durch und geriet dann in Vergessenheit. Erst nach der Teilung der Tschechoslowakei entdeckten österreichische und deutsche Journalisten den Begriff wieder.

Nach seiner Wiederentdeckung gebrauchten den Begriff *Čechie* auch einige tschechische Journalisten in ihren Artikeln. Es zeigte sich jedoch, daß die meisten Tschechen diesen Begriff nicht akzeptieren, was daran liegen mag, daß er im Vergleich zum vertrauten Begriff *Česko* seltsam und gespreizt klingt.

Was die deutsche Bezeichnung des neuen Staatsgebildes betrifft, scheint sich der Begriff Tschechien in zunehmendem Maße durchzusetzen. Dies entspricht auch dem Wunsch des tschechischen Außenministeriums, diesen Terminus dem historisch belasteten vorzuziehen.

Menschen

Gefühl von Unbehagen gegenüber den Touristenhorden, die alljährlich das Land besuchen.

Es gibt keine allgemeingültigen Verhaltensregeln für Reisende. Wer will, wird Wege finden, mit den Tschechen auf seine Weise erfolgreich zu kommunizieren. Nur Mut: Besonders bei den jüngeren Leuten rennt man mit einem Lächeln und einer Einladung zum Gespräch oft offene Türen ein.

## Alltagsleben

### Probleme des Umbruchs

Fünf Jahre nach der Samtrevolution ist **Ernüchterung** an Stelle der revolutionären Euphorie getreten. Als realitätsfern erwies sich auch die naive Vorstellung vieler Leute, man brauche lediglich die Kommunisten von der Macht zu vertreiben, die Marktwirtschaft einzuführen, und alles weitere werde sich von selbst ergeben. Vielmehr wird nun offenkundig, daß ein marktwirtschaftliches System neben Vorteilen auch Nachteile mit sich bringt, wie steigende Preise, eine hohe Kriminalitätsrate, Arbeitslosigkeit usw.

Die extrem positiven **Erwartungen der Bevölkerung** wurden auch dadurch erzeugt, daß man die kritische Darstellung des Westens durch die kommunistische Regierung pauschal als Lüge abtat. Wenn Kommunisten beteuerten, im Westen sei vieles schlecht, verstand die Bevölkerung diese Behauptung genau umgekehrt, und zwar so, daß im Westen

alles Gold sei. Es wurde das Vorurteil entwickelt, jeder dort sei ein erfolgreicher Unternehmer, führe einen Mercedes und habe viel Geld.

Jetzt, wo man selbst Teil des "Westens" ist, wird offensichtlich, daß in der **Realität** die Gleichung Westen und Reichtum nicht für alle aufgeht und daß nicht jeder, der ein Unternehmen hat oder selbständig ist, auch im Geld schwimmt. Auch wird jetzt erkannt, daß viel Geld zu verdienen oftmals mit viel Arbeit einhergeht. In den Genuß der Vorteile einer demokratischen Ordnung und einer Marktwirtschaft zu kommen, bedeutet gleichzeitig auch, mit den Schattenseiten und Problemen dieser Ordnung konfrontiert zu werden.

Besonders große Probleme mit der neuen Situation haben verständlicherweise die Mitglieder der **älteren Generation,** die sich nur schwerlich den neuen Bedingungen anpassen können. Hier ist auch zu sagen, daß die Älteren häufig zu den wirtschaftlichen und sozialen Verlierern des neuen Kurses gehören. Besonders bitter ist die Situation für Rentner, die oftmals mit kärglichen Einkünften auskommen müssen. Anders ist die Haltung der jungen Generation, für die vor allem die Chancen der neuen Ordnung im Vordergrund stehen.

### Wohnungslage

Bis 1989 waren Wohnungen knapp, und junge Familien mußten oft bis zu 10 Jahre auf die Zuteilung einer Wohnung warten. Heute, etliche Jahre nach der marktwirtschaftlichen Umorientierung, hat sich die Lage

Marktleben (KW)

noch **verschlimmert.** Nicht nur, daß die Mieten rapide angehoben wurden, verheerend wirkte sich auch der Rückzug der Regierung aus dem staatlichen Wohnungsbau aus.

In ihrer marktwirtschaftlichen Fixiertheit beteuerte die Regierung, daß die Marktmechanismen den Wohnungsmarkt schon in Ordnung brächten. Doch darf man Jahre später bezweifeln, daß der Markt tatsächlich das Wohnungsproblem selbsttätig lösen wird. Verschärfend kommt noch hinzu, daß die Regierung bis dato nicht die Rahmenbedingungen schafft, die zum Aufbau eines breiten privaten Wohnungssektors nötig sind.

Auf dem **Mietwohnungsmarkt** zeigen sich Probleme der Transformation einer ehemaligen Plan- in eine Marktwirtschaft so deutlich wie

nirgends sonst: Obwohl die Mieten im Vergleich zu 1989 etwa um 300% gestiegen sind, erreichen sie dennoch nicht die Höhe der Kosten, die real für die Instandhaltung von Häusern und Wohnungen anfallen. Dies ist die Ursache dafür, daß sich im privaten Sektor kein Finanzier findet, der Wohnungen zu bauen bereit wäre. Es würde sich nämlich nicht rechnen. Es lohnt sich zur Zeit lediglich, feudale Einfamilienhäuser und Privatvillen für Besserverdienende zu bauen, die von dem Käufer nach Fertigstellung bezahlt werden.

Mit einem Bausparprogramm hat man erst 1994 begonnen, Bankdarlehen für den Kauf einer Wohnung gibt es erst seit 1995. Da die monatlichen Kosten für Hypotheken zwischen 7.000 und 10.000 Kronen liegen, ist **Wohnungseigentum** für den Großteil der tschechischen Mittelklasse unerschwinglich, ganz zu schweigen von der Mehrheit der Wohnungssuchenden aus niedrigeren Einkommensklassen. Zum Vergleich einige Zahlen: Eine 3-Zimmer-Wohnung in einer Wohnblocksiedlung in Prag kostet um 1 Mio. Kronen, für eine billige Villa muß man mit mindestens 2-3 Mio. rechnen. Da der Durchschnittslohn im Jahre 1998 etwa 11.000 Kronen betrug und davon durchschnittlich 40-50% für Lebensmittel ausgegeben werden, ist der Kauf einer Wohnung für die Mehrheit der Bevölkerung unmöglich.

### Allgemeiner Lebensstandard

Der **Durchschnittslohn** betrug 1998 etwa 11.000 Kč. Im Vergleich zu 3.200 Kčs aus dem Jahr 1989 war dies eine Steigerung um 300%. Die Steigerungsrate der **Lebenshaltungskosten** im gleichen Zeitraum war jedoch höher. Daraus läßt sich schließen, daß sich der durchschnittliche Lebensstandard verschlechtert hat.

Wie bereits oben gesagt, trifft die Steigerung der Lebenshaltungskosten besonders empfindlich die **Rentner.** Die Durchschnittsrente betrug im Jahre 1998 etwa 5.000 Kronen. Damit wird klar, daß es für Rentner schwierig ist, in der neuen Situation menschenwürdig zu existieren.

Im Vergleich zu den "alten kommunistischen Zeiten", wo die **Lohnunterschiede** relativ gering waren, ist die aktuelle Situation deutlich anders. Die wirtschaftliche und soziale

Kluft zwischen Gewinnern und Verlierern der Marktwirtschaft ist groß und schwer zu überbrücken.

Zur Information die **Höhe der Löhne** einiger Berufssparten:

- Verkäuferin: 5.000-7.000 Kč
- Krankenschwester: 5.000-9.000 Kč
- Ärzte in staatlichen Polikliniken: 6.000-20.000 Kč
- Manager (mittlere Ebene): 15.000-30.000 Kč
- Topmanager: über 100.000 Kč
- Parlamentarier: ca. 70.000 Kč
- Premierminister: 100.000 Kč
- Präsident: 230.000 Kč

Doch scheint momentan das **soziale Klima** von Aufbruchstimmung und individueller Orientierung geprägt zu sein. Davon zeugt auch die Tatsache, daß in den letzten fünf Jahren trotz drastischer Preiserhöhungen Streikwellen gegen die wirtschaftliche Politik der heutigen Regierung ausblieben.

### Situation der Frauen

Nach der Samtrevolution hat sich die Situation der tschechischen Frauen nicht zum Guten verändert. Als **negative Folgen** lassen sich benennen: Der rapide Preisanstieg, der die Hausfrauen mit massiven Problemen der Versorgung der Familie konfrontiert. Darüber hinaus sind besonders Frauen die Leidtragenden von Sparmaßnahmen der Regierung, die das soziale Netz immer mehr beschneiden. Da die meisten Frauen in Erwerbszweigen mit niedrigen Löhnen (z.B. Bildung, Medizin) arbeiten, gehören sie meist zu den wirtschaftli-

chen Verlierern der Privatisierungs-
politik. Während unter dem kommunistischen Regime etwa 90% der
Frauen erwerbstätig waren, ist diese
Zahl aktuell auf etwa 80% gesunken.
Meinungsumfragen zeigen jedoch,
daß die meisten erwerbslosen Frau-
en gerne einer außerhäuslichen
Tätigkeit nachgehen würden.

Zu den **wirtschaftlichen Gewin-
nerinnen** zählen die Geschäftsfrau-
en, d.h. Inhaberinnen von Geschäften und Firmen sowie weibliche Angestellte in führenden Positionen.

Während in der Geschäftswelt zumindest ein kleiner Prozentsatz Frau-
en vorzufinden ist, sind **Politikerin-
nen** eher eine Seltenheit. So ist zum
Beispiel in der gegenwärtigen Regierung keine Frau als Ministerin vertreten. Demgegenüber sind die Se-
kretärinnen der Minister in der überwältigenden Mehrzahl Frauen. Eine
**Frauenquote** in Partei- und Regie-
rungsfunktionen ist in Tschechien
noch (?) kein Thema. Woran dies
liegt, ist schwer zu sagen. Es mag
dabei eine Rolle spielen, daß es in
Tschechien keine mit der deutschen
vergleichbare Frauenbewegung gegeben hat.

# Architektur

Architektonische **Denkmäler,** Kirchen, Burgen, Paläste, Schlösser
oder alte Häuser, sind in Tschechien
zahlreich vorhanden. Dies trifft nicht
nur auf Prag zu, sondern auch auf viele andere Orte im Land. Es muß jedoch ergänzt werden, daß viele der
Gebäude, besonders auf dem Lande,
sehr *renovierungsbedürftig* sind.

Nachdem viele dieser Gebäude
nach vierzig Jahren Staatsbesitz den
früheren Eigentümern zurückgege-
ben worden sind, kann davon ausgegangen werden, daß diese viel daran
setzen werden, die Substanz der Gebäude zu pflegen. Da die finanziellen
Möglichkeiten vieler "altneuer" Eigentümer jedoch begrenzt sind und
die Renovierungs- und Instandhal-
tungskosten in Tschechien sehr hoch
sind, wird es noch eine Weile dauern,
bis die zahlreichen Burgen, Schlösser, Kirchen und anderen Gebäude
in einen guten Zustand gebracht
werden.

### Vorromanische und romanische
### Periode (800-1250)

Die ältesten erhaltenen Steingebäude stammen aus dem 9. Jh., aus der
**Zeit des Großmährischen Rei-
ches.** Es handelt sich hierbei um
einfache Rotunden, von denen nicht
viel übrig geblieben ist. Belege für
diesen schlichten Baustil bieten Fundamente, die in Mähren (Mikulčice,
Staré Město, Uherské Hradiště, Velehrad) zu besichtigen sind.

Die ältesten erhalten gebliebenen
**romanischen Bauten** sind die Rotunden, die zu Anfang des 10. Jh. und
etwas danach erbaut wurden: z. B.
die Rotunde in Levý Hradec bei
Roztoky in der Nähe von Prag und die
St.-Martins-Rotunde auf dem Vyšehrad in Prag. Letztere wurde in der zweiten Hälfte des 11. Jh. erbaut und ist
die älteste der drei Prager Rotunden,
die bis heute erhalten geblieben sind.

Menschen

Zwei weitere sind die Hl.-Kreuz-Rotunde in der Karoliny-Světlé-Straße, Prag 1 und die St.-Longinus-Rotunde in der Straße Na rybníčku, Prag 2.

Von einigen der ältesten Rotunden existieren nur noch Überreste, so z.B. von der St.-Veits-Rotunde unter der St.-Veits-Kathedrale auf dem Hradschin.

Zu den besterhaltenen romanischen Gebäuden gehört die St.-Georgsbasilika auf dem Hradschin, deren Außenwände und Apsis aus dem 10. Jh. stammen. Nur wenige Baudenkmäler des 10.-13. Jh. findet man noch im Originalzustand vor. Von den zum Teil erhaltenen romanischen Bauten sind weiter die folgenden zu erwähnen: die aus dem 11. Jh. stammende Krypta der barocken St.-Margareten-Kirche des Břevnov-Klosters in Prag, außerdem die im 12. Jh. errichtete Krypta der St.-Maria-Basilika in Doksany in der Nähe von Litoměřice.

Den wirklichen Bauboom brachte erst das 13. Jahrhundert, das Zeitalter der Gründung neuer Klöster und Städte.

## Gotik (1230-1530)

Mit Ausnahme des Barocks hat keine Stilperiode so viele Baudenkmäler in Prag und im ganzen Land hinterlassen wie die Gotik. Die erste Phase gotischer Architektur wurde durch den Zisterzienser-Orden beeinflußt, der viele Kirchen und Klöster errichten ließ. In der folgenden historischen Phase trat neben der Kirche, dem König und dem Adel auch das Bürgertum als Bauherr auf. Davon zeugen beispielsweise der Bau des ersten Prager Rathauses in der ersten Hälfte des 14. Jh. und die Errichtung vieler Bürgerhäuser.

Aus der **ersten Phase** der Gotik stammt in Prag das frühgotische Agneskloster, heute Museum für tschechische Kunst des 19. Jh. Weitere Beispiele gotischer Architektur bilden die aus dem 13.-14. Jh. stammende St.-Bartolomäus-Kirche in Kolín sowie das Zisterzienserkloster nebst Klosterkirche in Vyšší Brod in Südböhmen.

Neben Klöstern und Kirchen wurden im 13. Jh. auch viele Burgen gebaut. Südlich von Prag wurde um 1234 an der Moldau die königliche Burg Zvíkov gebaut. In der zweiten Hälfte des 13. Jh. entstand westlich von Prag die königliche Burg Křivoklát.

Ihren Höhepunkt erreichte die Gotik in Böhmen zur *Zeit König Karls IV.* Zu den schönsten gotischen Baudenkmälern des Landes gehört die Prager St.-Veits-Kathedrale, die unter der Leitung von *Matthias von Arras* und *Peter Parler* errichtet wurde. Der aus Schwäbisch Gmünd stammende Architekt und Bildhauer *Parler* wurde nach dem Tod von *Arras* von *Karl IV.* nach Prag berufen. Hier wurde er zum Hofarchitekten ernannt und gestaltete außer der St.-Veits-Kathedrale die Allerheiligen-Kapelle auf dem Hradschin, die Karlsbrücke, die Altstädter Brückentürme in Prag und die St.-Barbara-Kirche in Kutná Hora.

Es wurden auch bedeutende gotische Klöster und Kirchen in Südböhmen gebaut. Hier entstand auch der architektonisch einmalige Typ der zweischiffigen Kirche mit Säulen in der Mitte. Schöne Beispiele für diesen Typ von Kirche sind die St.-Ägidius-Kirche in Třeboň und die St.-Veits-Kirche in Soběslav.

Zu den beachtenswerten Beispielen der **Hochgotik** gehören die Burg Karlštejn bei Prag, der ehemalige Sitz des *Königs Wenzel IV.,* Vlašský dvůr mit dem Münzhaus in Kutná hora und die St.-Veits-Kirche im südböhmischen Český Krumlov.

### Renaissance (1500-1620)

Ende des 15. Jh. kam über Ungarn und Mähren ein neuer Stil nach Böhmen. Die typischen Merkmale des Renaissance-Stiles setzten sich zuerst beim Umbau alter gotischer Burgen in bequemere Schlösser durch. Als Beispiel kann das Portal des Schlosses im ostböhmischen Pardubice dienen.

Mit dem polnischen König *Wladislaw Jagiello,* der gleichzeitig König von Ungarn und Böhmen war, erreichte der neue Stil auch den **Hradschin.** *Benedikt Ried* (1454-1534), der königliche Architekt der Jagiello-Dynastie, benutzte den neuer Stil beim Umbau des Wladislawsaales auf dem Hradschin. Obwohl die Überwölbung des Saales noch gotisch ist, tragen die Fenster und ein Flügel des Raumes bereits die Merkmale der Renaissance. Der gleiche Architekt baute in diesem Stil ebenfalls einen Wohnungstrakt der Wasserburg Blatná in Südböhmen.

Die weitere Entwicklung der Renaissance in der Architektur ist mit

Wladislaw Jagiello

dem Nachfolger *Wladislaws, Ferdinand I.,* verbunden. Dieser lud viele Künstler aus Italien nach **Prag** ein, um für ihn die verwüstete Prager Burg wieder aufzubauen. Zu den schönsten Beispielen der Renaissance-Architektur in Prag gehört das Königliche Sommerlustschloß (Belveder), das 1538 bis 1562 in den Burggärten errichtet wurde, und das Lustschloß Hvězda im Westen von Prag, das in den Jahren 1555-56 nach einem eigenen Entwurf *Ferdinands I.* erbaut wurde.

Menschen

91

Ein prominentes Beispiel für die Renaissance ist auch die architektonische Gestaltung des Marktplatzes der Stadt Telč in Südmähren. Der **Süden des Landes** war zu dieser Zeit in den Händen des mächtigen südböhmischen Rosenberg-Geschlechts. Die Schlösser der Angehörigen dieses Geschlechtes in Telč, Jindřichův Hradec und Český Krumlov wurden im 16. Jh. im Renaissance-Stil umgebaut. In Diensten der *Rosenbergs* stand der italienische Architekt *Baldassare Maggi* (1550-1619).

Weitere prominente Beispiele für Renaissancearchitektur sind in **Ostböhmen** der Marktplatz der Stadt Nové Město nad Metují sowie das Schloß Opočno.

### Barock (1620-1750) und Rokoko (1750-1780)

Die Mehrzahl der Kirchen, Paläste und anderen architektonischen Denkmäler des Landes wurde im Barockstil erbaut. Der große **Kirchenbauboom nach dem Dreißigjährigen Krieg** war mit der Rekatholisierung des Landes verbunden, die unter Führung der Jesuiten durchgeführt wurde. Dutzende neuer Kirchen und Klöster wurden überall im Lande errichtet. Die hierzu notwendigen finanziellen Mittel wurden durch die Enteignung des protestantischen Adels und die Beschlagnahmung seines Besitzes frei. Zu den bedeutendsten Baumeistern dieser Epoche gehörte das Vater-Sohn-Duo *Christoph* (1655-1722) und *Kilian Ignaz Dientzenhofer* (1689-1751). *Kilian Ig-*

*naz,* der Sohn, dessen Ruhm den seines Vaters noch überstieg, zeichnete für die Gestaltung folgender Gebäude verantwortlich: die St.-Niklas-Kirche auf der Prager Kleinseite, das Lustschloß "Amerika" in der Prager Neustadt, die zwei St.-Nepomuk-Kirchen in Prag und die Maria-Magdalena-Kirche in Karlsbad.

Eine Bereicherung des Barockstils bewirkte die Arbeit *Giovanni Santinis* (1677-1723), böhmischer Architekt italienischer Abstammung, mit ihrem barock-gotischen Stil. In diesem Stil wurden Kirchen in Sedlec bei Kutná Hora, in der westböhmischen Stadt Kladruby, im südböhmischen Zliv und in Žďár nad Sázavou, einer Stadt in der Böhmisch-Mährischen Höhe, erbaut.

Unter den **weltlichen Bauten** dieser Zeit ist an prominenter Stelle das Wallenstein-Palais in Prag zu erwähnen. Als Perlen des Barock gelten ebenfalls das Černín-Palais und das Schloß Troja im Nordwesten Prags. Architektonisch interessant ist auch der Schloßkomplex im ostböhmischen Kuks in der Nähe von Dvůr Kralové, in welchem Schloß, Park und Barockskulpturen von *Matthias Braun* zu einer Einheit verschmelzen.

### Klassizismus (1780-1800) und Empirestil (1800-1850)

Mit der Barockzeit endete in Böhmen die Ära der großen Bauten. Die Epoche des Rationalismus und der theresianischen und josephinischen Reformen prägte mit dem Klassizismus zwar einen neuen Baustil. Da Prag zu dieser Zeit den Status einer Provinzstadt der k.u.k. Monarchie innehatte, wurden hier jedoch keine pompösen Bauten errichtet. Zu den bedeutendsten **klassizistischen Bauten in Prag** gehört das Ständetheater, das Palais Příchovský (Slawisches Haus) in der Straße Na Příkopě, der Liechtenstein-Palast im oberen Teil des Kleinseitner Ringes in Prag und die Villa Bertramka im Prager Stactteil Smíchov.

Wie der Klassizismus so ist auch der **Empirestil** der ersten Hälfte des 19. Jh. eine Stilrichtung, die sich hauptsächlich im Bau von Stadtpalästen manifestierte. Als Beispiel des Empirestiles kann das ehemalige Zollamt in Prag, heute Ausstellungssaal U Hybernů, dienen.

Weder im Klassizismus noch im Empirestil wurden in Böhmen viele **Schlösser** erbaut. Von den wenigen Beispielen sind zu nennen: Die Schlösser Dačice in Südmähren und Kačina nahe Kutná Hora in Zentralböhmen. Das in einem weitläufigen englischen Park stehende Schloß Kačina wurde in den Jahren 1802-1822 nach Plänen des Dresdner Architekten *Ch. F. Schuricht* erbaut.

### Jugendstil (1900-1917)

Um die Jahrhundertwende entstand in Europa ein neuer Stil, der Jugendstil oder auf tschechisch *secese* (Sezession) genannt wurde. In diesem Stil wurden in Prag hauptsächlich **öffentliche Gebäude** und **Mietshäuser** errichtet. Prominente Manifestationen der Sezession bilden die Mietshäuser, die an der Stelle des ehemali-

gen jüdischen Viertels erbaut wurden: Pařížská-Straße und Umgebung. Die bekanntesten Gebäude des Prager Jugendstils sind jedoch das Repräsentationshaus, der alte Teil des Prager Hauptbahnhofes und das Theater im Stadtviertel Vinohrady.

### Rondokubismus (1911-1917)

Wurde Anfang dieses Jh. Paris das Zentrum des Kubismus in der Malerei, so entwickelte sich in der zweiten Dekade **Prag** zum **Zentrum des Kubismus in der Architektur.** Seinen Höhepunkt erreichte der architektonische Kubismus, auch als Rondokubismus bekannt, kurz vor dem Ausbruch des Ersten Weltkrieges.

Zu den bedeutendsten **Vertretern des Rondokubismus** gehörte *Josef Gočár* (1880-1945), dessen Haus Zur Schwarzen Mutter Gottes in der Celetná ul., Prag, den neuen Stil einleitete. Der zweite berühmte Vertreter des Kubismus hieß *Josef Chochol* (1880-1956), von dem insgesamt fünf kubistische Häuser in Prag stammen. Das beste Beispiel seiner Kunst stellt die Villa an der Uferstraße Rašínovo nábřeží in der Nähe der Eisenbahnbrücke unter dem Vyšehrad dar. Eines der letzten kubistischen Häuser steht in der Elišky-Krásnohorská-Straße 723 in der Altstadt. Es handelt sich um das Wohnhaus der Lehreranstalt, errichtet von *Otakar Novotný* (1880-1959) im Jahr 1917. Weitere Beispiele kubistischer Architektur und moderner Stadtplanung von *Josef Gočár* finden sich in der ostböhmischen Stadt Hradec Králové.

**Menschen**

# Literatur

### Altslawische Literatur

Der Beginn tschechischen Schrifttums datiert aus dem 9. Jh. Erste, in altslawischer Sprache verfaßte Schriften entstanden zur Zeit des Großmährischen Reiches in Südmähren. Es handelte sich um Übersetzungen der Bibel und anderer religiöser Texte aus dem Griechischen ins Altslawische. Sie wurden in der speziell für die altslawische Sprache entwickelten glagolithischen *Schrift,* aus der sich später die kyrillische Schrift entwickelte, geschrieben. Der Tod des *hl. Methodius* im Jahre 885 und die Vertreibung seiner Schüler bedeutete auch, daß diese Schrift auf dem Gebiet des heutigen Tschechien nicht mehr be-

nutzt wurde. Stattdessen etablierte sich mit der Expansion der Westkirche nach Böhmen und Mähren auch hier die Lateinische Schriftsprache.

Wie überall in Europa gehörten auch in Böhmen *Legenden* zu den ersten literarischen Gattungen. Die älteste altslawische Legende entstand Ende des 10. Jh. und ist dem ersten tschechischen Heiligen, dem *hl. Wenzel*, gewidmet. Von ihr blieben spätere Abschriften erhalten. Als das *älteste erhaltene Buch* in Tschechien gilt der Vyšehradský-Kodex aus der Zeit um 1085. Das reichlich mit schönen Illuminationen geschmückte Evangeliar entstand anläßlich der Krönung von *König Vratislav I.* Es ist heute im Besitz der Staatlichen Bibliothek in Prag.

### Mittelalterliche Chroniken

Zu einer weiteren beliebten Gattung des frühen Mittelalters gehörte die Chronik. Der älteste tschechische Chronist hieß *Kosmas,* studierte in der heutigen belgischen Stadt Liège und lebte zwischen 1045 und 1125 in Prag. Seine *"Chronica Boemorum",* deren erster Satz "Incipit Liber I. in Kronikam Boemorum Kosme Pragensis Decani" (Das erste Buch der Chronica Boemorum des Prager Dekans Kosmas beginnt) lautet, besteht aus drei Büchern und entstand zwischen 1119 und 1125. In seiner Chronik dokumentierte *Kosmas* sowohl politische Ereignisse wie auch tschechische Sagen und Mythen, deren bekannteste die Legende der Fürstin Libuše ist.

Ein weiteres erwähnenswertes mittelalterliches Buch ist die *"Vita Ca-*

Vyšehradský-Kodex

Chronica Boemorum

**roli",** die um die Mitte des 14. Jh. enstandene Autobiographie Kaiser Karls IV. Es handelt sich um eine Art politisches Testament *Kaiser Karls*. Es ist eine wahre Rarität, da sie eine von nur drei bekannten Autobiographien mittelalterlicher Könige bzw. Kaiser darstellt.

### Meister Jan Hus

Zu den bedeutendsten tschechischen Literaten des Mittelalters gehörte neben *Kosmas* auch *Meister Jan Hus* (1371-1415), der **Kritiker der katholischen Kirche**. Seine Kritik füllte eine Reihe von Schriften.

Zu seinen **Hauptwerken** gehört "De ecclesia" (Über die Kirche) aus dem Jahr 1413, in dem er seine An-

sichten über den (beklagenswerten) Zustand der katholischen Kirche darlegte. So nimmt es nicht wunder, daß gerade diese Schrift während des Konstanzer Konzils gegen seinen Verfasser ausgelegt und somit zu dessen Verhängnis wurde. Die "Postila", eine im Jahr 1413 auf tschechisch geschriebene Sammlung von Predigten, zählt ebenfalls zu seinen bekanntesten Büchern.

Interessant bei *J. Hus* ist die Tatsache, daß er seine Bücher nicht nur, wie damals üblich, in lateinisch, sondern auch **in tschechischer Sprache** schrieb. Auch die Einführung der diakritischen Zeichen ins Schrifttschechische wird von einem Teil der Forschung auf *Hus* zurückgeführt. Es handelt sich hierbei um spezielle Zeichen, die zur Vereinfachung der lateinischen Schrift beim Schreiben der tschechischen Sprache eingeführt wurden. Man ersetzte cz durch č, rz durch ř und aa durch á u.ä. Das Buch "Orthographia Bohemica" aus dem 15. Jahrhundert, in dem diese Zeichen erstmals gebraucht werden, wird von manchen Forschern *Meister Jan Hus* zugeschrieben, andere bezweifeln *Hus'* Autorenschaft.

### Jan Amos Komenský

Eine weitere bekannte Persönlichkeit der tschechischen Literaturgeschichte ist *Jan Amos Komenský*, auch unter dem lateinischen Namen *Johannes Comenius* bekannt. *Jan Amos Komenský* (1592-1670), **Philosoph und Pädagoge,** gilt als Begründer moderner Pädagogik und Didaktik. Als protestantischer Prie-

Menschen

ster ging *Comenius* nach der Schlacht am Weißen Berg im Jahr 1628 ins Exil. In den darauffolgenden Jahren lebte er in Polen, England, Schweden und später auch in den Niederlanden. Vor allem *Comenius'* anschauliche **Sprachbücher** wie z.B. "Janua linguarum" waren über lange Zeit hinweg europäische Bestseller.

### Die Nationale Wiedergeburt

Erst gegen Ende des 18. Jh., nach Verabschiedung der theresianischen Reformen, interessierten sich einige tschechische Aufklärer wieder für die tschechische Sprache. Einen wichtigen Beitrag zur Wiederbelebung der tschechischen Sprache leisteten vor allem **Sprachwissenschaftler** und **Historiker.** Allen voran sind hier die Philologen *Josef Dobrovský* (1753-1829) und *Josef Jungmann* (1773-1847) zu nennen. *Josef Dobrovský* verfaßte "Die Geschichte der tschechischen Sprache und Literatur" und *Josef Jungmann* "Das Deutsch-Tschechische Wörterbuch". Im Jahre 1826 erschien dann "Die Geschichte der slawischen Sprache in allen Dialekten" von *Pavel Josef Šafařík* (1795-1861), geschrieben in deutscher Sprache. Die vierte wichtige Schrift verfaßte der Historiker *František Palacký* (1798-1876) mit seiner "Geschichte der tschechischen Nation in Böhmen und Mähren".

Was die **Literatur** betrifft, brachte diese Anfangsphase der tschechischen Nationalliteratur keine bahnbrechenden Werke. Stellvertretend für alle Autoren hier nur drei Namen: *Karel*

Josef Dobrovský

*Hynek Mácha* (1810-1836), ein romantischer Dichter, wurde mit seinem Gedicht "Mai" berühmt. *Božena Němcová* (1820-1862) lieferte mit ihrer Geschichte "Babička" (Großmutter) eine Schilderung des Lebens auf dem Lande, die ebenfalls zu den bedeutenden Werken der tschechischen Literatur dieser Epoche gezählt wird. Zu den wenigen auch im Ausland bekannten Schriftstellern dieser Zeit gehört *Jan Neruda* (1834-1891). Seine "Kleinseitner Geschichten", in denen er das Leben in der Prager Kleinseite zum Ende des 19. Jh. atmosphärisch beschreibt, sind in viele Fremdsprachen übersetzt worden. Der chilenische Poet *Pablo Neruda* nahm den Namen *Neruda* übrigens als Ausdruck seiner Verehrung für den tschechischen Schriftsteller und Journalisten an.

### Der Prager Kreis

Mit diesem Begriff, der von dem gleichnamigen Roman *Max Brods* abgeleitet wurde, werden in der Literaturgeschichte **deutsche Literaten in Prag,** die meistens jüdischer Abstammung waren, bezeichnet. Ihrem Selbstverständnis als Deutsche entsprach die Tatsache, daß die Mitglieder des Prager Kreises ihre Artikel und Bücher in deutsch verfaßten.

Die meisten dieser Werke beschrieben die gesellschaftliche Atmosphäre, die im multikulture len Prag nach der Jahrhundertwende herrschte, wo die meisten Mitglieder des Kreises ansässig waren. Der Dichterkreis bildete sich ca. 1905 um *Max Brod,* der als vielfältig engagierter Journalist, Schriftsteller und hervorragender Organisator eine etablierte Persönlichkeit des Prager Kulturlebens darstellte. Stellvertretend für alle Mitglieder des Prager Kreises werden hier nur die vier bedeutendsten genannt: *Franz Kafka*

Franz Kafka

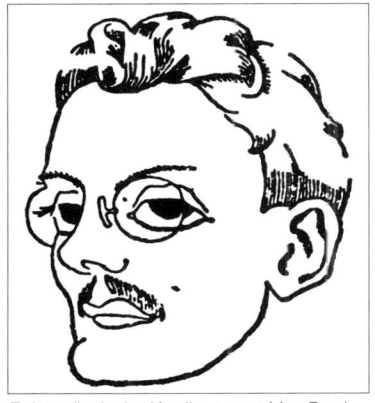

Zeitgenössische Karikatur von Max Brod

(1883-1924), *Max Brod* (1884-1968), *Franz Werfel* (1890-1945) und *Egon Erwin Kisch* (1885-1948).

Ein weiterer prominenter Vertreter deutscher Literatur in Prag ist *Rainer Maria Rilke,* der in seinen ersten Gedichten die Atmosphäre der "Goldenen Stadt" festhielt.

### Die erste Republik

Die **Blütezeit der tschechischen Literatur** fiel in die Zeit der ersten Republik (1918-38), die Autoren wie *Jaroslav Hašek* und *Karel Čapek* hervorbrachte. Der 1883 in Prag geborene *Jaroslav Hašek* (1883-1923) wurde mit seinem "Die Abenteuer des braven Soldaten Schwejk" weltweit bekannt. Weniger bekannt ist im Ausland sein Zeitgenosse, der Journalist, Schriftsteller und Dramatiker

Menschen

97

Egon Erwin Kirsch

*Karel Čapek* (1890-1938), der in seinem Drama "RUR" und den Science-fiction-Romanen "Krakatit", "Das Absolutum oder die Gottesfabrik" und "Der Krieg mit den Molchen" Probleme des Maschinenzeitalters thematisierte. Er war es, der den heute in vielen Sprachen vorhandenen Begriff *robot* (aus dem tschechischen *robota*–Arbeit) schuf und in seinem Drama "RUR" zum ersten Mal benutzte.

In den 20er und 30er Jahren entstand der **Poetismus,** der die Einheit von Dichtung und Leben betonte, oder, wie sein prominentester Theoretiker *Karel Teige* es ausdrückte: "Es ist die Kunst zu leben und zu genießen." Zu den Hauptvertretern gehörten der Kritiker *Karel Teige* (1900-1951) und die Dichter *Vítězslav Nezval* (1900-1958), *Konstantín*

*Biebl* (1898-1951) und *Jaroslav Seifert* (1901-1986).

Mit der **Naziokkupation** 1939 wurde jeder weiteren Entwicklung der tschechischen Literatur ein jähes Ende gesetzt. Einigen Schriftstellern gelang es, das Land zu verlassen und ins Exil zu gehen, andere wählten das innere Exil und schwiegen.

### Literatur nach 1945

Dieses Schweigen hielt auch an, nachdem die Kommunisten 1948 die Macht ergriffen hatten. Besonders in den fünfziger Jahren entstanden hauptsächlich **Propagandabücher.** Erst Ende der fünfziger und ab Beginn der sechziger Jahre wurden wieder international gewürdigte Romane, Erzählungen, Poesie und Dramen hervorgebracht, u.a. von *Bohumil Hrabal, Jaroslav Seifert, Josef Škvorecký, Milan Kundera* und *Václav Havel.*

Mit der **sowjetischen Okkupation** des Landes 1968 wiederholte sich die Politik des Schweigens. Wieder wählten einige Schriftsteller das Exil *(J. Škvorecký),* andere wurden in späteren Jahren ausgebürgert *(M. Kundera, P. Kohout, O. Filip).*

### Nobelpreisträger Jaroslav Seifert (1901-1986)

*Jaroslav Seifert,* der 1984 mit dem **Nobelpreis für Literatur** geehrt wurde, gehört nicht zu den prominentesten tschechischen Schriftstellern im Ausland. Um so mehr wird er in der ehemaligen Tschechoslowakei verehrt.

Von einem Vertreter der proletarischen **Lyrik** (siehe sein erster Gedichtband, der im Jahr 1921 erschien), wandelte er sich zu einem der Hauptvertreter des Poetismus in den 20er und 30er Jahren. In den 50er Jahren verstummte *Seifert* literarisch und meldete sich erst in den 60er Jahren wieder zurück.

Obwohl er kein aktiver Dissident war, wurde *Seifert* in den 80er Jahren zum **Sinnbild des Widerstandes gegen das kommunistische Regime.** Wie zu dieser Zeit üblich, war die Kritik am politischen System zwischen den Zeilen verborgen.

Die Gedichte, die *Seifert* in den vergangenen Jahrzehnten veröffentlichte, widmete er hauptsächlich den Erinnerungen an seine Freunde und an Prag vor dem Zweiten Weltkrieg. Dies sind auch die **Themen** seines prosaischen Erinnerungsbuches "Alle Schönheit der Welt", das 1981 in tschechischen Exilverlagen in Köln und Toronto erschien. Auf deutsch erschien das Buch unter dem Titel "Ein Himmel voller Raben".

## Dissidentenliteratur

Die Schriftsteller, die nach 1968 in der Tschechoslowakei nicht mehr publizieren durften, wurden im Ausland prominenter als daheim, da ihre Bücher in der ČSSR nur in Abschriften oder als illegale Exilverlagsexemplare zirkulierten. Daher waren die meisten der Dissidenten-Schriften und ihre Autoren nur einem kleinen Zirkel von Kennern im Land bekannt. Zu den berühmtesten Vertretern der Dissidentenliteratur gehörten *Václav Havel* (geb. 1936), *Ludvík Vaculík* (geb. 1926) und *Ivan Klíma* (geb. 1931).

## Exilliteratur

Der 1929 geborene **Milan Kundera** ging 1975 ins französische Exil. Mit seinen Büchern "Die unerträgliche Leichtigkeit des Seins" und "Das Buch vom Lachen und Vergessen" gelang ihm der Durchbruch zum weltbekannten Autor. In Büchern, die er im französischen Exil schrieb, schildert er das Schicksal von Personen, die zwischen Vergangenheit und Gegenwart leben. Gegenwärtig lebt *Milan Kundera* in Paris. Seine zuletzt erschienenen Romane "Die Unsterblichkeit" und "Langsamkeit" (1995) verfaßte er auf französisch.

Ein anderer Exilliterat, leider in Deutschland beinahe unbekannt, ist **Josef Škvorecký** (geb. 1924), der gleich nach dem sowjetischen Einmarsch 1968 nach Kanada ging. Hier gründete er den Verlag 68 Publishers, in dem er Bücher von im Exil lebenden tschechoslowakischen Schriftstellern publizierte. Die Bücher wurden dann in die Tschechoslowakei geschmuggelt, hier illegal weiterverbreitet und gelesen. Neben seiner Verlegerarbeit schrieb *Škvorecký* auch Romane.

Ein weiterer bedeutender Exilliterat ist **Ota Filip** (geb. 1930), der nach seiner Ausbürgerung 1974 in München ein neues Zuhause fand. Zu seinen bekanntesten Romanen gehört "Café Slavia", in welchem die Geschichte eines Adligen und seines Lebens in der Tschechoslowakei zwischen 1910 und 1968 erzählt wird.

Ebenfalls ein Schriftsteller war der heutige Botschafter der Tschechischen Republik in Deutschland,

Menschen

***Jiří Gruša*** (geb. 1938), der seine Exiljahre in Deutschland verbrachte. Zu seinen bekanntesten Büchern gehört der Roman "Fragebogen", der auch auf deutsch erschienen ist.

***Pavel Kohout*** (geb. 1928) arbeitete seit 1978 als Theaterregisseur im Wiener Burgtheater. Ein Jahr danach wurde er ausgebürgert und blieb in Wien. Zu seinen bekanntesten Büchern gehört "Aus dem Tagebuch eines Kontrarevolutionärs, eine Berichterstattung über das Ende des Prager Frühlings". Sein letzter Roman "Ich schneie" erzählt von Tschechien nach 1989.

### Gegenwartsliteratur

Neben den oben genannten ist ***Bohumil Hrabal*** (1914-1997) einer der prominentesten tschechischen Autoren. Nach einem durch den Zweiten Weltkrieg unterbrochenen und später abgeschlossenen Jurastudium übte er eine ganze Reihe von Berufen aus. Er arbeitete als Notariatsangestellter, Arbeiter in einer Brauerei, in Stahlwerken und in einer Altpapiersammelstelle. Außerdem war er als Vertreter und Versicherungsagent tätig, arbeitete bei der Eisenbahn und war ähnlich wie *V. Havel* Kulissenschieber in einem Theater. Die Erfahrungen, die er bei diesen verschiedenen Tätigkeiten sammelte, bilden die Grundlage seiner Bücher, bei denen es sich mehrheitlich um humorvolle Geschichten aus dem Alltagsleben der Tschechen handelt. Erst seit 1963 widmete sich *Hrabal* ausschließlich der Literatur.

Seine Bücher, die während der kommunistischen Ära je nach Laune des Zensors einmal erlaubt, einmal verboten waren, bildeten die Grundlage vieler tschechischer Filme, die allesamt Kassenschlager waren (siehe auch Film). *Bohumil Hrabal*, der wohl berühmteste tschechische Schriftsteller, ist am 3.2.1997 im Alter von 83 Jahren im Prager Krankenhaus verstorben.

In der tschechischen Gegenwartsliteratur hat auch der "Dichterpräsident" ***Václav Havel*** seinen festen Platz. Für das Verfassen neuer Dramen hat Havel jedoch gegenwärtig keinen Sinn. Es scheint, daß er stattdessen auf dem Gebiet der Essayistik ein neues Betätigungsfeld gefunden hat. Seine Essays, in denen er über die Welt, den Zusammenhang von Moral und Technik nachdenkt, sind empfehlenswert.

### Verlage

Während bis 1989 nur einige wenige staatliche Verlagshäuser existierten, stieg die ***Zahl*** während der vergangenen Jahre auf über 3.000 Buchverlage an, in denen über 8.000 Titel pro Jahr erscheinen. Während die Zahl der Buchverlage und der Titel praktisch explodierte, sank andererseits die ***Auflagenhöhe*** der einzelnen Titel. Lediglich ausländische Bestsellerautoren wie zum Beispiel *Pilcher* und *King* erreichen zur Zeit noch Auflagen um 10.000, die übrigen Autoren müssen sich mit Auflagen um 3.000 zufrieden geben.

Obwohl in den ersten Jahren nach 1989 hauptsächlich ***Trivialliteratur*** die Buchläden überflutete, ist dieser Trend momentan wieder rückläufig. Außer seichter Literatur erscheinen heute auch in großem Umfang ***Titel*** *für eine anspruchsvolle Leser-schaft.* Verlage, die solche Literatur herausgeben, konnten sich offenbar trotz der Abschaffung staatlicher Subventionen auf dem Markt behaupten.

# Malerei und Bildhauerei

### Romanische Kunst

Zu den wenigen erhaltenen Beispielen romanischer Kunst gehören außer architektonischen Denkmälern Fresken und Buchilluminationen. Zu den bis heute erhaltenen hervorragenden **Buchilluminationen** gehört der Vyšehradský-Kodex aus der Zeit um 1085. Es handelt sich um ein mit zahlreichen Illustrationen geschmücktes Evangeliar, das anläßlich der Krönung von *König Vratislav I.* angefertigt wurde. Ein weiteres Beispiel mittelalterlicher Buchillumination ist das Ostrov-Psalmbuch. Das nach dem Ort seiner Entstehung benannte Buch entstand wahrscheinlich um Jahr 1174 und befindet sich im Archiv der Prager Burg.

Romanische **Fresken** haben leider nur wenigen Fällen die Zeit überdauert, was auf spätere Übermalungen zurückzuführen ist. Das schönste Beispiel romanischer Fresken ist in der St.-Katharina-Rotunde in der südmährischen Stadt Znojmo zu besichtigen. Die Fresken aus der ersten Hälfte des 12. Jh. stellen die Genealogie des Přemysliden-Geschlechtes dar, wie sie in der Kos-mas-Chronik beschrieben ist (siehe auch Literatur). Einige romanische Fresken aus dem 13. Jh. sind auch in der St.-Georgs-Basilika auf dem Hradschin erhalten geblieben.

### Gotische Kunst

Die gotische Kunst wird am besten durch die **Tafelmalerei** repräsentiert. Zu den Meisterwerken böhmischer gotischer Tafelmalerei gehören die Gemälde des sogenannten **Meisters des Altars von Vyšší Brod.** Die neun Tafeln aus dem 15. Jh. wurden vermutlich in Prag gemalt und waren für das Kloster in Vyšší Brod bestimmt. Heute befinden sich die Bilder in der Nationalgalerie im Georgskloster auf dem Hradschin. Ebenfalls dort befinden sich die Gemälde des **Meisters des Altars von Třeboň.** Es handelt sich um drei Tafelbilder eines unbekannten Malers, die um 1380 für die St.-Ägidius-Kirche in Třeboň gemalt wurden.

Ihren Höhepunkt erreichte die gotische Malerei Böhmens im Werk und Schaffen von **Meister Theodorich.** *Theodorich* ist übrigens der älteste tschechische Maler, der namentlich bekannt ist. Der zur Zeit *Karls IV.* lebende Künstler wurde mit dem Ausschmücken der Kreuzkapelle auf der Burg Karstein bei Prag beauftragt. Die Schönheit seiner Wandmalereien und des Porträtzyklusses der 129 Tafelbilder aus der Zeit um 1365 wurde von keinem seiner Zeitgenossen übertroffen.

Bemerkenswert ist ebenfalls der **Fresken-Zyklus** des Emmausklosters in Prag aus der Mitte des 14. Jh.

Menschen

Mit seiner Gesamtlänge von etwa 130 Metern gehört der Zyklus zu den größten und wertvollsten Wandmalereien nördlich der Alpen. Dargestellt werden Szenen des Alten und des Neuen Testaments.

### Kunst der Renaissance

Die Renaissance hat in Tschechien in der Malerei keine großen Namen und Werke hervorgebracht. Auf dem Gebiet der Skulptur sind zwei Künstler zu nennen: **Alexander Colin** aus Innsbruck, der die königliche Krypta im St.-Veits-Dom gestaltete, und **Adrien de Vries,** der die Statuen für den Waldsteingarten anfertigte.

Eine bedeutende Phase für die Entwicklung der Kunst stellte die Regierungszeit *Rudolfs II.* (1575-1612) dar. Am Hofe des Königs, der als Mäzen und Förderer der Kunst bekannt war, arbeiteten zahlreiche Künstler aus verschiedenen Ländern. Zu den bekanntesten gehörten der Italiener **Giuseppe Arcimboldo** und der Niederländer **Bartholomäeus Spranger.**

### Kunst des Barockzeitalters

Zu den bedeutendsten Bildhauern der Barockzeit gehörten der aus Tirol stammende **Matthias Braun** (1684-1738) und **Ferdinand Maximilian Brokoff** (1688-1731). Außer der St.-Luitgard-Gruppe an der Karlsbrücke stammt von *M. Braun* auch die Ausschmückung der St.-Clemens-Kirche in Prag und die Statuengruppen des Schlosses Kuks in Ostböhmen. Zu den bekanntesten Werken von *F.*

*M. Brokoff* gehören die Statuen auf der Karlsbrücke und am Morzin-Palast auf der Kleinseite.

Für den Begründer der tschechischen Barockmalerei hält man **Karel Škréta** (1610-1674), der als Protestant nach der Schlacht am Weißen Berg ins Exil ging. Während seines Aufenthaltes in Italien konvertierte er jedoch zum Katholizismus und kehrte nach Böhmen zurück. Unter anderem malte er die Altarbilder in der Prager Teynkirche und der St.-Thomas-Kirche.

Weitere berühmte Vertreter der tschechischen Barockmalerei sind **Petr Brandl** (1668-1735), dessen Altarbilder und Gemälde viele Barockkirchen des Landes schmücken, **Václav Vavřinec Reiner** (1689-1743), der neben vielen Porträts und Altarbildern auch die Fresken in der St.-Thomas-Kirche, in der St.-Johannes-Nepomuk-Kirche und in der St.-Katharina-Kirche in Prag malte. Portraitbilder von **Josef Kupecký** (1667-1740) schmücken nicht nur tschechische, sondern auch ausländische Galerien.

### Kunst des 19. Jahrhunderts

Eine bedeutende Rolle in der Malerei des 19. Jh. spielte die Familie Mánes: Vater **Antonín Mánes** (1784-1843) und seine Söhne **Josef** (1820-1871) und **Quido** (1828-1880). Während der Vater hauptsächlich Landschaftsmalerei betrieb, widmeten sich die Söhne nationalen Themen und ländlichen Szenen. Zu den berühmtesten Werken von *Josef Mánes* gehören die Gemälde an der Prager Aposteluhr.

Nationale Geschichte ist auch das Hauptthema von **Mikoláš Aleš** (1852-1913), der an der Ausschmückung des Nationaltheaters zentral beteiligt war. Im Foyer befindet sich sein Zyklus "Vaterland".

Der Begründer der modernen tschechischen Bildhauerei heißt **Josef Václav Myslbek** (1848-1922). Von ihm angefertigt wurden unter anderem die Hl.-Wenzel-Statue auf dem Prager Wenzelsplatz und die Statue des Dichters *K. H. Mácha* im Petřín-Garten. Seine monumentalen, im Stile des Realismus angefertigten Skulpturen, die früher die Palackého-Brücke schmückten, sind heute auf dem Vyšehrad zu sehen.

Monumentale historische Gemälde schufen **Václav Brožík** (1851-1901), **Vojtěch Hynais** (1854-1925) und **František Ženíšek** (1849-1916). Ihre Bilder und Fresken schmücken vor allem das Nationaltheater in Prag.

### Kunst des 20. Jahrhunderts

**Alfons Mucha** (1860-1939) gehört ohne Zweifel zu den bekanntesten tschechischen Malern in Europa. Im Jahr 1888 ging er nach Paris, wo er durch seine Plakate für das Theater der Schauspielerin *Sarah Bernhardt* berühmt wurde. Im Jahr 1900 feierte er mit seinen Plakaten und Bildern

Zeichnung von A. Mucha

einen Riesenerfolg auf der Weltausstellung in Paris. 1904 ging er in die Vereinigten Staaten und war in Chicago als Lehrer tätig. Nach Ausrufung der Tschechoslowakischen Republik 1918 kehrte er in seine Heimat zurück. Zu *Muchas* berühmtesten in der Tschechoslowakei angefertigten Werken gehört der monumentale Zyklus zwanzig riesiger Gemälde, die die Geschichte des Landes interpretieren. Nach *Muchas* Entwurf wurde im Prager Veitsdom ein Fenster mit Motiven aus dem Leben der *hl. Methodius* und des *hl. Kyrillos* gefertigt. *Mucha* gehört zu den berühmtesten Vertretern des Jugendstils in der Malerei.

Ein weiterer berühmter tschechischer Maler, **František Kupka** (1871-1957), war ähnlich wie *Mucha* in Frankreich bekannter als in der Tschechoslowakei. Er kam 1895 nach Paris und lebte dort bis zu seinem Tod. Seine Bilder "Amorpha, eine zweifarbige Fuge" und "Amorpha, eine warme Chromatik" aus dem Jahr 1912 zählen zu den frühen abstrakten Gemälden.

Der dritte berühmte Maler, der sein Leben ebenfalls in Frankreich verbrachte, ist **Otakar Kubín** (1883-1969), auch *Otone Coubine* geschrieben. *Kubin* wird von Kunstkritikern zu den Vertretern der Pariser Schule Ecole de Paris gerechnet.

Menschen

Eine interessante Phase in der modernen tschechischen Kunst verkörpert der tschechische Kubismus. Die tschechische Öffentlichkeit lernte diese Stilrichtung durch den Kunsthistoriker **Vincent Kramář** kennen, der Dutzende von *Braques* und *Picassos* Bildern nach Prag brachte. Diese gehören heute zu den Hauptattraktionen der Prager Nationalgalerie.

Zu den berühmtesten kubistischen Künstlern Tschechiens gehörten die Maler **Bohumil Kubišta** (1884-1918), **Emil Filla** (1882-1953) und **Josef Čapek** (1887-1945), Bruder des Schriftstellers *Karel Čapek,* sowie der Bildhauer **Oto Gutfreund** (1889-1927).

Weitere berühmte moderne tschechische Maler sind **Antonín Slavíček** (1870-1910), einer der wenigen Vertreter des tschechischen Impressionismus, und **Jan Zrzavý** (1890-1977), ein Autodidakt, dessen lyrische Bilder sich an der gotischen und der Renaissance-Malerei orientieren.

# Musik, Theater und Film

### Musik

Musik hat in Tschechien eine sehr lange Tradition, die bis ins 12. Jh. schriftlich belegt ist. Davon zeugen alte illuminierte Bücher, in denen Texte von religiösen Liedern festgehalten sind. Auch sind Dutzende von Kanzionalien des 13.-17. Jh. in tschechischen Bibliotheken erhalten geblieben.

Anonyme Wandmalerei (KW)

Einer der ersten namentlich bekannten tschechischen Komponisten war **Kryštof Harant von Polžice** (1564-1621), der im kaiserlichen Hoforchester *Rudolfs II.* wirkte. Nach der Schlacht am Weißen Berg wurde er als einer der 27 Führer des protestantischen Aufstandes gegen die Habsburger am Altstädter Ring hingerichtet. Ein anderer Vertreter der Renaissance-Musik war der in Jindřichův Hradec geborene **Adam Václav Michna von Otradovice** (1600-1676), Autor vieler Kirchenlieder und der "Missa Sancti Wenceslai".

Das Vorurteil, jeder Tscheche sei ein Musikant, entstand im Laufe des 18. Jh., als viele tschechische Musiker im Ausland, hauptsächlich in Österreich, Deutschland und Italien in verschiedenen Schloß- und Hoforchestern tätig waren. Daß sich die Musikkultur der tschechischen Länder damals auf einem sehr hohen Niveau befand, wird auch durch die Tatsache belegt, daß das erste Musiklexikon Europas 1701 in Prag herausgegeben wurde. Hier einige Beispiele prominenter tschechischer Komponisten, die im europäischen Ausland erfolgreich waren:

Ein prominenter Vertreter klassischer Hofmusik war der Tscheche **Jan Václav Stamic** (1717-1757), der 24jährig nach Mannheim ging. Bereits nach vier Jahren wurde er zum Kapellmeister des Orchesters des Mannheimer Kurfürsten *Karl Theodor* ernannt, das damals als eines der besten Orchester Europas galt. Als Komponist von Sinfonien, Konzerten und Kammermusik leistete *Stamic* einen be-

deutenden Beitrag zur Entwicklung klassizistischer Hofmusik.

**Josef Mysliveček** (1737-1781), auch bekannt als *Il divino Boemo* (der göttliche Tscheche), der ab 1763 in Italien wirkte, gehört zu den Komponisten der Übergangsperiode vom Barock zur Klassik. Als 24jähriger ging der gelernte Müller aus Prag zunächst nach Venedig und später nach Neapel. Innerhalb von 14 Jahren komponierte er 25 Opern, die allesamt in Italien aufgeführt wurden.

Der Kirchenkantor **Jan Jakub Ryba** (1765-1815), hauptsächlich als Autor vieler Messen bekannt, gehört zwar nicht zu den berühmtesten klassischen Komponisten, doch sind seine Werke bis heute nicht in Vergessenheit geraten. Seine Weihnachtsmesse "Hej mistře" ist auch heute noch lebendig und wird in Tschechien zur Weihnachtszeit vielerorts aufgeführt.

Ihren Höhepunkt erreichte die tschechische Musik in der romantischen Epoche im 19. Jh. Dabei spielte die Gründung neuer Theater in vielen Städten eine entscheidende Rolle. Am 2. Februar 1826 fand im Ständetheater in Prag die Uraufführung der ersten tschechischen Oper "Der Kesselflicker" statt. Komponist dieses Werks war **František Škroup**, der 25jährige Kapellmeister des Theaters. *F. Škroup* ist auch der Komponist der heutigen Nationalhymne.

Ein anderer bedeutender tschechischer Komponist war **Bedřich Smetana** (1824-1884), der bereits als Sechzehnjähriger zu komponieren begann. Später wirkte er als Musiklehrer in der Familie des Grafen *L. Thun*.

Nachdem *Smetana* 1848 in Prag eine eigene Musikschule gegründet hatte, arbeitete er in den Jahren 1856-61 als Musikpädagoge und Dirigent im schwedischen Göteborg. Nach seiner Rückkehr hatte der Komponist eine Zeitlang Schwierigkeiten, in Prag wieder Fuß zu fassen. Erst mit den Opern "Die Brandenburger in Böhmen" (1863) und "Die verkaufte Braut" (1865) erlangte er Erfolg. In den Jahren 1866-74 bekleidete er die Stelle des Kapellmeisters im sogenannten Interimtheater (späteres Nationaltheater), in dem auch die Karriere des zweiten weltbekannten tschechischen Komponisten, *Antonín Dvořák,* begann. Obwohl *Bedřich Smetana* nicht der erste war, der eine tschechische Oper komponierte, gilt er als der Schöpfer der tschechischen Nationaloper. Zu seinen bekanntesten Werken gehört neben der Oper "Die verkaufte Braut" der sinfonische Zyklus "Mein Vaterland".

**Antonín Dvořák** (1841-1904), geboren in Nelahozeves bei Prag, war gelernter Metzger. In den Jahren 1857-59 studierte er an der Orgelschule in Prag, später spielte er in einigen Orchestern, unter anderem in dem von *Smetana* geleiteten Orchester des Vorläufertheaters. Ende der 70er Jahre bekam *Dvořák* die Möglichkeit, seine Werke im Berliner *F. Simrock Verlag* zu veröffentlichen. Seine "Slawischen Tänze" ebneten ihm den Weg in die internationale Musikszene. In den Jahren 1892-95 bekleidete *Dvořák* die Direktorenstelle des Nationalen Konservatoriums für Musik in New York. Während des Aufenthaltes in den USA entstand seine 9. Symphonie in e-moll "Aus der Neuen Welt", die in New York im Jahr 1893 uraufgeführt wurde. Ein Jahr später wurde sie erstmals in Karlsbad gespielt. Neben Symphonien schrieb *Dvořák* auch Klavierstücke, Kammermusik und Opern. Zu seinen berühmtesten Opern gehört "Rusalka".

Weniger bekannt im Ausland ist **Zdeněk Fibich** (1850-1900), Vertreter der Romantik in der Musik. Aus seiner Feder stammen Opern, Klavierwerke und sinfonische Dichtungen.

**Leoš Janáček** (1854-1928) war hauptsächlich in Brno tätig. Neben einigen Opern, deren berühmteste "Das schlaue Füchslein" ist, schrieb er auch Orchesterkompositionen. Obwohl er in *Max Brod* einen prominenten Fürsprecher fand, hatte *Janáček* Schwierigkeiten, sich in der Prager Musikszene zu etablieren.

**Bohuslav Martinů** (1890-1959) gehört zu den Komponisten, die im Ausland bekannter sind als in Tschechien. Der Grund dafür liegt in der Tatsache, daß er beinahe sein ganzes Leben im Ausland verbrachte. In den Jahren 1923-40 lebte er in Paris, dann bis 1953 in den USA und anschließend bis zu seinem Tod in Liestal bei Basel. Beeinflußt durch den Neoklassizismus, schrieb er Opern, Sinfonien und Kompositionen für Orchester.

### Theater

### Geschichte und Theaterformen

Das **erste tschechische Dauertheaterensemble** wurde von *Fürst Jan Kristian Eggenberg* um 1660 in

Český Krumlov gegründet. Der Schloßherr ließ für seine Truppe 1691 sogar ein Theater bauen, das bis 1766 in Betrieb war. 1766 wurde das alte Theater niedergerissen, und der damalige Schloßherr *Josef Adam Schwarzenberg* ließ ein neues Schoßtheater bauen. Dieses existiert in Český Krumlov bis zum heutigen Tag.

Das **erste Steintheater Prags** wurde zwischen 1781 und1783 erbaut. Es handelt sich um das heutige Ständetheater, wo im Jahre 1787 die Premiere der Oper "Don Giovanni" von *W. A. Mozart* stattfand.

Da in diesem Theater die deutsche Sprache dominierte, strebten tschechische Bürger während des 19. Jh. nach einem eigenen Theater. Das hierfür notwendige Kapital organisierte man durch eine landesweit durchgeführte Spendenkampagne. 1883 schließlich war es soweit. Das **Tschechische Nationaltheater** wurde eröffnet.

Weitere Theater wurden während der ersten tschechoslowakischen Republik errichtet. Zu den berühmtesten gehörte das **Osvobozenecké divadlo (Befreites Theater),** gegründet 1925 in Prag. Die deutsche Okkupation des Landes bedeutete das Ende dieses Theaters, dessen Hauptprotagonisten ins US-amerikanische Exil gingen.

Die **kulturelle Stagnation,** die 1939 begann, dauerte bis in die sechziger Jahre an.

Während des politischen Tauwetters, das zu dieser Zeit einsetzte, wurden viele kleine Theater gegründet. In dieser Zeit schrieb auch **Václav Ha-** **vel** seine ersten Dramen. *V. Havel,* der im Jahre 1963 mit dem Stück "Das Gartenfest" im Theater am Geländer debütierte, ist neben **Čapek** der zweite tschechische Dramatiker, dessen Stücke auch in Westeuropa in Szene gesetzt wurden. Ebenfalls international bekannt wurde der seit 1979 in Wien lebende **Pavel Kohout.**

Einen hohen Stellenwert haben in der tschechischen Theaterlandschaft das Puppentheater, die Pantomime, die Laterna Magika und das Schwarze Theater. Alle diese Theaterformen sind auch im Ausland bekannt.

Besonders das **Puppentheater,** dessen Anfänge ins 17. Jh. reichen, hat eine sehr lange Tradition in Tschechien. In der Zeit der Nationalen Wiedergeburt im 19. Jh. diente diese volkstümliche Theaterform der

Mozart ist immer noch beliebt

Verbreitung von Gedanken der Aufklärung. Zu den auch im Ausland bekannten Puppentheater-Gruppen gehört das im Jahre 1945 gegründete Spejbl- und Hurvínek-Theater in Prag. Das Vater-und-Sohn-Duo, geschaffen von *Josef Skupa* (1892-1957), spielt in seinem eigenen Theater in Prag. Einige der Aufführungen finden auf deutsch statt. Mit der steigenden Zahl ausländischer Besucher ist in den vergangenen Jahren auch die Zahl der Puppentheater gestiegen, von denen sich einige auf erwachsene Besucher spezialisiert haben.

Eine andere in Tschechien verankerte Theaterform, die auch im Ausland große Erfolge feiert, ist die **Pantomime.** Den größten Beitrag zur Entwicklung der Pantomime leisteten *Ladislav Fialka* (1931-1991) und sein Ensemble. Das Ensemble, das *L. Fialka* 1958 im Theater am Geländer gründete, tritt heute im Theater in der Zeltnergasse auf. Ein anderes Theater, das sich auf Pantomime spezialisiert hat, ist das Bránické divadlo pantomímy im Stadtteil Bránik. Obwohl außerhalb des Zentrums gelegen, wurde das Theater zur Pilgerstätte für Fans der modernen Pantomime. Einmal jährlich wird hier im Sommer ein Pantomimefestival veranstaltet.

Die **Laterna Magica** gehörte zu den ersten experimentellen Theaterformen des Landes in der Nachkriegszeit. Es handelt sich hierbei um eine Kombination von Ballett, Film, Theater und anderen künstlerischen Mitteln. Die Uraufführung der Laterna fand übrigens auf der Weltausstellung 1958 in Brüssel statt. In Prag sind Laterna-Magica-Aufführungen in der Neuen Szene des Nationaltheaters zu sehen.

Das von *Jiří Srnec* 1961 ins Leben gerufene **Schwarze Theater,** eine Sonderform des Pantomimetheaters, ist ebenfalls im Ausland bekannt. Das Schwarze Theater erzählt einfache Geschichten, in der symbolträchtige Requisiten ein Eigenleben führen, indem sie vor einer schwarzen Leinwand von Akteuren bewegt werden, die schwarz gekleidet und daher nicht zu sehen sind. Zur Zeit gibt es in Prag einige Truppen, die diese Theaterform kultivieren.

### Die aktuelle Situation

Wie alles im Land befindet sich auch die Theaterszene im Umbruch. Während die Zahl der Theater von 75 im Jahr 1990 auf 82 im Jahr 1992 anstieg, gilt für die **Zahl der Zuschauer** das Gegenteil: Besuchten 1990 noch beinahe sechs Mio. Personen Theatervorstellungen, sank diese Zahl binnen zwei Jahren auf nur noch 4,5 Mio. Zuschauer. Der Grund hierfür ist wohl nicht nur in den erhöhten Eintrittspreisen zu suchen, sondern auch in dem Videoboom der letzten Jahre.

Die **Bühnenhits** der vergangenen Jahre waren international bekannte Musicals wie "Jesus Christ Superstar", welches 1994 der tschechische Kassenschlager war.

### Film

### Geschichte

Als **Vater des tschechischen Films** gilt der Architekt *Jan Kříženecký.*

Nachdem er 1898 die erste Filmkamera aus Paris nach Prag mitgebracht hatte, drehte *Křiženecký* mit dieser Kamera erste Filme in Prag.

Der **erste berühmte tschechische Regisseur** hieß *Gustav Machatý*. Er sammelte seine ersten Filmerfahrungen als Regie-Assistent von *Erich von Stroheim* in Hollywood. Geschichte machte er mit zwei Filmen, die man heute als erotische Filme bezeichnen würde. Beide provozierten zur Zeit ihrer Entstehung einen großen Skandal. Das Drehbuch des Films "Erotikon" (1929), in dem erstmals eine nackte Frau gezeigt wurde, schrieb der berühmte tschechische Dichter *Vítězslav Nezval*. Der zweite Film "Extase" (1933) enthielt Aktaufnahmen von *Hedvika Kiesler,* der Ehefrau eines österreichischen Millionärs, der ohne Erfolg versucht hatte, alle Kopien aufzukaufen, um die Aufführung des Films zu verhindern. Aus der Millionärsgattin *H. Kiesler* wurde nach diesem Film die Filmdiva *Hedy Lamarr,* die eine große Karriere in Hollywood machte. Zu den Bewunderern dieses Films gehörte auch der damals in Paris lebende amerikanische Schriftsteller *Henry Miller,* der dem Film seine "Reflections on Extase" widmete.

"Extase" wurde als einer der ersten Filme 1933 in den **Barrandov-Studios** gedreht, die seinerzeit von *Miloš Havel,* dem Onkel des heutigen Präsidenten errichtet wurden.

Zu den populärsten Filmen, die in den dreißiger Jahren in den Barrandov-Studios entstanden, gehörten die **Komödien** des berühmten Komikerduos *Jiří Voskovec* und *Jan We-*

*rich,* die als tschechische Laurel und Hardy bezeichnet werden können. Ein weiterer populärer tschechischer Film- und Theaterkomiker dieser Zeit war *Vlasta Burian.* Die Filme mit allen dreien sind bis heute sehr beliebt und gehören zum Standardrepertoire der tschechischen Fernsehsender.

Vor dem **Krieg** wurden in Prag jährlich etwa 30-40 Filme produziert. Während des Kriegs enstanden in Prag auch viele deutsche Filme.

Nach der Verstaatlichung der Studios in den 50er Jahren sank die Zahl der hier gedrehten Filme rapide. Ihren Tiefpunkt erreichte die **sozialistische Filmproduktion** im Jahr 1951 mit sieben Filmen. Nach der kommunistischen Machtübernahme im Jahr 1948 wurden in den Barrandov-Studios ausschließlich Propagandafilme gedreht, in denen optimistische Fabrikarbeiter, lächelnde Bauern auf dem Lande, hinterlistige Diversanten aus den Kreisen der verfaulten Bourgeoisie in Szene gesetzt wurden. Ergänzend wurden seichte Komödien produziert, die das Volk bei Laune halten sollten.

Einen Aufschwung erfuhr der tschechische Film zu Anfang der sechziger Jahre, d.h. zur Zeit des politischen und damit verbundenen kulturellen Tauwetters. Die internationale Anerkennung der tschechischen **"Neuen Welle",** wie die neue Filmbewegung genannt wurde, ist vor allem mit Namen wie *Miloš Forman, Jiří Menzel, Věra Chytilová, Ivan Passer, Jan Němec* und *Evald Schorm* verbunden.

Der vielversprechende Anfang der "Neuen Welle" wurde jedoch durch die **sowjetische Okkupation** des

Menschen

Landes 1968 und ihre Folgen unterbrochen. Ein Berufsverbot zwang einige Künstler *(M. Forman, I. Passer)*, ins Exil zu gehen.

Viele Regisseure durften die folgenden zwanzig Jahre gar nicht arbeiten oder konnten dies nur unter großen Schwierigkeiten. Einigen (z.B. *Jiří Menzel*) gelang trotz Problemen mit der Zensur anspruchsvolle und zum Teil auch international erfolgreiche Filme.

Einen Sonderplatz in der Filmwelt nehmen tschechische **Zeichen- und Puppentrickfilme** ein. Die Filme der Regisseure *Jiří Trnka* (1912-1969) und *Karel Zeman* (1910-1989) wurden in den letzten Jahrzehnten auf verschiedenen Festivals mit vielen Auszeichnungen gewürdigt.

## Miloš Forman

*Miloš Forman* (geb. 1932) ist der einzige tschechische Filmregisseur, dem der Durchbruch zur internationalen Filmelite gelang. Nach dem russischen Einmarsch ging er ins US-amerikanische Exil.

Seine **Anfänge** als Filmregisseur sind mit der "Neuen Welle" verbunden, die den tschechischen Film in der ersten Hälfte der 60er Jahre erfaßte. Zu den ersten Filmen, mit denen er berühmt wurde, gehören "Černý Petr" (Schwarzer Peter –1963), "Lásky jedné plavovlásky" (Liebe einer Blondine – 1965) und "Hoří, má panenko" (Der Feuerwehrball – 1967).

Der **Erfolg** seiner Filme ist auf die Tatsache zurückzuführen, daß *Forman* in witziger Weise das normale Leben junger Leute mit allen ihren Schwächen und Problemen inszenierte. Damit setzte er dem damals dominierenden Klischee einer problemfreien und optimistischen sozialistischen Jugend eine Bilderwelt entgegen, die bei den damaligen Kulturzensoren auf Unverständnis und Kritik stieß.

Einige Szenen des Films "Der Feuerwehrball" provozierten sogar einen **politischen Skandal,** so daß auf Anweisung des damaligen Präsidenten *A. Novotny* die Erstaufführung verzögert wurde. Nach Aufführung des Films protestierten Feuerwehrleute im ganzen Land und drohten damit, so lange keine Brände mehr zu löschen, bis *Forman* sich für seine beleidigende Darstellung der Feuerwehr entschuldigen würde. Dem Filmteam blieb also nichts anderes übrig, als eine Tournee durch die Tschechoslowakei zu unternehmen und der Feuerwehr zu erklären, daß der Film nicht als Beleidigung der Feuerwehr zu verstehen sei. Soviel zum real existierenden Sozialismus der 60er Jahre.

Die russische Okkuppation des Landes 1968 bedeutete für *Forman* Berufsverbot, so daß der Regisseur das Land verließ. Der **internationale Durchbruch** gelang *Miloš Forman* im Jahr 1975 mit dem Film "Einer flog übers Kuckucksnest". Die Filme "Hair" und "Ragtime", die darauf folgten, konsolidierten *Formans* Erfolg. Der im Jahr 1985 mit mehreren Oscars ausgezeichnete "Amadeus", den *Forman* in Prag drehte, markierte den bisherigen Höhepunkt seiner künstlerischen Karriere. Der nach "Amadeus" gedrehte "Valmont" war vergleichsweise wenig erfolgreich.

### Jiří Menzel

International berühmt wurde *Jiří Menzel* (geb. 1938) mit seinem Film "Ostře sledované vlaky" (Closely watched trains) aus dem Jahr 1966, der nach einer Erzählung von *Bohumil Hrabal* entstand. Der Film wurde 1967 als bester ausländischer Film mit einem **Oscar** ausgezeichet.

"Skřivánci na niti" (Lark on a string), auch nach Erzählungen von *B. Hrabal*, wurde nach seiner Fertigstellung 1969 von der Zensur **verboten** und, wie viele andere auch, hinter Schloß und Riegel gebracht. Nach seiner verspäteten Uraufführung 1990 wurde der Film auf dem Berliner Filmfestival mit dem Goldenen Bären (ex aequo) ausgezeichnet.

Nach 1968 erhielt auch *J. Menzel* Berufsverbot. Doch nach einigen Jahren wurde dies aufgehoben, und *Menzel* erhielt wieder die Möglichkeit, Regie zu führen. Anfang der **achtziger Jahre** verfilmte er zwei Erzählungen von *B. Hrabal:* "Postřižiny" (Short Cut) und "Slávnosti sněženek" (Snowdrop Festival). "Postřižiny", eine Geschichte aus dem Alltagsleben einer kleinen Stadt, wurde 1981 auf dem Filmfestival in Venedig mit dem Sonderpreis der Jury geehrt.

Im Jahr 1985 drehte *Menzel* seinen bis dato **erfolgreichsten Film** "Vesničko má středisková" (Mein Dorf), eine Komödie über das Leben in einem tschechischen Dorf. Der Film wurde 1986 für den Oscar nominiert, und obwohl der Oscar-Preis ausblieb, hatte der Film in den USA großen Erfolg.

### Die aktuelle Situation

Der Rückzug des Staates als Finanzier der Filmproduktion nach 1989 brachte auch diese Branche in eine tiefe **Krise.** Wurden im Jahr 1989 noch 55 Spielfime gedreht, sank die Zahl im Jahre 1992 auf 11. Im Jahre 1997 wurden schon ungefähr 20 neue Filme gedreht, alle von privaten Produktionsfirmen finanziert. Der letzte Erfolg der tschechischen Filmindustrie war der **Oscar** für den besten ausländischen Film des Jahres 1996, mit dem der Film "Kolja" des jungen Regisseurs *Jan Svěrák* ausgezeichnet wurde.

# Bildungswesen

Schulbildung ist in Tschechien obligatorisch, und zwar vom sechsten bis zum vierzehnten Lebensjahr. Die **Hauptschule** dauert gegenwärtig neun Jahre. In Zukunft soll sie auf neun Jahre verlängert werden. Auf diese neun Jahre folgen weiterführend entweder das Studium auf einem **Gymnasium,** der Besuch verschiedener **Mittelfachschulen** oder die **Berufsausbildung.** Der Besuch einer Fachschule oder eines Gymnasiums dauert vier Jahre und endet mit dem Abitur. Die Lehre dauert je nach Beruf zwei bis fünf Jahre. Neben den staatlichen Mittelschulen existieren seit dem Jahr 1992 auch viele **Privatschulen,** die zum Teil von den Eltern der Schüler finanziert werden. Das Schulgeld variiert je nach Exklusivität der privaten Institute zwischen 4.000 und 25.000 Kronen jährlich.

Menschen

Insgesamt gibt es in Tschechien gegenwärtig 24 **Hochschulen** und Universitäten. Das Hochschulstudium dauert vier bis sechs Jahre und endet mit dem Staatsexamen und dem Diplom. Zur Zeit ist das Studium an einer Hochschule oder einer Universität noch kostenlos.

Auch im Bildungswesen hat sich nach 1989 viel verändert. So ist die **Zahl der Mittelschulen und Gymnasien** rapide angestiegen. Die Steigerung ist hauptsächlich durch die Gründung neuer privater Schulen zu erklären.

Eine weitere Veränderung betrifft die Beliebtheit der verschiedenen **Bildungsgebiete,** die von den Schulen angeboten werden. Während in der realsozialistischen Ära Berufssparten wie Automechaniker, Klempner, Maurer und Kellner stark nachgefragt waren, da man hier mit Schwarzarbeit viel verdienen konnte, hat sich das Interesse heute verschoben. Die Renner sind gegenwärtig Handelsschulen und andere private Mittelschulen, deren Schwerpunkte auf Betriebswirtschaft, EDV und Fremdsprachen liegen.

# *Gesundheitswesen*

Auch auf diesem Gebiet wurde und wird noch privatisiert. Das Gesundheitssystem, das nach 1989 eingeführt wurde, ist dem deutschen ähnlich. Zusammen mit der **Privatisierung** von Arztpraxen, Krankenhäusern und Kliniken wurde auch ein **System gesetzlicher Krankenkassen** eingeführt. Alle Arbeitnehmer sind pflichtversichert, haben aber die Wahl zwischen verschiedenen Krankenkassen.

Daß dieser Prozeß nicht reibungslos funktioniert, belegt die Tatsache, daß viele der neuen Krankenkassen heillos verschuldet sind.

# *Nordböhmen*

## *Überblick*

Die westliche Grenze Nordböhmens zu Sachsen wird durch das Erzgebirge (Krušné hory) gebildet. Auch im Norden grenzt Nordböhmen an Sachsen, darüber hinaus an Polen. Die Grenze bilden das Lausitzer Gebirge (Lužické hory) und das Isergebirge (Jizerské hory). Der östliche Teil Nordböhmens wird von der Mittelböhmischen Ebene gebildet.

Über Dresden nach Tschechien anreisende Besucher erwartet die erste Attraktion gleich hinter dem Grenz- übergang in Hřensko, wo sich das Naturschutzgebiet Elbsandsteingebirge erstreckt. Auf dem Weg nach Prag empfiehlt sich ein kurzer Halt in Litoměrice (Leitmeritz), um dort den bemerkenswerten alten Marktplatz zu besuchen. Ebenfalls auf der Route von Chemnitz liegen Kadaň und Žatec, deren historische Stadtzentren einen Besuch wert sind. Naturliebhabern ist der Aufenthalt im Isergebirge und im Lausitzer Gebirge zu empfehlen.

## *Elbsandsteingebirge (Labské pískovce )*

Das an der Elbe gelegene Grenzgebiet zwischen Tschechien und Sach-

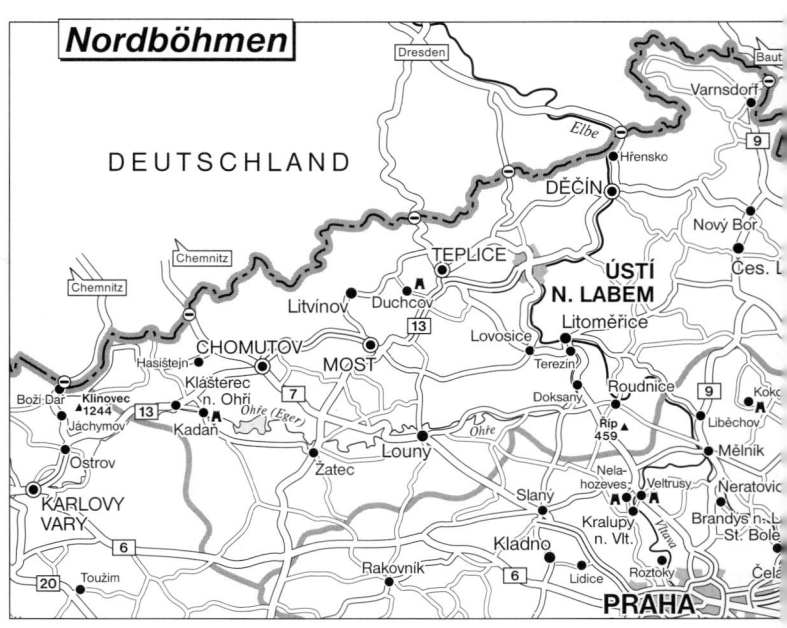

sen wird durch das Elbsandsteingebirge gebildet, das auch als **Böhmische Schweiz** oder als **Sächsisch-Böhmische Schweiz** bekannt ist.

Dieser **Begriff** ist wie folgt entstanden: 1776 wurden die Maler *Adrian Zinng* und *Anton Graff* aus der Schweiz nach Dresden eingeladen, um an der Rekonstruktion der hiesigen Galerie mitzuarbeiten. Die in der Freizeit erkundeten nahe gelegenen Gebirge gefielen ihnen so sehr, daß *Zingg* und *Graff* nicht wieder in die Schweiz zurückkehrten. Gegenüber Freunden und Bekannten zu Hause behaupteten sie gar, hier die eigentliche Schweiz gefunden zu haben.

Der Begriff Sächsisch-Böhmische Schweiz zog in den folgenden Jahren weite Kreise und etablierte sich seitdem als ein Name für die Region.

Die zum Teil **bizarren Sandsteinstrukturen** der Region sind geologische Gebilde, die etwa 100 Milionen Jahre alt sind. Im Laufe dieser Zeit haben Wetterbedingungen wie Winderosion und Wildwasserfluß die für diese Landschaft so typischen, merkwürdigen, zerklüfteten Felsgebilde geformt.

Das ganze Gebiet ist bereits seit dem 19. Jh. **touristisch erschlossen,** der erste Gebirgsführer wurde im Jahr 1826 herausgegeben, als sich die Region noch im Besitz der Familie *Clary-Aldringen* befand, die hier die ersten Hotels errichtete. Ebenfalls von dieser Familie angelegt wurden die hiesigen Wanderwege, die die ganze Region Besuchern zugänglich machten.

Als idealer Ausgangspunkt für Wanderungen in die Böhmisch-Sächsische Schweiz eignet sich der kleine Ort Hřensko.

### Hřensko

Das bereits 1475 in Quellen erwähnte Hřensko, das auf einer Höhe von nur 115 Metern liegt, ist der niedrigste Punkt des Landes. Es ist ein **nahe der Elbe gelegener, kleiner Ausflugsort** mit einigen Gaststätten, Hotels und einem öffentlichen Parkplatz. Von hier aus führt der Weg am Hotel Slávie und am Kamenice-Fluß entlang direkt in das nahe gelegene Naturschutzgebiet Elbsandsteingebirge.

## Unterkunft

● **Hotel Praha,** Hřensko, Tel. (0412) 91206, Kapazität 30 Betten, DZ 120 DM. Zimmer mit Dusche und WC.

## Wanderungen

Vom Hotel Slávie folgt man dem rot markierten Wanderpfad, der Spaziergänger nach etwa 4 km zur **Pravčická brána (Prebischtor)** bringt. Die Pravčická brana ist eine Natursteinbrücke, die sich auf einer Höhe von 435 Metern befindet. Sie ist 16 Meter hoch, 8 Meter breit und hat eine Spanne von 30 Metern. Von hier aus bietet sich Besuchern ein imposanter Blick auf die umliegenden Hügel, unter anderem auf den höchsten Berg des Elbsandsteingebirges. Bei diesem handelt es sich um einen 726 Meter hoch gelegenen **Tafelberg.** Er heißt **Děčínský Sněžník** und liegt westlich von Dečín.

Wenn man dem markierten Weg weiter folgt, gelangt man nach etwa 4 km zu dem kleinen **Ort Mezní louka,** der einst als Kurort diente. Heute erwartet den Besucher hier ein Hotel mit einem Restaurant. Auch von hier aus ist der Děčínský Sněžník, welcher übrigens der einzige Tafelberg Tschechiens ist, zu sehen. Von Mezní Louka fahren Busse zurück nach Hřensko.

Wanderenthusiasten bietet sich hier auch die Möglichkeit, den Weg zum **Malá Pravčická brána (Kleines Prebischtor)** fortzusetzen. Das Tor liegt 2 km nördlich von der Gemeinde Vysoká Lípa. Es ist nur 2,3 Meter hoch, 1,5 Meter breit und hat eine Spanne von 3,3 Metern. Der rot markierte Weg führt von hier aus wei-

ter zur **Gemeinde Jetřichovice,** von wo aus man mit dem Linienbus nach Hřensko zurückkehren kann.

Eine andere Möglichkeit besteht darin, von Mezní louka aus ins etwa 2 km entfernte **Dorf Mezná** zu wandern. Der Wanderweg ist hier grün markiert und führt zum Fluß Kamenice. Den Fluß entlang kann man dann zurück nach Hřensko wandern. An zwei Stellen ist der Wanderweg durch steile Schluchten unterbrochen. Man muß deshalb weiter mit kleinen **Ausflugsbooten auf dem Fluß Kamenice** abwärts fahren. Zur Hauptstraße, etwa 2 km von Hřensko entfernt, muß dann noch ein Stück durch den Wald zurückgelegt werden. Im Sommer und an Wochenenden sind die Wartezeiten für die Ausflugsboote oft lang!

Für die oben beschriebene Wanderung von Hřensko zur Pravčická brána, nach Mezní louka, Mezná und zurück nach Hřensko inklusive der Fahrt mit den Ausflugsbooten flußabwärts braucht man circa einen ganzen Tag. Als kürzerer Ausflug empfiehlt sich eine Wanderung vom Parkplatz in Hřensko zur Pravčická brána und zurück. Die insgesamt etwa 8 km lange Tour kann man inklusive einer Rast am Prebischtor an einem halben Tag schaffen.

Die **Schluchten des Flusses Kamenice** wurden 1890 vom damaligen Besitzer *Fürst Clary-Aldringen* zugänglich gemacht. In den canyonartigen Tälern ließ er die ersten Wanderwege errichten, die in den 60er Jahren dieses Jahrhunderts erweitert wurden. Es wurden darüber hinaus acht Brücken gebaut und, eine 300

Meter lange Galerie über dem Fluß n Stein gehauen.

# Děčín

***Archäologische Funde*** zeugen davon, daß bereits die Kelten und die germanischen Stämme der Kvaden und Markomannen in der Umgebung der Stadt Siedlungen unterhielten.

Die heutige Stadt ist nach dem *slawischen Stamm der Děčané* benannt, dessen Angehörige hier im 4. bis 5. Jh. lebten. Ähnlich wie Ústí nad Labem entstand auch Děčín aus einer ***Zollstation,*** die hier bereits im 10. Jh. existierte. Während des Dreißigjährigen Krieges wurde die Stadt samt ihrer Umgebung verwüstet. Nur etwa ein Drittel der Bevölkerung überlebte.

Erst die ***Entwicklung von Industrie und Schiffahrt*** im 19. Jh. gab den Impuls zum erneuten Wachstum der Gemeinde. Im Zuge dieses Entwicklungsschubes wurde die Stadtmauer niedergerissen, ein neues Rathaus gebaut und eine Eisenkettenbrücke über die Elbe errichtet, die Děčín mit der Gemeinde Podmokly verband.

Die bei der Ortschaft gelegene Burg wurde im 16. Jh. in ein *Schloß* umgebaut. Im Zuge der im 17. Jh. stattfindenden Barockisierung des Schlosses wurde auch der bis heute erhaltene terrassenförmige Garten um das Schloß herum angelegt. Im Jahr 1835 weilte übrigens *Frederic Chopin* auf dem Schloß. Bis vor kurzem war im Schloßareal eine Kaser-

ne untergebracht. Zur Zeit wird das Schloß renoviert und es ist nur der angegliederte, denkmalgeschützte ***Rosengarten*** zugänglich. Der Eingang ist rechts vom Schloßeingang, geöffnet Mai bis Oktober, 9-17 Uhr.

## Praktische Hinweise

### Information
●*Jatour,* Masarykovo náměstí 8, Tel. (0412) 27047. Auskunft, Zimmervermittlung. Auf dem Hauptplatz am rechten Elbe-Ufer.
●*Reisebüro ČEDOK,* P. Holého 808, Tel. (0412) 22062. In der Straße rechts vom Bahnhofsplatz. Auf dem Bahnhofsplatz gibt es zudem einen großen Stadtplan.
●*Internet Centrum,* Hudečkova 664, geöffnet Mo.-Do. 9.00-18.00 Uhr, Fr. 9.00-21.00 Uhr.

### Unterkunft
●*Hotel Česká koruna,* Masarykovo nám. 60, Tel. (0412) 26624, Fax (0412) 22271, Kapazität 100 Betten, DZ 80 DM. Zimmer mit Dusche, WC, TV.
●*Pension Jana,* Teplická 151, Děčín-Bynov, Tel. (0412) 544571, Kapazität 29 Betten, DZ 50 DM. 1-4-Bettzimmer, Dusche und WC auf dem Flur. Zum Hotel gehört ein großer Garten mit Kinderspielplatz und ein Kinderwasserbecken.
●*Hotel Faust,* U Plovárny 43, Tel. (0412) 26256, Fax (0412) 26267, Kapazität 50 Betten, DZ 55 DM, Zimmer mit Dusche und WC, Radio und TV. Neues Hotel in der Nähe des Marktplatzes.

### Essen und Trinken
●*Arizona Bar,* Husovo nám. 8, geöffnet tgl. 10.00-22.00 Uhr. Kleine Snackbar im Zentrum von Děčín-Podmokly in der Nähe der Kirche, warme Gerichte ab 4 DM.
●*Kapitan Bar,* Radniční 251, Tel. (0412) 25536, geöffnet tgl. 10.00-23.00 Uhr. Eine kleine, modern eingerichtete Snackbar in der Nähe des Marktplatzes, große Auswahl an Gerichten, inkl. Fisch und Pizza.

**Nordböhmen**

●*Mořské speciality a zvěřina,* Radniční 252, Tel. (0421) 513000, geöffnet tgl. außer So. 11.00-22.00 Uhr. Kleines Restaurant mit 20 Plätzen und einem Spielraum für Kinder. Auf der Speisekarte Fisch- und Wildbretgerichte.

## Museen und Galerien

●*Regional-Museum* (Okresní muzeum), Československé mládeže 1, Tel. (0412) 531549, geöffnet Di-So. 9.00-12.00 Uhr, 13.00-17.00 Uhr. Geschichte der Region, besonders interessant ist der Teil der Ausstellung, welcher der Geschichte der Schifffahrt gewidmet ist.

## Zoo

●*Tierpark,* Zižkova 15, Děčín IV., Tel. (0412) 531626, geöffnet April-September 8.00-18.00 Uhr, Oktober-März 8.00-16.00 Uhr. Zugang zu Fuß oder mit dem Lift von der Uferstraße (Labské nábřeží) im Ortsteil Podmokly.

### An- und Weitereise

●Da Dečín an der Hauptstrecke Berlin – Dresden – Prag liegt, ist die *Zugverbindung* in beide Richtungen gut. Der Hauptbahnhof befindet sich am linken Elbe-Ufer im Ortsteil Podmokly.
●Die *Busverbindung* in andere nordböhmische Städte ist ebenfalls gut, wohingegen die Verbindung nach Prag schlecht ist. Der Busbahnhof liegt etwa 5 Fußminuten von der Fußgängerzone bzw. Hauptbahnhof entfernt.

# Ústí nad Labem

Das Zentrum Nordböhmens, Ústí nad Labem, ist aus touristischer Sicht eine eher *uninteressante Stadt.* Der Grund dafür liegt darin, daß der Ort gegen Ende des letzten Krieges große *Schäden durch Luftangriffe* erlitt, durch welche der alte Stadtkern völlig vernichtet wurde.

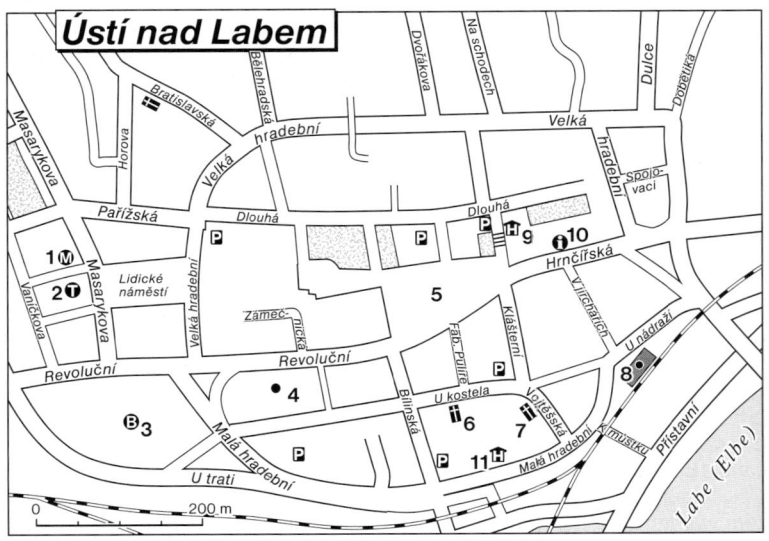

Die an der Elbe gelegene *Siedlung* und Zollstation Ústí nad Labem existierte der Kosmas-Chronik zufolge bereits seit dem 11. Jh. Die spätere Stadt, die sich aus dieser Siedlung entwickelte, lag *am Handelsweg,* der Prag mit Sachsen verband. Im 13. Jh. erhielt das florierende Ústí nad Labem den Status einer *königlichen Stadt.* Wie bei vielen anderen Gemeinden auch, zog der Dreißigjährige Krieg den *Niedergang des Ortes* nach sich, und die Einwohnerzahl nahm drastisch ab.

Erst mit der industriellen Revolution im 19. Jh. begann ein erneuter starker *wirtschaftlicher Aufschwung.* In der Umgebung der Stadt wurden Braunkohlegruben gegründet, in der Stadt selbst wurden kleine chemische Fabriken angesiedelt. Die *chemische Industrie* ist hier bis heute stark vertreten, was alle Besucher schnell feststellen, da die hiesige Luft stark verschmutzt ist.

Wie bereits gesagt, blieb vom ehemaligen Stadtkern nichts erhalten.

| | | |
|---|---|---|
| Ⓜ | 1 | Stadtmuseum |
| ⓣ | 2 | Theater |
| Ⓑ | 3 | Busbahnhof |
| • | 4 | Kaufhaus |
| • | 5 | Hauptplatz Mírové náměstí |
| ⅱ | 6 | Mariä-Himmelfahrt-Kirche |
| ⅱ | 7 | St.-Adalbert-Kirche |
| • | 8 | Bahnhof |
| 🏛 | 9 | Hotel Bohemia |
| ❶ | 10 | Information (Čedok) |

Das heutige *Stadtzentrum* "ziert" ein riesiger Betonklotz, welcher vor der Samtrevolution der Sitz der Kommunistischen Partei war. Heute beherbergt das unschöne Gebäude eine Vielzahl verschiedener Institutionen. Von den historischen Denkmälern der Stadt sind die barocke *St.-Adalbert-Kirche* und die gotische *Mariä-Himmelfahrt-Kirche* erwähnenswert, die beide zwischen der Hauptstraße und der Eisenbahnstrecke liegen.

Einige Kilometer südlich vom Stadtzentrum erhebt sich über der Elbe die *Ruine der Burg Střekov.* Die Burg wurde im 14. Jh. als eine Wachburg erbaut, von der aus die Schiffahrt auf der Elbe kontrolliert wurde. Aus dieser Zeit stammt der bis heute erhaltene runde Turm, der auf der höchsten Stelle des Felsens errichtet wurde. Der darunter errichtete viereckige Turm aus dem 15. Jh. diente als Residenz. Während des Dreißigjährigen Krieges wurden Teile der Burg verwüstet. Den vernichtenden Schlag erlitt sie jedoch durch ein Feuer im Jahr 1658. "Wiederentdeckt" wurde die Ruine im 19. Jh., und zwar von romantischen Malern wie beispielsweise *Ludwig Richter.* Eindrücke von der Burg finden sich auch in *J. W. von Goethes* Werk und in der Poesie von *Theodor Körner. Richard Wagner,* der einige Zeit in der Burg verbrachte, bekam hier die Inspiration zu seinem "Tannhäuser".

●Burg Střekov, Ústí nad Labem, Tel. (047) 31553, geöffnet tgl., April-November 9.00-16.00 Uhr, Mai-August bis 17.00 Uhr. Historische Räume, Geschichte der Burg und Erinnerungen an den Aufenthalt von *Richard Wagner.*

Nordböhmen

## Praktische Hinweise

### Information
●*Informační Středisko,* Hrnčířská 10, Tel. (047) 5220421, Fax 5210070, E-mail: info.ul@mbox.cz. An der Hauptstraße in der Nähe des Bohemia Hotels.

### Unterkunft
●*Hotel Vladimír,* Masarykova 36, Tel. (047) 5235111, Fax (047) 5210412 Kapazität 190 Betten, DZ 100 DM, komfortabel eingerichtete Zimmer, liegt in der Nähe des Zentrums.
●*Hotel Bohemia,* Mírové náměstí 6, Tel. (047) 5311111, Fax (047) 5211698,Kapazität 330 Betten, DZ 90 DM. Direkt im Stadtzentrum, Zimmer mit Dusche, WC.
●*Hotel Palace,* Malá hradební 57, Tel. (047) 5220514, Fax (047) 5503140, Kapazität 165 Betten, DZ 70 DM. Zimmer mit Dusche, WC, TV und Telefon, zentrale Lage am Bahnhof.
●*Pension Duell,* Moskevská 30, Tel. (047) 5210640, Kapazität 36 Betten, DZ 55 DM. Zimmer mit Dusche und WC. Unweit des Zentrums, ruhige Lage.
●*Hotel Racek,* Litoměřická 1023, Tel. (047) 5531249, Kapazität 25 Betten, DZ 50 DM, Zimmer mit Dusche, WC auf dem Flur. Ruhiges Familienhotel am Elbeufer in der Nähe der Burg Střekov. In direkter Nähe befindet sich ein Schwimmbad. Das Hotel bietet einen schönen Blick auf die Elbe, der Nachteil sind im Sommer die Mücken.
●*Hotel Máj,* Hořeni, Tel. (047) 45251, Kapazität 240 Betten, DZ 90 DM. Ein im Jahr 1988 eröffnetes Hotel, liegt etwas außerhalb des Zentrums, Zimmer mit Dusche, WC, Telefon und Radio.
●*Ubytovna Junior,* Kosmonautů 571/1, Tel. (047) 62215, Kapazität 15 Plätze.

### Essen und Trinken
●*Kovárna,* Burg Střekov, Tel. (047) 31644, geöffnet tgl. 11.00-23.00 Uhr, Kapazität 35 Plätze. Das Restaurant in der Nähe des Burgeinganges ist in einen Felsen gehauen, gute Küche.
●*Rybářský domov,* einfache und sehr preiswerte, an der Elbe gelegene Gaststätte in der Nähe der Burg Střekov, Tel. (0601) 280880, geöffnet tgl., Mai-September 11.00-22.00 Uhr, Fr., Sa. bis 23.00 Uhr. Nur Fischspezialitäten: Forelle, Karpfen, aber auch Seehecht, Haisteak und fritierte Kalamaren.

### Museen und Galerien
●*Stadtmuseum* (Muzeum města), Lidické náměstí, Tel. (047) 5210937, geöffnet Di.-Fr. 9.00-17.00 Uhr, Sa. 10.00-18.00 Uhr, So., Mo. Ruhetag. Die Ausstellung ist der Stadtgeschichte gewidmet.
●*Dílo,* Hrnčířská 10, geöffnet Mo.-Fr. 8.00-17.00 Uhr. Moderne tschechische Kunst.

### Tierpark
●Der Tierpark (Zoo) des Ortes befindet sich im Ortsteil Krásné Březno, Drážďanská 23, Tel. (047) 5503354, geöffnet tgl. 8.00-18.30 Uhr, im Winter 9.00-16.00 Uhr.

### An- und Weiterreise
●Es besteht eine gute Zug- und Busverbindung zu allen größeren Städten des Landes. Ústí liegt an der *Bahnstrecke* Berlin – Prag und bietet daher besonders gute Verbindungen nach Dresden und Berlin. Der Hauptbahnhof befindet sich etwa 100 Meter vom Stadtzentrum entfernt, Auskunft Tel. (047) 5212088. Der *Busbahnhof* liegt ebenfalls im Stadtzentrum, Auskunft Tel. (017) 5212066.

# Von Ústí nad Labem in Richtung Karlovy Vary

Die Strecke entlang der Ausläufer des Erzgebirges von Ústí nad Labem über Teplice, Most, Chomutov nach Karlsbad bietet dem Besucher keinen schönen Anblick. Besonders im *Industrierevier um Most, Chomutov und Litvínov* haben die Förderung von Braunkohle und die Chemieindustrie die ganze Landschaft in den vergangenen Jahrzehnten stark beeinträchtigt und große *Umwelt-*

**schäden** verursacht. Kranke und absterbende Wälder, Smog, saurer Regen und verpestete Luft sind Folgen der wirtschaftlichen Politik der letzten Jahrzehnte.

Die Maler *Caspar David Friedrich* und *Adriaen Ludwig Richter*, die im 19. Jh. hier ihre romantischen Landschaftsgemälde schufen, würden d e Gegend heute bestimmt nicht wiedererkennen. Eine Kohlengrube folgt der anderen, dazwischen Bagger, Ablageplätze, Kraftwerke, Fabriken und graue Städte mit Betonhochhäusern. Die ganze Szenerie erinnert an eine Mondlandschaft. Smogalarm ist im Zentrum der Chemieindustrie Litvínov besonders im Winter keine Seltenheit.

Die **Braunkohleförderung** in **Nordböhmen** liefert 60% des Kohlebedarfs und etwa die Hälfte der verbrauchten elektrischen Energie in Tschechien, obwohl die hiesigen Kohlegebiete nur 2% der Gesamtfläche Tschechiens bedecken. Eei dem heutigen Förderungstempo wären die Kohlenvorräte in 25 Jahren verbraucht. Dieser Umstand und das steigende Umweltbewußtsein der Eevölkerung (nicht zuletzt auch Proteste verschiedener internationaler Umweltorganisationen) haben die Regierung dazu bewegt, die Kohleförderung allmählich zu drosseln und durch **neue Energiequellen** abzulösen. Hierbei wird die Atomenergie favorisiert, was sich an dem Bau des Meilers bei Temelín in Südböhmen zeigt. Dieser Bau löste wiederum Proteste von Umweltorganisationen aus (siehe auch Kapitel Land und Natur, Abschnitt Umwelt und Naturschutz).

**Teplice**

Die heilende Wirkung der **Mineralquellen** von Teplice war schon im 12. Jh. bekannt. In der Nähe der Quellen wurde in den Jahren 1158-64 ein Kloster gegründet. In seiner Nähe entstand eine Siedlung, aus der sich später die Stadt Teplice entwickelte. Ihre günstige Lage an der Gabelung zweier Handelswege, der eine über das Erzgebirge nach Sachsen, der zweite entlang des Ohře-Flusses von Děčín nach Cheb führend, förderte die weitere Entwicklung der Stadt.

Das erste Kurhaus wurde hier schon 1544 erbaut. Damit ist Teplice **einer der ältesten tschechischen Kurorte** überhaupt. In den folgenden Jahrhunderten begann die Stadt zu wachsen. Am Ende des 16. Jh. wurde hier ein Schloß errichtet, das im 18. Jh. von Grund auf umgebaut wurde. Im Jahr 1793 fiel beinahe der gesamte Kurort einem Feuer zum Opfer. Viele der heute noch erhaltenen hiesigen Kurhäuser im Empirestil stammen vom Beginn des 19. Jh.

Die wichtigste Quelle heißt **Pravřídlo (Ursprudel),** und ihre Wassertemperatur beträgt 42 Grad Celsius.

Da in Teplice verschiedene Industrien ansässig sind, kann die Stadt **keine ruhige Kurort-Atmosphäre** aufweisen. Auch der alte Stadtkern ist nicht so kompakt und pittoresk, wie dies bei anderen Orten der Fall ist.

Im südlichen Teil der Altstadt auf dem Schloßplatz steht der im 18. Jh. errichtete barocke **Schloßkomplex.** Das Schloß, das aus einer Reihe von zweigeschossigen Gebäuden besteht, gehörte vom 17. Jh. bis 1945

**Nordböhmen**

## Beethoven und Teplice

*Ludwig van Beethoven* (1770-1827) kam im August 1811 zum ersten Mal nach Teplice. Der an Schwerhörigkeit leidende Komponist wohnte damals im Haus Zlatá harfa in der Lázeňská-Straße 5 gegenüber dem Stadtkurhaus (heute Pravřídlo-Quelle). Da *Beethovens* Schwerhörigkeit durch Rheumatismus der Hörorgane verursacht wurde und Rheumatismus in Teplice erfolgreich behandelt wurde, war der Kurort die geeignete Umgebung für den Leidenden.

"Der einsame Mann der Teplitzer Parkanlagen", wie ihn ein deutscher romantischer Schriftsteller beschrieb, nahm nur wenig Anteil am regen gesellschaftlichen Leben des Ortes. Stattdessen spazierte er lieber durch die ausgedehnten Parkanlagen und stadtnahen Wälder. Zu den wenigen neuen Bekanntschaften, die er hier knüpfte, gehörte der romantische Dichter *Christoph A. Tiedge* (1752-1841). Bereits 1805 hatte *Beethoven Tiedges* Gedicht "An

Beethoven

die Hoffnung" aus seiner Sammlung Urania in Musik gesetzt. In Teplice arbeitete *Beethoven* an seiner Symphonie Nr. 7 in A-dur, die er in Wien im Frühling des Jahres 1812 vollendete.

Ein Jahr darauf, am 6. Juli 1812, kam *Beethoven* erneut nach Teplice. Während dieses Aufenthaltes lernte er *Johann Wolfgang von Goethe* kennen, mit dem er bereits schriftlich verkehrte und den er sehr bewunderte.

Die zwei Männer trafen sich erstmals am 19. Juli 1812. Weitere Begegnungen fanden in den darauffolgenden Tagen statt. Am 23. des gleichen Monats verursachte *Beethoven* einen kleinen gesellschaftlichen Skandal. Gemeinsam mit *Goethe* die Kolonnade entlangspazierend, sahen die zwei, daß sich aus der gegenüberliegenden Richtung die österreichische Kaiserin mit Begleitung näherte. Während *Goethe* der erlauchten Gesellschaft auswich, an die Seite trat und sie höflich grüßte, spazierte *Beethoven* weiter geradeaus, so daß es der kaiserliche Hof war, der ihm ausweichen mußte. Später schrieb er stolz, daß die Kaiserin ihn als erste grüßte. Dem Dichter und Weimarer Staatsmann *Goethe* mißfiel das hochmütige Benehmen *Beethovens*, so daß er ihn fortan mied.

Vier Tage später, am 27. Juli, verließ *Beethoven* Teplice. Nach einem kurzen Aufenthalt in Karlsbad traf er am 8. August in Franzensbad ein, wo er seine Kur fortsetzte. Nach einem Monat kehrte er wieder nach Teplice zurück. Sein Gesundheitszustand verschlechterte sich, so daß er im Bett bleiben mußte. Im September, am Ende der Kursaison, verließ *Beethoven* Teplice. Am 29. September fuhr er über Prag nach Linz. Hier beendete er die Arbeit an der 8. Symphonie, an der er während seines etwa 3 Monate langen Aufenthaltes in den böhmischen Kurorten gearbeitet hatte. Danach kehrte er nie wieder nach Böhmen zurück.

der Familie *Clary Aldringen.* Es war im 19. Jh. der Mittelpunkt des Kurortes und gleichzeitig das Zentrum des regen gesellschaftlichen Lebens. Zu den prominenten Gästen des Kurortes gehörten damals neben anderen auch die Komponisten *Ludwig van Beethoven, Richard Wagner, Franz Liszt, Frederik Chopin,* der Philosoph *Arthur Schopenhauer* und natürlich *J. W. von Goethe.* 1813 traf sich auf dem Schloß der Hauptstab der antinapoleonischen Koalition, die zwischen dem österreichischen Kaiser *Franz I.,* dem preußischen König *Friedrich Wilhelm III.* und dem russischen Zar *Alexander I.* geschlossen wurde.

Heute ist auf dem Schloß das *Regional-Museum* untergebracht. Die Ausstellung behandelt sowohl die regionale Geschichte wie auch Fauna und Flora. Außerdem sind hier Plastiken, Gemälde, Kunstgewerbe und Möbel aus mehreren Jahrhunderten zu besichtigen. Ein Teil der Ausstellung ist der Geschichte des Kurortes gewidmet.

● Regional-Museum (Regionální muzeum), Zámecké náměstí 14, Tel. (0417) 250 65, geöffnet Di.-So. 9.00-12.00, 13.00-17.00 Uhr.

## Information

● *Tep Tour,* Benešovo nám. 840, Tel. (0417) 45937, Fax (0417) 45937, E-mail: teptour_info@mbox.vol.cz, geöffnet Mo.-Fr. 8.00-17.00 Uhr, Sa 8.00-12.00 Uhr. Auskunft, Kartenverkauf, Geldwechsel, Zimmervermittlung.

● *Internet Café* (Internetová kavárna), Masarykova 48, geöffnet tgl. 11.00-22.00 Uhr.

## Unterkunft

● *Hotel Prince de Ligne,* Zámecké náměstí 138, Tel. (0417) 24756, Fax (0417) 24749,

Kapazität 50 Betten, DZ ab 140 DM. Direkt auf dem Schloßplatz.

● *Hotel Gazela,* Vrchlického 1243, Tel./Fax (0417) 28867, Kapazität 50 Betten. Zimmer mit Dusche, WC.

● *Panorama,* Pod Doubravkou, Tel. (0417) 27052, Fax 27231, Kapazität 380 Plätze, DZ ab 50 DM. Zwar kein Luxushotel aber für den Preis akzeptabel, Zimmer mit Dusche und WC. Das Hotel liegt am Rande der Stadt, ruhige Umgebung, Anreise vom Zentrum mit dem Trolleybus 12, 13, vom Bahnhof mit dem Bus 9.

## Essen und Trinken

● *Cabana Mexicana,* im Hotel de Ligne, Tel. (0417) 24755, geöffnet tgl. außer So. und Mo. 16.00-24.00 Uhr, Kapazität 25 Plätze. Kleines mexikanisches Restaurant, gutes Essen und mexikanische Musik, angenehme Atmosphäre, Steaks ab 8 DM, Tacos ab 6 DM. Vorbestellung empehlenswert.

● *Restaurace Cedr,* Lazeňská 5, Tel. (0417) 550153, 24 Plätze, geöffnet Di-Sa 16.00-24.00 Uhr. Gepflegtes Restaurant im Hause *Zlatá harfa* untergebracht, wo im Jahre 1811 auch *L. van Beethoven* gewohnte. Arabische Küche, Steak- und Grillgerichte.

● *Pizzeria da Salvatore,* U Radnice 6, Tel. (0417) 46066, tgl. 10.00-23.00 Uhr, Kapazität 50 Plätze. Einfache Pizzeria, hauptsächlich junges Publikum, Pizza ab 3 DM.

## An- und Weiterreise

● Bahnhof und Busbahnhof liegen etwa 15 Minuten zu Fuß vom Stadtzentrum entfernt. Die Stadt liegt an der *Bahnstrecke* Ústí nad Labem – Chomutov und bietet dementsprechend eine gute Verbindung in beide Richtungen. Gute *Busverbindung* nach Prag, Ústí und Chomutov. Direkte Busverbindung nach Berlin, Hamburg, Bremen, Hannover, Düsseldorf, Essen, Köln, Chemnitz, Dresden. Die Anreise aus Sachsen erfolgt über den Grenzübergang Zinnwald.

**Nordböhmen**

## Duchcov

Nur acht Kilometer südlich von Teplice liegen Stadt und *Schloß Duchcov.*
Das Barockschloß wurde in den
Jahren 1675-85 nach einem Entwurf
des französischen Architekten *Jean
Baptiste Mathey* errichtet. Um das
Schloß herum wurde später ein französischer Park angelegt. An der
*Ausschmückung* des Schlosses
nahmen später die prominentesten
*Künstler des böhmischen Ba-
rock* teil. Es handelte sich u.a. um
den Maler *Václav Vavřinec Reiner* sowie die Bildhauer *Maximilian Brokoff*
und *Matthias B. Braun.* In der zweiten
Hälfte des 18. Jh. war die repräsentative Residenz des Waldstein-Ge-
schlechtes endgültig fertiggestellt.

Das Schloß erlangte insbesondere
dadurch Berühmtheit, daß *General Joseph Karl von Waldstein* den berühmten
Frauenhelden *Giacomo Casanova*
nach Duchcov einlud, der hier als Bi-
bliothekar des Generals die letzten 13
Jahre seines Lebens verbrachte. *Casanova* starb hier 1798. Er wurde auf
dem örtlichen Friedhof begraben, die
genaue Stelle ist heute unbekannt.

Ein weiterer Besucher des Schlosses war *Friedrich Schiller,* der hier
1791 für seine Wallenstein-Trilogie
recherchierte.

Teil der Ausstellung des Schlosses
sind u. a. die Räume, in denen *G. Casanova* seine letzten Jahre verbrachte
und in denen der Rokoko-Playboy
seine Memoiren, "Histoire de ma
Vie", schrieb.

● Schloß Duchcov, Tel. (0417) 935301, Öffnungszeiten Di.-So. 9.00-18.00 Uhr, April,
Oktober nur Sa., So. 9.00-16.00 Uhr.

## Most

Dieses *Zentrum der Braunkohleindustrie* ist nicht gerade ein attrak-
tives touristisches Ziel. Braunkohle
wurde in Most und Umgebung bereits im Mittelalter abgebaut. Große
Ausmaße nahm die Kohleindustrie jedoch erst im 19. Jh. an, als sich
Most binnen weniger Jahre zum Zentrum der Braunkohleindustrie entwickelte und infolgedessen die Bevölkerungszahl rapide anstieg. Die
schrankenlos vorangetriebene Kohleförderung, die auch inmitten der
Stadt betrieben wurde, führte 1895
zu einer Katastrophe, bei der Dutzende von Häusern versanken. Dieses Unglück und eine Feuersbrunst,
die 1820 in der Stadt wütete, führten
dazu, daß der *alte Stadtkern* heute
*nicht mehr erhalten* ist.

Die einzige erhaltene historische Sehenswürdigkeit der Stadt ist die gotische *Mariä-Himmelfahrt-Kirche*
aus dem 16. Jh. Da sie einst auf einer
Kohlelagerstätte stand, die abgebaut
werden sollte, entschieden die verant-
wortlichen sozialistischen Wirtschafts-
planer, das Gotteshaus zu verschie-
ben, was auch mittels speziell dafür
angefertigter Einrichtungen geschah: 1975 wurde die Kirche um 841
Meter verschoben. In der Kirche befindet sich heute eine *Ausstellung*
über die Geschichte der Stadt und
eine Dokumentation über die Ver-
schiebung der Kirche.

### Information

● *ČEDOK,* Budovatelů 382, Tel. (035) 22472.
● *Internet Cafe* (Internet Club Most), Ružo-
vá 1406, geöffnet Di.-Do. 15.00-22.00 Uhr,
Fr. 15.00-24.00 Uhr, Sa. 14.00-18.00 Uhr.

## Unterkunft

●*Hotel Murom,* Velké mostecké stávky 3, Tel. (035) 42444, 42250, Fax (035) 42137, Kapazität 480 Betten, DZ 55 DM. Zimmer mit Dusche, WC, Telefon.

## An- und Weiterreise

●Most liegt an der **Bahnstrecke** Chomutov – Ústí, gute Zugverbindung in beide Richtungen, gute **Busverbindung** in die umliegenden Städte.

## Litvínov

Ähnlich wie Most ist auch Litvínov eine **Industriestadt,** die Besuchern wenig zu bieten hat. Die wichtigste historische Sehenswürdigkeit ist die hiesige **Barockkirche** aus den Jahren 1685-94, die nach einem Entwurf von *J. B. Mathey* errichtet wurde.

## Louny

Louny, eine 1260 gegründete Stadt, liegt am Ohře-Fluß etwa 25 km südlich von Most. Im Unterschied zu anderen Gemeinden blieb der **mittelalterliche Stadtkern** Lounys samt einem Teil der Stadtmauern und dem Stadttor Žatecká brana aus dem Jahr 1500 erhalten.

Die bauliche Dominante der Stadt bildet die im 16. Jh. errichtete **St.-Ni-**

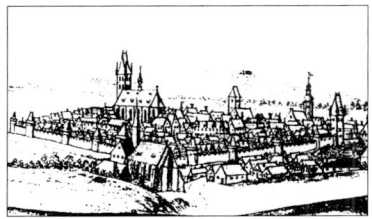

Louny im 18. Jahrhundert

**kolaus-Kirche.** Das Gotteshaus wurde von zwei Steinmetzen erbaut, die ihr Handwerk in der Hütte des berühmten Baumeisters *Benedikt Ried* (Wladislaw-Saal auf dem Hradschin und St.-Barbara-Kirche in Kutná Hora) erlernten. Im 19. Jh. erhielt die Kirche schließlich ihr heutiges Erscheinungsbild.

Auf dem **Marktplatz** von Louny befinden sich einige architektonisch interessante Häuser, deren Fassaden einen großen Brand im Jahr 1849 überstanden. Zu den schönsten gehört das Renaissance-Haus Daliborka, Nr. 57, vom Ende des 16. Jh, das gotische Haus Sokolu z Mor, Nr. 43, aus dem 15. Jh. sowie das in den Jahren 1826-29 im Empirestil umgebaute Rathaus.

## Information

●*Informační centrum,* Beneše z Loun 141, Tel. (0395) 2044. Auskunft, Zimmervermittlung, Kartenverkauf.

## Unterkunft

●*Hotel Union,* Beneše z Loun 141, Tel./Fax (0395) 653330-1, Kapazität 50 Betten, DZ 50 DM. Im Jahr 1995 rekonstruiertes Hotel im Stadtzentrum, komfortabel eingerichtete Zimmer mit TV und Telefon.

## Essen und Trinken

●*Restaurant Union,* Beneše z Loun 141, Hotelrestaurant gegenüber der St.-Nikolaus-Kirche.
●*Irish Pub,* Beneše z Loun, Bierstube unterhalb des Hotels Union; bis auf Guinness und Irish Whiskeys ist hier nur wenig von Irland zu spüren. Warme Gerichte.

## Museen und Galerien

●*Regional-Museum* (Okresní muzeum), Pivovarská 28, Tel. (0395) 2456, geöffnet Di.-Fr. 10.00-17.00 Uhr, Sa., So. 10.00-

Nordböhmen

12.00 Uhr, 13.00-17.00 Uhr. Geschichte der Region.

### An- und Weitereise
● Umständliche **Bahnverbindung** nach Ústí und Prag, gute **Busverbindung** nach Prag und in andere nordböhmische Städte.

## Žatec

Das westlich von Louny am Ohře-Fluß gelegene Žatec bietet Besuchern einen **historischen Stadtkern,** der seit 1961 unter Denkmalschutz steht.

In Tschechien ist Žatec vor allem als **Zentrum des Hopfenanbaus** bekannt. Hopfen, der hier bereits zur Zeit *Karls IV.* angebaut wurde, bildete eine der wichtigsten Finanzquellen der Stadt sowie des gesamten Königreiches. Die Kostbarkeit des Hopfens wird u.a. dadurch belegt, daß *Karl IV.* die Ausfuhr von Hopfensetzlingen ins Ausland mit der Todesstrafe belegte.

Die heutige Stadt entwickelte sich aus einer slawischen Siedlung, die hier schon im 7.-8. Jh. existierte.

Das Zentrum der Stadt bildet ein sehr langer Platz, an dessen einer Seite sich die **ehemalige Burg** des Ortes befindet. Das Gebäude wurde später in eine Brauerei umgebaut. Unweit der Brauerei befindet sich die gotische **Mariä-Himmelfahrt-Kirche**

---

### Hopfen

Hopfen (lat. humulus lupulus) wird fast ausschließlich bei der **Bierherstellung** verwendet. Er gibt dem Bier den bitteren Geschmack. Die erste Erwähnung über den Hopfen findet man in einem Dokument des fränkischen Königs *Pipin der Kurze* aus dem Jahr 768. In Böhmen wird seit dem 10. Jh. Hopfen angebaut.

Der **böhmische Historiker der Barockzeit,** *Bohuslav Balbín,* schreibt **über den Hopfen** in seinem Buch "Miscellanea Historica Regni Bohemiae" 1679-87 folgendes: "Der beste Hopfen wird in den böhmischen Ländern angebaut. Am meisten wird die Žatec-Region gelobt, aber auch die Stadt Klatovy erntet guten Hopfen, der betreffend Geschmack und Qualität sich an die zweite Stelle nach dem Žatec-Hopfen reiht. Weiter folgt Hopfen aus der Stadt Louny und Ústí. Der größte Teil wird in die Pfalz, ins Vogtland, in die Lausitz, nach Bayern, Meißen und bis nach Hamburg ausgeführt, weil der böhmische Hopfen zusammen mit dem Gerstenmalz lange aushält und den schweren und bitteren Biersorten, die sich Braunbier nennen, den besten Geschmack gibt." (freie Übersetzung aus dem Tschechischen).

**Tschechien** ist zur Zeit nach den USA, Deutschland und China der **viertgrößte Hopfenproduzent der Welt.** Geerntet werden jährlich etwa 9.000 t (in Deutschland beträgt die jährliche Produktion 30.000 t) Hopfen, wovon der größte Teil aus der Umgebung der Stadt Žatec stammt.

---

aus dem 14. Jh. Nach zwei Bränden im 18. Jh. wurden Teile des Gotteshauses im Barockstil umgebaut. Eine erneute Umgestaltung erfuhr das Innere der Kirche im 19. Jh. im Stil der Neogotik.

Von der ursprünglich gotischen **Stadtbefestigung** sind Teile der Stadtmauer sowie zwei Stadttore erhalten geblieben. Das **Kněžská brána (Pfarrertor),** das älteste der Stadttore, befindet sich in der Nähe der Kirche. Das im 14. Jh. erbaute Tor erhielt in der zweiten Hälfte des 19. Jh. sein heutiges Aussehen. Das zweite Tor, **Libočanská brána,** liegt südlich vom ersten, ist kleiner und stammt ungefähr aus der gleichen Zeit.

In der Mitte des **Marktplatzes** erhebt sich das Rathaus. Das ursprünglich im Stil der Frührenaissance errichtete Gebäude wurde um 1770 im Barockstil umgebaut. Beachtenswert sind auf dem Marktplatz ebenfalls die Bürgerhäuser mit ihren schmuckvollen Renaissance- und Barockfassaden.

### Information

●**Informační centrum,** nám. Svobody 1, Tel. (0397) 736156, E-mail: info@muzatec.cz. Auskunft und Kartenverkauf.

### Unterkunft

●*Hotel U hada,* náměstí Svobody 155, Tel. (0397) 711000, 712347, DZ 85 DM. Modern eingerichtete Zimmer mit Dusche, WC, TV, Minibar. Zentrale Lage auf dem Marktplatz.
●*Hotel Garni,* Bratří Čapků 2705, Tel. (0397) 2354, Kapazität 90 Betten, DZ 30 DM. Einfaches Hotel, gemeinsame Dusche und WC immer für 3 Zimmer.
●*Motes,* Chelčického 918, Tel. (0397) 711169, Fax (0397) 712487, Kapazität 20

Plätze, Zimmer mit WC und Dusche. Das Hotel befindet sich am Rande der Altstadt etwa 10 Fußminuten vom Marktplatz, ruhige Lage und Parkmöglichkeit.

### Essen und Trinken

●**Kapitan Drake,** náměstí Svobody 119, Tel. (0397) 712357. Schönes und kleines Restaurant auf dem Marktplatz, Auswahl aus über 100 Gerichten. Unter anderem sind auf der Speisekarte Gerichte aus Strauß- und Känguruhfleisch zu finden.
●*Motes,* Chelčického 913, Tel. (0397) 711169, Restaurant im gleichnamigen Hotel, modern eingerichtet, schöner Ausblick.

### Museen und Galerien

●**Regional-Museum** (Muzeum K. A. Polánka), Husova 678, Tel. (0397) 5580, geöffnet Mo.-Fr. 9.00-15.30 Uhr. Geschichte der Region und der Stadt, Geschichte des Hopfenanbaus.

### An- und Weiterreise

●Gute **Bahn-** und **Busverbindung** nach Prag und in andere Städte in der Umgebung. Die Stadt liegt an der Bahnstrecke Prag – Chomutov.

### Chomutov

Vom Jahr 1252 bis 1411 befand sich Chomutov im Besitz des **Deutschen Ritterordens.** Die Niederlage des Ordens im Jahr 1410 in der Schlacht bei Grunwald beendete auch die Herrschaft der Ritter über die Stadt, die fortan den Status einer königlichen Stadt genoß. Die ehemalige **Burg** aus dem 13. Jh. wurde in den folgenden Jahren in ein Schloß umgebaut, welches zu Beginn des 17. Jh. zum heutigen **Rathaus** wurde. An das Rathaus angeschlossen ist die ehemalige **Stiftkirche der hl. Katherine,** die Teil eines von *Kaiser Josef II.* aufgelösten Klosters war. An einer

Nordböhmen

Ecke des Marktplatzes befindet sich die **Mariä-Himmelfahrt-Kirche** aus dem 16. Jh. Optisch dominierend ist hier jedoch der **Stadtturm**, der seine heutige neogotische Gestalt im Jahr 1874 erhielt.

## Information
● **ČEDOK**, Palackého 3996, Tel. (0396) 27111.

## Unterkunft
● **Hotel Armabeton**, Žižkovo nám. 4796, Tel. (0396) 25900, Fax (0396) 5905, Kapazität 200 Betten, DZ 50 DM. Zimmer mit Dusche und WC.
● **Hotel Valzap**, Mostecká 387, Tel. (0396) 4824, 2404, DZ 40 DM. Einfaches Hotel, immer eine Dusche und WC für 2 Zimmer.
● **Hostel Energetik**, Na Průhoně 4800, Tel. (0396) 27516, Fax (0396) 21572, Kapazität 60 Plätze, Jugendhostel. Verbindung mit Bus Nr. 4 und 9.

## Museen und Galerien
● **Regional-Museum** (Okresní muzeum), náměstí 1. máje, Tel. (0396) 5993, geöffnet Mo., Mi. 9.00-17.00 Uhr, Do., Sa. 9.00-14.00 Uhr. Das Museum ist im ehemaligen Schloß und heutigen Rathaus untergebracht. Die Ausstellungen sind der regionalen Geschichte gewidmet.

## An- und Weiterreise
● Der Ort ist ein wichtiger Verkehrsknotenpunkt mit **Zügen** nach Prag, Ústí und Karlovy Vary. Auch die **Busverbindung** zu den umliegenden Städten und Prag ist gut. Die Anreise aus Sachsen erfolgt über den Grenzübergang Reitzenhain/Hora sv. Šebastiána.

## Hasištejn

Westlich von Chomutov steht die **Ruine der Burg Hasištejn.** Wer die Burg im 14. Jh. erbauen ließ, ist heute unbekannt. Das Gebäude war lange Zeit im Besitz der Familie *Lobkowitz.* Der berühmteste Besitzer der Burg war **Bohuslav Hasištejnský von Lobkowitz,** der hier ab 1491 residierte. Der für seine Zeit hochgebildete Adlige interessierte sich für Poesie, Geschichte, Literatur, Naturwissenschaften und Geographie. Selbst Gedichte schreibend, war *Bohuslav Hasištejnský von Lobkowitz* ausgesprochen bibliophil. Als Ergebnis seines Engagements verfügte der **Sammler von Büchern** am Ende seines Lebens über eine der größten Bibliotheken in Mitteleuropa. Damit die bibliophilen Kostbarkeiten auch posthum gewürdigt würden, verfügte *Bohuslav Hasištejnský von Lobkowitz* in seinem Testament, daß die **Bibliothek** stets dem gebildetsten Mitglied des Geschlechtes *Lobkowitz* gehören sollte. Durch *Sigismund von Lobkowitz* geriet die Bibliothek später auch nach Wittenberg, wo sie neben anderen auch *Martin Luther* benutzte.

Nur wenig später fiel die Büchersammlung einem Brand zum Opfer. Die **Reste des** einst so reichen **Schriftenbestandes** befinden sich heute in der Bibliothek des Klosters Zlatá Koruna in Südböhmen.

Nach dem Dreißigjährigen Krieg wurde **Jaroslav Bořita von Martinitz,** der durch den zweiten Prager Fenstersturz berühmt gewordene ehemalige königliche Statthalter, zum Besitzer der Burg.

Seit dem Jahr 1791 ist die Burg verlassen.
● Burg Hasištejn, geöffnet tgl., April-Oktober 9.00-17.00 Uhr.

## Kadaň

Kadaň, ursprünglich eine kleine, am Handelsweg von Prag nach Cheb gelegene Gemeinde, befand sich am Ende des 12. Jh. im Besitz des Johanniter-Ordens. Die in den Jahren 1260-70 von *Přemysl Otakar II.* am Ohře-Fluß gegründete Gemeinde fiel nach den hussitischen Kriegen an die Familie *Hasištejn von Lobkowitz.* Heute besticht das äußere Erscheinungsbild der Stadt durch ihren **gut erhaltenen, denkmalgeschützten Stadtkern.**

Das Zentrum der Stadt bildet der **Mírové náměstí (Friedensplatz),** der von prächtigen, zumeist barocken Bürgerhäusern aus dem 16.- 18. Jh. umsäumt wird. Die Mitte des Marktplatzes ziert die barocke **Dreifaltigkeitssäule** aus den Jahren 1753-55. An der westlichen Seite des Platzes, etwa in der Mitte, steht das **Rathaus** aus der ersten Hälfte des 14. Jh. mit seinem sechseckigen pyramidenförmigen Turm, der aus der Zeit um 1400 stammt. Auf der anderen Seite erhebt sich die ursprünglich gotische **Hl.-Kreuz-Kirche,** die im 17. Jh. nach einem Entwurf *Carlo Luragos* im Barockstil umgebaut wurde.

Südlich vom Marktplatz, durch die Tyršova ulice zu erreichen, sieht man auf einem Felsplateau hoch über dem Ohře-Fluß eine **Burg,** die in der Mitte des 13. Jh. errichtet wurde. In den Jahren 1750-57 wurde die Burg in eine Kaserne umgebaut.

Etwas entfernt vom Zentrum in westlicher Richtung befindet sich ein **ehemaliges Franziskanerkloster** mit Stiftskirche aus der zweiten Hälfte des 15. Jh.

### Information
● **Městské informační centrum,** Mírové náměstí (im Rathaus), Tel. (0398) 2302, Mo.-So. 10.00-17.00 Uhr.

### Unterkunft
● **Pension Formanka,** Rokle, Tel. (0398) 3642, Kapazität 23 Betten, DZ 40 DM. Pension, vier Kilometer von Kadaň in Richtung Prag gelegen. Zimmer mit Dusche und WC.
● **Pension U Zlaté koruny,** Mírové náměstí 72, Tel. (0398) 345108, Kapazität 6 Plätze, Barockhaus direkt am Marktplatz, schöne mit pseudo-historischen Möbel eingerichtete Zimmer, mit Dusche, WC und Kochmöglichkeit.

### Essen und Trinken
● **Slunce,** Mírové náměstí 1, Modern eingerichtete Weinstube neben dem Rathaus.

### An- und Weiterreise
● Gute **Zugverbindung** nach Karlovy Vary, Prag und Ústí nad Labem. Der Bahnhof Ka-

**Nordböhmen**

Kadaň im 18. Jahrhundert

daň-město (Auskunft: Tel. 3006) ist ca. 700 m in Richtung Norden vom Marktplatz entfernt und liegt direkt neben dem Busbahnhof (Auskunft: Tel. 2693). Von hier fahren etwa sechsmal tgl. *Busse* nach Prag. Schlechter ist die Verbindung nach Ústí und Karlovy Vary.

## Klášterec nad Ohří

Acht Kilometer in nordwestlicher Richtung von Kadaň liegt an dem Fluß Eger die Stadt Klášterec nad Ohří.

Die Stadt ist hauptsächlich wegen ihrer *Porzellanfabrik* bekannt, die hier schon im Jahr 1794 gegründet wurde. Es handelte sich hierbei um eine der ersten Porzellanfabriken des Landes.

Im *Schloß* wird heute eine Ausstellung präsentiert, die der Geschichte und der Herstellung von Porzellan gewidmet ist. Neben Exponaten der örtlichen Fabrik werden hier auch Objekte aus vielen europäischen und asiatischen Ländern ausgestellt. Die Sammlung gehört zum Kunstgewerbemuseum von Prag.

●Schloß Klášterec nad Ohří, Tel. (0398) 935436, geöffnet April, Oktober nur Sa., So. 9.00-16.00 Uhr, Mai-September Di.-So. 8.00-16.00 Uhr.

### Information

●*Městský úřad* (Rathaus), nám. E. Beneše 86, Tel. (0398) 936001-7.

### Unterkunft

●*Hotel Slávie,* Tyršova 134, Tel. (0398) 935211, Kapazität 50 Betten, DZ 50 DM. Das Hotel liegt gegen- über dem Schloß, Zimmer mit Dusche.

### An- und Weiterreise

●Gute *Bus-* und *Zugverbindung* nach Kadaň.

# Von Ústí nad Labem in Richtung Prag

## Lovosice

Lovosice ist als die Stadt bekannt, bei der sich die Armeen Österreichs und Preußens im Jahr 1756 die *Schlacht, die den Siebenjährigen Krieg einleitete,* lieferten. Da während der kriegerischen Zusammenstöße die Stadt zum größten Teil ausbrannte, sind nur *wenige historische Gebäude* erhalten geblieben.

Das heutige Stadtbild wird durch die hiesige *chemische Industrie* geprägt, die die Luft in der näheren Umgebung stark verschmutzt.

### Unterkunft

●*Hotel Lev,* Kostelní 3, Tel./Fax (0419) 2311, Kapazität 70 Betten, DZ 70 DM. Zimmer mit Dusche, WC, Telefon und TV.

## Litoměřice

### Geschichte

Die Stadt Litoměřice ist nach dem *slawischen Stamm Ljutomerici* benannt, der sich hier im 8. Jh. ansiedelte. Später gründeten die Přemysliden auf einer über der Elbe gelegenen Anhöhe die erste *Burg,* um die herum alsbald eine Siedlung entstand. In den Jahren 1227-30 dann erhielt Leitmeritz, wie die Stadt auf deutsch heißt, von *König Přemysl Otakar I.* den Status einer *königlichen Stadt.* Die Schiffahrt auf der Elbe und der damit verbundene Handel sorgten jahrhundertelang für die Prosperität des Ortes. Während des relativ ruhigen 16. Jh. erfolgte hier ein großer *Bauboom,* dem die Bürgerhäuser, die den heutigen Marktplatz umsäumen, ihr Entstehen zu verdanken haben. Das weitere Geschehen wurde durch *kriegerische Auseinandersetzungen* im 17.

Jh. geprägt. Von den ursprünglich 6.000 Einwohnern, die hier vor dem Dreißigjährigen Krieg wohnten, waren im Jahr 1638 lediglich 600 übrig.

### Sehenswertes

Heute ist Litoměřice zwar eine kleine, aber **an historischen Denkmälern sehr reiche Stadt.** Im folgenden werden nur die wichtigsten Gebäude aufgeführt. Da jedoch der gesamte alte Stadtkern von Leitmeritz gut erhalten geblieben ist, finden sich am Ort wesentlich mehr interessante Gebäude als hier beschrieben. Das Stadtzentrum steht unter Denkmalschutz.

Das Zentrum der Stadt bildet der große **Marktplatz,** heute Mírové náměstí (Friedensplatz) genannt. In seiner Mitte erhebt sich eine in den Jahren 1680-85 errichtete **Mariensäule.** Der Platz ist an allen Seiten von **alten Häusern mit dekorativen Fassaden** umsäumt. Zu den schönsten Gebäuden gehört das an der südlichen Seite gelegene Renaissance-Haus Nr. 12, das **Haus Zum Schwarzen Adler,** aus dem 16. Jh., dessen Fassade mit Sgraffiti verziert ist. An der östlichen Seite des Platzes befindet sich das **Alte Rathaus** (Stará radnice), das in der ersten Hälfte des 16. Jh. errichtet wurde. In dem Gebäude ist heute das Museum für Regionalgeschichte untergebracht.

Gleich nebenan an der Ecke Marktplatz/Dlouhá třída steht die **Allerheiligenkirche** nebst **Stadtturm.** Die Kirche wurde bereits in Texten aus dem Jahr 1235 erwähnt. Im Laufe ihres Bestehens wurde sie mehrmals umgestaltet, zum letzten Mal im Ba-

rockstil in den Jahren 1718-19. Das wertvollste Objekt aus dem Interieur des Gotteshauses ist das Tafelgemälde vom sogenannten **Meister des Leitmeritzer Altars.** Das aus dem 15. Jh. stammende Gemälde wird für das gelungenste Werk des Meisters gehalten.

Unweit von hier, durch die Jesuitska ulice zu erreichen, befindet sich die in den Jahren 1704-13 von *Octavio Broggio* errichtete **Marienkirche.**

Südlich vom Marktplatz auf dem Platz Domské náměstí erhebt sich die **St.-Stephan-Kathedrale,** die auf einer kleinen Anhöhe über der Elbe errichtet wurde, da, wo sich einst die Siedlung des Stammes Ljutomerici erstreckt haben soll. Die Kirche wurde in den Jahren 1664-70 von *Domenico Orsi* und *Giulio Broggio* erbaut. Der im Barockstil gestaltete Innenraum des Gotteshauses wirkt sehr geschlossen, da das gesamte Interieur einschließlich Kanzel, Sitzbänke und Altar aus der Zeit um 1670 stammt. Der Hochaltar und die Nebenaltäre werden von fünf Gemälden geschmückt, die der berühmte tschechische Barockmaler *Karel Škréta* anfertigte. Ein weiteres wertvolles Exponat ist das Gemälde "Die Versuchung des hl. Antonín" von *Lucas Cranach.*

Hinter der Kathedrale befindet sich die **Bischofsresidenz,** die nach einem Entwurf von *Giulio Broggio* in den Jahren 1689-1701 errichtet wurde.

### Information

●**Městské informační centrum,** Mírové náměstí 15, Tel. (0416) 732440, Fax 732442, e-mail: mulitom@telecom.cz, geöffnet Mo.-Sa. 8.00-18.00 Uhr, So. 9.30-

**Nordböhmen**

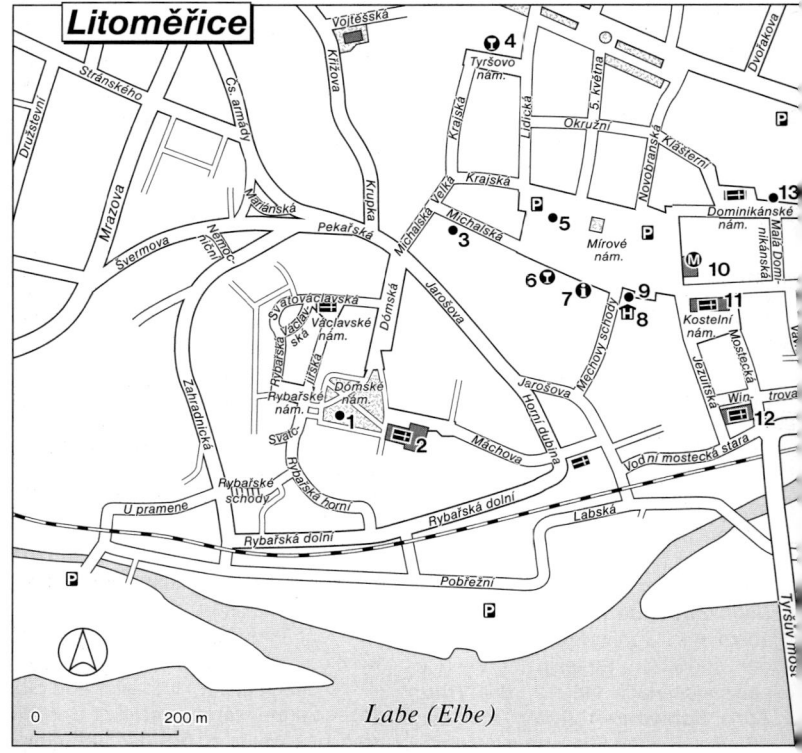

*Labe (Elbe)*

- **1** Kathedralplatz (Dómské náměstí)
- **ii 2** St.-Stephan-Kathedrale
- **3** Galerie der bildenden Künste
- **♋ 4** Country und Western Club Hrádek
- **5** Marktplatz
- **♋ 6** Weinstube Radniční sklípek, Eingang in die unterirdischen Gänge
- **ⓘ 7** Information
- **🏠 8** Hotel Salva Guarda
- **9** Haus Zum schwarzen Adler
- **Ⓜ 10** Altes Rathaus, Museum
- **ii 11** Allerheiligenkirche
- **ii 12** Marienkirche
- **13** Klosterweinkeller
- **🏠 14** Hotel Roosevelt
- **15** Bahnhof Litoměřice-město
- **Ⓑ 16** Busbahnhof

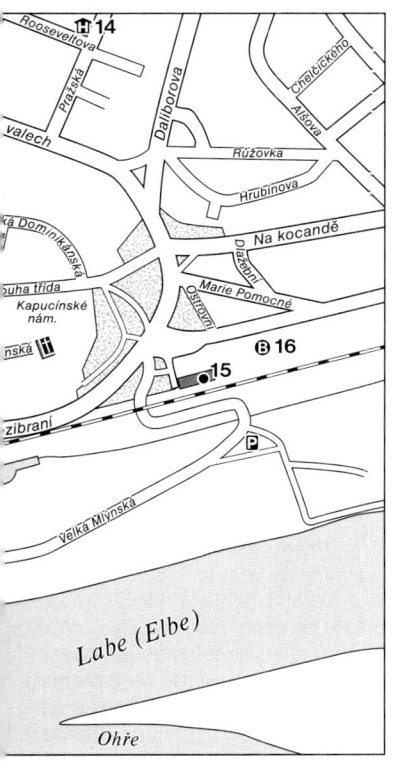

16.00 Uhr, im Winter So. geschlossen, an den übrigen Tagen nur bis 16.00 Uhr geöffnet. Die Info-Stelle befindet sich auf dem Marktplatz. Zimmervermittlung, Kartenverkauf, Führungen.

## Unterkunft

●*Hotel Helena,* Želetická 10, Tel. (0416) 739002, DZ 55 DM. Das Hotel liegt an der Ausfahrtsstraße nach Prag, hinter der Elbebrücke rechts. Komfortabel mit Dusche, WC und Telefon eingerichtete Zimmer.

●*Hotel Salva Guarda,* Mírové nám. 12, Tel. (0416) 732506, Fax 732798, Kapazität 45 Plätze, DZ 70-140 DM. Das Hotel ist in einem Bürgerhaus aus der Zeit der Renais-

sance direkt am Marktplatz untergebracht. Schöne, komplett eingerichtete Zimmer.

●*Hotel Roosevelt,* Rooseveltova 18, Tel. (0416) 733595, Fax 733593, Kapazität 60 Plätze, eigener Parkplatz, Bar und Sauna. Komplett eingerichtete Zimmer, DZ ab 80 DM. Das Hotel liegt etwa 10 Fußminuten vom Marktplatz entfernt.

## Essen und Trinken

●*Radniční sklípek,* Mírové námĕstí, Tel. (0416) 6626. Geöffnet tgl. 12.00-24.00 Uhr, Fr., Sa. bis 2.00 Uhr. Im Keller des Rathauses auf dem Marktplatz. Hier befindet sich auch der Eingang in die unterirdischen Gänge unter dem Marktplatz. Führungen Sa., So. 12.00-17.00 Uhr.

●*Country und Western Club Hrádek,* Tyršovo nám. 6. Trotz des protzigen Namens handelt es sich um eine einfache Bierstube, das Essen ist aber gut und billig. Nicht weit vom Marktplatz.

●*Hotelrestaurant Salva Guarda* direkt am Marktplatz.

## Weinkeller

●*Klosterweinkeller* (Klášterní vinné sklepy), Velká Dominikánská 1, Tel. (0416) 4551-3, Fax 4554. Besichtigung der Weinkeller des ehemaligen Dominikanerklosters im Stadtzentrum, Weinproben und Weinverkauf.

## Museen und Galerien

●*Regional-Museum* (Okresní muzeum), Mírové námĕsti 171, Tel. (0416) 731339, geöffnet Di.-So. 10.00-17.00 Uhr. Das Museum befindet sich im Renaissancegebäude des Rathauses auf dem Marktplatz. Naturwissenschaftliche, geologische, historische und archäologische Sammlungen dokumentieren die Geschichte der Region.

●*Galerie der bildenden Künste* (Galerie výtvarného umĕní), Michalská 7, Tel. (0416) 732382, geöffnet Di.-So. 10.00-17.00 Uhr. Die Galerie liegt in der Nähe des Marktplatzes und zeigt Werke tschechischer Kunst vom Mittelalter bis zur Gegenwart, wobei die Gemälde des sogenannten Meisters des Leitmeritzer Altars hervorzuheben sind. Auch die barocke Kunst ist mit prominenten Werken von *P. Brandl* und *K. Škréta* vertreten.

Nordböhmen

133

## An- und Weiterreise

●Bei der Anreise mit dem **Zug** aus Prag muß man bereits in Lovosice aussteigen (der Zug fährt nicht durch Litoměřice) und von hier weitere zehn Minuten mit dem Zug nach Litoměřice-horní nádraží fahren. Der Bahnhof befindet sich ca. einen Kilometer nördlich vom Stadtzentrum entfernt.

●Wenn man von Ústí nad Labem oder Děčín kommt, gilt das gleiche. Der **Busbahnhof** befindet sich gegenüber dem Bahnhof Litoměřice-město, etwa 500 m vom Marktplatz. Die Busverbindung nach Ústí ist gut, die nach Prag weniger gut.

## Terezín (Theresienstadt)

Die heutige Stadt Terezín wurde einst als Festung erbaut, die aus zwei Teilen bestand: aus der **Großen Festung** (Velká pevnost), welche die Keimzelle der heutigen Stadt war, und der **Kleinen Festung** (Malá pevnost), die später als Staatsgefängnis und KZ benutzt wurde.

Die **Militärfestung** wurde auf Geheiß des österreichischen Kaisers *Josef II.* errichtet, der hier 1756 ein Bollwerk gegen Preußen zu errichten suchte. Die Bauarbeiten an der Festung, die nach *Maria Theresia,* des Kaisers Mutter, benannt wurde, begannen jedoch erst 1780. Entgegen ihrer Bestimmung wurde die Festung nie militärisch genutzt. Bereits 1882 wurde sie aufgelöst und diente fortan als **Staatsgefängnis**. Während des Zweiten Weltkrieges war die kleine Festung ein **Konzentrationslager.** Im Jahr 1941 wurde hier von den deutschen Besatzern ein Durchgangslager für Juden aus ganz Europa errichtet. Für Hunderttausende war die Kleine Festung eine Zwischenstation, bevor sie nach Auschwitz und in andere Vernichtungslager kamen. Etwa 50.000 Häftlinge kamen hier ums Leben und sind auf dem hiesigen Friedhof begraben. Das ehemalige KZ dient heute als **Museum** und erinnert an die Verbrechen, die hier begangen wurden.

## Museen und Galerien

●**Kleine Festung,** Tel. (0416) 92442, geöffnet tgl., Mai-September 8.00-18.00 Uhr, Oktober-März 8.00-16.00 Uhr. Das ehemalige KZ liegt links von der Hauptstraße Ústí nad Labem – Prag.

●**Ghetto-Museum** (Muzeum ghetta), Komenského 148, Tel. (0416) 92576, geöffnet tgl. 9.00-18.00 Uhr. Das Museum befindet sich im Ortszentrum. Geschichte des KZ Theresienstadt.

## Doksany

Das **Prämonstratenserkloster** in Doksany wurde im Jahr 1144 gegründet und gehörte damals zu den bedeutendsten des Landes. Während späterer kriegerischer Auseinandersetzungen wurde es mehrmals in Brand gesetzt und teilweise zerstört. Die letzten großen Umbauarbeiten des Klosters wurden im 17. Jh. im Barockstil durchgeführt. Nach der Auflösung des Klosters im Jahr 1782 wurde es im 19. Jh. in ein Schloß umgewandelt.

Zugänglich ist zur Zeit nur die **romanische Krypta** aus dem 13. Jh., die sich unter der Marienkirche aus dem 18. Jh. befindet. Die Krypta gehört zu den ältesten romanischen Baudenkmälern Tschechiens.

●Kloster Doksany, Tel. (0411) 97203, geöffnet Di.-So. 9.00-17.00 Uhr, April, Oktober nur bis 16.00 Uhr.

## Říp

Inmitten einer Ebene in der Nähe der Stadt Roudnice und von der Hauptstraße Dresden – Prag aus zu sehen, erhebt sich der *"Heilige Berg" der Tschechen.* *Říp,* wie der Hügel heißt, hat eine Höhe von nur 459 Metern über dem Meeresspiegel. Laut der Kosmas-Chronik begann von hier aus der Stamm der Tschechen, geführt vom Urvater Tscheche *(Praotec Čech),* im 4.-5. Jh. das umliegende Land zu kolonisieren. Ob dies zutrifft oder nicht, wird wohl für alle Zeiten fraglich bleiben, denn es fehlt bis dato jeder archäologische Beweis für die in der Chronik aufgestellten Behauptungen. Für diese Annahme spricht jedoch, daß hier im Unterschied zu anderen Regionen in Nordwestböhmen Siedlungen slawischer Stämme im 7.-9. Jh. nachgewiesen sind und sogar die Namen einiger Stämme *(Ljutmerici, Děčané, Lučané)* bekannt sind.

Auf dem Říp steht heute eine *Rotunde,* die aus dem Jahr 1126 stammt. Vom Gipfel des Hügels aus bietet sich ein herrlicher Blick in die Umgebung. Von Roudnice führt ein markierter Wanderweg auf den Berg.

# Iser-Gebirge (Jizerské hory)

*Jizerské hory* oder das Iser-Gebirge erstreckt sich im nördlichsten Winkel des Landes an der Grenze zu Polen. Die höchsten Gipfel des Gebirges, das ein populäres *Winter- und Sommererholungsgebiet* ist, erreichen eine Höhe von etwa 1.100 Metern. Die Region ist bereits seit dem 16. Jh. durch ihre Glaserzeugnisse bekannt. Insbesondere die *Bijouterie-Industrie der Stadt Jablonec* ist weit über die Grenzen Tschechiens hinaus populär.

## Frýdlant

Frýdlant, das hauptsächlich mit *Albrecht von Waldstein (Wallenstein)* assoziiert wird, liegt an der nördlichen Seite des Iser-Gebirges. Im 17. Jh. war Frýdlant namentlich überall in Europa bekannt, was im wesentlichen der Tatsache geschuldet war, daß der berühmte kaiserliche Heerführer *Albrecht von Waldstein* der Herzog von Frýdlant (Friedland) war. Als seine Residenz wählte *Waldstein* jedoch die ostböhmische Stadt Jičín. Nachdem der Feldherr im Jahr 1634 in Eger ermordet worden war, schenkte *Ferdinand II.* die Stadt Frýdlant der *Familie Gallas.* Nach deren Aussterben übernahm das verwandte Geschlecht *Clam* (später als *Clam-Gallas* bekannt) die Stadt.

Die meistbesuchte Sehenswürdigkeit der heutigen Stadt ist ihre gotische *Burg* aus dem 12. Jh. Diese wurde an der Wende vom 16. zum 17. Jh. in ein *Renaissanceschloß* umgebaut.

● Schloß Frýdlant, Tel. (0427) 21382, Öffnungszeiten: Di.-So. 9.00-16.00 Uhr, April, Oktober nur bis 15.00 Uhr. Historisches Mobiliar, Waffensammlung, Gemäldegalerie, Dokumente zum Leben von *Albrecht von Waldstein (Wallenstein).*

**Nordböhmen**

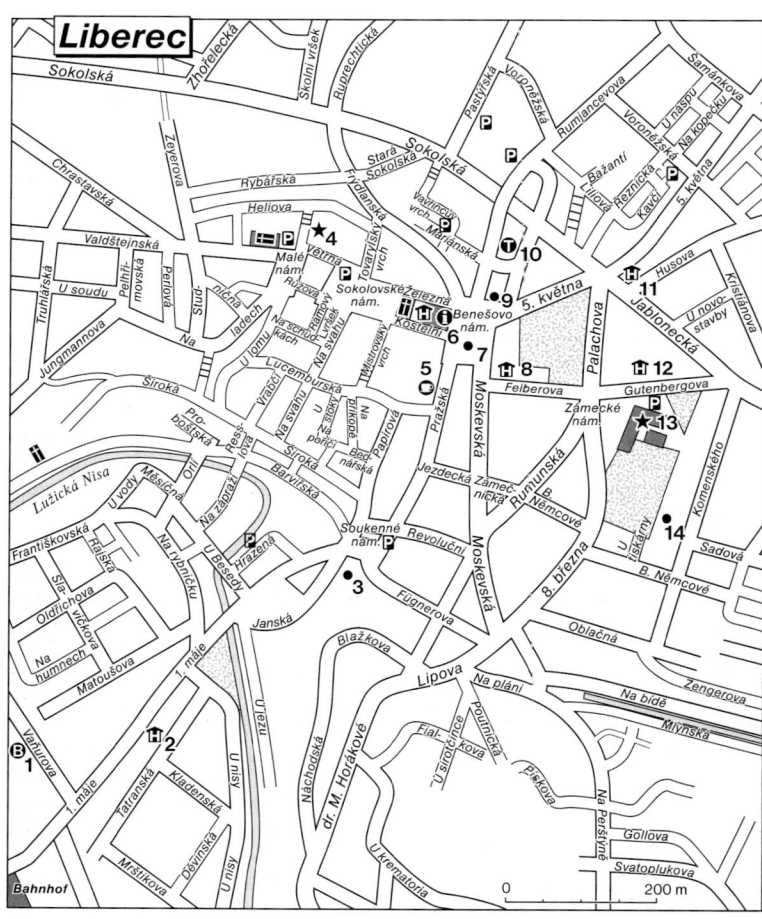

| | | | |
|---|---|---|---|
| ⑬ | 1 | Busbahnhof | |
| 🏠 | 2 | Hotel Imperial | |
| ● | 3 | Kaufhaus Kmart | |
| ★ | 4 | Wallensteinhäuser | |
| ◐ | 5 | Internet Café Liberec | |
| 🏠 | 6 | Hotel Praha, | |
| ❶ | | Information | |
| ● | 7 | Marktplatz | |

| | | |
|---|---|---|
| 🏠 | 8 | Hotel Radnice |
| ● | 9 | Rathaus |
| ❶ | 10 | Theater |
| 🏠 | 11 | Hotel Liberec |
| 🏠 | 12 | Hotel Zlatý lev |
| ★ | 13 | Schloß |
| ● | 14 | Regional-Galerie |

## Museen und Galerien

●*Regional-Museum* (Okresní muzeum), Masarykovo náměstí 37, Tel. (0427) 21441, geöffnet Di.-So. 9.00-16.00 Uhr. Das Museum befindet sich im Rathaus auf dem zentralen Platz der Stadt. Die Ausstellung ist der Stadtgeschichte gewidmet.

## An- und Weiterreise

●Ca. 10mal tgl. *Zugverbindung* von und nach Liberec.

## Liberec (Reichenberg)

In dem Kessel zwischen *Jizerské hory* im Norden und *Ještědský hřbet* im Westen liegt Liberec, mit 100.000 Einwohnern *eine der größten Städte Nordböhmens.*

Als *Handelsumschlagsplatz* wird die heutige Stadt Liberec (Reichenberg) bereits in der Mitte des 14. Jh. erwähnt. Die Stadt, die am Handelsweg von Böhmen über Zittau nach Brandenburg lag, fiel nach einem Aufstand der böhmischen Stände zu Anfang des 17. Jh. an *Albrecht von Waldstein,* der die hiesige *Textilindustrie* massiv förderte, was noch Jahrhunderte später das Wirtschaftsleben der Stadt positiv beeinflußte. Neben der Textilindustrie entwickelte sich im 19. Jh. die Baumwollindustrie zu einem wichtigen Wirtschaftszweig in Liberec. Im Zuge der Entwicklung der prosperierenden Industrie veränderte sich auch das *Stadtbild* einschneidend. Waren bis zum 18. Jh. die meisten Häuser in Liberec aus Holz, was für eine Gebirgsstadt typisch war, begann man ab Ende des 18. Jh., die neuen Bürgerhäuser im Stil des Klassizismus zu errichten. Dieser Wandel erklärt die Tatsache, daß in der Stadt *nur weni-*

*ge ältere Gebäude erhalten* geblieben sind. Eines dieser wenigen Gebäude ist das Schloß. Ursprünglich als Renaissancegebäude errichtet, wurde es im 18.-19. Jh. komplett umgestaltet.

Das Zentrum der Stadt bildet der *Marktplatz* (náměstí Dr. Beneše), an welchem das in den Jahren 1888-92 errichtete *Rathaus* liegt. Das im Neorenaissancestil errichtete, hohe Gebäude ist eine Nachahmung des Rathauses in Wien. Vom Marktplatz aus erreicht man über die Felberova-Straße den Platz Zámecké náměstí mit dem *Schloßkomplex* aus dem 16.-18. Jh., dessen heutige Gestalt aus der Mitte des 19. Jh. stammt. In Schloßnähe trifft man auf die interessante *Regional-Galerie.*

Westlich vom Marktplatz hinter dem Platz Sokolovské náměstí in der Větrná ulice befinden sich Fachwerkhäuser aus der zweiten Hälfte des 17. Jh. Die sogenannten *Wallenstein-häuser* stellen die ältesten Baudenkmäler der Stadt und vermutlich die ältesten Fachwerkhäuser Tschechiens dar. Hinter dem Rathaus steht das 1883 errichtete *Theater.*

Der *Botanische Garten* von Liberec wurde 1876 gegründet und besitzt eine interessante Orchideen-Sammlung. Er befindet sich in der Purkyňova-Straße in der Nähe des Tierparks. Der nordöstlich vom Marktplatz gelegene *Tierpark* erstreckt sich auf einer Fläche von 16 ha und verfügt über einen Bestand von 1.000 Tieren von fast 200 Arten. Die größte Attraktion des Tierparks bildet das weiße Tigerpärchen Kolumbus und Isabelle.

**Nordböhmen**

Werbung für das tschechische
Grundnahrungsmittel (KW)

## Information

●*Informační centrum,* nám. Dr. E. Beneše 2, Tel. (048) 5101709. Die Info-Stelle
befindet sich auf dem Marktplatz. Kartenverkauf, Zimmervermittlung.
●*Internet Café Liberec,* Pražská 14, geöffnet Mo.-Sa. 9.00-20.00 Uhr.

## Unterkunft

●*Grandhotel Zlatý lev,* Gutenbergova 3,
Tel. (048) 5104093, Fax (048) 423407, Kapazität 180 Betten, DZ 100 DM. Das Hotel
liegt am Rand der Parkanlage in der Nähe
des Stadtzentrums, Zimmer mit Bad, WC,
Telefon und TV.
●*Hotel Praha,* Železná 2, Tel. (048)
28953-9, Fax (048) 26511, Kapazität 60
Betten, DZ 120 DM. Ein Jugendstilhotel aus
dem Jahr 1905, das direkt im Zentrum der
Stadt in der Nähe des Rathauses liegt. Zimmer mit Bad, WC, Telefon, TV und Minibar.
●*Hotel Imperial,* třída 1. máje 29, Tel. (048)
421742, 21062, Fax (048) 421696, Kapazität 250 Betten DZ 85 DM. Zentrale Lage in

der Nähe des Bahnhofs und des Busbahn-
hofs. Zimmer mit Bad, WC und Telefon.
●*Hotel Radnice,* Moskevská 11, Tel. (048)
5100562-3, Fax (048) 5100578, Kapazität
35 Betten, DZ 110 DM. Modern eingerichtete Zimmer mit allem Komfort, TV, Telefon
und Minibar. Hotel liegt auf dem Marktplatz.
●*Hotel Liberec,* Šaldovo náměstí, Tel.
(048) 421932, Fax (048) 421815, Kapazität
160 Betten, DZ 70 DM. Ein ehemaliges Hotel der Gewerkschaften ist in einem Hochhaus in der Nähe des Marktplatzes untergebracht, Zimmer mit Dusche und WC.
●*Horský hotel Ještěd,* Horní Hanychov, Liberec, Tel. (048) 34021-23, Fax (048)
34025, Kapazität 44 Betten, DZ ohne Dusche 35 DM, DZ mit Dusche 50 DM. Einmalig! Es liegt auf der Spitze des Ještěd an einer Höhe von 1.012 m. Von den Zimmern
aus eröffnet sich ein herrlicher Blick auf die
umliegenden Wälder, ideal für Romantiker
und Verliebte. Zufahrt mit dem Pkw oder der
Seilbahn.
●*Pension Rosa,* Sportovní 354, Tel. (048)
34618, Kapazität 50 Betten, DZ 45 DM.
Gemeinsame Dusche und WC für 2 Zimmer.
Die Pension liegt in der Nähe der Autobahn-
ausfahrt in Richtung Prag.
●*Camping Autokemp,* Tel. (048)
5123468, Liberec-Pavlovice. Etwa 2 km
vom Stadtzentrum entfernt liegt dieser Campingplatz, der Platz für Caravans mit Stro-
manschluß bietet. Außerdem sind 33 Bungalows als auch Restaurant, Tennisplatz und
Schwimmbad vorhanden.

## Essen und Trinken

●*Restaurant im Hotel Radnice,* Moskevs-
ka 11, geöffnet tgl. 10.00-22.00 Uhr. Gepflegtes Restaurant in einem alten Bürgerhaus auf dem Marktplatz, im Sommer Sitzmöglichkeit direkt auf dem Marktplatz.
●*Radniční restaurant,* náměstí Dr. E. Beneše, geöffnet 24 Stunden. Rathauskeller
befindet sich in den Kellerräumen des Rathauses, einfache Einrichtung, tschechische
Küche.
●*Café im Hotel Praha,* Železná 2, Eingang
am Marktplatz, geöffnet 8.00-24.00 Uhr.
Geeignet für eine kurze Pause.

●***Restaurant im Hotel Praha,*** Železná 2, geöffnet 10.00-23.00 Uhr. Gepflegtes Restaurant im ersten Stock des Hotels.

●***Pizzeria Made in Italy,*** Masarykova ulice, geöffnet tgl. (außer So.) 11.30-23.00 Uhr. Originelle Pizzeria in einer Villa in der Nähe des Museums.

## Museen und Galerien

●***Nordböhmisches Museum*** (Severočeské muzeum), Masarykova 11, Tel. (048) 23765, geöffnet Di.-So. 9.00-17.00 Uhr. Seine naturwissenschaftlichen, archäologischen und historischen Sammlungen sind der Geschichte der Stadt und der Umgebung gewidmet. Ein Teil der Ausstellung behandelt die Entwicklung der Photographie.

●***Regional-Galerie*** (Oblastní galerie), U tiskárny 1, Tel. (048) 21464, geöffnet Di.-So. 10.00-18.00 Uhr. Tschechische Malerei des 20. Jh., französische Landschaftsmalerei des 19. Jh., holländische Meister des 17. Jh.

## Sport

●***Skipisten*** mit zwei Liften und einem Sessellift befinden sich unterhalb des Gipfels von Ještěd am westlichen Stadtrand. Zu erreichen mit dem Bus Nr. 3. Im Sommer empfiehlt sich der Besuch des Ještěd (Höhe 1.012 m), um von hier aus ***Wanderungen*** in die Umgebung zu unternehmen. Zufahrt zum Parkplatz unterhalb des Gipfels durch den Stadtteil Horní Hanychov, an der Sessellift-Station vorbei und von hier weiter bergauf. Man kann jedoch auch den Sessellift nehmen.

## An- und Weiterreise

●Von Prag aus sollte man lieber den ***Bus*** als den Zug nehmen. Der hiesige Busbahnhof, Na rybníčku, Tel. (048) 22290, liegt am Südrand des Stadtzentrums in der Nähe des Kaufhauses Kmart und gegenüber dem Imperial-Hotel. Ungefähr einmal stündlich fahren von hier Busse nach Prag. Der örtliche Bahnhof, Nákladní ulice, Tel. (048) 316, liegt oberhalb des Imperial-Hotels in der Nähe des Busbahnhofes. Doch ist die ***Zugverbindung*** nach Prag schlecht, es fährt nur ein direkter Schnellzug am Tag.

## Gipfel des Ještěd

Am Rande von Liberec und mit der Seilbahn vom Stadtteil Horní Hanychov aus zu erreichen, liegt der 1.012 Meter hohe ***Gipfel des Ještěd.*** Auf dem Gipfel ragt ein architektonisch interessant gestalteter ***Fernsehturm*** 90 Meter in die Höhe. Der schlanke, aus Glas, Aluminium und Stahl gefertigte Turm, dessen Durchmesser 33 Meter beträgt, dominiert den ganzen Hügel und ist von weitem zu sehen. Im unteren Teil des Fernsehturmes befindet sich ein ***Restaurant,*** darüber ein ***Hotel*** mit 44 Betten. Die ***Umgebung*** des Ještěd ist im Sommer ein beliebtes Wander- und Erholungsgebiet, im Winter ein Wintersportzentrum.

## Jablonec nad Nisou

Die ***berühmte Bijouterie-Stadt*** liegt in einem Kessel unterhalb des Iser-Gebirges (Jizerské hory), nur 10 km von Liberec entfernt. Obwohl Jablonec erstmals bereits 1356 erwähnt wurde, blieb der Ort bis zum 18. Jh. außerhalb der Region weitgehend unbekannt. Erst als *Jan František Schwann* in den 60er Jahren des 18. Jh. die ersten Kontakte zu Bijouterie-Händlern in großen europäischen Städten knüpfte, begann Jablonec, europaweit bekannt zu werden.

Die ***erste Glasfabrik*** wurde hier 1785 gegründet. Etwa fünfzig Jahre später wurde Glas bereits in neun Glashütten am Ort hergestellt. Es wurde dann von Dutzenden kleinen Schleifereien weiterverarbeitet. Hauptsächlich wurden hier kleine Stücke

**Nordböhmen**

wie z.B. "Perlen" aus farbigem Glas hergestellt, die vorwiegend für den Export nach Asien und Afrika bestimmt waren. Einen wahren **Export-boom** verursachte jedoch der preußisch-französische Krieg 1870-71, da dieser die deutsche und französische Konkurrenz lahmlegte. In dieser Zeit überflutete die Bijouterie aus Gablonz, wie die Stadt auf deutsch heißt, praktisch die ganze Welt. Jablonec und die Umgebung erlebten während dieser Zeit eine **wirtschaftliche Blüte** sondergleichen. In über 200 Firmen arbeiteten damals rund 16.000 Angestellte. Zu den Hauptprodukten gehörten Ohrringe, Armbänder, Halsbänder und ähnliches. Im Jahr 1880 wurde am Ort eine Berufsfachschule eröffnet, die den Nachwuchs für die hiesige Bijouterie-Industrie ausbildete. Die große Bedeutung des Wirtschaftsbooms belegt auch der sprunghafte Anstieg der Bevölkerungszahl von 2.000 Einwohnern zu Beginn des 19. Jh. auf 32.000 im Jahr 1914.

Das **Ende der Hochkonjunktur** trat erst mit dem Ersten Weltkrieg und der anschließenden Weltwirtschaftskrise in den 20er und 30er Jahren ein. Seit dem Anfang der 60er Jahre gewinnt die Bijouterie-Industrie aus Jablonec nach und nach wieder Anteile am europäischen und außereuropäischen Markt zurück.

**Architektonisch** ist am Ort bis auf einige Jugendstilpaläste von ehemaligen Händlern und Firmeninhabern nicht viel zu sehen.

## Information

●**Informační centrum,** Mírové nám. 19, Tel. (0428) 410335. Die Infostelle befindet sich direkt am Marktplatz.

### Unterkunft

●**Hotel Merkur,** Anenské nám. 8, Tel. (0428) 53322, Fax (0428) 29154, Kapazität 160 Betten, DZ 100 DM. Zimmer mit Bad, WC, TV und Telefon.
●**Hotel Diana,** třída 5. května 30, Tel. (0428) 22929, Kapazität 50 Betten, DZ 50 DM. Zimmer mit Dusche und WC.
●**Hotel Neptun,** Liberecká 35, Tel. (0428) 22088, Kapazität 70 Betten, einfaches Hotel, DZ um 40 DM.

### Mussen und Galerien

●**Glas- und Bijouterie-Museum** (Muzeum skla a bižuterie), Jiráskova 4, Tel. (0428) 22522, geöffnet Di.-Fr. 9.00-17.00 Uhr, Sa., So. 9.00-12.00 Uhr, 13.00-17.00 Uhr. Geschichte der Glas- und Bijouterieherstellung in Nordböhmen.

## Železný Brod

Železný Brod ist nach Jablonec das **zweitwichtigste Zentrum der Glasindustrie** in der nordböhmischen Region.

Mit der Herstellung von Glasbijouterieprodukten wurde hier etwa in der Mitte des 19. Jh. begonnen. Jedoch war die hiesige Produktion weder in der Qualität noch in der Quantität mit der von Jablonec zu vergleichen.

# *Westböhmen*

# Überblick

Die westliche Grenze Tschechiens zu Bayern bildet der Böhmerwald (Český les). Die nördliche Grenze bildet das Erzgebirge (Krušné hory), welches zwischen Westböhmen und Sachsen liegt. Das Zentrum Westböhmens wird vom Pilsener Kessel gebildet, an den sich nördlich die Gebirgszüge Slavkovský les und Doupovské hory anschließen. Die Gebiete östlich von Pilsen werden von den Höhenzügen Tepelská vrchovina, Křivoklátská vrchovina und dem Brdy-Gebirge bedeckt. Typisches landschaftliches Merkmal der Region sind ihre ausgedehnten Wälder.

Karlovy Vary (Karlsbad) und Mariánské Lázně (Marienbad) gehören zweifellos zu den westböhmischen Städten, die man unbedingt besuchen sollte. Cheb (Eger) mit seinem erhaltenen historischen Stadtkern ist ebenfalls einen Besuch wert, besonders, wenn man den Kurort Františkovy Lázně (Franzensbad), welcher etwa 8 km nördlich der Stadt liegt, mit in die Tour einbezieht. Naturfreunden ist der Besuch des Böhmerwalds (Český les und Šumava) zu empfehlen. Sowohl Železná Ruda wie auch die Umgebung der Stadt Domažlice bieten hervorragende Bedingungen für Wanderungen. Als Ausgangspunkt für Ausflüge in den Böhmerwald eignet sich die Stadt Klatovy, die auch als "Tor des Böhmerwaldes" bezeichnet wird. Demgegenüber ist die Stadt Plzeň (Pilsen) für die meisten Besucher eher eine Enttäuschung.

# Cheb (Eger)

Die Stadt Cheb und ihre als Egerland bekannte Umgebung kann auf eine interessante, wechselhafte und zum Teil auch tragische Geschichte zurückblicken, da dieses Gebiet für lange Zeit in der Pufferzone zwischen der slawisch- und der deutschsprachigen Welt lag.

Da die beiderseitige Unfähigkeit, einen fruchtbaren grenzübergreifenden, kulturellen Dialog zu führen, in unserem Jahrhundert tragische Folgen weit über dieses Gebiet hinaus hatte, wird die Geschichte von Eger hier etwas ausführlicher behandelt.

## Geschichte

Im 8. Jh. siedelten sich in der Region *slawische Stämme* an. Archäologischen Studien zufolge wählten sie das Felsplateau oberhalb des Flusses Ohře (Eger) als ersten Siedlungsraum. Zum ersten Mal wird die heutige Stadt als Egire im Jahr 1061 erwähnt. Vom 11. Jh. an wurde die Region allmählich von *deutschen Siedlern* kolonisiert. *Kaiser Friedrich Barbarossa* ließ hier 1180-90 eine Pfalz gründen.

Im 13 Jh. begann eine Folge von *häufigen Machtwechseln.* 1266 besetzte der tschechische König *Přemysl Otakar II.* die Stadt. Er bestätigte alle ihre bisherigen Privilegien und schloß sie an sein Königreich an. Im Jahr 1275 wurde Eger dann durch die Armee des deutschen Kaisers *Rudolf I.* besetzt, was zur Folge hatte, daß *Přemysl Otakar II.* seine Ansprüche auf die Stadt fallenließ. Doch nur wenige Jahre später, in den Jahren 1291-1305, gelangte die Stadt wieder in den Besitz des tschechischen Königs, diesmal *Václav II.* Im 14. Jh. wiederum fiel Eger in die Hände *Ludwigs IV. von Bayern.*

*Ludwig IV.,* der bei seinem letztlich erfolgreichen Streben nach der Kaiserkrone vom tschechischen König *Johann von Luxemburg*

**Westböhmen**

Chemnitz

Litvinov
Duchcov
13

CHOMUTOV
MOST

Hasištejn
Klášterec
n. Ohři
7

Boží Dar
Klínovec
1244
13
Jáchymov
Kadaň
Ohře *(Eger)*
Louny

KARLOVY
VARY
Ostrov
Žatec

Chodov
Rakovnik

Aš

Frantíškovy
Lázně
Sokolov
Loket

Ohře
6

Cheb
6
Toužim

Bayreuth
20

Lázně 24
Kynžvart
21
Teplá

Mariánské
Lázně

Kralovice

Plasy

Konstantinovy
Lázně
27

Tachov
Stříbro
5

Bor
5

Přimda
Kladruby
Rokycany

Stod
PLZEŇ

26
20

Nürnberg

Horšovský
Týn

Babylon
Domažlice
Nepomuk

22
Klatovy
Blatná

27
Sušice
Rabí

Železná
Ruda

DEUTSCHLAND
Kašperské
Hory
Vimperk

Regensburg
4

Deggendorf

0          25 km

Passau

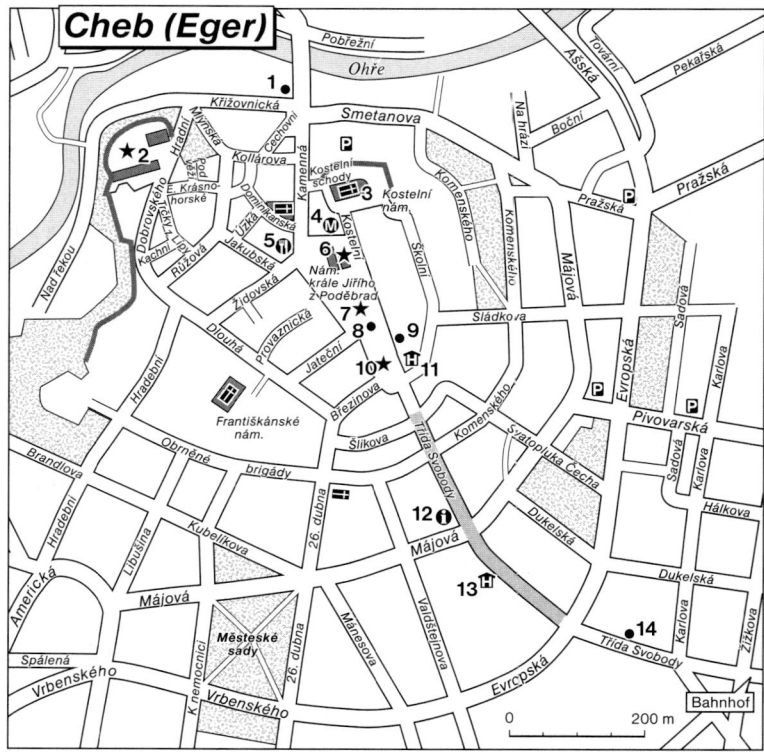

- • 1 Ausstellungssaal Bartholomäus
- ★ 2 Burg
- ♨ 3 St.-Nikolaus-Kirche
- Ⓜ 4 Stadtmuseum
- ⓰ 5 Restaurant Staročeská
- ★ 6 Špaliček (Stöckl)
- ★ 7 Herkules-Brunnen
- • 8 Marktplatz
- • 9 Rathaus
  (Galerie der bildenden Künste)
- ★ 10 Roland-Brunnen
- ♜ 11 Hotel Hvězda
- ❶ 12 Infostelle (Čedok)
- ♜ 13 Hotel Slávie
- • 14 Musikinstrumentengeschäft
- ▬ Fußgängerzone

unterstützt wurde, verpfändete diesem im Jahr 1322 die Stadt Eger sowie das gesamte Egerland. Damit ging einher, daß *Johann von Luxemburg* der Stadt **eine besondere Stellung innerhalb des böhmischen Königreiches** einräumte, was unter anderem bedeutete, daß Eger von Steuern und Zoll befreit war und dem tschechischen König direkt unterstand. Der Stadt blieb es jedoch weiterhin vorbehalten, **Privilegien der deutschen Kaiser** anzunehmen, soweit sie nicht im Widerspruch zu Zuständigkeiten des böhmischen Königreiches standen.

Im Jahr 1721 stimmten die Vertreter der Stadt für die pragmatische Sanktion des österreichischen Kaisers *Karl VI.,* die die

Unteilbarkeit der habsburgischen Länder sicherte. Hierdurch wurde Eger staatsrechtlich zum *Bestandteil des böhmischen Königreiches.* Im Jahr 1726 erhielt es den Status einer königlichen Stadt.

Nach dem Zerfall der k.u.k. Monarchie und der Ausrufung der Tschechoslowakischen Republik am 28.10.1918 wurde Eger, dessen Bevölkerung zu etwa 80% aus Deutschen bestand, zum Bestandteil der *Provinz Deutschböhmen,* die in Wien am 29.10.1918 ausgerufen wurde. Die Besetzung des Egerlandes durch die *tschechoslowakische Armee* im Dezember desselben Jahres bedeutete das Ende von Deutschböhmen als einer selbständigen Provinz.

Im Jahr 1938 wurden Eger und das Egerland durch die Hitler-Armee besetzt und an Deutschland angeschlossen.

Nach der Befreiung durch die US-amerikanische Armee im Jahr 1945 wurde Cheb wieder Bestandteil der Tschechoslowakei.

## Sehenswertes

Den historischen Kern der Stadt bildet der *Marktplatz,* dessen Grundriß seit dem 13. Jh. besteht. Der Platz trägt den Namen des tschechischen Hussitenkönigs *Georg von Poděbrady,* der sich hier in den Jahren 1459-67 sehr oft aufhielt.

Der langgezogene Platz ist an allen Seiten von alten Gebäuden gesäumt. Architektonisch sind hier alle Stile von der Gotik bis zum Jugendstil vertreten. Es empfiehlt sich, seinen Rundgang am oberen Teil des Platzes am gotischen *Roland-Brunnen* aus dem 15. Jh. zu beginnen. Ungefähr in der Mitte des Platzes liegt das *ehemalige Rathaus.* In dem Barockgebäude aus den Jahren 1723-28 ist heute die Galerie der bildenden Künste untergebracht. Die hiesige Dauerausstellung ist der tschechischen Malerei des 20. Jh. gewidmet.

Ein zweiter, mit einer Herkules-Statue geschmückter gotischer Brunnen, der *Herkules-Brunnen,* ziert den unteren Teil des Platzes. In unmittelbarer Nähe des Brunnens befindet sich eine interessante Gruppe von elf ehemaligen Krämerhäusern, die *Špalíček* (Stöckl) genannt werden. Die Häuser wurden bereits im 13. Jh. an der Stelle früherer Holzbuden errichtet. Ihre heutige Gestalt stammt jedoch aus dem 14.-15. Jh. Heute sind hier ein Café, kleine Galerien und Geschäfte untergebracht.

Hinter dem Špalíček befindet sich seit 1873 das *Stadtmuseum* (Chebské muzeum). Neben Exponaten der Stadtgeschichte und gotischer Kunst sind hier auch persönliche Gegenstände (Stiefel, Degen) des legendären Generalissimus *Albrecht Václav Eusebius von Waldstein* (auch *Wallenstein* genannt) zu sehen. Das im 14. Jh. errichtete Gebäude ist wahrscheinlich das berühmteste Haus der Stadt. Sein hoher Bekanntheitsgrad rührt daher, daß hier am 25. Februar 1634 *Wallenstein* ermordet wurde. Nachdem er, Heerführer der kaiserlichen Armee und sehr reich und ehrgeizig, in den Verdacht geraten war, nach der böhmischen Krone zu trachten, beschloß der Kaiser seine Liquidation.

Durch eine rechts vom Museum verlaufende Straße gelangt man zur gotischen *St.-Nikolaus-Kirche,* die im 13.-15. Jh. errichtet wurde. Nachdem das Gotteshaus 1809 durch einen Brand große Schäden erlitten hatte, wurde es in den darauffolgenden Jahren im neogotischen Stil umgebaut.

Westböhmen

Einige hundert Meter westlich der Kirche befinden sich die **Reste der ehemaligen Burg.** Auf einem Felsplateau über dem Ohře-Fluß ließ *Friedrich Barbarossa I.* in den Jahren 1180-90 eine romanische Pfalz erbauen. Von dem Gebäudekomplex der Burg, die an dem Standort einer ehemaligen slawischen Siedlung errichtet wurde, sind leider nur Reste erhalten, unter anderem die romanische Verteidigungsmauer und der Schwarze Turm.

●Burg Cheb (Chebský hrad), Trčky z Lipy, Tel. (0166) 22942, geöffnet Di.-So. 9.00-12.00 Uhr, 13.00-18.00 Uhr, Mai, September nur bis 17.00 Uhr, April, Oktober nur bis 16.00 Uhr. In den ehemaligen Kasematten befindet sich heute eine Ausstellung mit archäologischen Funden aus dem Egerland.

## Praktische Hinweise

### Information

●**Okresní informační středisko,** Májova 31, Tel. (0166) 32337, 33951, geöffnet Mo.-Fr. 8.30-12.00 Uhr, 13.00-17.00 Uhr, Sa. 8.00-11.00 Uhr. Die Information liegt etwa fünf Minuten vom Marktplatz in Richtung Bahnhof und befindet sich im Reisebüro ČEDOK. Geldwechsel, keine Zimmervermittlung, aber viel Informationsmaterial über Cheb und die Umgebung.

### Unterkunft

●**Hotel Hvězda,** nám. krále Jiřího z Poděbrad 4-6, Tel. (0166) 22549, Fax (0166) 22546, Kapazität 85 Betten, DZ 55 DM. Zentrale Lage auf dem Marktplatz, nur teilweise Zimmer mit Dusche, WC.

●**Hotel Slávie,** Svobody 32, Tel. (0166) 32216, 33494, Kapazität 70 Betten, DZ 40 DM. Einfaches Hotel, Zimmer mit Dusche und fließend Wasser, WC auf dem Flur.

●**Motel Ronak,** Jesenická přehrada, Tel. (0166) 30312, 30315, Kapazität 30 Betten, DZ 50 DM. Motel am Ufer der Jesenice-Tal-

sperre, nur etwa fünf Kilometer von Cheb. Zimmer ohne Dusche, WC.

●**Camping Dřenice,** Jesenická přehrada, Tel. (0166) 31591. Am Ufer der Jesenice-Talsperre, Plätz für Campingwagen, Unterkünfte in kleinen Holzbungalows für 2-4 Personen, 10 DM pro Person.

●**Privatunterkunft:** *Petr Kantor,* Vančurova 13, Tel. (0166) 30912; *Petr Antal,* Reisebüro Antaltour; *B. Němcové* 63, Tel. (0166) 22003; *František Hubáček,* 17. listopadu 24, Tel. (0166) 32400; *Josef Novák,* Fučíkova 9. Preise 15-30 DM pro Person.

### Essen und Trinken

●**Staročeská restaurace,** Kamenná 1, Tel. (0166) 22170, geöffnet 10.00-22.00 Uhr. Einfache, mit Holzmöbeln eingerichtete Gaststätte, tschechische Küche und Gambrinus-Bier aus Pilsen. Zentrale Lage am Marktplatz.

### Museen und Galerien

●**Museum Cheb** (Chebské muzeum), nám. Jiřího z Poděbrad, Tel. (0166) 22246, geöffnet Di.-So. 9.00-12.00 Uhr, 13.00-17.00 Uhr. Geschichte der Stadt und der Umgebung, gotische und barocke Kunst, Waffen, persönliche Gegenstände von *A. von Wallenstein,* ausgestellt im Zimmer, in dem er ermordet wurde.

●**Ausstellungssaal Bartholomäus** (Výstavní siň Bartoloměj), Křižovnická 2, Tel. (0166) 22721, geöffnet Mi.-So. 10.00-18.00 Uhr. Der Saal, in dem gotische Skulpturen aus der Umgebung der Stadt ausgestellt werden, befindet sich in der Bartholomäuskirche.

●**Galerie der bildenden Künste** (Galerie výtvarného umění), náměstí Jiřího z Poděbrad 16, Tel. (0166) 22450, geöffnet 10.00-18.00 Uhr, im Winter 9.00-17.00 Uhr.

### Einkaufen

●**Musikinstrumente** (Hudební nástroje), ulice Svobody 51, geöffnet Mo. 13.00-17.00 Uhr, Di.-Sa. 8.30-12.00 Uhr, 13.00-17.00 Uhr, So. 9.00-13.00 Uhr. Musikalienhandlung in Bahnhofsnähe.

## An- und Weiterreise

● Über den Grenzübergang Cheb/Schirnding fahren die meisten Züge aus Deutschland in die Tschechische Republik, Cheb hat daher eine gute **Bahnverbindung** nach Prag, Plzeň, Karlovy Vary, Františkovy Lázně und Ústí nad Labem. Der Bahnhof befindet sich etwa 15 Minuten vom Marktplatz entfernt.

● Der **Busbahnhof** liegt gleich neben dem Bahnhof. Gute Verbindungen gibt es nach Františkovy Lázně, Prag, Mariánské Lazrě, Karlovy Vary und zu anderen Städten Westböhmens und nach Marktredwitz und Waldsassen.

# Umgebung von Cheb

## Gedenkstätte für gefallene US-Soldaten

Verläßt man Cheb und fährt in Richtung Karlovy Vary oder Mariánské Lázně weiter, erreicht man nach etwa 5 km eine Kreuzung mit einer Tankstelle. In der Nähe der Tankstelle sieht man eine kleine Gedenkstätte. Sie ist der US-amerikanischen Armee, die im Mai 1945 einen großen Teil Westböhmens befreite, gewidmet. In der sozialistische Ära war es das **einzige amerikanischen Soldaten gewidmete Denkmal.** Neben dem Denkmal steht ein Stein aus der Ära der k.u.k. Monarchie, der die geographische Mitte Europas kennzeichnen soll.

# Sokolov

Die Stadt Sokolov ist eines der Zentren der Braunkohleindustrie. Als **In-**

**dustriestadt** ist sie nicht gerade ein von vielen Besuchern favorisiertes Urlaubsziel. Die hier gelegenen Sehenswürdigkeiten, welche im wesentlichen aus einigen Barockhäusern, zwei Barockkirchen, einer Pestsäule und einem **Barockschloß** bestehen, sind mit den zahlreichen Touristenattraktionen im benachbarten Cheb, Karlsbad oder Marienbad nicht zu vergleichen. Im ehemaligen Schloß ist heute das **Regional-Museum** untergebracht. Seine Ausstellung dokumentiert die Regional-Geschichte unter besonderer Berücksichtigung des Bergbaus.

● Regional-Museum (Okresní muzeum), Zámecká 1, Tel. (0168) 23930, geöffnet Mi.-So. 9.00-12.00 Uhr, 13.00-17.00 Uhr.

## Praktische Hinweise

### Information
● **ČEDOK,** K. H. Borovského 1313, Tel. (0168) 23443.

### Unterkunft
● **Hotel Actus,** Husovy sady, Tel. (0168) 21978, Fax (0168) 23356, Kapazität 95 Betten, DZ ab 70 DM. Komfortabel eingerichtete Zimmer, ruhige Lage im Schloßpark, Schwimmbad.

● **Transmotel Sokolov,** auf der Straße E 48 (Cheb – K. Vary) in der Nähe von Loket, Tel. (0168) 24992, Fax (0168) 23150, Kapazität 75 Betten, DZ 90 DM. Modern eingerichtete Zimmer mit TV, Minibar und Telefon, zwei Zimmer für Körperbehinderte, Tag und Nacht geöffnetes Restaurant, Sauna, Fitneßzentrum.

### An- und Weiterreise
● Sokolov liegt an der **Bahnstrecke** Cheb – Ústí nad Labem und hat daher gute Verbindungen in beide Richtungen sowie nach Prag. Gute **Busverbindung** zu anderen Städten West- und Nordböhmens und nach Prag.

**Westböhmen**

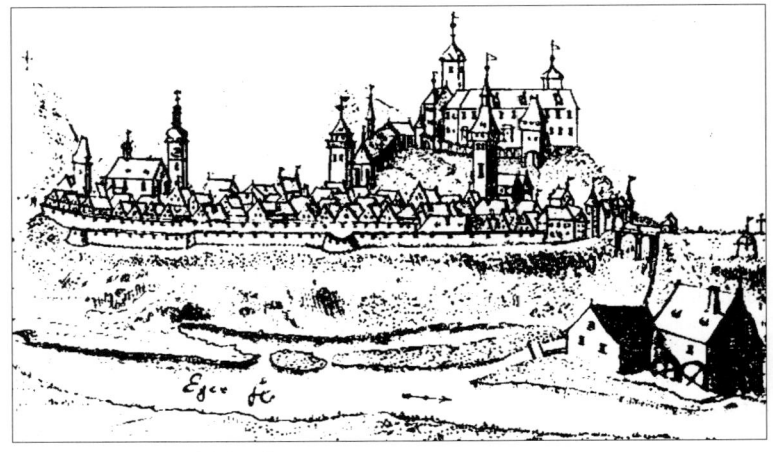

Blick auf Loket im 18. Jahrhundert

# Loket

Ungefähr zehn Kilometer westlich von Sokolov, einige Kilometer abseits der Straße Cheb – Karlovy Vary, liegt, von ausgedehnten Wäldern umgeben, die Stadt Loket. Über eine hohe Brücke betritt man den **alten Stadtkern** von Ellbogen, wie Loket auf deutsch heißt. Die Stadt wird von einer mächtigen gotischen Burg dominiert, die sich hoch über dem Ohře-Fluß (Eger) erhebt.

Unterhalb der Burg entstand, ebenfalls im 13. Jh., die Stadt. Am **Marktplatz,** dessen Mitte von einer Pestsäule geschmückt wird, sind viele Renaissance- und Barockhäuser erhalten geblieben. Zu den schönsten Gebäuden gehört das 1682-87 errichtete Rathaus und die Barockkirche des hl. Wenzel.

In dem **Restaurant U bílého koně** (Zum weißen Roß) gegenüber der Pestsäule wohnte **J. W. von Goethe** in den Jahren 1807, 1808, 1813, 1819, 1823. Während seines letzten Aufenthaltes im Jahr 1823 feierte er seinen 73. Geburtstag in Anwesenheit seiner letzten Liebe, *Ulrike von Lewetzow,* und ihrer Familie. Die pseudogotische Veranda aus dem Jahr 1823 ist erhalten geblieben. Zur Zeit (1996) ist das Restaurant geschlossen und wartet auf seine Rekonstruktion.

Die größte Sehenswürdigkeit der Stadt ist die **mächtige Burg,** die um 1230 im romanischen Stil errichtet wurde. In der zweiten Hälfte des 14. Jh. wurde die Burg von *Karl IV.* und seinem Sohn *Wenzel IV.* im gotischen Stil umgebaut und erweitert. Beide Könige führten hier mehrfach diplomatische Verhandlungen. *Karl IV.* war hier außerdem als Dreijähriger von seinem Vater gefangen gehalten worden. Weitere Umbauarbeiten wurden im 16. Jh. durchgeführt. Heute wird die Burg rekonstruiert, doch ist ein Teil der Burgausstellung, in dem Porzellan der hiesigen Fabrik gezeigt wird, trotzdem geöffnet.

## Praktische Hinweise

### Information

●*Goethe Tour,* Radniční 1, Tel. (0168) 94424, geöffnet Di.-So. 9.00-12.00 Uhr, 13.00-17.00 Uhr. Die Informationsstelle befindet sich im Rathaus auf dem Marktplatz. Zimmervermittlung, Kartenverkauf.

### Unterkunft

●*Hotel Goethe,* ulice T. G. Masaryka 21, Tel./Fax (0168) 94184, Kapazität 24 Betten, DZ 60 DM. Hotel auf dem Marktplatz, im Pseudo-Bauernstil eingerichtete Zimmer mit Dusche, WC, Telefon und TV.
●*Hotel Actus,* ulice T. G. Masaryka, Tel./Fax (0168) 94103, Kapazität 20 Betten, DZ ca. 60 DM.

### Museen und Galerien

●*Burg Loket,* Tel. (0168) 94104, geöffnet Di.-So. 9.00-12.00 Uhr, 13.00-17.00 Uhr. Wegen Restaurierung ist die Burg der Öffentlichkeit nur teilweise zugänglich. Porzellan-Sammlung.
●*Museum Dr. Payera (Kurbechermuseum),* Radniční 1, im Rathaus, geöffnet Di.-So. 9.00-12.00 Uhr, 13.00-17.00 Uhr. Sammlung alter und neuer Trinkgefäße.

### Einkaufen

●*Porzellangeschäft,* T. G. Masaryka 75, geöffnet 10.00-12.00 Uhr, 13.00-17.00 Uhr. Rosa Porzellan.

### An- und Weiterreise

●Da die *Bahnverbindung* nach Karlovy Vary und Cheb schlecht ist, ist es besser, aus beiden Richtungen mit dem *Bus* anzu-

reisen. Die Bushaltestelle liegt an der Brücke am Stadtrand. Von hier aus sind es ca. 100 Meter zum Marktplatz, wobei man die Brücke überqueren muß.

# Františkovy Lázně (Franzensbad)

Nur etwa 8 km nördlich von Cheb liegt auf einer Höhe von etwa 400 Metern inmitten ausgedehnter Parkanlagen der Kurort Františkovy Lázně. Franzensbad, wie der Kurort auf deutsch heißt, gehört zusammen mit Karlsbad und Marienbad zum berühmten westböhmischen Kurortdreieck.

Die Heilwirkungen der hiesigen Mineralquellen sind schon seit langem bekannt. Die *erste schriftliche Erwähnung des heilenden Wassers* aus der Umgebung der Stadt Cheb datiert aus dem Jahr 1502. Einer der Chronisten war der in Jáchymov lebende Arzt und Chemiker *Georgius Agricola,* der im Jahr 1545 die Wirkungen der Mineralquellen von Franzensbad pries. Im Jahr 1690 wurde an der Stelle des heutigen Kurortes im Auftrag der Stadt Cheb ein *Kurhaus* mit zwölf Zimmern errichtet, womit die Nutzung des Heilwassers auch für Bäder ermöglicht wurde.

Offiziell wurde der *Kurort* am 27. April 1793 gegründet. Gleichzeitig wurde ein Arzt ernannt, der für die weitere Entwicklung des Kurbetriebes zuständig war. Mit dem Anschluß des Ortes ans Eisenbahnnetz im Jahr 1865 wurden die Weichen für die weitere Entwicklung des Kurortes gestellt.

Westböhmen

# Františkovy Lázně (Franzensbad)

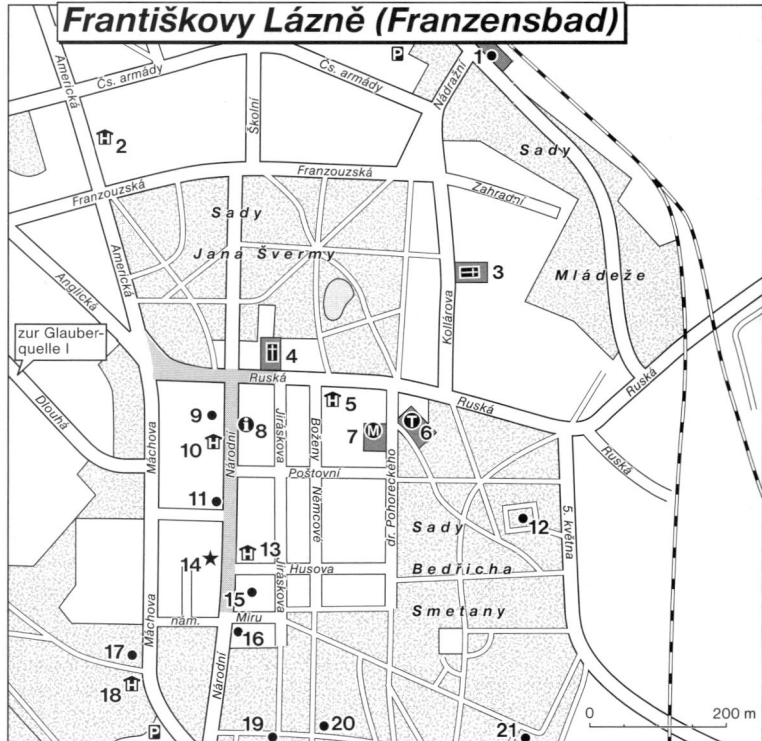

- • 1 Bahnhof
- 🏨 2 Hotel Bajkal
- ⓘ 3 Kirche der hl. Olga
- ⓘ 4 Kirche des hl. Kreuzes
- 🏨 5 Hotel Palace
- ⓣ 6 Theater
- Ⓜ 7 Stadtmuseum
- ⓘ 8 Information (Čedok)
- • 9 Kurhaus Sevastopol
- 🏨 10 Hotel Slovan
- • 11 Haus U tři Lili (Zu den Drei Lilien)
- • 12 Goethe-Denkmal
- 🏨 13 Vojenský Lázeňský ústav
- ★ 14 Společenský dům (Gesellschaftshaus)

- • 15 Neue Kolonnade
- • 16 Franzensquelle
- • 17 Minibahn zum Teich Amerika
- 🏨 18 Pension Milano
- • 19 Glauberquellen III u. IV
- • 20 Kostelní pramen (Kirchquelle)
- • 21 Kolonnade Solny
- ▬ Fußgängerzone

Insgesamt gibt es in Franzensbad **24 Mineralquellen,** zwölf davon werden zu Heilzwecken verwendet. Das Wasser aus den hiesigen Quellen ist kalt und zeichnet sich durch viel Kohlendioxid aus. Die Mehrheit der Quellen enthält auch das sogenannte Glaubersalz (Natrium- und Magnesiumsulphat). In Franzensbad werden heute Erkrankungen des Verdauungstraktes, des Kreislaufsystems, Nierenerkrankungen und gynäkologische Erkrankungen behandelt.

**Städtebaulich** bildet Franzensbad eine geschlossene Einheit, für die der Empirestil charakteristisch ist. Die architektonische Harmonie der Stadtbebauung ist durch den Umstand bedingt, daß Franzensbad innerhalb von etwa 80 Jahren erbaut wurde.

Der zentrale Platz der Stadt heißt **náměstí Míru (Friedensplatz).** Von dem Platz geht die Národní-Straße ab, die heute eine Fußgängerzone ist. In der Mitte des Platzes befindet sich die **Františkův pramen (Franzensquelle).** Die aus einer Tiefe von etwa vier Metern entspringende Quelle war bereits im Mittelalter bekannt und wird bereits seit langem zu Trinkkuren verwendet. Das Gebäude, in dem die Quelle heute sprudelt, ist jedoch erheblich jüngeren Datums. Es wurde im Jahr 1832 errichtet. In der Nähe der Quelle befinden sich eine Poliklinik und ein Kurhaus.

Neben den nur wenig unter der Erdoberfläche gelegenen Quellen gibt es in Franzensbad auch einige durch Bohrungen entstandene Quellen. Zu diesen gehören zum Beispiel die **Glauberovy prameny I-IV (Glauberquellen I-IV),** deren Wasser aus einer Tiefe von bis zu 90 Metern kommt.

Sehr beliebt als Tafelwasser ist die **Kostelní pramen (Kirchquelle).** Diese Quelle befindet sich in der Nähe der Franzensquelle.

Besucher des Friedensplatzes können auf seiner linken Seite die **Statue eines kleinen Jungen** sehen, der einen Fisch in der Hand hält. Der im Volksmund auch František (Franz) genannten Figur wurden zeitweise magische Kräfte bei der Heilung weiblicher Unfruchtbarkeit nachgesagt. Die Berührung des Geschlechtsteils des kleinen Mannes, so die Legende, habe mancher Frau zum heiß ersehnten Nachwuchs verholfen. Böse Zungen schreiben die spontanen Heilerfolge eher der am Ort gelegenen Kaserne zu.

Das links am Anfang der Národní-Straße gelegene **Společenský dům (Gesellschaftshaus)** gehört zu den ältesten Häusern des Kurortes. Es wurde bereits im Jahr 1794 errichtet. Die Národní-Straße ist übrigens die älteste Straße des Kurortes. Ihre heutige Gestalt erhielt sie 1794-97. In dem **Haus U tří lilií (Zu den drei Lilien),** Národní 10, welches neben dem Společenský dům liegt, wohnte im Jahr 1808 *J. W. von Goethe.* Auf den prominenten Besucher weist auch eine am Haus befestigte Gedenktafel hin. Im **Kurhaus Sevastopol,** Národní 4, am Ende der Straße links, wohnte im Jahr 1812 der Komponist *Ludwig van Beethoven.*

Neben den im Empirestil errichteten **Kurhäusern,** der **Kolonnade**

*Solný* aus dem Jahr 1844 und der im Auftrag von *Kaiser Franz I.* von 1815 bis 1820 im Empirestil erbauten **Kirche des hl. Kreuzes** (Kostel Povýšení sv. Kříže) lohnt sich auch die Besichtigung der **russisch-orthodoxen Kirche der hl. Olga** (Pravoslávný kostel sv. Olgy), die im Jahr 1889 geweiht wurde. Das Gotteshaus wurde aus Spenden der russischen Gäste des Ortes finanziert, die bis zum Ausbruch des Ersten Weltkrieges ein Viertel aller Kurgäste ausmachten. Heute wird der Kurort, in dem nur etwa 5.000 Personen leben, jährlich von etwa 35.000 Patienten besucht.

Nachdem Besucher die Národní-Straße und Umgebung, und damit den Stadtkern, gesehen haben, empfiehlt sich auch ein Gang durch den umliegenden *Park,* um einen Gesamteindruck von Franzensbad zu bekommen.

### Praktische Hinweise

### Information
● *Čedok,* Národní 5, Tel. (0166) 942210.

### Unterkunft
● *Hotel Pyramída,* Tel. (0166) 943133, 943131. Ein neues Hotel am Rande des Kurortes, komfortabel eingerichtete Zimmer, Kapazität 78 Betten, DZ mit Balkon 130 DM.
● *Hotel Palace,* Ruská 25, Tel. (0166) 942408, 943109, Fax (0166) 942235, Kapazität 80 Betten, DZ 80 DM. Zimmer mit Dusche, WC, TV und Minibar, zentrale Lage.
● *Hotel Vojenský lázeňský ústav,* Národní, Kapazität 130 Betten, DZ 85 DM.
● *Hotel Slovan,* Národní 5, Tel. (0166) 942841-2, Fax (0166) 942843, Kapazität 40 Betten, DZ ab 70 DM in der Zwi-

schensaison. Traditionelles, im Jahr 1793 eröffnetes Hotel in der Fußgängerzone, Zimmer mit Bad und WC. Das Hotel verfügt über ein schönes, traditionelles Restaurant und Café.
● *Hotel Bajkal,* Americká 84, Tel. (0166) 942501, Fax (0166) 942503, Kapazität 85 Betten, DZ 65-80 DM. Komfortabel eingerichtete Zimmer. Das Hotel liegt etwa fünf Minuten vom Zentrum entfernt.
● *Pension Milano,* Máchova 8, Tel. (0166) 942521, Kapazität 12 Betten, Zimmer mit Dusche, WC auf dem Flur, Einzelzimmer ohne Dusche, DZ 25 DM.

### Museen und Galerien
● Das *Städtische Museum* (Městské muzeum), dr. Pohořeckého 8, Tel. (0166) 942344, geöffnet Mo.-Fr. 9.00-12.00 Uhr, 14.00-17.00 Uhr, Sa., So. 10.00-16.00 Uhr, Oktober-Mai Sa., So. geschlossen. Geschichte des Kurortes und der Umgebung.

### An- und Weiterreise
● Der *Bahnhof* und die Haltestelle der *Busse* aus Cheb liegen am Rand der Städtischen Parkanlagen (Městské sady), etwa 10 Minuten vom Stadtzentrum entfernt. Häufige Bus- und Bahnverbindung nach Cheb und nach Bad Brambach in Deutschland. Eine gute Busverbindung besteht nach Waldsassen, Wiesau und Marktredwitz.

# Umgebung von Františkovy Lázně

### See Amerika

Der kleine See Amerika ist eines der beliebtesten Ziele vieler Gäste. Er ist in etwa 45 Minuten vom Zentrum aus *zu Fuß* zu erreichen. Zum See fährt auch eine kleine *Minibahn.* Die Abfahrt der Minibahn erfolgt von der Máchova ulice in der Nähe des Náměstí Míru aus.

### Komorní hůrka (Kammerbühl)

Komorní hůrka (Kammerbühl) liegt etwa 2 km südlich des Zentrums. Es handelt sich um einen **ehemaligen Vulkan,** der auf einer Höhe von etwa 500 Metern über dem Meeresspiegel liegt und damit nur um weniges höher ist als seine Umgebung. Der Vulkanforschung widmete sich hier auch *J. W. von Goethe* mit seinem Freund Graf *Kaspar von Sternberg.* Seinem Dichterfreund ließ der Graf hier ein Konterfei mit der Aufschrift "Goethe, dem Erforscher des Kammerbühls 1808-1822" errichten.

# Karlovy Vary (Karlsbad)

Karlsbad, der bekannteste tschechische Kurort, liegt in einer hügeligen, bewaldeten Landschaft am Zusammenfluß der Flüsse Ohře (Eger) und Teplá (Tepl), auf einer Höhe von ca. 400 Metern. Die Stadt gehört mit ungefähr 60.000 Einwohnern zu den größten Westböhmens.

### Geschichte

Der Ort Karlsbad wurde 1358 von *Karl IV.* gegründet. Durch eine Reihe von Privilegien

Blick auf das Heilbadviertel

Westböhmen

# Karlovy Vary

- • 1 Aussichtspunkt Karls IV.
- • 2 Galerie umění
- • 3 Kurhaus
- ⊡ 4 Parkplatz
- ⛪ 5 Hotel Pupp
- • 6 Station der Drahtseilbahn
- ⛪ 7 Pension Mallorca
- ⛪ 8 Hotel Jiskra
- • 9 Jäger- u. Anglerbedarfsgeschäft
- Ⓜ 10 Karlsbader Museum
- • 11 Moser-Glasgeschäft
- ❶ 12 Weinstube Krásná královná
- ⛪ 13 Weinstube, Hotel Embassy
- ⛪ 14 Hotel Dvořák
- ⛪ 15 Hotel Central
- ❶ 16 Stadttheater
- • 17 Taxistand
- ❶ 18 Café Elefant
- Ⓑ 19 Pendelbusse zum Parkplatz, Busse nach Wien
- • 20 Station der Tunneldrahtseilbahn
- ❶ 21 Restaurant U švejka
- ❶ 22 Restaurant und Aussichtspunkt Jelení skok
- • 23 Haus Zu den drei Mohren
- ⛪ 24 Hotel Atlantic
- • 25 Sprudelkolonnade
- ⛪ 26 Maria-Magdalena-Kirche
- • 27 Sprudel
- ⛪ 28 Hotel Puškin, Disco Camellia
- ❶ 29 Restaurant Chebský dvůr
- ★ 30 Pestsäule
- ❶ 31 Information
- • 32 Marktkolonnade
- ⛪ 33 Hotel Heluan
- ⛪ 34 Hotel Split
- ⛪ 35 Pension Ibiza
- ★ 36 Schloßturm,
- ❶    Weinstube Vinárna Karla IV.
- Ⓜ 37 Museum Zlatý klíč
- • 38 Glasgeschäft
- ⛪ 39 Pension Musik Stop
- ★ 40 Mühlbrunnkolonnade
- ❶ 41 Bierstube Bernard
- ⛪ 42 Hotel Otava
- • 43 Kurbad III
- ❶ 44 Restaurant Patria
- ❶ 45 Weinstube U Ondřejské kaple
- ⛪ 46 Pension Malta
- • 47 Parkkolonnade
- ★ 48 Dvořak-Denkmal im Dvořak-Park
- • 49 Sanatorium Thermal
- • 50 Schwimmbad
- ▬▬ Fußgängerzone

Ein Kurhaus in Karlovy Vary

154

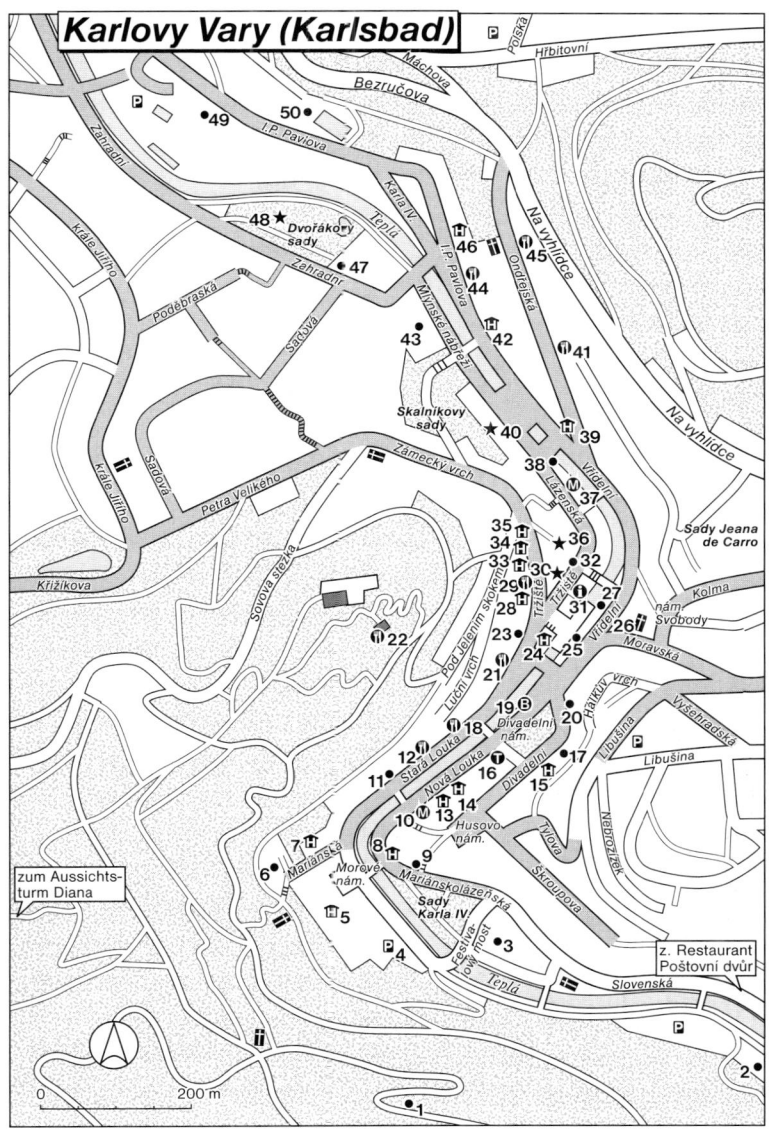

erhielt Karlsbad bald, ebenso wie Cheb, den Rang einer **königlichen Stadt,** die damals eine besondere Rolle im Westböhmen spielte. Wie die Mehrheit der Städte in Böhmen wurde auch Karlsbad im Laufe des Dreißigjährigen Krieges stark verwüstet. Nachdem sich Europa wieder zu stabilisieren begann, verbreitete sich der gute Ruf von Karlsbads heilenden Quellen in wachsendem Maße, so daß aus der kleinen Stadt allmählich ein bekannter **Kurort** wurde. Zu Beginn des 18. Jh. wurden in Karlsbad die ersten Kurhäuser erbaut. Nachdem ein Feuer im Jahr 1759 beinahe zwei Drittel der Stadt vernichtet hatte, baute man den Ort schnell wieder auf. Nach dieser großen Anstrengung gehörte Karlsbad am Ende des 18. Jh. zu den bekanntesten europäischen Kurbädern. Die vielen Kriege und die unstabile politische Lage in Frankreich und Deutschand bewirkten im 19. Jh., daß sich viele Angehörige des Adels in den ruhigen westböhmischen Kurort zurückzogen. Dessen Beliebtheit stieg während des 19. Jh. kontinuierlich an, und spätestens seitdem der Ort neben prominenten Angehörigen des Adels auch berühmte Künstler wie z.B. *J. W. von Goethe, F. Schiller und L. van Beethoven* beherbergte, bestand an der hervorragenden Bedeutung des Kurortes innerhalb Europas kein Zweifel mehr. Davon, daß Karlsbad damals alles andere als eine Provinzstadt war, zeugt auch die Tatsache, daß hier bereits im Jahr 1808, und damit etwa 40 Jahre früher als in Prag, Gasbeleuchtung eingeführt wurde.

### Sehenswertes

Abgesehen von ihren Randbezirken, besteht die heutige Stadt Karlsbad aus *zwei Teilen:* dem Heilbadviertel und dem **Geschäftszentrum.** Da im Geschäftszentrum eigentlich nichts Interessantes zu sehen ist, empfiehlt es sich, direkt mit der **Besichtigung des Heilbadviertels** zu beginnen, das sich in einem tiefen und engen Tal zwischen zwei mit Wald bedeckten Anhöhen erstreckt.

Sprudel – Die berühmte Karlsbader Quelle

Marktkolonnade mit dem Schloßturm im Hintergrund

Falls man **mit dem Pkw** nach Karlsbad reist, sollte man diesen entweder direkt vor dem Hotel Pupp oder am Restaurant Poštovní dvůr, etwa 15 Minuten zu Fuß vom Hotel Pupp entfernt, abstellen. Das gesamte Heilbadviertel ist nämlich für den Autoverkehr gesperrt. Zwischen dem Parkplatz am Restaurant Poštovní dvůr und dem Heilbadviertel verkehren kostenlose Pendelbusse.

Das heutige **Restaurant Poštovní dvůr** wurde im Jahr 1791 als eine Poststation gebaut. Da der tüchtige Postmeister *Josef Korb* hier auch kleine Musikpavillons und einen Festsaal bauen ließ, entwickelte sich Poštovní dvůr allmählich zu einem beliebten Gesellschaftszentrum. Im Jahr 1894 hatte hier *Dvořáks* Symphonie "Aus der Neuen Welt" ihre europäische Uraufführung.

Ausgangspunkt für den hier vorgeschlagenen Gang ist das **Hotel Pupp,** das sein heutiges Aussehen in den Jahren 1896-1913 erhielt. Die architektonische Gestaltung des Hotels entstammt dem Reißbrett *Ferdinand Fellners* und *Hermann Helmers,* zweier Wiener Architekten, die mehrere Gebäude in Karlsbad entwarfen. Der vom sächsischen Kurfürsten *August I.* im Jahr 1701 errichtete Sächsische Saal war eines der ersten Kurhäuser der Stadt und bildete den Kern des heutigen Hotelkomplexes. Im Laufe der Zeit wurde er umgebaut, vergrößert und mit dem sogenannten Tschechischen Saal sowie etlichen umliegenden Gebäuden zusammengeschlossen, bis der heutige Hotelkomplex entstand. Das Hotel wurde nach *Jan Jiří Pupp,* dem Besitzer des Tschechischen Saales zu Anfang des 18. Jh., benannt.

Westböhmen

Das Hotel Pupp war und ist bis heute das beste Hotel der Stadt. Auch wenn man dort nicht nächtigt, ist es möglich, etwas Glanz aus alten Zeiten zu erleben, indem man den abends **als Restaurant dienenden Festsaal** besucht. Bitten Sie den Portier, Ihnen den Festsaal zu zeigen. Der neobarocke Saal mit seiner prächtigen Stuckdekoration versetzt den Besucher in die Zeit um die Jahrhundertwende zurück.

In der Nähe des Hotelparkplatzes steht das im Jahr 1895 erbaute ehemalige kaiserliche **Kurhaus I** (Lázně I), das bis heute als Stätte der Heilung dient. Das Kaiserbad mit Vorraum, Salon und dem eigentlichen Bad ist im ursprünglichen Zustand erhalten geblieben.

Am Hotel Pupp vorbei führt der Weg jetzt die Straße Stará Louka am **Teplá-Fluß** entlang, die zum Tržiště-Platz führt. Der Name des Flusses heißt auf deutsch übrigens "warm", da in ihm teilweise warmes Quellwasser fließt.

Am Ende der Straße gegenüber der Brücke steht links das **Haus Zu den drei Mohren,** wo *J. W. von Goethe* während seiner Aufenthalte zu wohnen pflegte.

An der anderen Seite des Flusses präsentiert sich das 1884-86 errichtete **Stadttheater.** Das erste Theater der Stadt wurde übrigens bereits im Jahr 1717 gebaut. Es war aus Holz und stand hinter dem heutigen Hotel Pupp. Das heutige Theater wurde nach Plänen der schon erwähnten Architekten *F. Fellner* und *H. Helmer* errichtet, die mehrere Theater in Mittel- und Osteuropa, unter anderem

auch das Hamburger Theater, entwarfen. An der Innenausstattung des Theaters nahm auch der Wiener Jugendstilmaler *Gustav Klimt* mit seinem Bruder *Ernst Klimt* und seinem Freund *Franz Matsch* teil. Zu beachten sind besonders die Deckenmalerei und der Vorhang, der eine Allegorie der Künste darstellt. Anfang 1996 war das Theater wegen Restaurierungsarbeiten geschlossen.

In der Nähe des Theaters beginnt die moderne Glas- und Stahlkolonnade, welche den Namen **Sprudelkolonnade** (Vřídelní kolonáda) trägt. Die 1975 eingeweihte neue Kolonnade wurde an der Stelle der alten Sprudelkolonnade aus dem Jahr 1879 errichtet, die ebenfalls ein Werk des oben genannten Architektenduos war. Leider wurde diese zu Beginn des letzten Krieges abgerissen. Am Ende der modernen Kolonnade befindet sich der **Sprudel,** die berühmteste und gleichzeitig heißeste Karlsbader Quelle, deren Wasser bis zu 72 Grad Celsius erreicht und bis in eine Höhe von 12 Metern emporschießt.

Rechts vom Sprudel trifft man auf die **Maria-Magdalena-Kirche.** Der in den Jahren 1732-36 nach Plänen des berühmten Prager Architekten *Kilian Ignaz Dientzenhofer* errichtete Bau wird zu den schönsten Barockkirchen des gesamten Landes gezählt.

Links vom Sprudel liegt der **Tržiště-Platz,** welcher ehemals das Zentrum des Kurortes bildete. Auf der hiesigen kleinen Anhöhe ließ *Karl IV.* 1358 für sich ein kleines Jagdschloß bauen, welches im Jahr

1608 zusammen mit einem Teil der Stadt niederbrannte. Der **Schloß-turm,** der hier heute zu sehen ist, wurde erst nach dem Feuer errichtet und im Jahr 1766 umgebaut.

Unterhalb des Schloßturmes befindet sich heute die aus Holz gefertigte **Marktkolonnade** (Tržní kolonáda), die ursprünglich nur als Provisorium dienen sollte. Das im Jahr 1883 errichtete Gebäude erfüllt nun aber bereits seit über 100 Jahren seinen Zweck. In der Nähe der Kolonnade steht die **Pestsäule,** die von den Karlsbadern 1716 errichtet wurde. Sie stellt eines der ältesten Baudenkmäler der Stadt dar, da große Teile der barocken Bebauung der Stadt durch einen großen Brand im Jahr 1713 vernichtet wurden.

Die **Mühlbrunn-Kolonnade,** die am Ende des Tržiště-Platzes beginnt, wurde in den Jahren 1871-81 im Stil der Neorenaissance erbaut. Sie und ihre Umgebung bilden das eigentliche Zentrum des heutigen Kurlebens von Karlovy Vary, da sich hier fast die Hälfte der insgesamt 12 Karlsbader Quellen befindet.

Einige Meter weiter gelangt man zu dem nach dem tschechischen Komponisten *Antonín Dvořák* benannten **Dvořák-Park,** einer großangelegten Parkanlage, die neben verschiedenartigen Pflanzen auch die vierte Kolonnade der Stadt, die ebenfalls von dem erwähnten Wiener Architektenduo *Fellner* und *Helmer* stammende **Parkkolonnade,** beherbergt.

Auf der anderen Uferseite erregt ein realsozialistischer Betonklotz Aufmerksamkeit. Es handelt sich hierbei um das **Sanatorium Thermal.** Am Hang oberhalb des Sanatoriums befindet sich das **öffentliche Schwimmbad,** das mit 29 Grad

Mühlbrunnkolonnade

Westböhmen

Dvořák-Denkmal

Schloßkolonnade (die Kolonnade ist z.Zt. geschlossen)
● *Obere Schloßquelle* (Horní zámecký pramen), 50 Grad Celsius, Schloßkolonnade (Kolonnade ist z.Zt. geschlossen)
● *Mühlquelle* (Mlýnský pramen), 56 Grad Celsius, Mühlbrunnkolonnade
● *Nixenquelle* (Rusalčin pramen), 50 Grad Celsius, Mühlbrunnkolonnade
● *Fürst Wenzels Quelle* (Pramen knížete Václava), 65 Grad Celsius, Mühlbrunnkolonnade
● *Libuša-Quelle* (Libušin pramen), 62 Grad Celsius, Mühlbrunnkolonnade
● *Felsenquelle* (Skalní pramen), 48 Grad Celsius, bei der Mühlbrunnkolonnade
● *Freiheitsquelle* (Pramen svobody), 61 Grad Celsius, bei Kurhaus III
● *Parkquelle* (Sadový pramen), 44 Grad Celsius, beim Militärischen Kurhaus, in der Nähe der Parkkolonnade.

## Spezialitäten von Karlsbad

Wie bereits erwähnt, gibt es in Karlsbad 12 heiße Mineralquellen. Nicht nur für die hiesigen Patienten, sondern landesweit ist es aber die dreizehnte Quelle, die zu den beliebtesten des Ortes gehört. So wird nämlich **Becherovka,** der bitter-süße Karlsbader Kräuterlikör, genannt. Mit der Produktion des auch im Ausland beliebten Likörs begann 1807 der Karlsbader Apotheker *Johann Becher.*

Weitere Karlsbader Spezialitäten sind die **Oblaten** (oplátky), welche mit Schokolade oder Zucker gefüllte Waffeln sind.

Beliebte Karlsbader Mitbringsel sind außerdem *versteinerte Rosen*

warmem Quellwasser gefüllt ist. Von einem oberhalb des Schwimmbades gelegenen *Café* aus bietet sich dem Besucher ein herrlicher Blick über das gesamte Heilbadviertel.

Hinter dem Dvořák-Park beginnt das *Geschäftsviertel* von Karlsbad, das über keine nennenswerten Sehenswürdigkeiten verfügt.

## Mineralquellen von Karlsbad

● *Sprudel* (Vřídlo), 72 Grad Celsius, Sprudelkolonnade
● *Quelle Karls IV.* (Pramen Karla IV.), 60 Grad Celsius, Marktkolonnade
● *Marktquelle* (Tržní pramen), 57 Grad Celsius, Marktkolonnade
● *Untere Schloßquelle* (Dolní zámecký pramen), 64 Grad Celsius,

## Johann Wolfgang von Goethe und Karlsbad

Einer der berühmtesten Besucher von Karlsbad war der Dichter *J. W. von Goethe,* der hier in den Jahren 1785-1823 insgesamt dreizehnmal weilte.

Zum ersten Mal kam er 1785 als 36jähriger Dandy her, um *Charlotte von Stein* zu besuchen. Zum letzten Mal besuchte er die Stadt als 74jähriger Greis, der sich um die Hand der neunzehnjährigen *Ulrike von Levetzow* bemühte. Als sein Heiratsantrag abgelehnt wurde, verließ der Dichter am 5. September 1823 Karlsbad und kehrte nie zurück.

Während seines ersten Aufenthaltes wohnte *Goethe* im heutigen Haus Madrid in der Straße Stará Louka, ein Jahr später wohnte er gleich nebenan im Hause Zu den drei roten Nelken (heute Haus Mozart).

Während des zweiten Aufenthaltes feierte er hier am 28. August seinen 37. Geburtstag. Schon am 3. September verließ er heimlich die Stadt, um nach Italien zu fahren. Literaturbeflissene finden die Schilderung der Abreise in seiner "Italienischen Reise".

Während seiner Aufenthalte in den Jahren 1806-20 pflegte *Goethe* in dem Haus "Zu den drei Mohren" (U tří mouřeninů) abzusteigen. Das Haus, das seine heutige Gestalt vor dem Ersten Weltkrieg erhielt, liegt in der Nähe des Tržiště-Platzes. An *Goethes* insgesamt neun Aufenthalte in dem Hause erinnert heute die Aufschrift "Durch diese Tür pflegte Goethe einzutreten", die als einziges Detail von dem ursprünglichen Barockhaus erhalten geblieben ist.

*J. W. von Goethe* mochte Karlsbad sehr, und einige Zeit hatte er sogar vor, hier ein Haus zu kaufen. In Karlsbad lernte er den österreichischen Kanzler *Metternich,* den Marschall *Karl Philipp Schwarzenberg* den Komponisten *L. van Beethoven* und andere berühmte Kurgäste kennen. Neben seiner Teilnahme am regen gesellschaftlichen

Leben arbeitete *Goethe* hier z.B. an seiner "Iphigenie", an "Wilhelm Meisters Lehr- und Wanderjahren", an der Gedichtssammlung "West-östlicher Diwan" und an seiner Farbenlehre. Während der Spaziergänge in die Umgebung von Karlsbad widmete sich der Dichter mineralogischen und geologischen Forschungen, auch malte er gerne die hiesige Landschaft.

"Hier im waldbewachsnen Tale,
Das so mancher Fremde segnet,
Weil mit heilsam heisser Schale
Die Genesung ihm begegnet
und ihm frisches Leben schafft,
Muss in tiefen Felsenschlünden
Feuer sich mit Wasser binden,
Klüften siedend sich entwinden,
Neue Kräfte wirkt die Kraft."

*J. W. von Goethe*

Goethe

und verschiedene kleine *Figuren aus* hiesigem *Sprudelstein.*

Wenn man nach etwas Wertvollerem sucht, dann empfiehlt sich hier der Kauf von *Kristall* oder *Porzellan.* Bereits in der ersten Hälfte des 18. Jh. wurden in der Umgebung der Stadt reiche Vorräte von Kaolin entdeckt, was dazu führte, daß in der unweit des Ortes gelegenen Stadt Slavkov im Jahr 1792 die *erste tschechische Porzellanfabrik* gegründet wurde. Weitere folgten im 19. Jh. Zu dieser Zeit entstand auch die *berühmte Moser-Glasfabrik* in Karlsbad. Hier wurde und wird noch heute Glas für Prinzen, Maharajas, Staatsoberhäupter, Filmstars, Diplomaten und alle, die es sich leisten können, hergestellt. Eine Ausstellung von Glaswaren gibt es im *Moser-Museum,* das sich in der Glasfabrik befindet. Ein kleines Geschäft schließt sich ans Museum an.

●Moser-Museum, Kpt. Jaroše 19, Stadtteil Dvory, vom Zentrum (Tržnice) mit dem Bus Nr. 1 und 9 zu erreichen, geöffnet Mo.-Fr. 10.00-18.00 Uhr, Sa. 9.00-15.00 Uhr.

## Wanderungen

In Karlsbad und Umgebung gibt es viele markierte Wanderwege, die zwischen 0,5 und fünf Kilometern lang sind. Die meisten befinden sich in Wäldern beiderseits des Heilbadviertels. Unsere zwei Tips:

1. Als Ausgangspunkt empfiehlt sich die Freundschaftsanhöhe mit dem *Diana-Aussichtsturm.* Man gelangt entweder mit der Drahtseilbahn oberhalb des Hotels Pupp hierher oder zu Fuß vom Sprudel durch die Straßen Zámecký vrch, Petra Velikého und Křižíkova bergauf. Am Ende dieser Straße beginnt der markierte, etwa ein Kilometer lange Wanderweg zum Aussichtsturm Diana. Wem das noch nicht reicht, der kann von hier aus weiter zum *Aussichtspunkt Karls IV.* (Vyhlídka Karla IV.) wandern oder aber zurück zum Hotel Pupp. Vom Diana-Aussichtsturm führen weitere markierte Wege in verschiedene Richtungen.

2. Der kürzeste Wanderweg führt zum Aussichtspunkt mit dem *Restaurant Hirschsprung* (Jelení skok) oberhalb des Zentrums des Heilbadviertels. Man startet vom Sprudel, überquert den Tržiště-Platz und steigt am Anfang der Straße Zámecký vrch links die Treppe bergauf.

## Praktische Hinweise

### Information

●*Informationszentrum,* Zeyerova 11, Tel. (017) 26138. Geldwechsel, Kartenverkauf, Zimmervermittlung, Fahrradverleih, Führungen, Ausflüge in die Umgebung. Das Zentrum befindet sich in der Nähe der Markthalle (Tržnice), außerhalb des Heilbadviertels.

●*Kur-Info,* Vřídelní kolonáda, Tel. (017) 24097, Fax (017) 24667. Die Info-Stelle befindet sich im Gebäude der Sprudelkolonnade. Führungen. Zimmervermittlung, kein Geldwechsel.

### Unterkunft

●*Grandhotel Pupp,* Mírové náměstí 2, Tel. (017) 209111, Fax (017) 24032, Kapazität 460 Betten, DZ ab 180 DM in der Hochsaison. Ein traditionelles Nobelhotel mit komfortablen Zimmern, Sauna, Solarium, Casino und bewachtem Parkplatz.

●*Hotel Heluan,* Tržiště 41, Tel./Fax (017) 25756, Kapazität 30 Betten, DZ 130 DM.

Schöne, stilvoll eingerichtete Zimmer mit Bad, WC, TV, direkt im Heilbadviertel.

●*Hotel Dvořák,* Nová louka 11, Tel. (017) 201111, 24145, Fax (017) 22814. Hotel der gehobenen Klasse im Heilbadviertel, Kapazität 150 Betten, DZ 180-250 DM.

●*Hotel Embassy,* Nová Louka 21, Tel. (017) 3221161, Fax (017) 3223146, Kapazität 20 Betten, DZ ab 130 DM. Schöne, individuell eingerichtete Zimmer mit allem Komfort.

●*Hotel Split,* Tržiště 43, Tel./Fax (017) 24110. Mittlere Preislage, das Hotel liegt direkt im Zentrum des Heilbadviertels.

●*Hotel Puškin,* Tržiště 37, Tel. (017) 22646, Fax (017) 22193, DZ 90 DM. Das Hotel liegt in der Nähe der Sprudelkolonnade.

●*Hotel Thermal,* I. P. Pavlova 11, Tel. (017) 3228391, Fax (017) 3226992, Kapazität 550 Betten, DZ 100-120 DM. Modernes Hotelsanatorium am Rande des Heilbadviertels, Unterkunft möglich auch für Nicht-Patienten, komfortabel eingerichtete Zimmer, aus den oberen Etagen schöner Blick auf die Stadt, Freiluftschwimmbad mit 29°C warmem Quellwasser.

●*PensionIbiza,* Zámecký vrch 3, Tel. (017) 3223315, Kapazität 18 Betten, DZ 70 DM. Familienpension in der Nähe der Sprudelkolonnade, komfortabel eingerichtete Zimmer.

Die beliebteste Karlsbader Spezialität

●*Pension Mallorca,* Mariánska 6, Tel. (017) 3221424, Fax (017) 3221425, Kapazität 16 Betten, DZ 85 DM. Kleine Pension oberhalb vom Hotel Pupp. Zimmer mit Bad, WC, TV und Telefon. Ruhige Lage.

●*Pension Musik Stop,* Vřídelni 27, Tel. (017) 27117, Kapazität 10 Betten, DZ 55 DM. Zentrale Lage gegenüber der Mühlbrunn-Kolonnade, Zimmer mit Dusche, WC. Anfragen im Schallplattengeschäft.

●*Garni Hotel Jiskra,* Mariánskolázeňská 301, Tel. (017) 26995, Fax (017) 26149, Kapazität 25 Betten, DZ 85 DM. Zimmer mit Bad, WC.

●*Pension Malta,* I. P. Pavlova 16, Tel. (017) 23137, Fax (017) 28741, Kapazität 40 Betten, DZ 100 DM oder 40 DM (Zimmer mit Blick in den Hof). Zimmer mit Bad, WC, TV, Kühlschrank.

●*Hotel Atlantic,* Tržiště 23, Tel. (017) 24715, Kapazität 70 Betten. Einfaches Zweisternehotel direkt im Zentrum, ein Teil der Zimmer ist ohne Dusche und WC, DZ 50 DM. Buchung über Hotel Central, Divadelni náměsti 17, Tel. (017) 25251.

●*Hotel Alice,* Hamerská 1, Tel. (017) 24848, Fax (017) 27856, Kapazität 120 Betten, DZ 150 DM. Ruhige Lage außerhalb des Zentrums im Ort Březová, mit Bus Nr. 7 etwa 15 Minuten vom Zentrum. Zimmer mit Dusche, WC, TV.

●*Motel Gejzir Park Pupp,* Slovenská 9, Tel. (017) 25101, Fax (017) 25225, Kapazität 150 Betten, 40 DM pro Person. Zwei- und Dreibettzimmer mit Bad, WC, Kühlschrank und Telefon, außerdem Platz für Campingwagen. Tennisplätze, ruhige Lage am Stadtrand in Richtung Březová.

●*Hotel Central,* Divadelni náměstí 17, Tel. (017) 3225251, Fax (017) 3229086, Kapazität 105 Betten, Zimmer mit Bad/Dusche und WC, DZ 100 DM. Zentrale Lage direkt inmitten des Heilbadviertels.

●Hotel Otava, I. P. Pavlova 4, Tel. (017) 3222253, Kapazität 140 Betten, DZ 80 DM. Hotel der mittleren Klasse, Zimmer mit Dusche/Bad, WC, zentrale Lage.

●*Pension Ibiza,* Zámecký vrch, Tel. (017) 3223315, Kapazität 18 Plätze, DZ 70 DM, Familienpension in der Nähe der Sprudelkolonnade, Zimmer mit Dusche und WC.

●Außerdem gibt es in Karlsbad sehr viele **Privatzimmer,** für eine Person muß man mit ca. 20 DM rechnen. Die **Kurtaxe** von ca. 15 Kronen pro Nacht und Person kommt zusätzlich auf die Rechnung.

## Essen und Trinken

●**Vinárna Karla IV.,** Zámecký vrch 2, Tel. (017) 3227255, geöffnet tgl. 12.00-1.00 Uhr. Gemütliche Weinstube oberhalb der Marktkolonnade im ehemaligen Schloßturm. Sommerterrasse.

●**Embassy,** Nová Louka 21, Tel. (017) 3221161-5, 120 Plätze, geöffnet tgl. 11.00-23.00 Uhr. Mit historischem Mobiliar eingerichtete Weinstube, gemütliche Atmosphäre, gutes Essen. Besonders schön ist der letzte, im Ritterstil eingerichtete Raum mit Resten von alten Fresken. Hauptgerichte ab ca. 10 DM. Gleich daneben ist Embassy Pub, eine "englische" Bierstube.

●**Elefant,** Stará Louka 30, geöffnet 9.00-22.00 Uhr. Ein populäres "Wiener Café".

●**Krásná královna,** Stará Louka 48, geöffnet 11.00-23.00 Uhr. Angenehme Weinstube mit Holztäfelung und Kerzenlicht. Hauptgerichte ab 10 DM.

●**Pivnice Bernard,** Ondřejská 14, Tel. (017) 3221667, geöffnet tgl. 11.30-22.00 Uhr. Im Bauernstil eingerichtete Gaststätte, das Essen ist gut und preiswert, das Bernard-Bier ist exzellent.

●**Vinárna u Ondřejské kaple,** Ondřejska 52, Tel. (017) 26362, geöffnet 10.00-4.00 Uhr. Kleine, einfache Weinstube, gute Küche, angemessene Preise.

●**Diana,** Tel. (017) 22872, geöffnet 10.00-22.00 Uhr. Restaurant und Café befinden sich am Aussichtsturm Diana oberhalb des Hotels Pupp. Ruhige Lage inmitten der Wälder, Zugang möglich mit der Drahtseilbahn. Mi., Fr. und So von 17.00-21.00 Uhr Tanzmöglichkeit.

●**Patria,** I. P. Pavlova 8, geöffnet 11.00-23.00 Uhr. Das *Pilsner Urquell Original Restaurant* ist das erste Restaurant der neuen Restaurant-Kette, die von der Pilsner Brauerei betrieben wird. Angenehme Atmosphäre, böhmische Küche und natürlich gutes Bier. Das zweite Restaurant steht in der Pilsener Brauerei, weitere sollen in Prag, Brno, Par-

dubice, České Budějovice, Bratislava, New York und Moskau folgen.

●**Poštovní dvůr,** Slovenská 2, Tel. (017) 3224119. Restaurant, Gartenrestaurant und Weinstube in der Nähe des Richmond-Sanatoriums. Im Jahr 1791 erbaut, im Sommer nachmittags Blasmusik im Gartenrestaurant.

●**Chebský dvůr,** Tržiště 39, Tel. (017) 29332. Ehemaliges Hotel Hannover. Das Haus wurde 1830 errichtet. Böhmische Küche, zu den Gästen gehören viele Besucher aus dem Ausland.

●**U švejka,** Stará Louka 10, Tel. (017) 23136, geöffnet 11.00-22.00 Uhr. Einfache, rustikale Einrichtung, zentrale Lage.

●**Dobrá čajovna,** Sadová 31, Tel. (017) 23338, geöffnet 12.00-22.00 Uhr. Teehaus und Teegeschäft zugleich.

## Museen und Galerien

●**Karlsbader Museum** (Karlovarské muzeum), Nová Louka 23, Tel. (017) 26252, geöffnet Mi.-So. 9.00-12.00 Uhr, 13.00-17.00 Uhr. Geschichte der Stadt, Entwicklung der Glasindustrie in Böhmen im 19. Jh., Geschichte der Moser-Glasfabrik.

●**Muzeum Zlatý klíč,** Lázeňská 3, Tel. (017) 23888. geöffnet Mi.-So. 9.00-12.00 Uhr, 13.00-17.00 Uhr. Gemälde des Wiener Malers *W. Gause* zum Thema Karlsbad, wechselnde Ausstellungen.

●**Galerie umění,** Goethova stezka 6, Tel. (017) 24387, Di.-So. 9.30-12.00 Uhr, 13.00-17.00 Uhr. Tschechische Malerei und Skulpturen des 20. Jh.

## Einkaufen

●**Městská tržnice,** Horova 1. Die große Städtische Markthalle befindet sich im Stadtzentrum.

●**Moser-Glasfabrik,** Kpt. Jaroše 19, Karlovy Vary-Dvory, Tel. (017) 416136, geöffnet Mo.-Fr. 8.00-17.00 Uhr, Sa. 9.00-13.00 Uhr. Die Ausstellungs- und Verkaufsstelle der berühmten Moser-Glasfabrik befindet im Ortsteil Dvory, ab Tržnice mit dem Bus Nr. 1 und 9.

●**Moser-Glasgeschäft,** Stará Louka, Mo.-Fr. 10.00-18.00 Uhr, Sa. 9.00-15.00 Uhr. Verkaufsstelle der Moser-Glasfabrik im Heilbadviertel.

●**Skleněný palác,** T. G. Masaryka 25, geöffnet Mo.-Fr. 9.00-18.00 Uhr, Sa. 9.00-14.00 Uhr. Glas- und Keramikgeschäft.

●**Bohemia Art,** Lázeňská, am Anfang der Mühlbrunn-Kolonnade. Lederwaren, Glas und Porzellan.

●**Natalie,** Lázeňská, geöffnet 9.30-18.00 Uhr. Böhmischer Granatschmuck.

●**Alfa-Omega,** Tržiště, geöffnet Mo.-Fr. 10.00-17.00 Uhr. Kunstgalerie, zeitgenössische Kunst.

●**Les a lov,** Mariánskolázeňská 5. Jagd- und Angelbedarf. Mo.-Fr. 9.00-17.30 Uhr, Sa. 9.00-13.00 Uhr.

●**Pirkenhammer Porzellanfabrik,** Tovární 125, Karlovy Vary-Březová, Tel. (017) 23825, geöffnet Mo.-Fr. 8.00-15.00 Uhr. Die Verkaufsstelle der Porzellanfabrik befindet sich im Ortsteil Březová. Busverbindung: ab Tržnice mit dem Bus Nr. 7 bis zur Endstation Porcelánka.

●**Dílo,** Stará Louka, geöffnet Mo.-Fr. 10.00-13.00 Uhr, 14.00-18.00 Uhr, Sa. 10.00-13.00 Uhr. Moderne Kunst.

## Nachtleben

●**Disco Camellia,** Tržiště 37, Tel. (017) 3222193, geöffnet tgl. 21.00-5.00 Uhr.

●**Disco Meteor,** Krymská 16, Tel. (017) 3228325, geöffnet Mi.-Sa. 21.00-4.00 Uhr.

## Schwimmen

●**Schwimbad Thermal,** oberhalb des Thermal-Sanatoriums, geöffnet Mo.-Sa. 8.00-20.30 Uhr, So. 9.00-20.30 Uhr. Freiluftschwimmbad mit 29 Grad warmem Thermalwasser, im Areal gibt es auch eine Sauna.

## Golf

●Der örtliche Golfplatz gehört zu den ältesten des Landes. Er hat eine Länge von 6.082 m mit insgesamt 18 Löchern. Er befindet sich in unmittelbarer Nähe der Ausfahrtsstraße in Richtung Prag. Adresse: *Golf Klub,* Olšová Vrata, Pražská 125, Tel. (017) 3331101, geöffnet tgl. 8.00-20.00 Uhr.

## Tennis

●Direkt im Heilbadviertel kann man im Hotel *Imperial* Tennis spielen. Etwas weiter entfernt in Richtung Březová auf der Slovenská-Straße befindet sich der Tennisklub *Slovan* mit einigen Tennisplätzen.

## Stadtverkehr

In Karlsbad gibt es insgesamt 20 **Buslinien,** die sich alle im Zentrum bei der Markthalle (Tržnice) kreuzen. Es empfiehlt sich, die Fahrscheine an Automaten oder Zeitungskiosken zu kaufen, denn im Bus beim Fahrer kosten sie 2,5mal soviel.

Wer mit dem **Pkw** anreist, parkt am besten auf dem Parkplatz am Restaurant Poštovní dvůr. Von hier fahren zur neuen Kolonnade im Heilbadviertel kostenlose Pendelbusse. Das Heilbadviertel ist für Pkws gesperrt.

Bewachte Parkplätze, die Tag und Nacht geöffnet haben, gibt es am Hotel Pupp , eine Tiefgarage gibt es im Hotel Thermal und in der Dr.-Janatky-Straße gegenüber dem Busbahnhof.

Hinter dem Hotel Pupp befindet sich die **Drahtseilbahn,** die zur Freundschaftshöhe mit einem Restaurant und dem Aussichtspunkt Diana führt. Die Drahtseilbahn ist tgl. 9.00-19.00 Uhr in Betrieb.

Die zweite **Tunneldrahtseilbahn,** Imperial, führt vom Divadelní náměstí zur Imperial-Anhöhe mit dem Sanatorium Imperial. Sie ist von 5.30 bis 21.30 Uhr in Betrieb.

Einen **Taxistand** findet man im Heilbadviertel vor dem Hotel Central in der Nähe der Sprudelkolonnade.

## An- und Weiterreise

●In Karlovy Vary gibt es zwei **Bahnhöfe.** Der Untere Bahnhof (Dolní nádraží), Auskunft (017) 210446, der näher am Stadtzentrum liegt, befindet sich gegenüber dem örtlichen Busbahnhof. Vom Unteren Bahnhof fahren lediglich Züge nach Mariánské Lázně und Johanngeorgenstadt in Sachsen. Der Obere Bahnhof (Horní nádraží), Auskunft (017) 23377, liegt etwa 20 Fußminuten vom Stadtzentrum entfernt. Von hier fahren Züge nach Cheb, Prag, Chomutov und Deutschland.

●Per **Bus** hat man Direktverbindungen nach Frankfurt, Bonn, Köln, Düsseldorf, Chemnitz und Wien. Man beachte: Busse nach Wien fahren vom Theater, Divadelní náměstí,

Westböhmen

165

im Heilbadviertel ab. Fahrkarten ins Ausland erhält man im Reisebüro *Atlas Tour,* Jugoslávská 6, Tel./Fax (017) 23840, geöffnet Mo.-Fr. 9.00-17.30 Uhr oder im *ČEDOK,* Dr. D. Bechera 23, Tel. (017) 3227837.

●Der *Flughafen* von Karlovy Vary ist nur für Charter- und Privatflugzeuge geöffnet.

# Jáchymov (Joachimsthal)

Die in einem langen, tiefen Tal liegende Stadt Jáchymov, auf deutsch Joachimsthal, wurde am Anfang des 16. Jh. in Zusammenhang mit der Entdeckung von *Silbervorkommen* gegründet. Es scheint heute unglaublich, aber in der Mitte des 16. Jh. lebten hier etwa 18.000 Leute. Joachimsthal war damals nach Prag die zweitgrößte Stadt Böhmens. In dem Münzhaus des Ortes wurden die *Silbermünzen* geprägt, die als *"Joachimsthaler"* Berühmtheit erlangt haben. Aus diesem Namen entstand später als Abkürzung der Begriff "Taler". Aus dem Taler wurde dann später die Bezeichnung der amerikanischen Währung, Dollar, abgeleitet.

Schon etwa 50 Jahre nach der Gründung von Joachimsthal erschöpften sich seine Silbervorkommen, so daß die Stadt schnell in Vergessenheit versank.

Als *Kurort* begann die Stadt sich erst nach dem Jahr 1864 zu etablieren, nachdem Bergleute etwa 500 Meter unter der Erde eine Mineralquelle entdeckt hatten und das hiesige Wasser als Heilwasser identifiziert worden war. Der Kurort wurde offiziell erst im Jahr 1906 gegründet, ein Jahr nachdem festgestellt worden war, daß heilendes Quellwasser radioaktiv ist, da es Radon enthält.

Heute werden in den hiesigen Kuranlagen Erkrankungen des Bewegungsapparates und des Nervensystems sowie Stoffwechselstörungen behandelt.

Der *Stadtkern* von Jáchymov ist besonders für Historiker interessant. Der Tatsache, daß die meisten Häuser im 16. Jh. innerhalb von 50 Jahren errichtet wurden, ist es zu verdanken, daß man hier einen Blick auf eine *architektonisch homogen wirkende mittelalterliche Bergbaustadt* werfen kann.

Im Ortszentrum, zu beiden Seiten der steilen Straße, die von Jáchymov nach Boží Dar (Grenzübergang nach Oberwiesenthal) führt, sind viele alte Häuser erhalten geblieben. Als das bemerkenswerteste Gebäude des Ortes gilt das auf dem Höhepunkt des "Silberfiebers" in den Jahren 1540-44 errichtete *Rathaus,* das im Jahr 1784 im Stil des Klassizismus umgebaut wurde. Gleich neben dem Rathaus befindet sich das ehemalige königliche *Münzhaus,* in dem heute das örtliche Museum zu besichtigen ist. Das Münzhaus, in dem die "Joachimsthaler" geprägt wurden, wurde im Auftrag von *König Ferdinand I.* errichtet. Auch die meisten der anderen hiesigen Bürgerhäuser sowie zwei Kirchen wurden in der ersten Hälfte des 16. Jh. erbaut.

## Praktische Hinweise

### Information

●*Tour Servis,* Dukelských hrdinů 863, Tel. (0164) 911588.

## An- und Weiterreise

●Es existiert **keine Bahnverbindung.** Es gibt **Busverbindungen** nach Karlovy Vary und Prag.

# Boží Dar

Die am höchsten gelegene Gemeinde Tschechiens liegt auf einer Höhe von 1.028 Metern und ist ein beliebtes Wintersportzentrum. Von Jáchymov kommend, passiert man das **Moor Božidarské rašeliniště,** in dem ein Lehrpfad für Besucher eingerichtet ist.

Das **Wintersportzentrum Boží Dar-Klínovec** ist das größte und bekannteste im Erzgebirge. Insgesamt gibt es hier elf Schlepplifte und lange Strecken, die für Skilanglauf geeignet sind.

## Praktische Hinweise

### Information

●**CK Hortour,** Boží Dar 44, Tel. (0164) 915116.

# Mariánské Lázně (Marienbad)

Der zweitbekannteste Kurort Westböhmens, Marienbad, liegt in einem Tal zwischen Slavkovský les und Tepelská vrchovina. Im Unterschied zu Karlsbad ist es hier kaltes Wasser, das aus etwa vierzig über die ganze Stadt verstreuten Quellen sprudelt.

## Geschichte

Am 6. November 1818 wurde die kleine Siedlung Marienbad zum öffentlichen **Kurort** erklärt, womit die offizielle Geschichte der Stadt begann. Die heilende Wirkung des hiesigen Quellwassers war jedoch bereits lange vorher bekannt. So stammen die ältesten schriftlichen Zeugnisse über die in der Nähe des Klosters Teplá gelegenen **Mineralquellen** aus dem Jahr 1528. Es handelt sich dabei um einen Brief *Königs Ferdinand I.* an den Abt des Teplá-Klosters. Dieser enthält die Bitte, ihm Wasserproben aus der heutigen Ferdinandquelle nach Prag zu schicken. Der im 17. Jh. lebende tschechische Historiker *Bohuslav Balbín* beschreibt in seinem Buch "Miscellanea Historica Regni Bohemiae" sechs der hiesigen Mineralquellen. Zu deren ersten regelmäßigen "Patienten" gehörten am Anfang des 18. Jh. die Prämostratensermönche aus dem benachbarten Kloster Teplá.

Im Jahr 1762 wurde das **erste einfache Kurhaus** erbaut, die ersten Dauereinwohner siedelten sich hier jedoch erst 1786 an. Den heutigen Namen Marienbad erhielt die Siedlung dann im Jahr 1808.

## Sehenswertes

Das Zentrum der Stadt bildet die lange **Hauptstraße** (Hlavní třída), deren eine Seite mit Häusern aus den 30er Jahren des 19. Jh. gesäumt ist. Gegenüber dieser Häuserreihe befindet sich die **Parkanlage Sady Václava Skalníka** mit ihrer **Kurkolonnade.** Die Kolonnade, die 120 Meter lang und 12 Meter breit ist, wurde in den Jahren 1888-89 erbaut und in der zweiten Hälfte der 70er Jahre dieses Jahrhunderts komplett rekonstruiert. 1986 wurde in ihrer Nähe die sogenannte **Singende Fontäne** errichtet. Auf der anderen Seite grenzt die Kolonnade an einen offenen Empirepavillon aus dem Jahr 1818, der die

**Westböhmen**

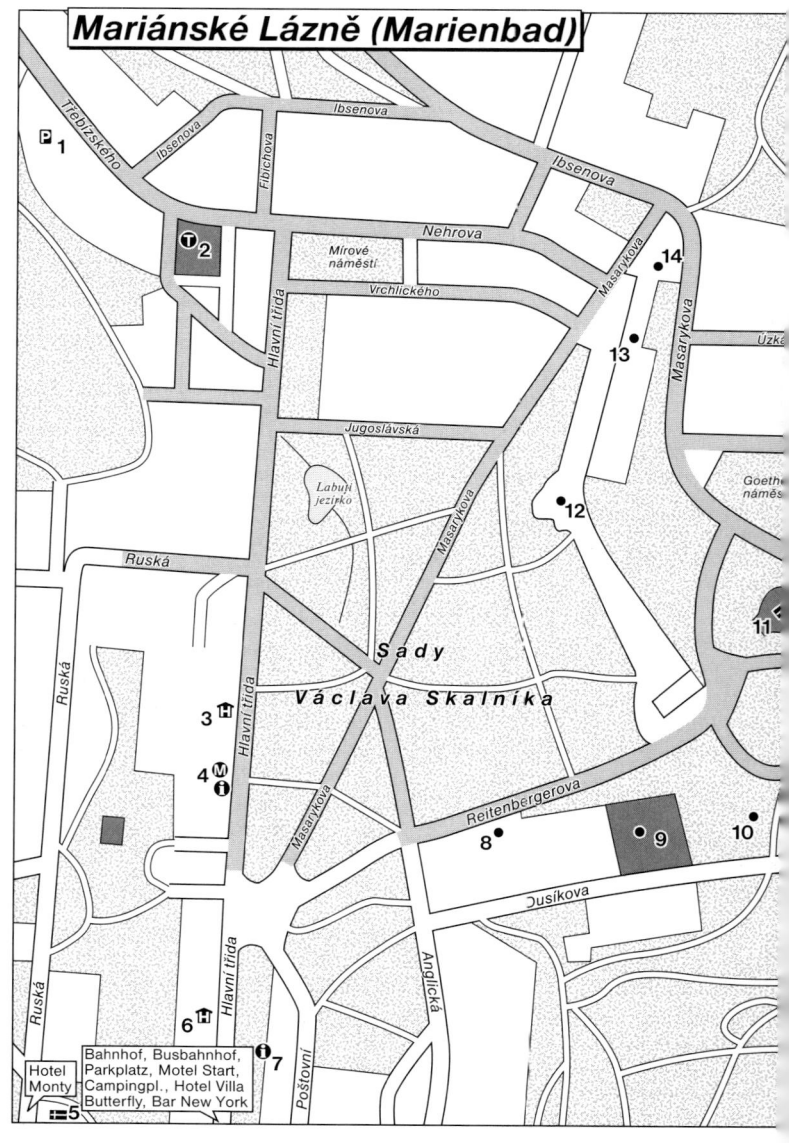

# Mariánské Lázně (Marienbad)

| | | |
|---|---|---|
| ⓟ | 1 | Parkplatz |
| ⊕ | 2 | Stadttheater |
| 🏨 | 3 | Hotel Polonia |
| Ⓜ | 4 | Information, F.-Chopin-Museum |
| ⛪ | 5 | Russisch-orthodoxe Kirche |
| 🏨 | 6 | Hotel Excelsior |
| ❶ | 7 | Information |
| ● | 8 | Neues Kurhaus |
| ● | 9 | Gesellschaftshaus Casino |
| ● | 10 | Ambrosiusquelle |
| ⛪ | 11 | Mariä-Himmelfahrt-Kirche |
| ● | 12 | Singende Fontäne |
| ● | 13 | Kurkolonnade |
| ● | 14 | Kreuzquelle |
| Ⓜ | 15 | Städtisches Museum |
| ● | 16 | Kurhaus Kavkaz |
| ● | 17 | Skischlepper |
| ▭ | | Fußgängerzone |

**Kreuzquelle** (Křížový pramen), die Hauptquelle Marienbads, beschirmt.

Weitere bemerkenswerte Gebäude finden sich oberhalb der Kolonnade am Hang. In der Mitte des Goethe-Platzes erhebt sich die **Mariä-Himmelfahrt-Kirche,** die in den Jahren 1844-48 im neobyzantinischen Stil errichtet wurde.

Oberhalb der Kirche befindet sich in einem aus dem Jahr 1818 stammenden Haus das **Städtische Museum** (Městské muzeum). In diesem Haus, das Zur goldenen Weintraube heißt, wohnte im Jahr 1823 insgesamt sieben Wochen lang **Johann Wolfgang von Goethe.** Dies ist auch der Grund dafür, daß das Haus eher unter dem Namen Goethehaus bekannt ist. Der 74 Jahre alte Dichter hielt hier um die Hand der 19jährigen

Westböhmen

169

Goethe-Haus um 1840

*Ulrike von Lewetzov* an, die er erstmals als zweijähriges Kind 1806 in Karlsbad gesehen hatte. Seine Enttäuschung über *Ulrikes* Absage wird in den kurz darauf verfaßten "Marienbader Elegien" und in der "Trilogie der Leidenschaft" zum Ausdruck gebracht. Beide Gedichtsammlungen wurden 1823 herausgegeben.

Im Museum wird Besuchern heute ein interessanter Dokumentarfilm über die Geschichte Marienbads gezeigt, Aufführung in deutscher Sprache: 10.00 und 14.00 Uhr.

● Städtisches Museum (Městské muzeum), Goethovo náměstí 11, Tel. (0165) 2740, geöffnet Mo.-Sa. 9.00-16.00 Uhr.

Rechts von diesem Haus befinden sich die für den Ort so typischen alten Kurhäuser mit ihren prächtigen Fassaden. Im heutigen **Kurhaus Kavkaz** (ehemals Kurhaus Weimar) weilte in den Jahren 1821-22 *J. W. von Goethe.* Etwa 80 Jahre später war hier der englische König *Edward VII.* zu Gast. Unterhalb dieser Kurhäuser, in Richtung Hlavní třída, stehen zwei weitere interessante Häuser: das Casino und das Nové Lázně (Neues Kurhaus).

Das ehemalige **Gesellschaftshaus Casino** wurde in den Jahren 1900-1901 errichtet und dient seit seinem Bestehen als Konzertsaal. Zwischen dem Casino und der Hauptstraße steht das **Nové Lázně (Neues Kurhaus)** aus den Jahren 1893-96, das bis heute diese Funktion erfüllt. Links unten befindet sich das mit Marmor ausgestattete Fürstenbad, das einst ausschließlich erlauchten Gästen diente. Oberhalb des Casinos entspringt die **Ambrosiusquelle** (Ambrožův pramen), deren Wasser hauptsächlich als Mineralwasser getrunken wird.

Als weiteres architektonisches Denkmal des Kurortes sei noch die **russisch-orthodoxe Kirche des hl. Wladimir** erwähnt, die hier in den Jahren 1900-01 erbaut wurde. Sie steht in der Ruská ulice, die oberhalb der Hlavní třída verläuft. Die Kirche wurde nach einem Entwurf von *G. Wiedemann* errichtet, der auch für die Errichtung der russisch-orthodoxen Kirchen in Karlsbad und Franzensbad verantwortlich zeichnete. Das bemerkenswerteste Objekt dieser Kirche ist ihr massiver, aus Porzellan gefertigter Ikonostas (Ikonenfries), der auf der Weltausstellung 1900 in Paris gezeigt worden war und dort für die hiesige Kirche gekauft wurde.

## Praktische Hinweise

### Information

● **Informační centrum,** Hlavní 623, Tel. (0165) 3816, Fax (0165) 4218, geöffnet im Sommer Mo.-Fr. 8.00-19.00 Uhr, Sa. 9.00-16.00 Uhr, So. 9.00-14.00 Uhr, im Winter Mo.-Fr. 8.00-16.00 Uhr, Sa. 10.00-14.00 Uhr. Zimmervermittlung, Kartenverkauf, Führungen, Ausflüge in die Umgebung. Die Information liegt in einem kleinen Gebäude gegenüber dem Hotel Excelsior.

● **Infocentrum,** Haus Chopin, Hlavní 47, Tel. (0165) 2474, geöffnet Mo.-Fr. 9.00-17.00 Uhr, Sa. 9.00-13.00 Uhr. Reiseführer- und Kartenverkauf, Auskunft, Führungen, Geldwechsel, keine Zimmervermittlung!

### Unterkunft

● **Hotel Excelsior,** Hlavní 121, Tel. (0165) 3974, 2706-5, Fax (0165) 5346, Kapazität 120 Betten, DZ 110 DM. Liegt direkt an der Hauptstraße, höhere Preislage, Zimmer für Behinderte, Sauna, Solarium.

● **Villa Butterfly,** Hlavní 655, Tel. (0165) 484100, Fax (0165) 76210, Kapazität 180 Betten, DZ 230 DM in der Hauptsaison. Hotel der gehobenen Kategorie im Stadtzentrum, Fitneßzentrum, Sauna, Parkplatz.

● **Hotel Monty,** Příkrá 218, Tel. (0165) 4682-4, Fax (0165) 4685, Kapazität 190 Betten, DZ ab 120 DM. Modern eingerichtete Zimmer, Rehabilitationseinrichtung, Lage außerhalb des Stadtzentrums.

● **Hotel Golf,** Zádub 55, Tel. (0165) 2651, DZ ab 140 DM. Das Hotel liegt in der Nähe des Golfplatzes außerhalb des Zentrums, sehr ruhige Lage, schöne Umgebung.

● **Hotel Krakonoš,** Zádub 53, Tel. (0165) 622624, Fax (0165) 622383, Kapazität 250 Betten, DZ ab 50 DM. Jugendhotel, liegt außerhalb des Zentrums in Richtung Závišín, zu Fuß etwa 30 Minuten bergauf oder zehn Minuten mit dem Bus Nummer 12, ruhige Lage. Neben der Jugendstilvila (Zimmer ohne Dusche) existiert auch ein neuer Teil mit Zimmern mit WC und Dusche.

● **Hotel Polonia,** Hlavní 50, Tel. (0165) 2452, Fax (0165) 4785, Kapazität 200 Betten, DZ ohne Dusche 45 DM, mit Dusche/WC 60 DM. Zentrale Lage. Ein schönes, mit Stuck dekoriertes Café. Bewachter Parkplatz.

● **Hotel Speedway,** Na průhonu 329/16, Tel. (0165) 4242, Kapazität 30 Betten, DZ 45 DM. Ein Familienhotel in einem Villenviertel, ruhige Lage, Zimmer mit Dusche, WC.

● **Motel Start,** Plzeňská ulice, Tel. (0165) 2062. Das Motel liegt in Richtung Pilsen, Zimmer mit Dusche, Kapazität 100 Betten.

● Neben dem Motel gibt es zwei **Campingplätze:** *Autokempink Start,* Tel. (0165) 2062, *Autokempink Lokomotíva,* Tel. (0165) 3917. Der dritte Campingplatz befindet sich am Ufer eines kleinen Sees in der Nähe der Ausfahrtstraße in Richtung Cheb, *Autokempink Luxor,* Velká Hleēsebe, Plzeňská ulice, Tel. (0165) 3504.

● **Hotel Krakonoš,** Tel. (0165) 622624, Fax (0165) 622383, Kapazität 250 Plätze. Vom Stadtzentrum etwa 15 Min. mit dem Bus Nr. 12. Zimmer teilweise mit Dusche und WC.

● **Tip:** Wenn man nur eine Nacht bleibt, ist die Unterkunft pro Nacht meist teurer, als wenn man mehrere Tage bleibt. Außerdem ist mit einer **Kurtaxe** von etwa 10 Kč pro Tag zu rechnen, die zusätzlich in Rechnung gestellt wird. Die **Privatunterkunft** kostet durchschnittlich 25-30 DM pro Person.

Westböhmen

### Essen und Trinken

● *Bar New York,* Hlavní 233, Tel. (0165) 3033, geöffnet tgl. 10.00-2.00 Uhr. Neben kleinen Snacks auch Suppen, Salate, Steaks, Chilli con Carne, Forellen, Schnitzel usw. Das Café hebt sich positiv von den vielen phantasielosen Cafés ab, die auf der Hauptstraße vorhanden sind. Schlichtes Holzmobiliar, die Wände sind mit Fotos von New York und einem Plakat von *Marilyn Monroe* geschmückt, vorwiegend junges Publikum. Samstags Jazzmusik.

### Museen und Galerien

● *Fryderyk-Chopin-Museum* (Památník Chopina), Hlavní 47, Tel. (0165) 2474, geöffnet Mi. 14.00-17.00 Uhr, Fr.-Sa. 10.00-12.00 Uhr, 14.00-17.00 Uhr, So. 10.00-12.00 Uhr. Das Museum ist in dem Haus untergebracht, in dem der Komponist 1836 weilte.

● *Zlatá Kotva-Antik,* Hlavní 44, Antiquitäten, alte Bücher, zeitgenössische Kunst.

### An- und Weiterreise

● Der *Bahnhof* ist etwa 30 Minuten zu Fuß vom Stadtzentrum entfernt, der O-Bus (Oberleitungsbus, d.h. Bus fährt mit elektrischem Strom, der einer Oberleitung entnommen wird) Nr. 5 verbindet Zentrum und Bahnhof. Nach Karlovy Vary kann man mit dem Zug fahren, die direkte Linie ist jedoch sehr langsam, eine weitere Möglichkeit bildet die Verbindung über Cheb. Eine *Busverbindung* nach Karlovy Vary gibt es nur Sa. und So. Die Busse fahren vom Zugbahnhof ab. Ein großer bewachter Parkplatz befindet sich auf der Plzeňská-Straße.

# Umgebung von Mariánské Lázně

## Kloster Teplá

Das bereits im Jahr 1193 vom Prämonstratenserorden gegründete Kloster Teplá liegt etwa 10 km östlich von Marienbad. Es wird hauptsächlich wegen seiner *Bibliothek,* die im 13. Jh. gegründet wurde, von Besuchern aufgesucht. Das Gebäude der Bibliothek wurde nach Plänen des berühmten Barockarchitekten *Christoph Dientzenhofer* in der Zeit zwischen 1690 und 1720 errichtet. Die Bibliothek umfaßt etwa 70.000 Bücher, deren größter Teil aus dem 15.-18. Jh. stammt. Unter den Schriften befinden sich mehr als 500 Erstdrucke und beinahe 100 Kodizes. Das älteste Manuskript der Bibliothek stammt gar aus dem 9. Jh. Es handelt sich um ein Gebetsbuch, das unter dem Namen "Poenitentiale" bekannt ist und 814-830 in Regensburg geschrieben wurde.

Wie viele andere Klöster des Landes wurde es 1950 aufgelöst und in eine *Kaserne* umfunktioniert. Die Spuren, die die Volksarmee hier hinterlassen hat, sind bis heute sichtbar. Der Putz blättert ab, die Gebäude bedürfen einer umfassenden Renovierung. Dem Prämostratenserorden, der das Kloster 1990 zurückerhielt, fehlt es aber an Geld, so daß es noch eine Weile dauern wird, bis alle Gebäude komplett renoviert sind. Das rekonstruierte *Klosterhospiz* bietet Unterkunft für alle Interessenten.

● Kloster Teplá: Öffnungszeiten: Di.-So. 9.00-17.00 Uhr, April, Oktober nur bis 16.00 Uhr, im August, Juli auch montags nachmittags, Tel. (0169) 92264.

## Lázně Kynžvart

Nur etwa 4 km von der Hauptstraße Cheb – Mariánské Lázně entfernt liegt das *Empireschloß Kynžvart (Königswart).* Das Schloß wurde 1833-39 für den damaligen öster-

reichischen Kanzler *Metternich* errichtet. Neben stilvollen Möbeln und
der Bibliothek des Kanzlers mit beinahe 40.000 Büchern zieht auch
das hiesige Kuriositätenkabinett mit
zahlreichen Exponaten aus dem Ori-
ent viele Besucher an.

●Schloß Kynžvart, Tel. (0165) 91269, Öffnungszeiten: Di.-So. 9.00-17.00 Uhr, April,
Oktober nur Sa.und So.

### Konstantinovy Lázně

Im **Kurort** Konstantinovy Lázně, der
etwa 15 km südlich vom Kloster Teplá liegt, werden Erkrankungen des
Herzens und des Herz-Kreislauf-Sy-
stems behandelt. Die ersten Kurhäuser wurden hier zu Anfang des 19. Jh.
um drei Quellen herum erbaut.

# Böhmerwald Nord (Český les)

Die westliche Grenze Tschechiens,
d.h. die Grenze zu Bayern, wird durch
ausgedehnte Wälder des hauptsächlich mit Fichten bedeckten Gebirges
Böhmerwald gebildet. Der tschechische **Name Český les,** der bereits
im Jahr 1298 erwähnt wurde, bezeichnet jedoch nur den **nördlichen
Teil des Böhmerwalds.** Der Hauptkamm des *Český les* ist etwa 80 km
lang und erstreckt sich von Cheb bis
Domažlice. Für den **südlichen Teil**
des Böhmerwalds wird in Tschechi-
en die **Bezeichnung Šumava** verwendet.

Im Gegensatz zur südlichen Region
des Böhmerwalds gibt es im nördlichen Teil nur **wenige Ausflugsziele**

**für Naturliebhaber.** Da über den
Grenzübergang Waidhaus/Rozvadov
jedoch sehr viele Besucher anreisen, sollen an dieser Stelle kurz die
Städte behandelt werden, die an der
Durchfahrtsstrecke in Richtung Plzeň
liegen.

### Přimda

Etwa 5 km hinter dem Grenzübergang Waidhaus/Rozvadov erhebt
sich links auf einer Höhe von 840
Metern die **Ruine der Burg Přimda.**
　Will man der Dalimil-Chronik vom
Anfang des 14. Jh. Glauben schen-
ken, wurde die Burg bereits im 10.
Jh. erbaut. Damit wäre Přimda (dt.
Pfraumberg) eine der ältesten Burgen Böhmens. Während seines langen Bestehens war das robuste Gemäuer eine wichtige Wachburg an
der Grenze des Landes. Die einst königliche Burg wurde sehr oft verpfändet. Da sich die wechselnden Eigentümer nicht immer um die Burg küm-
merten, begann im 16. Jh. ihr end-
gültiger Verfall.

### Bor u Tachova

Die erste größere Stadt hinter der
Grenze heißt Bor. Das im 14. Jh. in
der Nähe einer kleinen Burg gegründete Bor u Tachova ist **für Besucher
eher uninteressant.**
　Die einzige lohnenswerte Sehenswürdigkeit des Ortes ist sein ehemaliges **Schloß,** das durch den Umbau
einer gotischen Burg um die Wende
des 15. zum 16. Jh. entstand. Es
liegt rechts neben der Hauptstraße in
Richtung Plzeň.

Westböhmen

Auf dem Marktplatz des Ortes steht die ursprünglich gotische *St.-Nikolaus-Kirche,* die in den Jahren 1737-1746 im Barockstil umgebaut wurde. In der Mitte des Marktplatzes erhebt sich das *Rathaus* aus dem 17. Jh. Interessanter als Bor ist die nördlich von Bor gelegene Stadt Tachov.

## Tachov

Die Stadt wurde im 13. Jh. in der Nähe der dortigen fürstlichen Burg gegründet.

Das Zentrum der Stadt ist ihr rechteckig angelegter *Marktplatz* mit Häusern, die vorwiegend im 19. Jh. erbaut wurden. Ebenfalls aus dem 19. Jh. stammt der Brunnen des Ortes. In der Nähe des Platzes befindet sich das *Renaissance-Schloß,* welches durch den Umbau der gotischen Burg im 16. Jh. entstand. Weitere Umbauarbeiten wurden im 18. und 19. Jh. im Auftrag der Familie *Windischgrätz* am Schloß durchgeführt. Nicht weit vom Schloß sieht man die Reste der *Stadtmauer,* die teilweise bis zu acht Metern hoch sind. Nördlich des Marktplatzes befindet sich die gotische *Mariä-Himmelfahrt-Kirche* aus dem 14. Jh., die im Jahr 1906 im neogotischen Stil umgebaut wurde.

### Information
●*Městské kulturní středisko,* nám. Republiky 110, Tel. (0184) 2161.

### Unterkunft
●*Parkhotel,* Zámecká ulice, Tel. (0184) 2090, Kapazität 350 Betten, DZ 35 DM. Zimmer mit WC, Dusche, Telefon, Kühlschrank.

●*Club, Bělojarská 1597,* Tel. (0184) 3691, Kapazität 70 Betten, DZ 30 DM. In der Nähe des Stadtzentrums, Zimmer mit Dusche, WC.

### Museen und Galerien
●*Regional-Museum* (Okresní muzeum), třída Míru 447, Tel. (0184) 2171, geöffnet Mo.-Fr. 9.00-10.30 Uhr, 11.30-16.00 Uhr.

Das Museum ist im ehemaligen Kloster untergebracht, die Ausstellung ist der Regionalgeschichte und dem Böhmerwald gewidmet.

### An- und Weiterreise
●Tachov, das in der Nähe des Grenzübergangs Waidhaus/Rozvadov liegt, befindet sich in der Nähe der *Bahnstrecke* Cheb – Plzeň, von der eine Nebenstrecke nach Tachov abzweigt. Mit dem *Bus* kann man nach Plzeň, Stříbro und Prag fahren.

### Stříbro

Die Stadt Stříbro (dt. Silber) war während des Mittelalters eine bedeutende königliche Bergstadt, in der, wie der Name der Stadt bereits erkennen läßt, *Silber gefördert* wurde. Nachdem die Silbervorkommen sich im 17. Jh. erschöpft hatten und die Förderung eingestellt worden war, setzte auch die Verarmung des Ortes ein. Heute ist Stříbro eine kleine Provinzstadt, die Besuchern nicht viel zu bieten hat.

Das Zentrum der Stadt ist der *Marktplatz* mit seinem prächtigen *Renaissance-Rathaus* aus dem Jahr 1543, das von dem ehemaligen Wohlstand der hiesigen Bürger zeugt. Die Fassade ist reich mit Sgraffiti verziert, die aus den Jahren 1883-88 stammen. Neben dem Rathaus sind auf dem Marktplatz noch einige weitere sehenswerte Renaissance-Fassaden vorhanden. Die ebenfalls am Platz gelegene gotische **Allerheiligenkirche** wurde im 17. Jh. im Barockstil umgebaut. Von dem Barockinterieur des Gotteshauses ist besonders der Hochaltar mit Plastiken von *Ignaz Platzer* zu beachten.

Östlich vom Marktplatz befindet sich das ehemalige gotische **Minoritenkloster,** welches im Jahr 1785 aufgelöst wurde. Das Kloster, das vor kurzem rekonstruiert wurde, beherbergt heute das Regional-Museum.

### Unterkunft
● **Hotel Evropa,** Masarykovo náměstí 3, ¯el. (0183) 2453, Kapazität 20 Betten, DZ 50 DM. Einfaches Hotel auf dem Marktplatz.
● **Hotel U branky,** Plzeňská 420, Tel. (0183) 2526, Kapazität 24 Betten, DZ 50 DM. Zimmer mit Dusche, WC. Ein kleines Familienhotel.

### Museen und Galerien
● **Regional-Museum,** Masarykovo náměstí, geöffnet Mo.-Fr. 9.00-16.00 Uhr. Regionalgeschichte, Geschichte der Silberförderung.

### An- und Weiterreise
● Da Stříbro an der Strecke Cheb – Pzeň liegt, ist die Anreise mit dem **Zug** komfortabel. Auch gibt es **Busverbindungen** nach Cheb, Plzeň, Františkovy Lázně, Mariánské Lázně, Prag und in weitere westböhmische Städte.

### Kladruby

Südlich von Stříbro liegt der Ort Kladruby, der wegen seines Klosters aus dem 12. Jh. bekannt ist. Im 13. Jh. entwickelte sich in unmittelbarer Nähe des Klosters die gleichnamige Stadt.

Das hiesige **Kloster** war während des 13. und 14. Jh. das mächtigste Kloster Westböhmens, was durch die Tatsache belegt wird, daß sich in seinem Besitz 130 Gemeinden und drei Städte befanden. Wegen seines Reichtums bildetete das Kloster wenig später ein Hauptziel hussitischer Plünderung, die 1421 stattfand. Nach diesem Einschnitt gelang es dem Kloster nie wieder, seine einstige Bedeutung zurückzuerlangen. Im Jahr 1785 wurde es im Zuge der josephinischen Reformen aufgelöst. Im 19.-20 Jh. gehörte es dann dem Geschlecht *Windischgrätz,* das bis zum Jahr 1945 seinen Sitz in Kladruby hatte.

Zu den wertvollsten Teilen des Klosters gehört die im Jahr 1233 errichtete **romanische Rotunde.** Sie wurde durch *G. Santini* in den Jahren 1712-26 im Barockstil umgebaut. Mit ihrer Länge von über 80 Metern gehört die Kirche zu den drei größten des Landes. Der Innenraum des Gotteshauses ist durch zahlreiche Fresken geschmückt.

Ein Teil des Klosters, der **Neue Konvent mit Kreuzgang,** wurde in den Jahren 1733-39 nach einem Entwurf des berühmten Barockarchitekten *Kilian Ignaz Dientzenhofer* errichtet.
● Kloster Kladruby, Tel. (0183) 773, Öffnungszeiten Di.-So. 9.00-17.00 Uhr, April, Oktober nur Sa., So.

# Böhmerwald Süd (Šumava)

Den südlichen Teil des Böhmerwaldes, etwa vom Ort Železná Ruda bis zum Lipno-See reichend, nennen die Tschechen *Šumava.* Soweit überlie-

Westböhmen

fert, benutzte diesen Begriff im 16. Jh. erstmals der Italiener *A. Bonfini* in seinem Buch über die Geschichte Ungarns. Der **Name** des Gebiets ist von dem tschechischen Verb *šuměti* (rauschen) abgeleitet, was sich auf das Rauschen der tiefen und dichten Wälder bezieht, die im Mittelalter nur schwer passierbar waren. Die Schriftsteller der Antike benutzten für den heutigen Böhmerwald, der die nördliche Grenze des Imperium Romanum in Mitteleuropa bildete, den Namen *Gabreta.*

## Železná Ruda

Das Zentrum des südlichen Teiles des Böhmerwaldes heißt Železná Ruda (dt. Eisenstein) und ist ein beliebtes **Wintersportgebiet,** welches nur etwa 2 km von der deutsch-tchechischen Grenze entfernt liegt. Die heutige Gemeinde wurde bereits im 13. Jh. an einem Handelsweg von Böhmen nach Bayern gegründet. Sein einziges architektonisch interessantes Gebäude ist die **Mariä-Hilfe-Kirche,** die aus der ersten Hälfte des 18. Jh. stammt. Die Kirche hat einen zwölfeckigen Grundriß und eine markante Zwiebelkuppel.

### Museen und Galerien
● **Museum des Böhmerwaldes** (Muzeum Šumavy), Tel. (0186) 97319, geöffnet Di.-So. 9.00-17.00 Uhr. Das Museum ist in einer zweigeschossigen Villa in der Nähe der Hauptstraße untergebracht. Die in der zweiten Hälfte des 19. Jh. errichtete Villa gehörte der Glasmacherfamilie *Abele,* deren Glassammlung die Grundlage des heutigen Museums bildet. Ein großer Teil der Exponate ist der Geschichte der Glasherstellung im Böhmerwald gewidmet.

## Umgebung von Železná Ruda

Im Sommer ist der Ort ein idealer Ausgangspunkt für Wanderungen in die Umgebung. Zu den beliebtesten Ausflugszielen der Gegend gehören zwei Gletscherseen: der Schwarze See (Černé jezero) und der Teufelssee (Čertovo jezero).

Der **Schwarze See,** der sich auf einer Höhe von 1.009 Metern über dem Meeresspiegel befindet, ist mit einer Fläche von 18,5 ha der größte natürlich entstandene See des Landes, seine maximale Tiefe beträgt 40 Meter. Der **Teufelssee,** dessen maximale Tiefe 36,5 Meter beträgt, ist mit seiner Fläche von etwa 10 ha etwa um die Hälfte kleiner. Beide Seen sind durch Gletscher entstanden und stehen seit 1933 unter Naturschutz.

Zwischen diesen beiden Seen verläuft die **europäische Hauptwasserscheide.** Das Wasser aus Bächen und Flüssen nördlich vom Schwarzen See fließt in die Nordsee, wohingegen der Teufelssee zum Entwässerungsgebiet von Donau und Schwarzem Meer gehört.

Ein weiteres beliebtes Ausflugsziel ist der **Gipfel des Pancíř,** 1.214 m über dem Meeresspiegel.

## Klatovy

Wie alle Städte, die von *König Přemysl Otakar II.* gegründet wurden, hat auch Klatovy einen schachbrettartigen Grundriß. Die auf einem hohen Plateau errichtete Stadt genoß viele Privilegien und gehörte zu den wichtigsten Grenzstädten des Landes. Klatovy eignet sich hervorragend als *Ausgangspunkt zum Kennenlernen des südlichen Böhmerwaldes* (Šumava).

An der Südseite des hiesigen Marktplatzes befindet sich das aus der Mitte des 16. Jh. stammende *Rathaus,* gleich daneben ragt der *Schwarze Turm* empor. Von der Aussichtsgalerie des Turmes aus, welcher zwischen 1547-57 errichtet wurde, bietet sich dem Besucher ein bemerkenswerter Blick weit über die Grenzen der Stadt hinaus. An der Ecke des Platzes, gleich neben dem Rathaus, zieht die *Barockkirche der Unbefleckten Empfängnis Mariä* die Aufmerksamkeit auf sich. Das Gotteshaus wurde in den Jahren 1656-79 nach einem Entwurf von *Domenico Orsi* in Zusammenarbeit mit *Carlo Lurago* errichtet. An die Kirche grenzt das ehemalige *Jesuitenkloster,* welches in der zweiten Hälfte des 17. Jh. erbaut wurde. Unter dem ausgedehnten Klosterkomplex sind *mittelalterliche Katakomben* erhalten geblieben, welche zu den wichtigsten touristischen Attraktionen der Stadt gehören. Im 17.-18. Jh. dienten die unterirdischen Räume als Begräbnisstätte von Mönchen, Adligen und reichen Bürgern.

Der *Marktplatz* von Klatovy ist an allen Seiten von alten gotischen Patrizierhäusern umsäumt, deren Mehrzahl mit Renaissance-Fassaden geschmückt ist. Als das interessanteste Haus am Ort gilt das an der Westseite des Platzes gelegene *Haus Zum weißen Einhorn,* in dem sich eine reich geschmückte Barockapotheke befindet. Das Haus inklusive seinem originären Barockmobiliar steht unter

Denkmalschutz und dient heute als Museum.

Die *Erzdekanats-Marienkirche* in der Nähe des Marktplatzes wurde im 15.-16. Jh. durch den Umbau einer aus dem 13. Jh. stammenden gotischen Basilika errichtet. Als besonders wertvoll gilt unter Kunsthistorikern die barocke Kanzel des Gotteshauses. In der Nähe der Kirche steht der sogenannte *Weiße Turm* aus dem Jahr 1581.

### Information

●*Informační centrum,* nám. Miru 63, Tel. (0186) 25156, Fax (0186) 23315.

### Unterkunft

●*Hotel Centrál,* Masarykova 300, Tel. (0186) 24623, Fax (0186) 24745, Kapazität 100 Betten, DZ 85 DM. Zimmer mit Dusche, WC, TV.

### An- und Weiterreise

●Klatovy liegt an der *Zugstrecke* Bayerisch Eisenstein – Železná Ruda – Plzeň und verfügt über eine gute Zugverbindung in beide Richtungen. Außerdem gibt es *Busverbindungen* nach Prag, Plzeň und in andere Städte Westböhmens.

## Sušice

Die Stadt entwickelte sich aus einer am Otava-Fluß gelegenen *Goldgräbersiedlung.* Die einst von *König Přemysl Otakar II.* gegründete Stadt wurde auf Initiative von *Karl IV.* und seinem Sohn *Wenzel* wesentlich erweitert, was daran lag, daß der Ort am sogenannten Goldenen Weg (genannt nach den hiesigen Goldvorräten) lag, einem *wirtschaftlich bedeutenden Handelsweg,* der Bayern und Böhmen verband. Diese Rou-

Westböhmen

te führte von Passau über Prachatice nach Písek. Das wichtigste wirtschaftliche Gut, das hier transportiert wurde, war über lange Zeit hinweg Salz. Die Bürger der Stadt vermochten die günstige Lage zu nutzen und errichteten vor allem rund um den Marktplatz prächtige **Renaissance-Häuser,** deren Fassaden heute noch viele Besucher anziehen.

In einem gotischen Haus aus dem 14. Jh. auf dem Marktplatz ist ein interessantes **Museum des Böhmerwaldes** untergebracht. Zum Thema regionale Geschichte finden wir hier eine Ausstellung, die dem Leben und Schaffen des Schriftstellers *Karl Klostermann* gewidmet ist. Interessant ist auch die Exposition, die der Geschichte der Herstellung von Streichhölzern gewidmet ist.

●Museum des Böhmerwaldes (Muzeum Šumavy), náměstí Svobody 40, Tel. (0187) 8850, geöffnet Mai-Oktober Di.-So. 9.00-17.00 Uhr.

### Information

●**Informační centrum,** Masarykova 20, Tel. (0187) 8707.

### An- und Weiterreise

●Anreise mit dem **Zug** über Klatovy oder Horažďovice an der Strecke Plzeň – České Budějovice. Direkte **Busverbindung** nach Prag, Plzeň und České Budějovice, Strakonice und in größere west- und südböhmische Städte.

### Rabí

Zehn Kilometer nordöstlich von Sušice, zwischen Sušice und Horažďovice, liegt die **Burgruine Rabí,** bei der es sich um die flächenmäßig größte Burg des Landes handelt. Das

Gebäude wurde im 14. Jh. erbaut. Berühmt wurde die Belagerung und die spätere Einnahme der Burg im Jahr 1412 unter anderem dadurch, daß der Hussitenführer *Jan Žižka* hierbei sein zweites Auge verlor (das erste hatte er bereits in einer vorigen Schlacht eingebüßt). Am Ende des 15. Jh. wurde Rabí um neue Befestigungsanlagen erweitert. Nachdem die Burg im 17. Jh. verlassen wurde, begann der ganze Komplex zu verfallen. Bereits im 18. Jh. wurde Rabí als Ruine beschrieben. Dies ist sie trotz Renovierungsarbeiten im 20. Jh. bis heute geblieben.

●Burgruine Rabí, Öffnungszeiten: Di.-So. 9.00-17.00 Uhr, April, Oktober nur Sa. u. So.

### Kašperské hory

Etwa 20 km südlich von Sušice liegt auf einer Höhe von 700 Metern die Stadt Kašperské Hory. Die Ortschaft wurde am Ende des 13. Jh. als Siedlung von Goldwäschern am Otava-Fluß gegründet. Im Laufe der Zeit wurde aus der kleinen Siedlung dann eine beachtliche Stadt.

Am Marktplatz von Kašperské hory befinden sich die gotische **St.-Markéta-Kirche** aus dem 14. Jh. und das im Renaissancestil errichtete **Rathaus,** das im 17. Jh. umgebaut wurde. Auch die auf dem Friedhof etwa 1 km westlich vom Marktplatz gelegene **St.-Nikolaus-Kirche** wurde im Stil der Gotik erbaut. Ihre aus dem 14. Jh. stammenden Wandmalereien sind den kleinen Spaziergang vom Marktplatz zum Friedhof wert.

In der Nähe der Stadt liegt die **Burg Kašperk,** die seinerzeit *Kaiser*

*Karl IV.* in Auftrag gab. Das solide Gemäuer, das in den Jahren 1353-61 errichtet wurde, diente zur Bewachung der hiesigen Goldgruben und der Grenze des Königreiches. Nachdem die Burg im 16.-17. Jh. verlassen worden war, führte man im 19. Jh. umfangreiche Restaurierungsarbeiten durch. Besucher erwartet hier heute eine Ausstellung zur ereignisreichen Geschichte der Burg.

●Burg Kašperk, Tel. (0187) 822324, geöffnet Di.-So. 9.00-17.00 Uhr, April, Oktober nur Sa. und So.

### An- und Weiterreise

●Es gibt keine Bahnverbindung. *Busverbindungen* existieren nach Plzeň, České Budějovice und Prachatice.

# Chodsko

### Domažlice

Domažlice ist *eine der ältesten Städte Westböhmens* und wurde in den Jahren 1262-65 als königliche Stadt gegründet.

Das Zentrum des bis heute erhalten gebliebenen historischen Kerns der Stadt bildet ein länglicher *Marktplatz.* In seinem östlichen Teil befindet sich das *Untere Tor* (Dolní brána), ein Stadttor, dessen Portal aus dem 13. Jh. stammt. Der Turm des Tores wurde im 15.-16. Jh. errichtet.

Etwa in der Mitte des Marktplatzes erhebt sich die ursprünglich gotische *Marienkirche,* die ihre heutige Gestalt einem während der Jahre 1751-56 durchgeführten Umbau im Barockstil verdankt. Das ehemals auf der gegenüberliegenden Seite des Platzes befindliche Obere Tor wurde im Jahr 1841 niedergerissen. Die Fassaden der prächtigen *Bürgerhäuser,* die den Marktplatz umsäumen, stammen vorwiegend aus der ersten Hälfte des 16. Jh., als die ursprünglich gotischen Häuser im Stile der Renaissance umgebaut wurden.

Unweit dieses Platzes befindet sich auf dem Chodské náměstí 26 (Choden-Platz) eine ehemals gotische Burg, die im 17.-18. Jh. in ein *Barockschloß* umgebaut wurde. Hinter dem Schloß sind noch Reste der alten Stadtmauer erhalten geblieben. Im Schloß ist heute das *Chodenmuseum* (Chodské muzeum) untergebracht, dessen Exponate die Geschichte der Stadt und ihrer Umgebung dokumentieren. Nach aufwendigen Restaurierungsarbeiten in den letzten Jahren wurde das Schloß 1995 durch einen Brand stark beschädigt. Das Museum ist deshalb zur Zeit geschlossen.

### Information

●*Turistická informační služba,* Poděbradova 145, Tel./Fax (0189) 4204.

### Unterkunft

●*Prom Hotel Praha,* Babylon, Tel. (0189) 93251-5, Fax (0189) 93220. DZ 50 DM, Zimmer mit Dusche, WC. Ruhige Lage, Schwimmbad in der Nähe.

●*Hotel Belveder,* Babylon, Tel. (0189) 93225, Kapazität 80 Betten, DZ 30 DM. Einfaches Hotel, Zimmer ohne Dusche, ruhige Lage, Schwimmbad in der Nähe.

●*Penzion Psohlavec,* Havlovice 26, Tel. (0189) 2226, Fax (0189) 5052, Kapazität 50 Betten, DZ 30 DM.

●*Domov mládeže,* Boženy Němcové 116, Tel. (0189) 2386, Kapazität 100 Plätze. Studentenheim, glt als Jugendherberge.

Westböhmen

## Die Choden

Die Choden waren **freie Bauern,** die als **königliche Untertanen** auch mit der Bewachung der Grenze und der Handelswege beauftragt waren. Erstmals wurden die Choden in der 1308-14 verfaßten Dalimil-Chronik erwähnt. Dort wird beschrieben, daß ihr **Siedlungsgebiet** insgesamt 19 Dörfer in der Nähe der Stadt Domažlice umfaßte. Für ihre Verdienste zum Schutze des Königreiches wurden sie im Laufe der Zeit von den böhmischen Königen durch eine Reihe von **Privilegien** belohnt. Als Untertanen des Königs waren die Choden im Vergleich zu den übrigen Bauern relativ frei und genossen sogar das Recht zum Tragen von Waffen. Die **wirtschaftliche Situation** der Choden war eng mit der des Königs verknüpft. Ging es diesem wirtschaftlich schlecht, pflegte er Chodenland zu verpfänden, was die Untertanen in Armut stürzte. So geschah es auch nach dem Dreißigjährigen Krieg im 17. Jh., als der bankrotte König die Chodenländereien an das Geschlecht der *Lamminger* verpfändete. Da diese sich weigerten, den neuen Untertanen ihre gewohnten Privilegien einzuräumen, kam es bald zu gravierenden **Konflikten zwischen Choden und den Lammingern.** Die Situation gipfelte in einer Petition der Choden an den Kaiser in Wien, in welcher sie ihn baten, ihre bisherigen Privilegien zu bestätigen. Nachdem dieser Antrag abgelehnt wurde, kam es zur offenen Revolte der Choden gegen die *Lamminger.* Nach der Niederschlagung dieses Aufstandes wurden die Chodenführer verhaftet und einer von ihnen, der den Namen *Jan Sladký-Kozina* trug, am 28.11.1695 in Plzeň hingerichtet.

Bis heute haben die Choden ihre **kulturellen Eigenheiten** erhalten; sie sprechen einen besonderen Dialekt und tragen Trachten, die sich von denen anderer Volksgruppen unterscheiden. Auch in Architektur und Lebensstil sind die Choden als ethnische Gruppe zu identifizieren. Die Kultur der Choden wird alljährlich im August in Domažlice anläßlich des **Choden-Folklore-Festivals** zur Schau gestellt. Das typische Musikinstrument der Choden ist übrigens der Dudelsack.

Wer mehr über die Choden wissen möchte, dem sei der historische Roman "Hundsköpfe" vom tschechischen Schriftsteller *Alois Jirásek* empfohlen, der die Geschichte der letzten Choden-Revolte behandelt. Das Buch liegt auch in deutscher Übersetzung vor.

Jan Sladký-Kozina

## An- und Weiterreise

● Domažlice liegt an der **Bahnhauptstrecke** Furth im Wald/Česká Kubice – Plzeň. IC-Züge aus München und Bern halten hier an. Die Verbindung nach Plzeň ist gut. Auch gibt es **Busverbindungen** nach Plzeň, Prag, Furth im Wald, Cham, Regensburg und Waldmünchen.

## Umgebung von Domažlice

Etwa 5 km von Domažlice in Richtung Furth liegt der **See Babylon,** der ein beliebtes Ausflugsziel vieler Tschechen ist. Er bietet gute Bade- und Wandermöglichkeiten. Unterkommen kann man in den hiesigen Hotels.

# Horšovský Týn

# Plzeň (Pilsen)

Die Stadt Horšovský Týn liegt etwa 10 km nördlich von Domažlice an beiden Ufern des Flusses Radbuza. Die Gemeinde entstand durch einen Zusammenschluß einer Handelssiedlung mit einer aus dem 13. Jh. stammenden Pfalz.

Der **Marktplatz** des Ortes (náměstí Republiky) ist von ursprünglich gotischen Häusern umsäumt, von denen viele im Stil der Renaissance oder des Barock umgebaut wurden. In der Mitte des Marktplatzes erhebt sich die **St.-Peter-und-Paul-Kirche**, die bereits im Jahr 1280 erwähnt wird. Das Gotteshaus fiel sowohl im 16. Jh. wie auch zu Beginn des 18. Jh. Feuersbrünsten zum Opfer und erhielt später sein heutiges Erscheinungsbild. Zwischen Kirche und Schloß erhebt sich der **Glockenturm** aus der ersten Hälfte des 19. Jh. An der westlichen Seite des Marktplatzes befindet sich das im Stil der Renaissance errichtete **Schloß,** das im 16. Jh. an der Stelle der ehemaligen gotischen Pfalz erbaut wurde.

●Öffnungszeiten: Di.-So. 9.00-17.00 Uhr, April, Oktober nur Sa.,So. 9.00-15.00 Uhr.

Plzeň, das Sachsentor im 19. Jahrhundert

Dank der Berühmtheit des Pilsener Bieres ist Pilsen, zumindest dem Namen nach, nach Prag die zweitbekannteste Stadt des Landes. Trotz des hohen Bekanntheitsgrades gibt es in Plzeň **nicht viel zu besichtigen.** Südlich der heutigen Stadt, die am Zusammenfluß der vier Flüsse Mže, Radbuza, Úhlava und Úslava liegt, stand im 10. Jh. die Burg Plzeň. Um diese herum entstand eine Siedlung, die heute Starý Plzenec heißt.

Die heutige Stadt Pilsen wurde erst im Jahr 1295 gegründet und Nová Plzeň (Neues Pilsen) genannt. Dank ihrer günstigen Lage an der Kreuzung zweier Handelswege erlangte die Stadt rasch Prosperität. Verschiedene Privilegien, die Pilsen vom König erhielt, beschleunigten den wirtschaftlichen Aufschwung der **Handelsstadt,** die von früh an Handelskontakte zu Nürnberg und Regensburg unterhielt. Wie für so viele Städte in Mitteleuropa zutreffend, brachte der Dreißigjährige Krieg auch für Pilsen den wirtschaftlichen Niedergang mit sich. Zum erneuten **wirtschaftlichen Aufschwung** kam es erst im 19. Jh., als hier im Jahr 1859 die Škoda-Werke gegründet wurden. Im Jahr 1861 wurde die Stadt per Schiene mit Furth im Wald verbunden, ein Jahr später mit Prag und kurz darauf mit Cheb und České Budějovice. Eine Folge dieses rapiden wirtschaftlichen Aufschwunges war die **Erneuerung der Innenstadt.** Es wurden zahlreiche alte Häuser abgerissen, um Platz für modernen Wohn- und Arbeitsraum zu schaffen.

181

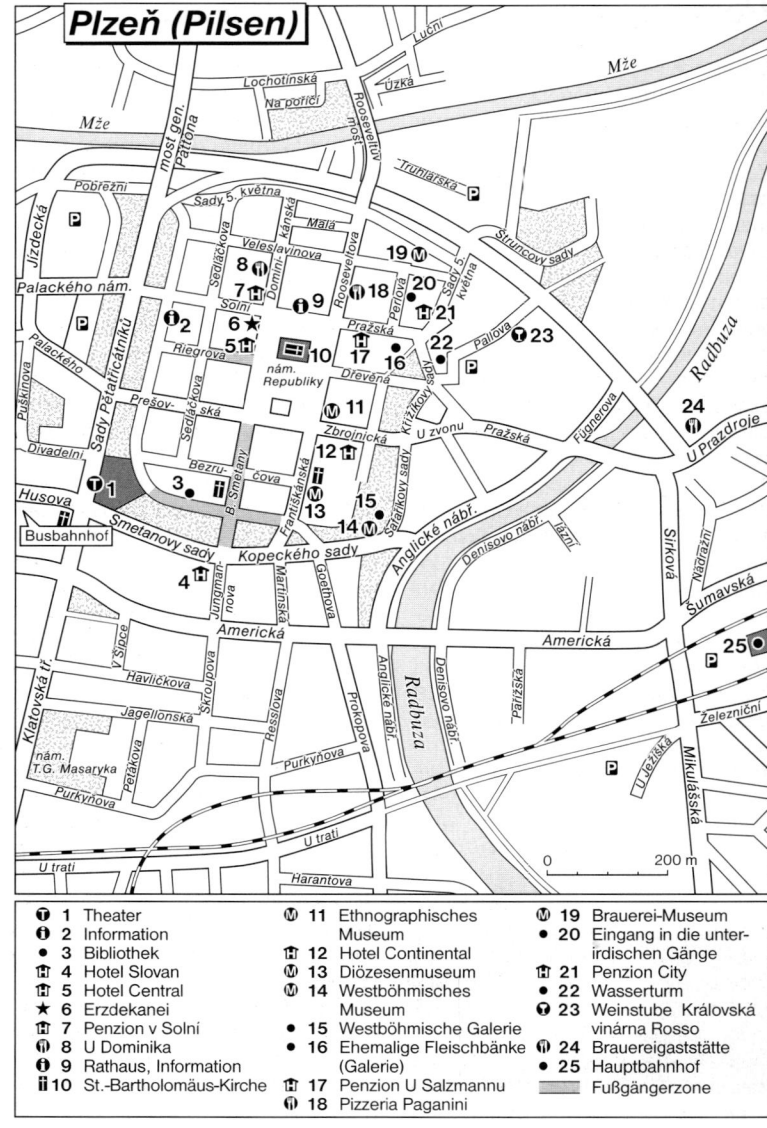

Plzeň (Pilsen)

| | |
|---|---|
| ☊ 1 | Theater |
| ❶ 2 | Information |
| ● 3 | Bibliothek |
| ☖ 4 | Hotel Slovan |
| ☖ 5 | Hotel Central |
| ★ 6 | Erzdekanei |
| ☖ 7 | Penzion v Solní |
| ⋒ 8 | U Dominika |
| ❶ 9 | Rathaus, Information |
| ⅱ 10 | St.-Bartholomäus-Kirche |
| Ⓜ 11 | Ethnographisches Museum |
| ☖ 12 | Hotel Continental |
| Ⓜ 13 | Diözesenmuseum |
| Ⓜ 14 | Westböhmisches Museum |
| ● 15 | Westböhmische Galerie |
| ● 16 | Ehemalige Fleischbänke (Galerie) |
| ☖ 17 | Penzion U Salzmannu |
| ⋒ 18 | Pizzeria Paganini |
| Ⓜ 19 | Brauerei-Museum |
| ● 20 | Eingang in die unterirdischen Gänge |
| ☖ 21 | Penzion City |
| ● 22 | Wasserturm |
| ☊ 23 | Weinstube Královská vinárna Rosso |
| ⋒ 24 | Brauereigaststätte |
| ● 25 | Hauptbahnhof |
| ▨ | Fußgängerzone |

Um das **Stadtzentrum** und die umliegenden Straßen zu besichtigen, braucht man nicht lange. Ein bis zwei Stunden reichen für einen Spaziergang durch Plzeň vollkommen aus. Die meisten Besucher führt ihr Weg dann früher oder später in die zentral gelegene **Brauerei-Gaststätte,** um die Enttäuschung über die Stadt mit einem kalten Pilsner Urquell herunterzuspülen. Gaststätte und Brauerei sind nur etwa 10 Minuten Fußweg vom Marktplatz entfernt. Auch besteht die Möglichkeit einer Besichtigung der Brauerei, Anmeldung am Eingang neben der Gaststätte.

Das Zentrum der Stadt bildet ihr viereckig angelegter **Marktplatz** von 139x193 Metern Größe. In der Mitte des Marktplatzes erhebt sich die gotische **St.-Bartholomäus-Kirche,** die im 14.-15. Jh. errichtet wurde. In der Kirche beachte man die Madonna von Pilsen, eine wertvolle Statue aus dem Jahr 1390, die sich auf dem Hochaltar befindet.

Gegenüber der neben der Kirche gelegenen Pestsäule aus dem Jahr 1681 befindet sich das mit Sgraffiti geschmückte **Rathaus.** Das in den Jahren 1554-59 erbaute Renaissance-Gebäude wurde Anfang dieses Jh. teilweise umgebaut und mit Sgraffiti verziert. Gegenüber der Kirche und neben dem Hotel Central liegt eines der schönsten Barockgebäude der Stadt. Es handelt sich um die **Erzdekanei** aus der Zeit um 1710.

Erwähnenswert ist am Marktplatz noch das **Haus Nummer 12.** Es handelt sich um ein im Stil der Renaissance umgebautes Haus, in welchem 1633-34 der Heerführer *Alb-*

*recht von Waldstein* wohnte. Von hier aus brach er am 22. Februar 1634 nach Cheb auf, wo er dann ermordet wurde (siehe auch Cheb).

In der Pražská ulice 18 im Nordosten des Platzes befinden sich die ehemaligen gotischen **Fleischbänke,** die im 19. Jh. und noch einmal in den Jahren 1967-71 umgestaltet wurden und heute als Ausstellungssaal dienen. In der gleichen Straße, gleich nebenan, erhebt sich der ehemalige **Wasserturm** aus dem Jahr 1532, der bis 1913 in Betrieb war.

Unweit des Marktplatzes wurde in einem gotischen Haus in der Veleslavinova ulice 6 das **Brauerei-Museum** (Pivovarské muzeum) eingerichtet mit einer Ausstellung, die der Tradition des Bierbrauens von den Anfängen bis zur Gegenwart gewidmet ist.

In der Perlová-Straße 4 in der Nähe des Marktplatzes und des Brauerei-Museums befindet sich der **Eingang in die unterirdischen Gänge und Keller** unter der Altstadt von Pilsen.
● Geöffnet Juni-September Di.-So. 9.00-16.30 Uhr, April, Mai, Oktober, November Mi.-So. 9.00-16.30 Uhr.

Der schachbrettartig angelegte historische Kern der Stadt ist von **Parkanlagen** umsäumt. Südlich vom Marktplatz, im Park Smetanovy sady, liegt ein ehemaliges Kloster aus dem 18. Jh. Nach der Auflösung des Klosters durch *Josef II.* richtete hier die Stadt Pilsen ein Gymnasium ein, in dem neben vielen anderen der junge *Bedřich Smetana* studierte. Heute ist hier die **Stadtbibliothek** untergebracht. Unweit von hier befindet sich das **Theater,** ein Gebäude aus der Zeit um die Jahrhundertwende.

**Westböhmen**

## Praktische Hinweise

### Information

●*Městské informační středisko,* nám. Republiky 41, Tel. (019) 7032750, Fax (019) 7032752, E-mail: infocenter@mmp. plzen-city.cz; geöffnet tgl. 9.00-18.00 Uhr. Direkt am Marktplatz, außer Infos auch Karten- und Reiseführerverkauf, mit Internetanschluß, Wechselstube, Zimmervermittlung und Teehaus.

### Unterkunft

●*Hotel Central,* náměstí Republiky 33, Tel. (019) 7226757, Fax (019) 7226064. Zentrale Lage direkt am Marktplatz, Zimmer mit Dusche, WC, TV, Kapazität 130 Betten, DZ 120 DM.
●*Hotel Continental,* Zbrojnická 8, Tel. (019) 735292, 736479, Fax (019) 7221746, Kapazität 100 Betten, DZ 90 DM. Zentrale Lage, Zimmer mit Bad, WC.
●*Hotel Victoria,* Borská 19, Tel. (019) 7221010, Fax (019) 7276621. Etwas außerhalb des Zentrums, eingerichtet im Stil der Jahrhundertwende, komfortabel mit TV, Telefon und Minibar ausgestattete Zimmer, Kapazität 80 Betten, DZ 100 DM.
●*Hotel Slovan,* Smetanovy sady 1, Tel. (019) 7227256, Fax (019) 7227012. Einfaches Hotel, etwa fünf Minuten zu Fuß vom Zentrum entfernt, Kapazität 190 Betten, DZ mit Dusche 100 DM. Mehrzahl der Zimmer ohne Dusche.
●*Penzion U Salzmannu,* Pražská 8, Tel. (019) 7235855, kleine Pension in der Nähe des Marktplatzes, 16 Plätze, Zimmer mit TV, WC und Dusche, DZ 35-100 DM.
●*Penzion v Solní,* Solní 8, Tel. (019) 7236652, Kapazität 6 Plätze, DZ 50 DM. Pension mit komplett eingerichteten Zimmern nur einige Meter vom Marktplatz.
●*Penzion City,* sady 5. Května 52, Tel. (019) 226069, Fax 7222976, Kapazität 20 Plätze, DZ 80 DM. Zimmer mit Dusche, WC, TV; zentrale Lage, etwa 100 Meter vom Marktplatz.
●*Hostel SOU Nr. 4,* Vejprtnická 56, Tel. (019) 286443, Fax 286443, Kapazität 80 Plätze.

### Essen und Trinken

●*Královská vinárna Rosso,* Pallova 12, Tel. (019) 726473. Ein Weinkeller in einem Haus aus dem 16. Jh.
●*U Salzmannu,* Pražská 8, Tel. (019) 7235855, geöffnet tgl. 9.30.00-23.00 Uhr. Laut Eigenwerbung "Die älteste Pilsener Bierstube", die schon im Jahre 1637 gegründet wurde. Sie ist in einem Jugendstilhaus untergebracht, modern und dezent eingerichtet, auf der Speisekarte (große Auswahl) vorwiegend tschechische Küche, zum Trinken natürlich Pilsner.
●*U Dominika,* Dominikánská 3, Tel. (019) 223226, geöffnet Mo.-Sa. 11.00-24.00, So. 19.00-24.00 Uhr. Jugendtreff in zentraler Lage nur 20 Meter vom Marktplatz, zum Essen gibt es Pizza, Pastagerichte, Fisch, Hähnchen und Salatteller, Gericht ab 4 DM, zum Trinken außer einheimischen Biersorten auch Clausthaler.
●*Plzeňská restaurace,* U Prazdroje, geöffnet 10.00-22.00 Uhr. Zum Brauereirestaurant geht es links vom Eingang der Brauerei. Massive Holzmöbel, getäfelte Wände mit alten Fotos von der Brauerei. Vorwiegend tschechische Küche. Auf dem Brauereigelände befindet sich noch das zweite Restaurant, das *Spilka* heißt und in den ehemaligen Gärungskellern untergebracht ist. Hierher werden vorwiegend die Pauschalreisenden hergekarrt.
●*Pizzeria Paganini,* Rooseveltova 12, Tel. (019) 226022, geöffnet tgl. 11.00-23.00 Uhr. In der Nähe des Marktplatzes, Pizzen und Pastagerichte.

### Museen und Galerien

●*Westböhmisches Museum* (Západočeské muzeum), Kopeckého sady 2, Tel. (019) 7224105. Geschichte und Kunst Westböhmens.
●*Ethnographisches Museum* (Národopisné muzeum), náměstí Republiky 13, Tel. (019) 7224065, geöffnet Di.-So. 9.00-17.00 Uhr. Alte Gewerbe, Volkskunst und Wohnkultur in Pilsen.
●*Brauerei-Museum* (Pivovarské muzeum), Veleslavínova 6, Tel. (019) 7235574, geöffnet tgl. 10.00-18.00 Uhr, vom 15.10. bis 30.5. Mo. Ruhetag. Interessant und emp-

## Kleine Geschichte des Pilsener Biers

Schon 1307 erhielten die Bürger von Pilsen das **Recht, Bier zu brauen.** Nicht nur in Pilsen, sondern praktisch in jeder Stadt wurde im Mittelalter Bier gebraut. Eine der Voraussetzungen dafür war der **Hopfen,** der in den westlichen Teilen des Landes angebaut wurde.

Die Ursache für die Gründung der heute so berühmten Brauerei von Plzeň war die *ehemals miserable Qualität des hiesigen Bieres.*

Die Qualität des Pilsener Gerstensaftes war im 19. Jh. so schlecht, daß die Pilsener Wirte Bier aus umliegenden Städten in die Stadt einfuhren.

Um diesem Zustand ein Ende zu bereiten, gründeten verschiedene Bürger die *neue Brauerei* als ein Gemeinschaftsunternehmen. Hierdurch entstand 1842 die Měšťanský pivovar (Bürgerliche Brauerei) als eine moderne und für ihre Zeit auch große Brauerei. Statt der damals üblichen Obergärung führte der Vilshofener *Josef Groll* (1813-1887), erster Braumeister der Bürgerlichen Brauerei, als **neue Gärungsmethode** die Untergärung ein. Es ist schwer zu sagen, ob diese Neuheit zur besseren Qualität des Gerstensaftes führte, fest steht, daß das neue Bier von Anfang an großen Erfolg hatte, nicht nur in Pilsen, sondern auch in Prag und im Ausland.

Allmählich wurde die neue Gärungstechnik auch von anderen Brauereien übernommen. Hierdurch etablierte sich der **Name Pils oder Pilsener** als Bezeichnung für die neue populäre Biersorte. Bis auf einige wenige Biere, die hauptsächlich in England vertreten sind, wird heute fast ausschließlich die Methode der Untergärung bei der Bierproduktion verwendet.

Das *in Pilsen gebraute Original* trägt den geschützten Markennamen *Plzeňský prazdroj,* oder auf deutsch *Pilsner Urquell.*

Derzeit gibt es *in Tschechien* ungefähr 70 **Brauereien,** (zum Vergleich: kurz vor dem Ausbruch des Ersten Weltkriegs waren es über 600). Zu den bekanntesten

**Biersorten** gehören *Pilsner Urquell, Budweiser* aus České Budějovice, *Staropramen* aus Prag und *Gambrinus* aus Pilsen. Die Tschechen trinken überdurchschnittlich viel Bier. Mit einem jährlichen **Bierverbrauch** von 160 Litern pro Kopf "tranken" sie 1994 den Deutschen den "ersten Rang" ab.

Die *zweite Pilsener Brauerei* liegt neben der Brauerei *Plzeňský prazdroj.* Mit ihrer Produktion von 1.650.000 Hektolitern Bier belegte die Gambrinus-Brauerei 1994 den ersten Rang unten den tschechischen Bierproduzenten, im Jahr 1995 bestätigte sie ihre führende Stellung. Es folgten auf Rang zwei die Radegast Brauerei aus Nordmähren und erst an dritter Stelle das *Plzeňský prazdroj.*

fehlenswert. Das alte Brauerei-Museum befindet sich im Stadtzentrum in einer ehemaligen Mälzerei. Zu sehen sind hier Einrichtungen alter Wirtschaften, alte Biergläser und -flaschen, eine Ausstellung zur Geschichte des Bierbrauens in Pilsen und vieles andere zum Thema Bier.

●*Westböhmische Galerie* (Západočeská galerie), Pražská 16, Tel. (019) 7222970, geöffnet Di.-So. 10.00-18.00 Uhr. Die Galerie ist im Gebäude der ehemaligen Fleischbänke untergebracht, wechselnde Ausstellungen.

●*Museum der Škoda-Werke* (Muzeum Škoda), Korandova 4, Tel. (019) 7211278, geöffnet Mo.-Fr. 7.00-15.00 Uhr. Geschichte des großen Maschinenbauunternehmens Škoda.

●*Galerie Trigon,* Černá věž, Pražská 19, geöffnet Mo.-Fr. 9.00-12.00, 13.00-18.00 Uhr, Sa. 9.00-13.00 Uhr. Zeitgenössische Kunst, Zeichnungen, Keramik und Grafik.

●*Diözesenmuseum* (Diecézní muzeum), Františkánská 11, geöffnet tgl. April-September 10.00-18.00 Uhr. In der St. Barbara-Kapelle, Ausstellung mit gotischen, Renaissance- und Barockplastiken.

### An- und Weiterreise

●Der *Hauptbahnhof* befindet sich etwa 15 Minuten vom Stadtzentrum in der Nähe der berühmten Brauerei. Plzeň liegt an der Hauptstrecke Cheb – Plzeň – Prag, so daß die Verbindung in beide Richtungen gut sind, ebenfalls gut ist die Verbindung nach České Budějovice.

●Der *Busbahnhof* liegt etwa 30 Minuten vom Marktplatz entfernt. Es besteht von hier aus eine gute Busverbindung nach Prag und zu allen größeren westböhmischen Städten sowie nach České Budějovice, Furth im Wald, Cham, Regensburg, Nürnberg, Frankfurt a. M., Bonn, Köln, Düsseldorf und Karlsruhe.

### Nepomuk

Etwa 35 Kilometer südwestlich von Plzeň an der Straße nach České Budějovice liegt die heutige Stadt Nepomuk, ursprünglich Pomuk genannt.

Hier wurde zwischen 1340-45 *Johannes von Pomuk* geboren. Mehr als 300 Jahre nach dem tragischen Tod des ehrgeizigen Kirchenmannes im Jahr 1393, als dieser auf Befehl von *Wenzel IV.* gefangengenommen, zu Tode gefoltert und anschließend von der Karlsbrücke in die Moldau geworfen worden war, erfolgte seine *Heiligsprechung* durch *Papst Benedikt XIII.* Der im Veitsdom begrabene *Johannes Nepomuk* gehört zu den bekanntesten Heiligen des Landes. Dies wird auch daran deutlich, daß Nepomuk-Statuen auf jeder älteren Brücke in Böhmen und Mähren vorhanden sind.

Die *St.-Nepomuk-Kirche* in der Nähe des Marktplatzes wurde 1734-38 an der Stelle gebaut, wo man das Geburtshaus des Heiligen vermutete. Die Barockkirche mit ihrem kreuzförmigen Grundriß wurde nach einem Entwurf von *K. I. Dientzenhofer* errichtet, wobei Teile einer älteren Frühbarockkirche einbezogen wurden. Die Statue des Heiligen auf dem Hochaltar stammt aus dem Jahr 1849.

Aus Anlaß des 600. Todestages des Heiligen wurde 1993 auf dem Marktplatz von Nepomuk eine *Statue des Heiligen* aufgestellt. Auf dem Marktplatz, neben dem Rathaus, befindet sich das *Regional-Museum,* das der Stadtgeschichte gewidmet ist.

Hl. Johannes Nepomuk.

# *Südböhmen*

# *Überblick*

Das Zentrum Südböhmens bilden die Becken von České Budějovice (Budweis) und Třebon, die im Süden in zwei Gebirgszüge an der Grenze zu Deutschland und Österreich übergehen. Es handelt sich um den Böhmerwald und das Novohradské-hory-Gebirge. Im Osten bildet die Böhmisch-Mährische Höhe und im Norden das Mittelböhmische Gebirge die Grenze Südböhmens. Etwa zwei Drittel Südböhmens wird von einer sehr reizvollen Hügellandschaft bedeckt, die auf einer Höhe von 400 bis 600 Metern liegt. Etwa ein Drittel der Region besteht aus Wäldern, die zusammen mit etwa 8.000 Seen und Teichen eine landschaftliche Einheit bilden. In Südböhmen gibt es bis zum heutigen Tage zahlreiche verschlafene Städte und Dörfer, die sich viel von ihrem ursprünglichen Flair bewahrt haben.

Die größte Stadt und gleichzeitig das Zentrum Südböhmens ist die Stadt České Budějovice, dt. Budweis, deren Altstadt sehenswert ist.

Ein Muß für alle Besucher ist auch Český Krumlov, 30 km südlich von České Budějovice gelegen. Sein guterhaltener mittelalterlicher Stadtkern mit dem zweitgrößten Schloß des Landes ist eine einmalige Touristenattraktion.

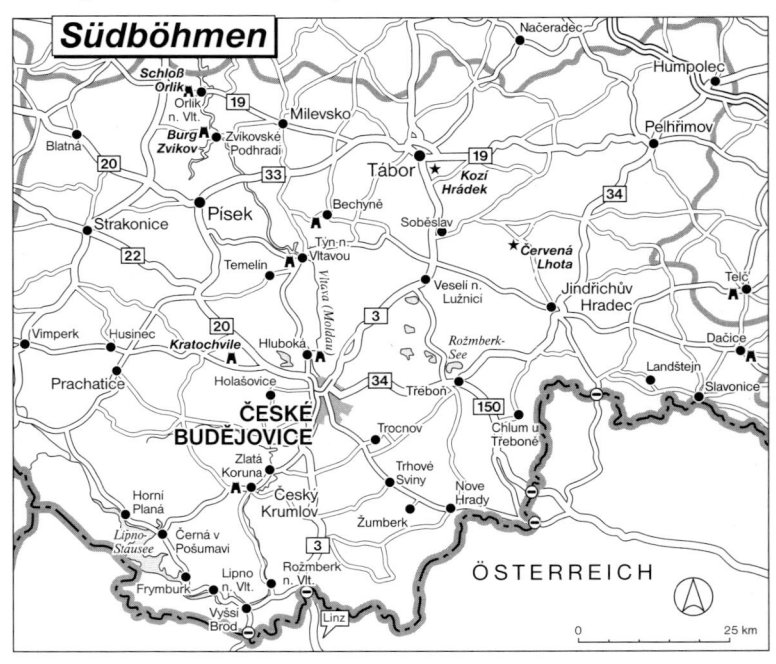

Allen Bewunderern von Schlössern ist der Besuch von Schloß Hluboká bei České Budějovice zu empfehlen, das den Ruf eines tschechischen Windsor Castle genießt, darüber hinaus empfiehlt sich auch die Besichtigung der an der Moldau gelegenen Schlösser Zvikov und Orlík.

Architektonisch interessant und sehenswert ist auch der Marktplatz in Telč mit seinen Renaissancehäusern.

Trotz seines Liebreizes wird das rotgetünchte Wasserschlößchen Červená Lhota, das etwa 15 km nördlich von Jindřichův Hradec gelegen ist, nur wenig besucht.

Naturliebhabern ist der Besuch des Böhmerwaldes oder des Boubín-Urwaldes bei Vimperk zu empfehlen.

# Von Plzeň in Richtung České Budějovice

### Blatná

Direkt an der Hauptstraße von Plzeň nach České Budějovice liegt Blatná. Bis auf das Wasserschloß, das von der Straße aus zu sehen ist, hat der Ort dem Besucher nichts zu bieten.

Zum ersten Mal wird das heutige **Wasserschloß Blatná** 1235 erwähnt. Die ehemalige Burg lag inmitten von Teichen, die ihr im Mittelalter Schutz vor feindlichen Eindringlingen gewährten. Während des 14. und 15. Jh. gehörte die Burg der Familie *Rožmital.* **Lev von Rožmital** war der Schwager des tschechischen Hussi-

tenkönigs *Georg von Poděbrad,* in dessen Namen er diplomatische Reisen nach England, Frankreich, Spanien und Portugal unternahm.

Vom 14. bis zum 16. Jh. wurde die Burg umgebaut. Der Architekt des Wladislawsaales auf dem Prager Hradschin, *Benedikt Ried,* gestaltete hier einen **Palast,** der zu den Paradebeispielen des Renaissance-Stiles in Böhmen gezählt wird. Hinter dem Schloß erstreckt sich ein **englischer Park** aus dem 17. Jh.

●Schloß Blatná, Tel. (0344) 2934, Mai-September Di.-So. 10.00-18.00 Uhr, April, Oktober nur samstags, sonntags 9.00-16.00 Uhr.

### Písek

An beiden Ufern des Flusses Otava erstreckt sich die Stadt Písek, auf deutsch Sand. Benannt wurde der Ort nach dem **Gold** bringenden Sand. Im Otavafluß wurde nämlich in der Vergangenheit Gold gewaschen.

Die **interessante Altstadt** mit dem zentral gelegenen Marktplatz befindet sich am rechten Ufer des Flusses. Die ehemalige Burg und die Stadt wurden in der Mitte des 13. Jh. wie die meisten südböhmischen Städte von *Přemysl Otakar II.* gegründet.

Das Stadtzentrum wird von zwei Plätzen gebildet. Zum einen vom großen viereckigen **Marktplatz** (Alšovo náměstí), der durch eine Häuserreihe in zwei Hälften geteilt wird, zum anderen von dem **Platz Velké náměstí,** an dem sich das zweistöckige barocke **Rathaus** aus der Mitte des 18. Jh. und die gotische **Marienkirche** aus dem 13. Jh. befinden. Die Kirche wurde Ende

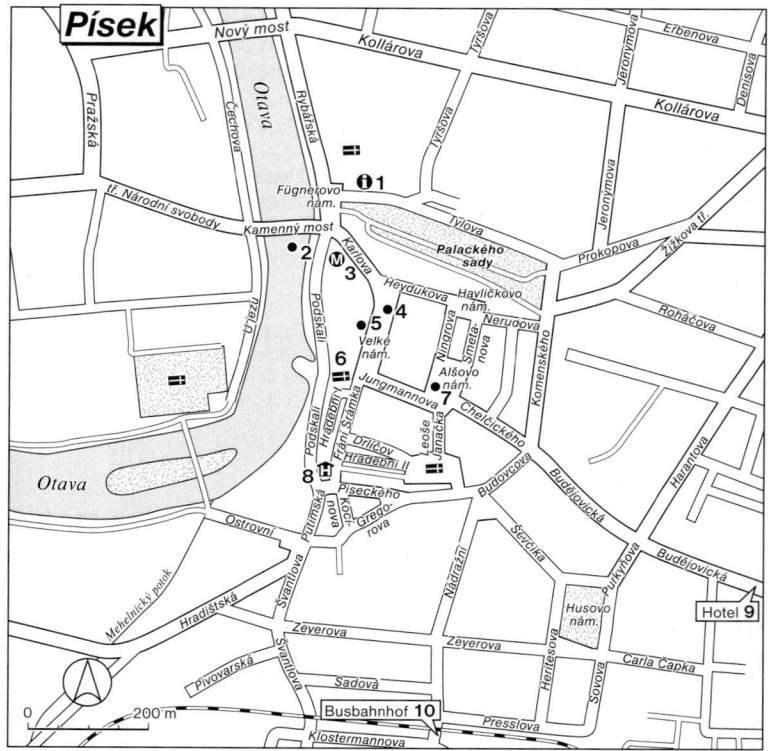

des 19. Jh. im neogotischen Stil umgebaut. Ihr über siebzig Meter hoher Turm wurde Ende des 15. Jh. errichtet. Ebenso wie die Kirche sind auch die meisten am Marktplatz gelegenen Häuser gotischen Ursprungs, jedoch wurden ihre Fassaden später erneuert, so daß hier heute Renaissance-, Barock- und klassizistische Anmutungen nebeneinander existieren. Der Hauptgrund für die Erneuerung war ein verheerendes Feuer, das im Jahr 1535 weite Teile der Stadt samt der Burg vernichtete.

Hinter dem Rathaus stehen die Reste der ehemaligen gotischen **Burg,** von der lediglich der westliche Flügel erhalten geblieben ist. Während hier bis zum 19. Jh. ein Gefängnis und ein Lager eingerichtet waren, beherbergt die Burg heute das **Stadtmuseum,** das der regionalen Geschichte mit Schwerpunkt auf der Goldgewinnung im Mittelalter gewidmet ist.

Die bedeutendste Sehenswürdigkeit der Stadt ist die **gotische Brücke** aus der zweiten Hälfte des 13. Jh., die sich unweit des Marktplatzes befindet. Es handelt sich hierbei um die älteste Steinbrücke in Tschechien, die sogar noch älter als die Karlsbrücke in Prag ist. Ähnlich wie die Karlsbrücke ist auch sie mit einigen barocken Statuen aus der Mitte des 18. Jh. geschmückt.

## Information

●**Informační centrum Zlatý mlýn,** Fügnerovo nám. 42, Tel. (0362) 3592, Mo.-Fr. 9.00-17.00 Uhr, im Sommer 9.00-19 00 Uhr. In der Nähe der Steinbrücke.

## Unterkunft

●**Hotel Bílá růže,** Šrámkova 169, Tel. (0362) 4931, 214931, Kapazität 50 Betten, DZ 75 DM. Direkt im Stadtzentrum, Zimmer mit Dusche, WC, TV und Telefon.
●**Hotel U kapličky,** Budějovická 2404, Tel./Fax (0362) 216269, Kapazität 50 Betten, DZ 75 DM, Zimmer mit Dusche, WC.
●**Penzion U Kloudů,** Nerudova 66, Tel. (0362) 215018, Kapazität 28 Betten, DZ 50 DM. Zentrale Lage, Zimmer mit Dusche, WC, Telefon und Fernseher.
●**Domov mládeže,** Budějovická 1664, Tel. (0362) 214983, Kapazität 400 Plätze. Das Studentenheim ist nur im Sommer geöffnet.

## Museen und Galerien

●**Stadtmuseum** (Prácheňské muzeum), Velké nám. 114, Tel. (0362) 4731, geöffnet

März-Dezember Di.-So. 9.00-18.00 Uhr. Regionale Geschichte, Flora und Fauna, Geschichte des Goldwaschens. Das Museum befindet sich auf dem Marktplatz.

## Aktivitäten

●Jährlich wird im Dorf Staré Kestřany bei Písek ein **Goldwasch-Wettbewerb** veranstaltet. Der Sieger bekommt ein Faß Bier. Weitere Informationen erhält man bei folgender Adresse: *Agentura Klub,* Nábřeží 1605, 39701 Písek, Tel. (0362) 4484.

## An- und Weiterreise

●Bei der Anreise sollte man lieber den Bus als den **Zug** wählen. Písek liegt nämlich nicht an der Hauptstrecke Plzeň – České Budějovice. Daher muß man in Ražice umsteigen. Der Hauptbahnhof (Písek-hlavní nádraží) befindet sich außerhalb des Zentrums neben dem Busbahnhof.

Gute **Busverbindungen** existieren nach Prag, Plzeň, České Budějovice und zu anderen Städten Südböhmens. Einmal wöchentlich gibt es einen direkten Bus nach Wien.

## Strakonice

Etwa 20 km südwestlich von Písek, am Zusammenfluß von Otava und Volyňka, liegt die Stadt Strakonice. Die Burg, um die später die Stadt entstand, wurde im 13. Jh. vom Geschlecht *Bavor* gegründet. Wenig später gehörte das frühgotische Gebäude bereits dem mächtigen **Johanniterorden.** In der Zeit der Hussitenkriege war Strakonice die Hochburg der katholischen Kirche und des antihussitischen Adels. Nachdem der Johanniterorden 1694 nach Prag übergesiedelt war, verlor die Stadt an Bedeutung. Erst ab Mitte des 18. Jh., als hier Manufakturen gegründet wurden, kam es in dem Ort wieder zu einem wirtschaftlichen Aufschwung.

Südböhmen

Die wichtigste Sehenswürdigkeit der Stadt ist die **Burg,** die heute das regionalgeschichtliche Museum beherbergt. Unter anderem wird hier auch die Geschichte des Goldwaschens am Otava-Fluß und die Tradition des Dudelsackpfeifens dargestellt. Sehenswert sind hier auch die Wandmalereien im Kapitelsaal und im Kreuzgang.

Ebenfalls zu erwähnen sind die **St.-Margaretha-Kirche** aus dem 16. Jh. und die **barocken Fleischbänke** auf der Südseite des Marktplatzes aus dem Jahr 1759.

### Information
●**Skitur,** Velké náměstí, 142, Tel. (0342) 27717.

### Unterkunft
●**Hotel Bavor,** Na ohradě 31, Tel. (0342) 22740, Fax (0342) 23567, Kapazität 200 Betten, DZ 110 DM. Das beste Hotel der Stadt, alle Zimmer mit Bad, WC, Telefon, Satelliten-TV und Minibar.
●**Hotel Garnet,** Zvolenská 186, Tel. (0342) 22665, Fax (0342) 23619, DZ 50 DM. Zimmer mit Dusche, WC.
●**Hotel Bílá růže,** Palackeho nam. 80, Tel. (0342) 22126, DZ 50 DM.

### Museen und Galerien
●**Regionalhistorisches Museum** (Muzeum středního Pootaví), Zámek 1, Tel. (0342) 22231. Untergebracht in der Burg, Geschichte der Region unter besonderer Berücksichtigung des Goldwaschens.

### An- und Weiterreise
●Strakonice liegt an der **Eisenbahnhauptstrecke** Plzeň – České Budějovice. Daher fahren mehrmals täglich Züge in beide Richtungen. Eine gute **Busverbindung** besteht auch nach České Budějovice, Prag, Plzeň, aber auch zu vielen anderen Städten Süd- und Westböhmens.

### Schloß Kratochvíle

Das Schloß Kratochvíle liegt inmitten von Wäldern, ungefähr 2 km von der Stadt Netolice entfernt, unweit der Hauptstraße von České Budějovice nach Plzeň. Das Schloß wurde von dem italienischen Architekten *Baltassare Maggi* in den Jahren 1583-89 für *Wilhelm Rosenberg,* den Bruder von *Peter Vok,* dem letzten Erben der Rosenberger Dynastie, gebaut. Das im Stil der italienischen Renaissance gehaltene Lustschloß ist italienischen Villen aus dem Gebiet von Veneto nachempfunden. Seit 1981 ist im Schloß das **Trick- und Puppenfilm-Museum** untergebracht. Die Geschichte des tschechischen Puppenfilmes wird hier anhand von Skizzen, Modellen und Puppen dargestellt. Unter anderem sind hier Puppen des berühmten Filmregisseurs *Jiří Trnka* ausgestellt.
●Schloß Kratochvile, Tel. (0338) 82380, Mai-September, Di.-So. 9.00-17.00 Uhr.

### Holašovice

Etwa 10 km westlich von České Budějovice befindet sich das Dorf Holašovice, das durch seine Volksarchitektur bekannt ist. Man spricht in diesem Zusammenhang vom **südböhmischen Dorfbarock.** Der Dorfplatz ist von rot, gelb und weiß getünchten Häusern umgeben, die zwischen 1830 und 1860 gebaut wurden.

### Hluboká nad Vltavou

Die Gemeinde und das Schloß Hluboká liegen etwa 6 km nördlich von

České Budějovice. Aus mehreren Gründen ist **Schloß Hluboká** das meistbesuchte Schloß Südböhmens.

Auf einem Felsplateau über der Moldau gründete *König Wenzel I.* in der ersten Hälfte des 13. Jh. eine königliche Burg, die im Laufe der Zeit vielen verschiedenen Besitzern gehörte und oft umgebaut wurde. Um die Mitte des 17. Jh. fiel das Schloß in den Besitz der Familie *Schwarzenberg,* die bis zum Jahr 1948 die Schloßherren blieben.

Sein heutiges Erscheinungsbild erhielt das Schloß, als der damalige Schloßbesitzer *Jan Adolf II. Schwarzenberg* in den Jahren 1839-71 einen **Umbau im Stil der Tudorgotik** vornehmen ließ. Windsor, das Schloß der englischen Könige, diente dabei als Vorbild. Von der ursprünglichen Burg aus dem 13. Jh. wie auch von den zahlreichen Umbauten im Renaissance- und Barockstil ist praktisch nichts erhalten geblieben. In der Nähe des Schlosses wurde ein großer englischer **Park** angelegt.

Die **Ausmaße des Schlosses** sind imposant: Einschließlich Korridoren und Treppenhäusern enthält das Schloß 262 Räume, davon sind 96 Zimmer mit historischem Mobiliar eingerichtet, von diesen sind wiederum die 27 schönsten dem Besucher zugänglich.

Was die **Einrichtung des Schlosses** betrifft, war man auch hier der englischen Tradition zugewandt. Neben der Tudorgotik war es der Stil der elisabethanischen Renaissance, der die gesamte Innenausstattung beeinflußte. Bemerkenswert ist besonders die Holztäfelung der repräsentativen Räume sowie die aus verschiedenen Holzsorten gefertigten Böden. Wertvoll sind auch Kronleuchter, Porzellan, Möbel, Gemälde und besonders die flämischen Tapiserien aus dem 17. Jh. Am Ausgang des Schlosses befindet sich eine Gemäldegalerie.

● **Schloß Hluboká,** Tel. (038) 965045, Di.-So. 9.00-17.00 Uhr, Oktober-April nur samstags, sonntags 9.00-16.00 Uhr geöffnet. Mittagspause 12.00-12.30 Uhr. Es besteht die Möglichkeit einer Führung sowie eines freien Rundgangs. Besichtigt wird dabei lediglich der Teil des Schlosses, der Interieur aus dem 19. Jh. enthält.

● **Südböhmische Aleš-Galerie** (Alešova jihočeská galerie), Tel. (038) 965041, tgl. 8.00-11.30 Uhr, 12.00-16.00 Uhr. Die ehemalige Schloßreitschule wurde zu einer Galerie umgebaut, in der Exponate südböhmischer gotischer Tafelmalerei und gotischer Bildhauerkunst ausgestellt werden.

Etwa 3 km vom Schloß in Richtung České Budějovice entfernt, in der Nähe des Teiches Bezdrev, befindet sich das in den Jahren 1708-13 gebaute **Jagdschloß Ohrada.** Im Jahr 1842 wurde hier ein **Museum** eingerichtet, das dem Jagdwesen gewidmet ist. In der Nähe des Schlosses befindet sich ein kleiner Tierpark, der ganzjährig geöffnet ist.

● Schloß Ohrada, Tel. (038) 965340, tgl. 8.30-18.00 Uhr. Geschichte der südböhmischen Teichwirtschaft und des Jagdwesens, Jagdtrophäen und ausgestopfte Tiere.

### Information

● **Informační centrum,** Masarykova 35, Tel. (038) 965329.

### Unterkunft

● **Hotel Štekl,** Hluboká nad Vltavou, Tel. (038) 965982, Fax 965943, Kapazität 92 Betten, DZ 170-230 DM. Hotel der gehobe-

**Südböhmen**

nen Kategorie in Schloßnähe, stilvoll eingerichtete Zimmer, Schwimmbad, Fitneßzentrum, Solarium, Parkplatz.
●***Hotel Bakalář,*** Masarykova 68, Tel./Fax. (038) 965516, Kapazität 30 Betten. Modern eingerichtete Zimmer mit Dusche und WC, DZ 60 DM.
●***Parkhotel,*** Masarykova 602, Tel. (038) 965281, Fax (038) 965341, Kapazität 110 Betten, DZ mit Dusche 40 DM. Ein altes, einfaches Hotel, nur ein Teil der Zimmer ist mit Dusche und WC ausgestattet.
●***Autokempink Křivonoska,*** Tel./Fax (038) 965258, Kapazität 230 Betten.

### Essen und Trinken
●***Eleonora,*** Bezručova 140, Tel. (038) 965741, tgl. 11.00-1.00 Uhr, Kapazität 40 Plätze. Eine nette Weinstube, die in ein Felsmassiv beim Pfad in Richtung Schloß eingelassen ist. Den letzten Schloßeigentümern diente der Raum als Fleischdepot.
●***Lovecká chata,*** Masarykova 602, Tel. (038) 965145, Di.-Fr. 11.00-15.00 Uhr, 18.00-23.00 Uhr, Sa., So. 11.00-15.00 Uhr, 18.00-22.00 Uhr.

### Einkaufen
●***Antikvariat,*** gegenüber des Kaufhauses nahe der Masarykova-Straße gelegen, Tel. (038) 965824, Mo.-Fr. 9.00-18.00 Uhr, im Sommer auch samstags und sonntags geöffnet. Auch deutschsprachige Bücher.

### An- und Weiterreise
●Anreise entweder mit dem Zug oder mit dem Bus von České Budějovice. ***Busse*** fahren ca. stündlich und halten am Parkplatz, etwa 15 Minuten vom Schloß, an. Der ***Bahnhof*** ist etwas weiter entfernt.

# České Budějovice (Budweis)

Mit etwa 100.000 Einwohnern ist Budweis die größte Stadt Südböhmens. Durch das hier gebraute ***Bier*** hat der Name der Stadt weltweite Berühmtheit erlangt. Von hier stammt

Marktplatz mit Rathaus in České Budějovice

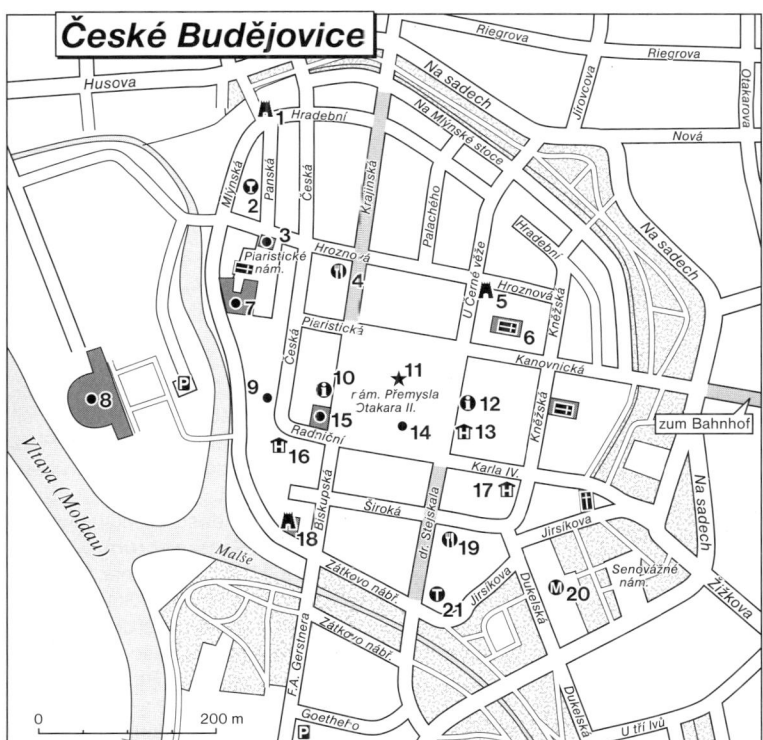

# Čes-ké Budějovice

**A 1** Rabensteiner Turm
**☉ 2** Weinstube Víno z Panské
**● 3** ehemaliges Salzlagerhaus
**⋒ 4** Bierstube Masné krámy
**A 5** Schwarzer Turm
**ⅱ 6** St.-Nikolaus-Kirche
**● 7** Dominikanerkloster
**● 8** Schwimmbad
**● 9** Endstation d. ehem. Pferdebahn
**❶ 10** Information
**★ 11** Samsonbrunnen
**❶ 12** Information
**🏦 13** Hotel Zvon
**● 14** Marktplatz
**● 15** Rathaus
**🏦 16** Hotel U solné brány
**🏦 17** Hotel Malý Pivovar
**A 18** Eiserne-Jungfrau-Turm
**⋒ 19** Pizza Restaurant Chaplin
**Ⓜ 20** Südböhmisches Museum
**☉ 21** Theater
▨ Fußgängerzone

etwa ein Viertel des aus Tschechien exportierten Bieres. Wie wichtig der Export für die Budweiser Bierproduktion ist, verdeutlicht die Statistik, derzufolge etwa die Hälfte des in České Budějovice gebrauten Bieres ins Ausland exportiert wird. Doch hat České Budějovice dem Besucher mehr zu bieten als Bier. Daß die **unter Denkmalschutz stehende Altstadt** mit ihrem geräumigen Marktplatz einen Besuch wert ist, belegen die jährlich steigenden Besucherzahlen.

## Geschichte

České Budějovice wurde im Jahr 1265 zusammen mit einem dominikanischen Kloster von *König Přemysl Otakar II.* als **königliche Stadt** gegründet. Zum Schutz vor feindlichen Eindringlingen wurde die am Zusammenfluß von Moldau und Malše errichtete Stadt von dicken **Stadtmauern** umgeben. České Budějovice sollte ein Bollwerk gegen das mächtige südböhmische Adelsgeschlecht *Rosenberg* bilden.

Eine wichtige Phase in der Stadtgeschichte bildet die **Regentschaft** *Karls IV.*, der České Budějovice eine Reihe von Privilegien zusicherte und hierdurch die wirtschaftliche Entwicklung ankurbelte. Im 16. Jh. pflegte die Stadt intensive Handelsbeziehungen zu Niederösterreich. Ein weiterer begünstigender Wirtschaftsfaktor war durch die Silberminen in Rudolfov (heute ein Vorort von České Budějovice) gegeben.

Einen Einbruch in die wirtschaftliche Entwicklung brachte der **Dreißigjährige Krieg,** unter dem die Stadt stark litt. Erst die Entwicklung moderner Industriebetriebe im 19. Jh. führte zu einem **neuen Aufschwung.** Wie vielerorts wurden auch in České Budějovice zu dieser Zeit die Stadtmauern niedergerissen, um dem städtischen Wachstum freien Lauf zu lassen. So umgeben heute anstelle dicker Wälle weiträumige Parkanlagen das Stadtzentrum von České Budějovice. Im 19.

Jh. wurde ebenfalls die heute weltberühmte **Brauerei** gegründet. Eine verkehrstechnische Innovation bedeutete die 1832 zwischen České Budějovice und Linz eröffnete **Pferdebahn.**

## Sehenswertes

Das Zentrum von České Budějovice bildet der viereckige **Marktplatz** des Ortes, der nach dem Gründer der Stadt, *König Přemysl Otakar II.,* benannt ist. Mit seinen Ausmaßen von 133x133 Metern handelt es sich um den größten Platz des Landes. Die Renaissance-, Barock- und klassizistischen Fassaden der Häuser mit ihren Laubengängen, die den Platz umgeben, bezeugen die frühere Pracht der Stadt.

Das Zentrum des Platzes bildet der imposante **Samsonbrunnen** aus dem Jahr 1720. Aus seiner Mitte erhebt sich eine barocke Statuengruppe mit vier Atlanten, die den Samson tragen. An der Westseite des Platzes befindet sich das **Rathaus,** das 1555 im Stil der Renaissance errichtet und zwischen 1727 und 1730 von *A. E. Martinelli* im Stil des Barock umgebaut wurde.

Nordöstlich des Platzes erhebt sich das Wahrzeichen der Stadt, der **Schwarze Turm.** Der 72 m hohe Turm wurde in der Mitte des 16. Jh. im Stil der Renaissance erbaut. Auf seiner Spitze befindet sich eine Aussichtsterrasse, die einen interessanten Blick auf das Zentrum der Stadt bietet. Gleich daneben steht die barocke **St.-Nikolaus-Kirche,** die im 17. Jh. an der Stelle einer 1641 durch ein Feuer vernichteten gotischen Kirche errichtet wurde. Wäh-

Marktplatz mit dem Schwarzen Turm im Hintergrund

rend des Dreißigjährigen Krieges wurden hier in den Jahren 1631-35 mit einjähriger Unterbrechung die böhmischen Krönungskleinodien aufbewahrt. Zu dieser Zeit gelangte ebenfalls das "Rosenkranzfest" von *Albrecht Dürer*, das heute Bestandteil der Nationalgalerie in Prag ist, in die hiesige Kirche.

Folgt man vom Marktplatz aus der Krajinská-Straße, gelangt man nach etwa 30 Metern zu einem interessanten Gebäude. Die *Masné krámy* oder auf deutsch *"Fleischbänke"* waren das Gebäude, wo im Mittelalter Fleisch verkauft wurde. Die ehemaligen Fleischbänke beherbergten heute die **berühmteste Bierstube von Budweis,** in der etwa 250 Personen Platz finden. Man kann sicher sein, daß man nirgends ein besseres Budweiser Bier erhält als in dieser traditionsträchtigen Umgebung.

Gleich hinter der Bierstube trifft man auf ein weiteres bemerkenswertes Baudenkmal: Es handelt sich um das **Dominikanerkloster mit der Marienkirche,** welche zusammen den ältesten Gebäudekomplex der Stadt bilden. Die Bauarbeiten an Kirche und Kloster begannen bereits im Jahr 1265. Hinter dem Kloster ist ein Teil der mittelalterlichen Stadtmauern erhalten geblieben. Neben dem Kloster befindet sich ein ehemaliges gotisches Gebäude aus dem Jahr 1531, das erst als Zeughaus und später als **Salzlagerhaus** diente. Der kleine Platz in der unmittelbaren Nachbarschaft dient heute als Markt für diverse Artikel wie billige Kleidung und Gartenzwerge.

Auf der gegenüberliegenden Seite beginnt die **Panská-Straße,** die, ähnlich wie das ganze Zentrum, unter Denkmalschutz steht. Hier ist die

Südböhmen

ursprünglich gotische Baubsubstanz der Stadt am besten erhalten geblieben. Am Ende der Straße erhebt sich der **Rabensteiner Turm** aus dem 14. Jh., der in späteren Jahrhunderten einige Male umgebaut wurde und ehemals ein Bestandteil der Stadtmauer war.

Ein anderer Turm, der früher auch zur Stadtmauer gehörte, ist der **Eiserne-Jungfrau-Turm** (Železná pana) am anderen Ende der Innenstadt. Um hierher zu gelangen, muß man vom Rabensteiner Turm zurück zum Kloster entlang der Stadtmauer und des Baches in südliche Richtung gehen.

In der heutigen Česká-Straße befindet sich die **ehemalige Endstation der Pferdebahn,** die hauptsächlich für den Salztransport genutzt wurde (Schild am Hause). Es handelte sich um die erste Pferdebahn auf dem europäischen Kontinent mit Ausnahme von England. Auf die Idee Südböhmen mit Österreich zu verbinden kam *F. J. Gerstner,* Gründer der Prager Technischen Hochschule, schon im Jahre 1808. Aber erst sein Sohn, *František Antonín Gerstner,* verwirklichte diesen Plan und begann 1825 mit dem Bau der Pferdebahn. Sieben Jahre später wurde sie in Betrieb gesetzt und blieb 40 Jahre lang bestehen. Der letzte Pferdezug kam im Jahre 1872 nach Budweis. Danach wurde sie durch moderne Verkehrsmittel ersetzt.

### Praktische Hinweise

### Information

● **Turistické a mapové centrum,** nám. Přemysla Otakara II., am Marktplatz im Hinterhof links vom Hotel Zvon, Mo.-Fr. 9.00-17.30 Uhr, Sa. 8.30-17.30 Uhr, So. 9.00-11.00 Uhr, 16.00-17.30 Uhr. Zimmervermittlung, Stadtführungen, Verkauf von Karten, Stadtplänen und Reiseführern.

### Unterkunft

● **Hotel Zvon,** náměstí Přemysla Otakara II. 28, Tel. (038) 7311383, 7311384, Fax (038) 7311385, Kapazität 150 Betten, DZ 90 DM. Alle Zimmer mit Fernseher, Telefon, Bad und WC, hauseigene bewachte Garage. Das beste Hotel am Ort. Bereits *Kaiser Franz Josef II.* nächtigte hier. Das direkt am Marktplatz gelegene Hotel ist in einem Haus untergebracht, das bereits seit dem 16. Jh. als Wirtshaus diente. 1993 wurde das Hotel rekonstruiert. Romantikern ist das Zimmer 702 mit dem ausgebauten Dachboden mit Blick auf den Marktplatz zu empfehlen. Im Café Mozart im ersten Stock ist eine holzge-

Südböhmische Volksarchitektur

schnitzte Decke aus dem 16. Jh. erhalten geblieben.

●*Hotel Malý Pivovar,* ulice Karla IV., 8-10, Tel. (038) 7313285, Fax (038) 7313287, Kapazität 60 Betten. Alle Zimmer mit Fernseher, Telefon, Dusche und WC, DZ 80 DM. Ein neues Hotel in einem alten Haus, zentrale Lage, nur etwa 50 Meter vom Marktplatz entfernt.

●*Hotel Bohemia,* Hradebni 20, Tel./Fax (038) 7311381, Kapazität 20 Plätze, Zimmer mit WC, Dusche, TV, DZ ab 70 DM. Gute Lage am Rande der Altstadt etwa 5 Minuten vom Marktplatz.

●*Hotel U solné brány,* Radnični ulice 11, Tel. (038) 59885, 58625, 58748, Fax (038) 58561, Kapazität 60 Betten, DZ 80 DM. Alle Zimmer mit Fernseher, Telefon, Bad und WC. Das 1994 eröffnete Hotel befindet sich in einem alten Haus, ruhige Lage, nur etwa 100 Meter vom Marktplatz entfernt.

●*Hotel Grand,* Nádražní 27, Tel. (038) 56503, Fax (038) 52268, Kapazität 130 Betten, DZ 60 DM. Das Hotel liegt gegenüber dem Bahnhof, alle Zimmer mit Dusche, WC, bewachter Hotelparkplatz, zum Zentrum etwa 15 Minuten zu Fuß.

●*Hotel Gomel,* Čechova 52, Tel. (038) 7311392, Fax (038) 7311365, Kapazität 420 Betten, DZ 110 DM. Außerhalb des Zentrums gelegenes, modernes Hochhaus, Zimmer mit Bad und WC.

●*Hotel Máj,* Větrná 13, Tel. (038) 40525, 43234, Fax (038) 42800, Kapazität 60 Betten, DZ 110 DM. Zimmer mit Dusche/WC. Außerhalb des Zentrums im Stadtviertel Máj.

●*Garni Hotel,* Dobrovodská 120, Tel. (038) 7412382, Kapazität 36 Betten, DZ 50 DM. Zwei- und Dreibettzimmer mit Dusche und WC, mit IYHF-Ausweis Ermäßigung. Im Ortsteil Suche Vrbno, vom Bahnhof mit Bus Nr. 3.

●*Hotel Hobit,* Rudolfska 25, Tel. (038) 35438, Kapazität 13 Betten, Zimmer mit Dusche, WC, DZ 60 DM. Eher eine Pension, liegt an einer der Hauptverkehrsadern, deshalb etwas laut, etwa 10 Min. vom Bahnhof entfernt.

●*Garni Hotel K.I.T.,* Kostelní 22, Tel. (038) 35616, Kapazität 32 Betten, DZ 55 DM. Neues Familienhotel, Zimmer mit Dusche, WC, TV, zentrale Lage.

●*Motel Dlouhá louka,* Stromovka 8, Tel. (038) 7311757, Kapazität 100 Betten, DZ 55 DM. Zimmer mit Dusche/WC, TV, ruhiges Hotel in einem Park, etwa 1 km vom Zentrum entfernt.

●*Penzion u Železných,* Skuherského 41, Tel. (038) 27180, Kapazität 18 Betten, DZ 50 DM. Eine Familienpension in der Nähe des Zentrums, Zimmer mit Bad/WC.

●*Autocamping Stromovka,* Litvinovická 370, Tel. (038) 53402, Kapazität 150 Betten. Liegt in einem Waldpark am Rande der Stadt.

## Essen und Trinken

●*Staré časy* (Alte Zeiten), im Hotel Zvon, náměstí Přemysla Otakara II. 28, Tel. (038) 7311383, tgl. 11.00-15.00 Uhr, 17.00-23.00 Uhr. Ein Hotelrestaurant mittlerer Klasse im ersten Stock, abends mit Klaviermusik. Im Hause gibt es außerdem noch zwei andere, etwas preiswertere Restaurants.

●*Masné krámy,* Krajinská 13, Tel. (038) 32652, 37957, Fax (038) 32652, tgl. 10.00-22.00 Uhr, Kapazität 250 Plätze, in einem langen Raum mit vielen Nischen. Hier bekommt man das beste Budweiser Bier in der Stadt. Die volkstümliche Gaststätte ist in einem Haus aus dem 14. Jh. untergebracht, wo im Mittelalter Fleischwaren verkauft wurden.

●*Pizza Restaurant Chaplin,* dr. Stejskala 13, Tel. (038) 56351, Mo.-Do., So. 9.00-24.00 Uhr., Fr., Sa. 9.00-2.00 Uhr, Kapazität 50 Plätze. Außer Pizza werden hier auch Steaks serviert. Dazu bietet das Haus eine gute Auswahl an Weinen. Die Wände sind mit Fotos aus Filmen mit *Charly Chaplin* geschmückt.

●*Víno z Panské,* Panská 14, Tel. (038) 38336, Mo.-Fr. 10.00-22.00 Uhr, Kapazität 20 Plätze. Eine nette Weinstube, untergebracht in einem gotischen Haus mit teilweise original erhaltenem Holzinterieur, nur kalte Speisen, dazu eine Auswahl von etwa 30 Weinsorten, davon sechs vom Faß, im Erdgeschoß befindet sich ein Weingeschäft. Noch nicht touristisch erschlossen, deshalb ruhige und nette Atmosphäre.

●*Vídeňská kavárna,* Hroznová 8, Tel. (038) 54001, Kapazität 70 Plätze. Kleines Café und Bar, im Café gibt es eine alte Balkendecke zu sehen.

## Museen und Galerien

● *Südböhmisches Museum* (Jihočeské muzeum), Dukelská 1, Tel. (038) 7311528, Di.-So. 10.00-18.00 Uhr, im Winter 9.00-17.00 Uhr. Naturwissenschaftliche Sammlungen, die Geschichte des Mittelalters, Kunst des 17.-18. Jh.

● *Pferdebahnwärterhaus* (Strážní domek koněspřežní železnice), Mánesova 10, Tel. (038) 54820, Di.-So. 9.00-12.00 Uhr, 12.30-17.00 Uhr. Alte Fotos, Modelle, Erinnerungsstücke und andere Dokumente zur Pferdebahn zwischen České Budějovice und Linz.

● *Haus der Kunst,* náměstí Přemysla Otakara II. 38, Tel. (038) 56646. Moderne Kunst.

● *Galerie K,* U Černé věže 2, Tel. (038) 57769. Moderne Kunst am Schwarzen Turm.

## Einkaufen

● *Víno z Panské,* Panská 14, Mo.-Fr. 10.00-12.00 Uhr, 13.00-19.00 Uhr, Sa. 8.00-12.00 Uhr. Verkauf von guten mährischen Weinen.

● *Keramika z podloubí,* Krajinská 21, Tel. (038) 33956, Mo.-Fr. 9.00-18.00 Uhr, Sa. 9.00-13.00 Uhr. Gute Auswahl an Kunstkeramik.

● *Bohemia Crystal,* náměstí Přemysla Otakara II. (neben dem Informationszentrum). Glasgeschäft.

● *Gramodesky,* náměstí Přemysla Otakara II. 5, Mo.-Fr. 8.00-18.00 Uhr, Sa. 9.00-12.00 Uhr. Geschäft mit CDs, klassischer Musik, Pop, Rock, Jazz.

● *Antique,* Hroznová ulice 34, Mo.-Fr. 9.00-13.00 Uhr, 13.30-17.00 Uhr, Sa. 9.00-12.00 Uhr. Ein kleiner Antiquitätenladen in der Nähe der Gaststätte *Masné krámy.*

● *Jihočeská krajka,* Piaristická (gleich an der Ecke des Marktplatzes), Mo.-Fr. 9.00-18.00 Uhr, Sa. 9.00-12.00 Uhr. Böhmische Spitzen und Holzspielzeuge.

## An- und Weiterreise

● Der *Bahnhof* liegt ca. 15 Minuten vom Stadtzentrum entfernt. Zum Marktplatz führt die Lannova-Straße. Es bestehen gute Zugverbindungen nach Prag, Plzeň, Brno, Summerau, Gmünd und im Sommer nach Linz in Österreich. Am Grenzübergang České Velenice/Gmünd hat man Anschluß an Schnellzüge nach Wien.

● Der *Busbahnhof* liegt neben dem Bahnhof. Es fahren mehrmals täglich Busse nach Prag, Plzeň, Brno, Bratislava, Karlovy Vary und in andere größere tschechische Städte. Direkt-Busse fahren nach Weitra, Linz, Wien, Salzburg (im Sommer), München, Nürnberg, Passau, Regensburg und Frankfurt a.M.

# Südöstlich von České Budějovice

Im südöstlich gelegenen Teil Südböhmens, Richtung Gmünd, sind zwar kaum Kulturdenkmäler zu entdecken, doch finden Naturliebhaber hier eine *landschaftliche Idylle,* die mit kleinen Gemeinden und Städtchen durchsetzt ist. Hier, in der Nähe der Stadt Nové Hrady, an der Grenze zu Österreich wurden in der ersten Hälfte des 19. Jh. die ersten Naturschutzgebiete des Landes eingerichtet. Es handelte sich um den Žofín-Urwald und den Hojná-Voda-Urwald.

## Trocnov

Der Ort Trocnov ist historisch mit dem hussitischen Heeresführer *Jan Žižka* verbunden, der hier um 1370 geboren wurde. Das heutige Dorf Trocnov ist eines von vielen kleinen südböhmischen Dörfern und hat über die *Jan-Žižka-Geburtsstätte* hinaus nichts Bemerkenswertes zu bieten.

Die Geburtsstätte liegt etwa 3 km von der Hauptstraße entfernt in der Nähe der Gemeinde Borovany. Von der Hauptstraße aus, die durch Trocnov führt, weisen Schilder mit der Aufschrift "Žižkovo rodiště" und "památník" dem Ortsunkundigen den Weg. Von der Eisenbahnhaltestelle Trocnov-zastávka aus führt ein blau markierter, etwa 1,5 km langer Wanderpfad ebenfalls ans Ziel.

Die Gestaltung des Areals, wie man es heute sieht, stammt aus dem Jahr 1974. In diesem Jahr wurde im ehemaligen Hegerhaus das Žižka-Museum eröffnet und das Žižka-Denkmal in der Mitte der Wiese aufgestellt.

● Jan-Žižka-Geburtsstätte (Památník Jana Žižky z Trocnova), Mai-August Di.-So. 8.00-12.00 Uhr, 13.00-17.00 Uhr, September 9.00-12.00 Uhr, 13.00-17.00 Uhr, April, Oktober nur samstags, sonntags 9.00-12.00 Uhr, 13.00-16.00 Uhr.

Im Laufe archäologischer Ausgrabungen in den Jahren 1921-37 und 1956 wurden hier die **Reste zweier mittelalterlicher Güter** entdeckt. Die Fundamente des ersten befinden sich gleich neben dem Museum am Anfang des hier angelegten **archäologischen Lehrpfades.** Es handelt sich um die Reste des Hauses eines Landedelmannes, das hier bis zum 17. Jh. stand. Folgt man nun dem markierten Lehrpfad, gelangt man nach einigen Minuten zu der Stelle, wo laut Überlieferung *J. Žižka* um 1370 geboren wurde. Nahe dem Denkmal, das diese Stelle markiert, befinden sich die Fundamente des zweiten Gutes. Der Lehrpfad beginnt und endet am Parkplatz am Museum, führt durch eine Wiese und ein

Wäldchen und ist etwa 1 km lang. Der kleine Spaziergang ist allen Naturfreunden zu empfehlen.

## Trhove Sviny

Die Stadt, die in der zweiten Hälfte des 13. Jh. gegründet wurde, befand sich für einige Jahrhunderte im Besitz der Rosenberg-Familie. 1420 wurde der Ort zusammen mit der hiesigen Burg von hussitischen Truppen gebrandschatzt. In der Gemeinde befindet sich die **Mariä-Himmelfahrtkirche,** ursprünglich aus dem 13. Jh., jedoch im 15. Jh. durch einen Umbau stark verändert. Als sehenswert gilt unter Kunsthistorikern das Barockinterieur der Kirche. Unweit der Stadt befindet sich die barocke **Dreifaltigkeitskirche,** die zu Beginn des 18. Jh. errichtet wurde.

## Unterkunft

● **Pension Centrum,** Žižkovo náměsti 140, Tel. (0335) 21505, Kapazität 10 Betten, Zimmer mit Dusche, WC, DZ 45 DM. Die Pension liegt direkt am Marktplatz. Einige Zimmer bieten Blick auf das Rathaus und den Marktplatz. Im Erdgeschoß befindet sich ein Restaurant.

## An- und Weiterreise

● Man reist am besten mit dem **Bus** aus České Budějovice an.

## Žumberk

Die ersten schriftlichen Quellen über das heutige Žumberk, ursprünglich Sonnenberg, stammen aus dem Jahr 1279. Bei Žumberk handelt es sich um die **einzige erhaltene mittelalterliche Dorffestung des Landes.**

Südböhmen

201

Im 16. Jh. wurde die Festung im Renaissancestil umgebaut und mit einer Steinmauer umgeben. Die Mauer ist teilweise erhalten geblieben, ebenso fünf von ihren ehemals sechs Türmen. Einer der Besitzer von Žumberk war *Peter Vok,* der letzte Herrscher des Rosenberg-Geschlechtes.

Heute befindet sich in Žumberk das **Museum für Volksmöbel** (Muzeum lidového nábytku), Tel. (0335) 92124, Mai-September Di.-Fr. 9.00-17.00 Uhr, April, Oktober nur samstags, sonntags 9.00-16.00 Uhr. Ausgestellt sind folkloristisch bemalte Möbel aus verschiedenen Regionen Südböhmens.

## Nové Hrady

Die **verschlafene kleine Stadt** liegt ungefähr vierzig Kilometer südöstlich von České Budějovice, nur wenige Kilometer von der tschechisch-österreichischen Grenze entfernt. Touristisch hat die Stadt dem Besucher nur wenig zu bieten. Interessanter ist die Umgebung der Stadt und die durch den **Gebirgszug Novohradské hory** geprägte umliegende Landschaft.

Die **erste Erwähnung** der Burg, die das Zentrum der Ansiedlung Nové Hrady bildet, stammt aus dem Jahr 1279. Die Gemeinde befand sich zunächst im Besitz der Herren *von Landštejn,* die einen hier verlaufenden Handelsweg vor räuberischen Überfällen bewahrten. Später gelangte die Burg in den Besitz der Familien *Rosenberg, Žvamberk* und *Buquoy.* Die letzten Besitzer der Burg, die Familie *Buquoy,* bezog Anfang des 19. Jh. ein am Rande der Stadt erbautes **Empireschloß,** das bis 1945 als ihr Familiensitz diente.

Das Zentrum der Stadt bildet ein eher uninteressanter viereckiger **Marktplatz.** Das prächtigste Gebäude am Marktplatz ist das **Rathaus.** Etwa 100 m vom Marktplatz liegt die **Burg.** Sie wird zur Zeit restauriert, und der Stand der Arbeiten 1996 deutete darauf hin, daß es noch eine Weile dauern wird, bis die Burg der Öffentlichkeit zugänglich gemacht wird.

Die Glashütten, die in der Umgebung der Stadt Ende des 18. Jh. gegründet wurden, spezialisierten sich auf die Herstellung von Hyalit, auch **schwarzes Glas** genannt. Hyalit ist ein mit Mangan dunkelrot bis schwarz gefärbtes Glas, das zum ersten Mal 1818 gefertigt wurde. Bis zur Schließung der Burg waren im hiesigen Museum einige Exponate aus Hyalit zu sehen. Da das schwarze Glas nicht mehr hergestellt wird (die geheime Rezeptur ist nicht erhalten geblieben), stellen die ausgestellten alten Exponate eine Rarität dar.

Die einzig interessante Sehenswürgigkeit ist die hiesige **Kirche,** die nur einige Schritte vom Markplatz entfernt liegt und wertvolles Barockinterieur (Hochaltar und Kanzel) vorzuweisen hat.

### Information

● **Reisebüro Mibor,** Náměstí 57, Tel. (0335) 92418, geöffnet im Juli und August 8.00-18.00 Uhr, ansonsten nur nachmittags. Wechselstube, Kartenverkauf, Zimmervermittlung. Liegt direkt auf dem Marktplatz.

## Unterkunft

●*Penzion Hamr,* Terezino údolí, Nové Hrady, Tel. (0335) 92252, Kapazität 23 Betten, Zimmer mit Dusche und WC, DZ 50 DM. Das Restaurant ist tgl. 11.00-23.00 Uhr geöffnet. Die Pension liegt direkt am Anfang des Waldparks.

●*Penzion Lázničky,* Terezino údolí, Nové Hrady, Tel. (0335) 92201, Kapazität 24 Betten, DZ 60 DM. Die Pension befindet sich in einem ehemaligen Kurbad aus dem 19. Jh. inmitten idyllischer Natur im Terezino údolí. Zimmer mit Bad/WC, Telefon, TV. In der Pension befindet sich eine Sauna, Anfahrt durch das Flußtal, etwa 1 km vom Parkeingang entfernt. Restaurant Di.-So. 10.30-23.00 Uhr geöffnet.

## Essen und Trinken

●*U Heidingeru,* Náměstí, geöffnet tgl. 10.00-22.00 Uhr. Einfache und billige Bierstube auf dem Marktplatz.

● *Tereza,* Náměstí, geöffnet tgl. 9.00-22.00 Uhr. Weinstube auf dem Markplatz.

## Einkaufen

●*Keramika,* Náměstí, geöffnet Mo.-Fr. 8.00-12.00, 12.30-18.00 Uhr.

## An- und Weiterreise

●Anreise mit *Bus* oder *Zug* aus České Budějovice.

## Terezino údolí

Etwa zwei Kilometer von Nové Hrady entfernt, in Richtung Horní Stropnice, liegt das *Arboretum Terezino údolí.* Es handelt sich hierbei um einen in der zweiten Hälfte des 18. Jh. durch den Grafen *Georg von Buquoy* gegründeten *Waldpark,* der zu Ehren seiner Frau *Theresie* Theresiental genannt wurde. Die Fläche des Waldparks, der neben künstlichen Teichen auch einen Wasserfall und einige Gebäude enthält, von denen

zwei als Pension dienen, beträgt 69 Hektar. Vom Parkplatz führt ein sechs Kilometer langer Rundweg durch den Waldpark, der rot markierte Weg führt zum Schlößchen Cuknštejn im oberen Teil des Parks.

## Cuknštejn

Das *Schlößchen Cuknštejn* wurde zwischen 1488-1491 erbaut. Es diente lange Zeit als Residenz eines Kleinadligen und ist eine der wenigen Residenzen dieser Art, die im Lande erhalten geblieben sind. Die *kunsthistorische Bedeutung* des Schlößchens besteht darin, daß Cuknštejn ohne bauliche Veränderungen seit über 400 Jahren existiert. Heute befindet sich das leerstehende Gebäude leider in einem *schlechten Zustand.* Der Besuch lohnt sich nur für Architekten und Historiker. Das Schloß erreicht man mit dem Auto von der Gemeinde Světvi aus durch eine 500 Meter lange Landstraße oder zu Fuß vom Terezino údolí kommend über den rot markierten Wanderweg.

# Südwestlich von České Budějovice

## Český Krumlov (Böhmisch Krummau)

Inmitten einer grünen Hügellandschaft zu beiden Seiten der Moldau liegt Český Krumlov, die Stadt, deren *mittelalterlicher Stadtkern* Besucher aus aller Welt anzieht. Dank der

Südböhmen

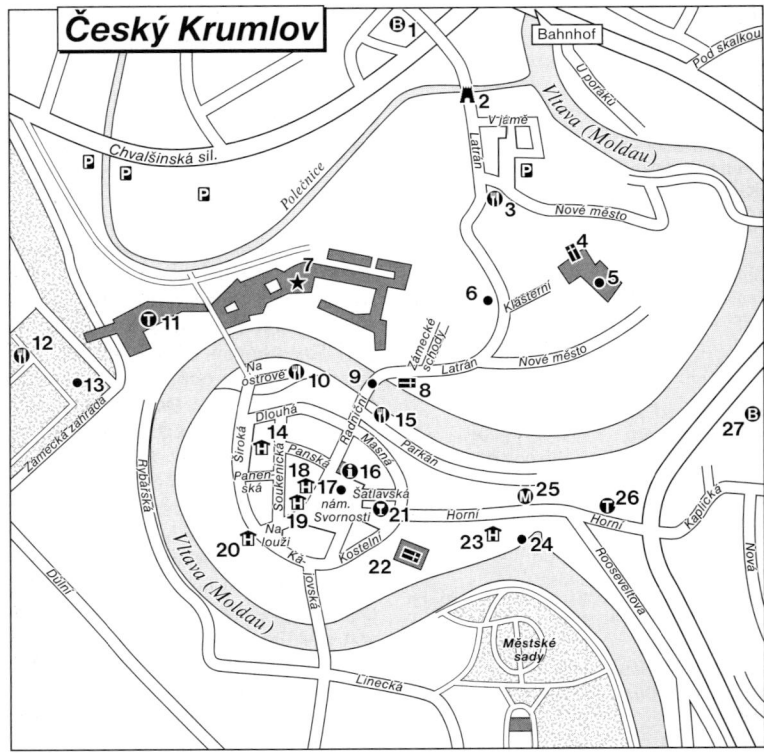

Tatsache, daß die neuen Stadtviertel Český Krumlovs weit entfernt vom alten Teil der Stadt errichtet wurden, blieb dieser von Erneuerungen nahezu unberührt und bietet Besuchern eine mittelalterlich anmutende, *romantische Atmosphäre.* Besonders abends, wenn alle Tagesbesucher die Stadt verlassen haben, wähnt man sich hier leicht in einer anderen, längst vergangenen historischen Epoche. Romantikern ist also zu empfehlen, über Nacht zu bleiben und abends durch die ruhige Stadt zu schlendern.

### Geschichte

Český Krumlov wurde in der Mitte des 13. Jh. von den Wittigonen gegründet. Als ein Familienzweig der Wittigonen im Jahr 1302 ausstarb, fiel die Burg samt der Stadt an einen anderen Familienzweig, die sich die Rosenberger nannten. Genau 300 Jahre lang wurde die Stadt die Residenzstadt der Rosenberger. 1602 dann verkaufte der letzte Vorstand dieser mächtigsten südböhmischen Familie, *Peter Vok,* das Schloß samt der Stadt an *König Rudolf II.* Nach der Schlacht am Weißen Berg geriet Böhmisch Krummau, wie die Stadt auch deutsch heißt, in die Hände der Familie *Eggenberger.* Nach deren Aussterben übernahm die Familie *Schwarzenberg* schließlich Burg und Gemeinde.

### Sehenswertes

Der alte mittelalterliche *Stadtkern* besteht aus *drei Teilen:* der Altstadt, dem an die Burg grenzenden Latrán-Viertel und dem Burgareal.

Durch die Stadt fließt von Süden nach Norden die *Moldau,* die hier, einen großen Mäander bildend, die gesamte Altstadt und Latrán umfließt.

Als Ausgangspunkt für eine Besichtigung der für den Autoverkehr gesperrten Stadt nehme man den großen Parkplatz unterhalb der Burg. Durch das *Budweiser Tor,* das in den Jahren 1596-98 errichtet wurde, betritt man das Latrán-Viertel. Die *Latrán-Straße* mit ihren gotischen und Renaissancehäusern, von denen viele mit Renaissance-graffiti geschmückt sind, führt zum ersten Burghof. Neben den vielen alten Gebäuden ist bei diesem Spaziergang besonders die alte *Renaissancegaststätte U města Vídně* (Zu der Stadt Wien), die zur Zeit geschlossen ist, zu beachten. Es wird behauptet, daß sie sich in den letzten 400 Jahren nur wenig verändert hat. Daß die Behauptung stimmen mag, belegen die einfache Holzeinrichtung und das alte Gewölbe der Gaststätte, in der einfache Gerichte und Krummauer Bier serviert wurden.

Einige Meter weiter links befindet sich das *Minoritenkloster* aus der Mitte des 14. Jh. mit der *Kirche des Göttlichen Leibes* (kostel Božího těla), die im 17. Jh. umgebaut wurde. Durch ein großes Tor auf der rechten Seite betritt man den *ersten Burghof,* dessen runder *gotischer Turm* zu den ältesten Teilen der Burg gehört. Vom Turm aus genießt man einen herrlichen Blick auf die Stadt.

Der *ausgedehnte Burgkomplex* ist nach dem Prager Hradschin die zweitgrößte Burg des Landes und besteht aus zwei Teilen: dem älteren unteren und dem jüngeren oberen Teil, der sich Besuchern als prächtiges *Renaissanceschloß* darbietet. Die umfangreichen Bauarbeiten jedoch verschlangen solche Mengen Geldes, daß *Peter Vok,* der letzte Erbe der Rosenberger Dynastie, das

Schloß samt der Stadt an *König Rudolf II.* verkaufen mußte. Die Aufmersamkeit des Besuchers verdienen insbesondere die ausgestellten Kostbarkeiten der **Inneneinrichtung** des Schlosses: Waffen, Porzellan, alte Kutschen, altes Mobiliar und besonders die in der Schloßgalerie präsentierte Sammlung von 28 flämischen Tapisserien.

● Schloß (Zámek), Tel. (0337) 2075, Mai-September Di.-So. 8.00-17.00 Uhr, April, Oktober 9.00-16.00 Uhr.

Ebenfalls einen Besuch wert ist der Schloßgarten, zu dem man vom vierten Burghof aus über eine **überdachte Brücke** aus dem 18. Jh. gelangt. Bemerkenswert ist das Gebäude rechts hinter der Brücke, bei dem es sich um ein **Barocktheater** handelt, das in den Jahren 1760-66 erbaut wurde. Man sollte wissen, daß es sich hierbei um das einzige Barocktheater in Europa handelt, das samt Dekorationen und Kostümen im Originalzustand erhalten geblieben ist. Zur Zeit wird das Theater rekonstruiert. Das im 18. Jh. errichtete Gebäude neben dem Theater beherbergte ehemals die Reitschule. Heute dient es kulturellen Zwecken.

Geht man noch einige Meter weiter, gelangt man zum Eingang des **Schloßgartens,** der im 16. Jh. angelegt wurde. Die heutige Gestaltung des Gartens stammt aus dem 18. Jh. In der Mitte befindet sich eine kaskadenförmige Fontäne mit Skulpturen, links davon steht das Lustschloß Bellarie, errichtet in den Jahren 1706-1708. Außerdem wurde hier im Schloßgarten 1960 eine drehbare Bühne installiert. Im Sommer werden

hier im Freien Theateraufführungen veranstaltet, bei denen die Zuschauer den wechselnden Standorten des schauspielerischen Geschehens auf der drehbaren Bühne folgen.

Ins Latrán-Viertel zurückgekehrt, kann man seinen Spaziergang in Richtung der **Holzbrücke Lazebnický most** fortsetzen. Vor der Brücke sieht man die ehemalige Spitalkirche **St.-Jost-Kirche** (kostel sv. Jošta), gegründet im 14. Jh., umgebaut im 16.-17. Jh. Über die Brücke betritt man dann die Altstadt. Entlang der Radniční-Straße gelangt man nach einigen Metern zu dem viereckigen **Marktplatz,** in dessen Mitte eine **Mariensäule** aus dem Jahr 1716 steht. Mit der Hilfe der UNESCO wurden die umliegenden Häuser, die zum überwiegenden Teil gotischen Ursprungs sind, in den letzten Jahren vollständig renoviert, so daß ihre **Renaissance- und Barockfassaden** sich dem Besucher im Sonntagsstaat präsentieren. Besondere Aufmerksamkeit verdient auf dem Marktplatz das weißgestrichene **Rathaus** mit seinem Laubengang und seiner prächtigen Renaissancefassade.

Über die Horní-Straße gelangt man zur gotischen **St.-Veits-Kirche** aus dem 14. Jh., deren Inneres vorwiegend aus der Zeit des Barock stammt. Man beachte besonders die feinen Netzgewölbe der Kirche.

Nur einige Meter entfernt befindet sich die **ehemalige Jesuitenresidenz mit Seminar** aus dem 16. Jh. Nachdem der Jesuitenorden im Jahr 1773 von *Josef II.* aufgelöst wurde, dienten die Gebäude als Kaserne und ab 1889 als Hotel. Nach dem Zweiten

Weltkrieg waren hier Büros und Lagerhäuser untergebracht. Heute beherbergt die ehemalige Jesuitenresidenz erneut ein Hotel, das Hotel *Růže*. Gegenüber ist in einem Gebäude aus dem 17. Jh. das **Heimatmuseum** des Ortes untergebracht. Neben einem Stadtmodell werden dem Besucher hier die verschiedensten Exponate zur Geschichte der Region präsentiert.

Der hier beschriebene kleine Spaziergang ist nur als "Appetithäppchen" zum Kennenlernen der Stadt zu verstehen. Das Übrige muß jeder Besucher selbst entdecken. Der Reiz der Stadt liegt nämlich nicht nur in seinen architektonischen Monumenten, sondern in der besonderen Atmosphäre, welche die Architektur gemeinsam mit der umliegenden Landschaft und dem Rauschen der Moldau schafft.

## Information

● **Infozentrum,** nám. Svornosti 1, Tel. (0337) 5670, Fax (0337) 2725, 5670. Auskunft, Wechselstube, Zimmervermittlung, (Kartei mit Fotos von allen angebotenen Zimmern vorhanden), Führungen, Karten-, Reiseführerverkauf, Gepäckaufbewahrung. Der Preis für eine Privatunterkunft beträgt ca. 55 DM für ein DZ. Die Info-Stelle liegt direkt auf dem Marktplatz.

## Unterkunft

● **Hotel Růže,** Horní 153, Tel. (0337) 5481, Fax (0337) 3881, Kapazität 101 Betten. Das beste Hotel der Stadt ist in dem ehemaligen Jesuitenseminar untergebracht und wurde bereits 1889 eröffnet. Schöne Lage hoch über der Moldau und nur etwa fünf Minuten vom Marktplatz entfernt. Komfortabel eingerichtete Zimmer mit TV, Telefon, Minibar, Bad und WC. Außerdem gibt es hier noch 12 Mönchzellen, die nur mit Waschbecken ausgestattet sind. Die Hotelterrasse bietet

einen herrlichen Blick auf die Moldau, DZ um 100 DM. Bewachter Parkplatz, Mountain-bike-Verleih.

● **Hotel Straninger,** Široká 49, Tel./Fax (0337) 2276, Kapazität 10 Betten, DZ 80 DM. Komfortabel eingerichtete Zimmer mit TV, Telefon, Minibar, Bad und Toilette. Das Hotel ist in einem Barockhaus aus dem 17. Jh. untergebracht, in einigen Zimmern sind alte Balkendecken aus Holz erhalten. Zentrale Lage, eigener Parkplatz.

● **Hotel Krumlov,** nám. Svornosti 14, Tel. (0337) 2255, Fax (0337) 3881, Kapazität 79 Betten, DZ 70 DM. Zentrale Lage am Marktplatz, Zimmer mit Dusche und WC.

● **Pension Goldener Engel,** nám. Svornosti 10, Tel. (0337) 712310-15, Fax (0337) 712735. Nette kleine Pension direkt am Marktplatz.

● **Hotel Vyšehrad,** Vyšehrad 172, Tel. (0337) 5311, Fax (0337) 3070, DZ 55 DM. Ein älteres Gebäude auf einer Anhöhe außerhalb des Zentrums, einige Zimmer bieten einen schönen Blick auf die Stadt, Zimmer mit Dusche, WC auf dem Flur.

● **Pension Na louži,** Kájovská 66, Tel./Fax (0337) 5495, Kapazität 13 Betten, DZ ca. 55 DM. Zentrale Lage nur wenige Meter vom Altmarkt entfernt. Die Zimmer sind mit Holzmöbeln im rustikalen Bauernstil der 30er Jahre eingerichtet, Dusche und Toilette auf dem Zimmer.

● **Pension Katka,** Linecká 51, Tel. (0337) 5243, Kapazität 18 Betten, DZ 50 DM. Liegt im Zentrum, Zimmer mit Dusche/WC.

● **Pension Bela,** Latrán 32, Tel. (0337) 4764, Kapazität sechs Betten, DZ 50 DM. Die Pension liegt in der Nähe des Schlosses.

● **Mini-Hotel Abraka,** Kájovská 64, Tel. (0337) 2080, DZ 75 DM. Zimmer mit Dusche, WC. Zentrale Lage in der Nähe des Marktplatzes.

## Essen und Trinken

● **Rožmberská restaurace,** Horní 153, geöffnet 11.00-23.00 Uhr, Kapazität 90 Plätze. Das Restaurant des Hotels Růže bietet eine große Auswahl von Gerichten. Wie in den meisten Hotelrestaurants herrscht auch hier eine eher sachliche Atmosphäre.

**Südböhmen**

●*Hotel Straninger,* Široká 49. Hotelrestaurant mit einer Kapazität für 29 Gäste, gute Küche, gemütliche Atmosphäre. Die Holzdecke aus dem Jahre 1772 ist beachtenswert.

●*Na louži,* Kájovská 66, Tel. (0337) 5495. Einfache Gaststätte mit Holztäfelung und Holzmöbeln im Stil der 30er Jahre eingerichtet. Vorwiegend südböhmische Küche, herzliche und freundliche Atmosphäre.

●*U Šatlavy,* Šatlavská ulice, Tel. (0337) 67176, geöffnet 11.00-23.00 Uhr, außerhalb der Hauptsaison 16.00-23.00 Uhr. Nur zwanzig Meter vom Altmarkt entfernt befindet sich diese mittelalterlich gestylte Weinstube mit ihrem niedrigen Gewölbe und dem alten Fußboden. Zu essen gibt es Hähnchenschenkel, Spieß oder Würstchen, die direkt vor den Gästen am Rost über dem Feuer vorbereitet werden, als Getränk ist der mährische Faßwein zu empfehlen. Der Atmosphäre wegen sollte das Lokal unbedingt besucht werden. Im Sommer ist abends eine Vorbestellung zu empfehlen.

●*Krčma Markéta.* Das Lokal befindet sich im Schloßgarten gegenüber dem Eingang, geöffnet Di.-So. 18.00-23.00 Uhr. Einfache Holzmöbel, entspannte Atmosphäre. Hähnchen, Koteletts und Würstchen werden auf dem offenen Feuer gegrillt.

●*Rybářské občerstvení,* Na ostrově 84, geöffnet 11.00-17.00 Uhr, Juli, August bis 21.00 Uhr. Das einfache Fischrestaurant an der Brücke unterhalb des Schlosses gehört dem örtlichen Anglerbund, auf der Speisekarte finden sich etwa zehn Fischsorten.

●*Parkán,* Parkán 102, Tel. (0337) 61325, geöffnet 11.00-23.00 Uhr. Ein einfaches Restaurant in der Nähe der Brücke. Im Sommer ist das Lokal wegen der Sitzmöglichkeit auf der Terrasse dicht an der Moldau mit Blick auf das Schloß zu empfehlen. Zum Restaurant gehört auch eine Pension mit neun Betten.

●*Čajovna Za Vráty,* Rybářská 40, 18 Plätze, geöffnet 11.00-23.00 Uhr, montags 14.00-23.00 Uhr. Eine Teestube, die mit modernen Designermöbeln ausgestattet ist. Im hinteren Teil befindet sich eine kleine Galerie. Es werden hier auch verschiedene Teesorten verkauft.

## *Museen und Galerien*

●*Muzeum Český Krumlov,* Horní ulice 152, Tel. (0337) 2049, geöffnet tgl.( außer Mo.) 8.00-18.00 Uhr. Geschichte der Stadt und der Umgebung.

●*Bergbau-Museum,* Urbinská 143, Tel. (0337) 3213, geöffnet tgl. 9.00-17.00 Uhr. Ein Mini-Museum mit einer Ausstellung verschiedener Mineralien.

●Außerdem besteht während des Aufenthaltes in Český Krumlov die Möglichkeit, eine *Graphitgrube* zu besichtigen. Diese befindet sich auf dem Areal des Betriebes *Grafit,* Chvalšínská ulice, Tel. (0337) 4209, Fax (0337) 2651, geöffnet Mai, Juni, September, Oktober nur Sa., So. 8.30-15.00 Uhr, Juli, August tgl. 8.30-15.00 Uhr. Vom Zentrum aus fährt man in Richtung Lipno, der Betrieb befindet sich dann auf der rechten Seite.

## *Einkaufen*

●*Keramika,* Latrán 54. Kunstkeramik.

## *Sport*

●*Bootsverleih,* Myší díra, geöffnet Mai-September tgl. 9.00-19.00 Uhr. Adresse für den Schriftwechsel: *Josef Maleček,* Lipová 157, 381 01 Český Krumlov, Tel. (0337) 2397. Der Bootsverleih befindet sich an der Moldau etwas unterhalb des Hotels Růže. Der Eingang des Verleihs liegt gegenüber des Theaters an der Rooseweltova ulice. Der Verleih verfügt über Schlauchbote für 3-6 erwachsene Personen und über Kanus für 2 Personen. Insgesamt gibt es fünf Strecken von der Oberen Moldau bis nach Č. Krumlov und drei Strecken von Č. Krumlov flußabwärts in Richtung České Budějovice. Die Länge der Strecken liegt zwischen 5 und 35 Kilometern, was eine Fahrtdauer von 1-9 Stunden bedeutet. Die Autofahrt und der Kanutransport zum Ausgangspunkt oder zurück nach Č. Krumlov sind im Preis inbegriffen. Für diejenigen, die nicht viel Zeit haben, empfiehlt sich eine kleine Schlauchboot-Rundfahrt mit einem Bootsführer in Český Krumlov, Dauer etwa 30 Minuten.

## An- und Weiterreise

●Am besten reist man mit dem *Bus* aus České Budějovice an. Da der Busbahnhof etwas außerhalb des alten Stadtkerns liegt, steigt man an der ersten Haltestelle in der Stadt, Špičák (links ist die Altstadt zu sehen), aus. Durch das gegenüberliegende Budweiser Tor betritt man die Altstadt. Direkte Busse gibt es von hier nach Prag, Erno und in andere südböhmische Städte.

●Die Anreise mit dem *Zug* ist möglich, dauert aber länger. Der Bahnhof liegt etwas weit vom Zentrum am nördlichen Stadtrand.

●*Pkws* parkt man am besten auf dem Parkplatz unterhalb der Burg. Die Altstadt ist für Pkws gesperrt.

## Zlatá Koruna

Das Kloster Zlatá Koruna liegt etwa 2 km von der Hauptstraße von České Budějovice nach Český Krumlov und ca. 5 km von Český Krumlov entfernt. Das *Zisterzienserkloster Zlatá Koruna* wurde von *König Přemysl Otakar II.* 1259 mit dem Ziel gegründet, einen Gegenpol zur Macht der Rosenberger Dynastie zu bilder, die ihren Hauptsitz in Český Krumlov hatte. Nach dem Tod des Königs plünderten die Rosenberger das Kloster und setzten es in Brand. Es wurde jedoch wieder aufgebaut und hat bis heute seinen gotischen Charakter erhalten. Nach seiner Auflösung im Laufe der josephinischen Reformen gegen Ende des 18. Jh. fiel das Kloster in Staatsbesitz. Heute ist das Klosterareal der Öffentlichkeit zugänglich. Als besonders wertvoll gilt die *Klosterbibliothek,* welche die Entwicklung der südböhmischen Literatur dokumentiert.

●Kloster Zlatá Koruna, Tel. (0337) 84126, Mai-September Di.-So. 9.00-16.00 Uhr, April und Oktober 9.00-15.00 Uhr.

## Blanský les

Etwa im Zentrum des Budweiser Beckens erhebt sich Blanský les, das nach dem Böhmerwald *zweitgrößte Gebirgsmassiv Südböhmens.* Blanský les (Wald) ist ein *beliebtes Erholungsgebiet,* vor allem bei den Bewohnern von Český Krumlov und České Budějovice. Buchen und Tannen bilden die Mehrheit des Baumbestandes des seit 1990 unter Naturschutz stehenden Waldgebiets.

Der *höchste Berg* des Gebirges ist der 1.083 Meter hohe *Kleť,* auf dessen Spitze ein 1825 erbauter *Aussichtsturm* steht. Bei gutem Wetter kann man von hier aus nicht nur ganz Südböhmen, sondern auch die Spitzen der Alpen sehen. Neben dem Turm befindet sich eine alte *Gebirgshütte* mit Restaurant und einfachen Zimmern.

Auf die Spitze des Berges gelangt man entweder *zu Fuß* direkt aus Český Krumlov (markierter Wanderweg) oder vom Parkplatz in Krasetín aus. *Anfahrt* über die Hauptstraße České Budějovice – Český Krumlov über Zlatá Koruna. Vom Parkplatz aus kann man auch mit dem *Sessellift* nach oben gelangen.

### Lipno-Stausee

Der Lipno-Stausee wurde in den Jahren 1950-59 erbaut und hat beeindruckende *Ausmaße.* Seine Gesamtfläche beträgt ca. 4.650 ha. Der See, der sich in 700 Metern Höhe befindet, ist 42 km lang und an seiner breitesten Stelle bei dem Ort

**Südböhmen**

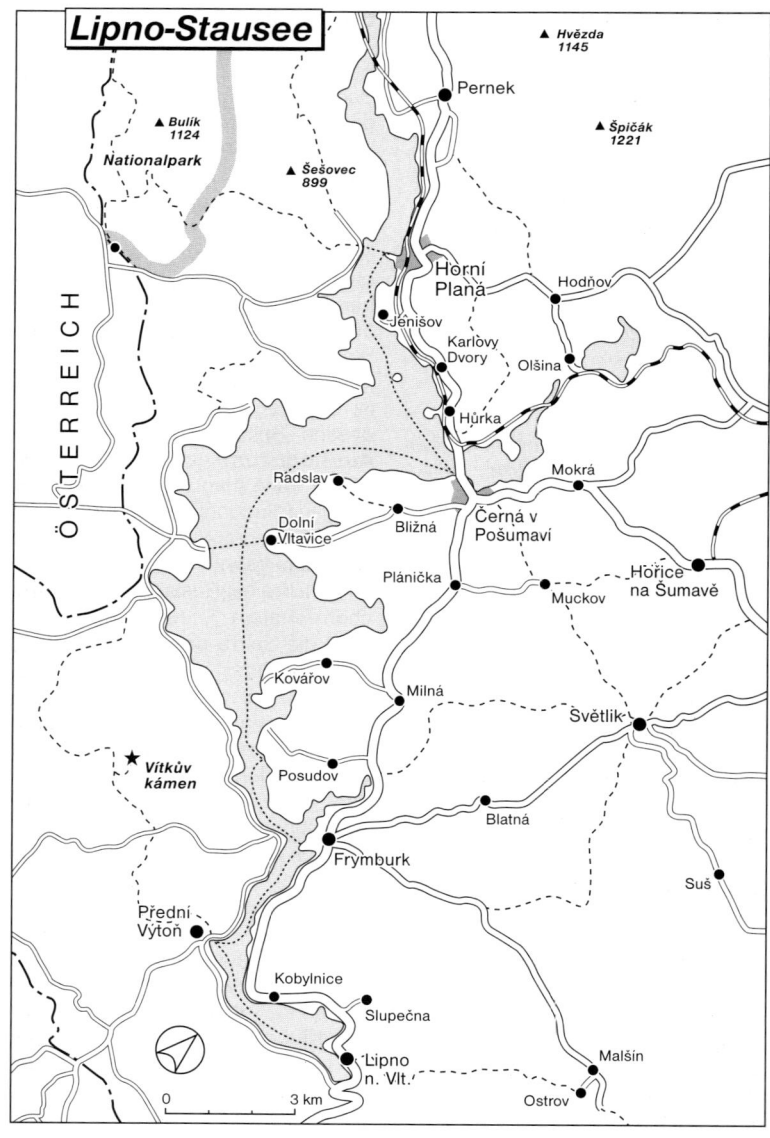

**Lipno-Stausee**

▲ *Hvězda*
*1145*

● Pernek

▲ *Bulík*
*1124*

▲ *Špičák*
*1221*

*Nationalpark*

▲ *Šešovec*
*899*

Ö S T E R R E I C H

Horní
Planá

● Hodňov

● Jenišov

Karlovy
Dvory

Olšina ●

● Hůrka

Radslav ●

● Mokrá

Dolní
Vltavice

● Bližná

Černá v
Pošumaví

Pláničká ●

● Hořice
na Šumavě

Muckov ●

● Kovářov

● Milná

● Světlík

★ *Vítkův
kámen*

● Posudov

● Blatná

● Frymburk

Suš ●

Přední
Výtoň ●

● Kobylnice

● Slupečna

● Lipno
n. Vlt.

Malšín ●

0 _____ 3 km

Ostrov ●

Černá v Pošumaví 16 km breit. Seine maximale Tiefe beträgt 21 Meter. Die Staumauer des an ihn angeschlossenen Wasserkraftwerks ist 275 Meter lang und 25 Meter hoch.

Das **Wasser** des Sees, der von den Flüssen und Bächen des Böhmerwaldes gefüllt wird, ist sehr sauber. Davon zeugen auch die etwa 30 Fischarten, die hier leben.

Das **nördliche Ufer** des Sees ist ein bei vielen Tschechen beliebtes Urlaubsdomizil. Die hiesige **touristische Infrastruktur** entspricht bis dato noch nicht den international üblichen Maßstäben, d.h. es gibt hier nur wenige Hotels, so daß die meisten Besucher sich hier mit Campingplätzen und einfachen Bungalows zufriedengeben müssen. Auch dominieren Imbißbuden den Versorgungsbereich. Die wenigen Hotels, die in einzelnen Ortschaften vorhanden sind, haben nur eine kleine Kapazität und sind sehr oft ausgebucht. Da das Gebiet um den Stausee herum sich jedoch wachsender Beliebtheit erfreut, kann davon ausgegangen werden, daß hier in Zukunft Hotels und Restaurants entstehen werden, hoffentlich in ökologisch angepaßter Form.

Kulturhistorisch haben die **am See gelegenen Ortschaften** wie Lipno, Frymburk, Černá v Pošumaví und Horní Plana dem Besucher nichts zu bieten. Dafür kann hier nach Herzenslust gebadet, gewandert und geradelt werden.

Gegenüber von Frymburk, am anderen Ufer des Sees, erhebt sich in 1.053 Metern Höhe die **Ruine der Burg Vítkův kámen.** Es handelt sich hierbei um die erste Burg der berühmten südböhmischen Wittigonen-Dynastie. Die gotische Burg, die einen bedeutenden Teil ihrer Berühmtheit dadurch erlangte, daß sie *Adalbert Stifter* zu seinem historischen Roman "Witiko" inspirierte, wurde etwa 1310 gegründet. Heute sind von der einstigen Burganlage nur noch die Reste eines zweistöckigen Turmes, eines Hauses und einer Mauer erhalten.

Touristisch interessant ist das **Adalbert-Stifter-Geburtshaus in Horní Plana** (dt. Oberplan), in dem seit 1960 ein kleines Stifter-Museum untergebracht ist.

● Geburtshaus von A. Stifter (Rodný dům A. Stiftera), Palackého 21, Tel. (0337) 97473, geöffnet tgl. 10.00-12.00 Uhr, 13.00-18.00 Uhr.

### Schiffsverkehr

In Horní Plana besteht die Möglichkeit, an einer **Schiffsrundfahrt** auf dem See teilzunehmen. Information erteilt *Levana Yacht Tour,* Komenského 266, Tel. (0337) 97368, geöffnet tgl. 9.00-19.00 Uhr. Das Reisebüro organisiert Rundfahrten auf verschiedenen Typen von Booten auf dem Lipno-Stausee, auch Bootsverleih, pro Stunde ca. 15 DM, pro Tag 80 DM.

Im Sommer verkehrt auf dem Lipno-See ein **Ausflugsdampfer,** dessen "Heimathafen" in Lipno nad Vltavou liegt. Weitere Anlegestellen sind je nach Wasserspiegel an folgenden Orten: Černá v Pošumaví, Frymburk, Jenišov, Horní Planá, Přední Výtoň. Außerdem verkehrt zwischen dem nördlichen Ufer in Horní Planá, Dolní Vltavice und Frymburk und dem südlichen Ufer eine **Fähre.**

Südböhmen

## Wanderung

Der 1985 eröffnete, 6,5 km lange **Stifterweg** beginnt in *A. Stifters* Geburtshaus in Horní Planá. Der Weg führt zuerst am Marktplatz und der Schule vorbei, die der berühmte Dichter des Böhmerwaldes besuchte. Dann gelangt man nach Dobrá Voda mit dem Stifter-Denkmal von *Karl Wilfert* aus dem Jahr 1906. Der nächste Ort Hodňov bietet einen schönen Blick auf Horní Planá. An der alten Buche vorbei, die in *Stifters* Erzählungen geschildert wird, gelangt man zurück zum Stausee. Der Aussichtspunkt in Karlovy Dvory bietet einen beeindruckenden Blick auf den Lipno-See und die Burg Vítkův kámen an der anderen Uferseite. Hier ist der Wanderweg zu Ende.

## Information

● **Reisebüro Frymburk,** Náměstí 76, Tel. (0337) 95332, Fax 95136. Das Reisebüro liegt auf dem Marktplatz, Auskunft, Zimmervermittlung. Eine Zweigstelle befindet sich in Černá v Pošumaví.

## Unterkunft

● **Hotel Maxant,** Frymburk 80, Tel./Fax (0337) 95229, Kapazität 42 Betten, DZ 55 DM. Direkt auf dem Marktplatz, Zimmer mit Dusche und WC.

● **Hotel Hrdoňov,** Frymburk, Tel. (0337) 95211-4, Fax (0337) 95241, Kapazität 100 Betten, DZ 70 DM. Modernes Urlaubsareal

---

### Zwei Schriftsteller des Böhmerwaldes

**Adalbert Stifter** (1805-1868) wurde in Horní Planá (Oberplan) als Sohn eines Webers geboren. Er studierte in Wien Jura, Mathematik und Naturwissenschaften. Nach Beendigung seines Studiums wirkte er in Wien als Privatlehrer. Unter anderem war er als Hauslehrer des Sohnes des österreichischen Kanzlers *Metternich* tätig. Seit 1850 bekleidete er den Posten des Schulinspektors in Linz. Die rauhe Natur des Böhmerwaldes, seines Geburtsortes und der Umgebung spielt in fast allen seinen Büchern eine dominierende Rolle. Zu seinen berühmtesten Werken gehören die gesammelten Erzählungen "Studien" (1844-50) und "Bunte Steine" (1853). Aus der tschechischen Geschichte schöpfte *Stifter* den Stoff zu seinem historischen Roman "Witiko" (1865), dessen Handlung historischen Ereignissen aus dem 12. Jh. nachempfunden wurde.

Das Geburtshaus von *A. Stifter* in Horní Plana wurde im Jahr 1960 seiner Schilderung in der "Chronik meines Lebens" entsprechend rekonstruiert. Hier befindet sich heute das kleine Museum, das Leben und Werk des berühmten Schriftstellers gewidmet ist.

**Karel Klostermann** (1848-1923) wurde im oberösterreichischen Krag geboren. Seine Jugend verbrachte er jedoch in verschiedenen kleineren Orten in Westböhmen, da sein Vater hier als praktischer Arzt tätig war. Nach dem Besuch des Gymnasiums in Klatovy und Pisek begann *Klostermann,* in Wien Medizin zu studieren. Aus finanziellen Gründen mußte er sein Studium unterbrechen und sich seinen Lebensunterhalt als Redakteur und Erzieher verdienen. Von 1878 bis 1908 war er als Deutsch- und Französischlehrer an der deutschen Realschule in Plzeň tätig. Obwohl *Klostermann,* ähnlich wie *Stifter* deutscher Herkunft war, schrieb er bis auf sein erstes Buch "Böhmerwaldskizzen" alle anderen Bücher auf tschechisch. Während *Stifter* der Dichter des südlichen Teiles des Böhmerwaldes war, schilderte *Klostermann* Landschaft und Leben in den mittleren und nördlichen Regionen des Böhmerwaldes. In seinen Romanen hielt er vor allem den Wandel der traditionellenen Lebensweise der Bevölkerung fest. Das Klostermann-Museum befindet sich in Železná Ruda.

am Ufer des Lipno-Sees. Zimmer mit Dusche, WC, Telefon, TV.

●*Hotel Racek,* Černá v Pošumaví, Tel. (0337) 96103, DZ 40 DM. Einfaches Hotel, Zimmer mit Dusche.

●*Hotel Swing,* Černá v Pošumaví, Tel. (0337) 96294, Fax (0337) 96296. Kapazität 90 Betten, DZ 40 DM. Liegt direkt am Lipno-Stausee, Zimmer mit Dusche, WC, TV, Telefon.

●*Pension na Kovárně,* Kovářov 6, Frymburk, Tel. (0337) 95162, Kapazität 55 Betten, DZ 30 DM. Die Pension liegt am Ufer des Stausees, einfache Zimmer ohne Dusche.

●*Hotel Smrčina,* Horní Planá, Tel. (0337) 97228.

●*Lesní hotel Kramolín,* Lipno nad Vltavou 55, Tel. (0337) 958147, Fax (0337) 958106, DZ 40 DM.

●*Pension U přívozu,* Frymburk 90, Tel. (0337) 95187, Kapazität 48 Betten, DZ 30 DM. Zimmer mit Dusche, WC, TV.

### An- und Weiterreise

●Um die Umgebung des Lipno-Sees erkunden zu können, reist man am besten mit dem eigenen *Pkw* an. Die schönste Anfahrtstrecke von Český Krumlov führt entlang der Moldau über Rožmberk, Vyšší Brod, Lipno, Frymburk, Černá v Pošumaví und Horní Planá.

●Die Anreise mit dem *Zug* ist aus zwei Richtungen möglich. Kommt man aus Richtung Linz, steigt man in Lipník kurz nach der Grenze um und fährt bis Lipno nad Vltavou. Von České Budějovice geht die Fahrt über Český Krumlov nach Černá v Pošumaví und Horní Planá. Die Fahrt dauert ca. 2 Stunden.

●Schneller ist die Anreise mit dem *Bus.* Aus České Budějovice und Český Krumlov fahren Busse nach Horní Planá, Černá v Pošumaví und Frymburk. Aus Prag fahren im Sommer direkte Busse nach Černá v Pošumaví und Horní Planá.

### Rožmberk nad Vltavou

Umgeben von Laubwäldern liegt die Gemeinde Rožmberk nad Vltavou unmittelbar an der Moldau. Ebenso wie viele andere gehörte auch diese Gemeinde zum Besitz der Rosenberg-Dynastie, die den Ort Mitte des 13. Jh. gründete.

Das Zentrum des Ortes wird durch einen dreieckigen Platz gebildet, auf dem die gotische **Marienkirche** steht. Diese wird bereits in Quellen aus der zweiten Hälfte des 13. Jh. erwähnt.

Oberhalb des Ortes auf einem hohen Felsplateau über der Moldau erhebt sich die **Burg Rožmberk.**

Die Existenz der Burg ist bereits für das Jahr 1250 schriftlich belegt. Der erste erwähnte Besitzer war *Vok Rosenberg* (tsch. *Rožmberk),* der Gründer des Rosenberg-Zweiges der Wittigonen. Es ist anzunehmen, daß er es auch war, der die Burg bauen ließ. Nachdem die Krummauer Familienlinie der Wittigonen ausgestorben war, wählten die Rosenberger Český Krumlov als ihren Sitz. Jedoch ließ die Wichtigkeit der Burg Rožmberk im Laufe der Zeit nach, und die Burg begann zu verfallen. Im Jahr 1522 vernichtete ein Brand die sogenannte **Oberburg,** von der nur der **Turm Jakobínka** erhalten geblieben ist. Der letzte Rosenberger, *Peter Vok,* schenkte die Burg mitsamt dem Dorf 1597 seinem Enkel *Jan Zrínski.* Während des Aufstandes der böhmischen Stände 1619 wurde sie durch den kaiserlichen General *Karl Bonaventura Buquoy* besetzt, der die Burg später vom Kaiser als Gegenleistung für seine Dienste erhielt. Im Besitz des Geschlechtes *Buquoy* blieb die Burg dann bis zum Jahr 1945.

Wie bereits erwähnt, ist von der ursprünglich gotischen Burg außer ei-

**Südböhmen**

nem Turm nichts erhalten geblieben. Die **untere Burg,** die man heute besichtigen kann, wurde im Laufe des 19. Jh. gründlich renoviert. Zu dieser Zeit wurde auch das neue Treppenhaus einschließlich des Korridors, durch den man heute die Burg betritt, erbaut. Während der Besichtigung bekommt der Besucher Renaissance- und Barockmöbel, alte Gemälde, Waffen und die Einrichtung der einzelnen Säle zu sehen.

●Burg Rožmberk, Tel. (0337) 9838, Fax (0337) 9813, Öffnungszeiten Juni-August Di.-So. 9.00-17.00 Uhr, Mai, September Di.-So. 9.00-16.00 Uhr., April, Oktober nur samstags, sonntags 9.00-16.00 Uhr. Mittagspause 12.00-13.00 Uhr.

### Unterkunft

●*Hotel Pegas,* in der Nähe des Hauptplatzes, Tel. (0337) 9835, Kapazität 40 Betten, DZ 30 DM. Einfaches Hotel, Zimmer ohne Dusche und WC.

### Essen und Trinken

●*Zámecká restaurace u mostu,* an der Brücke unterhalb der Burg, Tel. (0337) 9836, tgl. (außer Di) 11.00-22.00 Uhr, Kapazität 60 Plätze. Bietet auch Unterkunft für 15 Gäste, einfache Zimmer ohne Dusche, DZ 30 DM.

### An- und Weiterreise

●Es besteht eine gute **Busverbindung** nach Český Krumlov und České Budějovice. Einmal täglich fährt ein direkter Bus nach Prag.

Burg Rožmberk

●Es besteht auch die Möglichkeit, mit dem Zug nach České Budějovice zu fahren. Der **Zug** fährt über Lipník (Strecke České Budějovice – Linz). Die Anfahrt erfordert jedoch viel Zeit.

### Vyšší Brod

Die Gemeinde Vyšší Brod, die auf deutsch Hohenfurth heißt, wurde an einer Furt über der Moldau gegründet, durch die ein Handelsweg führte, der Südböhmen und Österreich verband.

Der Ort Vyšší Brod entstand noch vor der Gründung des hiesigen Klosters, und zwar im Laufe der ersten Hälfte des 13. Jh. Stadtstatus erhielt die Gemeinde jedoch erst in der ersten Hälfte des 16. Jh.

Das Zentrum der heutigen Gemeinde bildet ein **großangelegter Platz,** in dessen Mitte ein kleiner Park liegt. Hier befindet sich auch die **St.-Bartholomäus-Kirche,** die aus der zweiten Hälfte des 13. Jh. stammt. Nachdem sie hussitischem Vandalismus zum Opfer gefallen war, wurde die Kirche zwischen dem 16. und dem 18. Jh. mehrfach umgebaut. Ebenfalls auf dem Platz befindet sich das **Rathaus** aus der ersten Hälfte des 16. Jh., das im 18. und 19. Jh umgebaut wurde.

Eine weitere bedeutende Sehenswürdigkeit des Ortes ist das **Zisterzienserkloster Vyšší Brod,** das auf einem Hügel am rechten Moldauufer errichtet wurde.

Es wurde im Jahr 1259 von *Vok Rosenberg* gegründet, in dessen Besitz sich auch die hiesige Burg befand. Zu den ältesten Teilen des Klosterkomplexes gehört die gotische **Mariä-Himmelfahrt-Stiftskirche,** die gemeinsam mit dem Kapitelsaal Ende des 13. Jh. errichtet wurde und vom 13. bis zum 16. Jh. als Grablege der Rosenberg-Dynastie diente. Der **Kreuzgang** des Klosters wurde im 14. Jh. erbaut, zu Anfang des 15. Jh. wurde das Gebäude dann mit **mächtigen gotischen Mauern** umgeben, die teilweise bis heute erhalten geblieben sind. Im Jahr 1536 brannte das Kloster einschließlich der Stiftskirche nieder. Weitere **Schäden** erlitt der Klosterkomplex im Laufe des Dreißigjährigen Krieges, während dessen er Objekt von Plünderungen wurde. An die Epoche der Renaissance erinnert das **Abthaus,** das heute Kasse und Eingang beherbergt.

Nach vielen wechselnden Funktionen, die dem Kloster nach seiner Auflösung zugewiesen wurden, erhielt der **Zisterzienserorden** es 1990 zurück. Es bleibt zu hoffen, daß der Orden das Kloster besser instandhalten wird, als dies der tschechische Staat während der vergangenen Jahrzehnte vermochte.

Im Klosterareal befindet sich auch das **Postmuseum** (Poštovní muzeum), geöffnet April-Oktober Di.-So. 9.00-12.00 Uhr, 13.00-17.00 Uhr. Wie man bei einem Besuch des Museums erfährt, reichen die Anfänge der Post in Böhmen bis ins Jahr 1526 zurück. In diesem Jahr beauftragte *Ferdinand von Habsburg,* der Kandidat für den böhmischen Thron, seinen Postmeister damit, eine regelmäßige Postverbindung zwischen Prag und Wien ins Leben zu rufen. Im Museum wird die Geschichte des

**Südböhmen**

215

Postwesens anhand von diversen Exponaten, z.b. Briefmarken, alte Uniformen, Telefonapparate, Postkutschen etc., dargestellt.

●Kloster Vyšši Brod, Tel. (0337) 92574, geöffnet 1.4.-1.10. Di.-So. 9.00-16.00 Uhr. Die Besichtigung der Galerie, Kirche, Kreuzgang, Bibliothek und Kapitelsaal ist nur mit Führer möglich.

## Information
●*Reisebüro EGNY,* Vyšši Brod 379, Tel. (0337) 92482.

## Unterkunft
●*Hotel Archa,* Česká ulice 187, Tel./Fax. (0337) 92201, Kapazität 10 Betten, DZ 90 DM. Ein neues Hotel am Eingang zum Klostergarten, modern eingerichtete Zimmer mit Dusche und WC.
●*Pension Inge,* am Parkplatz unterhalb des Klosters, Tel. (0337) 92482, Kapazität 16 Betten. Die Pension liegt direkt an der Moldau, Zimmer mit Dusche und WC, DZ 30 DM. Es besteht die Möglichkeit, sich ein Kanu zu leihen und die Moldau zu befahren.
●*Hotel Vzlet,* nám. Miru, am unteren Teil des Hauptplatzes, Tel. (0337) 92669, Fax (0337) 92660. Kapazität 70 Betten. Ein einfaches altes Hotel im Ortszentrum, die Mehrheit der Zimmer besitzt keine Dusche, DZ ohne Dusche 25 DM, mit Dusche 40 DM. Restaurant mit 80 Plätzen, für die Verpflegung von Reisegruppen geeignet.
●*Pension Horní Mlýn-Herbertov,* Tel. (0337) 92302, Kapazität 50 plus 45 Betten in Holzbungalows, DZ 30 DM. Die Pension liegt an der Straße von Vyšši Brod nach Rožmberk im Areal einer ehemaligen Mühle. Einfache Zimmer mit Dusche und WC im Hauptgebäude, die Holzbungalows sind jedoch ohne Duschen. Ruhige Lage, geeignet für längere Aufenthalte, gute Sportmöglichkeiten (Tennis, Fußball, Volleyball, Basketball, Boot- und Kanuverleih), Vollpension pro Tag und Person 30 DM.

## Sport
●Der Boots- und Kanuverleih befindet sich bei der Pension *Inge.* Die kürzeste Strecke,

die man paddeln kann, ist etwa 10 km lang und endet unterhalb der Burg Rožmberk. Von hier wird man abgeholt. Preis für diese Strecke: etwa 15 DM.

## An- und Weiterreise
●Es besteht eine gute *Busverbindung* nach Český Krumlov und České Budějovice. Einmal täglich fährt ein direkter Bus nach Prag.
●Es besteht auch die Möglichkeit, mit dem *Zug* nach České Budějovice zu fahren. Der Zug fährt über Lipník (Strecke České Budějovice – Linz). Die Anfahrt erfordert jedoch viel Zeit.

# Šumava (Böhmerwald Süd)

Der südliche Teil des Böhmerwaldes (tschechisch: *Šumava)* *erstreckt sich* vom Gipfel Ostrý (1.279 m), also etwa von der Stadt Nýrsko im Norden, bis zum Lipno-Stausee im Süden.

Das ganze Gebiet von Šumava wurde 1963 zum *Nationalpark* erklärt. Mit einer Gesamtfläche von 950 qkm handelt es sich um den größten Nationalpark des Landes.

Der Kamm des Böhmerwaldes bildet eine *Wasserscheide:* Alle Flüsse, die nördlich des Kammes entspringen, fließen in die Nordsee, wobei die Moldau, die unterhalb des Gipfels von Černá hora in einer Höhe von 1.172 m entspringt, das wichtigste Gewässer bildet. Die Flüsse, die südlich des Kammes entspringen, fließen in die Donau und von da aus weiter ins Schwarze Meer.

Typisch für Šumava sind seine *Torfmoore* (tsch. *slatě, rašeliniště)*, die hier seit Tausenden von Jahren existieren. Das größte Torfmoor mit einer Gesamtfläche von 383 ha bildet Mrtvý luh. Es liegt am Zusammenfluß von Teplá Vltava und Studená Vltava in der Nähe von Volary.

In den Bächen und Flüssen des Böhmerwaldes und besonders im Otava-Flußgebiet wurde in der Vergangenheit **Gold gewaschen.** Zu den ersten Goldgräbern gehörten schon die Kelten, die Slawen setzten die Tradition später fort. Ihren Höhepunkt erreichte die Goldgewinnung dann im 14.-15. Jh.

Ein anderer hiesiger Wirtschaftszweig mit einer langen Tradition ist die **Holzgewinnung.** Bereits in den Jahren 1789-1822 wurde südlich vom heutigen Lipno-Stausee der 45 km lange Schwarzenberger Kanal gebaut, durch welchen bis in die 30er Jahre unseres Jh. Bäume in die Donau geflößt wurden.

Bedeutend war die **Glasherstellung,** deren Anfänge im Böhmerwald mindestens ins 16. Jh. zurückreichen. Einigen Forschern zufolge wurde das berühmte tschechische Kristallglas zum ersten Mal in Kubová Huť in der Nähe von Vimperk hergestellt.

## Prachatice

Ein Ort, von dem aus Ausflüge in den südlichen Teil des Böhmerwaldes unternommen werden können, ist die Stadt Prachatice, die als eine **Station auf dem Handelsweg von Böhmen nach Passau** in der ersten Hälfte des 14. Jh. gegründet wurde. Eine wichtige Rolle be der

Entwicklung der Stadt spielte das **Handelsgut Salz,** das während des Mittelalters nach Böhmen importiert werden mußte, da das Land selbst keine Salinen besaß. Nachdem Kaufleute aus Prachatice 1381 von *König Wenzel IV.* das Handelsmonopol für Salz erhalten hatten, betrieben sie einen regen Handel mit dem Bischof von Passau, der sie mit dem kostbaren Gut aus seiner Salzkammer belieferte.

Das Salzmonopol ermöglichte über mehrere Jahrhunderte hinweg eine **blühende Entwicklung der Stadt.** Dies änderte sich, nachdem das Haus Habsburg die böhmische Krone übernahm und man fortan Salz direkt über Linz nach České Budějovice einführte. 1692 wurde die Einfuhr von Salz aus Passau ganz eingestellt, was den **wirtschaftlichen Niedergang** der Stadt nach sich zog.

Dem Dornröschenschlaf, der folgte und eigentlich bis heute andauert, ist es zu verdanken, daß der **mittelalterliche Stadtkern** von Prachatice bis heute erhalten geblieben ist. Die Stadt hat den Grundriß eines Hufeisens mit einem länglichen Marktplatz in seinem Zentrum.

Gleich nach seiner Gründung wurde Prachatice mit einer dicken **Stadtmauer** umgeben, die im Laufe der Zeit erneuert wurde. So stammen die heute noch vorhandenen Mauerreste aus dem 16. Jh. Das zweiteilige **Stadttor, Písecká brána,** durch das Salzlieferungen von Passau weiter nach Písek und Prag transportiert wurden, ist bis heute erhalten geblieben. Das Stadttor besteht aus einem Innen- und einem mit einem Reiterbild geschmückten Außentor. In der Nähe des Tores befindet sich die gotische *St.-Jakobs-Kirche,* die während des 14. Jh. erbaut und später im Stil des Barock umgebaut wurde.

Es ist auch das *ehemalige Salzlager* der Stadt erhalten geblieben. Es handelt sich um das Eckhaus auf dem Marktplatz, in dem heute das Hotel *Zlatá stezka* untergebracht ist.

Die schwarz-weißen *Sgraffiti an vielen Häusern der Stadt* sind Zeugen der wirtschaftlichen Blüte, welche die Stadt im Mittelalter erlebte.

## Information

●*Informační středisko,* Horni 170, Tel. (0338) 22563. Auskunft, Kartenverkauf, Zimmervermittlung.

## Unterkunft

●*Hotel Zlatá stezka,* Velké náměstí 46, Tel. (0338) 21841, Fax (0338) 23733, Kapazität 50 Betten, DZ 30 DM. Zentrale Lage direkt auf dem Marktplatz, alle Zimmer mit Dusche, nur ein Teil auch mit WC.
●*Hotel Garnet,* Slámova 27, Tel. (0338) 21821, 22329, Fax (0338) 21773, Kapazität 75 Betten, DZ 60 DM. Zimmer mit Dusche, WC, Telefon.
●*Hotel Černý medvěd,* Velké náměstí 24, Tel. (0338) 23509, DZ 45 DM. Zimmer mit Dusche, WC.
●*Hotel Park,* U stadionu 283, Tel. (0338) 21381, Fax 21370, Kapazität 130 Betten, DZ 50 DM. Das beste Hotel der Stadt, mit allem Komfort eingerichtete Zimmer. Das Hotel liegt in der Nähe des Sportareals.

## Museen und Galerien

●*Museum der Stadt Prachatice* (Prachatické muzeum), Velké nám. 13, Tel. (0338) 21419, geöffnet Di.-So. 9.00-18.00 Uhr. Geschichte der Stadt und der Region.

## An- und Weiterreise

●Die Anreise mit dem *Zug* ist kompliziert, da man in Čičenice umsteigen muß. Besser ist es, mit dem *Bus* anzureisen. Es besteht eine direkte Verbindung nach Prag, České Budějovice, Brno, Plzeň, Tábor und zu anderen südböhmischen Städten.

## Husinec

Etwa 3 km nördlich von Prachatice liegt die *Geburtsstadt von Jan Hus* (siehe Geschichte). Das *Geburtshaus* des berühmten Kirchenreformators liegt an der Hauptstraße, die durch den Ort führt. 1975 wurde hier das heutige *Museum* eröffnet, das Leben und Werk von Jan Hus gewidmet ist.

## Vimperk

Inmitten einer grünen Hügellandschft liegt die Stadt Vimperk, die 1479 unterhalb einer *gotischen Burg* gegründet wurde. Diese erhebt sich bis heute auf einer Anhöhe über dem Stadtzentrum und beherbergt gegenwärtig ein *Museum,* das der Geschichte der Region gewidmet ist, wobei insbesondere die lange und interessante *Geschichte des Druckes* beleuchtet wird. So erfährt man hier, daß Ende des 19. Jh. in Vimperk in der Steinbrener Druckerei religiöse Bücher in 24 Sprachen gedruckt wurden, und daß die hier gedruckten Kalender und Miniaturausgaben des Koran über lange Zeit erfolgreiche Exportartikel darstellten. Es wird ebenfalls illustriert, daß dieser Blüte des Druckergewerbes etliche Jahrhunderte Erfahrung im Druckgewerbe vorausgingen, da in der heute noch existierenden Stein-brener Druckerei bereits im 15. Jh. die ersten Bücher gedruckt wurden. Das kleinste hier gedruckte Buch war eine 832 Seiten dicke Miniatur-ausgabe des Koran mit den Aus-maßen 27 x 18 Milimeter.

Sehenswert sind in Vimperk neben der Burg auch einige aus dem ˆ7. und 18. Jh. stammende ***Holzhäu-ser,*** die als repäsentative Beispiele tschechischer Architektur während dieser Epoche gelten. Die Häuser befinden sich im Stadtzentrum.

## Information

●***Reisebüro Kohout,*** 1. máje 94, Tel. (0339) 21366.

## Unterkunft

●***Hotel Vltava,*** Kapliřova 62, Tel. (0339) 21749, Fax (0339) 22093, Kapazität 45 Betten, DZ 40 DM. Einfaches Hotel im Zen-trum, Zimmer ohne Dusche.
●***Hotel Anna,*** Kapliřova ulice, Tel./Fax (0339) 22050, 21348, DZ ab 70 DM. Drei-sterne-Hotel im Zentrum, Parkplatz.
●***Hotel Boubín,*** Špidrova 45, Tel. (0339) 21021, Fax (0339) 21922, DZ 40 DM. Ein-faches Hotel, Zimmer ohne Dusche, WC.

## An- und Weiterreise

●Die Anreise mit dem ***Zug*** erfolgt über Stra-konice, Strecke Plzeň – České Budějovice.
●***Busverbindungen*** bestehen nach Prag, Brno, České Budějovice, Plzeň und zu den umliegenden Städten. Eine direkte Verbin-dung besteht nach Passau, Regensburg, Nürnberg, Würzburg und Frankfurt a.M.

## Boubín-Urwald

Eines der ältesten Naturschutzgebie-te des Landes, der Boubín-Urwald, liegt südlich der Stadt Vimperk. Der Urwald bedeckt den ***Gipfel des***

***Boubín,*** der 1.362 m über dem Meeresspiegel liegt. Der Urwald ist ein ***Naturschutzgebiet*** mit einer Fläche von 600 ha.

Zum geschützten Gebiet wurde Boubín von seinem damaligen Besit-zer ***Jan Adolf Schwarzenberg*** im Jahr 1858 erklärt. Dieser ließ auch präzise Karten des Gebietes und ei-ne Statistik des Baumbestandes er-stellen, die bis zum heutigen Tag die Grundlage für die Erforschung die-ses Gebietes bildet.

Heute erstreckt sich die geschützte Region über mehr als 600 ha, die ***äl-testen Bäume*** sind zwischen 300 und 400 Jahre alt. Etwa 50% des Waldbestandes bilden Fichten, 40% Buchen und 10% Tannen. Einer der ältesten Bäume des Urwaldes war ei-ne etwa 500 Jahre alte Tanne, die je-doch einen Sturm im Jahr 1970 nicht überstand. Sie war 58 Meter hoch und hatte einen fünf Meter dicken Stamm (Umfang). Zwei Ausschnitte des Stammes wurden als Ausstel-lungsstücke ins Museum von Kaš-perské Hory und ins Schloß Ohrada in Hluboká nad Vltavou bei České Budějovice überführt. Für Besucher ist im Boubín-Urwald ein ***Lehrpfad*** errichtet worden.

## Anreise

●Die Anreise mit dem ***Pkw*** aus Richtung Vimperk erfolgt über die folgenden Orte: Ku-bová Huť, Horní Vltavice, Zátoň und Idina Pi-la, wo sich ein Parkplatz befindet. Dort be-ginnt der markierte Weg, der durch den Ur-wald führt.
●Die Anreise mit dem ***Zug*** ist von Vimperk oder Volary (Strecke Strakonice – Vimperk-Volary) aus möglich. Aussteigen an der Hal-testelle Zátoň (Man beachte: nicht Zátoň-za-stávka!). Zum Parkplatz gelangt man zu Fuß.

**Südböhmen**

Da die Züge nur selten fahren, muß man mit einem Tagesausflug rechnen. Man sollte Essen und Getränke mitnehmen.

# Von České Budějovice in Richtung Prag

### Veselí nad Lužnicí

Die Stadt Veselí nad Lužnicí liegt am Zusammenfluß von Nežárka und Lužnice und ist durch das Zusammenwachsen der Städte Veselí und Mezimostí entstanden.

Sehenswert ist hier der *Marktplatz,* an dem einige interessante alte Gebäude stehen. Das prächtigste Gebäude am Ort ist sicherlich das im Renaissancestil gebaute *Rathaus* aus der zweiten Hälfte des 16. Jh. Neben dem Rathaus steht ein weiteres Renaissancehaus. Dieses beherbergt heute das *ethnographische Museum des südböhmischen Marschlandes* (Muzeum jihočeských blat, geöffnet täglich, außer Mo., 9.00-17.00 Uhr). Ebenfalls auf dem Marktplatz steht eine gotische *Kirche* aus dem 13. Jh., die später barockisiert wurde.

### Soběslav

Die an der Strecke České Budějovice – Prag gelegene kleine Provinzstadt bietet *aus touristischer Sicht nur wenig Besonderes.* Als sehenswert gelten hier lediglich die auf dem Marktplatz von Soběslav errichtete gotische *Kirche* aus dem 15. Jh. sowie das ebenfalls am Markt gelegene *Haus Zum schwarzen Adler* aus dem 16. Jh. Hier ist das Marsch-Museum (Muzeum blat) untergebracht. Außerdem befindet sich auf dem Platz das alte *Rathaus* des Ortes und gleich daneben die aus dem 14. Jh. stammende Kirche. Von der Burg, die hier einmal stand, ist nicht viel erhalten geblieben.

Die Volksarchitektur im Marschland von Soběslav

## Information

● **Informační středisko,** náměstí Republiky 107, Tel. (0363) 3129. Auskunft, Kartenverkauf. Die Information befindet sich auf dem Marktplatz.

## Unterkunft

● **Hotel Slunce,** náměstí Republiky 166, Tel. (0363) 521045, DZ 30 DM. Das Hotel liegt auf dem Marktplatz. Einfaches Hotel, Zimmer ohne Dusche.
● **Hotel Ženíšek,** Roudna 45, Tel. (0363) 46130, Kapazität 37 Betten, DZ 60 DM. Ein Familienhotel im Ort Roudna an der Straße České Budějovice-Tábor etwa 5 km nördlich von Soběslav. Moderne Einrichtung, Zimmer mit TV, Radio, Dusche und WC. Das Hotel verfügt über ein Restaurant und eine Weinstube.

## Marschland von Soběslav (Soběslavská blata)

Das Marschgebiet zwischen Soběslav und Veselí, westlich der Hauptstraße České Budějovice-Prag gelegen, nennt sich Soběslavská blata. Es handelt sich hierbei um **ausgedehnte Marschwiesen und Torfgründe** mit der für sie typischen Flora. Besuchern bietet diese Landschaft neben imposanten Natur- auch Kultursehenswürdigkeiten von Rang. Besonders hervorzuheben sind hier Beispiele historischer Volksarchitektur, die als Dorfbarock bezeichnet werden. Es handelt sich um **große Dorfgüter im Dorfbarock** aus dem 19. Jh., die hier erhalten geblieben sind. Sie säumen meistens die Dorfplätze mit ihren hellen Hausfassaden. Die besterhaltenen Gebäude befinden sich in den **Gemeinden Zálší, Klečaty, Komárov** und Záluží u Vlastiboře.

Besonders sehenswert ist der **Dorfplatz in Záluží u Vlastiboře** mit seiner kleinen Kapelle, den gelbbemalten Häusern und einem kleinen Teich. Gleich neben dem Glockenturm steht eine ehemalige Schmiede, die heute ein **Mini-Museum** beherbergt. In diesem stellt Herr *Vaněk*, ein Puppenmacher aus Prag, der hier im Sommer lebt, seine Puppen aus. Das kleine Museum nebst Verkaufsausstellung ist während der Sommermonate von 9.00-17.00 Uhr geöffnet.

## Týn nad Vltavou

Die erste schriftliche Erwähnung der Stadt stammt aus dem 10. Jh. Damit ist Týn nad Vltavou **eine der ältesten Siedlungen in Tschechien.** Verantwortlich für den frühen wirtschaftlichen Aufschwung der Stadt war ihre günstige Lage an einem Handelsweg von Prag nach Bayern. Wie viele andere böhmische Städte auch, erlitt Týn im Laufe des **Dreißigjährigen Krieges** schwere Schäden. Auch wurde während dieser Epoche die wirtschaftliche Entwicklung gebremst. Erst im 19. Jh. erlangte die Stadt wieder ihre einstige **wirtschaftliche Bedeutung** als Handelsumschlagsplatz zwischen Bayern und Prag zurück, was mit dem hier angesiedelten prosperierenden Flößerei- und Floßbaugewerbe in Zusammenhang steht.

Das Zentrum der Stadt bildet ein repräsentativer Platz mit einem **Schloß,** das im 16 Jh. im Renaissancestil errichtet und später barock umgebaut wurde, und in dem heute das Museum der Gemeinde seinen

Südböhmen

Platz hat. Rechts vom Schloß befindet sich das ursprünglich im Stil der Renaissance erbaute **Rathaus,** das sein heutiges Erscheinungsbild im Stil des Rokoko durch einen Umbau im 18. Jh. erhielt.

## Temelín

Einige Kilometer südlich von Týn nad Vltavou wird das **umstrittene Atomkraftwerk Temelín** gebaut. Der Bau des Kraftwerks mit einem russischen Reaktor und einem amerikanischen Sicherheitssystem hat für viele **Kontroversen zwischen Österreich und Tschechien** gesorgt. Nicht nur diverse Umweltschutzorganisationen, sondern auch die österreichische Regierung kämpfte und kämpft nach wie vor gegen den Bau. Der österreichische Widerstand ging sogar so weit, daß Politiker des Landes im US-amerikanischen Senat versuchten, die Lieferung des Sicherheitssystems der US-amerikanischen Firma *Westinghouse* zu verhindern, allerdings ohne Erfolg

## Bechyně

Etwa 10 km nördlich von Týn nad Vltavou liegt die Stadt Bechyně, deren **Geschichte** damit begann, daß *König Přemysl Otakar II.* im Jahr 1268 ein Grundstück auf einem über dem Lužnice-Fluß gelegenen Felsplateau kaufte und hier eine gotische Burg bauen ließ. Am Ende des 13. Jh. wurde in der Nähe der Burg ein Kloster gegründet. Etliche Jahre später dann gründete *Johann von Luxemburg,* Vater von *Karl IV.,* in der Nähe

der Burg eine Stadt. Die mittelalterliche Stadt erreichte ihre wirtschaftliche Blüte in der zweiten Hälfte des 16. Jh., als die Stadt der Rosenberg-Dynastie gehörte. Im Jahr 1570 machte *Peter Vok,* Oberhaupt der Familie *Rosenberg,* die Stadt zu seinen Sitz. Aus dieser Zeit stammt auch das Schloß, das durch den Umbau der ehemals gotischen Burg entstand. Die Arbeiten führte der italienische Architekt *Baltassare Maggi* durch, der damals in den Diensten der Rosenberg-Dynastie stand.

Das Zentrum der heutigen Stadt bildet der **Marktplatz.** Auf der westlichen Seite des großen rechteckigen Platzes steht die aus dem 13. Jh. stammende **Hl.-Matthäus-Kirche,** die später ein barockes Erscheinungsbild erhielt. Das Interieur der Kirche stammt überwiegend aus dem 16. bis 18. Jh.

Eine andere mittelalterliche Sehenswürdigkeit von Bechyně, das **ehemalige Kloster** mit seiner Mariä-Himmelfahrt-Stiftskirche, liegt hoch über dem Fluß östlich vom Marktplatz. Das ursprüngliche Kloster aus dem 13. Jh. überlebte die Wirren der hussitischen Kriege nicht, so daß Ende des 15. Jh. mit dem Bau des neuen Klosters und der heutigen Kirche begonnen wurde. Die **Mariä-Himmelfahrt-Kirche** gehört zum Typ der in Südböhmen oft vertretenen zweischiffigen Kirche. Der **Klostergarten** mit Skulpturen aus Holz und Eisen ist von 8.00 bis 20.00 Uhr geöffnet.

In der Nähe des Klosters in der Široká ulice befindet sich in einer ehemaligen Synagoge das kleine **Feuerwehrmuseum** (Hasičské mu-

Das Schloß von Bechyně

zeum), geöffnet Di.-So. 9.00-1⁻.30 Uhr, 13.00-17.00 Uhr.

Etwa 100 Meter vom Marktplatz befindet sich das örtliche *Schloß,* das zur Zeit rekonstruiert wird. Von seinem Garten aus bietet sich ein schöner Blick auf den Fluß Lužnice und die 50 Meter hohe Brücke aus dem Jahre 1928. Wenn man Glück hat, kann man hier an den Wochenenden bungee-jumping beobachten. Auf dem Schloßareal befindet sich eine *Galerie,* wo ausschließlich moderne Keramik ausgestellt wird. Geöffnet Di.-So. 9.00-12.00 Uhr und 12.30-17.00 Uhr.

Die *Keramik aus Bechyně* kann auf eine lange Tradition zurückblicken. Der Grund hierfür ist sicherlich in dem keramischen Lehm zu suchen, der in der Umgebung vorkommt. Schon im 16. Jh. wurde hier Keramik hergestellt, 1875 wurde hier eine Keramikfabrik eröffnet, die neun Jahre später um eine Keramikschule ergänzt wurde. Die Keramikfabrik existiert hier übrigens bis heute.

Im Jahr 1903 wurde die *erste elektrifizierte Eisenbahnstrecke der k.u.k. Monarchie* zwischen Bechyně und Tábor in Betrieb genommen. Die Länge der Strecke betrug 25 Kilometer. Heute verkehren samstags und sonntags historische Züge zwischen Bechyně und Tábor.

### Information
●*Infocentrum KD U nádraží,*
Tel. (0361) 961184, Fax (0361) 961779.

Südböhmen

223

## Unterkunft

●*Hotel U Draka,* Libušina 199, Tel. (0361) 961355, Fax (0361) 961821, DZ 50 DM. Ruhige Lage, in der Nähe ist ein Park, Zimmer mit Bad/WC, TV, Telefon und Kühlschrank.

### An- und Weiterreise

●Eine *Zugverbindung* existiert nach Tábor. Direkte *Busse* fahren nach Prag, Tábor, České Budějovice, Brno und in andere Städte Südböhmens.

## Tábor

Ungefähr auf halber Strecke zwischen České Budějovice und Prag liegt die ehemalige Hochburg der Hussiten, die heute wegen ihres erhaltenen historischen Stadtkerns *eines der beliebtesten touristischen Ziele des Landes* ist.

## Geschichte

Die Geschichte von Tábor begann mit der *Gründung der Stadt* im Jahr 1420 an eben der Stelle, an der bereits etwa 200 Jahre zuvor *König Přemysl Otakar II.* den Versuch unternommen hatte, die Stadt Hradiště ins Leben zu rufen. Diese war jedoch schnell untergegangen. Binnen kurzer Zeit entwickelte sich Tábor zur *Hochburg der einflußreichen hussitischen Bewegung,* was sie zum großen Teil ihren starken Befestigungsanlagen verdankte.

Die älteste Beschreibung der Stadt stammt aus der Feder *Eneáš Sylvias,* dem späteren *Papst Pius II.,* der Tábor im Jahr 1451 besuchte. Er beschrieb ausführlich die Holzkirche, die Stadtmauer und das hervorragende Verteidigungssystem, das bis dato vielen Belagerungen standgehalten hatte. Der erste, dem es gelang, den Hindernissen zum Trotz in die Stadt einzudringen und diese zu belagern, war *Georg von Poděbrad,* dessen Truppen 1452 die Schutzwälle überwanden. Nach der *Niederschlagung der hussitischen Bewegung* verlor Tábor

Die Stadt Tábor

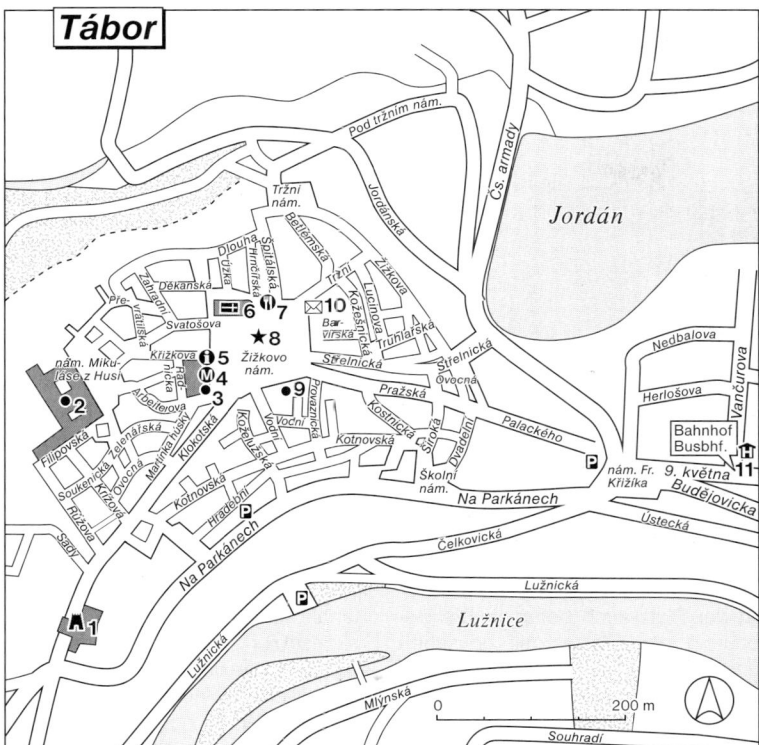

Tábor

| | | |
|---|---|---|
| ▲ | 1 | Bechyně-Tor |
| ● | 2 | Augustinerkloster |
| ● | 3 | Keramikgeschäft |
| Ⓜ | 4 | Rathaus, Hussitenmuseum |
| ❶ | 5 | Information |
| ⓘ | 6 | Kirche Proměnění |
| | | Páně na hoře Tábor |
| ⓦ | 7 | Restaurant Beseda |
| ★ | 8 | Žižka-Denkmal |
| ● | 9 | Haus U Zlatého lva |
| ✉ | 10 | Post |
| 🏨 | 11 | Hotel Palcát |

nach und nach an politischer Bedeutung. Eine **architektonisch wichtige Epoche** für die Stadt stellt das **16. Jh.** dar, da während dieser Zeit die hiesigen Holzhäuser durch Steinhäuser im Stile der Renaissance ersetzt wurden.

### Sehenswertes

In der Mitte des mit Renaissance-Häusern umsäumten **Marktplatzes** steht ein **Brunnen** aus dem Jahr 1567 und ein **Žižka-Denkmal** von 1884. Nach *Jan Žižka,* dem berühmten Führer des hussitischen Heeres,

Südböhmen

225

Im Stadtzentrum

ist der Platz auch benannt. Die Bebauung des Platzes mit gotischen und Renaissance-Häusern dokumentiert den Stand mitteleuropäischer Stadtarchitektur im 15.-16. Jh. Als das bedeutendste Gebäude auf dem Marktplatz gilt das ursprünglich gotische *Rathaus* auf der Westseite des Platzes. Im Jahre 1440 wurde der Bau begonnen und in den zwanziger Jahren des 16. Jh. mit der Ausgestaltung des gotischen Saales im ersten Stock des Rathauses vollendet. Der Saal, der ursprünglich ein Versammlungssaal war, dient heute als Ausstellungshalle. Im Laufe der Zeit wurde das Rathaus mehrmals umgebaut. Sein heutiges Erscheinungsbild ist das Resultat eines Umbaus aus dem 19. Jh., bei dem die

Fassade des Gebäudes in drei Teile gegliedert und der Rathausturm mit einer Uhr bedacht wurde.

1972 wurde im Rathaus das *Hussiten-Museum* eingerichtet, zu dem auch die historische Gemäldegalerie der Stadt gehört. Ebenfalls im Museum befindet sich der *Eingang zu unterirdischen Gängen,* die sich unterhalb des Marktplatzes ausdehnen. Diese entstanden im Laufe des 15. und 16. Jh. Die Errichtung der Gänge, deren Gesamtlänge ursprünglich 12-14 km betrug, dauerte etwa hundert Jahre. An manchen Stellen erstreckten sich die Gänge über drei Etagen und waren bis zu 16 Metern tief. Sie dienten als Hauskeller, Lagerräume und Bierkeller, in Kriegszeiten als Zufluchtsorte vor Feinden und vor Brand und später als Kanäle. Nach dem Zweiten Weltkrieg wurden die etwa 650 m langen Kanäle und Kellerräume verbunden, rekonstruiert und der Öffentlichkeit zugänglich gemacht.

Das älteste steinerne Haus auf dem Marktplatz ist die heutige *Gaststätte U zlatého lva* (Zum goldenen Löwen). Ein weiteres interessantes Gebäude ist *Haus Nummer 6,* in dem sich heute die Stadtverwaltung befindet. Auf der Nordseite des Marktplatzes steht die *Kirche Proměnění Páně na hoře Tábor,* die in den Jahren 1512-60 erbaut wurde. Das heute noch erhaltene Gotteshaus steht an der Stelle, an der sich vormals eine hussitische Holzkirche aus dem Jahr 1420 befunden hatte. Das gotische Interieur der Kirche wurde später durch eine barocke Anmutung ersetzt. Diese mußte dann im 19. Jh. zum Teil neogotischem Interieur weichen. Die Barockorgel der Kirche, angefertigt von einer heimischen Firma, gehört zu den schönsten Orgeln des Landes. Im Laufe seines Bestehens brannte das Gotteshaus etliche Male aus. Die größten Schäden erlitt es jedoch bei der Belagerung durch die kaiserliche Armee 1621.

Ebenfalls sehenswert ist das *Augustinerkloster,* das im westlichen Teil der Altstadt (hinter dem Rathaus) liegt. Es wurde zusammen mit der barocken *Marienkirche* im 17. Jh. erbaut. Das Kloster dient heute als Depot des städtischen Museums und ist nicht zugänglich. Wie der Besucher feststellen wird, ist dieser Teil der Altstadt leider in einem schlechten Zustand.

## Information

●*Infocentrum,* Žižkovo náměstí (neben dem Museum), Tel. (0361) 24658, Mo.-Fr. 9.00-19.00, Sa. 9.00-13.00, So. 13.00-17.00 Uhr. Zimmervermittlung, Ausstellungen, Verkauf von Karten und Reiseführern.

## Unterkunft

●*Hotel Palcát,* třída 9. května 2467, Tel. (0361) 252901-4, Fax (0361) 252905, Kapazität 120 Betten. Vorwiegend Zweibettzimmer mit Dusche, WC, Telefon und TV, DZ 90 DM. Das Hotel liegt etwa 10 Minuten zu Fuß vom Marktplatz.

●*Hotel Kapitál,* třída 9. května 617, Tel. (0361) 256096-8, Fax (0361) 252411, Kapazität 55 Betten, DZ 90 DM. Neues Hotel, Zimmer mit TV, Telefon, Dusche und WC.

●*Motel Goldbrick,* K soukeníku 1080, Sezimovo Ústí, Tel./Fax (0361) 263377, Kapazität 18 Betten, DZ 60 DM. Ein im Jahr 1994 neu errichtetes Motel in Sezimovo Ústí, etwa 5 km südlich von Tábor an der

Renaissancegiebel

Südböhmen

Fernverkehrsstraße Tábor – České Budějovice. Komfortabel eingerichtete Zimmer.

- **Pension Dáša,** Bilkova 735, Tel./Fax (0361) 256253, Kapazität 20 Betten, DZ 50 DM. Modern eingerichtete Zimmer mit Bad und WC. Parkmöglichkeit im Hof.
- **Privatzimmer, ing. Eduard Sittler,** Bilkova 783, Tel. (0361) 252039, Kapazität sechs Betten, DZ 40 DM. Zimmer mit Dusche, WC, Kochmöglichkeit.
- **Pension 325,** Luční 325, Tábor-Klokoty, Tel. (0361) 32586, Kapazität 10 Plätze, DZ 50 DM. Familienpension in ruhiger Lage 20 Minuten vom Stadtzentrum, Zimmer mit Dusche, WC, TV, Kochmöglichkeit, Garage, Fahrradverleih.

### Essen und Trinken

- **Restaurace Beseda,** Žižkovo náměstí 5, Tel. (0361) 253723. Einfache Gaststätte direkt am Marktplatz.

### Museen und Galerien

- Das **Hussiten-Museum** (Husitské muzeum), Žižkovo náměstí, Di.-So. 8.30-17.00 Uhr, im Juli und August auch montags geöffnet. Die Ausstellung vermittelt die Geschichte der Hussiten. Neben Gemälden, Dokumenten und Waffen findet man hier ein Modell der Stadt aus dem 17. Jh., in der ersten Etage befindet sich eine historische Gemäldegalerie mit dem Schwerpunkt Tábor. Neben der Kasse liegt der Eingang zu den unterirdischen Gängen.

### Einkaufen

- **Keramika,** Žižkovo nám. 23, Di.-So. 9.30-17.30 Uhr. Ein kleines Geschäft mit dekorativen keramischen Erzeugnissen, Eckhaus links vom Rathaus.

### An- und Weiterreise

- Tábor liegt an der **Bahnstrecke** Prag – České Budějovice und bietet daher eine gute Verbindung in beide Richtungen. Eine gute **Busverbindung** existiert nach Prag, České Budějovice, Brno, Olomouc und zu vielen west- und südböhmischen Städten. Bahnhof und Busbahnhof liegen nebeneinander etwa 30 Min. vom Marktplatz entfernt.

## Umgebung von Tábor

### Burgruine Kozí Hrádek

Die Burgruine Kozí Hrádek liegt etwa 5 km südlich von Tábor und ist eng mit Leben und Wirken von *Magister Jan Hus* verbunden. Die recht kleine, inmitten eines Waldes errichtete Burg wurde in der ersten Hälfte des 14. Jh. erbaut und beherbergte in den Jahren 1412-1414 den einflußreichen **Magister Jan Hus.** Dieser schrieb hier in tschechischer Sprache die "Postila", eine Sammlung von Kommentaren zu Predigten, die auf die Reformation der Kirche abzielten. Die Burg war *Hus'* letztes Domizil, bevor er zum Konzil nach Konstanz aufbrach, von dem er nicht wieder zurückkehrte. Im Jahre 1438, während der hussitischen Kriege, brannte die Burg aus und ist seit dieser Zeit unbewohnt. In der zweiten Hälfte der 50er Jahre dieses Jh. wurde die Ruine teilweise restauriert und ist heute der Öffentlichkeit zugänglich. Zu sehen sind jedoch nur die Außenwände des Gebäudes und die sie umgebende Burgmauer.

- Burgruine Kozí Hrádek, geöffnet Mai bis September Di. – So., 9.00 Uhr bis 16.00 Uhr.

### Milevsko

Milevsko, eine kleine Provinzstadt, die etwa 25 Kilometer westlich von Tábor liegt, ist ein idealer **Ausgangspunkt für den Besuch von zwei der schönsten Burgen Südböhmens.** Es handelt sich um die Burgen Zvíkov und Orlík, die direkt am Moldauufer liegen.

Von den **örtlichen Sehenswürdigkeiten** von Milevsko sind eigentlich nur zwei hervorzuheben. Das romanische **Kloster,** das etwa zwei Kilometer vom Zentrum entfernt liegt, und die gotische **St.-Ägidius-Kirche** auf dem Friedhof neben dem Kloster.

Das Prämonstratenserkloster wurde in der zweiten Hälfte des 12. Jh. gegründet und im Laufe der Jahrhunderte mehrmals umgebaut. Die Inneneinrichtung der Stiftskirche ist einfach. Das Hauptschiff mit seinen wuchtigen Säulen und die zwei Kirchentürme sind im romanischen Stil gebaut, das Rippengewölbe im Querschiff ist gotisch, und die Kirchenfassade wurde Ende des 19. Jh. im neoromanischen Stil errichtet.

Im ersten Klosterhof befindet sich das **Regional-Museum,** Tel. (0368) 3583, geöffnet Di.-Fr. 9.00-15.00 Uhr, So. 13.00-18.00 Uhr. Das Museum ist der Geschichte der Stadt und der Region gewidmet.

### Unterkunft

●**Modrá hvězda,** Masarykova 172, Tel. (0368) 2181, Kapazität 60 Betten, 1-3-Bettzimmer, Dusche, Toilette auf dem Flur, DZ 20 DM.

### An- und Weiterreise

●Am besten reist man mit dem **Zug** oder dem **Bus** von Tábor an. Es existieren auch Direktbusse nach Prag.

### Burg Zvíkov

Hoch über dem Wasser, über dem Zusammenfluß von Moldau und Otava, erhebt sich auf einem Felsplateau die Burg Zvíkov, die eine **der ältesten Burgen des Landes** ist. Bemerkenswert ist, daß die zwischen 1226-48 erbaute Burg sich bis heute ihren **gotischen Charakter** erhal-

Burg Zvikov

Blick in den gotischen Innenhof der Burg Zvíkov

ten hat. Als architektonisch besonders bemerkenswert gelten die hiesige Burgkapelle und der mit Arkaden geschmückte gotische Innenhof.

Die Burg, die als **Königsresidenz** gebaut wurde, beherbergte in der Vergangenheit viele wichtige Treffen der böhmischen Könige.

Ihre **goldene Zeit** erlebte die Burg Zvíkov während der Regierungszeit *Karls IV.* (1346-1378), der hier gerne weilte und die Burg rekonstruieren ließ. Bis zur Errichtung der Burg Karlštejn diente Zvíkov als Aufbewahrungsstätte der böhmischen Krönungskleinodien.

Im Jahr 1719 übernahmen die Schwarzenberger die Burg. Sie veranlaßten in der Folge die **Rekonstruktion** der Burg und die Ausstattung der Burgkapelle mit wertvollen gotischen Malereien. Trotz dieser In-

standhaltungsmaßnahmen stürzte 1829 ein Teil des königlichen Palastes in die Moldau. Weitere Rekonstruktionsarbeiten wurden dann erst wieder um die Jahrhundertwende durchgeführt.

Die im ersten Stock gelegene **St.-Wenzel-Kapelle,** die zu den Meisterwerken der frühgotischen Kunst Böhmens zählt, gehört zu den schönsten Teilen der Burg. Die Kapelle bildete den krönenden Abschluß der Errichtung der Burg. Die Wandmalereien der Kapelle stammen aus der Zeit um 1480. Der aus Holz geschnitzte gotische Hochaltar aus der Zeit um 1510 ist das Werk eines unbekannten Meisters.

●Burg Zvíkov, Tel. (0362) 95676, Di.-So. Mai-September 9.00-15.30 Uhr, April, Oktober nur samstags und sonntags 9.00-15.30 Uhr.

## Unterkunft

●**Hotel Zvíkov,** Zvíkovské podhradí, Tel. (0362) 95664, Fax (0362) 95655, Kapazität 60 Betten, Zimmer mit TV, Dusche und Toilette, DZ 90 DM. Das Hotel liegt etwa einen Kilometer vom Schloß entfernt, in der Nähe ist ein Schwimmbad.

## Essen und Trinken

●**Pivovarský dvůr,** Zvíkovské podhradí, Tel. (0362) 95660, geöffnet Di.-So. 10.00-20.00 Uhr, Kapazität 120 Plätze. Eine Privatbrauerei, die an der Straße liegt, welche zur Burg führt. Die Gaststätte ist mit rustikaler Holzeinrichtung ausgestattet. Fisch und Wildbrett am Rost gehören zu den Spezialitäten des Hauses.

## Wandern

Von der Ortschaft Zvíkovské Podhrad gelangt man über einen etwa 25 km langen Wanderweg zum Schloß Orlík.

## An- und Weiterreise

●Ohne eigenen Pkw ist die Anreise kompliziert. Am besten gelangt man mit dem **Bus** aus Písek, Milevsko oder direkt aus Prag her. Die Busse halten in Zvíkovské Podhradí etwa zwei Kilometer von der Burg entfernt.

●Es besteht **keine Zugverbindung**.

## Schloß Orlík

Auf einer von drei Seiten durch die Moldau geschützten Landzunge steht Schloß Orlík. Die **ehemals gotische Burg** aus der zweiten Hälfte des 13. Jh. wurde oftmals umgebaut. Die wichtigsten **baulichen Veränderungen** waren die Umgestaltung der gotischen Burg in ein Renaissanceschloß und der neogotische Umbau im 19. Jh. Damals gehörte das Schloß der Schwarzenberger Familie, die es um den dritten Stock erweiterte. Das heutige neogotische Aussehen stammt aus den Jahren 1840-60.

Neben wertvollen Möbeln, Bildern und Porzellan ist ein Teil der **Ausstellung** der Schwarzenberger Familie gewidmet. Die Aufmersamkeit des Besuchers verdienen auch die hiesige Jagdwaffen-Sammlung, die Bibliothek und die aus Holz geschnitzte Kassettendecke aus den Jahren 1882-84.

Der berühmteste Vertreter der Familie Schwarzenberg war **Karl Philip von Schwarzenberg,** der als österreichischer Botschafter in Paris die Heirat von *Marie Luise,* der Tochters des österreichischen Kaisers, und *Napoleon Bonaparte* organisierte. Eine der Folgen dieser Heirat war die österreichische Teilnahme an dem gescheiterten Feldzug Napoleons nach Rußland. Die österreichischen Einheiten führte eben *K. F. Schwarzenberg.* Und mit den gleichen Einheiten nahm *Schwarzenberg,* diesmal an der Seite der Gegner *Napoleons,* 1813 an der Völkerschlacht bei Leipzig teil.

●Schloß Orlík, Tel. (0362) 96101, Di.-So. April-Oktober 9.00-18.00 Uhr, im April und Oktober nur bis 16.00 Uhr.

## Essen und Trinken

●**Hostinec u Toryka,** Orlík, Tel./Fax (0362) 96181, geöffnet Di.-So. 10.00-20.00 Uhr, Kapazität 150 Plätze, außerdem 100 Plätze im Freien. Liegt in der unmittelbaren Nähe des Schlosses, einzige Gaststätte in Orlík und daher die Anlaufstelle aller Reisegruppen.

## Schiffsverbindungen

Es ist schöner, den Wagen auf dem Parkplatz in Orlík zu lassen und die Burg Zvíkov mit dem Schiff anzulaufen. **Zwischen Orlík und Zvíkov** existiert im Sommer regelmäßiger Schiffsverkehr. Um die 14 km zu überwinden, brauchen die Dampfer etwa 45 Mi-

Südböhmen

Schloß Orlík

nuten. Die Anlegestellen liegen in unmittelbarer Nähe der Schlösser. Die Hin- und Rückfahrt kostet ca. vier Mark.
● Abfahrtszeiten im Juli, August ab Orlík: 10.45, 13.45, 16.15 Uhr. Ab Zvikov: 11.45, 14.45, 17.15 Uhr.
● Abfahrtszeiten im Mai, Juni, September ab Orlík: 10.00, 14.00 Uhr. Ab Zvikov: 11.00, 15.00 Uhr.
Ein regelmäßiger Schiffsverkehr wird außerdem *zwischen dem Schloß Orlík und der Talsperre Orlík* aufrechterhalten. Verbindungen gibt es viermal täglich. Die Fahrzeit beträgt etwas mehr als eine Stunde, die Dampfer halten an den Campingplätzen an beiden Ufern der Moldau. Nähere Auskunft erhält man im Schiffsbüro *Lodní doprava Orlík* in der Nähe der Anlegestelle, Faxnummer (0362) 96197, 5796.

### An- und Weiterreise

● Die Anreise mit öffentlichen Verkehrsmitteln ist umständlich. Am besten gelangt man mit dem *Bus* von Písek oder Prag hierher.
● Es besteht *keine Zugverbindung.*

### Žďákovský most

Unmittelbar in der Nähe des Schlosses Orlík befindet sich die 541 m lange *Stahlbrücke* Žďákovský most, welche die Moldau überwölbt. Wenn man aus Tábor bzw. Milevsko kommt, überquert man die Brücke, die 1958-67 errichtet wurde. Der 330 Meter lange Brückenbogen, so behaupten stolz die örtlichen Informationsschilder, ist länger als der der Rainbowbrücke in Niagara/USA.

Vom Parkplatz am Schloß Orlík führt *bis zur Brücke* ein zwei Kilometer langer, blau markierter *Weg entlang dem Moldau-Ufer.*

Eine andere Möglichkeit, die Brücke von unten zu sehen, bietet sich, wenn man vom Schloß die Hauptstraße in Richtung Tábor fährt.

Nach etwa einem Kilometer sieht man rechts ein kleines Bistro mit einem Parkplatz. Hier hält man an und läuft den etwa 300 m langen Hang hinunter bis zur Moldau. Im Sommer wirkt ein Bad in der Moldau erfrischend, und der Blick, der sich vom Wasser aus auf die Brücke bietet, ist bombastisch.

# Durch das Land der südböhmischen Binnenseen

### Třeboň

Třeboň, etwa 25 km westlich von České Budějovice gelegen, ist das **Zentrum der südböhmischen Fischwirtschaft.** Die hiesige Tradition der Fisch- und Teichwirtschaft geht ins Mittelalter zurück, als hier die ersten künstlichen Gewässer angelegt wurden. Und Teiche bzw. kleine Seen umgeben die Stadt bis heute von allen Seiten. In der Stadt befindet sich der See Svět (Welt), der vor ca. 400 Jahren angelegt wurde. Einen Zwischenstop verdient die Stadt auch wegen ihres repräsentativen Marktplatzes.

Diejenigen, die länger bleiben möchten, tun gut daran, sich ein Montainbike zu leihen und die **herrliche Umgebung** der Stadt mit ihren vielen Teichen zu erkunden. Die Landschaft um die Stadt herum steht unter **Naturschutz.** Seit 1977 steht sie auf der UNESCO-Liste der Biosphärenreservate. Im Rahmen des Unesco-Programms "Mensch und Biosphäre" geht es um die Erhaltung existierender Ökosysteme. Auskunft über existierende Lehrpfade erteilt das Info-Zentrum auf dem Marktplatz.

Beim Besuch in Třeboň sollte man nicht versäumen, das hiesige **Regent-Bier** zu kosten. Die Brauerei existiert schon seit 1379, und im Mittelalter belieferte sie sogar den französischen Hof. Die **Geschichte der Stadt Třeboň,** die sich allmählich aus einer kleinen, auf dem Handelsweg nach Bayern gelegenen Ortschaft entwickelte, wurde lange Zeit von der mächtigen Rosenberg-Dyna-

Die Brauerei Regent ist die zweitälteste des Landes

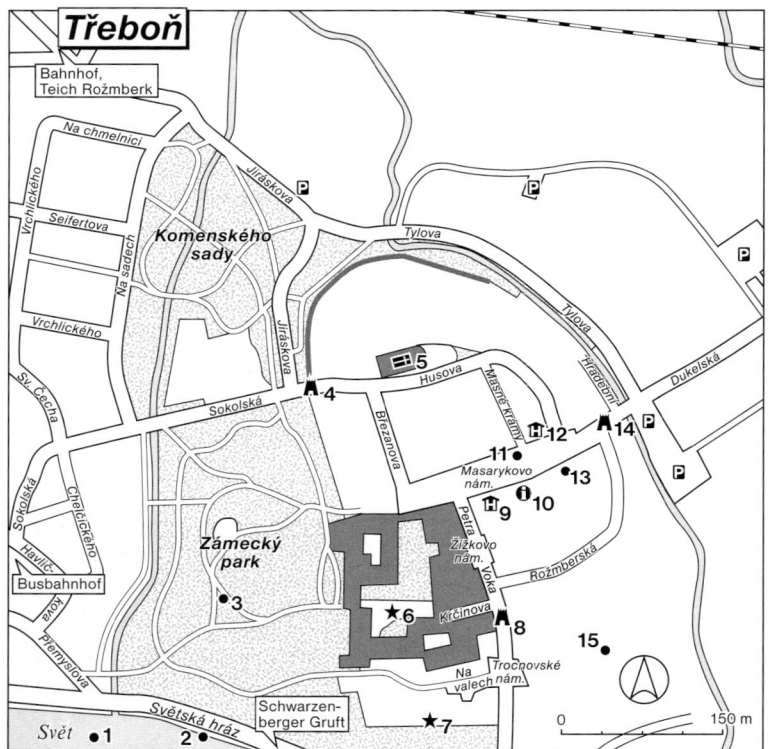

- • 1 See Svět
- • 2 Anlegestelle
- • 3 Schloßpark
- ♠ 4 Stadttor
- ⅱ 5 St.-Ägidius-Kirche
- ★ 6 Schloß
- ★ 7 Reste der Stadtmauer
- ♠ 8 Stadttor
- ⛫ 9 Hotel Zlatá Hvězda
- ❶ 10 Information
- • 11 Marktplatz
- ⛫ 12 Hotel Bilý Koníček
- • 13 Rathaus
- ♠ 14 Stadttor
- • 15 Brauerei Regent

stie bestimmt. Nach deren Aussterben wurde sie von der Schwarmberg- und dann von der Schwarzenberg-Familie übernommen. Diese spielte bis 1945 eine zentrale Rolle im wirtschaftlichen Leben der Gemeinde.

Der *historische Stadtkern* einschließlich dreier Stadttore und eines Teils der Stadtmauern ist bis heute erhalten geblieben. Seinen Rundgang beginnt man am besten auf dem *Marktplatz,* der zu allen Seiten von sehenswerten alten Häusern umgeben ist. Nachdem als Folge des Brandes im Jahr 1562 die hölzerne Bebauung der Stadt verschwand, wurden neue Steinhäuser gebaut, die bis heute erhalten geblieben sind. Den Marktplatz dominieren deshalb hauptsächlich *Renaissance- und Barockhäuser mit repräsentativen Fassaden.* Zu den schönsten Häusern gehört Haus Nummer 97, U bílého koníčka (Zum weißen Rößlein), in dem sich heute ein Hotel befindet. Es handelt sich um ein Renaissancehaus aus dem Jahr 1562. Gleich gegenüber steht das *Rathaus,* ebenfalls zu dieser Zeit errichtet. Der Turm gleich neben dem Rathaus wurde bereits 1638 erbaut. Er ist im Juli und August täglich von 9.00 bis 16.00 Uhr zugänglich, im Mai, Juni und September nur samstags und sonntags.

Über einen Gang im Rathaus gelangt man zum *Empiretheater J. K. Tyl,* das in den Jahren 1832-33 gebaut wurde. Das Theater ist nach dem tschechischen Dramatiker der Epoche der nationalen Wiedergeburt benannt, der hier in den Jahren 1852-56 lebte. In der Mitte des Marktplatzes steht die *Mariensäule* aus dem Jahr 1781, der *Brunnen* gleich daneben wurde im Jahr 1569 errichtet.

Nur einige Schritte vom Marktplatz entfernt befindet sich die *St.-Ägidius-Kirche,* die zusammen mit dem *Augustinerkloster* in der zweiten Hälfte des 14. Jh. erbaut wurde. Ende des 18. Jh. wurde die Kirche teilweise durch einen Brand beschädigt und Ende des 19. Jh. erfolgreich restauriert. Das heutige Interieur stammt aus der Barockzeit. Von den erhaltenen gotischen Kostbarkeiten verdient die *Statue der Madonna von Třeboň* aus der Zeit um 1400 besondere Beachtung. Das Kloster wurde im Jahr 1785 im Laufe der josephinischen Reformen aufgelöst.

Der heutige *Schloßkomplex* entstand durch weitreichende Umbauten einer vorher existierenden Burg. Durch ein im 17. Jh. errichtetes Portal betritt man den Hof der Schloßanlage, der durch einen barocken Brunnen geschmückt wird. Der Eingangstrakt des Schlosses, wo sich heute die Kasse befindet, wurde in der zweiten Hälfte des 16. Jh. erbaut. Für Besucher sind leider nur zehn Räume zugänglich, die übrigen Zimmer des Schlosses gehören heute zum hiesigen Stadtarchiv. In den öffentlich zugänglichen Räumen bekommt der Besucher alte Gemälde, Mobiliar, Geschirr, Glas und Waffen zu sehen.

● Schloß Třeboň, (Zámek Třeboň), Tel. (0333) 2677, geöffnet April-Oktober Di.-So. 9.00-12.00 Uhr, 13.00-16.00 Uhr, Führung einmal stündlich.

Marktplatz von Třeboň

In der Nähe des Schlosses befindet sich ein **Park,** der hier im 19. Jh. an der Stelle des ehemaligen Schloßgartens angelegt wurde. Direkt an den Park grenzt der Deich des **Sees Svět,** der 1571-73 von *Jakub Krčín* angelegt wurde. An seinen Ufern befindet sich ein **Strandbad,** im Sommer besteht hier die Möglichkeit, an einer **Dampferfahrt** teilzunehmen. Zur Anlegestelle gelangt man vom Schloß aus durch den Park. In der Krčínova-Straße 114, gleich neben einem der drei Schloßtore steht das Haus, das dem berühmten Erbauer des Sees, *Jakub Krčín von Jelčany,* gehörte.

Das Gebäude gleich nebenan ist die **Brauerei** des Ortes, die in den

Jahren 1699-1712 nach Plänen des Architekten *Jakub Maggi* und seines Sohnes errichtet wurde.

Eine weitere Sehenswürdigkeit des Ortes ist die **Gruft der Familie Schwarzenberg.** Zu Fuß gelangt man zur Gruft, indem man vom Schloß aus etwa 20 Minuten dem Deich folgt. Mit dem Wagen fährt man in Richtung Borovany, am Ortsausgang befindet sich dann auf der rechten Seite der Parkplatz. Die Familiengruft war das letzte Gebäude, das die Familie *Schwarzenberg* 1874-78 bauen ließ. Sie befindet sich in der Mitte einer großen Parkanlage am Ufer des Teiches Svět. Während der Führung erhält man viele Informationen über die Geschichte der

Familie *Schwarzenberg,* deren Mitglieder hier begraben liegen. In der Kapelle werden im Sommer Konzerte veranstaltet.

●Schwarzenberg-Gruft, Tel. (0333) 2683, geöffnet April, Mai, Oktober samstags, sonntags 9.00-16.00 Uhr, Juni-August Di.-So. 9.00-17.00 Uhr. Führung einmal stündlich.

## Information

●*Informační a kulturní středisko,* Masarykovo náměstí 103, Tel. (0333) 2557. Das Infozentrum liegt direkt am Marktplatz in der Nähe des Rathauses. Zimmervermittlung, Verkauf von Karten und Reiseführern.

●*Internet Kavárna Envi,* Masarykovo nám. (ebenfalls am Marktplatz), geöffnet Mo.-Fr. 8.00-12.00 Uhr und 14.00-18.00 Uhr.

## Unterkunft

●*Hotel Regent,* Tel. (0333) 4251-2, Fax (0333) 4253, Kapazität 85 Betten, DZ 100 DM. Das neue Hotel liegt in der Nähe des Sees Svět, Zimmer mit Dusche, WC, Telefon und TV. Die Dachterrasse bietet einen schönen Blick auf die Umgebung.

●*Hotel Zlatá Hvězda,* Masarykovo nám. 107, Tel. (0333) 3365, DZ 70 DM. Zentrale Lage direkt auf dem Marktplatz, stilvoll eingerichtete Zimmer mit Bad/WC. Mountainbike-Verleih.

●*Hotel Bílý Koníček,* Masarykovo nám., Tel. (0333) 2818. Das Hotel liegt am Marktplatz, Zimmer mit Dusche und WC, DZ 50 DM.

●*Motel Peter Vok,* Tel. (0333) 4000, Kapazität 69 Betten. Einfach eingerichtete Zimmer mit Bad, WC, Tel. und TV, DZ 80 DM. Das Motel liegt an der Ausfahrtstraße Richtung Wien, die Gaststätte ist die ganze Nacht geöffnet, nachts auch warme Gerichte.

●*Camping Třeboňský ráj,* Tel. (0333) 2586. Richtung Borovany, gleich am Ende der Stadt links, geöffnet Mai-Oktober, Kapazität 480 Plätze, Fitneßzentrum, Bademöglichkeit, Möglichkeit zum Fischen.

## Essen und Trinken

●*Rybářská bašta,* Tel. (0333) 3141, Mo.-So. 18.00-24.00 Uhr, Fr., Sa. bis 2.00 Uhr. Die Weinstube liegt hinter dem Hotel Svět, Fischspezialitäten, freitags, samstags Musik zum Tanzen.

Schloß Třebon

Südböhmen

### An- und Weiterreise

•Man reist am besten mit dem *Bus* von České Budějovice oder von Jindřichův Hradec an, aus Prag gelangt man gut mit *Schnellzügen* her, die über Třeboň nach Wien fahren. Der örtliche Bahnhof befindet sich am nördlichen Stadtrand etwa 30 Minuten vom Stadtzentrum entfernt, der Busbahnhof liegt näher zum Zentrum am westlichen Stadtrand.

### Rožmberk-See

Nur etwa 2 km nördlich von Třeboň, in Richtung Lomnice nad Lužnicí, liegt der Rožmberk-See. Das nach dem allgegenwärtigen südböhmischen Adelsgeschlecht *Rožmberk (Rosenberg)* benannte Gewässer wurde Ende des 16. Jh. von *Jakub Krčín* angelegt, der einer der berühmtesten südböhmischen Deichbauer war. Mit den Bauarbeiten zur *Eindämmung des Lužnice-Flusses* begannen er und seine Arbeiter im Jahr 1584. Für den Damm des Sees, der 2,5 km lang, zwischen 14 und 50 Meter breit und an seiner höchsten Stelle 10 Meter hoch ist, wurden insgesamt 750.000 Kubikmeter Erde verwendet. Man muß anerkennen, daß dies für das 16. Jh. eine enorme Leistung war, die im wesentlichen von etlichen hundert Untertanen der Rosenberg-Dynastie vollbracht wurde, welche hier täglich zwischen 14 und 16 Stunden schufteten. 1590 wurde der Stausee mit Wasser gefüllt. Einige der damals gepflanzten Eichen stehen noch heute auf dem Damm des Teiches, dessen Wasserfläche nun etwa 500 ha beträgt.

### Chlum u Třeboně

Südlich von Třeboň liegt der kleine Ort Chlum u Třeboně. Die zwei architektonisch interessanten Gebäude des Ortes sind die Kirche und das Schloß.

Als Vorbild für die *ehemalige Pilgerkirche* der Mariä-Himmelfahrt, die 1745 gebaut wurde, diente die Kirche in Mariazell in der Steiermark. Ähnlich wie in Österreich führt auch hier ein Kreuzweg zur Kirche.

1710 wurde am Teich Hejtman ein *Schloß* im Barockstil errichtet, das in der zweiten Hälfte des 19. Jh. umgebaut wurde. 1902-04 ließ der damalige Besitzer, der österreichische Thronfolger *Franz Ferdinand d'Este*, das Gebäude dann mit einem zweiten Stock versehen. Das Schloß liegt inmitten einer Parkanlage mit seltenen Baumarten. Es dient heute als Erholungsheim und ist bis auf die Parkanlage nicht zugänglich.

Da sich im Ort eine *Glasfabrik* befindet, bietet sich hier die Möglichkeit, Glas direkt beim Produzenten zu kaufen.

### Jindřichův Hradec

Ebenfalls an einem Binnengewässer liegt Jindřichův Hradec, eine *verschlafene Stadt* mit etwa 20.000 Einwohnern. Sowohl die Stadt als auch die nahe gelegene Burg wurden 1220 von *Jindřich* (dt. *Heinrich)*, dem älteste Sohn *Wittigos* ins Leben gerufen, welcher der Gründer des Geschlechtes der Wittigonen war. Von ihrem ursprünglichen Namen Novum Castrum ist der deutsche Na-

Marktplatz von Jindřichův Hradec

me der Stadt abgeleitet, der Neuhaus lautet.

In der Mitte des rundum von alten Häusern umsäumten **Marktplatzes** des Örtchens steht die **Dreifaltigkeitssäule,** die aus der Mitte des 18. Jh. stammt. Durch ein mit dem Stadtwappen geschmücktes Durchgangstor im Rathaus gelangt man vom Marktplatz zur **Marienkirche,** die aus der zweiten Hälfte des 14. Jh. stammt. (Hier in der Nähe des Haupteinganges verläuft übrigens der 15. Meridian. Er ist durch eine Markierung auf der Straße gekennzeichnet.) Beachtung verdient auch die gotische **Johannes-der-Täufer-Kirche** aus dem 13. Jh. in der Nähe des Marktplatzes.

Die wichtigste Sehenswürdigkeit der Gemeinde stellt jedoch das **Schloß** dar, ursprünglich eine gotische Burg, das im Laufe der Zeit mehrmals umgebaut wurde. Die umfassendsten **Umbauten** wurden in der zweiten Hälfte des 16. Jh. durchgeführt. Das Ergebnis der damals vorgenommenen Gestaltungsmaßnahmen ist zum Teil heute noch zu besichtigen, obwohl das Schloß 1773 nahezu vollständig abbrannte. Nach der **Brandkatastrophe** wurde lediglich ein Teil des Schloßkomplexes erneuert, andere Teile blieben bis zur Rekonstruktion des Schlosses Mitte der 70er Jahre dieses Jahrhunderts in absolut desolatem Zustand.

Neben wertvollem Mobiliar, Gemälden und Tapisserien bekommt der Besucher im Schloß auch Wandmalereien zu sehen.

Südböhmen

239

Schloß von Jindřichův Hradec

●Schloß Jindřichův Hradec, Tel. (0331) 22132, Mai-September Di.-So. 9.00-16.15 Uhr, alle anderen Monate nur samstags und sonntags 9.00-16.15 Uhr.

Erwähnenswert ist, daß in Jindřichův Hradec **Adam Michna von Otradovice** (1600-76), einer der berühmtesten Komponisten Böhmens, seine Jugendjahre verbrachte. Auch lebte die **Familie des Komponisten Bedřich Smetana** eine Zeitlang hier. *Smetanas* Vater arbeitete als Brauer. Daran erinnert eine Gedenktafel an der ehemaligen Brauerei neben dem Museum der Stadt.

## Information

●*Informační středisko* Panská ulice 136, Tel. (0331) 21844. Das Reisebüro liegt an der Hauptraße etwa 30 Meter vom Marktplatz entfernt. Verkauf von Karten und Reiseführern, Zimmervermittlung.
●*Internet Club Esnet,* nám. Miru 138 (am Marktplatz im Hinterhof), geöffnet Mo.-Do. 10.00-16.30 Uhr, Fr. 10.00-14.30 Uhr.

## Unterkunft

●*Hotel Schneider,* nám. Míru 165, Tel. (0331) 25866, Fax (0331) 24964, Kapazität 55 Betten. Zentrale Lage auf dem Marktplatz, Zimmer mit Dusche, WC, Telefon und TV. Fahrradverleih.
●*Hotel Concertino,* náměstí Míru 141, Tel. (0331) 362320, 362321, Fax 362323, Kapazität 75 Betten, DZ 60-100 DM. Das beste Hotel der Stadt liegt direkt auf dem Marktplatz, Zimmer mit Dusche, WC, Telefon, Minibar und Safe. Parkhaus.
●*Hotel Bílá paní,* Dobrovského 5, Tel. (0331) 22059, 362660, Fax 22059, Kapazität 10 Betten, DZ 55 DM. Kleines Familienhotel in Schloßnähe. Zimmer mit Dusche, WC.
●*Pension U Tkadlen,* Pod Hradem 7, Tel. (0331) 321348, Fax (26076), Kapazität 20 Plätze, DZ 50 DM, mit dem IYHF-Ausweis 30 DM. Zimmer mit Dusche und WC, sehr schöne Lage am Fluß Nezarka unterhalb des Schlosses.

## Essen und Trinken

●*Zlatá husa,* náměstí Míru 141. Auf dem Marktplatz im Hotel Concertino, tschechische und internationale Küche, Salatbuffet.

## Absinth

In der örtlichen privaten Likörfabrik *Hill's Liguere* wird Absinth hergestellt. Die Produktion des besonders in der zweiten Hälfte des 19. und zu Anfang des 20. Jh. in Frankreich beliebten **Kräuterlikörs** ist heute überall in Europa verboten, außer in Tschechien. Absinth, um die Jahrhundertwende das beliebteste Getränk der Pariser Bohäme (man erinnere sich an *Picassos* Gemälde "Absinthtrinkerin"), wird hier nach einer alten Rezeptur hergestellt. Die Grundlage des grünen, bitteren 70prozentigen Likörs, der ähnlich wie Pernod mit Wasser verdünnt getrunken wird, bildet ein Extrakt aus verschiedenen Kräutern wie z.B. Artemisia absinthum, Fenchel, Koriander, Anis und Kamille. Der Grund, weshalb überall in Europa die Absinthherstellung bereits vor Jahrzehnten verboten wurde, ist die angeblich gesundheitsschädigende Wirkung des Absinths.

● *Restaurant Bílá paní,* Dobrovského 5. Nettes Hotelrestaurant im gleichnamigen Hotel.
● *U Jáchyma,* Schloß, geöffnet tgl. 10.00-23.00 Uhr. Im ersten Schloßhof , zwar einfach eingerichtet, aber gutes Essen und große Portionen. Hauptgericht um 7 DM.

### Museen und Galerien
● Das **Regional-Museum** (Okresní muzeum), Balbínovo náměstí 19, Tel. (0331) 22121, geöffnet Di.-So. 8 30-16.30 Uhr. Das Museum befindet sich etwa 100 m vom Marktplatz entfernt. Es behandelt Geschichte und Kunst der Region. Ein Raum ist der weltberühmten Opersängerin *Ema Destinnová* (1878-1930) gewidmet, die in der Nähe von J. Hradec wohnte.

### Einkaufen
● *Hill's Liguere,* Mlýnská ulice, in Schloßnähe am Bach. Herstellung und Verkauf von Likören, unter anderem auch von Absinth.

● *U dvou lvů,* náměstí Míru. Auf dem Marktplatz, Spielzeuge aus Holz, Kunstkeramik, Bilder und Grafik.

### An- und Weiterreise
● Der Ort liegt an der **Bahnstrecke** České Budějovice – Veselí nad Lužnicí – Brno. Wenn man aus Prag oder České Budějovice anreist, muß man in Veselí umsteigen.
  Schneller ist es deshalb, mit dem **Bus** zu fahren. Busverbindungen bestehen auch nach Brno, Olomouc, Karlovy Vary, Plzeň und zu anderen tschechischen Städten. Bahnhof und Busbahnhof liegen nebeneinander ca. 15 Minuten vom Stadtzentrum entfernt. Zum Marktplatz führt die Nádražní-Straße.

## Červená Lhota

Inmitten eines Teiches und von Wäldern umgeben liegt das Schlößchen Červená Lhota. Das **romantisch gelegene Wasserschloß** befindet sich etwa 15 km nördlich von Jindřichův Hradec und ist einen kleinen Umweg wert.

Das Schloß entstand aus einer kleinen Festung am Ufer eines Baches. Nachdem der Bach aufgestaut wurde, bildete sich ein See mit einer kleinen Insel in der Mitte, auf der nun die Festung stand. Mit dem Ufer ist das Schlößchen durch eine **Brücke** aus dem Jahre 1626 verbunden. Sein heutiges Aussehen verdankt das ursprünglich gotische Gebäude einem **Umbau im Stil der Renaissance**.

Eine Zeitlang diente das Schloß als **Sommerresidenz** von *Vilém Slavata,* dem königlichen Statthalter, der im Jahr 1618 eines der Opfer des Prager Fenstersturzes wurde. Im 18.

Südböhmen

Jh. lebte und starb hier der Mitbegründer der deutschen romantischen Oper, der **Komponist Karl Ditters von Dittersdorf** (1739-99), der auf dem Friedhof des benachbarten Ortes Deštná begraben liegt.

Die hauptsächlich mit Barock- und Rokokomöbeln eingerichteten Räume sind der Öffentlichkeit zugänglich. Zu empfehlen ist auch ein Spaziergang durch die um den Teich herum liegenden Wälder.

● Schloß Červená Lhota, Tel. (0311) 84228, Mai-September Di.-So. 9.00-16.00 Uhr, April, Oktober nur Sa., So. 9.00-16.00 Uhr.

# An der historischen Grenze zu Mähren

## Burg Landštejn

Die Burg wurde Anfang des 13. Jh. von den bayrischen Herren von Hirschberg als eine **Wachburg an der Grenze von Böhmen, Mähren und Österreich** erbaut. Seit der Mitte des 13. Jh. übernahmen die Wittigonen dann das Gebäude. Im 16. Jh. wurde die Burg umfassend umgebaut. Etwa 200 Jahre später, im Jahr 1771, brannte sie als Folge eines Blitzschlages vollständig nieder. Sie blieb dann bis in die siebziger Jahre unseres Jh. eine **Ruine.** Seitdem wird sie nach und nach rekonstruiert.

Es wird behauptet, daß **Friedrich Schiller** die Inspiration für sein Drama "Die Räuber" in den umliegenden tiefen Wäldern fand. Die Handlung seines Stückes spielt ja tatsächlich zum Teil in den böhmischen Wäldern. Dafür spricht auch, daß einer der ehemaligen Besitzer der Burg *Moor* hieß, ebenso wie die zwei Brüder aus dem Schillerdrama.

● Burg Landštejn, Tel. (0332) 9080, Mai-September Di.-So. 9.00-16.00 Uhr, April, Oktober nur Sa., So. 9.00-16.00 Uhr.

## Slavonice

Die Stadt Slavonice wurde an der **Kreuzung zweier wichtiger Handelswege,** von Prag nach Wien und von České Budějovice nach Brno, gegründet. Zum ersten Mal wird der Ort in Quellen aus dem 12. Jh. erwähnt. Aufgrund der Mautgebühren, welche die Kommune für den Salztransport erhob, erlebte Slavonice im 13. Jh. einen raschen **wirtschaftlichen Aufschwung.** Der Reichtum hatte ein Ende, als im 17. Jh. die Handelswege verlegt wurden. Der nun folgenden **Stagnation** der Stadt ist zu verdanken, daß Slavonice sich dem Besucher heute als **mittelalterliches Stadtjuwel** präsentiert.

Einmalig ist der **zentrale Platz mit seinen repräsentativen Renaissancehäusern.** Hier befindet sich auch der Eingang zur **Mariä-Himmelfahrt-Kirche** aus dem 14.-16. Jh. In der Kirche, deren Bau im Jahr 1521 abgeschlossen wurde, befinden sich hauptsächlich Barockbilder, im südlichen Schiff (neben dem Hauptaltar) ist eine Wandmalerei aus dem 15. Jh. erhalten geblieben. Der Kirchturm mit einer Glocke aus dem Jahr 1612 ist stattliche 55 Meter hoch.

Der Marktplatz von Slavonice bekommt ein neues Pflaster

## Unterkunft

●*Hotel Arkada,* Dolní náměstí 466, Tel. (0332) 93525-6, Fax (0332) 93527. Kapazität 35 Betten. Das Hotel ist in einem gotischen Haus aus dem 13. Jh. untergebracht, zentrale Lage auf dem Marktplatz, modern eingerichtete Zimmer mit TV, Telefon, Dusche und WC. DZ 85 DM. Kurios wirkt die Tatsache, daß das Hotel nur 9 Meter breit, aber 65 Meter lang ist.

●*Hotel Alfa,* Dolní náměstí 466, Tel. (0332) 93261, Kapazität 46 Betten. Einfaches Hotel, Dusche und WC auf dem Flur, keine Rezeption, Anmeldung im Restaurant, DZ für 15 DM.

## Essen und Trinken

●*Besídka-Galerie,* Horní náměstí, geöffnet tgl. 10.30-23.00 Uhr. Ein Café und eine Verkaufsgalerie etwa zwanzig Meter von der Kirche entfernt, außer Gemälden auch formschöne Keramikgegenstände. Auf der Getränkeliste findet man eine Rarität – Absinth.

●*Appetito,* Dolní náměstí, Tel. (0322) 93438, Kapazität 60 Plätze, geöffnet tgl. 10.00-22.00 Uhr. Eine durchschnittliche Gaststätte, die direkt am Markplatz liegt.

## Museen und Galerien

●*Museum der Stadt Slavonice* (Muzeum města Slavonic), Dolní náměstí (Marktplatz), geöffnet April-September tgl. 9.00-13.00 Uhr, 14.00-18.00 Uhr. Geschichte der Stadt und der Umgebung, Ausstellung zur Renaissance in Slavonice.

## Einkaufen

●*Opal,* Glasgeschäft, gleich neben dem Kircheneingang.

●Außerdem besteht die Möglichkeit, eine *keramische Werkstatt* in der Gemeinde Mariš in der Nähe der Straße Slavonice – Nová Bystřice zu besuchen und selbst eine Vase zu fertigen. Adresse und den Plan finden sie neben dem Eingang der Snackbar Besídka-Galerie auf dem Horní náměstí.

Südböhmen

Renaissancegraffiti auf dem Marktplatz von Slavonice

### An- und Weiterreise

● Am besten mit dem **Bus** aus Jindřichův Hradec. Direkte Busse nach Telč, Jihlava und Prag.

● Mit dem **Zug** kann man nach Telč und weiter nach Jihlava fahren.

### Dačice

An der historischen Grenze zwischen Böhmen und Mähren liegt Dačice, eine bis auf das Schloß touristisch eher uninteressante Stadt. Das **Schloß** in Dačice gehört zu den wenigen Beispielen des Empirestiles in Tschechien. Es wurde in der ersten Hälfte des 19. Jh. an der Stelle eines im 16. Jh. erbauten Schlosses errichtet. Seine **Inneneinrichtung** bietet Einblick in die Wohnkultur des 19. Jh. Neben dem Empire-Mobiliar und diversen Grafiken verdient die **Bibliothek** mit 40.000 Bänden und einer umfangreichen Sammlung der "Napoleonica" die Aufmerksamkeit des Besuchers.

Seit 1810 gehörte das Schloß dem Mainzer Kurfürsten, Schriftsteller und Diplomaten *Karl Theodor Dahlberg. Emerich Dahlberg,* eines der Mitglieder der alten Adelsfamilie aus Mainz, war ein Freund *Napoleons,* was die Existenz der verschiedenen **Napoleonica** erklärt, welche das Schloß schmücken.

Um das Schloß herum erstreckt sich ein 10 ha großer **englischer Garten.**

Außer diesem gibt es in Dačice noch ein anderes Schloß, das als *"altes Schloß"* bezeichnet wird. Dieses im 16. Jh. erbaute Gebäude befindet sich auf dem Marktplatz und dient heute als Rathaus.

### Unterkunft

● **Hotel Dyje,** Jemnická ulice, Tel. (0332) 2539, Kapazität 30 Betten. Einfaches Hotel in der Nähe des Bahnhofs, Dusche und WC auf dem Flur, DZ 25 DM.

## Museen und Galerien

●*Städtisches Museum und Galerie,* Jemnická 21, geöffnet Mai – Oktober Di.-So. 9.00-12.00 Uhr, 13.00-16.00 Uhr, November – April Mo.-Fr. 9.00-12.00 Uhr, 13.00-16.00 Uhr.

●*Schloß Dačice,* Havlíčkovo náměstí, geöffnet April, Oktober samstags, sonntags 9.00-13.00 Uhr, 13.30-15.00 Uhr, Mai, September Di.-So. 9.00-11.00 Uhr, 13.00-15.30 Uhr, Juni – August Di.-So. 9.00-11.30 Uhr, 13.00-16.30 Uhr.

## An- und Weiterreise

●Eine Anreise per *Zug* aus Jihlava oder Slavonice ist möglich, aber umständlich. Eine *Busverbindung* besteht nach Jihlava, České Budějovice, Prag, Brno, Třebíč und zu anderen Städten. Im Sommer existiert eine Busverbindung nach Waidhofen a.d. Thaya und Horn in Österreich. Beide Bahnhöfe des Ortes liegen in der Nähe des Stadtzentrums, jedoch nicht nebeneinander.

## Telč

Die Stadt ist ein *kulturhistorisches Kleinod ersten Ranges.* Telč, das zu allen Seiten von Gewässern umgeben ist, liegt im südlichen Teil der Böhmisch-Mährischen Höhe an der Grenze zwischen Böhmen und Mähren.

Obwohl die Stadt administrativ zu Mähren gehörte, war sie in der *Vergangenheit* durch ihre Besitzer Teil des südböhmischen Kulturgebietes. Die im 14. Jh. gegründete Stadt gehörte zunächst König *Jan Luxemburg,* der sie im Jahr 1339 gegen eine Burg aus dem Besitz der Wittigonen tauschte. Eine Epoche wirtschaftlicher und kultureller Blüte erlebte Telč während der Herrschaft

von *Zachariáš aus Hradec,* der hier in den Jahren 1549-89 lebte. Während dieser Zeit wurden in der Umgebung der Stadt viele Teiche angelegt. Auch erhielt die Stadt eine Reihe von Privilegien. Zu Beginn des 17. Jh. übernahmen die Familien *Slavata* und *Lichtenstein* die Gemeinde als Besitztum.

Die *Hauptattraktion von Telč ist sein Marktplatz,* der mit größtenteils im Stil der Renaissance erbauten Bürgerhäusern umsäumt ist. Den Impuls zur Anlage des Platzes gab *Zachariáš von Hradec* 1550, nachdem er Telč als seine Residenz erwählt hatte. Das Stadtzentrum wurde innerhalb kurzer Zeit umgebaut. Der Schnelligkeit, mit der das Bauvorhaben realisiert wurde, ist auch die *architektonische Geschlossenheit* des Platzes zu verdanken. Die meisten neu errichteten Häuser wurden im Renaissancestil gebaut. Die anschließende Barockzeit hinterließ außer an wenigen Häuserfassaden fast keine Spuren. Die Mitte des Platzes zieren eine Mariensäule aus dem 18. Jh. und ein Brunnen. Dem *hohen kulturhistorischen Wert* des Platzes ist es auch zu verdanken, daß Telč vor einigen Jahren in die UNESCO-Liste "kulturelles Erbe der Menschheit" aufgenommen wurde.

Eine Sehenswürdigkeit besonderen Ranges ist das *Schloß*, das sich an der Nordseite des Platzes befindet. Das heutige Schloß ist eine umgebaute gotische Burg aus der zweiten Hälfte des 14. Jh. Diese war ehemals Bestandteil der historischen Stadtmauer um Telč. Den aufwendigen *Umbau von der mittelalterli-*

*chen Burg zum Renaissance-schloß* ließ in der zweiten Hälfte des 16. Jh. der damalige Besitzer von Stadt und Burg *Zachariáš von Hradec* durchführen. Er ließ zu diesem Zweck italienische Architekten und Baumeister kommen, welche die Baumaßnahmen in die Tat umsetzten. Die Entwürfe von zwei damals errichteten Gebäuden stammen von *Baldassare Maggi,* der in Südböhmen vielerorts Spuren hinterließ.

An der rechten Seite des Schloßportals liegt die *Allerheiligenkapelle,* deren Fertigstellung im Jahr 1580 den Abschluß der Bauarbeiten markierte. Es handelt sich hierbei um eine Bestattungskapelle, in deren Mitte sich der Grabstein von *Zachariáš von Hradec* und seiner Frau *Katherina von Waldstein* befindet.

Das Zentrum des Schlosses bildet ein *Hof mit Renaissance-Loggien,* welche von *Baldassare Maggi* entworfen wurden. Von diesem Hof aus gelangt man in den *mit Arkaden gesäumten Schloßgarten.* Eine Information für Kunstinteressierte: Der niedrige Gebäudeflügel am Ende des Gartens beherbergt eine *Galerie* mit Bildern des Malers *Jan Zrzavý.*

Den wertvollsten Teil des Interieurs des Schlosses bilden wohl die *Kassettendecken,* deren schönste sich im sogenannten Goldenen Saal aus dem Jahr 1561, dem Repräsentationsraum des Schlosses, befindet.

Das Schloßareal beherbergt *eines der ältesten Museen in Mähren* (gegründet 1886), in dem Exponate zur Geschichte der Stadt, ethnographische Sammlungen, Möbel usw. ausgestellt werden.

●Schloß Telč, nám. Zachariáše z Hradce, Tel. (066) 962918, geöffnet April, September, Oktober Di.-So. 9.00-12.00 Uhr., 13.00-16.00 Uhr, Mai – August Di.-So. 8.00-12.00 Uhr., 13.00-17.00 Uhr.

Den westlichen Abschluß des Schloßareals bildet *eines von zwei erhalten gebliebenen Stadttoren* aus dem Jahr 1579, bei dem sich ein zweiter großer Schloßgarten befindet.

Gleich neben dem Schloß, in Richtung Schloßgarten, steht die *St.-Jakob-Kirche.* In der zweiten Hälfte des 14. Jh. als Teil der Stadtmauer gebaut, gehört die Kirche zu dem in Südböhmen weit verbreiteten Typ der zweischiffigen Kirche.

Gegenüber dem Schloß befindet sich die *ehemalige Jesuitenschule mit ihrer Barockkirche.* Das ganze Areal entstand 1651-54, die Kirche wurde 1667 fertiggestellt.

## Information

●*Městské informační středisko,* nám. Zachariáše z Hradce 588, Tel. (066) 962233, Fax (066) 962557. Info-Zentrum direkt am Marktplatz neben dem Hotel, Kartenverkauf, Zimmervermittlung.

## Unterkunft

●*Hotel Celerin,* nám. Zachariáše 43, Tel./Fax (066) 962477, DZ 60 DM. Das Hotel befindet sich direkt am Marktplatz, Zimmer mit Dusche, WC, TV und Telefon.
●*Hotel Černý orel,* nám. Zachariáše 7, Tel. (066) 962221, Fax (066) 962220, Kapazität 55 Betten. Komplett eingerichtete Zimmer, zentrale Lage direkt auf dem historischen Marktplatz.
●*Hotel Pod kaštany,* Stěpnická 409, Tel. (066) 7213042. Sehr einfaches Hotel, Zimmer ohne Dusche und WC, das Hotel liegt ca. 15 Minuten vom Marktplatz entfernt.

## Essen und Trinken

● **Šenk pod věží,** Palackého 116, Tel. (0€6) 962889. Restaurant, Biergarten, Nachtklub, Unterkunft, nur einige Meter vom Marktplatz entfernt.

## An- und Weiterreise

● Am besten kommt man mit dem **Bus** aus České Budějovice, Prag, Brno, Jihlava, Jindřichův Hradec und vielen anderen Städten. Im Sommer gibt es einen Direkt-Bus nach Waidhofen a.d.Thaya und Horn in Österreich. Die **Zugverbindung** ist zeitraubend, da Telč an der Nebenstrecke Slavonice – Kostelec u Jihlavy liegt. Bahnhof und Busbahnhof liegen nahe beieinander.

## Pelhřimov

Der **Name der Stadt** ist laut Überlieferung dem Namen einer von *Bischof Peregrin* (tsch. *Pelhřim)* gegründeten Gemeinde entlehnt, die sich hier ehemals befand. Nachdem diese von einer Feuersbrunst vernichtet worden war, gründete *Bischof Tobias* in den Jahren 1289-90 die heutige Ansiedlung. In seinen Anfängen war Pelhřimov eine Bischofsstadt, später gehörte sie den Hussiten. Von 1577-96 war Pelhřimov eine freie Stadt. Dann verlor die Gemeinde diesen Status wieder und wurde königlicher Besitz.

Das Zentrum der Stadt, der nach *T. G. Masaryk* benannte **Marktplatz,** hat eine Quadratform und ist vollständig von historischen Gebäuden umgeben. In einem im 17. Jh. errichteten Spätrenaissance-Palast, Haus Nummer 10, ist heute das **Museum für Regionalgeschichte** (Okresní muzeum) untergebracht. Ausgestellt werden hier gotische und Barockplastiken, Porzellan, Glasmalereien und andere Exponate, welche die Geschichte der Region dokumentieren. Öffnungszeiten April bis Oktober Di.-Fr. 9.00-11.00 Uhr, 13.00-16.00 Uhr, Sa. So. 10.00-12.00 Uhr, November-März nur Di., Do. 9.00-11.00 Uhr, 13.00-16.00 Uhr.

Das **Schloß** der Herren aus Říčany, Masarykovo nám. 12, hinter dem Museum gelegen, wurde Mitte des 16. Jh. erbaut. Es beherbergte bis zur Mitte des 19. Jh. das Rathaus, später das Gericht der Gemeinde und heute ein Museum nebst Galerie. Vor dem Schloß steht eine Wenzelstatue. Gleich neben dem Schloß erhebt sich die im 13.-14. Jh. errichtete **St.-Bartholomäus-Kirche,** die im Laufe der Zeit mehrmals umgebaut wurde, zum letzten Mal im vorigen Jahrhundert. Das Interieur des Gotteshauses stammt aus der Barockzeit.

Neben vielen alten Gebäuden, die hauptsächlich den Marktplatz schmükken, sind auch **drei ehemalige Stadttore** erhalten geblieben. Die ersten zwei, Rynárecká-Tor und Jihlavská-Tor, stammen aus dem 15. Jh. Das dritte, Salztor (Solní brána) genannt, ursprünglich auch aus dem 15. Jh. stammend, wurde im 17. Jh. umgebaut.

## Information

● **Informační centrum,** Masarykovo náměstí 1, Tel. (0366) 26924. Auskunft, Kartenverkauf, Zimmervermittlung.

## Unterkunft

● **Hotel Rekrea,** Slovanského bratrství 1664, Tel. (0366) 25358, Kapazität 120 Betten, DZ 55 DM. Alle Zimmer mit Dusche und WC, TV und Telefon.

**Südböhmen**

●*Hotel Grand,* Palackého 69, Tel. (0366) 21237, Fax. (0366) 24236, DZ 30 DM. Ein renovierungsbedürftiges und daher preiswertes Hotel im Zentrum, insgesamt nur 30 Betten.

## Museen und Galerien

●*Kuriositätenmuseum* (Muzeum kuriozit), Dolní brana, geöffnet tgl. 10.00-17.00 Uhr. Zu den hiesigen Exponaten gehört z.B. das kleinste Motorrad, die längsten Haare, eine große Tasche für 31 Leute, ein Bild auf einer Nagelspitze und andere Miniaturen und Kuriositäten. Alle Besucher mit einer Größe über 205 oder unter 145 Zentimetern werden hier als "Kuriositäten" betrachtet und haben somit freien Eintritt. Dasselbe gilt auch für alle mit einem Bauchumfang über 135 Zentimeter. Es könnte sein, daß manche Besucher das gar nicht komisch finden.

## An- und Weiterreise

●Die Anreise mit dem *Zug* ist über die Strecke Jihlava – České Budějovice möglich, wobei man in Horní Cerekev umsteigen muß. Besser ist es daher, den *Bus* zu nehmen. Busverbindungen bestehen nach Prag, Jihlava, Brno, Jindřichův Hradec und zu weiteren Städten. Der örtliche Bahnhof, Nádražní 282, Tel. (0366) 2100, befindet sich etwa 20 Minuten vom Stadtzentrum entfernt. Der Busbahnhof, Nádražní 1751, Tel. (0366) 2569, liegt etwas näher am Zentrum als der Bahnhof.

# *Prag*

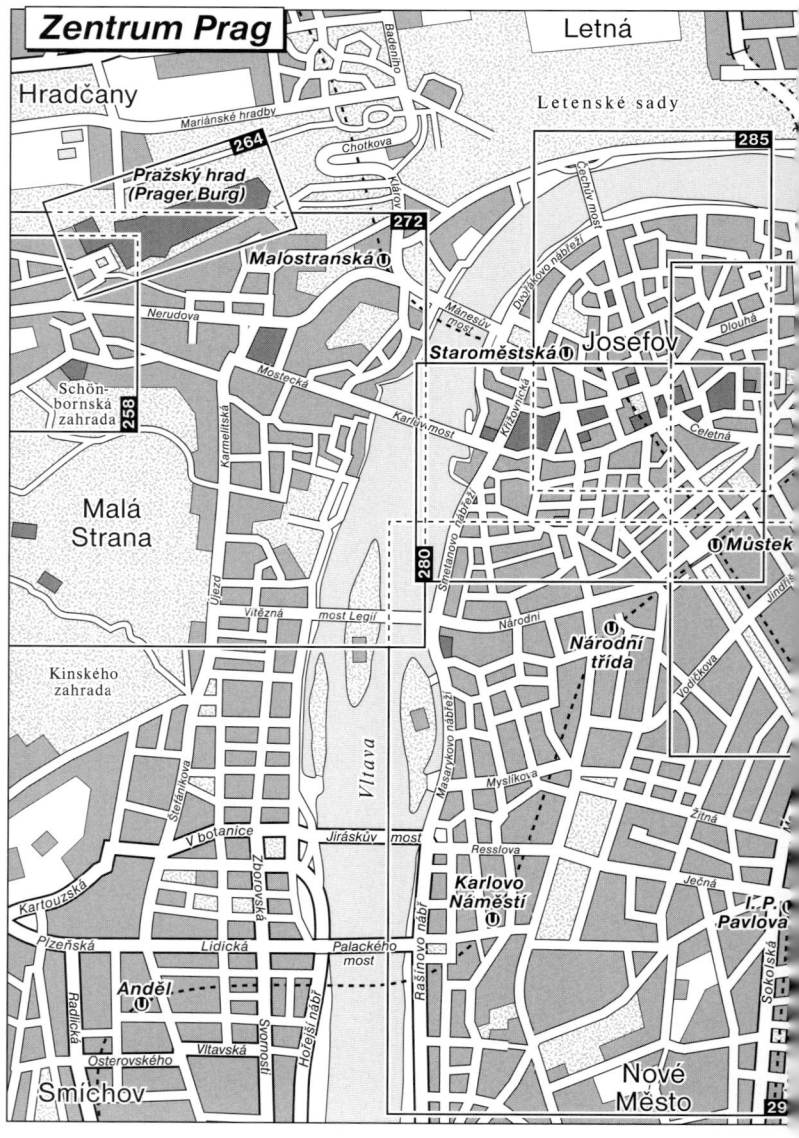

Zentrum Prag

Hradčany

Letná

Letenské sady

Mariánské hradby

Chotkova

264

Pražský hrad
(Prager Burg)

272

Malostranská

Nerudova

Mánesův
most

Josefov

Staroměstská

Dlouhá

Schön-
bornská
zahrada

258

Mostecká

Karmelitská

Karlův most

Křižovnická

Celetná

Malá
Strana

280

Smetanovo nábřeží

Újezd

Vítězná

most Legií

Národní

Můstek

Jindř

Kinského
zahrada

Národní
třída

Vodičkova

Vltava

Masarykovo nábřeží

Myslíkova

Žitná

Štefánikova

V botanice

Jiráskův most

Zborovská

Resslova

Ječná

Kartouzská

Plzeňská

Lidická

Palackého
most

Karlovo
Náměstí

I. P.
Pavlova

Sokolská

Anděl

Radlická

Rašínovo nábř

Osterovského

Svornosti

Vltavská

Hořejší nábř

Smíchov

Nové
Město

29

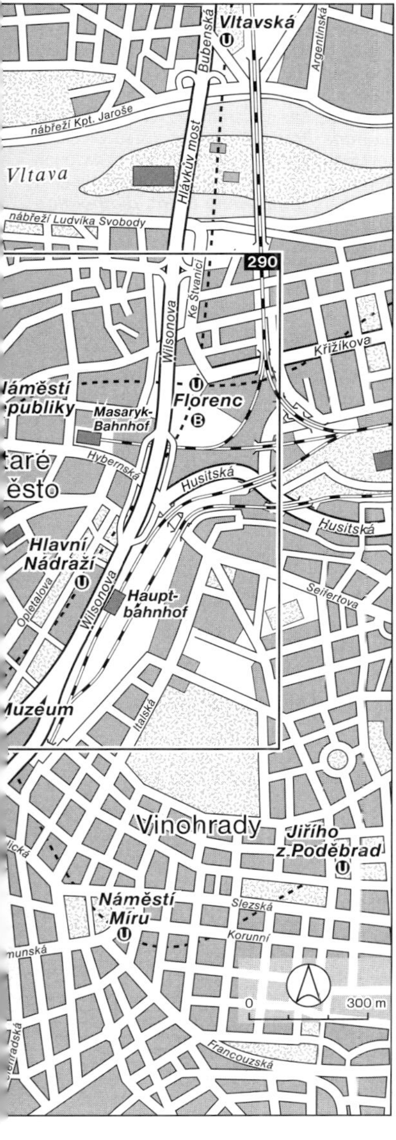

Vltavská
Bubenská
Argentinská
nábřeží Kpt. Jaroše
Vltava
Hlávkův most
nábřeží Ludvíka Svobody
290
Ke Štvanici
Wilsonova
Křižíkova
náměstí
publiky
Masaryk-
Bahnhof
Florenc
taré
ěsto
Hybernská
Husitská
Husitská
Hlavní
Nádraží
Seifertova
Opletalova
Wilsonova
Haupt-
bahnhof
Italská
Muzeum
Vinohrady
Jiřího
z Poděbrad
Náměstí
Míru
Slezská
Korunní
0
300 m
Francouzská

Metro
C
B
A
A
B
C

**Linie A**
1 Dejvická
2 Hradčanská
3 Malostranská
4 Staroměstská
5 Můstek
6 Muzeum
7 Náměstí Míru
8 Jiřího z Poděbrad
9 Flora
10 Želivského
11 Strašnická
12 Skalka

**Linie C**
14 Nádraží Holešovice
15 Vltavská
16 Florenc
17 Hlavní Nádraží
6 Muzeum
18 I. P. Pavlova
19 Vyšehrad
20 Pražského povstání
21 Pankrác
22 Budějovická
23 Kačerov
24 Roztyly
25 Chodov
26 Opatov
27 Háje

**Linie B**
28 Nové Butovice
29 Jinonice
30 Radlická
31 Smíchovské nádraží
32 Anděl
33 Karlovo náměstí
34 Národní třída
5 Můstek
35 Náměstí Republiky
16 Florenc
36 Křižíkova
37 Invalidovna
38 Palmovka
39 Českomoravská
40 Rajská Zahrada
41 Černýmost

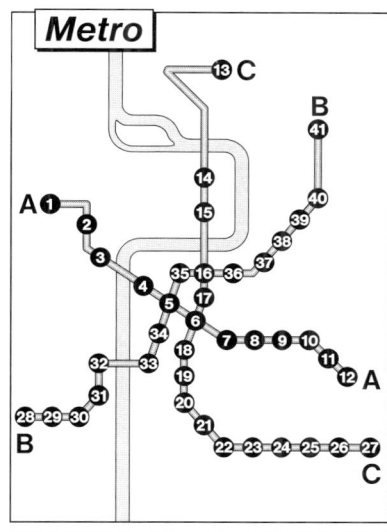

# *Geschichte*

Nur in wenigen Ländern Europas ist die Geschichte des Landes so eng mit der Geschichte der Hauptstadt verbunden wie in Tschechien. Da die Geschichte des Landes bereits ausführlich im Kapitel Staat und Gesellschaft behandelt wurde, werden wir uns im folgenden auf die Darstellung der städtebaulichen Entwicklung der tschechischen Hauptstadt beschränken.

Wann Prag genau gegründet wurde, weiß man nicht. Belegt ist jedoch bereits für das 9. Jh. das Vorhandensein von **zwei Burgen** im Bereich der heutigen tschechischen Hauptstadt. Eine davon war die heutige Burg auf dem Hradschin, die zweite war die **Burg Vyšehrad,** die, mehrmals umgebaut, heute noch erhalten ist. Welche als die erste gebaut wurde, ist nicht genau zu bestimmen. Fest steht jedoch, daß vom 10. Jh. an die Přemyslidenfürsten den **Hradschin** zu ihrer

Residenz machten. Das erste Steingebäude auf dem Hradschin war die St.-Veits-Rotunde, die 925-30 an der Stelle der heutigen Kathedrale erbaut wurde.

Zur gleichen Zeit existierte dort, wo sich heute die Altstadt erstreckt, eine **Siedlung namens Praha.** Nachdem diese Siedlung im Laufe der Zeit beträchtlich gewachsen war, wurde sie 1232 mit einer Stadtmauer umgeben. Eine **zweite Stadt, die heutige Kleinseite,** wurde 1257 unterhalb des Hradschins gegründet und ebenfalls mit einer Mauer umgeben. Etwa in der Zeit um 1320 entstand in unmittelbarer Nähe der Burg die **dritte Prager Stadt, Hradschin.** Im Jahre 1348 dann gründete *Karl IV.* die **vierte Stadt, die Neustadt,** heute Wenzelsplatz und die Umgebung. Mit der Gründung der Neustadt waren die Grenzen von Prag für die folgenden 500 Jahre festgelegt.

Bis zum Jahre 1784 bestand Prag aus vier selbständigen Städten. Danach wurden die

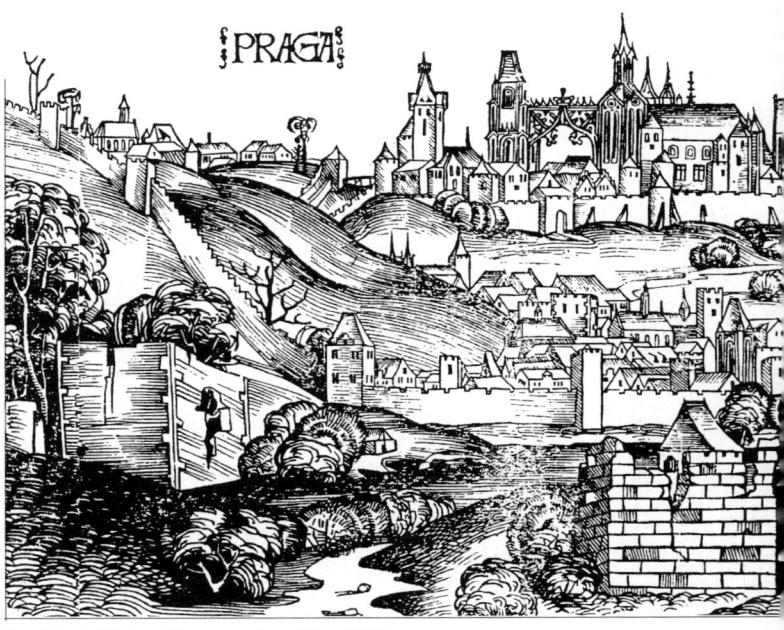

Der älteste Blick auf Prag aus dem Jahre 1496

Rathäuser von Kleinseite, Hradschin und der Neustadt aufgelöst und eine neue **Stadtverwaltung für ganz Prag** im Altstädter Rathaus situiert.

Die industrielle Revolution, die rasante Entwicklung der Wirtschaft und der damit einhergehende Zuzug von ländlichen Bevölkerungsteilen nach Prag im 19. Jh. bewirkten, daß die Grenzen des alten Prag gesprengt wurden. Um neuen Platz zu schaffen, riß man die Stadtmauer nieder und errichtete **neue Stadtviertel außerhalb der ehemaligen Stadtmauern.** Es entstanden zunächst die Arbeiterviertel Smíchov, Karlin und Žižkov. Ende des 19. Jh. und Anfang dieses Jahrhunderts wuchsen die ehemaligen Vororte Vinohrady, Vršovice, Nusle mit der Stadt zusammen. Ein erneuter Bauboom erfolgte in den sechziger und siebziger Jahren unseres Jahrhunderts Ergebnis dieser Entwicklung sind die Satellitenstädte Südstadt, Nordstadt, Bohnice und Barrandcv.

# Praktische Reisetips

## Auskunft

In der Rytířská-Straße 12, unweit des Wenzelsplatzes, befindet sich das **Prague Tourist Center.** Es bietet außer Auskünften auch Zimmervermittlung, Geldwechsel, Stadtführungen, Ausflüge und Kartenverkauf.

Der **Prager Informationsdienst (PIS)** hat seine Hauptstelle in der Straße Na Příkopě 20, geöffnet Mo.-Fr. 8.00-18.00 Uhr, Sa. 9.00-13.00 Uhr. Der Dienst bietet außer Auskünften auch einen Theaterkartenverkauf, Stadtführungen und Ausflüge in die Umgebung an. Filialen des PIS befinden sich auf der Kleinseite, Valdštejnské námĕstí 3 und in der U-Bahnstation Hradčanská.

## Vorverkauf von Theater- und Konzertkarten

**T.T.T. (Top Theatre Tickets),** Celetná 13, Altstadt, Tel. (02) 2323400, 2323434. Filialen befinden sich im Rathaus am Altstädter Ring und im Melantrich-Vorverkauf, Václavské náměstí 38, pasáž Rokoko, Tel. (02) 24245018, geöffnet Mo.-Fr. 9.00-19.00 Uhr.

Mittels des Buchungssystems *Tiketpro* können Eintrittskarten für die meisten Prager Theater auch in folgenden Theatern gekauft werden: Laterná Magika, Reduta, Lucerna.

Weitere Vorverkaufsstellen befinden sich in den Filialen des Prager Informationsdienstes **PIS,** Na Příkopě 20, Staroměstské náměstí 20, Valdštejnské náměstí 3 und im Reisebüro *Wolff,* Na Příkopě 24.

## Stadtverkehr

Die drei wichtigsten Verkehrsmittel in Prag sind die U-Bahn, die Straßenbahn und der Bus. Das beliebteste und schnellste Verkehrsmittel ist die U-Bahn, in Prag Metro genannt.

## Fahrkarten

Für Metro, Straßenbahn und Bus gelten die gleichen Fahrkarten.

Im Sommer 1996 wurde in Prag ein **neues Preissystem** eingeführt. Das Gebiet der tschechischen Hauptstadt und die Umgebung wurden in 6 Zonen eingeteilt. davon sind 2 Zonen in Prag, witere 4 decken die Umgebung der Hauptstadt ab.

Der Fahrschein für zwei Zonen (d.h. für Prag) kostet 12 Kč und ist 60 Minuten gültig (20.00-5.00 Uhr 90 Minuten). Mit dem Fahrschein kann man auch umsteigen. Der Fahrschein für Kinder von 6 bis 15 Jahre und für Senioren über 70 Jahre kostet für zwei Zonen 6 Kč.

Acht Kronen kostet der Fahrschein, der für kurze Fahrten bestimmt ist. Mit diesem Fahrschein darf man nur eine Straßenbahn- oder Busfahrt, die auf 15 Minuten begrenzt ist, unternehmen. In der U-Bahn darf man nicht

mehr als 4 Haltestellen fahren, Umsteigen ist erlaubt, Dauer der Fahrt ist auf 30 Minuten begrenzt. Der Kinderfahrschein kostet 4 Kronen.

Eine Tageskarte kostet 70 Kč, eine 3-Tage-Karte 180 Kč, eine 7-Tage-Karte 250 Kč, eine 14-Tage-Karte 280 Kč und eine Monatskarte kostet 380 Kč.

Warnung: Man sollte als Reisender **niemals schwarzfahren,** da die Kontrolleure es besonders auf Touristen abgesehen haben. Die extra hohe Geldstrafe von 500 Kronen, die alle zahlen müssen, wenn sie beim Schwarzfahren erwischt werden, sollte Abschreckung genug sein. **Einzelfahrkarten** bekommt man an den orangefarbenen Automaten in Metrostationen, an Zeitungskiosken, Tabakläden *(tabak),* in Restaurants und Hotelrezeptionen.

Das lästige Hantieren mit den Fahrkarten läßt sich vermeiden, indem man **Tages- oder Wochenkarten** kauft, die man während der Benutzung des Transportmittels mit sich führen muß. Erhältlich sind diese Karten an Automaten in Metrostationen, in Zeitungskiosken und Tabakläden.

## Metro

Die Benutzung der Prager Metro ist insgesamt eine **sehr angenehme Angelegenheit.** Die fortlaufend erweiterte Metro besteht momentan aus drei Linien, die sich alle **im Stadtzentrum** kreuzen, mit insgesamt 38 Stationen. Die älteste von ihnen, **Linie C,** verbindet die Südstadt mit dem Zentrum. An ihr liegen der Hauptbahnhof, der Busbahnhof Florenc und der Bahnhof Holešovice. **Linie A** verbindet die Randgebiete im Osten mit dem Zentrum. An ihr liegen die Stationen Kleinseite, Dejvice und Hradschin. Die **Linie B** verbindet die Südweststadt und den Bahnhof Smíchov mit den industriellen Vierteln im Osten der Stadt. Die Metro fährt von 5.00 bis 24.00 Uhr.

## Straßenbahn

Nur wenige Straßenbahnen fahren quer durch das Stadtzentrum, die meisten verkehren in Vierteln **außerhalb des Zentrums.** Zum Ein- und Aussteigen kann man alle Türen benutzen.

Der **Fahrschein** muß vor Antritt der Fahrt gekauft und in der Bahn entwertet werden.

Die meisten Linien verkehren nur von etwa 5.00 Uhr bis 24.00 Uhr, die wichtigsten Linien jedoch auch nachts, und zwar ungefähr einmal in der Stunde. Die Nummern dieser **Nachtlinien** sind an der Haltestelle blau gekennzeichnet.

Die Möglichkeit einer **preiswerten Stadtrundfahrt** bietet die Straßenbahn-Linie 22, welche die Prager Innenstadt durchquert und an vielen Sehenswürdigkeiten vorbeikommt.

## Bus

Die meisten Linienbusse verkehren **zwischen den Endstationen der U-Bahn und den städtischen Randgebieten.**

Die **Fahrscheine** betreffend, verhält sich hier alles wie bei der Straßenbahn.

Busse sind von ca. 5.00 bis 24.00 Uhr im Einsatz. Es gibt jedoch auch **Nachtbusse,** die durch ein blaues Schild gekennzeichnet sind. An allen Bus- und Straßenbahnhaltestellen befinden sich gültige **Fahrpläne.**

**Zwischen Zentrum und Flughafen Ruzyně** fahren von 6.21 Uhr in halbstündigen Intervallen Volkswagen-Mikrobusse der Firma *CEDAZ.* Die Abfahrt erfolgt von der U-Bahn-Station Dejvická oder vom zentral gelegenen neuen ČSA City Terminal (Městské centrum služeb ČSA) in der Straße V celnici 5, Prag 1, Metro: Nám. Republiky, Tel. (02) 20104111. Buchung (02) 20104310 Die Fahrt kostet 90 Kč. Im neuen City Terminal kann man auch einchecken, außer bei Flügen nach Kanada, den USA, Israel und Libanon. Check-in möglich täglich von 7.00 bis 18.00 Uhr. Der alte City Terminal Kotva in der Revoluční ulice in der Nähe des Kotva-Kaufhauses wurde geschlossen. Der Bustransfer der ČSA-Busse auf der Strecke Flughafen — Revoluční ulice wurde am 1.1.96 eingestellt. Eine Alternative zu diesem Pendelverkehr ins Stadtzentrum bieten die **Mikrobusse,** die zwischen Flughafen und größeren Hotels verkehren. Bei der Besetzung mit 1-4 Personen ist der Preis 360 Kč, bei 5-8 Personen beträgt der Preis 720 Kronen.

Falls sie mit dem PKW nach Prag fahren möchten, sog. **"Airport car"** sind ab 260 Kč zu haben. Am billigsten kommt man vom Flughafen nach Prag mit dem Linienbus Nr. 119, Endstation U-Bahn Linie A, Dejvicka, Preis 12 Kč, Fahrscheine sind in den Automaten an der Bushaltestelle zu erhalten.

**Achtung!** Falls das Gepäck größer als 50x30x20 cm ist, muß auch ein Fahrschein für das Gepäck entwertet werden.

## Taxi

Taxifahren ist in Prag ein Kapitel für sich. Unlängst wurden die **Prager Taxifahrer** von einem internationalen Meinungsinstitut an vorletzter Stelle in Europa plaziert. Der Umfrage zufolge werden die Prager Taxifahrer an Unehrlichkeit nur noch von ihren albanischen Kollegen übertroffen. Aufsehen erregte ein Ende 1994 in einer englischen Zeitung veröffentlichter Artikel, demzufolge einige Taxifahrer in Prag über Elektroschockeinrichtungen verfügen sollen. Diese sollen angeblich eingesetzt werden, wenn der Kunde sich weigert, einen überhöhten Preis zu zahlen. Natürlich haben die Prager Taxiunternehmen dies dementiert.

Tatsache ist, daß man in Prager Taxis **in der Regel sehr hohe Preise** zahlt. Die Grundgebühr beträgt 25 Kronen und jeder Kilometer kostet 17-20 Kronen.

Am allerwichtigsten: **Immer vorher nach dem Preis fragen!** Sonst kann man böse Überraschungen erleben. Außerdem meide man die **Taxistände an allen touristischen Sehenswürdigkeiten,** z.B. am Wenzelsplatz, Kleinseitner und Altstädter Ring, am Hradschin usw., da man hier hundertprozentig sicher sein kann, daß man kräftig von der Taximafia gebeutelt wird. Man tut besser daran, ein Taxi **an der Straße anzuhalten** oder sich **telefonisch eines zu bestellen.** Man sollte auch bei der Bestellung auf alle Fälle nach dem Preis fragen.

Grundsätzlich gilt, je weiter man **vom Zentrum entfernt** ist, desto größer sind die Chancen, einen anständigen Fahrer zu finden, von denen es einige wenige gibt. Auch gilt, je teurer das Auto, desto höher die Wahrscheinlichkeit, einen überhöhten Preis zahlen.

## Parken

Seit Mai 1996 ist das *Zentrum* Prags (Altstadt, Kleinseite, teilweise Neustadt) in *drei Parkzonen* eingeteilt. Bewachte Parkplätze wird es fortan nur noch relativ selten geben. Stattdessen gibt es *Parkscheinautomaten.* Die stündliche Gebühr liegt maximal bei 40 Kč in der Stunde.

Die auf der Straße blau angezeichneten Plätze sind für Anlieger bestimmt, *öffentliche Parkplätze* sind mit blauem Verkehrsschild mit einer Parkuhr gekennzeichnet.

## Telefonieren

Es gibt zwei Arten von Telefonzellen, eine für *Münzen,* die zweite für *Telefonkarten.* Telefonkarten mit 50 Einheiten kosten 150 Kč, mit 80 Einheiten 240 Kč, mit 100 Einheiten 300 Kč. Sie sind auf Postämtern, in manchen Zeitungskiosken und Souvenirkiosken erhältlich. Ein Ortsgespräch kostet 3 Kč, eine Minute nach Deutschland 16 Kč, zwischen 19.00 und 7.00 Uhr 13 Kč.

Darüber hinaus gibt es auch die Möglichkeit, *von den Postämtern aus* zu telefonieren. Zu empfehlen ist der Tag- und Nachtdienst der Hauptpost in der Jindřišská ulice. Zuerst zahlt man hier ein Minimum von 100 Kč am Schalter, dann telefoniert man von einer Kabine aus. Danach geht man zum Schalter zurück, wo man den Restbetrag zahlt.

## Kulturinstitute

- *Goethe-Institut,* Masarykovo nábřeží 32, Tel. (02) 299551-4, Bibliothek und Lesesaal geöffnet Mo.-Mi. 14.00-16.00 Uhr, Do. 10.00-12.00 Uhr. Außerdem Vorführung deutscher Filme.
- *Amerikanisches Kulturzentrum,* Hybernská 7A, Tel. (02) 24231085.
- *Französisches Institut,* Štěpánska 35, Tel. (02) 24216630. Kino, Bücherei, Galerie, Sprachkurse.
- *Österreichisches Kulturinstitut,* Jungmannovo náměstí 18, Prag 1, Tel. (02) 24234875. Bibliothek und *Oscar Kokoschka* Galerie.

- *Polnisches Kulturzentrum,* Václavské nám. 19, Tel. (02) 24214708.
- *Russisches Kulturzentrum,* Rytířská 31, Tel. (02) 21610104. Kino, Ausstellungen, Konzerte, Bücherei.
- *Slowakisches Kulturzentrum,* Purkyňova 4, Tel. (02) 24915629-30. Ausstellungen, Konzerte.
- *Ungarisches Kulturzentrum,* Rytířská 25, Tel. (02) 24222424. Kino, Bibliothek.

## Internet Cafés

Für alle, die auch im Ausland nicht aufs Internet verzichten wollen oder nur ihre elektronische Post lesen möchten, hier einige Adressen von Prager Internet Cafés. Eine Stunde Anschluß kostet ab 70-100 Kč.

- *Cybeteria,* Štěpánská 18, Prag 1 (in der Nahe des Wenzelsplatzes), geöffnet Mo.-Fr. 10.00-20.00 Uhr, Sa. 12.00-18.00 Uhr.
- *Restaurant Zemský dům,* Malostranské nám. 25 (auf der Kleinseite), geöffnet tgl. 11.00-23.00 Uhr.
- *Terminal Bar Internet Café,* Soukenická 6, Prag 1 (in der Nähe des Kotva-Kaufhauses), geöffnet Mo.-Fr. 8.00-2.00 Uhr, Sa., So. 10.00-2.00 Uhr.
- *Netwave Praha,* Na Bojišti 8, Prag 2 (in der Nähe des I. P. Pavlov-Platzes), geöffnet Mo.-Fr. 10.00-23.00 Uhr und Sa. 15.00-23.00 Uhr.
- *Planeta,* Vinohradská 102, Prag 2 (im Hinterhof, in der Nähe des Nationalmuseums), geöffnet Mo.-So. 8.00-10.00 und 12.00-22.00 Uhr.
- *Internet Klub ISS,* Janačkovo nábřeží 7, Prag 5 (im Stadtteil Smichov), geöffnet Mo.-Fr. 16.30-21.00 Uhr.
- *Internet Café Najáda,* Křižikova 115, Prag 8 (in der Nähe des Busbahnhofes Florenc), geöffnet Mo.-Sa. 14.00-23.00 Uhr.

## Wäschereien

Für alle, die in Prag länger bleiben, hier die Adressen von zwei Wäschereien:
- *Laundromat,* Korunní 14, Prag 2
- *Laundry Kings,* Dejvická 16, Prag 6.

# Sehenswertes

### Vorgeschlagener Rundgang

Rundgänge in Prag sollten sich am **Königsweg** orientieren, der die Hauptsehenswürdigkeiten der Stadt miteinander verbindet. Der Königsweg ist die Strecke, die die böhmischen Könige auf dem Weg zu den Krönungsfeierlichkeiten im St.-Veits-Dom zurückzulegen pflegten. Der Weg, der am Pulverturm in der Altstadt beginnt, führt durch die Zeltnergasse zum Altstädter Ring, durch die Karlsstraße zur Karlsbrücke, durch die Mostecká-Straße zum Kleinseitner Ring und schließlich durch die Nerudova-Straße zum Hradschin. Viele der Prager Sehenswürdigkeiten liegen entweder direkt an dieser Route oder in der näheren Umgebung. Da der größte Publikumsmagnet für die Besucher Prags die Prager Burg darstellt, beginnt unsere Präsentation des Weges hier, also praktisch am Ziel des Königsweges.

Auch Besucher, die nur einen Tag in Prag verbringen, werden mit Hilfe der hier beschriebenen Route die wichtigsten Sehenswürdigkeiten kennenlernen können. Den ganzen Spaziergang schafft man in etwa 4-5 Stunden. Zusätzliche Zeit für Besichtigungen und Pausen sollte eingeplant werden.

### Touristische Höhepunkte

Das Prager Loreto-Heiligtum mit seiner Schatzkammer, die Prager Burg, die Nerudova-Straße, die St.-Nikolaus-Kirche auf der Kleinseite, die Karlsbrücke, der Altstädter Ring mit Rathaus und Aposteluhr, die Alt-neu-Synagoge und der alte Jüdische Friedhof.

### Burgvorstadt Hradschin (Hradčany)

Das heutige Stadtviertel Hradschin wurde als dritte Prager Stadt um 1320 gegründet. Während die Altstadt und die Kleinseite den Status freier königli-

Hradschin mit der Karlsbrücke

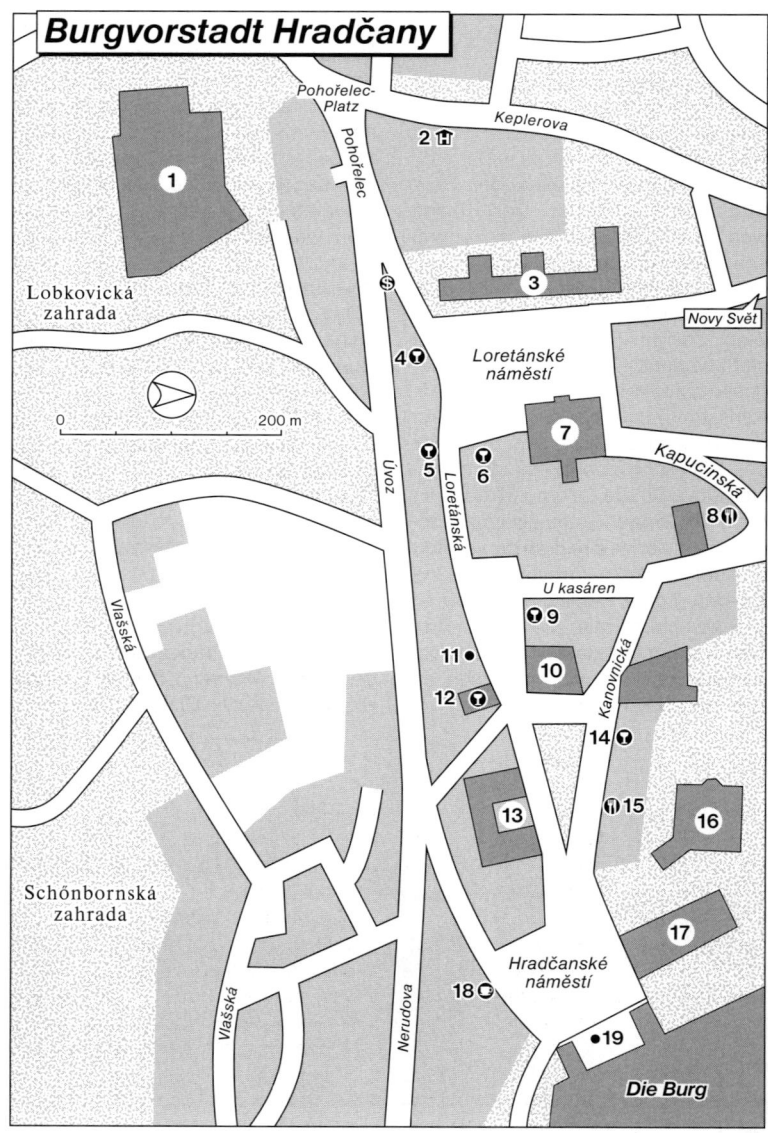

cher Städte hatten, wurde Hradschin *als eine Untertanenstadt gegründet,* was sich erst während der Regentschaft *Rudolfs II.* im Jahr 1598 änderte, als Hradschin zur *königlichen Stadt* erhoben wurde. Die mittelalterliche Stadt war nicht größer als der heutige *Hradschiner Platz,* an dem seit dem 16. Jh. die berühmtesten Adelsfamilien des Landes ihre Paläste errichteten.

Tagsüber ist Hradschin heute von *Touristen* aus allen Ländern der Erde bevölkert, *Bewohner* hat dieses Stadtviertel kaum, was daran liegt, daß die meisten der hiesigen Paläste als Botschaften, Ministerien, Sitze verschiedener staatlicher Organe und Organisationen oder als Verwaltungsgebäude dienen.

Eine Möglichkeit, nach Hradschin zu gelangen, bietet die *Straßenbahn-Linie 22,* die eine Haltestelle auf dem Hauptplatz von *Pohořelec,*

einer ehemaligen Vorstadt von Hradčany, hat. Da die Vorstadt mehrmals von Feuersbrünsten heimgesucht wurde, nannte man sie *Pohořelec* (dt. Brandstätte). In der Mitte des Platzes, der heute als Parkplatz dient, steht eine barocke St.-Nepomuk-Statue. Von dem Platz aus erreicht man durch einen schmalen Gang das Strahov-Kloster. Eine andere Möglichkeit, dorthin zu gelangen, bietet ein großes Barocktor, das vom oberen Teil des Pohořelec-Platzes ins Kloster führt.

### Kloster Strahov

Das Kloster wurde vom Přemysliden-Fürsten *Vladislav II.* im Jahr 1140 *gegründet.* Der romanische Bau des Prämonstratenserklosters brannte jedoch bereits 1258 nieder. Nach seinem Wiederaufbau wurde das Kloster in der Zeit *Karls IV.* durch eine beide Areale umschließende Stadtmauer *ans Hradschinviertel angeschlossen.* In der zweiten Hälfte des 17. Jh. wurde das Strahover Kloster *umgebaut und erweitert.* In dieser Zeit wurde auch der berühmte Theologische Saal der Bibliothek errichtet. Der Philosophische Saal entstand ungefähr hundert Jahre später. Der Prämonstratenser-Orden mußte 1948 die Verfügungsgewalt über das Kloster abgeben, erhielt sie nach der Samt-Revolution aber wieder zurück.

Das *Klosterareal* besteht heute aus dem Klostergebäude, der Abtei, zwei Kirchen und der Bibliothek, wobei letztere zu einem der beliebtesten Ziele ausländischer Besucher in Prag gehört.

Die **Marienkirche** im Klosterhof, ursprünglich eine romanische Basilika, wurde im Laufe der Jahrhunderte mehrmals umgebaut. Ihre heutige Gestalt erhielt die Kirche im 18. Jh. Nicht weit entfernt befindet sich die kleinere **St.-Rochus-Kirche,** die in den Jahren 1603-12 von *Kaiser Rudolf II.* als Dank für die Abwendung der Pestgefahr errichtet wurde.

Die **berühmte Bibliothek** des Strahov-Klosters stammt aus dem 12. Jh. Da auch sie mehrmals durch Brände vernichtet wurde, geht die ursprüngliche Strahover Sammlung lediglich bis ins 17. Jh. zurück. Sie wurde jedoch später durch Buchbestände anderer Klöster aufgestockt und verfügt daher heute über wesentlich ältere Schriften. In den Jahren 1771-97 wurde der **Theologische Saal** der Bibliothek mit Fresken von *Siard Nosecký* errichtet. Wie schon der Name sagt, werden hier hauptsächlich theologische Schriften aufbewahrt. Der **Philosophische Saal** mit Fresken des Wiener Malers *A. F. Maulpertsch* wurde in Jahren 1782-84 errichtet. Seine kunstvolle Wandbemalung thematisiert die Geschichte der Menschheit. Zu den **wertvollsten Büchern** der Bibliothek gehört das Strahover Evangeliar aus dem 9. Jh. Neben diesem bibliophilen Prachtstück enthält die Bibliothek etwa 2.500 Handschriften und 1.500 Erstdrucke von großem Wert. Insgesamt besitzt die Bibliothek ca. 130.000 bibliophile Kostbarkeiten.

●Kloster Strahov (Strahovský klášter), Hradčany, Tel. (02) 24511137, Di.-So. 9.00-17.00 Uhr.

### Czernin-Palast

Geht man den Pohořelec-Platz in Richtung Burg hinunter, gelangt man zum **Loreto-Platz.** Der idyllisch anmutende Platz wird auf der linken Seite vom monumentalen Czernin-Palast flankiert.

Der 150 Meter lange Palast, der in den Jahren 1669-1720 erbaut wurde, gehörte ursprünglich dem kaiserlichen Gesandten in Venedig **Jan Humprecht Graf Czernin,** der als Heereslieferant von *Albrecht von Waldstein* (auch *Wallenstein* genannt) zu Reichtum gelangt war. Als Krönung seiner beachtlichen Karriere gedachte *Czernin,* sich eine würdige Residenz in der Nähe des Königspalastes zu bauen.

Wie man heute noch ermessem kann, waren die **Kosten des riesigen Palastgebäudes** immens, und es stellte sich nach etlichen Jahrzehnten Bautätigkeit heraus, daß die Gesamtkosten für den neuen Palast die Möglichkeiten der Familie *Czernin,* bei weitem überschritten. Nach langem Hin und Her wurde der Palast im Jahr 1851 **Eigentum des Staates,** der hier eine **Kaserne** einrichtete. Nach der Gründung der Tschechoslowakischen Republik 1918 wurde beschlossen, in dem gigantischen Gemäuer das **Außenministerium** unterzubringen, das sich hier bis heute befindet. Das anmutige Gebäude gegenüber dem Palast ist das Prager Loreto.

### Loreto-Heiligtum

Das 1626-1750 errichtete Prager Loreto-Heiligtum war **eine der bekanntesten Wallfahrtsstätten des Landes.** Es wurde 1626 von der

Prager Loreto

Gräfin *Benigna Katherina von Lobkowitz* in Auftrag gegeben. Das Zentrum des barocken Komplexes bildet die mit Gemälden aus dem Leben der Jungfrau Maria geschmückte **Santa Casa,** die sich in der Mitte des Kreuzganges befindet. Es handelt sich hierbei um eine Nachbildung der Santa Casa aus der italienischen Stadt Loreto. Einer Legende zufolge wurde die sakrale Räumlichkeit im 13. Jh. von den Erzengeln aus Palästina über Kroatien nach Italien getragen. In späteren Jahrhunderten wurden etliche Nachbildungen der italienischen Santa Casa über ganz Europa verstreut errichtet.

Die Hauptattraktion des Loreto ist jedoch nicht die Santa Casa im In-nenhof des Heiligtums, sondern vielmehr die im ersten Stock des Gebäudes gelegene **Schatzkammer,** in der Juwelen, Kleinodien, Kelche, Monstranzen, Kreuze und andere religiöse Gegenstände aus Gold und Silber ausgestellt werden. Das wertvollste Exponat der Schatzkammer ist eine silberne Monstranz aus dem Jahr 1699, die 90 Zentimeter hoch und 70 Zentimeter breit ist. Das zwölf Kilogramm schwere Stück ist mit 6.222 Diamanten geschmückt.

Im Kreuzgang des Loreto befindet sich die barocke **Christi-Geburt-Kirche** aus der ersten Hälfte des 18. Jh.
●Prager Loreto, Loretánské náměstí 7, Hradčany, Tel. (02) 536228, Di.-So. 9.00-12.00 Uhr, 13.00-17.00 Uhr.

### Neue Welt

Nur einige Schritte vom Loreto-Platz entfernt liegt das **ehemalige Armenviertel Neue Welt** (Nový svět). Obschon nur wenige Meter von den touristischen Hauptattraktionen Prags entfernt, strahlt Nový svět während des ganzen Jahres Ruhe und Beschaulichkeit aus. Die Architektur des von armen Prager Familien und Künstlern bewohnten Viertels wirkt im Vergleich zum Pomp in seiner näheren Umgebung um so bescheidener. Allerdings entfaltet das Viertel einen **pittoresken Charme,** den die großräumigen Strukturen in seiner Umgebung eben nicht zu bieten vermögen. Die im Viertel wohnenden **Maler** stellen ihre Werke in den Fenstern ihrer Wohnhäuser aus. Wer Interesse an den hiesigen Exponaten hat, braucht nur anzuschellen. Kunstinteressenten und Kunden sind hier gleichermaßen willkommen.

## Hradschiner Platz

Wenn man vom Loreto-Platz der Loretánská-Straße in Richtung Burg folgt, erreicht man nach ca. 10 Minuten den Hradschiner Platz (Hradčanské námĕsti).

Der von allen Seiten von prächtigen Palastgebäuden umsäumte Platz bildete im Mittelalter das **Zentrum der Stadt Hradschin.** Die Mitte des Platzes ziert eine Pestsäule mit Marienstatue aus dem Jahr 1726, ein Werk des berühmten Barockmeisters *F. M. Brokoff.*

Durch seine auffälligen Sgraffiti sticht ein Haus gleich am Anfang des Platzes auf der rechten Seite ins Auge. Es handelt sich hierbei um das **ehemalige Hradschiner Rathaus.** Der Renaissancebau aus der Zeit um 1600 diente bis zum Jahr 1784 als Sitz der Stadtverwaltung von Hradschin. Neben dem Rathaus befindet sich eine **traditionsreiche Bierstube, "Ve staré radnici".** Gleich dahinter liegt die Rathaustreppe, die zum oberen Teil der Nerudova-Straße führt.

An der Ecke Hradschiner Platz und Loretánská-Straße erhebt sich der im Barockstil errichtete **Toskanische Palast.** Der bis zum 18. Jh. im Besitz der Herzöge der Toskana befindliche Palast gehört heute dem tschechischen Außenministerium und ist der Öffentlichkeit nicht zugänglich.

Einer der beeindruckendsten Paläste auf dem Platz befindet sich an der rechten Seite. Das riesige mit auffälligen Sgraffiti geschmückte Gebäude ist der ehemalige **Schwarzenberg-Palast,** welcher heute das **Historische Militärmuseum** beherbergt. Der weithin sichtbare Renaissance-Palast wurde in den Jahren 1545-63 erbaut.

Ebenso prächtig ist die beschwingt anmutende Fassade des auf der gegenüberliegenden Seite befindlichen **Erzbischöflichen Palastes,** der in der zweiten Hälfte des 16. Jh. errichtet und 100 Jahre später im Barockstil umgebaut wurde. Seine heutige Gestalt im Rokokostil erhielt das Gebäude in den Jahren 1763-64. Bis heute dient der Palast als Sitz des Prager Erzbischofes und ist aus diesem Grunde nicht zu besichtigen.

Ein Juwel anderer Art ist der neben diesem Palast versteckte und durch eine schmale Gasse zu erreichende **Šternberk-Palast,** der in den Jahren 1698-1720 errichtet wurde. Heute befindet sich in dem Palast der Teil der **Prager Nationalgalerie**, der **alte Werke** europäischer Kunst enthält.

Es seien hier nur einige Namen genannt: *Cranach, Rembrandt, Dürer, Breughel d. Ä., Rubens, Goya, Veronese.*

Die **Sammlung moderner Kunst** (zumeist französische Kunst des 19. und 20. Jh.) ist seit Ende 1995 in dem unlängst rekonstruierten Veletržní palác im Stadtviertel Holešovice anzuschauen. Besonders wertvoll ist die umfangreiche Sammlung kubistischer Gemälde von *Picasso* und *Braque.* Weiter vertreten sind hier *Delacroix, Corot, Monet, Seurat, Signac, Pissaro, Cezanne, Van Gogh, Gauguin* und viele andere.

●Nationalgalerie (Národni galerie), Hradčanské nám. 15, Hradčany, Tel. (02) 24510594, Di.-So. 10.00-18.00 Uhr.

●Nationalgalerie, Sammlung moderner Kunst (Národní galerie, Sbírka moderního umění), Veletržní palác, Dukelských hrdinů 47, Prag 7 - Holešovice, Metro: Linie C, Vltavská, Tel. (02) 24301111, geöffnet Di.-So. 10.00-18.00 Uhr, Do. bis 21.00 Uhr. Tschechische moderne Kunst 1900-1960, tschechische Kunst 1960 bis zur Gegenwart, französische Kunst des 19. und 20. Jh., europäische Kunst des 20. Jh.

Das dominierende Bauwerk, das den Hradschiner Platz flankiert, ist die Prager Burg, die durch ein großes Portal vom Platz aus zu betreten ist.

### Prager Burg (Pražský hrad)

Die Prager Burg, die auf dem Berg Hradschin über dem Moldautal thront, ist die Sehenswürdigkeit Prags, die sicherlich kein Besucher

Burgwache

der Stadt versäumt. Die Prager Burg, ehemalige Residenz der böhmischen Könige und jetziger Sitz des tschechischen Präsidenten, ist Ort prunkvoller Prachtentfaltung und beherbergt heute einige der kostbarsten Exponate böhmischer Kunst.
●Prager Burg (Pražský hrad), Hradčany, geöffnet Di.-So. 9.00-17.00 Uhr, Okt.-April 9.00-16.00 Uhr.

### Die drei Burghöfe

Durch das mit Skulpturen von Giganten geschmückte Eisentor aus dem Jahr 1768, welches eine Arbeit von *Ignaz Platzer d. Ä.* ist, gelangt man in den **ersten Burghof.** Es handelt sich hierbei um den jüngsten Hof, der im 18. Jh. während der Regentschaft *Maria Theresias* errichtet wurde. Vor dem Besucher liegt nun das **Matthias-Tor** aus dem Jahr 1614, durch das man den zweiten Burghof betritt. Die im Tor rechts liegende Treppe führt zu den Empfangsräumen des tschechischen Präsidenten.

Gleich gegenüber dem Matthias-Tor liegt auf dem **zweiten Burghof** die von *Anselmo Lurago* entworfene **Heilige-Kreuz-Kapelle.** Sie wurde in der Mitte des 18. Jh. erbaut und 100 Jahre später erweitert. Die Mitte des zweiten Burghofes ziert ein **barocker Springbrunnen** aus dem Jahr 1686.

Im linken Gebäudeflügel befindet sich der **Spanische Saal** aus dem 16. Jh., der zu offiziellen Empfängen benutzt wird und daher nicht zu besichtigen ist. Im angrenzenden Flügel, links vom zweiten Eingang zur Burg, ist die im Dezember 1990 geschlossene **Burggalerie.** Seit Juni

Prag

1998 ist sie der Öffentlichkeit wieder zugänglich. Die Burggalerie, deren Anfänge bis in die Zeit des Kaisers *Rudolf II.* zurückgeht, befindet sich im zweiten Burghof, in den ehemaligen Marstallen. Von etwa 4000 Gemälden ist natürlich nur ein Teil ausgestellt. Den Schwerpunkt der Sammlung bilden die Werke von *Tizian, Rubens, Tintoretto* und *Veronese.*

●Gemäldegalerie der Prager Burg (Obrazárna Pražského hradu), Prager Burg, Zweiter Burghof, geöffnet tgl. 10.00-18.00 Uhr, Eintritt 100 Kč, Studenten 50 Kč.

Von diesem Burghof aus gelangt man durch eine links vom Brunnen gelegene Passage in die *Bastei* der Burg, die den Besucher mit einem kleinen Garten und einem Café empfängt.

Vom zweiten Burghof aus gelangt man in den **dritten Burghof,** der Besucher direkt mit der überwältigenden Architektur der St.-Veits-Kathedrale konfrontiert. Kein Wunder, daß der Durchgang während der Hauptsaison von Hobbyfotografen belagert wird.

Der dritte Burghof entstand in seiner heutigen Form in den 20er Jahren des 20. Jh. Für seine Gestaltung zeichnet der slowenische Architekt *Josip Plečnik* verantwortlich. Der 16 Meter hohe **Monolith** aus Granit ist ein Mahnmal für die Opfer des Ersten Weltkrieges und wurde hier im Jahr 1928 errichtet. Ganz in der Nähe steht eine **Reiterstatue des hl. Georg,** welche ein Meisterstück gotischer Metallgußkunst darstellt.

| | |
|---|---|
| **1** | Burggalerie |
| **2** | St.-Veits-Dom |
| ❷ **3** | Weinstube Vikárka |
| **4** | Alter Königspalast |
| **5** | St.-Georgs-Basilika |
| **6** | St.-Georgs-Kloster (Nationalgalerie) |
| ★ **7** | Turm Daliborka |
| Ⓜ **8** | Spielzeugmuseum |
| ● **9** | Burg-Ausgang |
| **10** | Lobkowitz-Palast |
| **11** | Schwarzer Turm |

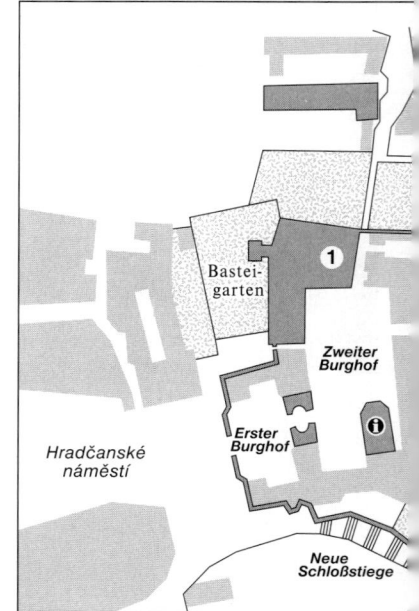

### St.-Veits-Dom

Im Jahr 1344 begann der **lange Entstehungsprozeß** der Kathedrale, als sie von *Karl IV.* in Auftrag gegeben wurde. Sie wurde an der Stelle errichtet, an der bereits im 10. Jh. eine romanische Rotunde und im 11. Jh. eine dreischiffige Basilika standen. Nach dem Tod des französischen Baumeisters *Matthias von Arras* übernahm *Peter Parler* aus Gmünd 1352 die Bauleitung. Unter *Parler* wurde der östliche Teil mit Altar, Wenzelskapelle, Apside und Triforium erbaut. Bis zur Mitte des 19. Jh. existierte die Kathedrale lediglich als Torso. Im Jahr 1859 schließlich wurde der Dombauverein gegründet, dessen Verdienst es ist, daß die Kathedrale im Jahr 1929, mehr als 500 Jahre nach Baubeginn, vollendet wurde.

Die Kathedrale besteht also aus zwei Teilen. Der **ältere Teil,** vom Altar bis zum Kreuzschiff reichend, entstand im 14.-15. Jh., der **jüngere Teil,** vom Kreuzschiff bis zum Haupteingang sich erstreckend, wurde in den Jahren 1873-1929 im neogotischen Stil erbaut.

Vor der Beschreibung der Wenzelskapelle, die als wertvollster Teil der Kathedrale gilt, sollen zwei interessante Objeke im neuen Teil der Kathedrale gewürdigt werden. Erstens ein **modernes Rosettenfenster** mit der Darstellung der Weltschöpfung von *F. Kysela* aus dem Jahr 1925,

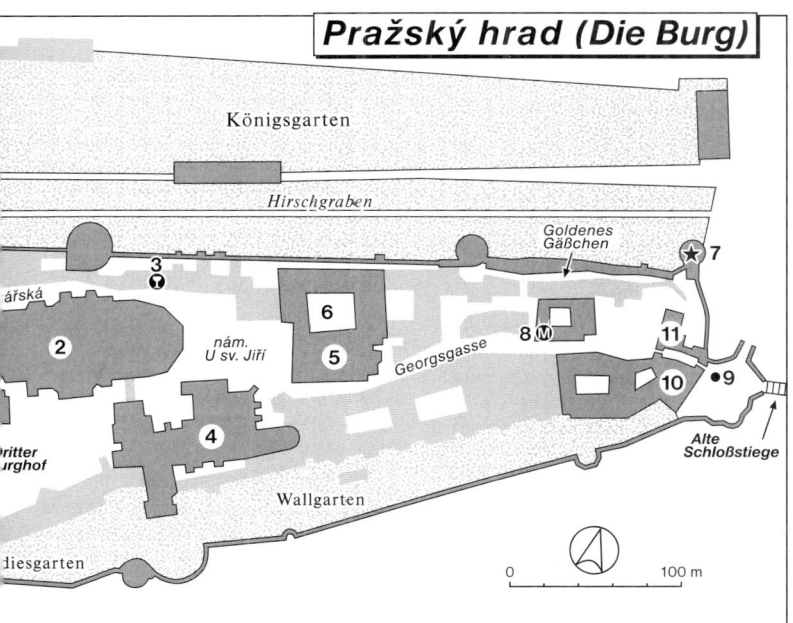

Pražský hrad (Die Burg)

St.-Veits-Dom

de erbaut. Das Zentrum der Kapelle bildet das Grabmal des *hl. Wenzel,* dessen oberer Teil aus den Jahren 1912-13 stammt, als die Kapelle komplett restauriert wurde. Die oberen Wandflächen schmücken Malereien mit Szenen aus dem Leben des Heiligen, die aus dem 16. Jh. stammen. Die unteren Flächen sind mit 1.300 Halbedelsteinen besetzt. Der Eingangspfeiler ist mit einem Tafelgemälde aus dem Jahr 1543, das den Tod des hl. Wenzel in Stará Boleslav darstellt, dekoriert.

Die Tür rechts führt in die **Schatzkammer der Kapelle,** wo die böhmischen Krönungskleinodien aufbewahrt werden. Die nur selten ausgestellte Kollektion besteht aus Krone und Krönungsschwert aus dem 14. Jh. sowie aus Zepter und Reichsapfel aus dem 16. Jh. Die Tür zur Schatzkammer ist seit 1867 mit sieben Schlössern versehen, die passenden Schlüssel werden beim tschechischen Präsidenten, beim Prager Erzbischof und bei fünf weiteren Institutionen aufbewahrt. Eine Kopie der Krönungskleinodien ist heute im Museum im Lobkowitzpalais in der Jiřská-Straße ausgestellt.

In der Nähe der Wenzelskapelle befindet sich der Eingang in die unterirdische **Königsgruft,** wo neben anderen böhmischen Herrschern *Karl IV., sein Sohn Wenzel IV., Rudolf II.* und *Georg von Poděbrad* begraben liegen.

Im **Königsmausoleum,** im Chor der Kathedrale vor dem Hauptaltar, ruhen auch *Ferdinand I.* mit Frau und Sohn *Maximilian II.*

Einige Meter vom Eingang in die Königsgruft entfernt, im Umgang des

welches aus 26.740 farbigen Glasstücken besteht und eine Fläche von 99 qm bedeckt. Ein weiteres bemerkenswertes Objekt ist das von *Alfons Mucha* gestaltete **Fenster in der Neuen erzbischöflichen Kapelle** (dritte Kapelle links). Das Fenster zeigt *Muchas* Interpretation der Geschichte der slawischen Glaubensboten *hl. Konstantinos* und *Methodios.* Die Kapelle dient heute als Begräbniskapelle der Prager Erzbischöfe, das hiesige Altarbild stammt vom rudolfinischen Hofmaler *Bartholomäus Spranger.*

Die **St.-Wenzels-Kapelle** befindet sich rechts neben dem Seiteneingang in die Kathedrale. Sie wurde 1362-67 von *P. Parler* an der Stelle der romanischen St.-Wenzels-Rotun-

Chors befindet sich das **Grabmal des hl. Johannes von Nepomuk,** das nach Plänen des Wiener Architekten *J. E. Fischer von Erlach* in den Jahren 1733-36 fertiggestellt wurde. In der **Sächsischen Kapelle** gleich nebenan liegen die Gebeine der böhmischen Könige *Přemysl Otakar I.* (rechte Seite) und *Přemysl Otakar II.* (linke Seite), beide Grabmale sind Werke der Parlerschen Bauhütte.

Der **Hauptaltar,** der aus Kalkstein gefertigt wurde, stammt aus den Jahren 1868-73, Bänke und Sitze datieren aus dem 17.-18. Jh. Sehenswert ist auch das **Triforium** (Gang im Chor) mit 21 Portraitbüsten. Die hier präsentierten Büsten der Mitglieder der Familie *Karls IV.* und der Baumeister der Kathedrale *M. Arras* und *P. Parler* wurden in den Jahren 1374-85 in der Parlerschen Bauhütte gestaltet.

Während man die Kathedrale früher durch die **Goldene Pforte** verlassen konnte, ist dies nun nicht mehr möglich. Die Goldene Pforte, ursprünglich der Haupteingang des Doms, ist auf der Außenseite durch ein in den Jahren 1370-71 angefertigtes Mosaik mit Szenen des Jüngsten Gerichts geschmückt.

● St.-Veits-Dom, Di.-So. 9.00-17.00 Uhr, Okt.-April 9.00 -16.00 Uhr.

### Alter Königspalast

Die nächste Etappe gilt der Besichtigung des Alten Königspalasts, dessen Eingang gleich gegenüber der Goldenen Pforte liegt. Der Alte Königspalast diente bis zum 16. Jh. als **Sitz der böhmischen Könige,** später beherbergte er die zentralen Behörden des Königsreichs. Außerdem bot er den räumlichen Rahmen für Landtagssitzungen.

Den zentralen Teil des riesigen Palastkomplexes, der sich über drei Stockwerke erstreckt, bildet der **Wladislaw-Saal.** Den 13 Meter hohen, 62 Meter langen und 16 Meter breiten gotischen Saal ließ *König Wladislaw Jagiello* bauen. Der Saal beeindruckt durch sein Rippengewölbe, mit dem der Architekt *Benedikt Ried* bewies, daß seine Baukunst sich auf der Höhe der Zeit befand. Der große und doch nicht hallenartig anmutende Raum diente in der Vergangenheit als Sitzungssaal, es fanden hier jedoch auch Ritterturniere und Märkte mit Luxuswaren statt. Über die alte **Reitertreppe** konnte der Saal früher zu Pferde erreicht werden.

Vom Eingang gesehen rechts befindet sich der Eingang zur ehemaligen **Böhmischen Staatskanzlei,** die Schauplatz des berühmten **zweiten Prager Fenstersturzes** war. Am 23. Mai 1618 wurden hier die Reichsstatthalter *Vilém Slavata* und *Jaroslav Bořita von Martinic* zusammen mit dem Schreiber *Fabritius* aus dem Fenster geworfen. Dieser für die Opfer dank Misthaufen glimpflich verlaufende Fenstersturz leitete den Aufstand der böhmischen Stände und damit den Dreißigjährigen Krieg ein.

An den Wladislaw-Saal schließt sich die von *Peter Parler* in den 70er Jahren des 14. Jh. erbaute **Allerheiligenkapelle** an. Nach einem Brand im Jahr 1541 wurde die Kapelle erneuert und mit dem Saal durch ein Portal verbunden.

Prag

Links von der Kapelle befindet sich der **Landtagssaal.** Ursprünglich ein Bestandteil des Palastes von *Karl IV.,* wurde er um 1500 mit dem Wladislaw-Saal verbunden. Seine heutige Gestalt erhielt der Landtagssaal in den Jahren 1559-63. Seit seinem Bestehen diente der Saal als Sitz des Obersten Landesgerichts und des Landtags. In der Mitte sieht der Besucher den **Königsthron,** daneben den **Bischofsstuhl,** den Sitz des Erzbischofes. An den Wänden befinden sich Plätze für die höchsten religiösen Würdenträger, während die Bänke im vorderen Teil des Raums Vertretern des Herren- und Ritterstandes vorbehalten waren. Die Vertreter der königlichen Städte fanden auf der Galerie am Fenster Platz. Die Wände des Raumes schmücken heute Gemälde der habsburgischen Herrscher.

### St.-Georgs-Basilika

Die romanische Basilika wurde vom Přemyslidenfürsten *Wratislav I.* zu Beginn des 10. Jh. gegründet

St.-Georgs-Basilika

und gehört zu den ältesten Gebäuden der Stadt. Im Laufe der Zeit wurde sie mehrmals umgebaut. In der Mitte des 14. Jh. wurde die gotische **St.-Ludmila-Kapelle** ergänzt, die sich rechts neben der Apsis befindet. In der Kapelle befindet sich eine Kalksteintumba mit dem Grabmal der Heiligen. Im Gewölbe der halbkreisförmigen Apsis sind Reste der romanischen Deckenmalerei aus dem 13. Jh. zu sehen.

### St.-Georgs-Kloster

An die Georgsbasilika grenzt linker Hand das ehemalige Georgskloster, das im Jahr 973 gegründet wurde. Heute ist im Kloster die **Abteilung Alter Tschechischer Kunst der Nationalgalerie** untergebracht. Für Kunstinteressierte lohnt sich der Besuch, da hier wertvolle Altarbilder alter Meister und andere mittelalterliche Kostbarkeiten ausgestellt werden.
●St.-Georgs-Kloster (Jiřský klášter), Jiřské nám 33, Hradčany, Tel. (02) 24510695, geöffnet Di.-So. 10.00-18.00 Uhr.

### Georgsgasse und Goldenes Gäßchen

Vorbei an den Gebäuden des **ehemaligen Damenstiftes** gelangt man zum **Goldenen Gäßchen** (Zlatá ulička), das eine Abzweigung der Georgsgasse (Jiřská) darstellt. In dem engen Gäßchen mit seinen **pittoresken kleinen Häusern** lebten einer Legende zufolge die Alchimister *Rudolfs II.* Tatsächlich wohnten in den winzigen Häusern, die zu *Kaiser Rudolfs* Zeit Teil der Burgmauer waren, die Burgschützen. In späteren Jahrhunderten fanden hier Goldschmiede, Schuster, Schneider und andere

arme **Kleinhandwerker** Unterkunft. Im Haus Nummer 22 lebte auch *Franz Kafka* für kurze Zeit. Am Ende des Gäßchens steht der **Turm Daliborka,** der Ende des 15. Jh. als ein Teil der Befestigungsanlagen errichtet wurde.

Folgt man weiter der Georgsgasse, taucht rechts der **Lobkowitz-Palast** auf, ein ehemaliger Renaissance-Palast, der in den Jahren 1651-68 im Barockstil umgestaltet wurde. Die Gasse endet am **Schwarzen Turm,** einem Teil der ehemaligen Burgbefestigung. Steigt man hier die **Alte Schloßstiege** hinab, gelangt man zur U-Bahnstation Malostranská. Stattdessen kehrt die folgende Beschreibung zum Hradschiner Platz zurück, von dem aus ein Gang durch die Kleinseite vorgenommen wird.

### Unterkunft

●**Pension U raka,** Černínska 10/93, Tel. (02) 351453, Fax (02) 354335, Kapazität 12 Betten, DZ 250 DM mit Früstück. Die Pension ist in einem im Stil traditioneller Dorfarchitektur erbauten Haus untergebracht und liegt etwa zehn Minuten vom Hradschin entfernt. Mit traditionellen Holzmöbeln eingerichtete Zimmer mit Bad, WC. In der Pension existiert auch ein alter Brunnen. Gästen steht eine alte Küche mit Kamin zur Verfügung. Es empfiehlt sich, lange im voraus zu buchen.
●**Hotel Savoy,** Keplerova 6, Prag 6, Tel. (02) 24303430, Fax (02) 24302128, E-mail: savhoprg@mbox.vol.cz; Luxushotel in der Nähe des Hradschin, DZ ab 420 DM, direkte Buchung über http://www.hotel-savoy.cz.
●**Studentenheim Strahov,** gegenüber dem Strahov-Stadion (oberhalb der Burgvorstadt Hradčany) dient im Sommer als Jugendherberge. Vom Pohorelec-Platz, in der Nähe des Strahov-Klosters, sind es ca 15 Minuten zu Fuß.

## Essen und Trinken

●*U ševce Matouše,* Loretánské nám. 4, Tel. (02) 533597, Di.-So. 10.00-18.00 Uhr. Eine kleine, aus zwei Räumen bestehende Weinstube mit Blick auf das Loreto. Warme Speisen, mährische Weine.

●*U Lorety,* Loretánské nám. 8, Tel. (02) 531395, Di.-So. 11.00-15.00 Uhr, 18.00-23.00 Uhr. Stilvolle Weinstube, in der man bei Kerzenlicht speist. Im Sommer kann man auch unter Kastanienbäumen im Garten sitzen. Spezialitäten: Wildbret, Fleischfondue, mährische Weine.

●*U černého vola,* Loretánské nám. 1, Tel. (02) 538637, tgl. 10.00-22.00 Uhr. Die Bierstube Zum schwarzen Ochsen ist in einem aus dem 15. Jh. stammenden Haus untergebracht. Es ist die letzte "echte" Prager Bierstube auf dem Hradschin, die nicht in ein touristisches Restaurant umgewandelt wurde. Neben Pragern und zufällig hierher findenden Touristen gehören auch die Angestellten des gegenüber liegenden Außenministeriums zu den Gästen. Als warme Gerichte werden hier nur Würstchen, Kartoffelpuffer, Leberkäse und Spiegeleier serviert.

●*Tosca,* Loretánská 2, Tel. (02) 531897, Restaurant 10.00-22.00 Uhr, Weinstube 12.00-15.00 Uhr, 18.00-1.00 Uhr. Modern eingerichtet und auf Touristen eingestellt.

●*Ve staré radnici,* Loretánská 1, Tel. (02) 532732, 11.00-22.00 Uhr. Eine kleine Bierstube, vorwiegend von Touristen besucht. Einfache tschechische Küche.

●*U Labutě,* Hradčanské nám. 14, Tel. (02) 539476, 11.30-15.00 Uhr, 18.00-24.00 Uhr. Eine noble Weinstube, mit Leder- und Holzmöbeln rustikal eingerichtet, Hauptgerichte ab 20 DM.

●*U sv. Jana Nepomuckého,* Hradčanské nám. 12, Tel. (02) 535612, 12.00-22.00 Uhr. Einfach und modern eingerichtet, hauptsächlich von Touristen besucht, tschechische Küche und *Pilsner Urquell.*

●*Kavárna im Lobkowitz-Palast,* Jiřská ulice, Di.-So. 9.00-18.00 Uhr. Moderne Einrichtung, im Sommer auch Terrassenplätze.

●*Kajetánka,* Kajetánské zahrady, Tel. (02) 534700, tgl. 11.00-22.00 Uhr. Ein kleines Café, Eingang direkt an der Burgrampe, herrlicher Blick auf Prag.

●*Vikárka,* Vikářská 39, Prager Burg, Tel. (02) 535150, tgl. 11.00-22.00 Uhr, im Winter Mo. geschlossen. Eine traditionelle Weinstube, im angrenzenden Bereich ist eine riesige Bierstube.

## Museen und Galerien

●*Historisches Militärmuseum* (Vojenské muzeum), Hradčanské nám. 2, Hradčany, Tel. (02) 536488, geöffnet nur Mai-Oktober Di.-Fr. 9.00-15.30 Uhr, Sa. und So. 9.00-17.00 Uhr. Alte Waffen, Orden, Uniformen und Fahnen.

●*Reitschule der Prager Burg,* U prašného mostu (am Ausgang aus der Burg Richtung Jelení-Straße), Di.-So. 10.00-18.00 Uhr. Wechselnde Ausstellungen tschechischer Kunst des 20. Jh.

●*Lobkowitz-Palast,* Jiřská ulice 3, geöffnet Di.-So. 9.00-17.00 Uhr, Oktober-April 9.00-16.00 Uhr. Dauerausstellung "Denkmäler der nationalen Vergangenheit".

●*Turm Mihulka,* links neben dem St.-Veits-Dom, Di.-So. 9.00-17.00 Uhr. Metallgießerei, Festungsbau, Naturwissenschaften in der Zeit der Renaissance.

●*Spielzeugmuseum* (Muzeum hraček), Jiřská ulice, geöffnet tgl. 9.30-17.30 Uhr. Das zweitgrößte Spielzeugmuseum der Welt wurde von dem tschechischen Maler *Ivan Steiger* in München gegründet, wo es auch jahrelang betrieben wurde. Erst nach der Samt-Revolution wurde es nach Prag überführt. Ausgestellt werden Spielzeuge aus der ganzen Welt von der Antike bis zur Gegenwart.

●*Strahov-Gemäldegalerie,* Kloster Strahov, Tel. (02) 538369, geöffnet tgl. (außer Mo.) 9.00-12.00 Uhr, 12.30-17.00 Uhr. Nach 40 Jahren ist die Gemäldegalerie wieder der Öffentlichkeit zugänglich. Sie enthält gotische und barocke Gemälde sowie Kunst des 19. Jh.

## Kleinseite (Malá Strana)

### Nerudagasse

Vom Hradschiner Platz aus gelangt man über die Burgrampe zur Nerudagasse (Nerudova). Die steile Neru-

Die Nerudagasse gehört zu den schönsten der Stadt

dagasse, die Hradschin mit dem Kleinseitner Ring verbindet, gehört zu den schönsten und gleichzeitig bekanntesten Straßen der tschechischen Hauptstadt. Sie ist an beiden Seiten von alten Häusern und Palästen gesäumt. Gleich im oberen Teil rechts befindet sich das aus dem 17. Jh. stammende **Haus U dvou slunců** (Zu den zwei Sonnen), das in den Jahren 1845-59 von dem tschechischen Journalisten und Schriftsteller **Jan Neruda** bewohnt wurde. In der im Haus gelegenen ehemals volkstümlichen **Gaststätte,** die jetzt vorwiegend ausländisches Publikum bewirtet, pflegte der berühmte Schriftsteller, dessen Namen der Chilene *Pablo Neruda* als Pseudonym benutzte, sein Bier zu trinken. *Nerudas* bekanntestes Werk sind die "Kleinseitner Geschichten", die

auch ins Deutsche übersetzt wurden. In den Erzählungen beschreibt *Jan Neruda* das Leben der Bevölkerung der damals recht verschlafenen Kleinseite.

Zu den schönsten Palästen der Nerudagasse gehört der ehemalige **Morzin-Palast,** heute der Sitz der rumänischen Botschaft. Der Barockpalast wurde nach einem Entwurf von *Giovanni Santini* im Jahr 1714 erbaut. Die riesigen Mohrengestalten, die den Balkon stützen, und der Skulpturenschmuck der Palastfassade sind Werke von *F. M. Brokoff.*

### St.-Nikolaus-Kirche

Einige Meter weiter liegt der obere Teil des Kleinseitner Rings, an dem sich der Eingang der prächtigen St.-Nikolaus-Kirche, die den **beherrschenden Blickfang der Kleinsei-**

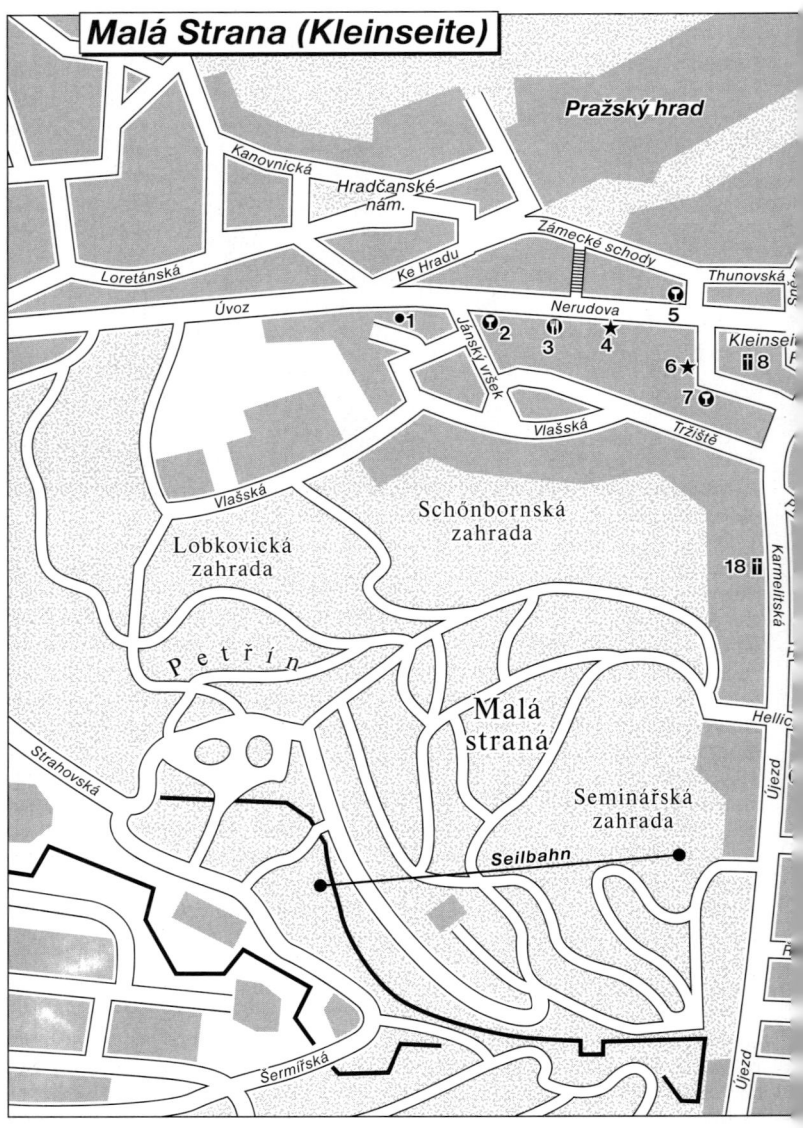

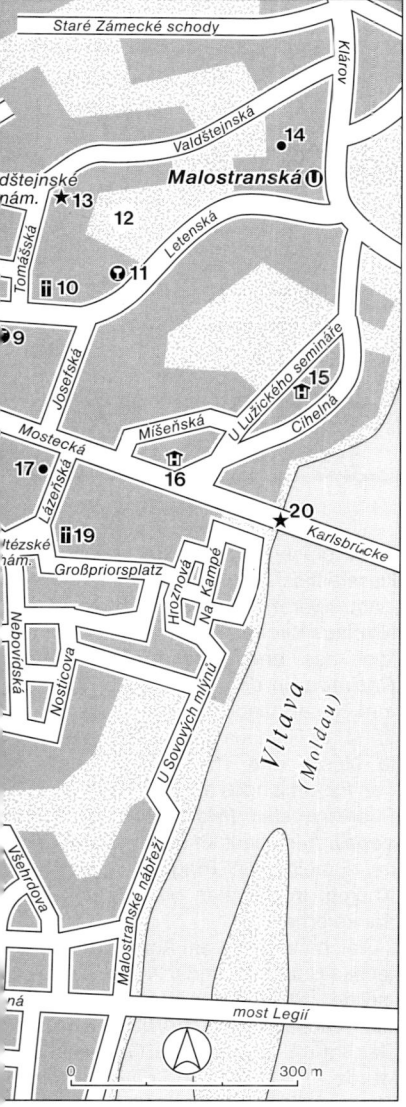

| | | |
|---|---|---|
| ● | 1 | Haus U dvou sluncŭ |
| ⊖ | 2 | Bierstube U Bonaparta |
| ⑪ | 3 | Restaurant und Bierstube U zlate třináctky |
| ★ | 4 | Morzin-Palast |
| ⊖ | 5 | Bierstube U kocoura |
| ★ | 6 | Liechtensteinpalast |
| ⊖ | 7 | Weinstube U mecenáše |
| �ii | 8 | St.-Nikolaus-Kirche |
| ⊖ | 9 | Theater Malostranska Beseda |
| ii | 10 | St.-Thomas-Kirche |
| ⊖ | 11 | Thomaskeller |
| ● | 12 | Waldstein-Garten |
| ★ | 13 | Waldstein-Palast |
| ● | 14 | Waldstein-Reitschule (Galerie) |
| 🏨 | 15 | Hotel U páva |
| 🏨 | 16 | Hotel U tři pštrosů |
| ● | 17 | Haus Zum goldenen Einhorn |
| ii | 18 | Kirche Maria de Victoria |
| ii | 19 | Kirche Maria unter der Kette |
| ★ | 20 | Kleinseitner Brückentürme |
| Ⓜ | 21 | Sport-Museum |

*te* bildet, befindet. Diese ist der Jesuitenkirche Il Gesù in Rom nachempfunden. Die Entwürfe für das beeindruckende Gotteshaus stammen vom Vater-Sohn-Duo *Christoph* und *Kilian Ignaz Dientzenhofer.* Realisiert wurden die Pläne 1703-60. Von einem anderen prominenten Architekten, nämlich von *Anselm Lurago,* stammen die Pläne des Glockenturms der Kirche, der 1755 errichtet wurde.

Die **prächtige Ausschmückung der Innenräume** gehört zu den schönsten der vielen Barockkirchen in Prag. Das riesige Deckenfresko, das eine Fläche von 1.500 Quadratmetern bedeckt, stellt den *hl. Nikolaus* dar. Ihr Schöpfer *Johann Lukas Kracker* arbeitete neun Jahre an dem Mammutwerk.

St.-Nikolaus-Kirche

An der Ausschmückung der Kirche nahm auch *Karel Škréta* teil, der als einer der berühmtesten tschechischen Barockmaler gilt.

### Kleinseitner Ring

Als *König Přemysl Otakar II.* im Jahr 1257 die Kleinseite gründete, war die damalige Stadt nicht viel größer als der heutige Kleinseitner Ring (Malostranské náměstí) und seine unmittelbare Umgebung. Sein *heutiges Erscheinungsbild* erhielt der Ring nach dem großen Feuer von 1541, das die alte Bebauung nahezu vollständig vernichtete. Die Paläste, die heute den Platz umgeben, wurden alle nach diesem Feuer errichtet.

Gegenüber der St.-Nikolaus-Kirche befindet sich der aus dem 17. Jh. stammende **Liechtenstein-Palast.** Seit seiner Umgestaltung im Jahr 1791 präsentiert sich der Palast im klassizistischen Gewand.

Am unteren Teil des durch die St.-Nikolaus-Kirche zweigeteilten Platzes liegt das ehemalige **Kleinseitner Rathaus.** In dem 1617-22 errichteten Renaissancegebäude, das bis 1784 als Rathaus diente, finden heute Musik- und Theaterveranstaltungen für ein junges avantgardistisches Publikum statt *(Malostranská beseda).* Auch liegt im ersten Stock eine zumeist von Pragern besuchte Kneipe, in der man preiswerte Getränke erhält.

Gleich nebenan, am Anfang der Letenská-Straße, befindet sich das ehemalige **St.-Thomas-Kloster** nebst der prächtigen **St.-Thomas-Kirche.** Das im 14. Jh. erbaute Gotteshaus wurde 1723-31 von *Kilian Ignaz Dientzenhofer* im Barockstil umgebaut. Das gesamte heutige Dekor der Kirche stammt noch von berühmten Meistern der Barockzeit. Die Deckengemälde schuf *V. V. Reiner,* die Seitenaltäre enthalten Gemälde von *Škréta,* und den Hochaltar schmücken Kopien zweier Gemälde von *Rubens.* Sie behandeln den Märtyrertod des *hl. Thomas* und des *hl. Augustus.*

Während der Schmuck dieses barockisierten Juwels lediglich den Kunstfeinschmecker interessiert, warten Genüsse anderer Art in der unmittelbaren Nachbarschaft. Gemeint ist die **berühmte Bierstube Thomaskeller** gleich nebenan. Im Jahr 1358 wurde beim Kloster auch eine Brauerei gegründet, die zunächst nur die Klosterbrüder versorgte. Da der gute Ruf des Klosterbiers sich jedoch auch außerhalb der Klostermauern verbreitete, eröffneten die Mönche bald auch einen öffentlichen Bierausschank. Leider existierte die Brauerei hier nur bis zu den 50er Jahren unseres Jahrhunderts. Nach dem Verschwinden der Brauerei blieb die berühmte Bierstube bis heute bestehen. Während sie Ende des 19. Jh. eine Literatenkneipe war, ist der Thomaskeller heute ein typisch touristisches Lokal, dessen Spezialität Teufelstoast und "bämische" Knödel sind, die mit viel dunklem Bier serviert werden.

### Waldstein-Garten

Wenn man am Ausgang der Bierstube nach links abbiegt, gelangt man nach etwa 50 Metern zum Eingang des Waldstein-Gartens. Der Garten ist ein **Teil des Waldstein-**

**Palastes,** dessen Front jedoch lediglich vom Waldstein-Platz (Valdštejnské náměstí) aus zu sehen ist.

Das beherrschende Bauwerk des Gartens ist der aus dem 17. Jh. stammende **Gartensaal** (Sala terrena). Den Hauptweg säumen Kopien von Plastiken des in Prag wirkenden holländischen Bildhauers *Adrian de Vries,* der sie im Jahr 1626 schuf. Die Originale wurden 1648 von schwedischen Belagerern geraubt.

Im Sommer bildet der Garten den räumlichen Rahmen für diverse **Kulturveranstaltungen** wie Konzerte, Ballett und Ritterspiele.

### Waldstein-Palast

Folgt man vom Kleinseitner Ring aus der Tomášska-Straße etwa 100 Meter, gelangt man zum Waldstein-Palast, *einem der prunkvollsten Prager Paläste.* Mit der Residenz des kaiserlichen Feldherren *Albrecht von Waldstein* (auch *Wallenstein* genannt) wurde in den Jahren 1624-30 in Prag der erste Barockbau errichtet. **Der Größenwahn Albrecht von Waldsteins** ging sogar so weit, daß er die königliche Residenz auf der nahe gelegenen Burg übertrumpfen wollte. Dreiundzwanzig Häuser, drei Gärten und eine Ziegelei mußten seinem Vorhaben, den größten Palast der Stadt zu bauen, weichen. Den Bau und die Gestaltung des Palastes übernahmen italienische Künstler.

Zu den prächtigsten Sälen des Palastes gehört der **repräsentative Festsaal.** Der tschechische Filmregisseur *Miloš Forman* drehte hier einige Szenen seines mit vielen Oscars ausgezeichneten Films "Amadeus". Da im Palast heute der Senat des tschechischen Parlaments untergebracht ist, ist er der Öffentlichkeit nicht zugänglich.

### Kirche Maria de Victoria

Vom Kleinseitner Ring aus kann man jetzt einen Abstecher in die **Karmelitská-Straße** unternehmen, die recht stark befahren ist. Etwa hundert Meter vom Ring entfernt liegt die Kirche Maria de Victoria, deren heutige Gestalt aus der Mitte des 17. Jh. stammt. Ihr hoher Bekanntheitsgrad steht in Zusammenhang mit der kleinen **Wachsfigur des Prager Jesuskindes,** die hier aufbewahrt wird. Dieses Prager Jesulein wird besonders in spanischsprachigen Ländern wegen der ihm nachgesagten wunderbaren Fähigkeiten verehrt.

### Malteser Platz

Wenn man vom Kleinseitner Ring aus der Mostecká-Straße in Richtung Karlsbrücke folgt und rechts in die Lázeňská-Straße einbiegt, gelangt man nach einigen Metern zum langgestreckten Malteser Platz (Maltézské náměstí). An dessen Anfang liegt der Eingang zu der gotischen **Kirche Maria unter der Kette,** die dem Malteserorden gehört. Ein weiterer idyllischer Kleinseitner Platz befindet sich um die Ecke: der von Palastfassaden aus dem 18. Jh. umgebene **Großpriorsplatz** (Velkopřevorské náměstí). Im **Haus zum goldenen Einhorn** in der Lázeňská-Straße Nr. 11 wohnte im Jahr 1796 *Ludwig van Beethoven* für kurze Zeit.

### Kleinseitner Brückentürme

Durch die Kleinseitner Brückentürme verläßt man die Kleinseite und betritt die **Karlsbrücke.** Der **höhere Brückenturm** wurde in der zweiten Hälfte des 15. Jh. errichtet. Er kann während der Sommermonate besichtigt werden, was sich wegen der beeindruckenden Aussicht, die sich von hier bietet, lohnt. Das Tor, das diesen Turm mit dem kleineren verbindet, stammt aus dem Jahr 1410. Dem **kleineren Brückenturm** wurde seine heutige Gestalt um 1590 herum verliehen. Er war ursprünglich ein Teil der romanischen Befestigung der Judithbrücke, welche der Karlsbrücke vorausging.

### Unterkunft

●**Hotel U krále Karla,** Úvoz 4, Tel. (02) 538805, Fax (02) 538811, Kapazität 19 Personen. Das kleine Luxushotel ist in einem gotisch-barocken Palast in der Nähe des Hradschiner Platzes untergebracht. Antik eingerichtete Zimmer mit Bad, WC, TV, Selbstwähltelefon, Safe und Minibar. DZ 320 DM während der Hochsaison, im Winter Ermäßigungen.

●**Hotel U Páva,** U lužického semináře 106, Tel. (02) 57320743. Ein Nobelhotel, das in einem alten Palast untergebracht ist. Nur 25 Betten in Zimmern mit allem Komfort. Die Zimmer haben Blick auf die Karlsbrücke oder auf den Hradschin. Ruhige Lage, nur 50 Meter von der Moldau entfernt. DZ um 250 DM.

●**Hotel U tři pštrosů,** Dražického nám. 12, Tel. (02) 57320565, DZ ab 200 DM. Klein, aber fein. Einige der Gästezimmer besitzen schmuckvolle, alte Balkendecken.

●**Hotel Hoffmeister,** Pod Bruskou 9, Tel. (02) 57310942, Fax (02) 57320906, Kapazität 90 Betten DZ 200 DM. Mit allem Komfort eingerichtete Zimmer. Das Hotel liegt am Rande der Kleinseite in unmittelbarer Nähe der U-Bahn.

Die Karlsbrücke

## Essen und Trinken

●*U dvou sluncŭ,* Nerudova 47, tgl. 1˙.00-24.00 Uhr. Eine der urigen Bierkneipen der Kleinseite. Schon der Schriftsteller *Jan Neruda* trank sein Bier hier. Heute ist es jedoch eine Touristenkneipe, in der keine Prager anzutreffen sind, da ein Bier hier etwa 3 DM kostet.

●*U Bonaparta,* Nerudova 29, tgl. 11.00-16.00 Uhr und 17.30-24.00 Uhr. Eine urige, aber ausschließlich auf Touristen eingestellte Kneipe. "Reisegruppe rein, Reisegruppe raus" lautet das Motto des Hauses.

●*U zeleného čaje,* Nerudova 19, tgl. 10.00-19.00 Uhr. Ein kleines Teehaus, verschiedene Teesorten und Salate.

●*U zlaté třináctky,* Nerudova 13, Te . (02) 5339086, tgl. 9.00-24.00. Etwa 50 Plätze im Restaurant und weitere 40 in der Bierstube. Die Räumlichkeiten sind ganz in blau gehalten und mit modernen Bildern und Skulpturen ausgestattet.

●*Snack-Bar V podhradí,* Nerudova 8, Tel. (02) 539747, tgl. 11.00-24.00 Uhr. Einfach eingerichtet, Hauptgericht ab 6 DM, r ur Flaschenbier.

●*U kocoura,* Nerudova 2, Tel. (02) 538962, tgl. 11.30-23.30 Uhr. Eine traditionelle Bierkneipe auf der Kleinseite.

●*U mecenáše,* Malostranské nám. 10, Tel. (02) 533881, 17.00-1.00 Uhr. Eine über 350 Jahre alte exklusive Weinstube, antike Einrichtung, unbedingt reservieren. Hauptgerichte ab 20 DM.

## Museen und Galerien

●*Waldsteinreitschule* (Valdštejnska jízdárna), Valdštejnská ulice 4, Metro-Linie A: Malostranska, Tel. (02) 536814, geöffnet Di.-So. 10.00-18.00 Uhr. Wechselnde Ausstellungen.

●*Sport-Museum* (Muzeum telesné výchovy a sportu), Prag 1, Újezd 40, Metro-Linie A: Malostranská, Tel. (02) 534551, geöffnet Di.-So. 9.00-17.00 Uhr, So. 10.00-17.00 Uhr. Dauer- und Wechselausstellungen mit dem Schwerpunkt Sport.

## Theater

●*Divadlo Na Klárově,* nábřeží E. Beneše 3, Metro-Linie A: Malostranská, Tel. (02)

24511027. Aufführungen des Tschechischen Ensembles für Volkstänze und Lieder.
●*Malostranská beseda,* Malostranské náměstí 12, Metro-Linie A: Malostranská, Tel. (02) 539024. Hier finden mehrmals pro Woche Theatervorführungen, Rock- und Jazzkonzerte statt.

## Altstadt *(Staré Město)*

Wann die Prager Altstadt *gegründet* wurde, ist nicht genau zu bestimmen. Eine Siedlung existierte hier wahrscheinlich schon im 9. Jh. Die *erste Beschreibung der Stadt* stammt von *Ibrahim Ibn Jakub,* einem jüdischen Kaufmann aus Córdoba, der in den Jahren 965-966 durch Mitteleuropa reiste. Seinen Berichten zufolge war Prag bereits während dieser frühen Phase eine prosperierende Handelsstadt. In der ersten Hälfte des 13. Jh. wurde die Altstadt mit einem *Wall* umgeben. Im 14. Jh. erhielt die Stadt von *Johann von Luxemburg* das Recht, ein *eigenes Rathaus* zu errichten. Den Status einer selbständigen Stadt behielt die Altstadt dann bis 1784, als alle vier damaligen Prager Städte zusammengeschlossen wurden.

### Karlsbrücke

Der *Bau* der 516 Meter langen Karlsbrücke (Karlův most) aus Sandsteinquadern, die die Kleinseite mit der Altstadt verbindet, wurde von *Karl IV.* im Jahr 1357 in Auftrag gegeben. Sie wurde etwa an der gleichen Stelle errichtet, an der die von einem Hochwasser vernichtete steinerne Judithbrücke etwa 200 Jahre zuvor erbaut worden war. Von dieser Brücke blieb lediglich der kleine Kleinseitner Brük-

kenturm erhalten. Die Bauarbeiten an der auf 16 Pfeilern ruhenden Steinbrücke leitete *Peter Parler.*

Damals wie heute war die Brücke nicht nur der Verbindungsweg zwischen zwei Städten, sondern auch ein *sozialer Treffpunkt.* Wo bereits im Mittelalter verschiedene Waren ihren Besitzer wechselten, werden heute den vorbeischlendernden Touristen Gemälde, Fotografien, Keramik und vieles andere angeboten. Statt Ritterturnieren finden hier heute musikalische Darbietungen statt, die zur Unterhaltung der zahlreichen Passanten beitragen.

Die Brücke ist an beiden Seiten durch vorwiegend *barocke Statuen* aus dem 18. Jh. geschmückt. Es handelt sich um Werke der berühmtesten Barockbildhauer dieser Zeit, wie z. B. *J. Brokoff, F. M. Brokoff* und *M. Braun.* Ungefähr in der Mitte der Brücke steht die einzige aus Bronze gegossene Statue. Die 1683 aufgestellte *Bronzestatue des hl. Johannes von Nepomuk* bildete den Auftakt zur Ausschmückung der Brücke mit Skulpturen. Die Plastik stellt die Geschichte des Prager Generalvikars *Johannes von Pomuk* dar, der auf Geheiß von *König Wenzel IV.* 1393 von der Brücke in die Moldau geworfen wurde, wo er den Tod fand. Während der Rekatholisierungswelle im 18. Jh. wurde der zu Lebzeiten allzu rührige Generalvikar *Pomuk* zur Märtyrerfigur verklärt und heiliggesprochen. Die Legende um seinen Märtyrertod wurde auch mit dem Ziel verbreitet, die Tschechen ihren hussitischen "Ketzerhelden" *Johannes Hus* vergessen zu lassen.

Die Statue auf der Karlsbrücke diente als Vorbild für Tausende ähnlicher Statuen von *Nepomuk,* die bis heute viele alte Brücken des Landes schmücken.

Der **Altstädter Brückenturm** wurde nach einem Entwurf von *Peter Parler* Ende des 14. Jh. gebaut. Der zur Altstädter Seite hin mit Plastiken reich geschmückte Turm stellt ein bemerkenswertes Beispiel mittelalterlicher Befestigungskunst dar. Über dem Torbogen befinden sich die Wappen der zur Zeit *Karls IV.* zu seinem Reich gehörenden Länder. Darüber sind Statuen von *Karl IV.* (links) und seinem Sohn *Wenzel IV.* (rechts) angebracht, die um eine Skulptur des *hl. Veit* herum angeordnet sind. Den oberen Abschluß des Ensembles bilden zwei Skulpturen des *hl. Adalbert* und des *hl. Prokop.*

### Kreuzherrenplatz

Die Karlsbrücke mündet auf der Altstädter Seite in den Kreuzherrenplatz (Křižovnické náměstí), der von zwei Barockkirchen gesäumt wird. Von der Brücke kommend links steht die **St.-Franziskus-Kirche,** die in den Jahren 1679-89 unter der Leitung von *J.B. Mathey* errichtet wurde. Gegenüber dem Brückenturm bedruckt die Fassade der **St.-Salvador-Kirche,** die zum riesigen Klementinum gehört. Dieses bildete im 17. und 18. Jh. das Zentrum der jesuitischen Gegenreformation. Neben dem Brückenturm steht ein **Denkmal Karls IV.,** der hier mit seinen vier Gemahlinnen dargestellt ist. Die vier Frauen symbolisieren gleichzeitig die vier Fakultäten der vom Kaiser gegründeten Universität.

Vom Kreuzherrenplatz aus geht es weiter zum Zentrum der Altstadt, welches vom Altstädter Ring gebildet wird. Der Weg führt die während der Hauptsaison von Touristen überflutete Karlsgasse entlang.

### Karlsgasse

Die Karlsgasse (Karlova ulice) ist eine belebte, enge Straße, die zu beiden Seiten von **Geschäften** gesäumt wird, von denen viele auch den touristischen Geschmack und Geldbeutel anpeilen. Kein Wunder, denn die Karlsgasse ist touristisches Terrain. Dennoch hat sie nicht den Charakter einer historischen Fassade angenommen, die allein aufrechterhalten wird, um das Geschäft mit Besuchern der Stadt machen zu können. Im Unterschied zu anderen Großstädten Europas ist hier im Altstadtzentrum Prags Wohnen und Handeltreiben zugleich möglich, was eine wohltuende **Atmoshpäre lebendiger Alltäglichkeit** schafft.

Ungefähr in der Mitte zwischen der Karlsbrücke und dem Altstädter Ring steht einer der bedeutendsten Barockpaläste der Stadt. Der **Clam-Gallas-Palast,** dessen Eingang Herkulesfiguren von *Matthias Braun* schmücken, wurde am Anfang des 18. Jh. errichtet. Nach etwa hundert Metern gelangt man zum Altstädter Ring.

### Altstädter Ring

Der heutige Altstädter Ring (Staroměstské náměstí) und seine nähere Umgebung gehören zu den ältesten besiedelten Gebieten der tschechischen Hauptstadt. Hier, wo sich

**Prag**

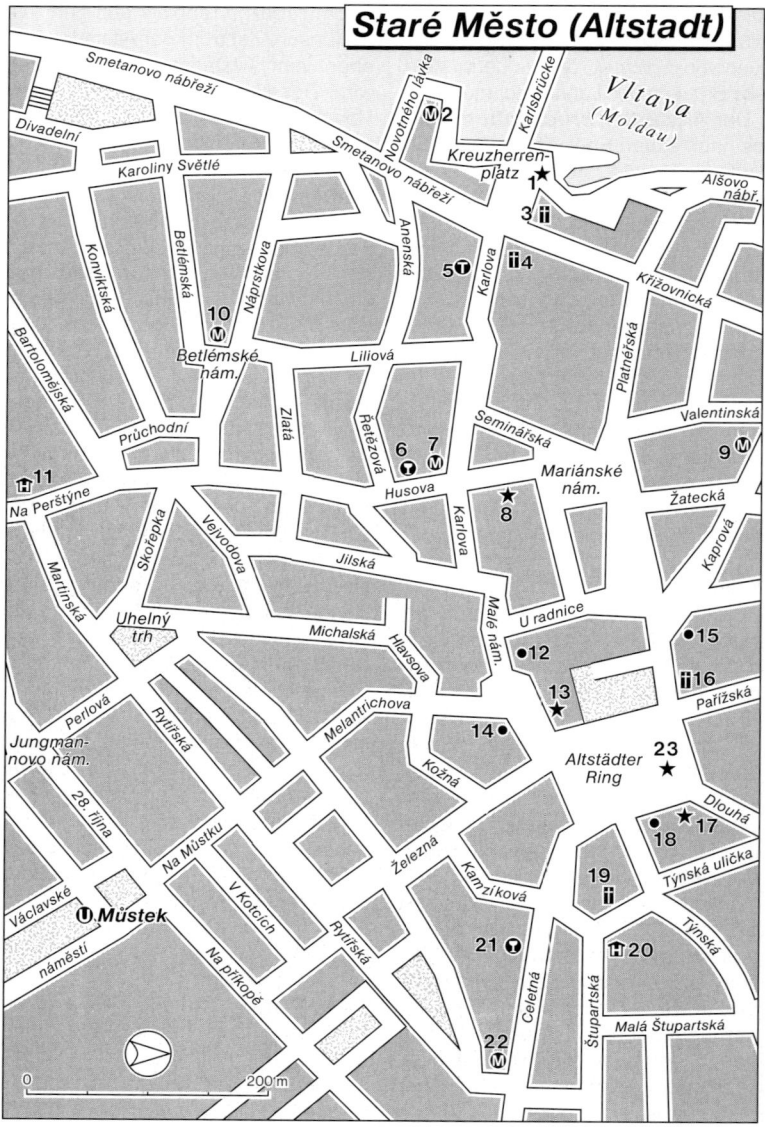

# Staré Město (Altstadt)

im Mittelalter die Handelswege kreuzten, lag das **gesellschaftliche Zentrum der Prager Altstadt.** Das Niveau des Platzes sowie der gesamten Altstadt lag im Mittelalter unterhalb des heutigen Bodens. Das gestiegene **Bodenniveau** ist heute an etlichen alten Häusern wie zum Beispiel dem **Haus U zlaté konvice** zu beobachten, in dem eine Weinstube untergebracht ist. Hier zeigt sich, daß das heutige Erdgeschoß im Mittelalter die erste Etage und der heutige Keller das ehemalige Erdgeschoß bildeten. Der Weinkeller U zlaté konvice (Zur goldenen Kanne) befindet sich gegenüber dem Rathaus am Anfang der Melantrichova-Straße. Ein anderes altes Haus, an dem das Phänomen beobachtet werden kann, ist der **Weinkeller U Sixtů** in der Zeltnergasse 2.

Das **Altstädter Rathaus** (Staroměstská radnice) wurde im Jahr 1338 errichtet. Den Kern des Gebäudekomplexes bildet ein gotisches Haus. Als wenige Jahrzehnte später der Rat der Stadt noch zwei benachbarte Häuser erwarb, um sie dem Rathaus zuzugesellen, entstand der Häuserkomplex in der Form, wie er heute noch existiert. Der zu besteigende Eckturm des Gebäudes wurde im Jahr 1364 gebaut. In dessen unterem Teil befindet sich die zu Beginn des 15. Jh. entstandene **Aposteluhr,** die zu jeder vollen Stunde von Besuchern der Stadt umlagert wird, denn dann ereignet sich hier ein kleines Schauspiel. Ein Skelett, das den Tod symbolisiert, läutet das Totenglöckchen und dreht seine Sanduhr um. In den kleinen Fensterchen der

Uhr erscheinen die zwölf Apostel und ein Hahn flattert und kräht. Dann schlägt die Uhr, und der rechts neben dem Tod stehende Türke wackelt mit dem Kopf.

Beachtenswert ist ebenfalls das mit Sgraffiti geschmückte **Renaissancehaus Zur Minute,** das links vom Rathaus gelegen ist. In dem aus dem Jahr 1610 stammenden Haus verbrachte *Franz Kafka* einen Teil seiner Kindheit.

Die zweite Dominante des an allen Seiten mit prächtig geschmückten Gebäuden umsäumten Platzes ist die **Teynkirche.** Das Gotteshaus, dessen prägnante Türme die Anmutung des Platzes ganz maßgeblich mitbestimmen, wurde in der Mitte des 14. Jh. erbaut und gehört neben dem

Aposteluhr auf dem Rathaus

Teynkirche, von hinten gesehen (histor. Abbildung)

Veitsdom zu den schönsten gotischen Kirchen der Stadt. Rechts vor dem Hauptaltar der nachträglich barockisierten Kirche befindet sich das Grabmal des Astronomen *Tycho Brahe,* der jahrelang am Hof von *Kaiser Rudolf II.* lebte und hier 1601 starb.

Links neben der Kirche steht eines der bemerkenswertesten Häuser am Ring. Es handelt sich um das aus dem 14. Jh. stammende gotsche **Haus Zur Steinernen Glocke,** das nach langjährigen Restaurierungsarbeiten heute als Ausstellungs- und Konzertsaal dient. Neben ihm befin-

det sich der **Kinsky-Palast,** der das bedeutendste Rokokogebäude von Prag darstellt. Der Palast, in dem heute die graphische Abteilung der Nationalgalerie untergebracht ist, wurde nach Plänen von *K. I. Dientzenhofer* errichtet. In der Mitte des Platzes erhebt sich das **Jan-Hus-Denkmal,** das anläßlich des 500. Todestages des Magisters hier im Jahr 1915 errichtet wurde.

Die nächste Etappe führt über die Celetná ulice in Richtung Pulverturm (siehe Neustadt), und damit zum Ende der Altstadt.

### Zeltnergasse

Die beiderseits mit malerischen alten Gebäuden umsäumte Zeltnergasse (Celetná ulice) verbindet den Altstädter Ring mit dem Pulverturm. Ganz offensichtlich jüngeren Datums ist das kubistische **Haus Zur Schwarzen Mutter Gottes** (Nr. 34), das sich erstaunlich gut in seine Umgebung einfügt. Daß dieses harmonische Miteinander von Alt und Neu beabsichtigt ist, zeigt auch die Tatsache, daß das Symbol des vorher an seiner Stelle stehenden Hauses, die schwarze Mutter Gottes, in das neu errichtete kubistische Gebäude integriert wurde.

Das im Jahr 1912 nach einem Entwurf von *Josef Gočár* errichtete Haus war das erste Gebäude, das im Stil des Rondokubismus gebaut wurde (siehe auch Architektur). Nach langjährigen Renovierungsarbeiten wurde hier im Jahr 1995 ein **Galerienkomplex** eröffnet, der sich über fünf Etagen erstreckt. Die hiesige Dauerausstellung ist kubistischen Möbeln gewidmet. In anderen Teilen des Gebäudes wird moderne tschechische Kunst ausgestellt. Im Keller des Komplexes befindet sich ein Restaurant und im Erdgeschoß eine Buchhandlung.

### Josefstadt (Josefov)

Das **ehemalige Judenviertel** erstreckte sich vom Altstädter Ring bis zur Moldau. Nach der **Sanierung,** d.h. der Eliminierung des verwinkelten alten Viertels, in dem Ende des 19. Jh. nur noch arme Prager Juden wohnen geblieben waren, entstan-

den hier die **Jugendstilhäuser,** die diesem Teil der Stadt seine besondere Atmosphäre verleihen.

Die prächtige Pariser Straße bildet heute die Hauptstraße des Viertels, in dem neben den polierten Bürgerhäusern die **historischen jüdischen Kultstätten** Prags zu besichtigen sind. Den Besuch dieser weltberümten Monumente jüdischer Kultur beginnt man am besten nahe dem am Ende der Pariser Straße gelegenen Hotel Intercontinental. Alle beschriebenen Monumente sind Teil des jüdischen Museums von Prag, das im Unterschied zu den anderen Museen in der Stadt freitags geschlossen ist.

### Altneu-Synagoge

Die Altneu-Synagoge wurde um das Jahr 1270 herum im gotischen Stil erbaut und ist damit **die älteste Synagoge Europas,** in der bis heute Gottesdienste abgehalten werden.

Das schlichte rechteckige **Gebäude,** das lange Zeit im Zentrum eines kleinen Marktplatzes stand, ist im Osten und im Westen mit spitz zulaufenden, aus Ziegeln gefertigten Giebeln abgeschlossen.

| | | |
|---|---|---|
| Ⓜ | 1 | Altneu-Synagoge |
| Ⓜ | 2 | Jüdisches Rathaus |
| Ⓜ | 3 | Hohe Synagoge |
| | 4 | Alter Jüdischer Friedhof |
| Ⓜ | 5 | Kunstgewerbemuseum |
| Ⓜ | 6 | Maiselsynagoge |
| Ⓜ | 7 | Agneskloster |
| 🏨 | 8 | Hotel Intercontinental |
| ✠ | 9 | St.-Nikolaus-Kirche |
| ● | 10 | Geburtshaus Franz Kafkas |

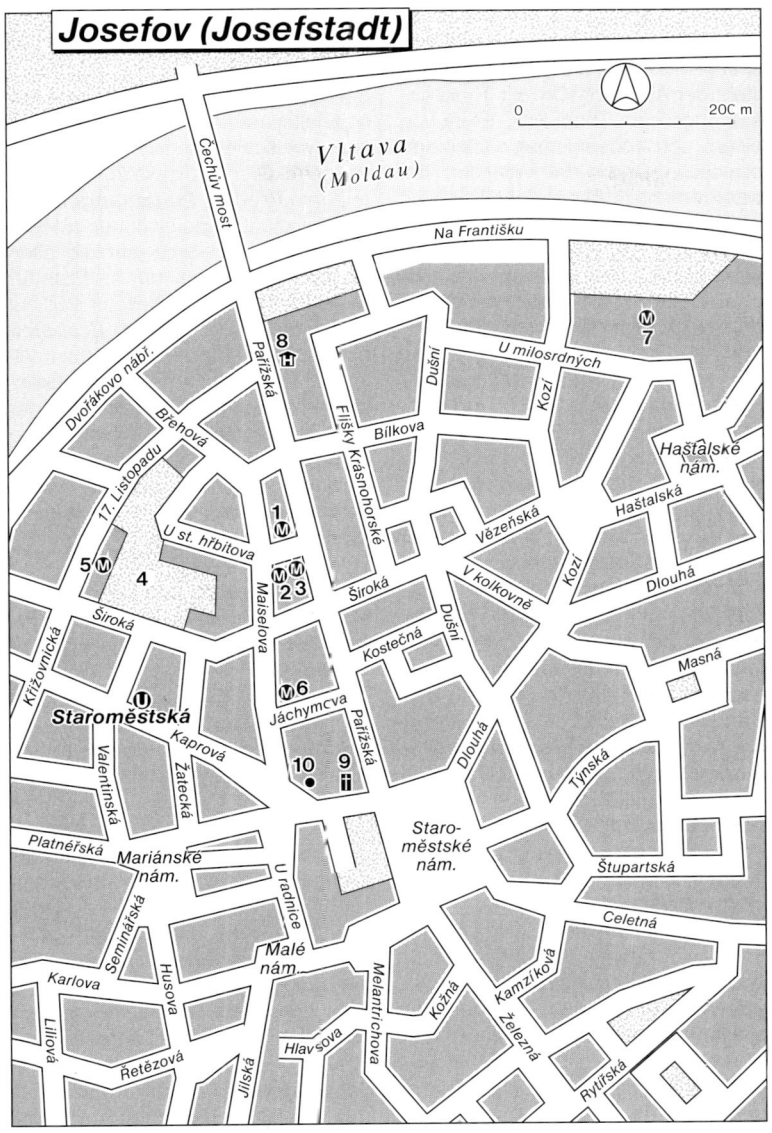

# Josefov (Josefstadt)

Vltava
(Moldau)

Na Františku

Čechův most

Dvořákovo nábř.

Břehová

17. listopadu

Pařížská

Flíšky

Bílkova

Dušní

U milosrdných

Kozí

Haštalské nám.

Krásnohorské

Vězeňská

Haštalská

8

U st. hřbitova

1

Maiselova

2 3

Široká

V kolkovně

Kozí

Dlouhá

5

4

Široká

Kostečná

Dušní

Křižovnická

6

Jáchymova

Masná

Staroměstská

Kaprová

Pařížská

Dlouhá

Týnská

Valentinská

Žatecká

10

9

Platnéřská

Mariánské nám.

Staroměstské nám.

Štupartská

Semínářská

U radnice

Celetná

Karlova

Husova

Malé nám.

Melantrichova

Kožná

Kamzíková

Železná

Liliová

Řetězová

Jilská

Hlavsova

Rytířská

285

Der zweischiffige *Innenraum* ist von einem fünfteiligen Gewölbe überspannt. In der Mitte des Hauptschiffes steht der Almemor (Ort der Thora-Lesung) mit dem Thora-Pult. Er ist von einem schmiedeeisernen Gitter umschlossen. Der in der Mitte der Ostwand errichtete Thora-Schrein ist mit zwei Säulen versehen, deren Schäfte mit Weintrauben und Akhantusblättern geschmückt sind. Der obere Abschluß des Schreins wird von einem dreieckigen Tympanon gebildet.

## Jüdisches Rathaus und Hohe Synagoge

Gegenüber dem Eingang der Altneu-Synagoge befindet sich das *ehemalige jüdische Rathaus,* das noch heute den Sitz der jüdischen Gemeinde in Prag beherbergt, und die *Hohe Synagoge,* deren Name sich aus der "hohen" Lage der Synagoge im ersten Stock des Gebäudes ableitet. Der aus dem 16. Jh. stammende Gebäudekomplex wurde nach einem Brand im 18. Jh. vollständig umgebaut. Heute beherbergt die Synagoge eine *Sammlung traditioneller jüdischer Textilien.*

## Alter Jüdischer Friedhof

Nur einige Meter von der Altneu-Synagoge entfernt befindet sich der Eingang zum Alten Jüdischen Friedhof nebst der barocken Klausensynagoge, in der heute hebräische Schriften und Drucke ausgestellt sind.

Ein Spaziergang über den Alten Jüdischen Friedhof ist ein Muß für alle Besucher Prags, da er ein *einmaliges Monument jüdischer Kultur in Europa* darstellt.

Er wurde im Jahr 1440 gegründet und diente bis zum Jahr 1787 als Gottesacker der Prager Judengemeinde. Da das jüdische Viertel im Mittelalter von der Altstadt umgeben war, war seiner räumlichen Expansion enge Grenzen gesetzt. Da auch auf dem Friedhof *Platzmangel* herrschte, mußte man immer wieder neue Schichten Erde auf die alten Gräber aufschütten, um so Platz für neue zu schaffen. Insgesamt sind auf dem Friedhof ca. *12.000 Grabsteine* erhalten geblieben. Die je nach Alter unterschiedlich geformten Grabstelen sind oftmals mit Symbolen der jüdischen Gemeinde geschmückt wie dem Davidstern, Weintrauben etc. Die kleinen Steinchen, die auf vielen Grabtumben liegen, sind hier von Besuchern drapiert worden.

## Maiselova-Straße

Vom Friedhof aus gelangt man über die Maiselova-Straße (Maiselova ulice) wieder in Richtung des Altstädter Rings. Auf dem Weg passiert man die *Maisel-Synagoge,* die im 16. Jh. errichtet wurde. Nachdem sie durch ein Feuer vernichtet und anschließend im Barockstil wieder aufgebaut wurde, erhielt die Maisel-Synagoge am Ende des 19. Jh. ihr heutiges neogotisches Erscheinungsbild. Gegenwärtig wird in der Synagoge eine *Sammlung jüdischer Kultgegenstände aus Silber* ausgestellt.

Das mit einer Gedenktafel versehene Eckhaus am Ende der Maiselova-Straße ist das *Geburtshaus des Schriftstellers Franz Kafka,* der hier im Jahre 1883 das Licht der

Welt erblickte. An der barocken **St.-Nikolaus-Kirche** vorbei gelangt man zurück zum Altstädter Ring.

### Information

●**Prague Tourist Center,** Rytířska 12, Tel. 24236047, Tel./Fax 24212209, 261605, geöffnet 9.00-19.00 Uhr. Das Informationszentrum liegt auf dem Weg vom Alstädter Ring in Richtung Wenzelsplatz. Es bietet eine Zimmervermittlung, Geldwechsel, Theater- und Konzertkartenverkauf sowie den Verkauf von Prag-Führern und -Plänen.

### Unterkunft

●**Hotel Intercontinental,** nam. Curieových 43, Tel. (02) 24881100, Fax (02) 24810071, Kapazität 580 Betten, DZ ab 250 DM. Das Hotel liegt am Moldauufer, etwa zehn Minuten vom Altstädter Ring entfernt. Im Hotel gibt es ein Fitneßzentrum und ein Kongreßzentrum.

●**Hotel Ungelt,** Štupartská 1, Tel. (02) 24811330. Ruhige Lage, ein Appartementhotel mit 24 Betten in der Nähe des Altstädter Rings. DZ ab 140 DM.

### Essen und Trinken

●**Restaurant Canadian Lobster,** Husova 15, Tel. (02) 24213530, tgl. 12.00-15.00 Uhr, 18.00-23.00 Uhr. Zwei kleine Räume für 20 Gäste, alte Gemälde an den Wänden, Antikmöbel. Serviert wird ausschließlich Hummer und eine kleine Auswahl an Fischgerichten (Hummer ab 60 DM). Das Restaurant ist der geeignete Rahmen für Geschäftsverhandlungen. Abends sind Vorbestellungen zu empfehlen.

●**U sv. Huberta,** Husova 7, Tel. (02) 24217510, tgl. 11.30-16.00 Uhr, 17.30-23.00 Uhr. In der Altstadt gelegen, dekorativ eingerichtete alte Kellerräume, hauptsächlich Wildbret, mährische Weine.

●**Reykjavik,** Karlova 20, Tel. (02) 2422 9251, 11.00-24.00 Uhr. Fischspezialitäten aus Island, robuste Inneneinrichtung aus Holz. 150 Plätze, Hauptgericht ab 30 DM.

●**U zelené žáby,** U radnice 8, Tel. (02) 262815, tgl. 12.00-24.00 Uhr. Die alte Weinstube wird zum ersten Mal 1403 erwähnt.

●**U medvídku,** Na Perštýně, Tel. (02) 242473, tgl. 9.00-23.00 Uhr. Seit dem 15. Jh. wird in diesem Haus Bier ausgeschenkt.

●**U dvou koček,** Uhelný trh 10, Tel. (02) 267729, Mo.-Sa. 8.30-23.00 Uhr, So. 10.00-23.00 Uhr. Seit dem 17. Jh. wird in dem Haus Bier gezapft. Zu essen gibt es tschechische Speisen.

●**U zlatého tigra,** Husova 17, Tel. (02) 265219, Mo.-So. 15.00-23.00 Uhr. Eine Bierstube fast ausschließlich für Stammgäste, einer davon war der populärste heutige tschechische Schriftsteller *Bohumil Hrabal* (siehe auch Literatur). Wenn man ganz genau um 15.00 Uhr kommt, hat man vielleicht eine Chance, das beste *Pilsner Urquel!* der Welt zu trinken. Später ist die Bierstube schnell brechend voll.

●**Roxy Club,** Dlouhá 33, Prag 1, Tel. 2316331. Außer Disco, Jazz- und Rockkonzerten finden hier auch Film- und Tanzaufführungen statt.

●**U Kafků,** Uhelný trh, geöffnet 24 Std. Sehr einfache Gaststätte, Würstchen und ähnliches werden rund um die Uhr serviert.

●**Long Life,** Celetná 12, in Hrzánská pasáž. Geöffnet tgl. 10.00-19.00 Uhr. Ein kleines Teehaus mit nur drei Tischen, Verkauf von über 100 Teesorten und Absinth. Dieser ist eine Rarität, die man nirgends in Europa bekommt, da die Herstellung heute überall verboten ist. Hergestellt wird der Absinth z. Zt. lediglich in der südböhmischen Stadt Jindřichův Hradec.

●**Café Rincon,** Melantrichova 12, Tel. 24214593, geöffnet tgl. 12.00-1.00 Uhr, freitags, samstags Live-Musik. Eine spanische Bar, kleine Snacks, Chilli con Carne und ähnliches.

●**Restaurant Mucha,** Melantrichova 5, Tel. 263586, geöffnet tgl. 12.00-24.00 Uhr. Ein im Jugendstil eingerichtetes Restaurant, tschechische und internationale Küche, Menü ab 20 DM.

●**Tamura,** Havelska 6, Tel. 24232056, geöffnet tgl. 11.00-24.00 Uhr. Japanisches Restaurant im Keller und Lebensmittelgeschäft im Erdgeschoß. Sushi, tempura und andere Spezialitäten des Fernen Ostens, Mittagsmenü ab 20 DM.

Prag

●*Modrá růže,* Rytířská 16, geöffnet 11.30-23.30 Uhr. Stilvolles Restaurant in einem alten gotischen Keller, Pianomusik. Hauptgerichte ab 20 DM.

●*Arena,* Melantrichova 5, geöffnet 18.00-5.00 Uhr, Disko ab 21.00 Uhr.

●*Molly Malones Irish Pub,* U Obecního dvora 4, Tel. 2316222, geöffnet tgl. 11.00-23.00 Uhr, 1-2mal wöchentlich Live-Musik. Etwas versteckt, aber nur fünf Minuten vom Altstädter Ring, warme Atmosphäre, Guinness, Kilkenny, Budweiser und Staropramen Bier, große Auswahl an irischen und schottischen Whiskeys, kleine Snacks und warme Gerichte, samstags Life-Musik, unbedingt besuchen.

●*Pizzeria Rugantino,* Dušní 4, Tel. 2318171, geöffnet Mo.-Sa. 11.00-23.00 Uhr, So. 18.00-23.00 Uhr. Eine originelle italienische Pizzeria.

## Museen und Galerien

●*Agneskloster* (Klášter sv. Anežky české), Anežska ulice, Metro-Linie A: Staroměstská, Tel. (02) 24810628, Di.-So. 10.00-18.00 Uhr. Tschechische Kunst des 19. Jh.

●*Jüdisches Museum* (Židovské muzeum), Jáchymova 3, Metro-Linie A: Staromestská, Tel. (02) 24810099, So.-Fr. 9.00-17.00 Uhr. Der Alte Jüdische Friedhof, das Rathaus und sechs Synagogen.

●*Kunstgewerbemuseum* (Uměleckoprůmyslové muzeum), ul. 17. listopadu, Metro-Linie A: Staromestská, Tel. (02) 24811241, Di.-So. 10.00-18.00 Uhr. Neben der Dauerausstellung von europäischen Kunstgewerbegegenständen auch wechselnde Ausstellungen.

●*Bedřich-Smetana-Museum* (Muzeum Bedřicha Smetany), Novotného lávka 1, Metro-Linie A: Staroměstská, Tel. (02) 726537, tgl. außer Di. 10.00-17.00 Uhr. Das Museum ist dem Leben und Schaffen des berühmten Komponisten gewidmet. Briefe, Partituren, Musikinstrumente.

●*Ethnologisches Náprstek-Museum* (Náprstkovo muzeum), Bethlémské nám. 1, Metro-Linie B: Národní třída, Tel. (02) 24214537, Di.-So. 9.00-12.00 Uhr, 12.45-17.00 Uhr. Permanente Ausstellung zu den Kulturen Afrikas, Amerikas, Australiens und Ozeaniens. Außerdem wechselnde Ausstellungen.

●*Tschechisches Kunstmuseum* (České muzeum umění), Husova 19, Metro-Linie A: Staromestská, Di.-So. 10.00-18.00 Uhr. Wechselnde Ausstellungen moderner Kunst.

●*Postmuseum* (Poštovní muzeum), Nové Mlyny 2, Metro-Linie B: Náměstí Republiky, Tel. (02) 2312006, Di.-So. 9.00-17.00 Uhr. Ständige Briefmarkenausstellung. Verkaufsstelle tschechischer Briefmarken und Grafikblätter.

●*Jaroslav-Ježek-Museum,* Kaprova 10, Metro-Linie A: Staroměstská, geöffnet nur Di. 9.00-12.00 Uhr, 14.00-16.00 Uhr. Museum, das dem Leben und Werk des bekannten tschechischen Komponisten *Jaroslav Ježek* (1906-1942) gewidmet ist.

●*Haus zur Schwarzen Mutter Gottes* (Dům u Černé Matky Boží), Celetná 34, Tel. 24211732, geöffnet Di.-So. 10.00-18.00 Uhr. Dauerausstellung zum Tschechischen Kubismus.

## Theater

●*Černé divadlo Ta Fantastika,* Karlova 8, Metro-Linie A: Staroměstská, Tel. (02) 265377, 889927, 6436056. Das im Jahr 1981 in New York gegründete Theater *Ta Panoptika* fusionierte im Jahr 1989 mit dem *Prager Schwarzen Theater Panoptikum.* Das Theater bietet eine Kombination von Schwarzem Theater und Pantomime.

●*Divadlo V Rytířské,* Rytířská 31, Metro-Linie A, B: Můstek, Tel. (02) 221653. Hier spielt das Theater *All Colours Theatre.* Das Ensemble zeigt eine Kombination aus Schwarzem Theater, Pantomime, Musical und vielen Lichteffekten.

●*Opera Mozart,* Novotného lávka 1, Metro A: Staroměstská, Tel. (02) 24511026. Aufführung von Mozart-Opern im bezaubernden Theater mit Blick auf die Moldau.

## Konzerte

●*Roxy,* Dlouhá 33, Tel. (02) 263564. Alternativer Jugendklub in der Nähe des Altstädter Ringes. Diskotheken mit Rock-, Blues-, Jazz- und Worldmusik, alternative Modenshows, Restaurant mit orientalischen Spezialitäten. Anfang der Konzerte um 21.00 Uhr.

### Einkaufen

- **Kinderbuchladen Albatros,** Havelska 20, Eingang an der Melantrichova, etwa 100 m vom Můstek entfernt.
- **Baker Street,** Celetná 38. Gute Auswahl an verschiedenen Tabaksorten, Pfeifen, erlesenen Whiskey- und Cognakmarken.
- **CD-Laden,** Altstädter Ring, im Kinsky-Palast. Große Auswahl an klassischen CDs.
- **Siddharta,** Celetná 12, in Hrzánská pasáž, geöffnet tgl. 10.00-19.00 Uhr. Kleidung, Teppiche, tankas, Schmuck, kleine Gegenstände aus Sandelholz und Elfenbein aus Indien, Nepal und Tibet. (Kein Elfenbein kaufen!) Skulpturen aus Lombok und Nepal.
- **Knihkupectví Franze Kafky,** Staroměstské náměsti 12, geöffnet tgl. 10.00-18.00 Uhr, Mi., Do., Fr. bis 19.00 Uhr. Große und gute Auswahl an Büchern über Prag und Tschechien. Die Buchhandlung befindet sich an der Stelle, wo einst der Vater von *Franz Kafka* sein Geschäft hatte.
- **Art Decoratif,** Melantrichova 5, geöfnet tgl. 10.00-20.00 Uhr. Jugendstilschmuck.
- **Česká lidová řemesla,** Husova ulice, (gegenüber der Bierstube Zum goldenen Tiger). Volkskunst, Keramik, Holzspielzeuge, Ostereier.

### Neustadt (Nové Město)

Der **Name** Neustadt kann unter Umständen falsche Assoziationen wecken, denn das Prager Viertel Nové Město wurde von *Karl IV.* **bereits 1348 gegründet.** Die Ursache für die Entscheidung war der rapide steigende Platzbedarf in Prag, das während der Regierungszeit *Karls IV.* eine Blütezeit erlebte.

*Karl IV.* war es auch, der die **städtebauliche Konzeption** selbst ausarbeitete und die Durchführung kontrollierte. Das neue städtische Areal war um zwei Plätze herum zentriert. Diese waren der Roßmarkt (heute Wenzelsplatz) und der Viehmarkt (heute Karlsplatz).

Die Besiedlung der neuen Stadt wurde dadurch angeregt, daß die Bewohner der Neustadt für 12 Jahre von den Steuern befreit wurden. Dies galt jedoch nur, wenn sie innerhalb von anderthalb Jahren ein Haus bauten. Durch diese Maßnahmen angekurbelt, ging der **Aufbau der Neustadt** sehr rasch vonstatten. Bereits im Jahr 1372 waren die meisten der neu angelegten Straßen von Häusern gesäumt.

Heute bildet die Neustadt das **geschäftliche und gesellschaftliche Zentrum der Stadt.** Andererseits "mangelt" es hier im Vergleich mit der Altstadt, der Kleinseite oder dem Hradschin an historischen Sehenswürdigkeiten.

### Pulverturm

Der Pulverturm erhebt sich an der Grenze zwischen Alt- und Neustadt. Mit seinem Bau wurde 1475 begonnen. Der Turm war ein **Teil der Stadtmauer,** die sich früher an der Stelle der heutigen Straße Am Graben befand und die Alt- und Neustadt voneinander trennte. Der **Name** Pulverturm rührt daher, daß das Gebäude im 17. Jh. als Pulvermagazin diente. Es wurde in der zweiten Hälfte des 19. Jh. im neogotischen Stil umgebaut.

### Repräsentationshaus

Neben dem Pulverturm steht das Repräsentationshaus, ein Gesellschaftshaus, das in den Jahren 1905-11 im Jugenstil errichtet wurde, an der Stelle, wo im Mittelalter der Königliche Stadthof gestanden hatte.

★ 1 Pulverturm
● 2 Repräsentationshaus
☻ 3 Roxy Club
● 4 PIS-Informationsdienst
🏨 5 Hotel Meteor Plaza
Ⓜ 6 Museum der Stadt Prag
ⅱ 7 Maria-Schnee-Kirche
☻ 8 Bierstube U Pinkasů
🏨 9 Hotel Palace
● 10 Wenzelsdenkmal
Ⓜ 11 Nationalmuseum

Ihre Residenz hatten hier jedoch nur zwei tschechische Könige: *Wenzel IV.,* der Sohn von *Karl IV.,* und der Hussitenkönig *Georg von Poděbrad.*

Am **Bau** des Repräsentationshauses, der *das* gesellschaftliche Ereignis zu Anfang des 20. Jh. war, wurden praktisch alle bedeutenden tschechischen Künstler der Jahrhun-

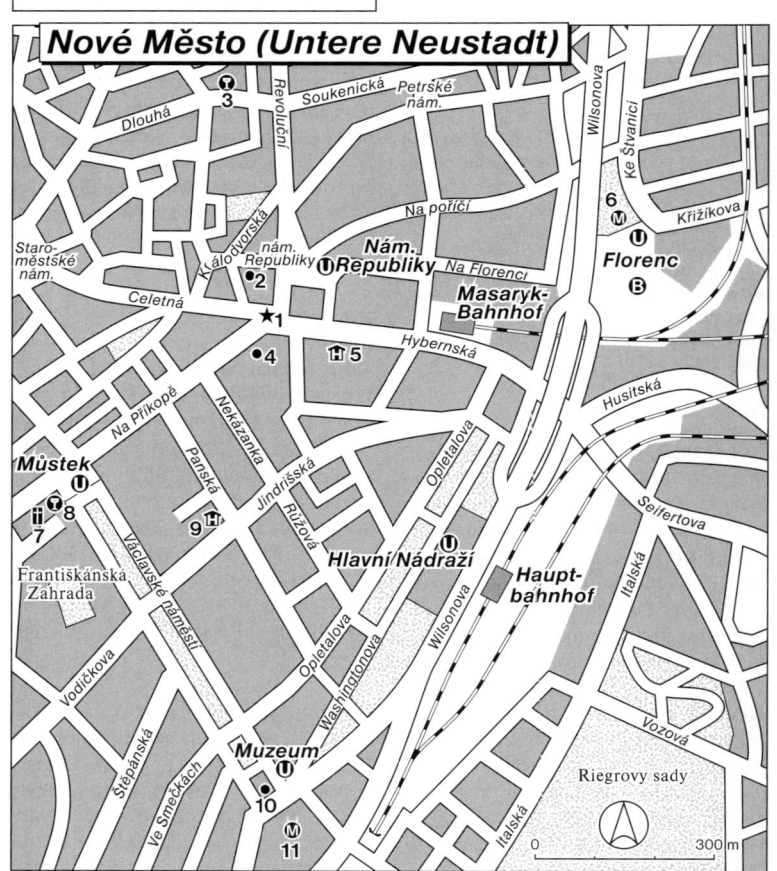

dertwende beteiligt. Das **Haupt-thema für die Ausschmückung** des groß bemessenen Gebäudes war, wie zur Endphase der k.u.k. Monarchie nicht anders zu erwarten, die tschechische Nation, der in zahlreichen Gemälden und Skulpturen gehuldigt wird. Der berühmteste **Künstler,** der an der Ausschmükkung des Gebäudes teilnahm, war der Schöpfer der berühmten Plakate für das Sarah-Bernhardt-Theater in Paris und gleichzeitig einer der berühmtesten Jugenstilmaler überhaupt, *Alfons Mucha.* Der im ersten Stock gelegene **Smetana-Saal** ist einer der prominentesten Prager Konzertsäle.

Nach langer Renovierungszeit wurde im Mai 1997 das Obecní dům wieder eröffnet. Im Laufe der Arbeiten wurden um 300.000 Einzelstücke der innerern Ausschmückung demontiert, restauriert und wieder an die ursprüngliche Stelle gebracht. Alte Zeichnungen und Fotos wurden dabei zu Rate gezogen. Nun sieht das Repräsentationshaus ganz genau so wie bei der Erstellung im Jaher 1912 aus. Die einzigen Ausrahmen bilden die Fahrstühle und die Lichter im Foyer.

Als gastronomische Einrichtung im Haus ist an erster Stelle das beliebte **Café** im linken Flügel zu nennen, das schon um 7.30 Uhr öffnet. Das **Französische Restaurant** im rechten Flügel bietet französische und internationale Küche. Im Keller befindet sich das geräumige, mit schlichten Holzmöbel ausgestattete **Plzenska restaurace.** Die holzvertäfelten Wände der Pilsener Gaststätte schmücken blaue Kacheln und Jugendstilmosaiken. Auf der Karte finden sich ausschließlich Gerichte der tschechischen Küche, die Auswahl ist zwar gering, aber die Preise überraschend niedrig (Hauptgericht ca. 5 DM).

### Am Graben

Die Straße Am Graben (Na Příkopě) gehört gemeinsam mit dem Wenzelsplatz und der Národní ulice (Nationalstraße) zu den drei wichtigsten Straßen der Neustadt. Sie entstand durch die **Aufschüttung des Stadtgrabens** im Jahr 1760. Wenn man die Straße Am Graben in Richtung Wenzelsplatz entlanggeht, befindet sich rechts die Altstadt und links die Neustadt. Heute beherbergt der Graben, der **zum Teil Fußgängerzone** ist, Gaststätten, Buchläden, Antiquitätenläden, Geschäfte mit Glas, Schmuck und Kleidung, unter anderem Benetton und Adidas, und einige Banken. Im Haus Nr. 20 in der Nähe der Živnostenská banka hat der Prager Informationsdienst *(PIS)* eine Filiale eingerichtet.

### Wenzelsplatz

Der Wenzelsplatz (Václavské náměstí) ist das **geschäftliche Zentrum von Prag.** Eigentlich handelt es sich hierbei um keinen richtigen Platz, sondern um einen 750 Meter langen und 60 Meter breiten **Boulevard.** Der Platz, der bis zum Jahr 1848 Roßmarkt hieß, war das Zentrum der von *Karl IV.* gegründeten Neustadt.

Rund um den Wenzelsplatz konzentrieren sich heute die meisten Geschäfte, Hotels, Reisebüros, Restaurants, Cafés, Theater, Kinos, aber auch Verwaltungsgebäude und Büros der tschechischen Hauptstadt.

Am oberen Ende des Platzes befindet sich heute das imposante Gebäude des **Nationalmuseums.** Es wurde an der Stelle errichtet, wo sich bis zum Jahre 1875 eines der Stadttore der Neustadt befunden hatte.

Der gegenüber dem Museum gelegene untere Teil des Wenzelsplatzes heißt Můstek (die kleine Brücke). Sein Name rührt daher, daß sich hier einst eines der zwischen Alt- und Neustadt errichteten Stadttore befand. Überreste der Brücke, die über den Graben zum Tor führte, wurden beim Bau der Metro entdeckt und sind heute am Eingang der Metrostation **Můstek** zu sehen.

### Nationalmuseum

Bei dem 1885-90 nach Plänen des Architekten *Josef Schulz* erbauten Nationalmuseum handelt es sich um **eines der bedeutendsten Bauwerke der tschechischen Neorenaissancearchitektur.** In dem mit 104 Metern Länge, 74 Metern Breite und einer Höhe von 70 Metern riesigen Gebäude sind heute hauptsächlich **mineralogische, paläontologische und historische Sammlungen** untergebracht. Zum schönsten Teil des Museums gehören der Treppenaufgang und die hohe **Zentralhalle,** die mit Standbildern berühmter tschechischer Persönlichkeiten aus Kultur und Wissenschaft geschmückt ist.

Von der Museumsrampe aus bietet sich dem Besucher ein **grandioser Blick über den ganzen Wenzelsplatz.**

● Nationalmuseum, Václavské náměstí 68, geöffnet Mi.-Mo. 9.00-17.00 Uhr, So. bis 18.00 Uhr.

### Wenzelsdenkmal

Am oberen Teil des Wenzelsplatzes nahe dem Nationalmuseum erhebt sich das Wenzelsdenkmal. Es ist ein Werk des prominenten Prager Bildhauers *Josef Václav Myslbek* (1848-1922), der die **bronzene Figurengruppe** 1912 schuf. Auf dem unteren Absatz des monumentalen Reiterdenkmals stehen Skulpturen der Nationalheiligen *Ludmila, Agnes, Prokop* und *Adalbert.* Hoch zu Roß sitzt der *hl. Wenzel,* der das Geschehen überragt. Das Wenzelsdenkmal ist heute ein **beliebter Treffpunkt** der Besucher Prags, die auf einer der hiesigen Bänke Rast machen und das Geschehen auf dem belebten Wenzelsplatz beobachten.

### Maria-Schnee-Kirche und Neustädter Rathaus

Am in der Nähe des Wenzelsplatzes gelegenen Jungmann-Platz steht

| | | |
|---|---|---|
| ⊙ | 1 | Café Slavia |
| ● | 2 | Nationaltheater |
| ● | 3 | Laterna Magika |
| ● | 4 | Reduta Jazzklub |
| ● | 5 | Österreichisches Kulturinstitut |
| ⸸ | 6 | Maria-Schnee-Kirche |
| 🏨 | 7 | Hotel Adria |
| 🏨 | 8 | Hotel Koruna |
| ❻ | 9 | Bierstube U Fleků |
| ● | 10 | Neustädter Rathaus |
| ❻ | 11 | Brauerei-Bierstube Novoměstsky restaurační pivovar |
| ⊙ | 12 | Internet Café Cyberteria |
| 🏨 | 13 | Hotel Moráň |
| Ⓜ | 14 | Dvořák-Museum |
| ⊙ | 15 | Internet Café Netwave Praha |
| Ⓜ | 16 | Polizei-Museum |

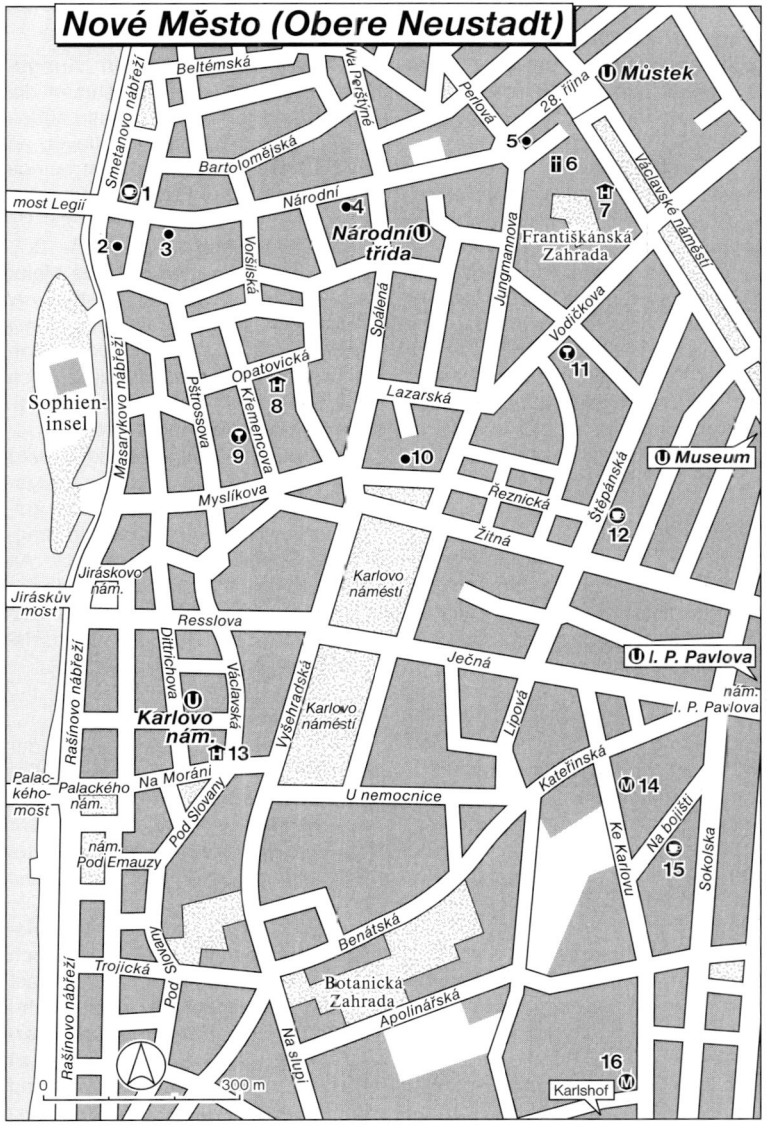

# Nové Město (Obere Neustadt)

die **Maria-Schnee-Kirche,** die **höchste Kirche der Stadt.** Die nicht fertiggestellte gotische Maria-Schnee-Kirche ist 33 Meter hoch und wurde im Jahr 1347 von *Karl IV.* in Auftrag gegeben. Von hier aus führte am 30. Juni 1419 der radikale Hussitenführer, der Prediger *Jan Želivský,* eine bewaffnete Bevölkerungsgruppe zum damaligen Viehmarkt (heutiger Karlsplatz), welcher der Standort des **Neustädter Rathauses** war. Das aufgebrachte Volk stürmte das Rathaus und stürzte einige der Ratsherren aus den Fenstern auf die Straße hinab. Das dramatische Ereignis ist als der **erste Prager Fenstersturz** bekannt.

### Nationaltheater

Die Národní-Straße ist die Fortsetzung der Straße Am Graben und führt zur Moldau. An ihrem Ende befindet sich das im Neorenaissancestil gebaute Nationaltheater.

Das Theater wurde nach einem Entwurf des Architekten *Josef Zítek* in der zweiten Hälfte des 19. Jh. errichtet. Der Grundstein des aus Spenden der Bevölkerung finanzierten Theaters wurde im Jahr 1868 gelegt. 13 Jahre später wurde das **Symbol der tschechischen Kulturnation** mit der Aufführung von *Smetanas* Oper "Libuše" feierlich eröffnet. Unglücklicherweise brannte das Theater nach nur zwölf weiteren Aufführungen vollständig nieder. Die Wiedereröffnung bereits zwei Jahre später wurde ebenso wie die Grundsteinlegung und die erste Eröffnung als nationales Ereignis festlich begangen, bei dem die Menschen vor Freude und Rührung weinten.

An der **künstlerischen Ausgestaltung** des Theaters nahmen die bedeutendsten Künstler des Landes teil. Die Gemälde im Hauptfoyer, an der Decke des Zuschauerraumes und in anderen Räumen stammen überwiegend von den Malern *Mikoláš Aleš* und *František Ženíšek.* Außerdem beteiligten sich die Maler *Václav Brožík, Julius Mařák* und *Josef Tulka.* Der in Paris lebende *Vojtěch Hynais* schuf den monumentalen Bühnenvorhang, dessen Skizze sich bis heute im Museum der dekorativen Künste in Paris befindet.

Das Äußere des Gebäudes wird zum einen durch die elegant geschwungene Dachkonstruktion geprägt, zum anderen durch die prägnante Gestaltung der Fassade. An der Skulpturenausschmückung der Fassade nahm auch *Josef Václav Myslbek,* der Schöpfer des Wenzelsdenkmals am Wenzelsplatz, teil.

### Café Slavia

Gegenüber dem Theater, auf der anderen Seite der Národní-Straße, liegt der Lažanský-Palast. Bei diesem handelt es sich um ein im Jahr 1862 im Neorenaissancestil errichtetes Gebäude, in dem *Bedřich Smetana* wohnte, als er seine Oper "Die verkaufte Braut" komponierte. Berühmtheit erlangte der Palast jedoch durch das hier untergebrachte Café Slavia, das seit Anfang unseres Jahrhunderts **einer der bedeutendsten Literaten- und Künstlertreffs in Prag** darstellte. Der Journalist und Schriftsteller *Karel Čapek* und sein als Maler bekannter Bruder *Josef Čapek* pflegten hier ebenso zu sitzen wie später der Literaturnobelpreisträger *Jaroslav Seifert.* Wiederum einige Jahrzehnte später gehörten der heutige Präsident *Václav Havel* und seine Freunde zu den Stammgästen des Slavia. Das lebendige Café war jedoch auch bei älteren Leuten, Studenten und Besuchern der Stadt als Treffpunkt hochgeschätzt. Die vielen sozialen und kulturellen Facetten der Prager Kultur, die sich hier trafen, trugen zu dem **spezifischen Charme** des Cafés bei, das weit über die Grenzen Prags und Tschechiens hinaus bekannt wurde.

Im Jahr 1990 wurde das Café zwecks Restaurierungsarbeiten geschlossen. Obschon sich der neue Pächter, eine in Boston (USA) ansässige Firma, bei der Übernahme verpflichtete, den gesamten Gebäudekomplex zu restaurieren, sind keinerlei Anstrengungen unternommen worden, diese Zusage einzulösen. Der fahrlässige Umgang mit dem für die Prager so bedeutenden Café weckte den Unmut vieler Stammgäste, unter ihnen auch Präsident *Havel,* der sich seit 1993 persönlich für die Wiedereröffnung einsetzte. 1995 schließlich gewann der Besitzer des Gebäudes die Klage gegen die US-amerikanische Firma und verpachtete das Café an eine tschechische Firma, die sich verpflichtet hat, die Räumlichkeiten zu restaurieren und wiederzueröffnen. Im Herbst 1997 wurden die Räumlichkeiten dann endlich **wieder eröffnet.** Bis auf die neuen Tische und Stühle ist alles beim Alten geblieben.

## Unterkunft

●**Hotel Palace,** Panská 12, Tel. (02) 24093111, Fax (02) 24221240, Kapazität 250 Betten. Das Jugendstilhotel aus dem Jahr 1906 wurde 1989 komplett renoviert und gehört zu den besten Häusern der Stadt. Gute Lage, nur etwa 100 Meter vom Wenzelsplatz entfernt. DZ ab 450 DM.

●**Hotel Hilton Atrium,** Pobřežní 1, Tel. (02) 24841111, Fax (02) 24811896, Kapazität 800 Betten, DZ ab 350 DM. Ein Fünf-Sterne-Hotel, Zimmer mit Air-Condition, vier Restaurants, Nachtklub, Casino, Konferenzräume, Schwimmbad, eigene Tennishalle.

●**Hotel Adria,** Václavské nám. 26, Tel. (02) 21081111, Fax (02) 24211025, 261529. Vor kurzem rekonstruiert, alle Zimmer mit Dusche, WC, Satelliten-TV, Telefon und Minibar. DZ 200 DM.

●**Hotel Meteor Plaza,** Hybernská 6, Tel. (02) 24220664, Fax (02) 24213005. Das Hotel gehört zur Kette *Best Western,* alle Zimmer mit Dusche, WC, Satelliten-TV, Telefon und Minibar. DZ ab 200 DM.

●**Hotel Moráň,** Na Moráni 15, Tel. (02) 294251, Fax (02) 297533. Hotel der Kette *Best Western.* Mit allem Komfort eingerichtete Zimmer, außerdem Sauna im Haus und Konferenzräume. DZ 350 DM.

●**Hotel Koruna,** Opatovická 16, Tel/Fax. (02) 24915174. Hotel der mittleren Preislage, ruhige Lage, Zimmer mit Dusche und WC. DZ 150 DM.

●**Hotel Axa,** Na Poříčí 40, Tel. (02) 24812580. DZ 120 DM.

●**Hostel Club Habitat,** Na Zbořenci 10, Prag 2, Tel. 290315, 293101, Fax 290315, 293101, Kapazität 25 Plätze, U-Bahn Linie B-Karlovo náměsti. Gute Lage, etwa 15 Min. zu Fuß vom Wenzelsplatz; Jugendherberge.

## Essen und Trinken

●**U Flekŭ,** Křemencova 11, Tel. (02) 24915119, tgl. 9.00-23.00 Uhr. Ein Bierlokal mit einer eigenen, 500 Jahre alten Brauerei. Immer von Touristen besucht, ein tschechischer Gast ist hier eine Seltenheit. Während der Hauptsaison tägl. Blasmusik im Hof.

●**U kalicha,** Na Bojišti, Tel. (02) 290701, tgl. 11.00-15.00 Uhr, 17.00-23.00 Uhr.

Prag

Berühmt durch *Hašeks* Roman über den braven Soldaten Schweijk, der hier "nach dem Krieg um fünf" verabredet war. Heute ein reines Touristenlokal.

●*Novoměstský restaurační pivovar,* Vodičkova 20, Tel. (02) 24215999, Ap. 331, geöffnet 11.00-24.00 Uhr. Originelle Bierbrauerei und Bierstube zugleich, im Stadtzentrum, nur fünf Minuten vom Wenzelsplatz entfernt. Gemütliche Atmosphäre in fünf stilvoll mit Holzmöbeln eingerichteten Räumen. Einige Räume sind mit Wandmalereien mit Motiven aus dem altem Prag geschmückt. Im ersten Raum sitzt man direkt neben den Kesseln, in denen das Bier gebraut wird. Zu essen gibt es hier böhmische Küche oder einfach nur Brezeln zum Bier.

●*Café Slavia,* Národní třída, Mo.-Fr. 8.00-24.00 Uhr, Sa., So. 9.00-24.00 Uhr. Neben Kaffee, Kuchen, Bier und Getränken gibt es auch einige Kleinigkeiten zum Essen.

●*Café-Restaurant Ganys,* Národní 20 (im ersten Stock über Reduta), geöffnet 11.00-22.00 Uhr. In der Zeit zwischen den beiden Weltkriegen war das Ganys neben dem Slavia das zweite populäre Literatencafé. Es wurde 1993 nach etwa 50 Jahren wiedereröffnet.

●*Indisches Restaurant,* Štěpánska 61, Tel. (02) 2369922, 12.00-16.00 Uhr, 18.00-23.00 Uhr. Nur 50 Meter vom Wenzelsplatz entfernt, klein, aber fein. Vorbestellung empfehlenswert. Gleich nebenan eine indische Snack-bar.

●*U Pinkasů,* Jungmannovo nám. 15, Tel. (02) 261804, tgl. 9.00-23.00 Uhr. Hier wurde zum ersten Mal in Prag Pilsner Urquell gezapft, tschechische Küche.

●*Hotel Palace,* Panská 12, Tel. (02) 2357556, geöffnet 11.00-22.00 Uhr. Anlaufstelle für Vegetarier. Im Bistro des Hotels (Eingang aus der Jindřišská ulice) bekommt man das ganze Jahr hindurch Salate.

●*John Bulls Pub,* Senovážná 8, Tel. (02) 24226005, tgl. 11.00-23.00 Uhr. Der erste English Pub in Prag liegt unweit des Pulverturmes. Warme Gerichte und English "bitter" Bier oder Pilsner Urquell dazu.

●*Kavárna Velryba,* Opatovická 24, Tel. (02) 24912391, tgl. 13.00-1.00 Uhr. Einfaches Café. Szene- und Studententreff, viele junge in Prag lebende Amerikaner. In der

Kirche gleich gegenüber gab *Albert Schweitzer* 1923 und 1928 Orgelkonzerte.

●*Buffalo Bills,* Vodičková 9, Tel. (02) 24215479, tgl. 11.00-24.00 Uhr. Texanisch-mexikanische Küche, Chilli con Carne, Tacos und Tequilla.

## Museen und Galerien

●*Nationalmuseum* (Národní muzeum), Václavské náměstí 68, Metro-Linie C, A: Muzeum, Tel. (02) 24230485, Mi.-Mo. 9.00-17.00, So. bis 18.00 Uhr. Historische, mineralogische, paläontologische Sammlungen.

●*Museum der Stadt Prag* (Muzeum hlavního města Prahy), Na Poříčí 52, Metro-Linien C, B: Florenc, Tel. (02) 24223180, Di.-So. 9.00-12.00 Uhr, 12.45-17.00 Uhr. Geschichte der Hauptstadt von 1834 bis zur Gegenwart. Ein bemerkenswertes Ausstellungsobjekt ist das Modell der Prager Altstadt.

●*Dvořák-Museum* (Dvořákovo muzeum), Ke Karlovu 20, Metro-Linie B: I.P. Pavlova, Tel. (02) 298214, Di.-So. 10.00-17.00 Uhr. Das in der Villa Amerika untergebrachte Museum ist dem Komponisten *Antonín Dvořák* gewidmet.

●*Polizei-Museum* (Muzeum policie), Ke Karlovu 1, Metro-Linie B: I.P. Pavlova, Tel. (02) 295209. Dokumentiert wird die Geschichte der Polizei.

## Einkaufen

●*Ceylon Tea,* Národní 20, geöffnet Mo.-Fr. 9.00-18.00 Uhr, Sa. 10.00-14.00 Uhr. Große Auswahl von Teesorten aus Sri Lanka.

●*Model,* Mikulandská ulice, geöffnet Mo.-Fr. 10.00-17.00 Uhr. Ein auf Hüte und andere Kopfbedeckungen spezialisiertes Geschäft.

●*U knihomola,* Mánesova 79, geöffnet Mo.-Do. 10.00-23.00 Uhr, Fr., Sa. 10.00-24.00 Uhr, So. 11.00-18.00 Uhr. Internationale Buchhandlung mit Büchern in verschiedenen Sprachen. Galerie und eine Snack-Bar mit Getränken und Kleinigkeiten zum Essen.

# *Mittelböhmen*

# *Überblick*

Mittelböhmen ist im Vergleich zu anderen Landesteilen relativ flach. Durch die Region fließen die zwei wichtigsten *Flüsse* des Landes: die Elbe in ost-westliche Richtung und die Moldau in süd-nördliche Richtung. Die nördlich von Prag gelegene *Landschaft* ist flach, was besonders die Elbe-Ebene betrifft; südlich von Prag ist das Land hügelig und besonders im Westen mit ausgedehnten Wäldern bedeckt. Südwestlich von Prag im Brdy-Gebirge befindet sich der 865 Meter hohe Tok, welcher der höchste Berg der Region ist.

Etwa 30 km südlich von Prag an der Moldau beginnt die Slapy-Talsperre, an die sich die Talsperren Kamýk und Orlík anschließen. Die drei Talsperren bilden gemeinsam ein *Talsperrensystem,* das bis zum Zusammenfluß von Moldau und Otava nahe der südböhmischen Stadt Milevsko reicht.

Die *Burg Karlštejn* (dt. Karlstein) 30 km südlich von Prag stellt die beliebteste Touristenattraktion Mittelböhmens dar. Kulturinteressierten ist außerdem die Besichtigung drei *weiterer Burgen bzw. Schlösser* zu empfehlen: Konopiště, Kokořín und Křivoklát.

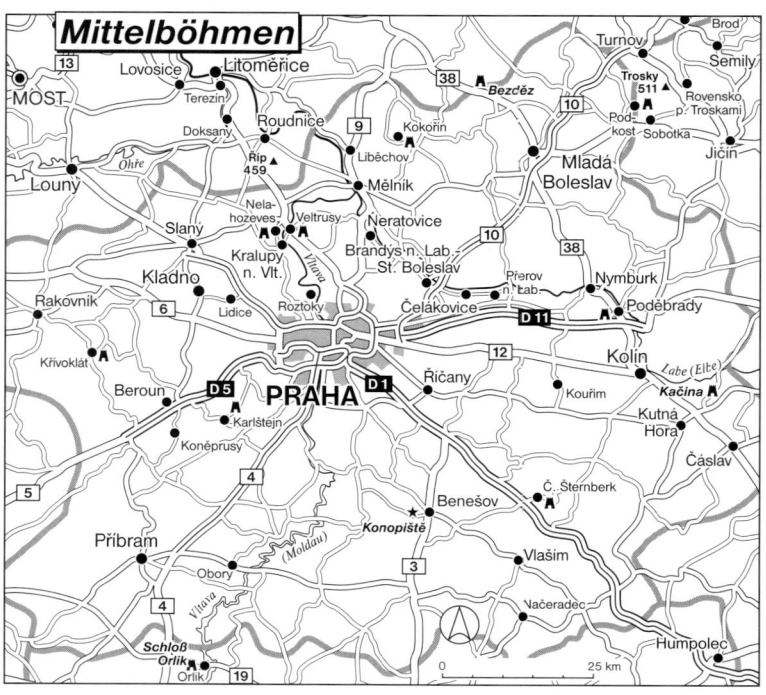

Die etwa 60 km östlich von Prag gelegene **Stadt Kutná Hora** hat einen gut erhaltenen mittelalterlichen Stadtkern und mit der eindrucksvollen St.-Barbara-Kirche eine architektonische Meisterleistung ersten Ranges zu bieten und lohnt einen Tagesausflug von Prag aus. Auch besteht hier die Möglichkeit, eine mittelalterliche Silbermine zu besuchen.

In punkto Volksarchitektur bieten die drei **Freilichtmuseen** in Kouřim, Třebíz und Přerov nad Labem zahlreiche interessante Exponate.

Da Prag im Zentrum Mittelböhmens liegt, werden die beschriebenen Orte unter der Hinsicht zusammengefaßt, in welcher Richtung sie sich, von Prag aus gesehen, befinden. Die **Beschreibung der einzelnen Orte** erfolgt im Uhrzeigersinn, wobei im Norden begonnen wird. Für die Durchführung von Tagesausflügen von Prag aus empfiehlt es sich, einen der vier im folgenden genannten Orte als Hauptziel zu wählen und dann je nach Zeit und Interesse die anderen Städte bzw. Schlösser zu besuchen. Nördlich von Prag eignet sich als Ausgangspunkt Mělník, östlich Kutná Hora, südlich Konopiště und westlich Karlštejn.

# Nördlich von Prag

### Roztoky u Prahy

Am nördlichen Rand der tschechischen Hauptstadt gelegen und mit öffentlichen Verkehrsmitteln von Prag aus zu erreichen ist Roztoky u Prahy.

Die Hauptsehenswürdigkeit der Stadt ist das im Renaissancestil errichtete und im 17.-18. Jh. umgestaltete **Schloß,** in dem heute das **Mittelböhmische Museum** untergebracht ist.

● Mittelböhmisches Museum (Středočeské muzeum), Tel. (02) 396188, geöffnet Di.-So. 9.00-18.00 Uhr, November-April nur bis 17.00 Uhr. Die Ausstellung ist der frühen Geschichte Mittelböhmens gewidmet.

Im Stadtteil Žalov in der Nähe der Moldau befindet sich die St.-Kliment-Kirche. Diese beherbergt die Fundamente der ursprünglichen **St.-Kliment-Rotunde** in ihrem Inneren. Die Rotunde wurde in der zweiten Hälfte des 9. Jh. errichtet und stand inmitten einer befestigten Siedlung der ersten Přemysliden-Fürsten, der **slawischen Siedlung Levý Hradec.** Die Rotunde, die zu den ältesten Gebäuden des Landes gehört, wurde von *Fürst Bořivoj,* dem Ehemann der heiligen *Ludmila* (siehe auch Beschreibung Mělník) gegründet. Es handelt sich vermutlich um die älteste Kirche in Böhmen.

● Slawische Siedlung Levý Hradec, Roztoky-Žalov, geöffnet Mai-September Sa., So. 10.00-17.00 Uhr.

### Anreise
● Roztoky ist mit dem **Zug** vom Masaryk-Bahnhof in Prag oder mit dem **Bus** von der U-Bahn Station Dejvická aus zu erreichen.

### Nelahozeves

Etwa 25 km nördlich von Prag, in der Nähe der Straße Prag – Ústí nad Labem, liegt der Ort Nelahozeves mit einem im 16.-17. Jh. errichteten

**Schloß.** Seit der ersten Hälfte des 17. Jh. befand sich das Schloß im Besitz der Familie *Lobkowitz*. Die hiesige Galerie mit Gemälden aus dem 16.-18. Jh. gehört zu den Hauptattraktionen des Schlosses. Hervorzuheben ist besonders die Sammlung spanischer Porträts, die auch Gemälde von *Cranach, Velasquez* und *Canaletto* umfaßt. Interessant ist auch die Waffensammlung. Ebenfalls einen Besuch wert ist das gegenüber der gotischen Kirche gelegene **Geburtshaus von Antonín Dvořák,** dem berühmten tschechischen Komponisten. *Dvořák,* der hier am 8. September 1841 geboren wurde, verbrachte in Nelahozeves die ersten elf Jahre seines Lebens.

●Antonín Dvořáks Geburtshaus (Rodný dům A. Dvořáka), Proti nádraží 12, geöffnet Di.-So. 9.00-12.00 Uhr, 14.00-17.00 Uhr. Fotos und andere Dokumente über das Leben und Schaffen des Komponisten.

## Veltrusy

Gleich gegenüber am rechten Moldauufer, etwa 20 km von Prag entfernt, liegt die **kleine Stadt** Veltrusy mit einem **prächtigen Barockschloß.** Das Schloß samt einer großen Parkanlage wurde in der zweiten Hälfte des 18. Jh. für den *Grafen Václav Antonín Chotek* als seine Sommerresidenz errichtet. Später wurde es im Rokokostil umgestaltet. Der **englische Waldpark,** der eine Fläche von ca. 300 ha bedeckt und viele pseudoantike Pavillons, Brücken und eine künstliche Grotte beherbergt, wurde im Jahr 1786 angelegt.

●Schloß Veltrusy, Tel. (0205) 81207, geöffnet Mai-August Di.-So. 8.00-17.00 Uhr,

September nur Sa., So. 9.00-17.00 Uhr, April, Oktober Sa., So. 9.00-16.00 Uhr. Die mit historischem Mobiliar eingerichteten Räume vermitteln den Lebensstil eines Adligen im 18. Jh.

## Mělník

Etwa 30 km nördlich von Prag am Zusammenfluß von Moldau und Elbe liegt Mělník, **eine der ältesten Städte des Landes.** Heute leben in Mělník etwa 20.000 Einwohner.

Auf einem Hügel, der heute vom alten Stadtkern samt Schloß bedeckt wird, erstreckte sich im 9. Jh. die slawische Siedlung Pšov, benannt nach dem Stamm Pšované. *Ludmila,* die Gattin von *Bořivoj,* dem ersten historisch belegten Fürsten aus dem Geschlecht der Přemysliden, gehörte zu diesem Stamm. Seit dem 13. Jh. diente Mělník als Leibgedinge und Witwenstadt der böhmischen Königinnen.

Mělník und seine Umgebung bilden nach Südmähren das zweitbekannteste tschechische **Weinanbaugebiet.** Die Tradition des Weinanbaus geht bis ins Jahr 869 zurück, als *Fürstin Ludmila* und *Fürst Bořivoj* die ersten Weinreben aus Mähren nach Mělník brachten. Dies geschah anläßlich ihrer Reise nach Mähren, wo die beiden sich von *Bischof Methodios* (siehe auch Kapitel Geschichte) taufen ließen. Die beiden gelten als die ersten namentlich bekannten Christen in Böhmen.

Später förderte *Karl IV.* den Weinanbau in Mělník und Umgebung. *König Karl,* der am Pariser Königshof aufgewachsen war und dort die französischen Weine kennen- und schätzengelernt hatte, importierte später Rebstöcke aus Burgund nach Böhmen. Er wählte Mělník und das Elbe-Tal als böhmische Anbaugebiete. Seit der Mitte des 18. Jh. konzentrierte sich der Weinbau in der Mělníker Region in den Händen der Familie *Lobkowitz.* Im Jahr 1881 wurde in Mělník die erste Weinschule Böhmens eröffnet.

Das Zentrum der Stadt wird vom **Marktplatz** (Náměstí Míru) gebildet. Dieser wird von einigen hübschen Renaissance- und Barockhäusern umsäumt. Das ursprünglich gotische **Rathaus,** welches als das schönste Gebäude auf dem Platz galt, wurde nach einem Brand im Jahr 1765 im Barockstil umgebaut. Neben dem Rathaus steht das ehemalige **Kapuzinerkloster** aus dem 18. Jh. Weitere Sehenswürdigkeiten des Stadt-

zentrums bilden der **Prager Turm** (Pražská brána), ein ehemaliger Stadtturm aus der Zeit um 1500, und das etwa 100 Meter vom Marktplatz entfernt stehende Mělniker Schloß.

Die ehemalige romanische, später gotische Burg wurde in der Mitte des 16. Jh. in ein **Renaissance-Schloß** umgebaut. An die Zeit der Gotik erinnert heute nur noch die St.-Ludmila-Kapelle. Deren mit Arkaden ausgestalteter Innenhof ist mit Renaissance-Sgraffitti aus dem Jahr 1553 geschmückt, die zu den ältesten des Landes gehören.

Das Schloß wechselte im Laufe der Zeit mehrfach seine **Besitzer.** Darunter waren bekannte Adelsgeschlechter, unter anderem *Waldstein, Kolowrat* und *Czernin.* Von 1753 bis zur Enteignung 1948 befand sich das Schloß im Besitz der Familie *Lob-*

**Mittelböhmen**

Marktplatz mit Rathaus

*kowitz,* welche das Schloß und die zugehörigen Weinberge im Jahr 1992 zurückerhielt.

Die **Räume** des Schlosses sind mit Antiquitäten eingerichtet, die Wände schmücken Gemälde aus dem 16.- 19. Jh. sowie historische Stiche und Karten.

Nach der Schloßbesichtigung ist ein Besuch des **Schloßrestaurants** zu empfehlen, wo man bei einem Glas Mělníker Wein durch große Fenster die Umgebung der Stadt mit dem Berg Říp und den Zusammenfluß von Elbe und Moldau überblicken kann. Im Sommer steht den Gästen eine Terrasse zur Verfügung. Empfehlenswert ist auch der Besuch der alten **Schloßweinkeller,** die unter dem Schloß liegen. Eine Probe des hiesigen Weins kann eine angenehme Ergänzung der Schloßbe-

sichtigung bilden. Der Weinkeller einschließlich der Weinverkaufsstelle ist von 10.00-17.30 Uhr geöffnet.

●Schloß Mělník, Tel. (0206) 622121, 622127, Fax (0206) 622125, geöffnet Di.- So. 10.00-18.00 Uhr.

Im ersten Stock des Schlosses befindet sich ein kleines **Regional-Museum** mit archäologischen, historischen und ethnographischen Sammlungen. Zum Museum gelangt man durch den alten Treppengang links neben der Schloßkasse. Einer der Räume ist dem Weinanbau in Tschechien gewidmet, interessant ist aber auch die Ausstellung von Kinderwagen, die in der Stadt hergestellt wurden. Insgesamt sind hier 29 Kinderwagen aus der Zeit von ca. 1870- 1970 ausgestellt.

●Regional-Museum Mělník (Okresní muzeum Mělník), Schloß Mělník, Tel. (0206)

Das Schloß von Mělník

622158, geöffnet Di.-So. Mai, September, Oktober 9.00-17.00 Uhr, Juni-August 10.00-18.00 Uhr.

Die gleich neben dem Schloß gelegene **St.-Peter-und-Paul-Kirche** wurde 1480-1520 im gotischen Stil errichtet und trat an die Stelle eirer romanischen Kirche aus dem 11. Jh. In der Krypta der Kirche befindet sich ein **Beinhaus.** Es ist eines von etwa 30 Beinhäusern im Land und es wurde in der ersten Hälfte des 6. Jh. gegründet. Das Beinhaus diente als langfristiger Aufbewahrungsort sterblicher Überreste, die von dem kleinen Kirchenfriedhof des Ortes stammten. Insgesamt lagern hier Schädel und Knochen von 10.000-15.000 Menschen. Im Jahr 1787 wurde das Beinhaus aus hygienischen Gründen geschlossen. Erst zu Anfang dieses Jahrhunderts wurde es wieder geöffnet.

●Kirche und Beinhaus (verschiedene Eingänge), geöffnet Di.-So. April-September 9.30-17.00 Uhr, Oktober-März 9.30-15.30 Uhr, sonntags 10.30-17.00 Uhr, Mittagspause 12.00-12.30 Uhr, im Januar geschlossen.

## Information

●**Turistické informační středisko,** náměstí Míru, Tel./Fax (0206) 627503, geöffnet Mo.-Fr. 7.30-17.30 Uhr, im Sommer auch Sa., So. 9.00-17.00 Uhr, Auskunft, Zimmervermittlung, Verkauf von Karten.

## Unterkunft

●**Hotel Ludmila,** Pražská 2639, Tel. (0206) 622419, Fax (0206) 623390, Kapazität 165 Betten, DZ 80 DM. Ein Hotelhochhaus, das am Stadteingang gelegen ist. Zimmer mit Dusche/WC.
●**Hotel U Cinků,** Karlovo nám. 158, Tel./Fax (0206) 622354, Kapazität 56 Betten, DZ 70 DM. Zimmer mit TV, Telefon, Dusche und WC.

●**Pension Bomi,** Mladoboleslavská 2265, Tel. (0206) 622588, Fax (0206) 622588, Kapazität 50 Betten, DZ 70 DM. Zimmer mit TV, Telefon, Dusche und WC.
●**Hotel Tupadly,** Tupadly, Tel. (0206) 697402, (0206) 697139, Fax (0206) 697403, DZ 110 DM. Ein kleines Schloßhotel inmitten eines Waldparkes mit Sandsteinfelsen und Teichen. Mit allem Komfort eingerichtete Zimmer, Tennisplatz und Schwimmbad stehen den Gästen auch zur Verfügung. Das Hotel liegt etwa 10 km nördlich von Mělník, Richtung Česká Lípa.

## Essen und Trinken

●**Zámecká restaurace,** Zámek, Tel. (0206) 622121, 622127, 622161, geöffnet 10.00-24.00 Uhr, im Winter nur bis 22.00 Uhr, Restaurant: 140 Plätze, Weinkeller: 80 Plätze, Zugang für Behinderte. Schloßrestaurant mit schönem Blick auf die Umgebung und den Zusammenfluß von Moldau und Elbe.

## An- und Weiterreise

●Von Prag aus fährt stündlich ein **Linienbus** nach Mělník. Die Fahrt dauert etwa eine Stunde. Busse fahren vom kleinen Busbahnhof Prag-Holešovice ab, Bahnsteig 1 und 2 (Endstation der Metro-Linie C). Vom Mělníker Busbahnhof sind es etwa 10 Minuten bergauf zum Stadtzentrum.
●Wenn man mit dem **Pkw** unterwegs ist, empfiehlt es sich, den Besuch in Mělník mit der Besichtigung von Liběchov und der Burg Kokořín zu verbinden. Eine andere Möglichkeit ist die Kombination der Fahrt nach Mělnik mit dem Besuch der Schlösser in Nelahozeves und Veltrusy. Jede der Routen ist an einem Tag zu schaffen.
●Die Anfahrt mit dem **Zug** ist wegen des Umsteigens sehr zeitraubend und deshalb nicht zu empfehlen.

## Liběchov

Liběchov liegt etwa 7 km nördlich von Mělník. Das hiesige **Schloß** wurde nach einem Entwurf des berühm-

Mittelböhmen

ten Prager Architekten *F. M. Kaňka* errichtet. An der Innenausstattung waren berühmte Barockmeister wie der Bildhauer *M. B. Braun* und der Maler *V. V. Reiner* beteiligt. Heute ist im Schloß die **Abteilung "Asiatische Kulturen" des Prager ethnographischen Náprstek-Museums** untergebracht.

●Ausstellung Asiatische Kulturen (Expozice asijských kultur), Tel. (0206) 697036, geöffnet Di.-So. 9.00-17.00 Uhr. Kunstgewerbe, Keramik, Glas und Musikinstrumente aus dem Mittleren Osten und Südostasien.

## Burg Kokořín

Die **gotische Burg Kokořín** liegt etwa 15 km nördlich von Mělník. Umgeben von Wäldern, wurde die Burg, die *J. W. von Goethe* mit einem Schiff verglich, auf einem Felsplateau zu Anfang des 14. Jh. gegründet. Im 15. Jh. wurde Kokořín umgebaut. Nachdem die Burg mehrfach ihre Besitzer gewechselt hatte, wurde sie in der ersten Hälfte des 17. Jh. verlassen. Die Ruine der Burg weckte im 19. Jh. das Interesse romantischer Maler und Dichter, und am Ende des 19. Jh. wurde die Burg von *Josef Špaček,* einem reichen Händler, käuflich erworben. Sein Sohn ließ die Burg in den Jahren 1911-18 vollständig restaurieren. Heute beherbergt die Burg historische Sammlungen, von denen besonders die Waffensammlung als hervorragend gilt.

●Burg Kokořín, Tel. (0102) 0206, Ap. 28 oder 35, geöffnet April, Oktober nur Sa., So. 9.00-16.00 Uhr, Mai-September Di.-So. 8.00-17.00 Uhr.

## Unterkunft

●**Pension Myslivna,** Kokořín 12, Tel./Fax (0206) 695036, DZ 65 DM. Eine Familienpension, Zimmer mit TV, Dusche und WC.

## An- und Weiterreise

●Am besten fährt man mit dem eigenen **Pkw,** ansonsten fahren von Mělník nach Kokořín auch **Linienbusse.** Da die Verbindung jedoch sehr schlecht ist, muß man mit einem Tagesausflug rechnen.

## Bezděz

Auf einem 638 Meter hohen Berg, etwa 20 km in nordwestlicher Richtung von Mladá Boleslav entfernt, liegt die **gotische Burg Bezděz.** Wenn man in Richtung Norden, d.h. nach Turnov oder Liberec fährt, kann man die Burg bereits von weitem sehen.

Bezděz wurde in den Jahren 1260-1278 von *Přemysl Otakar II.* errichtet. Als königliche Burg war Bezděz Symbol der Macht des Herrschers. Im 13. Jh. wechselte die Burg des öfteren den Besitzer. Sie wurde mehrmals verpfändet, bis *Karl IV.* sie für die Krone zurückkaufte. Während des Dreißigjährigen Krieges wurde die Burg gebrandschatzt. *Ferdinand I.* schenkte sie im Jahr 1633 den Mönchen des Emmausklosters aus Prag, die hier ein Kloster einrichteten. Die Burg wurde bald zu einer bekannten Pilgerstätte.

Seit der Auflösung des Klosters 1785 ist die Burg unbewohnt. Obwohl der Gebäudekomplex zur Zeit rekonstruiert wird, sind Teile der Burg Besuchern zugänglich. Als besonders wertvoll gilt die **Burgkapelle,** die zu den schönsten frühgoti-

schen Kapellen des Landes gezählt
wird.

●Burg Bezděz, Okna, Tel. (0425) 74431,
April, Oktober Sa., So. 9.00-16.00 Uhr,
Mai-September Di.-So. 9.00-17.00 Uhr.

### Mladá Boleslav

Die historischen Anfänge der Stadt
Mladá Boleslav reichen zwar ins
10. Jh. zurück, doch als Besucher
spürt man von der langen und traditionsreichen Geschichte der Stadt nur
wenig. Touristisch gesehen ist die
Stadt **nicht besonders attraktiv.**
Die Popularität der annähernd
50.000 Einwohner zählenden Stadt
rührt daher, daß hier die **Produkti-
onsstätten für Škoda-Pkws** angesiedelt sind. Die heutigen Škoda-
Werke, seit 1991 Teil des Volkswa-
gen-Konzerns, wurden im Jahr 1895
von dem Mechaniker *V. Laurin* und
dem Buchhändler *V. Klement* gegründet. Zuerst wurden in der Laurin-und-
Klement-Fabrik Fahrräder, später
Motorräder und ab 1905 auch Autos
hergestellt. Seit der Fusion mit den
Pilsener Škoda-Werken im Jahr
1925 trugen auch die Autowerke in
Mlada Boleslav den Namen *Škoda.*
Die heutigen Autowerke haben jedoch mit dem Škoda-Konzern in Pilsen nichts mehr zu tun. Allen Auto-
Fans ist der Besuch des **Firmenmu-
seums Škoda** mit seiner Ausstellung zur Geschichte der Autoherstel-
lung zu empfehlen. Neben allen Ško-
da-Autos sind hier auch die ersten
Fahrräder und Motorräder aus den
90er Jahren des 19. Jh. zu sehen.

●Autosalon Škoda, třída V. Klementa 210,
Tel. (0326) 614385, geöffnet Mo.-Fr. 8.00-
18.00 Uhr, Sa. 8.30-13.00 Uhr.

Das Zentrum der ehemaligen Altstadt
bildet ein langgestreckter dreiecki-
ger Platz, der **Staroměstské náměstí (Altstädter Platz).** An seiner
Westseite steht die ehemalige gotische Burg, die im 16. Jh. in ein
**Schloß** umgebaut wurde. Im 18. Jh.
wurde das Schloß dann in eine Kaserne umgewandelt und diente bis
zum Ende des 2. Weltkrieges zu Mi-
litärzwecken. Seit 1972 ist hier das
**Regional-Museum** untergebracht.

●Regional-Museum (Okresní muzeum), Staroměstské nám., Tel. (0326) 22542, geöffnet Di.-So. 9.00-12.00 Uhr, 13.00-17.00
Uhr. Das Museum ist der Geschichte der
Region gewidmet.

Der Platz ist von **trostlosen Hochhäusern** umgeben, die hier für die
Arbeiter der Škoda-Werke in den
60er und 70er Jahren errichtet wurden. Nur wenige bemerkenswerte
Gebäude stehen an dem Platz, erwähnenswert ist neben einigen alten
Bürgerhäusern das **Renaissance-
Rathaus** aus den Jahren 1554-60,
das im Laufe der Zeit mehrmals umgebaut wurde. Die heutige Gestalt
des Rathauses geht in die 30er Jahre des 20. Jh. zurück.

### Information

●**ČEDOK,** T. G. Masaryka 1009, Tel. (0326)
6903, geöffnet 8.00-18.00 Uhr.

### Unterkunft

●**Hotel Stefanie,** Na Štěpánce 1184, Tel.
(0326) 722829, Kapazität 50 Betten, DZ
110 DM. Zimmer mit Satelliten-TV, Telefon,
Minibar, Bad und WC.

●**Hotel Trumf,** Českobratské náměstí 122,
Tel. (0326) 722813, Fax (0326) 28486,
Kapazität 30 Betten, DZ 90 DM. Das Hotel
liegt im Stadtzentrum, mit Dusche und WC
eingerichtete Zimmer.

## Essen und Trinken

- **Rybářská restaurace,** Staré Město 108, Tel. (0326) 23936), geöffnet tgl. (außer Sa.) 10.00-22.00 Uhr. Das Restaurant hat sich auf Fischgerichte spezialisiert. In dem gleich nebenan liegenden Restaurant Jihočeská Hostěnice bekommt man südböhmische Spezialitäten.
- **Česká restaurace,** T. G. Masaryka 1083, Tel. (0326) 25885, geöffnet tgl. 10.00-22.00 Uhr. Moderne Einrichtung, böhmische Spezialitäten, etwa fünf Minuten zu Fuß vom Marktplatz.
- **Restaurace Asie,** T. G. Masaryka 1083, Tel. (0326) 22535, geöffnet tgl. 11.00-22.00 Uhr. Chinesisches Restaurant, liegt gleich neben dem Česká restaurace.

### An- und Weiterreise

- **M.** Boleslav liegt an der Autobahn von Prag in Richtung Norden. Alle **Fernbusse** in Richtung Norden halten in M. Boleslav an, Reisedauer von Prag aus etwa 1 Stunde, Abfahrt ab Busbahnof Florenc und ab Busbahnof Holešovice (Endstation Linie C). Von hier fahren etwa stündlich Busse nach M. Boleslav. Der Busbahnof in M. Boleslav liegt etwas außerhalb des Stadtzentrums (20 Minuten Fußweg).
- **Züge** fahren ab dem Prager Hauptbahnhof (Hlavní nádraží), Verbindung ca. 13mal tgl., Reisedauer ca. 1 Stunde, M. Boleslav liegt an der Strecke Prag – Turnov, Zwischenstopp bei der Fahrt ins Riesengebirge nach Jablonec oder Liberec möglich.

# Östlich von Prag

## Poděbrady

Etwa 50 km östlich von Prag liegt an der Elbe der **jüngste tschechische Kurort,** Poděbrady, der die ersten Patienten im Jahr 1908 willkommen hieß. Hauptsächlich Herz- und Gefäßkrankheiten werden hier behandelt. Die heilenden Mineralquellen des Ortes wurden 1905 zufällig während der Suche nach Trinkwasser entdeckt. Drei Jahre später wurde das erste Kurhaus eröffnet, und im Jahr 1936 wurde die Kolonnade errichtet. Das **Heilbadviertel** mit zwei Kolonnaden, Kurhäusern und Parkanlagen befindet sich nördlich vom Marktplatz.

Das Zentrum der 13.000 Einwohner zählenden Stadt bildet der Georg-von-Poděbrad-Platz, der nach dem böhmischen König **Jiří Poděbradský (Georg von Poděbrad)** benannt ist. Der König, dem durch ein 1891 auf dem Marktplatz des Ortes errichtetes Reiterstandbild die Referenz erwiesen wird, erblickte am 23.4.1420 in einer nahe gelegenen Burg das Licht der Welt. Die Burg wurde in der Mitte des 16. Jh in ein **Schloß** umgebaut. Weitere Umbauten folgten im 18. Jh., als das Schloß *Kaiserin Maria Theresia* als Jagdschloß diente. Heute ist im Schloß eine **Gedenkstätte für Georg von Poděbrad,** den letzten gewählten böhmischen König, eingerichtet.

- Gedenkstätte für Georg von Poděbrad (Památník krále Jiřího), Zámek, geöffnet Mai-Oktober Di.-So. 9.00-17.00 Uhr.

In Poděbrady befindet sich auch die **Glasfabrik Bohemia,** in der das berühmte tschechische Bleiglas hergestellt wird. In einer **Verkaufsstelle der Fabrik** kann das hier produzierte Kristallglas erstanden werden. Die Verkaufsstelle liegt nahe dem Bahnhof am Masarykplatz 1130.

### Information

- **K-tour,** am Bahnhof, Tel. (0324)5315. Zimmervermittlung, Kartenverkauf.

Mittelböhmen

König Georg von Poděbrad

## Unterkunft

●*Hotel Bellevue,* nám. T. G. Masaryka 654, Tel. (0324) 4984, 5900, Fax (0324) 4584, Kapazität 80 Betten, DZ 120 DM. Das inmitten des Heilbadviertels gelegene Hotel bietet komfortabel eingerichtete Zimmer
●*Lázně Poděbrady,* Hakenova 464, Tel. (0324) 2565, 2665, Fax (0324) 2469, 2664, DZ 85 DM. Das zentrale Unterkunftsbüro des Kurhauses vermittelt Unterkunft in einzelnen Badehäusern.

## Museen und Galerien

●*Regional-Museum* (Polabské muzeum), Palackého 68, Tel. (0324) 2640, geöffnet Mai-Oktober Di.-So. 9.00-17.00 Uhr, November-April Mo.-Fr. 9.00-16.00 Uhr. Archäologische, naturwissenschaftliche und historische Sammlungen, die der Elbe-Ebene gewidmet sind.

## Einkaufen

●*Bohemia Glass,* nám. T. G. Masaryka 1130. Die Verkaufsstelle der hiesigen Glasfabrik Bohemia befindet sich in der Nähe des Bahnhofs. Geöffnet Mo. 12.30-17.00 Uhr, Di.-Fr. 9.00-12.00 Uhr, 12.30-17.00 Uhr.

## An- und Weiterreise

●Poděbrady liegt an der Bundesstraße Prag – Hradec Králové. Alle *Fernbusse* Richtung Hradec Králové machen in Poděbrady Halt. Die Reisedauer beträgt von Prag aus etwa eine Stunde. Abfahrt ab Busbahnof Florenc und Palmovka (Metro: Palmovka). Mit dem *Zug* fährt man ab dem Prager Hauptbahnhof. Die Reisedauer beträgt ca. eine Stunde. Verbindungen existieren mehrmals tgl. Busbahnhof und Bahnhof liegen in Poděbrady nebeneinander am Rande des Heilbadviertels etwa 15 Minuten vom Zentrum entfernt.

### Přerov nad Labem

In Přerov nad Labem befindet sich das **Ethnographische Freilicht-museum des Elbetals,** dessen Besuch als ein Zwischenstop auf der Fahrt nach Ostböhmen zu empfehlen ist. Das Freilichtmuseum liegt nämlich zwischen Poděbrady und Prag in der Nähe der Stadt Čelákovice und ist nur einige Kilometer von der Autobahn Prag in Richtung Hradec Králové entfernt.

Auf einer Fläche von zwei Hektar wurden seit 1967, als das Museum gegründet wurde, mehr als 30 **Objekte der Volksarchitektur** (Bauernhäuser, Speicher, Bienenhaus, Glokkenturm, Forsthaus usw.) zusammengetragen, die den Besucher über die Lebensweise der Bevölkerung des Elbetals (Polabí) während früherer historischer Epochen informieren.

● Ethnographisches Freilichtmuseum (Polabské etnografické muzeum), Přerov nad Labem, Tel. (0325) 97872, geöffnet April-September Di.-So. 9.00-17.00 Uhr.

### An- und Weiterreise

● Ohne eigenen Pkw ist man hier schlecht dran. Es existiert **keine Zugverbindung.** Es ist möglich, mit dem **Bus** von Čelákovice zu kommen, jedoch ist dies sehr zeitraubend.

### Kolín

Etwa 60 km östlich von Prag an der Elbe liegt Kolín, das tschechische "Köln", mit 33.000 Einwohnern. Das Zentrum der im Jahr 1261 gegründeten Stadt hat bis heute seinen schachbrettartigen Grundriß beibehalten.

Der **Marktplatz** mit Bürgerhäusern im Stil der Renaissance und des Ba-

rocks ist nach *Kaiser Karl IV.* benannt. Zu den schönsten Gebäuden auf dem Marktplatz gehört das mit schwarz-weißen Sgraffitti geschmückte **Rathaus.** Ursprünglich ein gotisches Haus, wurde es 1887-88 im Stil der Neorenaissance umgestaltet. Die historischen Fresken am Rathaus schildern Episoden aus der Geschichte der Stadt, so zum Beispiel die Grundsteinlegung der Bartholomäus-Kirche in Anwesenheit Karls IV.

Die **Bartholomäus-Kirche** gehört zu den Hauptsehenswürdigkeiten von Kolín und wurde in der zweiten Hälfte des 13. Jh. erbaut. Nach einer Feuersbrunst 1349, der die Kirche teilweise zum Opfer fiel, begann *Peter Parler* im Jahr 1360 mit der Errichtung des neuen Chors sowie neuer Kapellen. Wie umfassend die Wiederaufbauarbeiten waren, belegt der

Rathaus von Kolín

Umstand, daß sie erst nach etwa 18 Jahren abgeschlossen waren. Da die Kirche regulär nur während der Gottesdienste geöffnet hat, bleibt den meisten Besuchern der Blick ins n-nere verschlossen. In der Nähe der Kirche stehen der **Glockenturm** aus dem Jahr 1504 und das **Beinhaus** aus der ersten Hälfte des 18. Jh.

Von dem **alten Judenviertel** (in der Stadt lebte jahrhundertelang die zweitstärkste jüdische Population Böhmens) in der Nähe des Hauptplatzes sind nur wenige Gebäude erhalten geblieben. Das wertvollste ist die **Barocksynagoge** aus der ersten Hälfte des 17. Jh. Außerdem existiert in der Stadt ein **alter jüdischer Friedhof** aus dem 15. Jh.

### Information
●**ČEDOK,** Kmochova 406, Tel. (0321) 25171, geöffnet Mo.-Fr. 8.30-17.00 Uhr.

### Unterkunft
●**Pension U rabína,** Karoliny Světlé 151, Tel./Fax (0321) 24463, Kapazität 30 Betten, Zimmer mit TV, Telefon, Dusche, WC, DZ 70 DM. Die beste Pension der Stadt, liegt direkt im Zentrum. Das Hotelrestaurant wirkt etwas kahl, ist aber die beste Wahl im Stadtzentrum.

●**Pension Pod věží,** Parléřova 40, Tel. (0321) 23877, Kapazität 10 Betten. Liegt direkt im Zentrum, Zimmer mit Dusche und WC, DZ 40 DM.

●**Hotel Theresia,** Pražská ulice, Tel. (0321) 711117, Fax (0321) 711134, Kapazität 70 Betten. Neues Hotel an der Zufahrtstraße von Prag, komplett eingerichtete Zimmer, DZ ab 70 DM.

### Essen und Trinken
●**Naivní restaurant,** Rubešova 54, Tel. (0321) 21177, geöffnet Mo.-Fr. 10.30-24.00 Uhr, Sa. 17.00-1.00 Uhr, So. geschlossen.

Ein nettes Restaurant in der Nähe des Marktplatzes.

●**Restaurant F 106,** Kovářská 96, Tel. (0321) 23675, geöffnet tgl. 11.00-23.00 Uhr. Man darf sich nicht vom Eingang abschrecken lassen. Obwohl sie nicht der Luxuskategorie angehört, sieht die Gaststätte im ersten Stock besser aus, als der Eingang vermuten läßt.

### Museen und Galerien
●**Regional-Museum** (Regionální museum), Karlovo nám. 3, Tel. (0321) 22988, geöffnet Di.-Fr. 8.00-16.00 Uhr, Sa., So. 9.00-12.00 Uhr, 14.00-16.00 Uhr. Das am Marktplatz gelegene Museum ist der Geschichte der Region gewidmet. Im Jahr 1995 war es wegen Restaurierung geschlossen.

●**Archäologisches Museum** (Dvořákovo muzeum Kolínska v pravěku, Brandlova 35, Tel. (0321) 22988, geöffnet Di.-Fr. 8.00-16.00 Uhr, Sa., So. 9.00-12.00 Uhr, 14.00-16.00 Uhr. Das Museum befindet sich neben der St.-Bartholomäus-Kirche. Die Dauerausstellung "Urzeit der Kölner Region" dokumentiert die Besiedlung der Region von den Anfängen bis zum 12. Jh.

### An- und Weiterreise
●Mit dem eigenen **Pkw** geht es über die stark frequentierte Bundesstraße Prag – Kolin – Kutná Hora.

●Eine sehr gute Verbindung existiert auch mit dem **Zug** ab Prag: Vom Hauptbahnhof, vom Masaryk-Bahnhof und vom Bahnhof Smíchov fahren mindestens zweimal stündlich Züge. Die Reisezeit beträgt eine Stunde.

●Mit dem **Bus** kann man mehrmals tgl. ab Busbahnhof Florenc fahren. Auch hier beträgt die Fahrzeit etwa eine Stunde. Busbahnhof und Bahnhof liegen in Kolin nebeneinander. Von hier aus sind es etwa 15 Minuten zu Fuß zum Stadtzentrum.

### Kouřim

Ungefähr 15 km östlich von Kolin befindet sich die kleine Stadt Kouřim, wo sich das 1976 eröffnete **Museum der Volksarchitekur** befindet, in dem etwa 20 Objekte der Volksarchitektur aus verschiedenen Teilen des Landes ausgestellt sind.

●Museum der Volksarchitektur (Muzeum lidových staveb), Kouřim, Na hrázce (in der Nähe des Campingplatzes), Tel. (0321) 83249, geöffnet Di.-So. 9.00-16.00 Uhr, im Juni bis August bis 18.00 Uhr, November-März geschlossen.

## Kutná Hora (Kuttenberg)

Etwa 60 km östlich von Prag liegt die *ehemalige königliche Bergbaustadt* Kutná Hora. Kuttenberg, wie Kutná Hora auf deutsch heißt, erstreckt sich auf einem steilen Hang über dem Bach Vrchlice. Dank seines gut erhaltenen mittelalterlichen Stadtkerns wurde Kutná Hora von der UNESCO zum *Weltkulturerbe* erklärt.

### Geschichte

Nach der Entdeckung von *reichen Silbervorkommen* in den 30er Jahren des 13. Jh. erhielt die Stadt die Bergrechte, so daß hier bald eine *königliche Münzstätte* gegründet wurde. Ab 1300 wurden in Kutná Hora die böhmischen Silbergroschen geprägt und der stabilsten Währungen im damaligen Europa. Die reichen Silbervorkommen machten den böhmischen König zu einem der reichsten Herrscher Europas, und Kutná Hora entwickelte sich zur *zweitgrößten Stadt des Königreiches.*

Im 14. Jh. ging die Silberförderung zurück, und die Hussitenkriege Anfang des 15. Jh. führten zum *Stillstand der Silberförderung.* Erst am Ende des 15. Jh. ging es wieder voran. *Neuer Reichtum* beschleunigte auch die architektonische Entwicklung der Stadt. Ein *Bauboom* setzte ein, dem das neue Rathaus, der große Brunnen und viele andere Häuser ihre Entstehung sowie die St.-Barbara-Kathedrale ihre Vollendung verdanken.

Der Dreißigjährige Krieg einerseits, Gold und Silber aus der Neuen Welt andererseits

bereiteten im 17. Jh. den *Goldenen Zeiten der Stadt ein Ende.* Kutná Hora verwandelte sich allmählich in ein unbedeutendes Provinznest.

### Sehenswertes

Der hier präsentierte Gang durch die etwa 20.000 Einwohner zählende Stadt beginnt an ihrer bedeutendsten Sehenswürdigkeit, der gotischen *St.-Barbara-Kathedrale,* die am südlichen Rand des Stadtzentrums liegt und als eine der schönsten gotischen Kirchen des Landes gilt. Der Bau der Kathedrale wurde vom Kuttenberger Patriziat finanziert. Die Kathedrale wurde als *Konkurrenzprojekt zur Kirche Mariä Himmelfahrt in Sedlec* (heute ein Stadtteil von Kutná Hora) geplant, welche die Stammkirche der dortigen Zisterzienser-Mönche bildete. Diese übten lange Zeit starken Einfluß auf das Kuttenberger Patriziertum aus, das sich mit der Errichtung einer eigenen Kirche aus diesen Bindungen zu lösen versuchte. Mit dem *Bau der Kathedrale* wurde im Jahr 1388 unter der Leitung von *Peter Parler* begonnen, unter dessen Regie ebenfalls der Prager Veitsdom errichtet wurde. Obwohl der Hochaltar der St.-Barbara-Kathedrale bereits 1391 geweiht wurde, wurde das Gotteshaus erst 1558 *fertiggestellt.* Neben *Parler* waren später auch andere bedeutende Architekten an der Errichtung der St.-Barbara-Kathedrale beteiligt, z.B. *Matthias Rejsek, Meister Hanusch* aus Frankfurt und *Benedikt Ried.*

In den 80er und 90er Jahren des 19. Jh. wurden unter der Leitung von *Josef Mocker* die *baulichen Veränderungen aus der Barockzeit be-*

St.-Barbara-Kathedrale

seitigt, so daß die Kathedrale heute wieder rein gotisch anmutet.

Im *Inneren* der Kirche sind besonders die gotischen und die Renaissancebilder in den Kapellen hinter dem Hochaltar zu beachten. Sehenswert sind auch die Wandmalereien im südlichen Schiff der Kathedrale, welche die Arbeit der Münzmeister darstellen, sowie das gotische Deckengewölbe.

● St.-Barbara-Kathedrale, Barborská ulice, geöffnet Mai-September Di.-So.8.00-18.00 Uhr, April, Oktober 9.00-16.00 Uhr.

Gegenüber dem Eingang der St.-Barbara-Kathedrale befindet sich das ehemalige *Jesuitenkolleg,* ein prächtiges Barockgebäude aus der zweiten Hälfte des 17. Jh., das nach einem Entwurf von *Domenico Orsi* errichtet wurde.

Nachdem man die durch viele barocke Heiligenstatuen gesäumte Bar-

borská-Straße hinuntergeschlendert ist, gelangt man nach etwa 100 Metern zum *Hrádek,* ursprünglich ein gotischer Palast, der als Bestandteil der südlichen Stadtmauer in der ersten Hälfte des 14. Jh. errichtet wurde. Die heutige Gestalt des Gebäudes stammt aus den Jahren 1485-1504. Es dient heute als *Museum.*

Nachdem unterhalb des Hrádek alte *mittelalterliche Stollen* entdeckt wurden, machte man sie zum *Teil der hiesigen Ausstellung.* Bevor es in die Stollen hinabgeht, werden den Besuchern Lampen und Helme ausgehändigt, so daß man für die Begehung gewappnet ist. Da die Stollen an manchen Stellen sehr niedrig und eng sind, könnte es sein, daß große Menschen dort Probleme bekommen.

● Regional-Museum (Okresní muzeum), Barborská 28, Tel. (0327) 2159, geöffnet April-Oktober Di.-So. 8.00-12.00 Uhr, 13.00-17.00 Uhr.

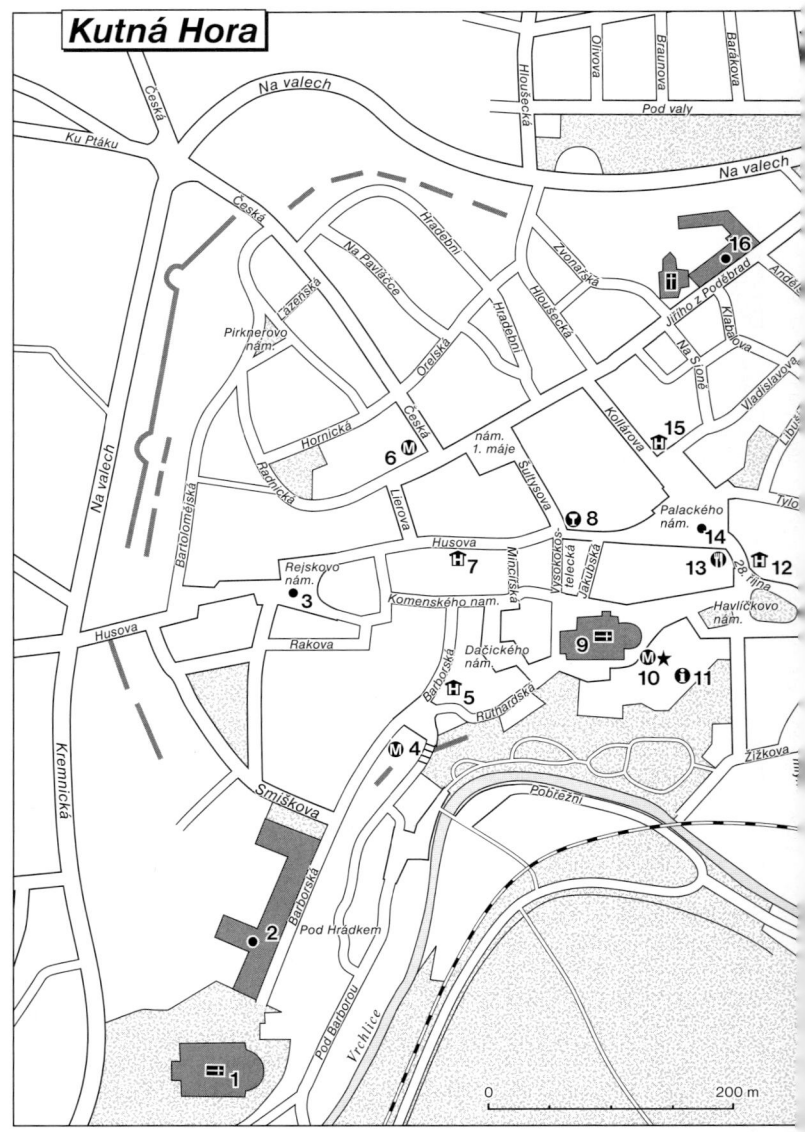

Kutná Hora

| | | |
|---|---|---|
| ⛪ | 1 | St.-Barbara-Kathedrale |
| ● | 2 | Jesuitenkolleg |
| ● | 3 | Gotischer Brunnen ( Kašna) |
| Ⓜ | 4 | Hrádek (Museum ) |
| 🏨 | 5 | Hotel U hrnčíře |
| Ⓜ | 6 | Haus Kamenný dům (Museum) |
| 🏨 | 7 | Pension Tulák |
| 🍷 | 8 | Weinstube U Havířů |
| ⛪ | 9 | St.-Jakob-Kirche |
| ★ | 10 | Welscher Hof (Vlašský dvůr) |
| ❶ | 11 | Information |
| 🏨 | 12 | Hotel U Vlašského dvora |
| 🍴 | 13 | Pizzeria Piazza Navona |
| ● | 14 | Marktplatz |
| 🏨 | 15 | Hotel Médínek |
| ● | 16 | St.-Ursula-Kloster |
| Ⓑ | 17 | Busbahnhof |

Mittelböhmen

Die gotische **St.-Jakob-Kirche** wurde in der ersten Hälfte des 14. Jh. erbaut. Zu den wertvollsten Teilen ihres Interieurs gehört der barocke Hochaltar mit Gemälden der tschechischen Barockmeister *Peter Brandl* und *František X. Palko.*

Im südlichen Teil des historischen Zentrums, unweit des Hauptplatzes und neben der St.-Jakob-Kirche, befindet sich der **Welsche Hof (Vlašský dvůr),** in dem in der zweiten Hälfte des 13.Jh. von *König Wenzel II.* die **königliche Münzstätte** gegründet wurde. Erweitert wurde der Welsche Hof während der Regierungszeit *Wenzels IV.,* der hier einen zweistöckigen **königlichen Palast** errichten ließ. Bis zum Jahr 1727 wurden hier die Kuttenberger Silbermünzen geprägt, welche den Reichtum der Stadt begründeten.

313

Welscher Hof

**Heute,** mehr als zwei Jahrhunderte nach Einstellung der Produktion, stellt sich der Welsche Hof als ein *lebendiger Gebäudekomplex* dar, der vom Ende des 13. Jh. bis zum 19. Jh. immer wieder verändert wurde. Der unregelmäßig fünfeckige Hof mit einem Barockbrunnen ist vom ehemaligen Königspalast, der Kapelle, den Werkstätten der Münzer und dem Münzmeisteramt gesäumt. Ein Teil des Komplexes dient heute als *Rathaus,* in einem anderen Teil ist ein *Museum* untergebracht, dessen Ausstellung die Entwicklung der Münzprägung illustriert. Kleine Kopien mittelalterlicher Münzen können an der Kasse käuflich erworben werden.

●Vlašský dvůr, Havlíčkovo nám, Tel. (0327) 2701, geöffnet Mai-September tgl. 9.00-17.00 Uhr, Oktober-März Di.-So. 10.00-16.00 Uhr.

Der *Marktplatz* von Kutná Hora befindet sich in der Nähe vom Welschen Hof, ist aber nicht besonders attraktiv.

Vom Marktplatz aus in nördlicher Richtung gelangt man zum sehenswerten *St.-Ursula-Kloster.* Das prächtige Kloster, das von *Kilian I. Dientzenhofer* entworfen wurde, blieb lange unvollendet. Lediglich die zwei Flügel und die Stirnwand wurden in den Jahren 1735-43 erbaut. Auch die geplante Barockkirche wurde erst in den Jahren 1898-1901 errichtet.

●St.-Ursula-Kloster (Klášter Voršilek), Jiřího z Poděbrad, Tel. (0327) 2908, geöffnet April, Oktober nur Sa., So. 9.00-16.00 Uhr, Mai-September tgl. 8.00-17.00 Uhr.

Unweit des Klosters an der gleichen Straße liegt das gotische *Haus Kamenný dům (Steinernes Haus).* Das schlichte Gebäude, das etwa 1480 errichtet wurde, gehört zu den bedeutendsten gotischen Häusern der Stadt und beherbergt heute das *Kunstgewerbemuseum.*

●Kamenný dům, Václavské nám. 183, Tel. (0327) 2821, geöffnet April-Oktober Di.-So. 8.00-12.00 Uhr, 13.00-17.00 Uhr.

Ebenfalls sehenswert ist im Stadtzentrum noch der reich mit Plastiken geschmückte *gotische Brunnen (kašna),* der nach einem Entwurf von *Matthias Rejsek* in den Jahren 1493-95 errichtet wurde.

Einen Besuch wert ist auch *Sedlec (heute ein Stadtteil von Kutná Hora),* das etwas außerhalb der Altstadt in Richtung Bahnhof gelegen ist. Das *ehemalige Zisterzienserkloster* in Sedlec war das erste böhmische Kloster des Ordens, dem später auch die Stadt Kutná Hora unterstand. Nachdem das 1142 gegründete Kloster während der Hussitenkriege im Jahr 1421 ausbrannte, wurde es im 17. Jh. wieder aufgebaut. 1784 wurde das Kloster endgültig aufgelöst und 1812 wurde das Klosterareal in eine Tabakfabrik umgewandelt. Auf diesem Gelände wurde nun ein neues *Museum* eröffnet. Es verschafft dem Besucher Einblicke in die Geschichte der Tabakverarbeitung und Zigarettenherstellung in Tschechien.

●Muzeum tabaku, Vitezná 1, Tel. (0327) 709111, 28403 Kutna Horá, geöffnet Mo.-Fr. 9.000-16.00 Uhr, Eintritt und Fabrikbesichtigung frei. Di.+Do. Führungen in deutscher Sprache für angemeldete Gruppen.

Die *ehemalige Klosterkirche Mariä Himmelfahrt* in Sedlec wurde 1290-1330 errichtet. Zu Anfang des 18. Jh. wurde sie im Stil der sogenannten Barock-Gotik umgebaut, die Innenausstattung stammt vorwiegend aus der Barockzeit.

Auf dem Friedhof von Sedlec steht die *Allerheiligenkirche,* die wegen ihres Beinhauses aus dem Jahr 1709 das Ziel vieler Besucher ist.

Der ursprünglich gotische Bau wurde Anfang des 18. Jh. barock umgebaut.

## Information

●*KTA,* Havlíčkovo nám. 552, Tel. (0327) 2873. Das Informationsbüro befindet sich im Vlašský dvůr. Führungen, Zimmervermittlung, Kartenverkauf, Geldwechsel.

## Unterkunft

●*Hotel U Vlašského dvora,* ulice 28. řijna 511, Tel. (0327) 4618, Fax (0327) 4627, Kapazität 16 Betten, DZ 100 DM. Das beste Hotel der Stadt ist nur 50 Meter vom Hauptplatz entfernt. Einfach, aber modern und mit allem Komfort eingerichtete Zimmer mit TV, Dusche und WC. Café, Restaurant und Weinkeller.

●*Hotel Mĕdínek,* Palackého námĕstí 316, Tel. (0327) 2741-2, Fax (0327) 2743, DZ 85 DM. Ein älteres Hotel auf dem Hauptplatz. Nur die Hälfte der Zimmer ist mit Dusche ausgestattet. Restaurant, Weinstube und Sauna im Hotel.

●*Hotel U hrnčíře,* Barborská 24, Tel. (0327) 2123. Ein kleines Familienhotel mit 10 Betten, liegt direkt im historischen Zentrum, DZ 50 DM. Vom kleinen Garten aus, wo man im Sommer essen und trinken kann, bietet sich ein schöner Blick auf die Jakobskirche.

●*Pension Tulák,* Husova ulice, Kapazität 21 Betten, Einfache Pension, Zimmer nur teilweise mit Dusche, DZ 40 DM.

●*Domov dětí a mládeže,* Kremnická 23, Tel. (0327) 2089, Kapazität 30 Plätze. Jugendherberge.

## Essen und Trinken

●*U Havířů,* Šultysova 104, Tel. (0327) 3997, Öffnungszeiten Mo.-Sa. 11.00-14.00 Uhr, 18.00-23.00 Uhr. Eine Weinstube in alten Kellerräumen, einfache Holzmöbel, warme Speisen.

●*Piazza Navona,* Palackého námĕstí 90, Tel. (0327) 2588, geöffnet Mo.-Sa. 10.00-22.00 Uhr, So. 11.00-18.00 Uhr. Von einem Italiener geführte Pizzeria mit einfacher Einrichtung. Die Behauptung des Inhabers, daß

man hier die beste Pizza in der Stadt bekommt, ist zutreffend. Als Nebenleistung bietet die Pizzeria eine Zimmervermittlung.
●Essensmöglichkeiten bieten auch die schon erwähnten *Restaurants der Hotels Mědínek* und *U Vlašského dvora.*

## An- und Weiterreise

●Mit dem *Pkw* besteht die Möglichkeit, über Kolín zu fahren. Da die Straße jedoch stark befahren ist, wählt man besser die nicht so stark befahrene Straße Prag – Říčany – Kostelec – K. Hora.
●Da der *Busbahnhof* in K. Hora nur fünf Minuten vom Stadtzentrum entfernt liegt, der Bahnhof jedoch erheblich weiter, ist es besser, von Prag aus mit dem Bus zu kommen als mit dem Zug. Abfahrtszeiten zum Beispiel: 6.55 Uhr, Bahnhof Želivského (Metro Želivského), Buslinie Prag – K. Hora – Pardubice – Litomyšl, Fahrzeit 80 Minuten, Rückfahrt etwa um 16.30 Uhr.
●K. Hora hat zwei Bahnhöfe. *Züge* fahren von Prag (Bahnhof Masarykovo nádraží, Smíchov und Hauptbahnhof) über Kolín und kommen am Bahnhof Kutná Hora, hlavní nádraží (Hauptbahnhof), etwa 4 km vom Zentrum des Ortes entfernt, an. Weiter geht es mit dem Bus Nr. 1 ins Zentrum. Der Bus fährt leider nur einmal stündlich. Während der Wartezeit kann man die Mariä-Himmelfahrt-Kirche und das Beinhaus von Sedlec in der Nähe des Bahnhofes besuchen. Der Bus Nr. 1 fährt über den Busbahnhof. Es empfiehlt sich, hier auszusteigen und zu Fuß ins Zentrum zu laufen.

## Schloß Kačina

Das Schloß Kačina liegt etwa 7 km nordöstlich von Kutná Hora. Es ist *eines der wenigen Schlösser des Landes im Empirestil.* Das Schloß wurde im Auftrag des *Grafen Jan Rudolf Chotek* 1802-22 errichtet. Der *Grundriß* des Schlosses ist ein Halbkreis, in dessen Mitte sich das Hauptgebäude erhebt. Zu beiden Seiten schließen sich Nebengebäu-

de an, deren Äußeres durch Säulenkolonnaden geprägt ist. Beim Schloß befindet sich eine *große Parkanlage,* die bereits seit 1789 besteht und deren Fläche etwa 200 ha beträgt. Seit 1950 ist im Schloß das *Landwirtschaftliche Museum* untergebracht. Die Ausstellung vermittelt die Geschichte der tschechischen Landwirtschaft von ihren Anfängen im Neolit bis zum 20. Jh. Im linken Schloßflügel befindet sich die im Empire-Stil errichtete *Schloßbibliothek* mit etwa 40.000 Bänden und im rechten Flügel das *Schloßtheater* mit Plätzen für 500 Besucher.
●Schloß Kačina, Nové Dvory, Tel. (0327) 71170, geöffnet während des ganzen Jahres tgl. von 8.00-17.00 Uhr.

## Čáslav

Čáslav mit seinen etwa 10.000 Einwohnern hat sich bis heute seine *provinzielle Ruhe* bewahrt.

Das Zentrum der im 13. Jh. gegründeten Stadt ist durch einen *langgestreckten Marktplatz* gebildet. In der Mitte des Jan-Žižka-Platzes steht eine *Pestsäule* aus dem 18. Jh. Das gleich daneben sich erhebende *Žižka-Denkmal* von *Josef V. Myslbek* (ebenfalls Urheber des Wenzelsdenkmals in Prag) stammt aus dem Jahr 1881. Die Errichtung des Denkmals an diesem Ort ist dem Umstand zuzuschreiben, daß *Jan Žižka,* der berühmte Heerführer der Hussiten, lange Zeit in der hiesigen *St.-Peter-und-Paul-Kirche* in unmittelbarer Nähe des Marktplatzes begraben war.

Sehenswert ist hier ebenfalls das nahe der Kirche gelegene *Rathaus.*

Es handelt sich um ein im Stil des Spätbarock errichtetes Gebäude, das zwischen 1739-70 entstand. Im ersten Stock des Rathauses befindet sich ein kleines *Žižka-Museum.*

Etliche Jahre nach der Entdeckung der *sterblichen Überreste des Heerführers* in der Kirche des Ortes 1910 wurden diese ins Rathaus überführt, wo sie in eine Wand eingemauert wurden. Der obere Teil des Schädels, der in der Mitte des Raumes in einer Glasvitrine aufbewahrt wird, ist übrigens eine Kopie

Čáslav ist eine der wenigen tschechischen Städte, in der ein *großer Teil der ehemaligen Stadtmauer erhalten* geblieben ist. Am besten ist sie vom Teich Podměstský rybník aus zu sehen, der südlich vom Marktplatz gelegen ist.

●Rathaus (Žižkova síň), náměstí J. Žižky 1, Tel. (0322) 2207, geöffnet Di.-Sa. 10.00-12.00 Uhr, 12.30-15.00 Uhr.

## Information

●*Informační středisko,* ulice Klimenta Čermáka 132, Tel./Fax (0322) 4890, geöffnet Mo.-Fr. 9.00-18.00 Uhr, Sa. 8.00-11.00 Uhr. Kartenverkauf, Auskunft, Zimmervermittlung.

## Unterkunft

●*Hotel Bílý kůň,* Žižkovo náměstí 107, Tel. (0322) 2868, 2914, Kapazität 50 Betten, DZ 40 DM. Einfaches Hotel auf dem Marktplatz, Zimmer ohne Dusche.

## Essen und Trinken

●*Bílý kůň,* Žižkovo náměstí. Das Hotelrestaurant ist das beste Restaurant im Zentrum von Čáslav.

## Museen und Galerien

●*Stadtmuseum* (Městské muzeum), Husova 291, Tel. (0322) 2207, geöffnet April-Ok-

tober Di.-Sa. 9.00-12.00 Uhr, 13.00-17.00 Uhr. Mineralogische, archäologische und zoologische Sammlungen, Kunstgewerbe. Das Museum befindet sich zwischen dem Stadtzentrum und dem Bahnhof.

## An- und Weiterreise

●Von Prag aus fahren mehrmals tgl. *Busse* ab dem Busbahnhof Florenc. Ebenfalls gut ist die Busverbindung zwischen den Städten Čáslav, Kutná Hora und Kolín.

●Mit dem *Zug* fährt man von Prag über Kolín und Kutná Hora nach Čáslav, das an der Strecke Prag – Kolín – Brno liegt und daher häufig angefahren wird. Bahnhof- und Busbahnhof liegen beide etwa 5 Minuten zu Fuß vom Marktplatz des Ortes entfernt.

## Schloß Český Šternberk

Das Schloß erhebt sich auf einem Felsplateau über dem Sázava-Fluß und liegt nur etwa 3 km von der Autobahn Prag – Brno entfernt.

Die *Burg* wurde in der Mitte des 13. Jh. erbaut. Einer ihrer Teile wurde im 18. Jh. *in ein Schloß umgestaltet.*

Die meisten *Räume* des Schlosses sind im Stil des Barock eingerichtet. Wertvoll ist die *grafische Sammlung* mit Blättern aus der Zeit des Dreißigjährigen Krieges, die meisten sind Werke des berühmten Schweizer Stechers *M. Merian,* und die *Waffensammlung.*

Bemerkenswert ist auch die Tatsache, daß sich die Burg und später das Schloß seit der Errichtung Mitte des 13. Jh. bis zum Jahr 1949 im *Besitz des Geschlechtes Šternberk* befand. *Kaspar von Šternberk* (1761-1838), dem einer der insgesamt 17 Säle gewidmet ist und der zu den berühmtesten Vertretern der Familiendynastie *Šternberk* gehört,

Mittelböhmen

317

war einer der Begründer des tschechischen Nationalmuseums und ein Freund von *J. W. von Goethe.* Seit 1991 ist das im Jahr 1949 enteignete Schloß wieder im Besitz der Familie.

●Schloß Český Šternberk, Tel. (0303) 55101, geöffnet April, Oktober nur Sa., So. 9.00-16.00 Uhr, Mai-September Di.-So. 9.00-17.00 Uhr.

## Unterkunft

●*Hotel Vesna,* Český Šternberk, Tel. (0303) 55102, Fax (0303) 55151, Kapazität 70 Betten, DZ 60 DM. Ruhige Lage unterhalb des Schlosses und nur 3 km von der Autobahn Prag – Brno entfernt, Zimmer mit Telefon, Dusche, WC.

## Benešov

Die Stadt Benešov, die etwa 30 km südlich von Prag gelegen ist, hat Besuchern *nur wenig zu bieten.* Daher gibt es nur wenige, die sich hierher verirren. Bekannter als die Gemeinde ist das in ihrer Nähe gelegene Schloß Konopiště.

Eine der wenigen Sehenswürdigkeiten der Stadt befindet sich auf dem Marktplatz. Es handelt sich um die *St.-Anna-Kirche,* die nach dem Entwurf von *G. B. Alliprandi* in den Jahren 1705-10 errichtet wurde.

## Information

●*ČEDOK,* Pražská 1696, Tel. (0301) 23491.

## Unterkunft

●*Motel Švarc,* Tel. (0301) 25611, DZ 40 DM. Das Motel liegt an der Hauptstraße Prag – České Budějovice in der Nähe des Schlosses Konopiště, Zimmer mit Dusche, WC, TV.

## Museen und Galerien

●*Regional-Museum* (Muzeum okresu Benešov), Malé náměstí 74, Tel. (0301) 23419, geöffnet Di.-Sa. 9.00-12.00 Uhr, 13.00-16.00 Uhr. Geschichte der Stadt und der Umgebung, alte Trachten, Möbel, Volkskunst.

### An- und Weiterreise

●Es existieren gute *Zug- und Busverbindungen von Prag* aus. Die Fernbusse, die zwischen Prag und České Budějovice bzw. Südböhmen verkehren, und die über Benešov fahren, halten übrigens nicht am Busbahnhof des Ortes, sondern haben eine eigene Haltestelle an der Straße Prag – České Budějovice, etwa 20 Minuten von Schloß Konopiště entfernt.

Die *Busverbindungen zwischen Schloß Konopiště und Benešov* sind unregelmäßig, am besten nimmt man ein Taxi oder geht zu Fuß. Vom Bahnhof sind es zum Schloß etwa 30 Minuten zu Fuß.

# Südlich von Prag

## Schloß Konopiště

Das Schloß Konopiště ist gemeinsam mit Karlštejn *eines der beliebtesten Ziele vieler Pragbesucher.* Es liegt in der Nähe der Stadt Benešov etwa 30 km südlich von Prag.

Im Laufe der Jahrhunderte wurden an der *ursprünglich gotischen Burg* aus dem 14. Jh. viele Umbauten durchgeführt. Gänzlich umgestaltet wurde die Burg im Laufe des 18. Jh., als sechs der sieben Türme niedergerissen wurden und die gotische Burg *in ein Barockschloß verwandelt* wurde. Damals wurden auch der Schloßgarten und das barocke Eingangstor errichtet, das mit Plastiken von *M. B. Braun* geschmückt ist.

Im Jahr 1887 kaufte *Franz Ferdinand d'Este,* der österreichische Thronfolger, das Schloß und ließ es unter der Führung des Prager Architekten *Josef Mocker* **im romantischen Stil umgestalten.**

Besuchern, die über etwas mehr Zeit verfügen, sei nach dem Schloßbesuch ein Spaziergang in der **schönen Parkanlage** empfohlen, in deren Mitte ein Teich angelegt wurde.

● Schloß Konopiště, Benešov, Tel./Fax (0301) 21366, geöffnet April, Oktober nur Sa., So. 9.00-16.00 Uhr, Mai-September Di.-So. 9.00-17.00 Uhr.

# Westlich von Prag

### Burg Karlštejn (Karlstein)

Karlštejn, die **meistbesuchte Burg des Landes,** wurde im Auftrag des böhmischen Königs und römischen Kaisers *Karl IV.* erbaut. Die Burg wurde als Stätte der Aufbewahrung der Krönungkleinodien und als Archiv des böhmischen Königreiches errichtet. Ihren **Grundstein** legte im Jahr 1348 der Prager Erzbischof *Arnošt von Pardubice.*

Karlstein liegt **inmitten einer Hügellandschaft,** die sich etwa 35 km südwestlich von Prag erstreckt. Anders als die meisten Burgen ist sie von weitem nicht zu sehen.

Zu den bedeutendsten Gebäuden der Burg gehört der fünfstöckige **ehemalige Königspalast.** Im zweiten Stock befinden sich die ehemaligen Privatgemächer des Kaisers, der Audienzsaal und die Marienkapelle mit gut erhaltenen Fresken aus der

Zeit zwischen 1357-1370. Die **St.-Katherina-Kapelle** mit Wänden aus Halbedelsteinen und dem Porträt des Kaisers diente dem Kaiser als Privatkapelle.

Der **Große Turm,** der alle anderen Gebäude überragt, diente in der Vergangenheit als **Aufbewahrungsort der Krönungskleinodien** und wichtiger Staatsdokumente. Der exakte Aufbewahrungsort war die **Hl.-Kreuz-Kapelle** im höchsten Stock des Turmes. Die Wände der Kapelle sind mit geschliffenen Halbedelsteinen und 129 gotischen Tafelbildern von Meister Theodorich geschmückt, die um 1365 entstanden. Die Kapelle ist der Öffentlichkeit leider nicht mehr zugänglich. Die große Besucherzahl hinterließ in der kleinen Kapelle negative Spuren. Insbesondere die Wände und die wertvolle Inneneinrichtung wurden in Mitleidenschaft gezogen, so daß die Kapelle nach ihrer Restaurierung für die breite Öffentlichkeit geschlossen bleibt.

Nachdem die Krönungskleinodien Anfang des 17. Jh. nach Prag überführt wurden, verlor Karlstein an politischer Bedeutung. Im Jahr 1888 wurden an der vernachlässigten Burg **Restaurationsarbeiten** begonnen. Der damals vorherrschenden architektonischen Auffassung folgend, wurden etliche im Renaissance-Stil durchgeführte Umbauten rückgängig gemacht. Ein Teil des Königspalastes wurde gar niedergerissen und neogotisch wieder aufgebaut. Die Arbeiten wurden unter der Leitung des Wiener Architekten *F. Schmidt* und seines tschechischen Schülers *J. Mocker* durchgeführt.

**Mittelböhmen**

Burg Karlštejn im 19. Jahrhundert

●Burg Karlštejn, Tel./Fax (0311) 94211, geöffnet Di.-So. das ganze Jahr durch 9.00-16.00 Uhr, Mai-September bis 18.00 Uhr. Besuche von Reisegruppen organisiert die Firma *BTI*, Salvatorska 6, Prag 1, Tel. (02) 261889, 2312030, Fax (02) 2312271.

## Unterkunft

●*Hotel Mlýn,* Karlštejn, Tel. (0311) 684208, Fax (0311) 684124, Kapazität 60 Betten, DZ 50 DM. Zimmer mit Dusche, WC, das Hotel ist in einer Mühle am Ufer des Berounka-Flusses untergebracht.

●*Hotel Český kras,* Vinařice 5, Suchomasty, Tel. (0311) 94668, Fax 94669, Kapazität 8 Betten, DZ 70 DM. Der Gasthof aus den 40er Jahren des 19. Jh. wurde im ursprünglichen Stil rekonstruiert, vier mit original Biedermeiermöbeln eingerichtete Suites, einmalige Atmosphäre. Das Hotel befindet sich im Dorf Vinařice in der Nähe der Koněprusy-Höhlen.

## Essen und Trinken

●*Pod dračí skalou,* Karlštejn 130, Tel./Fax (0311) 94177. Stilvoll eingerichtete Gaststätte in der Nähe der Burg.

●*U Janů,* Karlštejn 90, Tel. (0311) 94210. Einfache rustikale Holzeinrichtung, die Gaststätte befindet sich unterhalb der Burg im Dorf.

## An- und Weiterreise

●Am besten und schnellsten geht es mit dem *Pkw.* Wenn man am Parkplatz beim Berounka-Fluß parkt, ist man nach etwa 20 Minuten an der Burg.

●Es gibt *keine Busverbindung* von Prag aus.

●Eine *Zugverbindung* zwischen Prag und Karlštejn besteht stündlich vom Bahnhof Smichov (Metro Smíchovské nádraži) aus. In Karlstein sind es vom Bahnhof bis zur Burg etwa 30-40 Minuten zu Fuß. Es existieren auch Pferdekutschen.

## Koněprusy-Höhle (Koněpruské jeskyně)

Die Koněprusy-Höhle, die das *größte Höhlensystem in Böhmen* darstellt, wurde erst im Jahr 1950 bei einer Sprengung in dem Sandsteinbruch Zlatý kůň (Goldenes Pferd) in der Nähe der Gemeinde Koněprusy entdeckt. Diese liegt etwa 6 km südlich der Stadt Beroun.

Forscher fanden hier **Überreste von prähistorischen Menschen und Tieren.** Diese Funde bezeugen, daß die Höhle bereits vor Tausenden von Jahren bewohnt war. Zu den wertvollsten Funden gehört ein Teil eines Menschenschädels, der Schätzungen von Wissenschaftlern zufolge ca. 70.000 Jahre alt sein soll. Außerdem wurde hier eine **Werkstatt von Münzfälschern aus dem 15. Jh.** entdeckt. Nach ihnen ist heute ein Teil der Höhle benannt.

Das **Höhlensystem erstreckt sich** über drei Etagen und hat eine Gesamtlänge von 2 km, wovon etwa 450 Meter für Besucher zugänglich sind. Die Koněprusy-Höhle, die seit 1959 zugänglich ist, wird jährlich von über 100.000 Touristen besucht.

●Koněprusy-Höhle, Koněprusy, Tel. (0311) 22405, geöffnet Mo.-So. Juni-August 8.00-17.00 Uhr, April, Mai, September 8.00-16.00 Uhr.

### An- und Weiterreise

●Es ist ratsam, mit dem eigenen **Pkw** herzukommen, da **keine Zugverbindung** existiert, und die **Busverbindung** zwischen Beroun und Koněprusy sehr zeitraubend ist.

### Český kras (Böhmischer Karst)

Das **Gebiet** des Böhmischen Karstes **erstreckt sich** zwischen der Stadt Beroun und den südwestlichen Randbezirken von Prag. Wenn man durch diese Region, z.B. durch das Tal des Berounka-Flusses, von Prag nach Karlštejn fährt, fällt es einem

schwer, sich vorzustellen, daß hier vor 500-600 Milionen Jahren alles von Wasser bedeckt war.

Heute ist der Böhmische Karst ein **Naturschutzgebiet** mit einer Fläche von ungefähr 130 qkm. Dieses liegt auf einem Plateau mit 400-500 Metern Durchschittshöhe.

Der Böhmische Karst bildet einen Teil des mittelböhmischen Kessels, welcher nach *Joachim Barrande,* einem französischen Geologen und Paläontologen, **Barrandien** genannt wird.

Das heutige Bodenrelief bilden vorwiegend Kalkstein- und Schieferschichten, die sich im Laufe von Milionen Jahren auf dem Meeresboden ablagerten. Die Entstehung der sogenannten **Barrandiennischen Kalksteine** reicht in die Zeit des Urgebirges zurück. In diesen Schichten, die bis zu 150 Metern tief sind, haben *Barrande* und andere Paläontologen die **Versteinerungen** von Trilobiten und anderen bereits lange ausgestorbenen kleinen Meerestieren gefunden. Diese machen das ganze Gebiet des heutigen Naturschutzgebietes besonders für Paläontologen und Naturliebhaber so einzigartig.

Doch die **Zukunft der Region** ist unsicher. Die marktwirtschaftlich orientierte tschechische Regierung hat trotz Protesten aus den Reihen der örtlichen Bevölkerung und der Umweltschützer dem Vorhaben der deutschen Firma *Heidelberger-Zement* zugestimmt, am Rande des Naturschutzgebietes eine **Zement-Fabrik** zu errichten. Noch ist ungewiß, ob der geplante Abbau des Sandsteines (Grundlage für die Zement-Herstel-

**Mittelböhmen**

### Joachim Barrande (1799-1883)

Der französische Geologe und Paläontologe *Joachim Barrande,* der in Böhmen die heute bereits als klassisch geltenden Fundstätten des Urgebirges entdeckt hat, war während seiner **Studienjahre in Paris** als Erzieher und Hauslehrer des Enkels des französischen Königs *Karl X.* tätig. Nach der Revolution im Jahr 1830 ging *Barrande* mit dem König und seinem Hof ins **Exil nach Schottland.**

Im Jahr 1832 siedelte der französische königliche Hof und damit auch *Barrandes* Zögling *Heinrich Graf von Chambord* **nach Prag** über. Mit ihm kam auch *J. Barrande,* der in der Umgebung von Prag **auf alte Versteinerungen stieß.** In Prag lernte er den *Grafen Kaspar von Šternberk* kennen (siehe auch Český Šternberk), der die erste wissenschaftliche Arbeit über die Trilobiten in Böhmen geschrieben hatte.

Nach einiger Zeit wurden *Trilobiten* auch **zu Barrandes Forschungsgegenstand.** Finanziell als Verwalter der österreichischen Güter des *Grafen von Chambord* abgesichert, lebte er bis zu seinem Tode in Prag, wo er sich nahezu ausschließlich der Geologie und Paläontologie widmete. Im Laufe von 50 Jahren, die er in der Stadt verbrachte, trug er eine **Sammlung von mehr als einer halben Million Versteinerungen** zusammen, die er dem Nationalmuseum in Prag vermachte. Ein Teil dieser Sammlung ist heute auch im **Museum des Böhmischen Karstes in Beroun** zu sehen. 1852 erschien der erste Band seines 22teiligen Gesamtwerkes "Système Silurien du Centre de la Bohême".

Um den bedeutenden Geologen zu ehren, erhielt das **Kalksteingebiet** am südlichen Rande der tschechischen Hauptstadt (gut sichtbar, wenn man mit dem Pkw in Richtung Zbraslav oder Karlstein fährt) den **Namen Barrandov.** Die Filmstudios und das Wohnviertel, die sich auf diesem Gebiet befinden, tragen ebenfalls diesen Namen.

---

lung) am Rande des Böhmischen Karstes in die Tat umgesetzt wird.

Auf dem Gebiet des Böhmischen Karstes befinden sich **zahlreiche Höhlen.** Der Öffentlichkeit zugänglich ist aber nur die Koněprusy-Höhle (siehe oben).

### Beroun

Die **kleine Stadt** Beroun liegt etwa 25 km von Prag entfernt an der Autobahn Prag – Plzeň.

Das Zentrum der Stadt bildet der **Husovo náměstí (Hus-Platz)** mit einigen bemerkenswerten historischen Häusern. Zu den besterhaltenen historischen Baudenkmälern gehören die **zwei ehemaligen Stadttore.** Das **Horní brána** erhielt seine heutige Gestalt im 18. Jh., während das **Dolní brána** im Jahr 1848 letztmalig renoviert wurde. Im Horní brána befindet sich heute eine Ausstellung zur mittelalterlichen Geschichte der Stadt Beroun.

Das aus dem Jahr 1612 stammende **Jenštejnský dům** auf dem Hauptplatz beherbergt heute ein Regional-Museum mit einer historischen Ausstellung, die der Entwicklung der Zünfte gewidmet ist und das **Museum des Böhmischen Karstes.** In diesem sind Teile der geologischen Sammlungen des französischen Geologen *Joachim Barrande* (1799-1883) untergebracht, der lange Zeit in Prag tätig war. (Die von ihm zusammengetragenen Versteinerungen sind auch im Prager Nationalmuseum zu sehen.) Interessant ist auch ein historisches Modell, das die Gebäude der Stadt zur Zeit um 1300 darstellt.

●Museum des Böhmischen Karstes (Muzeum českého krasu), Husovo náměstí 87, Tel. (0311) 24101, geöffnet Di.-So. 9.00-12.00 Uhr, 12.30-17.00 Uhr.

### Information

●*Městské informační centrum,* Husovo nám. 69, Tel. (0311) 118. Zimmervermittlung, Führungen, Kartenverkauf.

### Unterkunft

●*Hotel Litava,* náměstí Marie Poštové 49, Tel. (0311) 625256, Kapazität 250 Betten, DZ 75 DM. Neues und modernes Hotel, Zimmer mit TV, Telefon, Bad und WC.

●*Hotel Na ostrově,* Na ostrově, Tel. (0311) 623244, Kapazität 100 Betten, DZ 80 DM. Neues modernes Hotel am Zusammenfluß des Berounka- und Litavka-Flusses. Komfortabel eingerichtete Zimmer.

### An- und Weiterreise

●Es existieren gute *Zug- und Busverbindungen* von und nach Prag. Die Fahrt dauert etwa eine Stunde. Züge fahren ab dem Hauptbahnhof und dem Smíchov-Bahnhof.

### Burg Křivoklát

Ungefähr auf halber Strecke zwischen Beroun und Rakovník *inmitten ausgedehnter Wälder* erhebt sich die Burg Křivoklát.

Sie wurde in der Mitte des 13. Jh. erbaut und diente als *Residenz der böhmischen Könige* und als *Jagdschloß. Karl IV.* und sein Sohn *Václav IV.* pflegten in den hiesigen Wäldern oft auf die Jagd zu gehen.

Nach einem großen *Brand* im Jahr 1422, der sich während der Regierungszeit von *Wladislaw Jagiello* ereignete, wurde die Burg umgestaltet.

Trotz *mehrfacher Umbauten,* u.a. in der zweiten Hälfte des 19. Jh. und zu Beginn des 20. Jh., behielt die Burg bis heute ihren *gotischen Charakter.* Ihre historischen Räume, ihre Ausstellung spätgotischer Malerei und Plastik und ihre Bibliothek machen die Burg zu einem attraktiven Touristenziel.

●Burg Křivoklát, Tel. (0313) 98120, geöffnet April-Dezember Di.-So. 9.00-17.00, im April, Oktober-Dezember nur bis 16.00 Uhr.

### An- und Weiterreise

●Am besten fährt man mit dem *Pkw.* Die *Busverbindung* von und nach Beroun oder Rakovník ist sehr zeitaufwendig.

### Kladno

Etwa 25 km westlich von Prag liegt die *schmucklose Stadt* Kladno. Das *industrielle Zentrum* und Sitz der riesigen Stahlwerke, einst ein Musterwerk der kommunistischen Industrie, kämpft heute ums Überleben.

Die *Altstadt* der traditionsreichen Bergbaustadt Kladno, in welcher seit Mitte des 18. Jh. Steinkohle gefördert wird, ist düster, heruntergekommen und mit grauen Hochhäusern bebaut. Es gibt nur *wenig Grund herzukommen.*

### Information

●*ČEDOK,* náměstí star. Pavla 4, Tel. (0312) 622361.

●*SemTrio Klub,* ČSA 3231, geöffnet Mo.-Fr. 9.00-24.00, Sa., So. 13.00-24.00 Uhr.

### Unterkunft

●*Hotel Kladno,* Sitna-Kladno, Tel. (0312) 661667, Kapazität 180 Betten, DZ 80 DM. Zimmer mit TV, Telefon, Dusche und WC.

●*Integrovana střední škola a učiliště,* ul. 5. května 1870, Tel. (0312) 660054, Fax

**Mittelböhmen**

(0312) 661746, Kapazität 80 Plätze. Jugendherberge.

## Museen und Galerien

●*Regional-Museum* (Okresní muzeum), Zámek 1, Tel. (0312) 3758, geöffnet Di.-Fr. 9.00-12.00, 13.00-17.00 Uhr, Sa. 9.00-12.00, So. 13.00-17.00 Uhr, Mo. Ruhetag. Das Museum ist der Geschichte der Region gewidmet und befindet sich in einem Barockschloß, das von dem berühmten Baumeister *K. I. Dientzenhofer* umgestaltet wurde.

### An- und Weiterreise

●Von Prag aus fahren mehrmals stündlich *Busse* ab der Metro-Station Hradčanská her. *Züge* verkehren mehrmals tgl. ab dem Masaryk-Bahnhof,Reisedauer 40 Minuten.

## Třebíz

Etwa 20 km in nord-westlicher Richtung von Kladno entfernt, in der Nähe der Stadt Slaný befindet sich die Gemeinde Třebíz mit ihrem *Ethnographischen Museum der Slánsko-Region.*

Im Unterschied zu den meisten Freilichtmuseen, die eigens zu diesem Zweck angelegt werden, handelt es sich hier um ein *Freilichtmuseum in situ.* Das heißt, die hier zu besichtigenden Häuser aus dem 17. und 18. Jh. liegen in ihrer ursprünglichen Umgebung am Rande des Dorfes mit einem kleinen Teich und einer einfachen Kirche aus dem Jahr 1754. Zu den schönsten Gebäuden gehört das *Cífka-Gut* mit einer prächtigen gelben Barockfassade. In seinem Inneren ist eine Ausstellung über die Volksarchitektur der Region zu sehen.

●Etnographisches Museum der Slansko-Region (Národopisné muzeum Slánska), Třebiz, Tel. (0314) 9540, geöffnet Mai-Oktober Di.-So. 9.00-16.00 Uhr.

## Lidice

Das Dorf Lidice liegt etwa 20 km westlich von Prag in der Nähe der Industriestadt Kladno. Nachdem 1942 auf den Stellvertretenden Reichsprotektor *Reinhard Heydrich* in Prag ein Attentat verübt worden war, begingen *SS-Einheiten* am 10. Juni 1942 im Dorf Lidice ein *Massaker.* Sie steckten das Dorf in Brand und machten anschließend dem Erdboden gleich. Die 173 Männer des Dorfes wurden erschossen, die Frauen und Kinder ins KZ Ravensbrück verschleppt, wo viele von ihnen umkamen. Dem tragischen Schicksal entkamen nur 104 Kinder des Dorfes, die zwecks "Eindeutschung" nach Deutschland geschickt worden waren.

Schon während des Krieges wurde Lidice zum *Symbol des Kampfes gegen die Nazis.* Die hier begangene grausame Tat machte Schlagzeilen in der ganzen Welt.

Nach dem Krieg wurde an der Stelle, an der ehemals das Dorf gestanden hatte, ein einfaches *Kreuz* aufgestellt und ein *Rosengarten* mit gestifteten Rosen aus der ganzen Welt angelegt. Das *neue Dorf* Lidice wurde an neuer Stelle neben dem Rosengarten errichtet. Ein *Mahnmal* errinnert an die Ereignisse der tragischen Nacht vom 9. zum 10. Juni 1942. In dem kleinen, hier errichteten *Museum* informiert ein kurzer Film über die Lidice-Tragödie.

### An- und Weiterreise

●Es besteht von Prag aus *keine Zugverbindung* hierher. Jedoch halten alle *Busse* in Richtung Kladno am Parkplatz vor dem Museum in Lidice an.

# *Ostböhmen*

# *Überblick*

Den größten Teil von Ostböhmen bildet eine landschaftlich intensiv genutzte Tiefebene. Im Süden und im Osten der Region geht die Ebene allmählich in die Böhmisch-Mährische Höhe über, während sich im Norden der Region an der Grenze zu Polen die Gebirgszüge des Krkonoše (Riesengebirge) und des Orlické hory (Adlergebirge) erstrecken. Im Rie-

sengebirge befindet sich mit 1.602 Metern auch der höchste Berg des Landes, Sněžka (Schneekoppe).

Pardubice, Hradec Králové, Jičín und besonders Nové Město nad Metují sind die Städte Ostböhmens, die guterhaltene historische Marktplätze besitzen. Liebhabern von Schloßarchitektur ist der Besuch der Schlösser und Burgen in Opočno, Nové Město n.M., Kost und Litomyšl zu empfehlen. Naturfreunde sollten die

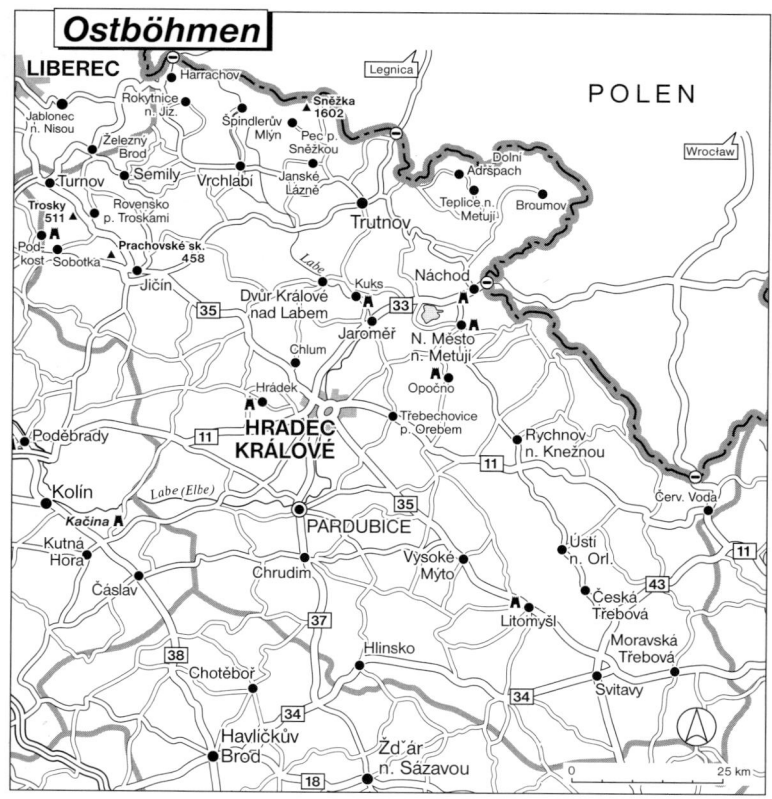

Sandsteinstädte Prachovské skály und Adršpašsko-teplické skály und natürlich das Riesengebirge besuchen.

# Český ráj

Český ráj, was wörtlich übersetzt "Tschechisches Paradies" heißt, ist die Bezeichnung für die Region, die ein Dreieck, bestehend aus den Städten Turnov, Sobotka und Jičín, bildet. Der Grund für die euphorische Namensgebung liegt in der Schönheit der hiesigen Hügellandschaft, die mit ihren vielen Wäldern, Felsstädten, Burgruinen, und h er besonders der malerischen Ruine der "Doppelburg" Trosky, Einheimischen und Besuchern gleichermaßen viele Reize bietet. Als ein Ausgangspunkt zum näheren Kennenlernen von Český ráj eignen sich die Städte Jičín und Turnov.

## Turnov

Die zweitwichtigste Stadt des Tschechischen Paradieses hat dem Besucher vergleichsweise **wenige historische Denkmäler** zu bieten. Bekannt wurde die Stadt Turnov durch die hier ansässige Produktion von Schmuck aus böhmischem Granat. Eine Touristenattraktion besonderer Art ist daher die **kostbare Halbedelsteinsammlung im Museum des Böhmischen Paradieses** (Muzeum Českého ráje), die von zahlreichen Besuchern aus dem In- und Ausland jährlich besucht wird.

Das **Schleifen von Edelsteinen** geht in Turnov ins 17. Jh. zurück. Schriftlich wird der erste "Steinschneider" im Jahre 1631 erwähnt. Am Ende des 18. Jh. waren in Turnov bereits 164 Steinschleifer tätig.

Die zweite wichtige Erwerbsquelle der Bevölkerung waren die hiesigen **Glashütten,** die das für die Herstellung von unechtem Schmuck notwendige Glas lieferten. Schmuck aus diesen falschen "Edelsteinen" war Ende des 19. und Anfang des 20. Jh. besonders unter den einkommensschwächeren Schichten sehr beliebt. Im Jahr 1884 wurde am Ort sogar eine **Fachschule für Schmuckherstellung** eingerichtet. Diese existiert hier bis heute und vermittelt den zukünftigen Glasschleifern, Goldschmieden, Kunstschlossern und Metallstechern das notwendige Wissen zur Ausübung dieser Berufe.

Am nördlichen Rand der Stadt befindet sich das **Schloß Hrubý Rohozec.** Die ursprünglich gotische Burg wurde um das Jahr 1600 im Renaissancestil umgebaut. Im Jahr 1822 wurde das Schloß dann wieder gotisiert. Die Ausstellung in den historischen Räumen gibt interessante Einblicke in die Wohn- und Kleiderkultur von der Renaissance bis zur Gegenwart. Zum Schloß gehört eine gepflegte Parkanlage, die unter Naturschutz steht.

●Schloß Hrubý Rohozec, Turnov, Tel. (0436) 21012, geöffnet April, Oktober nur Sa., So. 9.00-16.00 Uhr, Mai-September Di.-So. 9.00-17.00 Uhr.

## Information

●*Informační středisko,* Dvořákova 1, Tel./Fax (0436) 25500, geöffnet Mo.-Fr.

9.00-16.00 Uhr, im Sommer auch Sa., So. 9.00-17.00 Uhr. Die Information ist ca. 20 m vom Hauptplatz entfernt. Kartenverkauf, Zimmervermittlung.

## Museen und Galerien

● **Museum des Tschechischen Paradieses** (Muzeum Českého ráje), Skálova ulice, Tel. (0436) 22106, geöffnet Di.-Fr., 9.00-18.00 Uhr, Sa., So. 9.00-12.00 Uhr, 13.00-18.00 Uhr. In der mineralogischen Ausstellung sind verschiedene Edelsteine zu sehen, weitere Ausstellungen sind der Goldschmiedekunst und der Edelsteinbearbeitung, der Ethnographie und der Regionalgeschichte gewidmet.

## Unterkunft

● **Hotel Korunní princ,** náměstí Českého ráje 137, Tel./Fax (0436) 24212, Kapazität 75 Betten, DZ 70 DM. Es ist das beste Hotel der Stadt und liegt direkt am Marktplatz. Modern eingerichtete Zimmer mit TV, Telefon, Minibar, Dusche und WC.
● **Hotel Slávie,** Hluboká 146, Tel./Fax (0436) 22113, Kapazität 63 Betten, DZ 50 DM. Zentrale Lage, Zimmer mit Dusche, WC.
● **Hotel Karel IV.,** Žižkova 501, Tel. (0436) 23855, Kapazität 40 Betten, DZ 35 DM. Das Hotel liegt etwa 10 Minuten zu Fuß vom Stadtzentrum entfernt. Die Zimmer sind zwar einfach eingerichtet, haben aber Dusche und WC. Vorteilhaft für Gäste ist der eigene geschlossene Hotelparkplatz, außerdem gibt es einen Mountain-bike-Verleih.
● **Pension Eden,** Palackého 179, Tel. (0436) 23369, Kapazität 14 Betten, 25 DM pro Person. Zimmer mit Dusche, WC, Kochmöglichkeit. Außerdem Sauna, Fitneßzentrum, Mountain-bike- Verleih.

## Essen und Trinken

● Restaurant im Hotel Korunní princ auf dem Marktplatz.

## Einkaufen

● **Granát,** ulice 5. května, geöffnet Mo.-Fr. 9.00-17.00 Uhr, Sa. 9.00-12.00 Uhr. Ein Schmuckgeschäft vorwiegend mit böhmischem Granat, etwa 20 m vom Marktplatz entfernt.

● **Granát,** Palackého 187, geöffnet Mo.-Fr. 9.00.-12.00, 13.00-17.00 Uhr, Sa. 9.00-12.00 Uhr, böhmischer Granatschmuck.

## An- und Weiterreise

● Der **Bahnhof** liegt an der Ausfahrtstraße in Richtung Prag etwa 15 Minuten vom Stadtzentrum entfernt. Es besteht von hier eine gute Zugverbindung nach Ostböhmen und nach Prag.
● Neben dem Bahnhof befindet sich eine Bushaltestelle, an der **Busse** aus Prag anhalten, um von hier weiter nach Liberec und Jablonec zu fahren. Der größere Busbahnhof liegt im Stadtzentrum. Von hier bestehen gute Verbindungen nach Prag, Liberec und ins Riesengebirge.

## Burg Valdštejn (Waldstein)

Südlich von Turnov liegt die **Ruine** der Burg Valdštejn, die dem **berühmten Geschlecht Waldstein "Wallenstein"** seinen Namen gab. Die Burg wurde um 1260 gegründet und gehörte in den folgenden Jahrhunderten wechselnden Besitzern. Im 16. Jh. brannte sie völlig aus. Nach ihrem Wiederaufbau gehörte sie für einige Zeit *Albrecht von Wallenstein.* Die Ruine wurde im 19. Jh. teilweise romantisch umgestaltet.
● Burg Valdštejn, Turnov, Tel. (0436) 21384, April-Oktober nur sonntags 9.00-16.00 Uhr, Mai-September 9.00-16.30 Uhr.

## Doppelburgruine Trosky

Die Doppelburgruine von Trosky, das **Wahrzeichen des Tschechischen Paradieses,** steht auf vulkanischem Basaltgestein. Sie liegt ungefähr in der Mitte zwischen Jičín und Turnov und ist bereits von weitem zu sehen.

Im 14. Jh. wurde das mächtige Gebäude strategisch günstig auf einem

Hügel plaziert. Die ursprüngliche Burg bestand aus *zwei Wohntürmen,* die sich auf zwei Gipfeln gegenüberstanden. Der höhere wird im Volksmund *Panna (Jungfrau),* der niedrigere und mächtigere *Baba (Großmutter),* genannt. Zwischen den Türmen entstanden zwei Burghöfe mit etlichen Wirtschaftsgebäuden.

Die Burg, die über Jahrhunderte hinweg als uneinnehmbar galt, wechselte oft ihren *Besitzer.* Nach dem Tod des letzten Besitzers, welcher *Albrecht von Wallenstein* war, wurde die Burg verlassen, verödete langsam und wurde zu einer *interessanten Ruine. Alexander von Humboldt,* der die Ruine im 19. Jh. besuchte, verglich sie aufgrund ihrer majestätischen Großartigkeit und Einsamkeit in der flachen Landschaft mit einer ägyptischen Pyramide.

●Trosky, Rovensko pod Troskami, geöffnet April, Oktober nur Fr., Sa., So. 9.00-16.00 Uhr, Mai-September Di.-So. 8.00-17.00 Uhr.

### An- und Weiterreise

●Falls man mit dem *Zug* ankommt, muß man an der Haltestelle Ktová (Strecke Jičin – Turnov) aussteigen, um dann mit dem *Bus* aus Jičin oder Turnov nach Rovensko pod Troskami zu fahren.

### Sobotka

Einige Kilometer südlich von der Burgruine Trosky liegt Sobotka. Die *kleine Stadt* hat dem Besucher außer einigen pittoresken Fachwerkhäusern aus dem 18.-19. Jh. *nicht viel zu bieten.* Die meisten Besucher passieren Sobotka lediglich, um in Richtung Podkost zu gelangen.

### Burg Kost

Die Burg Kost ist die *größte und* gleichzeitig die *besterhaltene Burg des Tschechischen Paradieses.* Sie wurde in der Mitte des 14. Jh. von Mitgliedern des Geschlechts *Vartemberk* erbaut. Bis auf den westlichen Flügel, der im 16. Jh. umgebaut wurde, und Wirtschaftsgebäuden aus der gleichen Zeit, stellt Kost eine *rein gotische Burg* ohne große Umbauten dar. In den 60er Jahren unseres Jahrhunderts wurde die Burg rekonstruiert. Heute ist hier eine beachtliche *Sammlung gotischer Kunst* aus Tschechien untergebracht.

●Burg Kost, Tel. (0433) 7144, geöffnet Mai-September Di.-So. 8.00-17.00 Uhr.

### Jičín

Das am Cidlina-Fluß gelegene Jičín befindet sich etwa auf halber Strecke zwischen dem Riesengebirge und der Elbe-Ebene.

Die Stadt, die als *Tor zum Tschechischen Paradies* bezeichnet wird, erlebte ihre Blütezeit in der ersten Hälfte des 17. Jh. Damals wurde sie zur *Hauptstadt des Herzogtums Frýdlant* (auch Friedland geschrieben) erhoben.

Der Herzog von Frýdlant, besser bekannt als *Albrecht von Waldstein (Wallenstein),* war im 17. Jh. eine berühmte Persönlichkeit. In Jičín ließ der wirtschaftlich so geschickte Feldherr praktisch den ganzen *Marktplatz* in der Form gestalten, wie er heute noch erhalten ist. Mit den Bauarbeiten wurde im

**Ostböhmen**

Marktplatz von Jičín

Jahr 1623 begonnen, zwei Jahre später wurde mit dem Bau des *Schlosses* angefangen, das an der südlichen Seite des Marktplatzes liegt. Nach einem Brand im 18. Jh. wurde das ganze Gebäude umgebaut. Seine heutige Empire-Fassade stammt jedoch aus dem 19. Jh.

Im Jahr 1813 beherbergte das Jičíner Schloß den österreichischen *Kaiser Franz I.* Das Resultat seines Aufenthaltes und der Verhandlungen zwischen österreichischen und russischen Generälen war der Pakt gegen Napoleon, der auch als "Heilige Allianz" bekannt ist. Heute sind im Schloß eine *Kunstgalerie,* ein *Museum* und einige weitere öffentliche Institutionen untergebracht.

Neben dem Schloß steht die *St.-Jakobs-Kirche,* mit deren Bau im Jahr 1627 begonnen wurde. Nach dem gewaltsamen Tod von *Wallenstein* im Jahr 1634 unterbrach man die Arbeiten, so daß der Bau erst ungefähr 100 Jahr später im Barockstil abgeschlossen wurde.

In der Nähe der Jakobskirche befindet sich der *Turm Valdická brána,* der in den Jahren 1568-78 als Teil der neuen Stadtmauer errichtet wurde. Der 52 Meter hohe Turm bietet dem Besucher eine bemerkenswerte Aussicht über die Umgebung.

Weiterhin sehenswert sind die den Marktplatz umsäumenden *prächtig geschmückten Bürgerhäuser,* deren Mehrzahl in der Blütezeit der Stadt im 17. Jh. errichtet wurde. Westlich vom Marktplatz befindet sich die gotische *St.-Ignazius-Kirche.* Das aus dem 14. Jh. stammende Gotteshaus ist das älteste Gebäude der Stadt.

## Information

●*Městské informační centrum,* Valdštejnovo náměstí 1, Tel. (0433) 24390, geöffnet Mo.-Fr. 9.00-18.00 Uhr, Sa., So. 9.00-
16.00 Uhr. Die örtliche Info-Stelle befindet
sich im Hof des Wallensteinpalastes, der am
Markplatz liegt. Zimmervermittlung, Karten
und Reiseführerverkauf.

## Unterkunft

●*Penzion U české koruny,* Valdštejnovo
náměstí 77, Tel. (0433) 21241, DZ 50 DM.
Eine Minipension direkt am Markplatz, zwei
große Zimmer mit Blick auf den Marktplatz,
familiäre Atmosphäre, von Nachteil sind die
getrennt für jedes Zimmer auf dem Flur gelegenen Bäder und WCs.
●*Hotel Paříž,* Žižkovo náměstí 3, Tel.
(0433) 22750, Fax (0433) 24510, Kapazität 40 Betten, 35 DM. Nur drei Zimmer verfügen über eine eigene Dusche und WC,
sonst Dusche, WC auf dem Flur.

Der Turm Valdická brána

## Essen und Trinken

●*U Valdštejna,* Valdštejnovo náměstí, Tel.
(0433) 22695, geöffnet Mo.-Sa. 10.00-
23.00. Eine Weinstube direkt am Marktplatz, alte Räume, getäfelte Wände, gute
Auswahl an Speisen und Getränken.
●*Na rynečku,* náměstí Svobody 19, Tel.
(0433) 24857, geöffnet Mo.-Do. 11.00-
23.00 Uhr, Fr. 11.00-24.00 Uhr, Sa. 18.00-
24.00 Uhr, So. geschlossen. Ein modern
eingerichtetes Restaurant unweit des Marktplatzes.
●*U Kubínů,* Nerudova 82, Tel. (0433)
23346, geöffnet Mo.-Fr. 10.00-22.00 Uhr,
Sa. 10.00-23.00 Uhr, So. 11.00-15.00 Uhr.
Eine kleine Weinstube in der Nähe des
Marktplatzes.
●*Volf,* Husova 39, Tel. (0433) 21538,
geöffnet Mo.-So. 9.00-11.00 Uhr. Ein modern eingerichtetes kleines Restaurant unweit des Marktplatzes.

## Museen und Galerien

●*Regional-Museum und Galerie* (Okresní
muzeum a galerie), Valdštejnovo náměstí,
Tel. (0433) 22204, geöffnet Di.-So. 9.00-
17.00 Uhr. Das Regional-Museum ist im Wal-
lensteinpalast untergebracht und ist der Geschichte des Tschechischen Paradieses von
der Eiszeit bis zur Gegenwart gewidmet.

## Einkaufen

●*Top Geo,* Husova 121, Tel. (0433) 21584,
geöffnet Mo.-Fr. 9.00-12.00 Uhr, 13.00-
18.00 Uhr, Sa. 8.00-12.00 Uhr. Edelstein-
Schmuck, Fossilien, Mineralien.

## An- und Weiterreise

●Bahnhof und Busbahnhof liegen in der
Nähe des Stadtzentrums. Es bestehen gute
*Busverbindungen* nach Prag, ins Riesengebirge und nach Turnov. Außerdem gibt es
dreimal täglich eine direkte *Zugverbindung*
nach Prag. Ansonsten muß man in Turnov
oder Nymburk umsteigen.

## Prachovské skály

Prachovské skály ist *eine von mehreren Sandsteinfelsstädten,* die

**Ostböhmen**

zwischen Turnov und Jičín liegen. Heute ist dieses Sandsteingebiet mit seinen unzähligen Schluchten, Türmen, Aussichtsterrassen und anderen Natursehenswürdigkeiten ein *beliebtes Besucherziel.*

Um diese *einmalige Landschaft* zu erhalten, wurde das gesamte Gebiet von Prachovské skaly unter *Naturschutz* gestellt.

Die Felsstädte waren *in der Vergangenheit besiedelt.* Archäologische Funde beweisen die Präsenz von Menschen in dieser Umgebung bereits in der Steinzeit.

# Riesengebirge (Krkonoše)

## Überblick

Krkonoše oder das Riesengebirge ist das höchste Gebirge des Landes und bildet die **Grenze zwischen Tschechien und Polen.** Hier befindet sich die *Sněžka (dt. Schneekoppe),* die mit 1.602 Metern *der höchste Berg des Landes* ist.

Bereits seit vielen Jahren bildet das Riesengebirge das *beliebteste Wintersportzentrum des Landes.*

Die hier vorliegende Beschreibung des Riesengebirges beginnt bei der Stadt Vrchlabí, von wo aus Straßen in vier Haupttäler des Gebirges führen.

## Geschichte

Die *Besiedlung* der Gegend um das Gebirge herum begann zwar bereits im 12.-13. Jh., seine wirtschaftliche Blüte erlebte das

Gebiet jedoch erst erheblich später. Zu den ältesten Gemeinden gehört die heutige Stadt Jilemnice, die schon im Jahr 1352 schriftlich erwähnt wird. Quellen aus dem Jahr 1456 berichten über einen Venezianer, der hier mit zwei Freunden nach Gold suchte. Gold und Halbedelsteine zogen in späteren Jahrhunderten immer wieder *italienische Migranten* an. Einen rapiden Anstieg der Bevölkerungszahl erlebte das Gebiet im 16. und 17. Jh. Dieser stand im Zusammenhang mit dem *Zustrom deutscher Siedler,* die sich hier hauptsächlich dem Bergbau und der Glaserzeugung widmeten. Diese beiden Wirtschaftszweige und ab dem 19. Jh. die Textilindustrie waren für lange Zeit gemeinsam mit der Holzgewinnung die *Haupterwerbsquellen* der hiesigen Bevölkerung.

Die wichtigste Erwerbsquelle der Gegenwart ist der *Fremdenverkehr,* der sich hier im 19. Jh. zu entwickeln begann. Vorgänger der heutigen Touristen waren *Pilger,* die bereits seit dem 17. Jh. zu einer auf der Schneekoppe errichteten Kapelle wanderten. Zu Beginn des 19. Jh. pilgerten bereits mehr als 2.000 Leute jährlich zum höchsten Berg des Riesengebirges.

Im Jahr 1812 wurde hier die *erste Herberge* eröffnet. Weitere folgten bald. Diese bestanden zunächst aus einfachen Hütten, in denen Besucher Unterkunft und Verpflegung bekamen. Diese Hütten nannte man *bouda,* auf deutsch Baude. Eine der ältesten Bauden ist die im Jahr 1830 eröffnete Labská bouda, die heute jedoch keine einfache Herberge, sondern ein Hotel der Mittelklasse ist.

Als eine weitere Folge der kontinuierlich steigenden Besucherzahl wurden in den 70er Jahren des 19. Jh. die *ersten markierten Wanderwege* eingerichtet.

Am Ende des 19. Jh. wurden die Städte Rokytnice nad Jizerou und Žacléř *ans Eisenbahnnetz angeschlossen,* womit der weitere Zustrom von Besuchern gewährleistet wurde.

Im Jahr 1880 wurde der *deutsche Riesengebirgsverein* und im Jahr 1903 der *tschechische Ski-Klub* gegründet, der hier das Skilaufen einführte.

### Vrchlabí

Vrchlabí, das den Sitz des Nationalparks Krkonoše beherbergt, ist ein *idealer Ausgangspunkt für Ausflüge ins Riesengebirge.*

Im Zentrum der Stadt befinden sich zwei Plätze. Am ersten Platz steht die aus den Jahren 1886-89 stammende *St.-Laurentius-Kirche* und etliche dekorative Häuser, die in der ersten Hälfte des 18. Jh. errichtet wurden (Häuser mit Nr. 11, 12, 18). Sie dienen heute als *Informationsstelle des Nationalparks.* Außerdem ist hier das *Riesengebirgsmuseum* untergebracht. Die Ausstellung ist der Volkskultur, der Volkskunst und der Geschichte des regionalen Tourismus gewidmet.

● Krkonošké muzeum, námesti Miru, Tel. (0438) 21011, geöffnet Di.-So. 9.00-12.00 Uhr, 13.00-16.00 Uhr.

In der Nähe, in einem ehemaligen Kloster, befindet sich die *zweite Abteilung des Riesengebirgsmuseums.* Diese Ausstellung konzentriert sich auf die Natur, Flora und Fauna des Riesengebirges.

● Riesengebirgsmuseum (Krkonošké muzeum), Husova 213, Tel. (0438) 21011, geöffnet Di.-So. 8.00-16.00 Uhr.

Auf dem viereckigen *Marktplatz,* zwischen der Hauptstraße und dem Park, steht das *barocke Rathaus,* das 1732-37 errichtet wurde. Außerdem befinden sich hier einige schóne Fachwerkhäuser. In der Nähe des Marktplatzes, in einem kleinen Park, erhebt sich ein *Schloß* aus dem 16. Jh.

### Information

● *Krkonoše Tour,* Východní 1276, Tel. (0438) 23332. Zimmervermittlung, Kartenverkauf, Auskunft.

### An- und Weitereise

● Da Vrchlabi an einer Nebenstrecke liegt, ist die **Zugverbindung** zu anderen Städten kompliziert. Es ist daher besser, den **Bus** zu nehmen. Da im Winter die Prag-Busse am Wochenende immer brechend voll sind, sollte man unbedingt schon in Prag Plätze für die Rückfahrt reservieren. Das gilt für alle Skizentren im Riesengebirge.

### Harrachov

Harrachov ist das westlichste Ferienzentrum im Riesengebirge. Von Vrchlabí führt die hier gewählte Route über Jilemnice und Jablonec nad Jizerou.

Das *populäre Wintersportgebiet* Harrachov liegt an der tschechisch-polnischen Grenze. Durch seine *Sprungschanzen* – die erste wurde bereits im Jahr 1929 gebaut – wurde das Dorf international bekannt. Schon zweimal (1983, 1992) wurden hier die *Skiflugweltmeisterschaften* veranstaltet.

Das im 17. Jh. gegründete Harrachov wurde nach seinem ehemaligen Besitzer *Graf Harrach* benannt, welcher einer der ersten Förderer des Fremdenverkehrs in der Region war. In den 70er Jahren des vorigen Jahrhunderts ließ er einen Wanderweg einrichten. Der heute nach ihm benannte Weg führt von Harrachov über Labská bouda nach Špindlerův Mlýn.

Harrachov hat eine lange und ungebrochene *Glasmachertradition,* die zurück ins 18. Jh. datiert, als hier

Ostböhmen

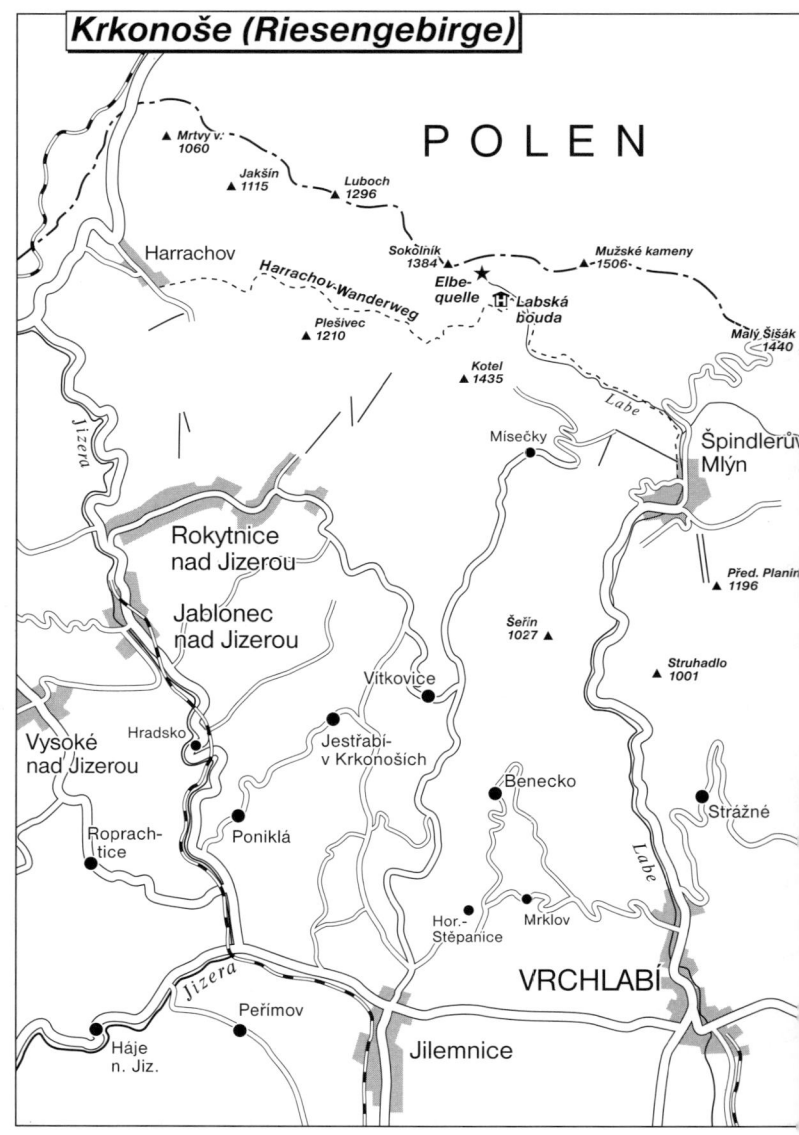

# Krkonoše (Riesengebirge)

POLEN

▲ Mrtvy v.: 1060

Jakšín ▲ 1115

Luboch ▲ 1296

Harrachov

Harrachov-Wanderweg

Sokolník 1384 ▲

Mužské kameny ▲ 1506

Elbe-quelle ★ 🅷 Labská bouda

Plešivec ▲ 1210

Malý Šišák < 1440

Kotel ▲ 1435

Labe

Misečky ●

Špindlerův Mlýn

Rokytnice nad Jizerou

Jizera

Jablonec nad Jizerou

Před. Planin ▲ 1196

Šeřín 1027 ▲

Struhadlo ▲ 1001

Vitkovice ●

Vysoké nad Jizerou

Hradsko ●

Jestřabí-v Krkonošich ●

Benecko ●

Strážné ●

Roprach-tice ●

Poniklá ●

Labe

Hor.-Štěpanice ●

Mrklov ●

VRCHLABÍ

Jizera

Peřimov ●

Háje n. Jiz.

Jilemnice

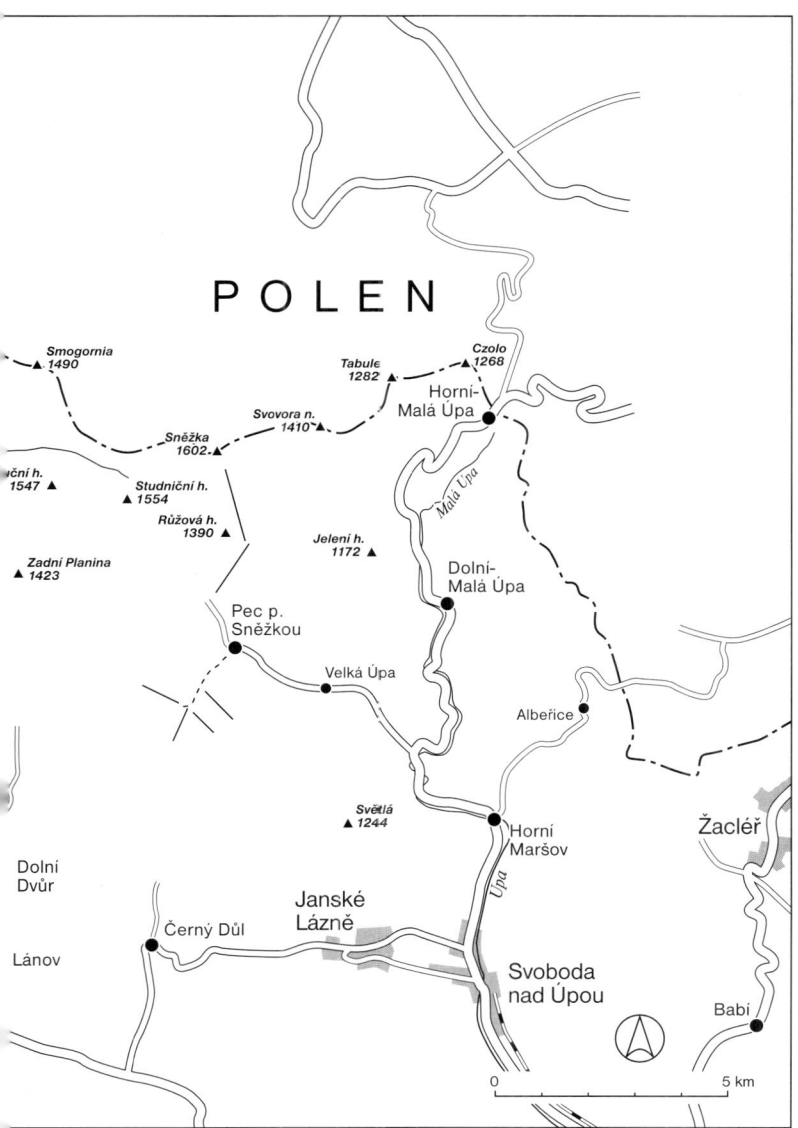

die erste Glashütte errichtet wurde. Im hiesigen Betrieb *Crystalex* wird geschliffenes oder geätztes Glas noch heute hergestellt. Über die Glasmachertradition erfährt man mehr im örtlichen **Glasmuseum** (Muzeum skla), das auch eine Verkaufsstelle beherbergt.

●Glasmuseum (Muzeum skla), Ortsteil Nový svět, Tel. (0432) 929347, geöffnet Mo.-Fr. 9.00-16.00 Uhr, Sa. 9.00-13.00 Uhr. Die Ausstellung ist der Glasherstellung gewidmet, die am Ort eine lange Tradition hat.

### Information
●*Městské informační centrum,* Tel. (0432) 528133.

### Unterkunft
●*Junior Hotel Fit & Fun,* Tel. (0432) 528117, Fax 92982, Kapazität 230 Betten, DZ 100 DM. Ideale Lage am Ende von zwei Pisten nur einige Meter von den Ski-Liften entfernt. Neues Hotel, höhere Preislage.
●*Hotel Skicentrum,* Tel. (0432) 528160. Modernes Hotel in der Nähe der Sprungschanzen. Zimmer mit Dusche, WC, 35 DM pro Person.

### Sport
●Zusammen mit Špindlerův Mlýn ist Harrachov das beliebteste Skisportzentrum des Landes. Die hiesigen **Skipisten** liegen auf einer Höhe zwischen 650 und 1.020 Metern. Insgesamt gibt es hier *1 Sessellift* und *14 Schlepplifte.* Die Gesamtlänge der Skipisten beträgt ca. 9 Kilometer, die Länge der *Loipen für den Langlauf* beträgt ca. 50 Kilometer.

### An- und Weiterreise
●Die **Zugverbindung** über Liberec ist kompliziert und mit Umsteigen verbunden. Es gibt aber direkte **Busverbindungen** nach Prag, Brno, zu anderen ostböhmischen Städten und der polnischen Stadt Jelenia Gora.

## Špindlerův Mlýn (Spindlermühle)

Špindlerův Mlýn, das im mittleren Teil des Riesengebirges liegt, ist heute *eines der beliebtesten Wintersportzentren in Tschechien.*

Die **Entwicklung zum Ferienort** begann, nachdem in den Jahren 1853-71 eine Straße gebaut wurde, die den Ort mit Vrchlabí verband. Während Špindlerův Mlýn damals nur ein paar hundert Gäste aufsuchten, sind es heute Hunderttausende. Dementsprechend wird das *Erscheinungsbild* des in einem langen Tal gelegenen Ortes von Hotels, Pensionen, Restaurants und natürlich von Skiliften beherrscht. *Im Sommer* ist Špindlerův Mlýn ein idealer Ausgangspunkt für Wanderungen zur Labská bouda.

### Unterkunft
●*Arnika,* Tel. (0438) 93071, 93617, Fax 93745. Modernes Hotel in ruhiger Lage direkt an der Talsperre, Zimmer mit Dusche, WC, Fitneßzentrum, Schwimmbad, Sauna, Mountain-bike-Verleih und Tennisplatz. Im Winter fährt von hier ein Pendelbus zum Skiareal Svatý Petr.
●*Hotel Horal,* Tel. (0438) 93751-5, Fax 93756, Kapazität 315 Betten, DZ 80 DM, im Winter DZ ab 100 DM. Großes Hotel im Ortsteil Svatý Petr, komplett eingerichtete Zimmer, Schwimmhalle, Sauna, Fitneßzentrum, Tennisplatz (im Winter Tennishalle), Sportzubehör- Verleih.

### Sport
●Die **Skipisten** liegen zwischen ca. 700 und 1.200 Metern. Insgesamt gibt es hier *zwei Sessellifte* und *sieben Schlepplifte.*

### An- und Weiterreise
●Da es *keine Zugverbindung* gibt, ist man auf den Bus angewiesen. Es besteht eine di-

rekte **Busverbindung** nach Prag und zu vielen anderen böhmischen und mährischen Städten (z.B. Olomouc, Ostrava, Brno). Am besten reist man mit dem eigenen Wagen an.

## Pec pod Sněžkou

Um von Vrchlabí nach Pec pod Sněžkou zu gelangen, fährt man über die Orte Janské Lázně, Svoboda nad Úpou und Velká Úpa.

Der sowohl als **Wintersportzentrum** wie auch als **Sommerfrische** beliebte Ort liegt auf einer Höhe von ca. 770 Metern im östlichen Teil des Riesengebirges.

Schon im 16. Jh. wurden hier Buntmetallerze gefördert und verarbeitet. Nachdem die örtlichen **Schmelzöfen** in der zweiten Hälfte des 18. Jh. geschlossen wurden, geriet das Bergstädtchen in Vergessenheit, bis es touristisch erschlossen wurde. Nachdem hier im Jahr 1948 ein **Sessellift auf die Schneekoppe** in Betrieb genommen wurde, begannen die Besucherzahlen deutlich zu steigen. Heute gehört Pec zusammen mit Špindlerův Mlýn und Harrachov zu den beliebtesten Wintersportzentren von Tschechien.

## Information

●**Reisebüro Turista,** 54221 Pec pod Sněžkou, Tel./Fax (0439) 962380. Das Reisebüro befindet sich im Ortszentrum an der Kreuzung nahe dem Hotel Máj, Zimmervermittlung.

## Unterkunft

●**Hotel Horizont,** Malá Pláň 141, Tel. (0439) 962121-4, Fax 962378, Kapazität 250 Betten, DZ 65 DM, im Winter DZ 110 DM. Das beste Hotel in Pec, modernes

Hochhaus im Ortszentrum, Zimmer mit Dusche, WC, TV und Telefon. Hallenbad, Sauna, Bowling, Squash, Fitneßzentrum, Sportartikel-Verleih. Für Familien mit Kindern eignet sich die Unterkunft in der zum Hotel gehörenden Dependance Regata Garni, etwa 500 Meter vom Hotel Horizont entfernt. Die Suites bestehen aus zwei Schlafzimmern, Küche, Bad und WC.

●**Pension Vysoká Stráž,** Tel. (0439) 962229, Fax 962188, DZ 27 DM. Familienpension, ruhige Lage, Zimmer mit Dusche, WC, TV. Tennisplatz, Sauna.

●**Pension Avia,** Tel. (0439) 962253, Fax 962188. Familienpension, ruhige Lage, einfache Zimmer, gemeinsame Duschen und WCs auf dem Flur, pro Person 20 DM.

●Im Ort gibt es viele **private Zimmer** und Pensionen sehr unterschiedlicher Qualität (pro Person 20-30 DM), bei älteren Häusern ist damit zu rechnen, daß Dusche/WC auf dem Flur sind. Im Winter ist es schwierig, ohne Vorbestellung ein Zimmer zu finden, deshalb lieber vorher reservieren oder sich ans Reisebüro *Turista* wenden (s. oben).

## Museen und Galerien

●**Riesengebirgsmuseum** (Krkonošské muzeum), Tel. (0439) 962411, geöffnet im Juli, August Di.-So. 8.00-12.00 Uhr, 13.00-15.00 Uhr, in den übrigen Monaten geöffnet Mi.-So. zu den gleichen Zeiten. Das Museum befindet sich etwa zwei Kilometer von Pec entfernt am Anfang des Kessels Obří důl. Die Ausstellung ist dem Riesengebirge gewidmet.

## Sport

●Die gesamte Länge der hiesigen **Pisten** beträgt ca. 12 Kilometer, es gibt hier **vier Sessellifte** und **sechs Schlepplifte.** Für den Langlauf stehen 20 km **Loipen** zur Verfügung, darüber hinaus gibt es weitere 80 Kilometer Strecken, die langlauftauglich sind, u.a. die Strecke, die auf den Hauptkamm des Riesengebirges führt. Skipisten und Loipen erstrecken sich über ein weites Gebiet zwischen Pec, Úpa und dem Gipfel der Sněžka auf einer Höhe zwischen ca. 800 und 1.600 Metern.

**Ostböhmen**

## An- und Weiterreise

● Am besten reist man mit dem eigenen *Pkw* an. Der örtliche Busbahnhof befindet sich in der Nähe des Ortszentrums. Es gibt ca. zehnmal täglich *Busse* von und nach Prag, die Busse sind jedoch besonders im Winter und am Wochenende brechend voll. Eine Rückfahrtreservierung ist daher empfehlenswert. Es gibt *keine Zugverbindung,* der nächste Bahnhof ist in Svoboda nad Úpou, etwa 10 Kilometer entfernt.

## Trutnov (Trautenau)

Die *Textilstadt* Trutnov, auf deutsch Trautenau, liegt am Úpa-Fluß im Riesengebirgsvorland. Die erste schriftliche Erwähnung der Stadt stammt von 1260, als die Gegend größtenteils von *deutschen Kolonisten* besiedelt wurde. Im Jahr 1360 erhielt Trutnov die Stadtrechte, und bis zum 16. Jh. bildete es eine der Leibgedingestädte der böhmischen Königinnen.

Trutnov besitzt einen stattlichen quadratischen *Marktplatz mit Laubengängen und alten Bürgerhäusern* zu allen Seiten. Die Mitte des Platzes zieren der *Rübezahlbrunnen* aus dem Jahr 1892 und eine *Barocksäule* aus dem Jahr 1704. Das hiesige im Renaisssancestil erbaute *Rathaus* wurde im 19. Jh. im neogotischen Stil umgebaut.

### Information

● *Informační centrum,* Krakonošovo nám. 72, Tel. (0439) 6429. Die Info-Stelle befindet sich im Rathaus auf dem Marktplatz.

### Unterkunft

● *Hotel Bohemia,* Palackého 81, Tel. (0439) 811951. Zimmer mit Dusche, WC, DZ 70 DM. Das Hotel ist in einem alten Bürgerhaus nur einige Meter vom Marktplatz entfernt untergebracht.

● *Hotel Adam,* Havlíčkova 10, Tel. (0439) 811955. Zimmer mit Dusche, WC, DZ 90 DM. Zentrale Lage in der Nähe des Marktplatzes.

● *Pension Úsvit,* M. Gorkého 421, Tel. (0439) 811405, Fax (0439) 826406, Kapazität 200 Plätze.

## Museen und Galerien

● *Museum des Riesengebirgsvorlandes* (Muzeum Pcdkrkonoši), Školní 150, Tel. (0439) 2036, geöffnet Di.-So. 9.00-12.00 Uhr, 13.00-17.00 Uhr. Regional-Geschichte, Geschichte der Preußisch-österreichischen Kriege.

## An- und Weitereise

● Der *Hauptbahnhof* (Hlavní nádraží), Tel. (0439) 811256, befindet sich nördlich des Marktplatzes unmittelbar am Úpa-Fluß. Einmal täglich gibt es von hier eine direkte Schnellzugverbindung nach Prag, sonst ist die Verbindung kompliziert und mit Umsteigen verbunden.

● Gut sind die *Busverbindungen* nach Prag, Hradec Králové und Vrchlabí. Der Busbahnhof, Tel. (0439) 811286, liegt auf der anderen Seite des Flusses, etwa 250 Meter vom Marktplatz entfernt.

# Hradec Králové (Königgrätz)

Hradec Králové, größte Stadt und sozio-ökonomisches *Zentrum Ostböhmens,* liegt inmitten einer Ebene am Zusammenfluß von Elbe und Orlice etwa 100 km östlich von Prag. *Archäologische Funde* beweisen die Existenz einer Siedlung bereits im 12. Jh. v. Chr.. Die heutige Stadt wurde an der Stelle einer wahrscheinlich im Jahr 1225 von *Přemysl Otakar I.* gegründeten *slawischen Siedlung* errichtet. Seit dem 14. Jh. war Königgrätz, wie die deutsche

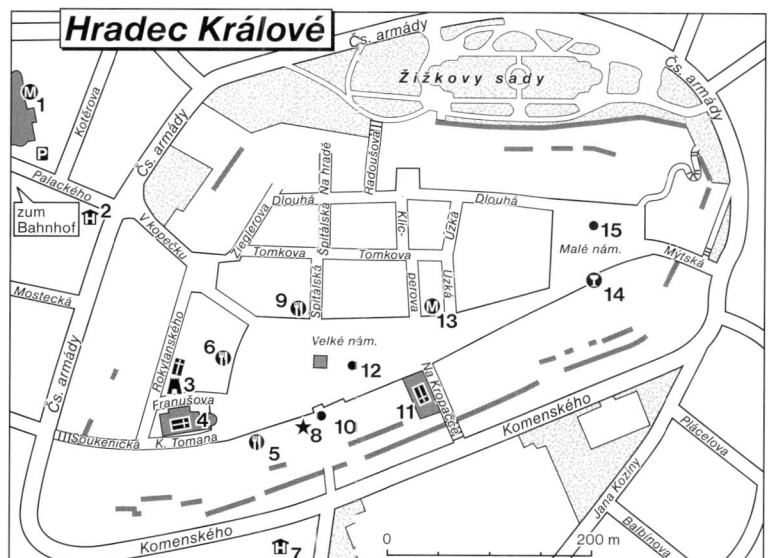

- Ⓜ 1 Ostböhmisches Museum
- ⌂ 2 Grandhotel Bystrica
- ♠ 3 Weißer Turm
- ⅱ 4 Kirche des heiligen Geistes
- ⑪ 5 Restaurant U radnice
- ⑪ 6 Rathaus, Gaststätte Pod věží
- ⌂ 7 Hotel Stadion
- ★ 8 Bischofsresidenz
- ⑪ 9 Pizzeria al dente
- ● 10 Haus U Špuláků
- ⅱ 11 Mariä-Himmelfahrt-Kirche
- ● 12 Marktplatz (Velké náměstí)
- Ⓜ 13 Galerie moderner Kunst
- ⊙ 14 Bierstube Černý kůň
- ● 15 Kleiner Platz (Malé náměstí)
- ▬ Stadtmauer

Bezeichnung der Stadt lautet, Leib-gedingestadt und **Residenzstadt der böhmischen Königinnen.** Als erste residierte hier *Königin Eliška Rejčka,* die Witwe des böhmischen Königs *Wenzel II.* Aus dieser Zeit stammt auch die Bezeichnung der Stadt *Králové,* d.h. "Königliche".

Königgrätz besteht aus *zwei völlig unterschiedlichen Teilen:* der Alt- und der Neustadt. Die **Altstadt** wur-de 1765-80 von einer dicken Stadt-mauer umgeben, um bis 1868 als größte Festung des Landes zu die-nen. Ein Modell der Stadt als Fest-ung befindet sich heute im hiesigen Ostböhmischen Museum. In den 80er Jahren des 19. Jh. begann man, die Stadtmauer abzureißen und den Charakter der Stadt zu verän-dern. Die **Neustadt** von Hradec

Kirche des heiligen Geistes

Králové dagegen entstand zu Anfang unseres Jahrhunderts praktisch auf einer grünen Wiese am anderen Ufer des Flusses Orlice. Die architektonische Gestaltung der Neuen Stadt übernahmen die prominenten Architekten *Jan Kotěra* und *Josef Gočár.*

Das Zentrum der Altstadt von Königgrätz bildet der unregelmäßige Marktplatz, **Velké náměstí (Großer Platz),** an den sich der **Malé náměstí (Kleiner Platz)** im Osten anschließt. Die beiden Plätze sind als Ausgangspunkt für einen Spaziergang durch die Altstadt bestens geeignet.

Die gotische **Kirche des heiligen Geistes** auf dem Marktplatz wurde von *Königin Eliška Rejčka* im Jahr 1307 in Auftrag gegeben. Das Gotteshaus ist der wichtigste gotische Bau der Stadt. Nachdem es im Laufe der Zeit mehrmals durch Feuer beschädigt

worden war, erfolgte in den Jahren 1788-89 seine Umgestaltung im Barockstil. In der zweiten Hälfte des 19. Jh. schließlich wurde es wieder im gotischen Stil umgebaut. Im Inneren der Kirche, die eine der wenigen Backsteinkirchen des Landes ist, verdient im südlichen Kirchenschiff der gotische Altar aus dem Jahr 1494 die Aufmerksamkeit des Besuchers. Ebenfalls von hohem Wert ist ein Gemälde des berühmten Barockmalers *Peter Brandl,* das den nördlichen Nebenaltar schmückt.

Der neben der Kirche stehende **Weiße Turm** wurde in der zweiten Hälfte des 16. Jh. errichtet. Die auf dem 68 Meter hohen Turm eingerichtete **Aussichtsplattform** bietet dem Besucher einen herrlichen Blick über die ganze Stadt. Auf dem Turm befindet sich die zweitgrößte Glocke des Landes, die Augustín heißt und aus dem 15. Jh. stammt. Die Aussichtsplattform ist Di.-So. 9.00-12.00 Uhr und 13.00-17.30 Uhr geöffnet.

An der westlichen Seite des Marktplatzes, in der Nähe des Weißen Turmes, steht das aus dem 15. Jh. stammende **Rathaus** der Gemeinde, dessen zweites Stockwerk erst im 19. Jh. errichtet wurde. Gleichzeitig wurde seine Fassade im Empire-Stil umgestaltet.

Eines der prächtigsten am Marktplatz gelegenen Gebäude ist die **Bischofsresidenz,** die sich in der Nähe der Kirche an der Südseite des Velké náměstí befindet. Sie wurde in den Jahren 1709-10 errichtet. Gleich neben der Bischofsresidenz liegt der zweite sehenswerte Barockpalast des Ortes, das **Haus U Špu-**

Ostböhmisches Museum

*láků.* Das prächtige Gebäude entstand in der Mitte des 18. Jh. durch eine umfassende Rekonstruktion des hier vorher existierenden Renaissance-Palastes. Neben diesen zwei Barockpalästen erhebt sich die **Mariä-Himmelfahrt-Kirche,** die nach einem Plan *Carlo Luragos* in den Jahren 1654-66 errichtet und im Jahr 1762 umgebaut wurde. Sehenswert sind die im Inneren der Kirche befindlichen Gemälde von *Peter Brandl*, die den *hl. Jan Nepomuk* und den *hl. Ignazius* darstellen.

Unter den modernen Gebäuden der Stadt sind besonders zwei erwähnenswert. Beide befinden sich in der Nähe des Marktplatzes. Zum einen handelt es sich um das **Grandhotel Bystrica** an der Straße Čs. armády, das in den Jahren 1903-4 nach einem Plan des Architekten *Jan Kotěra*

errichtet wurde. Sehenswert ist auch das Innere des Hauses, das seinen Jugendstilcharakter bis heute weitgehend bewahrt hat. (Zur Zeit steht das Hotel leer, es soll rekonstruiert werden, wenn ein neuer Besitzer gefunden ist.) Ebenfalls einen Besuch wert ist das an der Uferstraße (Eliščino nábřeží) gelegene **Ostböhmische Museum,** das ebenfalls von *Jan Kotěra* entworfen wurde. Das Museum, das in den Jahren 1909-12 entstand, gilt allgemein als eines der gelungensten Werke des Architekten.

Auf der anderen Seite des Flusses liegt der **neue Stadtteil** Hradec Královés. Sehenswert ist hier das an der Uferstraße Tylovo nábřeží gelegene Gebäude des **Tyl-Gymnasiums,** das in den Jahren 1925-27 nach einem Entwurf von *Josef Gočár* errichtet wurde.

## Information
●*i-centrum,* Gočárova 1225, Tel. (049) 34021. Die Information liegt in der Nähe des Busbahnhofes, geöffnet Mo.-Fr. 8-18 Uhr, Kartenverkauf: Sa., So. 10-17 Uhr.
●*Kerberos,* Hradecká 674, im Gebäude der Technischen Mittelschule, geöffnet Mo.-Fr. 18.00-22.00 Uhr.

## Unterkunft
●*Hotel Černigov,* Riegrovo náměstí 1499, Tel. (049) 5814263, Fax (049) 32998, Kapazität 350 Betten, DZ 110 DM. Das beste Hotel der Stadt liegt gegenüber dem Bahnhof etwas außerhalb des historischen Zentrums, Zimmer mit allem Komfort.
●*Hotel Allesandria,* SNP 733, Tel. (049) 45050, Kapazität 180 Betten, DZ 80 DM. Mit allem Komfort eingerichtete Zimmer. Das Hotel liegt außerhalb des Zentrums.
●*Hotel Stadion,* Komenského ulice, Tel. (049) 23911. Das Hotel liegt beim Eishockeystadion etwa fünf Minuten vom Marktplatz, Zimmer mit Dusche, WC, DZ 50 DM.

Ostböhmen

●*Hotel Stodýl,* Komenského 12, Tel. (049) 23911, Kapazität 70 Betten, Zimmer mit Dusche, WC, DZ 60 DM.

●*Hotel Garni,* Na Kotli 1147, Tel. (049) 27181, Fax (049) 25644, Kapazität 70 Plätze. Einfaches Hotel, dient als Jugendherberge.

### Essen und Trinken

●*Pod věží,* Velké náměstí 166, Tel. (049) 22303, geöffnet 11.00-1.00 Uhr. Einfache Bierstube auf dem Marktplatz.

●*U radnice,* Velké náměstí 39, Tel. (049) 23518, geöffnet 11.30-24.00 Uhr. Restaurant auf dem Marktplatz, im Sommer Sitzmöglichkeit auf dem Marktplatz.

●*Černý kůň,* Malé náměstí 10, geöffnet Mo-Do 10.00-23.00 Uhr, Fr., Sa. 10.00-24.00 Uhr, So. 11.00-24.00 Uhr. Einfache Bierstube unweit des Marktplatzes.

●*Pizzeria al dente,* Velké náměstí 151, Tel. (049) 27609, geöffnet 11.00-23.00 Uhr, Neben Pizza und Spaghetti auch Salatbar. Im Sommer Sitzmöglichkeit auf dem Marktplatz.

### Museen und Galerien

●*Galerie moderner Kunst* (Galerie moderního umění), Velké náměstí 139, Tel. (049) 27821-4, geöffnet Di.-So. 9.00-12.00 Uhr und 13.00-18.00 Uhr. Dauerausstellung tschechischer Malerei des 20. Jh. Maler wie z.B. *Filla, Kubišta, Váchal, Josef Čapek, Tichý, Muzika, Šíma* und andere sind in der hiesigen Kollektion vertreten.

●*Ostböhmisches Museum* (Muzeum východních Čech), Eliščino nábřeží 465, Tel. (049) 23416-7, geöffnet Di.-So. 9.00-12.00 Uhr, 13.00-17.00 Uhr. Dokumentiert wird hier die ostböhmische Lebensweise während des 19.-20. Jh., Trachten, Möbel, Glas und Keramik.

●*Galerie Barbara,* Střelecká 838, Tel. (049) 34967, geöffnet Mo.-Fr. 9.00-18.00 Uhr, Sa. 9.00-12.00 Uhr. Zeitgenössische Grafik, Gemälde und Keramik.

●*Galerie Nike,* Mostecká 280, geöffnet tgl. 10.00-18.00 Uhr, Sa. 9.00-12.00 Uhr. Grafik, Gemälde, Keramik.

●*Galerie Rondo,* Klicperova 140, Tel. (049) 23090. Keramik.

### An- und Weiterreise

●*Bahnhof* und *Busbahnhof* liegen nebeneinander im neuen Teil der Stadt relativ weit vom alten Stadtzentrum entfernt gegenüber dem Hotel Černigov. Zu Fuß gelangt man vom Busbahnhof in die Altstadt, indem man die Gočárova-Straße immer geradeaus bis zur Brücke geht. Auf der anderen Seite der Elbe beginnt der alte Stadtkern. Es sind zu Fuß etwa 20 Minuten. Eine andere Möglichkeit besteht darin, den Bus vom Bahnhof zu nehmen. Es gibt gute *Busverbindungen* nach Prag und zu allen grösseren Städten des Landes und eine gute *Bahnverbindung* nach Pardubice (30 Min.), das an der Strecke Prag – Olomouc – Ostrava liegt.

# Umgebung von Hradec Králové

## Chlum u Hradce Králové

Zehn Kilometer nordöstlich der Stadt in der Nähe der Gemeinde Chlum standen sich am 3.7.1866 die Armeen Preußens und Österreichs gegenüber. In Erinnerung an die *Schlacht* steht hier ein *Denkmal.* Geöffnet Di.-So. 9.00-12.00, 13.30-16.00 Uhr.

## Hrádek u Nechanic

Etwa 12 Kilometer westlich von Hradec Králové in der Nähe von Nechanice liegt der Ort Hrádek mit seinem pseudogotischen *Schloß* aus dem 19. Jh. In der Nähe des Schlosses dehnt sich eine 15 ha große *Parkanlage* aus. Das im Stil der Windsor-Gotik für *F. A. Harrach* 1841-54 erbaute Schloß vermittelt dem Besucher anschaulich Informationen über Adelsresidenzen des 19. Jh.

●Schloß Hrádek, geöffnet April, Oktober, Sa., So. 9.00-17.00 Uhr, Mai-August Di.-

So. 9.00-18.00 Uhr, im September bis 17.00 Uhr, November, Dezember Sa., So. 9.00-15.00 Uhr.

## Třebechovice pod Orebem

Ungefähr 10 km östlich von Hradec Králové liegt der Ort Třebechovice, dessen **Weihnachtskrippenmuseum** den Ort über die Region hinaus bekannt gemacht hat. Zu den Prachtstücken des Museums gehört die Krippe von Třebechovice (Třebechovický betlém), die im Laufe von 40 Jahren (Ende des 19. bis Anfang des 20. Jh.) von zwei Laienkünstlern angefertigt wurde. Die Krippe ist s eben Meter lang, 3,5 Meter hoch und 2 Meter tief. Insgesamt enthält das gesamte Arrangement mehr als 200 bewegliche Holzfiguren.

● Weihnachtskrippenmuseum (Třebechovické muzeum betlému), Masarykovo náměstí 24, Tel. (049) 96053, geöffnet Di.-So. 8.00-12.00 Uhr, 13.00-17.00 Uhr.

## Kurbadanlage Kuks

Etwa 40 km nördlich von Hradec Králové, zwischen Jaroměř und Dvůr Králové befindet sich der interessante architektonische Komplex einer Kurbadanlage aus dem 17. Jh. Für heutige Besucher der ehemals bedeutenden Anlage ist deren ursprüngliche Gestalt nur schwer vorstellbar.

Der **Auftraggeber** war der aus Westfalen stammende Graf *František Antonín Špork*. Der Sohn eines kaiserlichen Generals aus der Zeit des Dreißigjährigen Krieges hatte die Absicht, hier einen einzigartigen Badekomplex zu errichten, der sogar das damals schon berühmte Karlsbad übertrumpfen sollte.

Mit dem **Bau des Barockkomplexes** wurde 1695 der italienische Architekt *G. B. Alliprandi* beauftragt. Als erstes wurde in der Nähe der Mineralquellen das später zum Schloß umgebaute **Kurhaus** errichtet, das im gleichen Jahr eröffnet wurde. Zur gleichen Zeit wurde auf der anderen Seite der Elbe ein **Spital** nebst Kirche gebaut. Das Spital war für Soldaten, Kriegsveteranen und altgewordene Untertanen des Grafen bestimmt. Den Mittelpunkt des Komplexes bildete die **Dreifaltigkeitskirche,** deren breite Terrasse als Galerie für **Statuen** des berühmten Barockbildhauers *Matthias Bernard Braun* diente. Die in den Jahren 1712-19 angefertigten Plastiken stellen christliche Tugenden und Untugenden dar.

Leider sind von dem groß dimensionierten Komplex, zu dem neben Schloß und Spital auch eine Bibliothek, ein Theater, zwei Gasthöfe, ein Verwaltungsgebäude, eine Rennbann, ein Lustschloß und eine Brücke über die Elbe gehörten, *nur Teile erhalten geblieben.* Hochwasserkatastrophen im Jahr 1740 und 1775 verursachten große Schäden am Schloß, so daß es allmählich verlassen und im Jahr 1901 abgerissen wurde. Lediglich das zum Schloß führende Treppenhaus ist hier erhalten geblieben. Auf der anderen Seite der Elbe ist noch das Spital nebst Kirche und Barockapotheke zu sehen.

In der Nähe der Anlage Kuks befindet sich **Bethlem, eine Naturgalerie mit Plastiken,** die in den Jahren 1723-31 ebenfalls vom *M. B. Braun* angefertigt wurden.

**Ostböhmen**

●Kuks, Tel. (0437) 4761, geöffnet April, Oktober nur Sa., So. 9.00-16.00 Uhr, Mai-September Di.-So. 9.00-18.00 Uhr.

## Dvůr Králové

Die einzige Attraktion der Stadt ist ihr *Safari-Tierpark.* Bei dem in den 70er Jahren durch eine Initiative des Zoologen *Dr. Wagner* gegründeten Park handelt es sich um einen der größten Safari-Zoos Europas. Die meisten der hier lebenden Tiere hat der Gründer selbst in Afrika gefangen und nach Dvůr Králové transportiert. Anders als in anderen Tierparks leben die Tiere hier in ausgedehnten Freigehegen, Besuchern stehen Busse zur Verfügung, die sie durch das Areal transportieren. Da mit der Einführung der Marktwirtschaft nach 1989 die staatliche Unterstützung des Tierparkes eingestellt wurde, kämpft der ostböhmische Safaripark momentan ums Überleben.

●Ostböhmischer Safaripark, geöffnet Mo.-So. 8.00-18.00 Uhr.

# Orlické hory (Adlergebirge)

Der Gebirgszug Orlické hory (Adlergebirge) bildet die *Grenze Tschechiens zu Polen.* Der *höchste Berg* dieses nur wenig touristisch erschlossenen Gebirges ist mit 1.115 Metern der *Velká Deštná.*

Obwohl das Gebiet archäologischen Ausgrabungen zufolge bereits vor 7.000 Jahren besiedelt war, blieb die Einwohnerzahl bis zum 12. Jh. außerordentlich gering. Eine nennenswerte *Besiedlung* des Gebir-

ges begann während der Regierungszeit von *Karl IV.* im 14. Jh. Dieser Trend setzte sich mit der Ansiedlung der *Tuchindustrie* im 16. Jh. fort. Doch wurde diese Entwicklung durch den Dreißigjährigen Krieg wieder gebremst. Im 19. Jh. wurden in der wirtschaftlich unterentwickelten Region Orlické hory neue Textilfabriken gegründet. Diese blieben bis zur Wirtschaftskrise in den 30er Jahren unseres Jahrhunderts die Haupterwerbsquelle der Bevölkerung des Gebirges.

Heute ist die Region Orlické hory ein *beliebtes Wintersportgebiet,* das sein Zentrum in Deštné v Orlických horách hat.

Naturfreunde finden hier im Sommer gute Voraussetzungen für ausgedehnte *Wanderungen.*

## Adršpašsko-teplické skály (Sandsteinfelsenstädte von Adršpach und Teplice)

Das *Naturschutzgebiet* von Adršpašsko-teplické skály liegt etwa 20 km nördlich von der Stadt Náchod. Es handelt sich um ein Gebiet, das etwa 1.800 ha groß ist und nicht nur *Wanderer,* sondern auch *Kletterer* anzieht, was daran liegt, daß beide hier hervorragende Möglichkeiten finden, ihren Sport auszuüben. (Etwa 70 km markierte Wanderpfade sind hier vorhanden). Die meistbesuchten Orte der Region sind die sogenannten *Sandsteinstädte Adršpašské skály* und *Teplické skály* mit vielen einzigartigen Gebilden, die hier im Laufe der Millionen Jahre die Kräfte der Natur geschaffen haben.

## Teplické skály

Als **Ausgangspunkt** für den Besuch von Teplické skály ist die **Stadt Teplice nad Metují** geeignet. Vom **Parkplatz** am Hotel Orlík, das in der Nähe der Bundesstraße Teplice n. M. – Dolní Adršpach liegt, folgt man dem markierten Weg, der Besucher zum Eingang der Felsenstadt führt. Wenn man mit dem **Zug** kommt, steigt man an der Haltestelle Teplice n. M.-Skály aus, die sich in der Nähe des Hotels Orlík befindet. Nach etwa 1,5 km gelangt man dann zum **Eingang in die Sandsteinstadt,** deren interessanteste Teile man zu sehen bekommt, wenn man dem etwa 2 km langen **markierten Weg** folgt.

## Adršpašské skály

Das Feldsandsteingebilde Adršpašské skály ist **südlich der Stadt Dolní Adršpach** im Wald gelegen. Ausgangspunkt zur Besichtigung ist hier der **Parkplatz** des Hotels Skalní město. Da auch der **Bahnhof** in der Nähe liegt, empfiehlt sich die Route für Zugreisende. Am Hotel beginnt ein etwa 3 km langer **markierter Weg,** der den Besucher durch die Sandsteinstadt (Skalní město) führt.

Es sei darauf hingewiesen, daß es außer den an den Rundwegen gelegenen Sehenswürdigkeiten in der Umgebung eine ganze Reihe weiterer Ausflugsziele gibt, z.B. die **Ruinen der Burg Adršpach.**

Vom See Adršpašské jezírko führt ein **Wanderweg auch nach Teplické skaly.** Auf diese Weise kann man zu Fuß beide Sandsteinstädte besuchen.

## Náchod

In einer hügeligen bewaldeten Landschaft liegt die 20.000 Einwohner zählende Stadt Náchod.

Das Zentrum der Stadt Náchod, die im 13. Jh. am Handelsweg von Böhmen nach Schlesien gegründet wurde, bildet ihr quadratischer **Marktplatz.** Bemerkenswert ist auf dem nach *Präsident T. G. Masaryk* benannten Platz das ehemals barocke **Alte Rathaus,** das in der Mitte des 17. Jh. von *C. Lurago* und *C. Serena* erbaut wurde. Vor dem Rathaus steht bis heute ein **Pranger** aus dem Jahr 1531.

Das auf der gegenüberliegenden Seite liegende **Neue Rathaus** wurde Anfang dieses Jahrhunderts errichtet. Seine Fassade ist mit Sgraffiti historischer Motive geschmückt, deren Urheber der berühmte tschechische Maler *Mikoláš Aleš* ist.

Neben dem Rathaus erhebt sich das **Dekanats-Gebäude** aus dem 18. Jahrhundert. Gleich nebenan befinden sich das in den Jahren 1912-14 im Jugendstil errichtete **Theater** der Stadt sowie das **Hotel U Beránka.** Beide Gebäude wurden vor kurzem nach langjährigen Renovierungsarbeiten neu eröffnet.

Die in der Mitte des Platzes gelegene gotische **St.-Laurentius-Kirche** mit ihren beiden vierzig Meter hohen Türmen (Adam und Eva) wurde im 16. Jh. in Renaissancestil umgestaltet.

Oberhalb des Marktplatzes auf einem Hügel erhebt sich das **Schloß** des Ortes, das vorher eine frühgotische Burg war und in den Jahren 1566-1614 im Stil der italienischen

**Ostböhmen**

Renaissance umgebaut wurde. Der Weg vom Marktplatz zum Schloß beginnt zwischen dem Alten Rathaus und dem Dekanats-Gebäude.

Neben historischem Mobiliar beherbergt das Schloß auch eine wertvolle Sammlung von Tapisserien.

● Schloß Náchod, Tel. (0441) 21201, geöffnet April, Oktober nur Sa., So. 9.00-16.00 Uhr, Mai-September Di.-So. 9.00-17.00 Uhr.

## Information

● *Městské informační centrum,* T. G. Masaryka 1, Tel. (0441) 21419. Auskunft, Zimmervermittlung.

## Unterkunft

● *Hotel Vyhlídka,* Pod vyhlídkou 283, Tel. (0441) 24966, Fax 22504, Kapazität 40 Betten, DZ 60 DM. Herrliche Lage am Rande des Waldes mit Blick auf die Stadt. Komplett eingerichtete Zimmer.

● *Pension Hynek,* Českoskalická 17, Tel. (0441) 21752, Kapazität 20 Betten, DZ 30 DM. An der Ausfahrtstraße in Richtung Hradec Králové, Zimmer mit Dusche, WC, TV.

● *Hotel U Beránka,* náměstí T. G. M. 74, Tel. (0441) 433118, Fax 433119, Kapazität 25 Betten, DZ 70 DM. Zentrale Lage auf dem Marktplatz, Zimmer mit Dusche, WC, Telefon, TV und Minibar.

## Museen und Galerien

● *Gemäldegalerie* (Galerie výtvarného umění), Smiřických 272, Tel. (0441) 23245, geöffnet Di.-So. 9.00-12.00 Uhr, 13.00-17.00 Uhr. Die Galerie befindet sich in der ehemaligen Reitschule in der Nähe des Schlosses. Dauersammlung russischer Gemälde des 19. Jh.

## An- und Weiterreise

● Bahnhof und Busbahnhof liegen ca. 500 Meter vom Stadtzentrum entfernt nebeneinander. Die *Zugverbindung* ist schlecht, wohingegen direkte *Busverbindungen* nach Prag und zu allen ostböhmischen Städten sowie nach Warschau und Klodzko in Polen bestehen.

## Nové Město nad Metují

Das Motto der Stadt könnte lauten: Klein, aber fein. Denn Nové Město nad Metují gilt als *eine der schönsten Städte Ostböhmens*. Im Vergleich zu anderen Städten ist Nové Město nad Metují eine relativ neue Stadt. Sie wurde erst im Jahr 1501 gegründet.

Dank seines wohl *einmaligen, mit Laubengängen umsäumten Marktplatzes* steht Nové Město nad Metují heute unter Denkmalschutz.

Die Gemeinde hat ihr *geschlossenes äußeres Erscheinungsbild* einer Brandkatastrophe im Jahr 1626 zu verdanken, nach welcher der damalige Besitzer der Stadt die heute noch erhaltenen Laubengänge und Fassaden errichtete und diese den Bürgern der Stadt verkaufte, die dann dahinter ihre Wohnhäuser errichteten.

Die zweite bedeutende Sehenswürdigkeit der Stadt bildet das in der Nähe des Marktplatzes liegende *Schloß.* Das Gebäude, dessen heutiges Erscheinungsbild aus den Jahren 1908-40 stammt, wurde im 16. Jh. errichtet und der Mitte des 17. Jh. im Barockstil umgebaut. Im Laufe der Zeit gehörte es mehreren Besitzern. Nachdem es im 19. Jh. von seinen Besitzern verlassen worden war, kauften die Gebrüder *Bartoň,* welche wohlhabende Textilunternehmer waren, das Gebäude und ließen es in einem einzigartigen, vom Jugendstil beeinflußten Stil umbauen.

Zum Schloß gehört auch ein *französischer Schloßgarten.* Die vor dem Gebäude aufgestellten *Zwer-*

**genplastiken** aus der Werkstatt *M. B. Braun* stammen ursprünglich vom Schloßkomplex in Kuks.

Das **Bedřich-Smetana-Denkmal** in der Nähe des Schlosses erinnert an die häufigen Aufenthalte des jungen Komponisten, der hier seinen Vetter zu besuchen pflegte.

●Schloß Nové Město nad Metují, Huscvo náměstí, Tel. (0441) 71137, geöffnet Juli-August tgl. 9.00-17.00 Uhr, April-Juni, September-Oktober Di.-So. 9.00-16.00 Uhr. Historische Räume, moderne tschechische Malerei und Skulptur.

### Information

●**CIS,** Husovo náměstí 1204, Tel. (0441) 71073. Zimmervermittlung, Kartenverkauf.

### An- und Weitereise

●Es bestehen direkte **Busverbindungen** nach Prag, Hradec Králové, Náchod, Brno, Ostrava und zu anderen ostböhmischen Städten. Es gibt gute **Zugverbindungen** nach Náchod und Hradec Králové. Nach Prag gelangt man nur mit Umsteigen.

### Schloß Opočno

Das **Renaissanceschloß** Opočno entstand durch Umbauten einer gotischen Burg, die in der zweiten Hälfte des 19. Jh. durchgeführt wurden.

Während weiterer **Umbauarbeiten,** die 1700 unter der Leitung von *G. B. Alliprandi* durchgeführt wurden, trug man die Renaissancefassaden des Gebäudes ab und riß auch den nördlichen Gebäudeflügel nieder.

Das Schloß war seit 1634 im Besitz der Familie *Colloredo,* die hier im Laufe der Zeit eine wertvolle Bildersammlung zusammentrug. Neben der **bedeutenden Schloßgalerie** sind hier mit historischen Möbeln

eingerichtete Räume, eine Waffenausstellung aus dem 16.-19. Jh. und die **Schloßbibliothek** mit 12.000 Bänden zu besichtigen. Zu den ältesten Büchern der Bibliothek gehört "Liber cronicarum", eine Sammlung von Veduten europäischer Städte, die im Jahr 1493 in Nürnberg herausgegeben wurde.

Unterhalb des Schlosses befindet sich auf einer Fläche von rund 22 ha eine **englische Parkanlage,** die Anfang des 19. Jh. angelegt wurde. Etwas weiter entfernt liegt das **Wildgehege** des Schlosses, das u.a. Hirsche und Mufflons beherbergt.

●Schloß Opočno, Tel. (0443) 42216, geöffnet April, Oktober nur Sa., So. 10.00-17.00 Uhr, Mai-September Di.-So. 9.00-17.00 Uhr.

# Pardubice

Die an der Elbe gelegene Stadt Pardubice ist ein **bedeutendes Industriezentrum** und ein **wichtiger Verkehrsknotenpunkt.**

Ähnlich wie Hradec Králové besteht auch Pardubice, welches die zweitgrößte Stadt Ostböhmens ist, aus einer **Altstadt** und einem im 19. Jh. errichteten **neuen Stadtteil.** Neben einigen interessanten Beispielen moderner Architektur hat dieser Stadtteil dem Besucher wenig zu bieten.

Das Zentrum der Altstadt ist der stattliche **Marktplatz,** der nach einem großen Brand 1507 errichtet wurde und nach den ehemaligen Besitzern der Stadt, der Familie *Pernštejn,* Pernštýnovo náměstí benannt ist.

Die Mitte des Marktplatzes wird von einer **Pestsäule** aus dem Jahr 1675

Ostböhmen

geschmückt, an allen vier Seiten stehen ***Bürgerhäuser aus dem 16.-18. Jh.*** Eines der ältesten Häuser auf dem Marktplatz ist das **gotische Haus U Jonáše,** Pernštýnovo náměstí 50, das 1507-1515 errichtet wurde. Die Fassade des Hauses ist mit einem Relief von Jonas mit dem Wal geschmückt, im Erdgeschoß des Gebäudes befinden sich Ausstellungsräume, im gotischen Keller ist ein Café eingerichtet. Ebenfalls zu beachten ist das mit Sgraffitti geschmückte **Rathaus.**

In der Nähe des Marktplatzes steht die kleine **Marienkirche,** die um die Mitte des 14. Jh. von *Arnošt von Pardubice,* dem ersten Erzbischof von Prag und Berater *Karls IV.,* gegründet wurde. Das heutige Erscheinungs-bild der Kirche geht bis in die erste Hälfte des 16. Jh. zurück.

Die Verbindung zum neuen Teil der Stadt bildet das gotische **Stadttor Zelená brána (Grünes Tor)** aus dem 16. Jh. Gegenüber dem Tor ist der Giebel des von *Josef Gočár* entworfenen **Grand Hotels** zu sehen, das aus dem Jahr 1930 stammt.

In der Nähe des Hotels befindet sich die aus dem 16. Jh. stammende **St.-Bartholomäus-Kirche,** die zu Beginn des 20. Jh. restauriert wurde. Sehenswert ist hier die Marmor-Tumba des ehemaligen Besitzers der Stadt *Vojtěch von Pernštejn* aus dem Jahr 1534, die im Presbyterium untergebracht wurde.

Durch die Pernštýnska-Straße gelangt man vom Marktplatz in einigen

Marktplatz von Pardubice

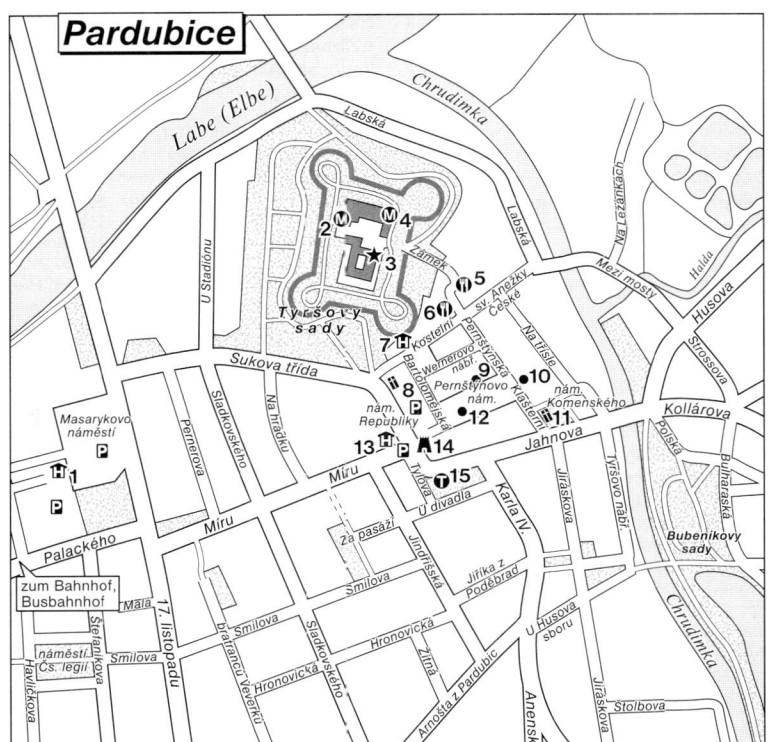

| | | |
|---|---|---|
| 🏨 | 1 | Hotel Labe |
| Ⓜ | 2 | Ostböhmisches Museum |
| ★ | 3 | Schloß |
| Ⓜ | 4 | Ostböhmische Galerie |
| 🍴 | 5 | Gaststätte U čápa |
| 🍷 | 6 | Weinkeller Zámecká restaurace |
| 🏨 | 7 | Hotel 100 |
| ⛪ | 8 | St.-Bartholomäus-Kirche |
| • | 9 | Rathaus |
| • | 10 | Haus U Jonáše |
| ⛪ | 11 | Marienkirche |
| • | 12 | Marktplatz |
| 🏨 | 13 | Grandhotel |
| ◮ | 14 | Stadttor Zelená brána |
| 🎭 | 15 | Theater |
| ▬▬ | | Stadtmauer |

Minuten zum hiesigen **Schloß**, das in der Nähe des Zusammenflusses von Elbe und Chrudimka liegt. Die ursprüngliche Wasserfestung wurde Anfang des 16. Jh. in ein Schloß umgebaut. Heute ist hier das **Ostböhmische Museum** und die **Ostböhmische Galerie** untergebracht
- Schloß Pardubice, Tel. (040) 516780, geöffnet April-Oktober tgl. 9.00-17.00 Uhr.

## Information
- **Informační centrum**, třída Mírů 60 (die Hauptstraße im neuen Stadtteil), Tel. (040) 21010. Auskunft, Zimmervermittlung, Landkartenverkauf. Geöffnet: Mo.-So. 8.00-20.00 Uhr.

## Museen und Galerien
- **Ostböhmisches Museum** (Východočeské muzeum), Zámek, Tel. (040) 518121-2, geöffnet Di.-So. 9.00-18.00 Uhr. Das Museum befindet sich im Schloß (Zámek).
- **Ostböhmische Galerie** (Východočeská galerie) Zámek, Tel. (040) 518897, geöffnet tgl. (außer Mo.) 9.00-18.00 Uhr. Dauerausstellung tschechischer Kunst des 20. Jh.
- **Galerie U Jonáše**, Pernštýnovo náměstí 50, Tel. 040/518536. Galerie zeitgenössicher Kunst.

## Unterkunft
- **Hotel Labe**, Masarykovo náměstí 2633, Tel. (040) 36711, Fax 517281, Kapazität 400 Betten, DZ 100 DM. Komplett eingerichtete Zimmer, TV, Telefon.
- **Hotel 100**, Kostelní ulice, Tel. (040) 511179, Fax (040) 518825, Kapazität 12 Betten, DZ 70 DM. Stilvoll eingerichtete Zimmer mit Bad, WC, TV, Minibar in einem alten Bürgerhaus im historischen Zentrum. Ruhige Lage.
- **Zámecká restaurace**, Zámecká 17, Tel. (040) 515893. Im ersten Stock des Restaurants Zámecká restaurace befinden sich zwei schöne, empfehlenswerte und natürlich mit allem Komfort eingerichtete Suites, eine für vier (280 DM) und eine für zwei Personen (170 DM).

## Essen und Trinken
- **Zámecká restaurace**, Zámecká 17, Tel. (040) 515893, geöffnet tgl. 10.00-22.00 Uhr. Gepflegte Weinstube und Café in einem Haus aus dem 16. Jh.
- **U čápa**, Zámecká 24, Tel. (040) 514028, Mo.-Sa. 11.00-23.00 Uhr, So. 16.00-23.00 Uhr. Einfache und sehr preiswerte Gaststätte in der Nähe des Schlosses, kleine Auswahl warmer Gerichte, gepflegtes Bier.
- **U bílého koníčka**, Pernštýnovo náměstí 60, Tel. (040) 516040, Fax (040) 517915, geöffnet Mo.-Sa. 10.00-23.00 Uhr. Ein Restaurant im ersten Stock direkt auf dem Marktplatz, im Erdgeschoß befindet sich eine Weinstube, geöffnet 21.00-3.00 Uhr.
- **Císařský mlyn**, Pernštýnska 15, Tel. (040) 516192, geöffnet tgl. 11.00-22.00 Uhr. Eine nette Weinstube in der Altstadt, nur etwa 50 Meter vom Marktplatz entfernt. Warme und kalte Gerichte, mährische Weine.
- **Dobrá Čajovna**, Pod sklípky 112, Tel. (040) 516388. Mo.-Fr. 12.00-20.00 Uhr, Sa., So. 14.00-20.00 Uhr. Ein kleines Teehaus und Teegeschäft mit guter Auswahl verschiedener Teesorten. Tee trinkt man hier, auf dem Boden sitzend, wie in Japan oder China.

## An- und Weiterreise
- **Hauptbahnhof** und **Busbahnhof** liegen am östlichen Stadtrand ca. 100 Meter voneinander entfernt. Von hier aus gelangt man über die Palackého-Straße in etwa 20 Minuten zu Fuß **zur Altstadt**. Eine andere Möglichkeit bieten Linienbusse, die Bahnhof und Stadt miteinander verbinden. Es bestehen gute **Busverbindungen** nach allen größeren Städten des Landes. Da die Stadt an der Eisenbahnstrecke Prag – Olomouc – Ostrava liegt, gibt es gute **Zugverbindungen** in beide Richtungen.

# Litomyšl

Litomyšl ist hauptsächlich als Geburtsstadt des tschechischen Komponisten *Bedřich Smetana* bekannt,

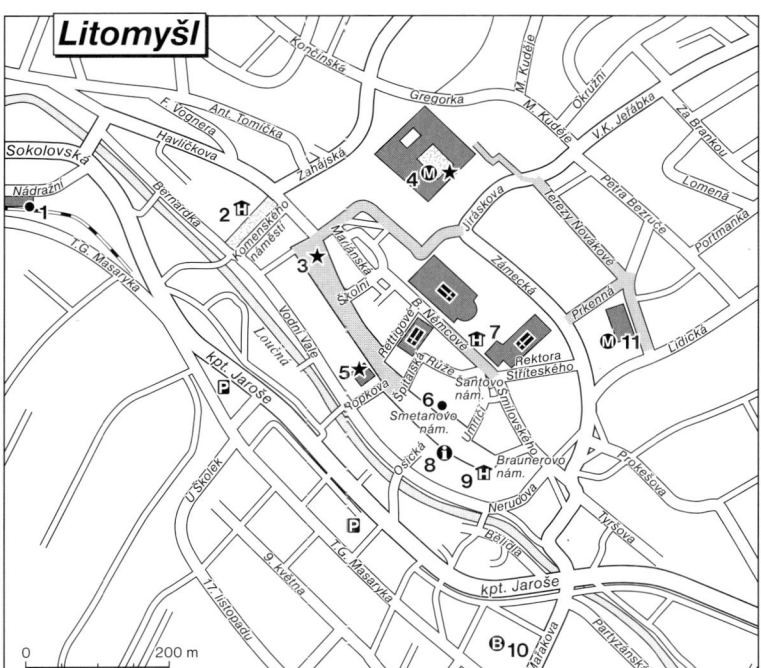

**Ostböhmen**

- **●** **1** Bahnhof
- **🏠** **2** Hotel Dalibor
- **★** **3** Smetanadenkmal
- **Ⓜ** **4** Schloß
- **★** **5** Rathaus
- **●** **6** Gemäldegalerie Dům U rytířů
- **🏠** **7** Pension Petra
- **❶** **8** Information
- **🏠** **9** Hotel Zlatá hvězda
- **Ⓑ** **10** Busbahnhof
- **Ⓜ** **11** Portmoneum (Museum)
- ▨ Fußgängerzone

der hier im Jahr 1824 das Licht der Welt erblickte.

Die Stadt wurde in der zweiten Hälfte des 13. Jh. an einem Handelsweg von Böhmen nach Mähren gegründet. Sie breitete sich in den folgenden Jahrhunderten beiderseits der ehemaligen Hauptstraße aus, an der sich heute der langgestreckte **Marktplatz,** der Smetanovo náměstí, befindet. Dieser ist zu beiden Seiten von **alten Bürgerhäusern** gesäumt, von denen die meisten aus dem 15.-16. Jh. stammen, als die Stadt ihre wirtschaftliche Blüte erlebte.

351

Neben dem Marktplatz gehört das in östlicher Richtung gelegene **Schloß** zu den touristischen Attraktionen der Stadt. Der Auftraggeber des im 16. Jh. im Stil der Renaissance errichteten Schlosses war die Familie *Pernštejn,* in deren Besitz sich zu dieser Zeit die Stadt befand. Das reichlich mit Sgraffiti geschmückte Schloß hat einen quadratischen **Grundriß.** Eine besondere Attraktion des Gebäudes bildet das 1798 errichtete kleine **Theater,** das zu den ersten des Landes gehörte. In ihm finden etwa 150 Gäste Platz.

Die Wirtschaftsgebäude und die im Jahr 1630 gegründete Brauerei bildeten gemeinsam mit dem Schloßgebäude eine geschlossene architektonische Einheit. In der **Brauerei** wurde am 2. März 1824 der Komponist **Bedřich Smetana** geboren, dessen Vater hier seit 1823 als Brauer arbeitete. Später pachtete er die Brauerei.

Heute ist in dem Schloß das **Museum tschechischer Musik** untergebracht. Ein Teil der Ausstellung, in dem sich auch das Geburtszimmer des Komponisten befindet, ist dem Leben und Schaffen *Smetanas* gewidmet.

- Schloß Litomyšl, Tel. (0464) 2067, geöffnet April, Oktober nur Sa., So. 9.00-16.00 Uhr, Mai-September Di.-So. 8.00-18.00 Uhr.

## Information

- *Informační centrum,* Smetanovo náměstí 72, Tel./Fax (0464) 4150. Das Büro liegt am Marktplatz, in der Nähe des Hotels Zlatá hvězda. Auskunft, Wechselstube, Zimmervermittlung, Kartenverkauf.

## Unterkunft

- *Hotel Zlatá hvězda,* Smetanovo náměstí 84, Tel. (0464) 2338, Fax (0464) 2091, Kapazität 40 Betten, DZ 75 DM. Zentrale Lage auf dem Marktplatz, modern eingerichtete Zimmer mit Bad, WC und TV. Zwei Zimmer für körperlich Behinderte.
- *Hotel Dalibor,* Komenského náměstí 1053, Tel. (0464) 2811, Kapazität 100 Betten, DZ 70 DM. Zimmer mit Dusche, WC, TV. Das Hotel liegt in der Nähe des Marktplatzes und Schlosses.
- *Pension Petra,* B. Němcové 166, Tel./Fax (0464) 2095, Kapazität acht Betten, DZ 40 DM. Zimmer mit Bad/Dusche und WC, TV, Telefon. Familienpension in einem alten Bürgerhaus in der Nähe des Marktplatzes.
- *Pension Kraus,* Havlíčkova 444, Tel. (0464) 4073, Kapazität vier Betten, DZ 40 DM. Zimmer mit Dusche, WC, TV. Die Pension liegt in der Nähe des Bahnhofs.

## Museen und Galerien

- *Portmoneum,* Terezy Novákové 75, Tel. (0464) 3920, geöffnet Mai-September 9.00-12.00 Uhr, 13.00-17.00 Uhr. Wandmalereien und geschnitzte Möbel des tschechischen Malers, Grafikers und Schriftstellers *Josef Váchal* (1884-1969).
- *Gemäldegalerie Dům U rytířů,* Smetanovo náměstí 110, Tel. (0464) 3065, geöffnet Di.-So. 10.00-12.00 Uhr, 13.00-17.00 Uhr. Die Galerie liegt direkt am Marktplatz, wechselnde Ausstellungen.

## An- und Weiterreise

- Der **Bahnhof** befindet sich am nördlichen Stadtrand etwa einen Kilometer vom Marktplatz entfernt. Der **Busbahnhof** liegt ca. 500 Meter südlich vom Marktplatz. Wenn man mit der **Bahn** anreist, muß man in Choceň (Strecke Prag – Olomouc) umsteigen. Daher reinst man den **Bus.** Es existieren direkte Verbindungen nach Prag, Brno, Hradec Králové, Kutná Hora und zu vielen anderen tschechischen und mährischen Städten, sowie nach Bratislava, Banská Bystrica und anderen slowakischen Städten.

# *Südmähren*

## Überblick

Südmähren erstreckt sich zwischen der Böhmisch-Mährischen Höhe im Westen und den Weißen Karpaten im Osten. Die Weißen Karpaten stellen denn auch die Grenze zur Slowakei dar, wohingegen der südliche Abschluß der Region von der Staatsgrenze zwischen Tschechien und Österreich gebildet wird. Im Norden, zwischen Südmähren und Nordmähren, existiert keine natürliche Grenze.

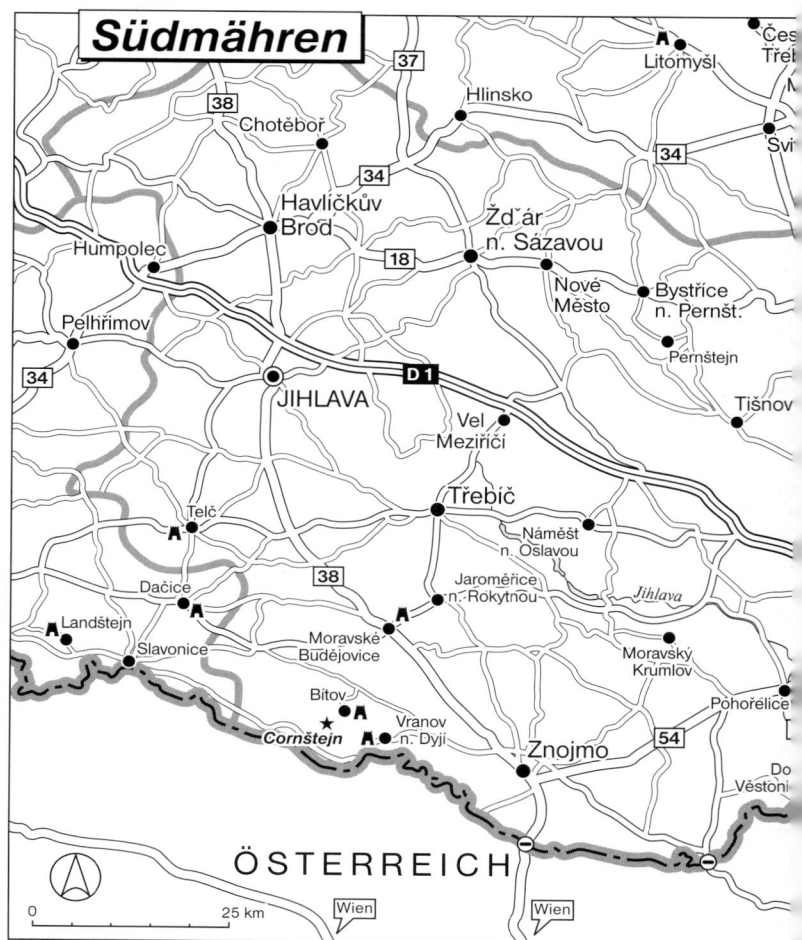

Südmähren ist seit der Urzeit ununterbrochen besiedelt. Wie die m Mährischen Landesmuseum in Brno ausgestellten Funde zahlreicher Ausgrabungen eindrucksvoll belegen, war die Region jahrtausendelang cer Schauplatz kultureller Ereignisse.

Brno, die mährische Metropole, gilt zwar nicht als architektonische Sehenswürdigkeit, trotzdem kann sich ein Aufenthalt von mehreren Tagen lohnen, besonders, wenn man den Besuch der Stadt mit einem Aufenthalt im Mährischen Karst verbindet.

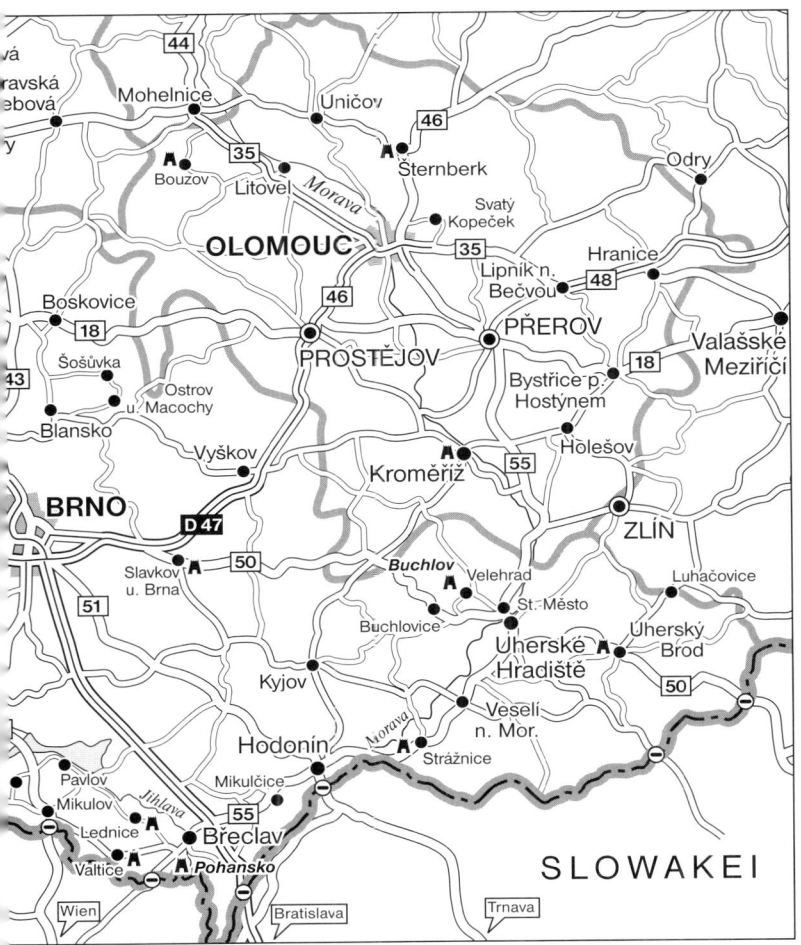

Jihlava, Znojmo und Mikulov haben gut erhaltene historische Stadtkerne, und als kleine Städte bilden sie einen atmosphärischen Gegenpol zur mährischen Metropole.

Freunden historischer Architektur ist ein Besuch der gotischen Burg Pernštejn und des Barockschlosses Vranov nad Dyjí zu empfehlen.

Die Hauptanziehungspunkte Südmährens bilden jedoch die Schloß- und Parkanlagen von Lednice und Valtice. Obwohl die Schlösser Lednice und Valtice mit ihren künstlich angelegten Wäldern, Teichen und Wanderpfaden populäre regionale Ausflugsziele sind, kommen nur wenige ausländische Besucher hierher.

Einen Besuch wert ist auf alle Fälle auch die Hl.-Nepomuk-Kirche in Zelená Hora bei Žďár nad Sázavou, die vor kurzem in die UNESCO-Weltkulturerbe-Liste (World Heritage List) aufgenommen wurde.

# Böhmisch-Mährische Höhe (Českomoravská vrchovina)

Die Českomoravská vrchovina (die Böhmisch-Mährische Höhe) bildet die Grenze zwischen Böhmen und Mähren. Es ist eine *reizvolle Hügellandschaft,* deren Zentrum durch die *zwei Höhenzüge Jihlavské und Žďárské vrchy* gebildet wird. Das Gebiet von Žďárské vrchy ist ein Naturschutzgebiet mit einer Fläche von 700 qkm. Im Freilichtmuseum

der Volksarchitektur von Vysočina in der Nähe der Stadt Hlinsko können Besucher sich über die historische Wohn- und Lebenssituation in der Region informieren.

## Jihlava

Viele Touristen besuchen Jihlava wegen des gut erhaltenen *historischen Stadtkerns,* der *unter Denkmalschutz* steht. Der alte Stadtkern bildet ein typisches Beispiel für eine Stadt während der Renaissance. *Gut erhaltene mittelalterliche Stadtmauern* umgeben noch das Stadtzentrum von allen Seiten. In Jihlava leben heute etwa 50.000 Einwohner.

### Geschichte

Die in der Nähe von Jihlava in den Jahren 1237-39 entdeckten reichen *Silbervorkommen* zogen viele Leute aus ganz Europa nach Südmähren. Die *Migranten* siedelten sich am rechten Ufer des Jihlavka-Flusses an, also exakt da, wo sich die heutige Stadt befindet. Die neu gegründete *Stadt* wurde *Neu Iglau* genannt, da sie auf Gelände errichtet wurde, auf dem sich vorher bereits eine slawische Siedlung befunden hatte. Zur *raschen Entwicklung des Bergbauzentrums* trugen sowohl die königliche Förderung des Bergbaus als auch der Import von Fachleuten aus Tirol und Sachsen bei. Schon am Ende des 13. Jh. wurde Jihlava von *Stadtmauern* mit einer Gesamtlänge von 5 km umgeben. Zugang zur Stadt gewährten damals insgesamt fünf Stadttore. Vom Reichtum des damaligen Neu Iglau zeugt auch die Tatsache, daß um die Mitte des 13. Jh. fast gleichzeitig mit dem Bau von *drei gotischen Kirchen* begonnen wurde. In der Nähe des Marktplatzes, der mit seiner Gesamtfläche von 36.000 qm zu den größten Mitteleuropas zählt, wurden zu dieser Zeit zahlreiche *gotische Bürgerhäuser* errichtet. Bis zum Jahr 1300 wurden in Jihlava auch *Silbermünzen* geprägt, später über-

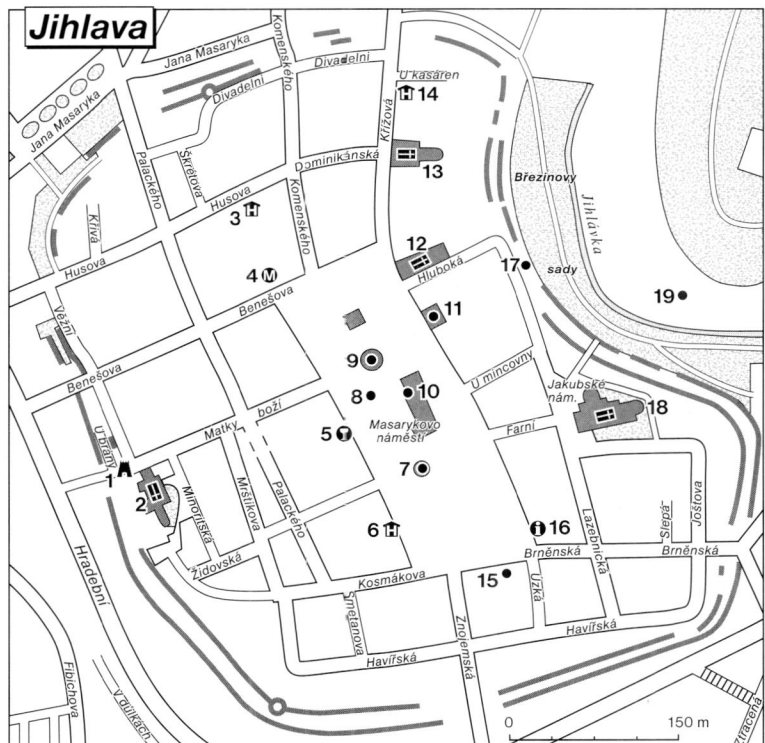

Jihlava

- **A 1** Tor der Mutter Gottes
- **ii 2** Kirche der Mutter Gottes
- **🏠 3** Grand Hotel
- **Ⓜ 4** Museum der Böhmisch-Mährischen Höhe
- **♈ 5** Weinstube U vévody Albrechta
- **🏠 6** Hotel Zlatá hvězda
- **• 7** Amfitrité-Brunnen
- **• 8** Marktplatz
- **• 9** Neptun-Brunnen
- **• 10** Kaufhaus
- **• 11** Rathaus
- **ii 12** St.-Ignatius-Kirche
- **ii 13** Hl.-Kreuz-Kirche
- **🏠 14** Hotel Mahler
- **• 15** Regional-Galerie
- **❶ 16** Information
- **• 17** U Jakuba
- **ii 18** Pfarrkirche St-Jakob
- **• 19** Tierpark
- ━━━ Stadtmauer

nahm Kutná Hora die Funktion der königlichen Münzanstalt.

Trotz der Unterstützung von *Karl IV.* begann in der zweiten Hälfte des 14. Jh. ein *Nachlassen der Silberförderung.* Die Gründe hierfür lagen sowohl in der Konkurrenz der Stadt Kutná Hora als auch im Schrumpfen der Silbervorkommen. Erdbeben, Überschwemmungen und die Hussitenkriege am Anfang des 15. Jh. führten allmählich zur Stillegung der Silberminen.

Erst nachdem die hussitischen Kriege beendet waren, erfolgte langsam wieder ein *wirtschaftlicher Aufschwung.* Im 16. Jh. dann erlebte Jihlava erneut eine Blütezeit. Seit der Mitte dieses Jahrhunderts, nach der großen Feuersbrunst im Jahr 1523, wurden in der Stadt viele *neue Häuser im Renaissancestil* errichtet.

Der *Niedergang der Stadt* begann mit dem Anfang des Dreißigjährigen Krieges. Die neuen Habsburger Herrscher nahmen der Stadt viele alte Privilegien, und nachdem die Kosten der Silberförderung begannen, den Gewinn zu übersteigen, wurden die Silberminen 1783 endgültig geschlossen.

Die Etablierung der *Tuchindustrie,* die die Silberförderung ersetzte, brachte im 19. Jh. wieder eine wirtschaftliche Belebung. Jihlava entwickelte sich während dieser Zeit zum wichtigsten Zentrum für Tuchindustrie im Österreichisch-Ungarischen Reich.

## Sehenswertes

Das *Stadtzentrum* hat einen schachbrettartigen Grundriß. Die fünf Hauptstraßen verbinden den Marktplatz des Ortes mit den fünf Stadttoren. Masarykovo náměstí, der *Marktplatz,* ist zu allen Seiten von *historischen Bürgerhäusern* umgeben. Der geschlossene Eindruck des Platzes wird jedoch durch das direkt in seiner Mitte errichtete neue *Kaufhaus* gestört, das ein anschauliches Beispiel kommunistischer Stadtplanung bildet. In der Nähe des Kaufhauses liegt der Neptun-Brunnen

und einige Meter weiter die Mariensäule aus dem Jahr 1690. Der *Neptun-Brunnen* sowie ein zweiter Brunnen, der *Amfitrité-Brunnen,* der am unteren Teil des Platzes gelegen ist, stammen aus der zweiten Hälfte des 18. Jh.

Gegenüber dem Neptun-Brunnen an der westlichen Seite des Masarykovo náměstí erhebt sich das *Rathaus,* das im 15. Jh. an Stelle von drei gotischen Häusern errichtet wurde. In der Mitte des 16. Jh. erfuhr es einen Umbau im Renaissancestil. In der zweiten Hälfte des 18. Jh. wurde das Rathaus um einen zweiten Stock erhöht.

Gleich neben dem Rathaus befindet sich die *St.-Ignatius-Kirche* mit dem ehemaligen Jesuitenkolleg. Die einschiffige Kirche wurde in den Jahren 1680-89 erbaut. Wie bei so vielen jesuitischen Kirchen der Fall, diente ihr die römische Kirche Il Gesù als Vorbild.

In der Křížová-Straße, einige Meter entfernt, liegt eine weitere Klosterkirche. Es ist die etwa 1250 gegründete *Hl.-Kreuz-Kirche,* die Bestandteil eines Dominikanerklosters war.

Die *Pfarrkirche St. Jakob,* die Hauptkirche und Dominante von Jihlava, ragt westlich vom Marktplatz hoch über den Jihlavka-Fluß empor. Es handelt sich hierbei um eine dreischiffige, etwa 1250 gegründete gotische Basilika. 1702 wurde das Gotteshaus an der Nordseite um eine Barockkapelle ergänzt. Im Inneren der Kirche erwarten den Besucher einige wertvolle gotische Plastiken und Altarbilder sowie Fresken aus späteren Jahrhunderten.

Von den ehemals fünf Stadttoren ist nur eines erhalten geblieben. Das im 14. Jh. errichtete **Tor der Mutter Gottes** befindet sich östlich vom Marktplatz und ist über die Matky-Boží-Straße zu erreichen, die ungefähr in die Mitte des Platzes mündet. Seine heutige Gestalt erhielt das Tor im 16. Jh., als es um den oberen Teil inklusive Uhr erhöht wurde. In der Nähe des Tores befindet sich die **Kirche der Mutter Gottes** mit dem ehemaligen Minoritenkloster. Die Kirche wurde ebenso wie die Pfarrkirche St. Jakob und die Hl.-Kreuz-Kirche in der Mitte des 13. Jh. erbaut und gilt als die älteste der drei gotischen Gotteshäuser. Im 18. Jh. wurde die Kirche im Barockstil umgebaut.

### Information

●**Městské informační centrum,** Masarykovo nám. 18, Tel. (066) 7311927, Kartenverkauf und Zimmervermittlung.

### Unterkunft

●**Hotel Zlatá hvězda,** Masarykovo náměstí 32, Tel. (066) 29421, Fax (066) 29496, Kapazität 40 Betten, DZ 55 DM. Zentrale Lage auf dem Marktplatz, Zimmer mit TV, Bad, WC. Das Hotel ist in einem gotischen Haus aus dem 13. Jh. untergebracht. Schon im 14. Jh. wurde hier Bier gezapft, der einfache Bierkeller setzt die Tradition fort. Die Atmosphäre im Restaurant im Erdgeschoß ist gepflegter als die im Keller.
●**Hotel Gustav Mahler,** Křižová 4, Tel. (066) 27371. DZ ohne Dusche/WC 35 DM, DZ mit Dusche, WC, TV, Tel., Radio 90 DM.
●**Grand Hotel,** Husova 3, Tel. (066) 23541, Fax 7310199. Jugendstilgebäude, zentrale Lage 50 m vom Marktplatz, Zimmer mit Bad, WC, TV, Tel., DZ 90 DM; Parkplatz.

### Essen und Trinken

●**U vévody Albrechta,** Masarykovo náměstí 40, Tel. (066) 28074, geöffnet tgl. 11.00-24.00 Uhr, Kapazität 55 Plätze. Zentrale La-

ge auf dem Marktplatz, die Weinstube ist in einer gotischen Kapelle untergebracht, an ihren Wänden sind alte Fresken zu sehen. Fischgerichte gehören zu den Spezialitäten des Hauses.
●**Zlatá hvězda,** Masarykovo náměstí 32. Das Hotelrestaurant wird von gotischen Säulen geschmückt.
●**U Jakuba,** Hluboká 7, Tel. (066) 21173, Mo.-Sa. 10.30-23.00 Uhr, So. 14.00-22.00 Uhr. Einfache Bierstube nur 50 m vom Marktplatz mit dem Blick auf den Tierpark, im Sommer Sitzmöglichkeit im Garten.
●**McDonalds,** Masarykovo náměstí, im Kaufhaus am Marktplatz.

### Museen und Galerien

●**Museum der Böhmisch-Mährischen Höhe** (Muzeum Vysočiny), Masarykovo nám. 57, Tel. (066) 29728, geöffnet Di.-So. 9.00-12.00, 12.30-17.00 Uhr. Geschichte der Region, historische Möbel, Gemälde, Volkskunst, Inneneinrichtung einer alten Apotheke, Fauna und Flora der Region.
●**Regional-Galerie** (Oblastní galerie Vysočiny), Masarykovo náměstí 24, geöffnet Di.-Fr. 9.00-17.00, Sa., So. 10.00-16.00 Uhr.

### An- und Weiterreise

●Jihlava hat zwei Bahnhöfe. Der **Bahnhof** Jihlava-město (Stadt) liegt näher am Stadtzentrum, der Hauptbahnhof liegt relativ weit vom Zentrum entfernt. Mit dem Masarykovo náměstí ist er durch einen O-Bus (Oberleitungsomnibus), Linie A und B, verbunden. Jihlava liegt an einer Nebenstrecke zwischen Havlíčkův Brod und České Budějovice. Zwei bis viermal tgl. existiert eine Schnellzugverbindung zu diesen Orten. Der **Busbahnhof** liegt in der Nähe des Bahnhofs Jihlava-město, etwa 15 Fußminuten vom Zentrum entfernt.

## Žďár nad Sázavou

Žďár nad Sázavou, eine **kleine Stadt** etwa 40 km in nordöstlicher Richtung von Jihlava entfernt, liegt am Rande des Höhenzugs Žďárské vrchy.

Die Stadt entstand im 13. Jh. als Folge des 1252 gegründeten **Zister-**

**Südmähren**

**zienserklosters.** Nach einer Feuersbrunst im Jahr 1689 wurde das Kloster von *G. Santini* wiederaufgebaut. In der zweiten Hälfte des 18. Jh. wurde es dann **in ein Schloß verwandelt.** Seit 1975 ist im Schloß ein **Bücher-Museum,** das der Geschichte des Buches in Europa gewidmet ist, untergebracht.

●Bücher-Museum (Muzeum knihy), Zámek, Tel. (0616) 21935, geöffnet April, Oktober nur samstags, sonntags 9.00-16.00 Uhr, Mai-August Di.-So. 8.00-17.00 Uhr, im September 9.00-16.00 Uhr.

Neben diesem Museum befindet sich auf dem Schloß eine **Ausstellung zu Giovanni Santini,** die Leben und Schaffen des bedeutenden Baumeisters dokumentiert.

### Zelená Hora

Seitdem die am Rande der Stadt gelegene **Hl.-Nepomuk-Kirche** 1994 in die **UNESCO-Weltkulturerbe-Liste** aufgenommen wurde, ist die Besucherzahl der Stadt angestiegen. Das Gotteshaus wurde in den Jahren 1719-1722 von *Giovanni Santini* errichtet.

**Giovanni Santini** (1677-1723), Schöpfer der sogenannten barocken Gotik, gehörte zu den führenden Architekten des böhmischen Barockstils. Obwohl er auch in Prag (Černín-Palast, Morzin-Palast) und anderen böhmischen Städten tätig war, lag der Schwerpunkt seines Schaffens in Mähren und besonders in Žďár nad Sázavou und Umgebung.

Die freundschaftliche Beziehung zum Abt des Zisterzienserklosters in Žďár mag dazu beigetragen haben, daß es *Santini* war, der mit dem Wiederaufbau der Klosterkirche der Mariä Himmelfahrt und dem Neubau der Pilgerkirche des hl. Nepomuk auf dem Berg Zelená Hora beauftragt wurde.

Die Nepomuk-Kirche ist übrigens die erste Kirche in Mähren, die diesem Heiligen geweiht wurde. Der Grundriß des Gotteshauses entspricht einem Pentagramm mit fünf Kapellen.

### Information

●*ČEDOK,* Nádražní 633, Tel. (0616) 23648.

### Unterkunft

●**Hotel Grunt,** Vysocká 62, Tel. (0616) 23707, Fax (0616) 23101.DZ 40 DM.

### Hlinsko

Dreißig Kilometer nördlich von Žďár nad Sázavou befindet sich die Stadt Hlinsko und das nahe gelegene **Freilichtmuseum der Volksarchitektur von Vysočina.** (*Vysočina* ist ein umgangssprachlicher Begriff für Böhmisch-Mährische Höhe).

Die Exponate des **bekanntesten Freilichtmuseums Tschechiens** befinden sich in Betlem, einem Stadtteil von Hlinsko, sowie in einigen Ortschaften westlich von der Stadt: Veselý kopec, Svobodné Hamry und Možděnice. Das 1972 eröffnete Museum präsentiert Beispiele der Volksarchitektur der Region Vysočina

Besucher finden hier eine große Anzahl von stilistisch unterschiedlichen Wohn- und Wirtschaftshäusern, Mühlen, Sägemühlen, Forsthäusern, Werkstätten usw.

● Freilichtmuseum der Volksarchitektur Vysočina (Soubor lidových staveb a řemesel Vysočina), Hlinsko, Tel. (0454) 93175, 93170, geöffnet April, Oktober nur Sa., So. 9.00-16.00 Uhr, Mai-August Di.-So. 8.00-17.00 Uhr, in September 9.00-16.00 Uhr.

### Třebíč

Die südöstlich von Jihlava liegende Stadt Třebíč wurde im 13. Jh. von den Äbten des dortigen Benediktinerklosters gegründet. Die einst zum Kloster gehörige *St.-Prokop-Basilika* bildet heute eine der Hauptsehenswürdigkeiten der Stadt.

Die ehemalige Klosterkirche wurde zwischen 1240 und 1260 im romanischen Stil, doch bereits mit einigen gotischen Elementen errichtet. Dieser stilistische Übergang ist in Mitteleuropa sehr rar und macht die Basilika zu einem favorisierten Ziel für Kunstliebhaber. Unter der dreischiffigen Basilika befindet sich eine Gruft, die an französische romanische Kirchen erinnert.

● St.-Prokop-Basilika, geöffnet Di.-So. 8.00-11.30 Uhr, 13.00-17.00 Uhr.

An das Gotteshaus schließt sich das *Renaissance-Schloß* des Ortes an, das durch einen Umbau des Klosters im 17. Jh. entstand. Heute ist hier das *Westmährische Museum* untergebracht. Das Schloß und die St.-Prokop-Basilika, die am linken Ufer des Jihlavka-Flusses liegen, sind durch eine kleine Brücke mit dem eigentlichen Stadtzentrum des Ortes verbunden.

Das architektonisch beeindruckendste Gebäude auf dem Karlovo náměstí, dem *Marktplatz* der Stadt, ist das *Haus Nr. 53,* das an der Ecke

Hasskova-Straße/Marktplatz liegt. Es handelt sich bei dem Gebäude um ein reich verziertes Renaissancehaus aus dem 16. Jh., das damals einem italienischen Händler aus Venedig gehörte. Im Zentrum des weitläufigen rechteckigen Marktplatzes steht das *Hl.-Kyrillos-und-Methodios-Denkmal,* das 1885 errichtet wurde.

Unweit des Marktplatzes befindet sich die gotische *St.-Martin-Kirche,* die in der ersten Hälfte des 18. Jh. barockisiert wurde. Der benachbarte Turm wurde im 14. Jh. als Bestandteil der Stadtmauer errichtet.

Gegenüber dem Marktplatz, am anderen Ufer des Jihlavka-Flusses, breitete sich einst das *jüdische Viertel* aus. Die jüdische Gemeinde von Třebíč war eine der größten Mährens, so daß am Ende des 18. Jh. der jüdische Anteil an der Stadtbevölkerung fast 60 Prozent ausmachte. Neben zahlreichen Häusern sind hier zwei Synagogen erhalten geblieben. Die aus dem 17. Jh. stammende *Alte Synagoge* auf dem Tiché náměstí wurde mehrmals umgebaut und dient heute als protestantische Kirche. Die *Neue Synagoge* aus dem 18. Jh. wird zur Zeit restauriert. Außerdem erhalten geblieben ist der *jüdische Friedhof* mit Tumben und Grabmälern aus mehreren Jahrhunderten. Er befindet sich oberhalb des Judenviertels, Zugang von der Hrádek-Straße aus.

### Information

● *Informační centrum,* Karlovo náměstí 55, Tel. (0618) 22856, Fax (0618) 22285, geöffnet Mo.-Fr. 8.00-19.00 Uhr, Sa., So. 8.00-18.00 Uhr. Zimmervermittlung, Geldwechsel, Kartenverkauf.

**Südmähren**

## Unterkunft

●*Pension Neff,* Karlovo náměstí 22, Tel./Fax (0618) 22675, Kapazität 14 Betten, DZ 50 DM. Modern und zweckmäßig eingerichtete Zimmer mit TV, Telefon, Dusche, WC.

●*Pension Vis-a-vis,* Smila Osovského 13, Tel. (0618) 22056, 22057, Fax (0618) 22058, Kapazität 40 Betten, DZ 35 DM. Zwei- und Dreibettzimmer mit Dusche und WC.

## Essen und Trinken

●*Restaurant Karel Mottl,* Karlovo náměsti 50, Tel. (0618) 21160, geöffnet Mo.-Fr. 7.30-21.00 Uhr, Sa. 8.00-14.00 Uhr, So. Ruhetag. Sehr einfaches und preiswertes Restaurant am Marktplatz, gutes Bier, Sorte *Bernard.*
●*Rachel,* L. Pokorného 35, Tel. (0618) 5834, geöffnet tgl. 11.00-23.00 Uhr, Fr., Sa. bis 1.00 Uhr, Kapazität 50 Plätze. Einfache Weinstube mit altem Gewölbe im ehemaligen Judenviertel.

## Museen und Galerien

●*Westmährisches Museum* (Západomoravské muzeum), Zámek, geöffnet Di.-So.

8.00-12.00 Uhr, 13.00-17.00 Uhr. Keramik, Volkstrachten, Mineralien, Weihnachtskrippen.

## An- und Weiterreise

●Der Busbahnhof befindet sich etwa 100 Meter westlich vom Marktplatz. Es besteht eine gute Busverbindung nach Jihlava, von wo aus man weiter nach Prag, České Budějovice und Brno fahren kann. Der Bahnhof befindet sich etwa einen Kilometer südlich vom Marktplatz.

# Entlang der Grenze zu Österreich

## Moravské Budějovice

Wenn man von Jihlava in Richtung Znojmo fährt, kommt man durch Moravské Budějovice, eine kleine und touristisch nicht besonders attraktive Stadt. Die Ortschaft wurde im 13. Jh.

Gewerbemuseum in den ehemaligen Fleischbänken

am Handelsweg von Znojmo nach Jihlava und Prag gegründet.

Das Zentrum der Stadt wird von einem langgestreckten Platz gebildet, an dessen oberem Teil ein *ehemaliges Schloß* liegt. Die ersten drei Säle des ehemaligen Schlosses sind mit Möbeln aus dem 19. Jh. eingerichtet. Weitere Säle beherbergen den Teil des *Gewerbemuseums,* der verschiedene städtische Gewerbe darstellt.

Etwa 100 Meter vom Schloß entfernt ist die *zweite Ausstellung des Museums* untergebracht, die dörflichen Gewerben gewidmet ist. Sie befindet sich in den *ehemaligen Fleischbänken* (Masné krámy) aus dem 19. Jh. In dem interessanten halbkreisförmigen Gebäude wurde in der Vergangenheit Fleisch verkauft. Vor der Besichtigung muß man sich im Schloß an der Kasse anmelden.

● Gewerbemuseum (Muzeum řemesel), Náměstí Míru 1, Tel. (0617) 2500, geöffnet Mai-August tgl. (außer Mo.) 8.00-12.00 Uhr, 13.00-17.00 Uhr. Alte Waffen, Bügeleisen, Hüte und Mützen, Schlösser, Schmiedewerkstatt etc.

### Jaroměřice nad Rokytnou

Das Schloß in Jaroměřice nad Rokytnou, etwa 8 km nordöstlich von Moravské Budějovice, ist *eins der prächtigsten Barockschlösser in Tschechien.* Das ursprünglich im Stil der Renaissance errichtete Schloß wurde in den Jahren 1700-37 auf Wunsch seines damaligen Besitzers *Graf Jan Adam Questenberg* zu einem monumentalen Barockschloß umgebaut. In der gleichen

Das Schloß in Jaroměřice nad Rokytnou

Zeit wurde auch die St.-Margaretha-Kirche errichtet, die mit dem Schloß eine architektonische Einheit bildet. Ans Schloß grenzt der *französische Garten,* der durch den Fluß Rokytná vom *englischen Waldpark* getrennt ist.

Alle *Räume des Schlosses* sind mit historischem Mobiliar eingerichtet und mit zahlreichen Fresken geschmückt. Besonders interessant sind die aus dem Jahr 1714 stammenden Römischen Thermen, die Sala Terrena und der mit Fresken geschmückte Tanzsaal.

*Jan Adam Questenberg,* der das Schloß umbauen ließ, war ein großer Musikliebhaber, der selbst musizierte und eine eigene Schloßkapelle gründete. Diese wurde vom *Komponisten F. V. Míča* geleitet, dessen

**Südmähren**

363

Oper "Die Gründung der Stadt Jaroměřice" die erste Oper mit tschechischem Libretto darstellte.

●Schloß Jaroměřice nad Rokytnou, Tel. (0617) 972237, geöffnet April, Oktober nur samstags, sonntags 9.00-16.00 Uhr, Mai-September 8.00-17.00 Uhr, September nur bis 16.00 Uhr.

Die *St.-Margaretha-Kirche* gleich neben dem Schloß beeindruckt durch ihr prunkvolles barockes Interieur. Falls die Kirche geschlossen ist, wende man sich an die Bewohner des Hauses Nr. 130 gleich gegenüber der Kirche.

In der Nähe des Schlosses in der Březinova-Straße 40 liegt ein kleines *Museum,* das dem symbolistischen *Dichter Otokar Březina* (1868-1929) gewidmet ist. Der mehrmals für den Nobelpreis vorgeschlagene Autor lebte hier. Das Museum ist geöffnet Sa., So. 9.30-11.30 Uhr, 13.30-16.00 Uhr. Außerhalb dieser Zeit kann man sich von den Bewohnern des Hauses Nr. 98, gleich gegenüber, die Tür öffnen lassen.

## Burg Bítov

Die Burg Bítov ist *eine der ältesten Burgen des Landes* und wurde als Wachburg von den Přemysliden an der Grenze Böhmens errichtet. Die erste Erwähnung Bítovs stammt aus dem Jahr 1046. Die auf einem steilen Felsplateau hoch über dem Zusammenfluß von Želetavka und Dyje (Thaya) emporragende Burg war aufgrund ihrer Lage uneinnehmbar. Im Laufe der Zeit wurde sie *mehrmals umgebaut,* zum letzten Mal in den Jahren 1845-63 im neogotischen Stil.

Das Innere der Burg ist neogotisch geprägt, besonders zu beachten ist die *hervorragende Sammlung alter Waffen* aus mehreren Jahrhunderten.

●Burg Bítov, Tel. (0624) 96622, Öffnungszeiten: April, Oktober nur samstags, sonntags 9.00-16.00 Uhr, Mai, Juni, September Di.-So. 9.00-17.00 Uhr, Juli, August 9.00-18.00 Uhr. Mittagspause 12.00-13.00 Uhr. Vom kleinen Parkplatz oberhalb der Burg muß man noch etwa fünf Minuten zu Fuß zum Burgeingang laufen. Direkt vor dem Eingang links bietet sich dem Besucher ein herrlicher Blick auf die Vranov-Talsperre.

### Unterkunft

●*Hotel Bítov,* Bítov, Tel. (0624) 96397, Fax (0624) 96398, Kapazität 68 Betten, DZ 40 DM. Das Hotel liegt in der Ortschaft Bítov in Burgnähe, malerische Landschaft mit Stausee, Wiesen und Wäldern. Eines der wenigen empfehlenswerten Hotels an der Vranov-Talsperre. Zimmer mit TV, Dusche, WC. Außerdem Hotelschwimmbad.

### Bademöglichkeit

●Möglichkeit zum Baden bietet die *Bítovska zátoka (Bitov-Bucht)* unterhalb der Ortschaft Bítov, die in der Nähe der Brücke über die Talsperre liegt.

## Burg Cornštejn

Eine *weitere Wachburg an der Grenze des Böhmischen Königreiches* war die Burg Cornštejn, die sich an der anderen Seite der Thaya gegenüber von Bítov befand. Cornštejn wurde im 14. Jh. gebaut und bereits in der Mitte des 14. Jh. als königliche Burg erwähnt. Ab 1580 galt die Burg als *verlassen.* Alles, was heute von dem Gebäude erhalten geblieben ist, sind *Ruinen,* die von der Brücke unterhalb der Ortschaft Bítov aus zu sehen sind.

Schloß Vranov nad Dyji

Die Fahrt hierher lohnt nicht, da das **Burgareal geschlossen** ist.

### Schloß Vranov nad Dyjí

Durch eine mit dichten Wäldern bedeckte Hügellandschaft gelangt man nach einigen Kilometern auf engen Nebenstraßen zur **touristischen Hauptattraktion dieser Gegend,** dem Barockschloß Vranov nad Dyjí.

Da die Ortschaft Vranov nad Dyjí unterhalb des Schlosses dem Besucher nur wenig zu bieten hat, lassen die meisten Besucher den kleinen Dorfplatz hinter sich liegen, um direkt **zum Schloß** zu **fahren,** das, 70 Meter hoch auf einem Felsen gelegen, die Ortschaft überragt. Pkws werden auf dem Parkplatz abgestellt, von wo man etwa 15 Minuten berg-

auf laufen muß, um zum Schloßeingang zu gelangen. Eine weitere Möglichkeit, um zum Schloß zu kommen, bietet der etwa 1 km lange grün markierte **Weg,** der am Marktplatz von Vranov beginnt.

Zunächst befand sich auf dem Felsplateau hoch über der Thaya eine romanische Burg, die im 14. Jh. gotisch umgebaut wurde.

Diese war nur von einer Seite zugänglich und von einer Befestigung mit zwei Türmen geschützt. In den Jahren 1687-95 erfolgte dann der **Umbau der gotischen Burg in ein Barockschloß** nach einem Entwurf des österreichischen Architekten *Johann Bernhard Fischer von Erlach.* Der Umbau, der insgesamt ca. 100 Jahre dauerte, wurde seit 1723 von dem Architekten *Anton Erhard Martinelli* geleitet. Zusammen mit dem Umbau entstand im Schloßareal auch die **Kapelle der Heiligen Dreifaltigkeit** mit der unterirdischen **Gruft der Familie Althann,** den damaligen Besitzern des Schlosses. Die Kapelle befindet sich links vor dem Eingang.

Durch eine 60 Meter lange Brücke aus dem Jahr 1562 betritt man den ehemalig gotischen **Burghof,** der von einem Laubengang im Stil der Renaissance geschmückt wird. Durch ein Tor gelangt man dann in den **Ehrenhof,** der 1779-87 angelegt wurde. Mit der Errichtung des Ehrenhofes mit Treppenaufgang und riesigen Statuen zu beiden Seiten wurde im 18. Jh. der Umbau des Schlosses abgeschlossen.

Die heutige **Inneneinrichtung** dokumentiert die Wohnkultur der Adeli-

**Südmähren**

gen im 19. Jh. Sehenswert ist auch die hiesige **Steingutsammlung der örtlichen Keramikfabrik,** die von 1799 bis 1882 existierte.

●Schloß Vranov nad Dyjí, Öffnungszeiten April, Oktober nur samstags, sonntags 9.00-16.00 Uhr, Mai, Juni, September Di.-So. 9.00-17.00 Uhr, Juli, August 9.00-18.00 Uhr. Mittagspause 12.00-13.00 Uhr.

## Unterkunft

●**Country Saloon Hotel,** Náměstí, Tel. (0624) 97238, Fax (0624) 6587, Kapazität 12 Betten, DZ 30 DM im Sommer, ansonsten 20 DM. Eine Familienpension auf dem Hauptplatz der Ortschaft, Zimmer mit TV, Dusche und WC. Einige Zimmer bieten Blick auf das Schloß.

●**Hotel Pod zámkem,** Náměstí 45, Tel. (0624) 97253, Kapazität 47 Betten, DZ 30 DM. Ein sehr einfaches Hotel auf dem Hauptplatz, Zimmer ohne Dusche, WC.

●Außerdem gibt es im Ort **viele Privatzimmer.** Man folge einfach den Schildern.

## Essen und Trinken

●Die Auswahl an Gaststätten ist sehr klein. Zu empfehlen sind das **Restaurant im Country Saloon Hotel** (im Sommer auch Gartenrestaurant) oder das **Restaurant im Hotel Pod zámkem.** Beide Gaststätten sind sehr einfach, was auch auf die Gaststätten in der etwa 2 km vom Ortszentrum liegenden Vranov-Talsperre zutrifft. Dort genießt man jedoch einen malerischen Blick auf den Stausee und die Umgebung.

## Bademöglichkeit

●Bademöglichkeiten bietet der **Vranovská pláž (Vranov-Strand),** der von Vranov etwa 1 km in Richtung Talsperre entfernt liegt. Nachdem man seinen Pkw auf dem Parkplatz abgestellt hat, muß man noch etwa 1 km zum Strand laufen. Dort gibt es einige einfache Bungalows, einen Zeltplatz und einige Restaurants. Eine weitere Bademöglichkeit bietet die **Lančovská zátoka (Lancov-Bucht).** Die Anfahrt erfolgt über das Dorf Lančov, das 5 km von Vranov entfernt liegt. Beide Bademöglichkeiten bieten nur wenig Komfort.

## Vranov-Talsperre (Vranovská přehrada)

Am Rande der Ortschaft Vranov liegt die Vranov-Talsperre, **ein beliebtes Erholungsgebiet der Tschechen.** Vom Parkplatz am Ortsrand muß man noch etwa 500 Meter laufen, um zu der zwischen 1930 und 1934 errichteten Talsperre zu gelangen. Die **Länge des Stausees** beträgt ca. 30 km.

Die **gastronomische Infrastruktur** der Gegend ist leider nur wenig entwickelt, und die Strände bieten nur wenig Komfort, so daß beides nur für Besucher mit einfachen Ansprüchen geeignet ist. Deshalb bleiben ausländische Gäste meist nur zu einem kurzen Spaziergang.

Allerdings ist die hügelige und von ausgedehnten Wäldern bedeckte **Landschaft in der Umgebung** der Talsperre reizvoll für Wanderfreunde und Radfahrer. Eine Reihe von **markierten Wanderwegen** führt durch die Umgebung. **Radtouristen** sollten Schlafsack und Iso-Matte mitbringen.

Über den 54 Meter hohen und 296 Meter langen **Damm** gelangt man auf die andere Seite der Talsperre, wo sich einige einfache Gaststätten, Cafés und Imbißbuden befinden. Einige Meter weiter erreicht man einen **Campingplatz** und den **Vranov-Strand.**

## Nationalpark Podyjí

Der 1991 gegründete Nationalpark Podyjí erstreckt sich zwischen der Stadt Znojmo und Vranov nad Dyjí. Es handelt sich hierbei um den **jüngsten Nationalpark des Landes,** dessen **Gesamtfläche** entlang dem Dyje-Fluß (Thaya) nur 63 qkm beträgt. Durch den Park führen einige **markierte Wanderwege** und **Radfahrwege.** Als Ausgangspunkt zu Wandertouren durch den Nationalpark empfiehlt sich der kleine Dorfplatz in Vranov. In der Nähe des Flusses befindet sich eine große **Orientierungstafel,** auf der alle Wanderwege eingezeichnet sind.

### Znojmo (Znaim)

Als historische Residenz der Kelten, später der Römer und ab dem 9. Jh. der Slawen spielte Znojmo eine **wichtige Rolle in der Geschichte Mährens.**

Die heute 40.000 Einwohner zählende Stadt liegt am linken Ufer der Thaya (tschechisch *Dyje)* und wurde im 11. Jh. gegründet. Das historische Zentrum des Ortes mit seinen vielen Sehenswürdigkeiten ist von wenig attraktiven Vororten und Industriegebieten umgeben. Neben verschiedenen Zweigen der Leichtindustrie gehören der Wein-, Obst und Gemüseanbau zu den wichtigsten **Erwerbsquellen** der örtlichen Bevölkerung. Die **Znaimer Gurken** sind der bekannteste Exportartikel der Stadt und werden auch ins Ausland exportiert. Die süß-sauer eingelegten Gurken schmeckten bereits *Kaiser Ferdinand II.,* als er im Jahr 1628 die Stadt besuchte.

Der **Marktplatz** von Znojmo ist nach dem ersten Präsidenten der Tschechoslowakei, *T. G. Masaryk* benannt. Der große Masaryk-Platz ist von **alten Renaissance- und Ba-**

**rockhäusern** umsäumt und wird von einer **Pestsäule** aus dem Jahr 1682 geschmückt.

Das ehemalige Kapuzinerkloster aus dem 17. Jh. mit seiner Gruft und der **St.-Johann-Kirche** bilden den unteren Teil des Marktplatzes. Unweit befindet sich das **Dům umění,** ein Renaissancehaus, das heute als **Gemäldegalerie** dient. Rechts neben dem Eingang steht eine Säule mit Resten einer alten Freske, die vom Jahr 1549 datiert. Neben einer Sammlung alter Kunst finden hier auch Wechselausstellungen moderner Kunst statt.

●Dům umění, Masarykovo náměstí 11, Tel. (0624) 6529, geöffnet tgl. 9.00-12.00 Uhr, 12.30-17.00 Uhr.

Gegenüber dem Kapuzinerkloster auf der anderen Seite des Marktplatzes befindet sich ein **neues Kaufhaus,** eine "Errungenschaft des sozialistischen Aufbaus der Stadt", das an Stelle von im Zweiten Weltkrieg zerstörten Häusern errichtet wurde.

Die **Obroková ulice,** eine **traditionsreiche Hauptstraße** im Stadtzentrum, die am oberen Teil des Marktplatzes beginnt, führt zum Náměstí Kosmonautů, wie offiziell der Obere Platz heißt. Ungefähr in der Mitte der Straße befindet sich das im Zweiten Weltkrieg stark beschädigte **Rathaus** mit seinem 70 Meter hohen Turm. Das schlanke Bauwerk, dessen oberer Teil von neun gotischen kleinen Türmen geschmückt wird, wurde 1445-48 errichtet und entwickelte sich im Laufe der Zeit zum Markenzeichen der Stadt.

Durch die Kramářská-Straße, die gegenüber dem Rathaus beginnt, ge-

**Südmähren**

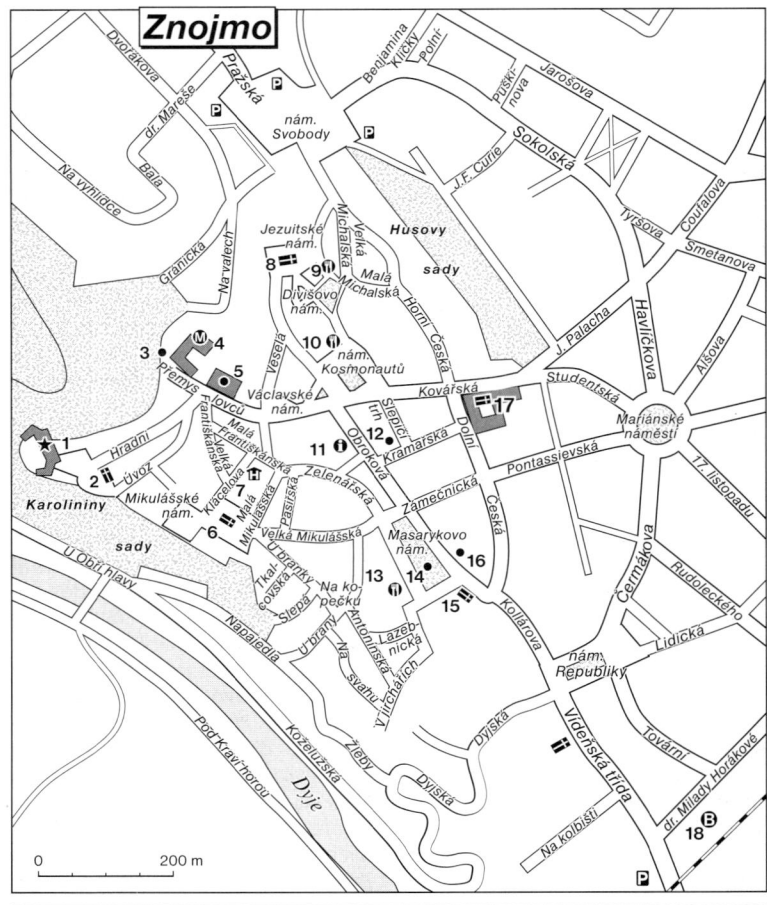

**Znojmo**

| ★ | 1 | Schloß |
|---|---|---|
| ⚇ | 2 | St.-Katherina-Rotunde |
| ● | 3 | Aussichtsterrasse u. Zugang z. Schloß |
| Ⓜ | 4 | Südmährisches Museum |
| ● | 5 | Handelsakademie |
| ⚇ | 6 | St.-Niklas-Kirche |
| ⌂ | 7 | Hotel Karnik |
| ⚇ | 8 | St.-Michael-Kirche |
| ⑩ | 9 | Restaurant, Pension Jesuitska |
| ⑩ | 10 | Restaurant Napoleon |
| ❶ | 11 | Rathaus und Information |
| ● | 12 | Eingang in die Katakomben |
| ⑩ | 13 | Restaurant Country Club |
| ● | 14 | Marktplatz |
| ⚇ | 15 | St.-Johann-Kirche |
| ● | 16 | Dům umění (Gemäldegalerie) |
| ⚇ | 17 | Kirche d. hl. Kreuzes mit Kloster |
| Ⓑ | 18 | Bahnhof und Busbahnhof |

langt man zur Straße Slepičí trh, an der sich der Eingang in die **Katakomben** befindet. Die miteinander verbundenen Kellerräume der Bürgerhäuser entstanden zwischen dem 14. und dem 17. Jh. und dienten lange Zeit als Lagerräume. Die weitläufigen Räume erstrecken sich in einer Länge von einigen Kilometern unter dem Stadtkern. Ungefähr ein Kilometer ist dem Besucher heute zugänglich.

●Katakomben (Podzemí), geöffnet April Mo.-Fr. 10.00-16.00 Uhr, Sa. 9.00-13.00 Uhr, Mai-September Mo.-Fr. 8.30-16.00 Uhr, Sa., So. 9.00-16.00 Uhr. November-März geöffnet nur auf Vorbestellung.

Am Ende der Kramářská ulice befindet sich eine weitere Znaimer Sehenswürdigkeit. Das **Dominikanerkloster** mit der prunkvollen **Kirche des hl. Kreuzes** in der Dolní Česká ulice erhielt seine heutige Gestalt während der Zeit des Barocks.

Vom Marktplatz aus gelangt man durch die Velká Mikulášská ulice in wenigen Minuten zu der **St.-Niklas-Kirche** aus dem 14. Jh. Die Umgebung des Gotteshauses mit ihren engen Gäßchen gehört zu den ältesten Teilen der Stadt. Die gotische St.-Niklas-Kirche wurde 1338 am Standort einer älteren Kirche gegründet. Von der ursprünglich gotischen Dekoration der dreischiffigen Basilika sind nur noch einige Plastiken und das Taufbecken erhalten geblieben. Bemerkenswert ist die hiesige Barockkanzel in Gestalt der Erdkugel.

Durch die Velká Františkánská ulice gelangt man zur Straße Přemyslovců, an deren Anfang heute die **Handelsakademie** liegt. Im 19. Jh. befand sich hier das Gymnasium, an dem

der Entdecker der Vererbungsgesetze *J. G. Mendel* (siehe auch Brno) als Lehrer wirkte. Etliche Jahrhunderte früher befand sich hier das von *Přemysl Otakar II.* 1273 gegründete Damenstift.

Neben der Handelsschule liegt das **Südmährische Museum,** das in einem ehemaligen Minoritenkloster aus dem 13. Jh. untergebracht ist. Während der Barockzeit erfolgte ein umfassender Umbau des Gebäudes, in dem einst der böhmische König *Přemysl Otakar II.* begraben lag.

●Südmährisches Museum (Jihomoravské muzeum), Přemyslovců 6, Tel. (0624) 4961, geöffnet tgl. 8.00-16.00 Uhr, im Winter Sa., So. geschlossen. Historische und archäologische Sammlungen, Ausstellung orientalischer Waffen.

Die **Aussichtsterrasse** am Ende der Straße bietet einen schönen Blick auf die Umgebung der Stadt, das Thayatal mit der Talsperre von Znojmo.

Der Weg durch die weiter unten gelegenen Parkanlagen führt zum Schloß und zur romanischen St.-Katherina-Rotunde.

Auf dem hohen Felsen über dem Dyje-Fluß, wo sich das heutige **Schloß** befindet, wurde bereits im 11. Jh. eine Burg errichtet. Diese wurde zum Sitz der Přemyslidenfürsten. Später weilten hier gerne die Könige der Luxemburger Dynastie. Im Jahr 1437 starb hier der König und römische Kaiser *Sigismund,* der letzte Luxemburger auf dem böhmischen Thron.

Das heutige Schloß entstand durch einen Umbau der Burg zu Anfang des 18. Jh. Im 19. Jh. erwarb die Stadt Znojmo das Schloß, worauf ein

**Südmähren**

Teil des Schlosses zu einer Brauerei umgebaut wurde. Sie existiert hier übrigens bis heute. Der Hauptteil des Schlosses dient jedoch seit 1892 Museumszwecken. Die hiesige *Ausstellung* ist der Geschichte der Stadt gewidmet.

●Schloß Znojmo, Hradní 1, Tel. (0624) 5210, geöffnet April-Oktober Di.-So. 9.00-16.00 Uhr.

Gegenüber dem Eingang ins Schloß befindet sich die romanische *St.-Katherina-Rotunde* aus dem 11. Jh., welche die *wertvollste Sehenswürdigkeit der Stadt* bildet. Sie ist als einziger Teil der gotischen Burg bis heute erhalten geblieben. Das Innere der Rotunde ist von den ältesten erhaltenen Fresken im Lande geschmückt. Einer etwa um 1300 entstandenen Aufschrift zufolge entstanden die Fresken in der Kapelle im Jahr 1134. Es handelt sich bei ihnen um eine Art "Illustration" zur Kosmas-Chronik (siehe auch Literatur) mit Darstellungen der ersten böhmischen Fürsten der Přemysliden-Dynastie. Neben historisch belegten Fürsten und Königen werden hier auch mythologische Vorfahren der Přemysliden dargestellt, wie von *Kosmas* in seiner Chronik geschildert. Die Rotunde ist für maximal 10 Besucher zugänglich, wobei die Besuchszeit auf 10 Minuten beschränkt ist.

Nördlich des Oberen Platzes (Horní náměstí), der offiziell náměstí Kosmonautů heißt, auf dem Jesuitské náměstí, befindet sich die barocke *St.-Michael-Kirche* aus dem 17. Jh. Sie bildet eine weitere Sehenswürdigkeit des Ortes.

## Information

●*Informační středisko,* Obroková ulice (im Rathaus), Mo.-Fr. 8.00-18.00 Uhr, Sa. 8.00-16.00 Uhr, im Sommer auch sonntags geöffnet.

## Unterkunft

●*Hotel Karnik,* Zelenářská 25, Tel. (0624) 6826, Kapazität 30 Betten, DZ 60 DM. Zimmer mit Dusche und WC.
●*Pension Jesuitská,* Jesuitská, Tel./Fax (0624) 221440, zwei Doppelzimmer mit TV, Dusche, WC, DZ 40 DM. Angenehmes Restaurant, modern eingerichtet.
●*Pension Arche,* Vlková 4, Tel. (0624) 5062, unweit des Oberen Marktplatzes. DZ 40 DM.

## Essen und Trinken

●*Restaurace Jesuitská,* Jesuitská, Tel. (0624) 221440, geöffnet 10.00-22.00 Uhr. Gute Küche, modernes Interieur.
●*Napoleon,* Horní náměstí 9, Tel. (0624) 225504, Fax (0624) 224652, geöffnet tgl. 9.00-24.00 Uhr. Modernes, etwas phantasieloses Interieur, an den Wänden Stiche mit Motiven aus der Napoleon-Ära und alte Säbel.
●*Country Club,* nám. T. G. Masaryka 22, Tel. (0624) 224369, geöffnet tgl. 10.00-22.00 Uhr. Interieur im Stil eines Salons aus dem "Wilden Westen", Küche jedoch tschechisch. Im Sommer gibt es Sitzmöglichkeit im Freien.
●*Daun,* nám. T. G. Masaryka 23, Tel. (0624) 224673, geöffnet Mo.-Sa. 10.00-24.00 Uhr, So. 10.00-22.00 Uhr. Zentrale Lage am Marktplatz, zwei phantasielos eingerichtete Räume.

## Einkaufen

●*Lidová umělecká tvorba,* Jesuitská ulice. Holzspielzeuge, Keramik, Puppen.

## An- und Weiterreise

●*Busbahnhof* und *Bahnhof* liegen etwa 600 Meter vom Marktplatz entfernt nebeneinander. Von hier gelangt man folgendermaßen zum Stadtzentrum: Vom Bahnhof aus links abbiegen und bis zum Ende der Straße laufen, dann nach rechts in die Vídeňská-Straße bis zum Masarykovo náměstí.

## Mikulov

Mikulov, *eines der Zentren des mährischen Weinanbaus,* liegt südlich von Brno an der tschechisch-österreichischen Grenze. Die heute 7.500 Einwohner zählende Ortschaft wurde auf dem Bernsteinweg, einem historischen Handelsweg von der italienischen Stadt Aquileia zum Baltischen Meer, gegründet.

### Geschichte

Die *erste schriftliche Erwähnung* Mikulovs datiert vom Jahr 1249. Einst eine königliche Stadt, gelangte Mikulov 1575 in den Besitz der Familie *Dietrichstein.*

Ihre *Blütezeit* erreichte die Gemeinde nach der Schlacht am Weißen Berg, als sie zur inoffiziellen Hauptstadt Mährens wurde. Die wirtschaftliche und kulturelle Blüte verdankte die Stadt **Kardinal Franz von Dietrichstein** (1570-1636). *Dietrichstein,* Bischof von Olomouc, hervorragender Politiker, Diplomat und Vertrauter von *König Ferdinand II.,* ließ nicht nur die hiesige gotische Burg in ein Renaissanceschloß umbauen, sondern veränderte das gesamte Stadtbild durch viele neue Bauten, so daß es den Charakter einer prächtigen Residenzstadt erhielt. Ihre günstige Lage am Handelsweg von Wien nach Böhmen war die zweite Ursache des wirtschaftlichen Aufschwungs der Stadt.

Erst das 19. Jh. und die Inbetriebnahme der Eisenbahnstrecke Wien – Brno verursachte den *wirtschaftlichen Niedergang der Stadt.*

### Sehenswertes

Das Zentrum der Stadt wird vom mit unregelmäßiger Renaissance- und Barockbebauung umsäumten **Marktplatz** gebildet, dessen Mitte von einer Dreifaltigkeitssäule aus dem Jahr 1732 und einem Brunnen aus dem Jahre 1680 geschmückt wird.

In der Nähe der Dreifaltigkeitssäule befindet sich das *Dietrichstein-Mausoleum* mit den Gräbmälern der gleichnamigen Dynastie. Das Mausoleum entstand während des 19. Jh. durch einen Umbau der 1784 durch Feuer beschädigten St.-Anna-Kirche mit ihrer Santa Casa. Die Mikulover Kopie der Santa Casa der italienischen Stadt Loreto wurde 1623 errichtet und diente als Vorbild für die Santa Casa im Prager Loreto, mit deren Bau im Jahr 1626 begonnen wurde.

Als das schönste Gebäude auf dem Marktplatz von Mikulov gilt das *mit Sgraffiti geschmückte Eckhaus* aus der zweiten Hälfte des 16. Jh. In der Nähe des Sgraffitti-Hauses befindet sich auch der Eingang zum Schloß. Durch einen Ehrenhof am Schloßgarten vorbei gelangt man zum Schloß.

Marktplatz in Mikulov

Südmähren

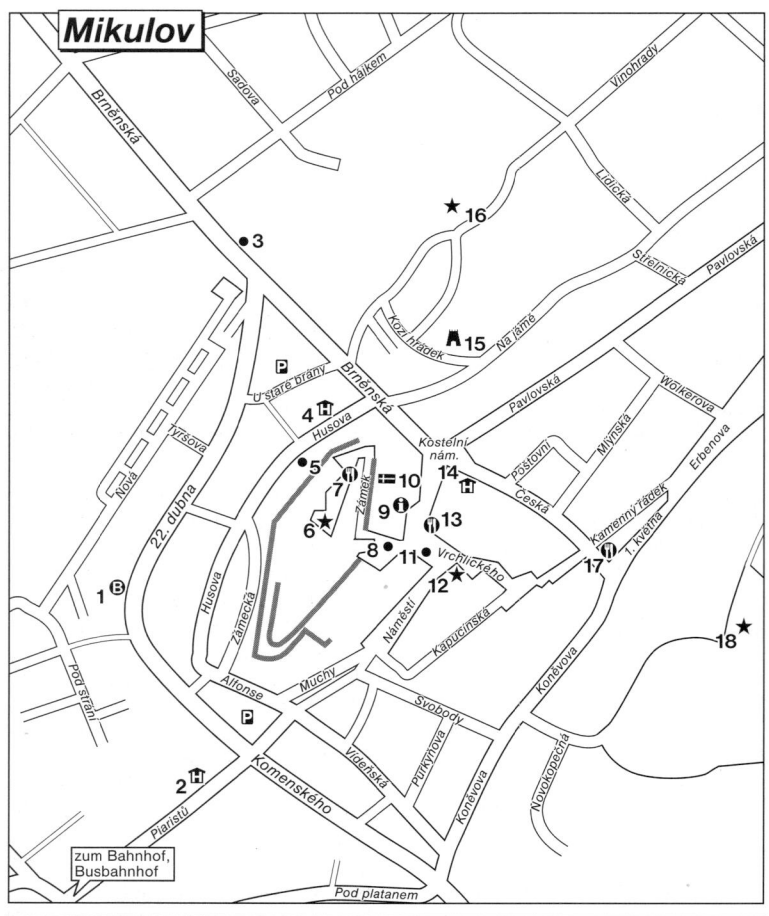

# Mikulov

| | | |
|---|---|---|
| ⓑ | **1** | Bushaltestelle |
| 🏠 | **2** | Pension Prima |
| ● | **3** | Schlüssel z. Jüd. Friedhof |
| 🏠 | **4** | Hotel Rohatý krokodýl |
| ● | **5** | ehem. Alte Synagoge |
| ★ | **6** | Schloß |
| ☎ | **7** | Weinstube  Zámecká vinárna |
| ● | **8** | Eingang zum Schloß |
| ❶ | **9** | Information |
| ⅱ | **10** | St.-Wenzel-Kirche |

| | | |
|---|---|---|
| ● | **11** | Marktplatz |
| ★ | **12** | Dietrichsteinmausoleum |
| ⓜ | **13** | Gaststätte Dionýsos |
| 🏠 | **14** | Hotel Réva |
| ⛰ | **15** | ehem. Pulverturm, heute Aussichtsturm |
| ★ | **16** | Jüdischer Friedhof |
| ☎ | **17** | Weinstube U hroznu |
| ★ | **18** | Svatý Kopeček mit St.-Sebastian-Kirche |

Das Schloß in Mikulov

Eine weitere bemerkenswerte Sehenswürdigkeit bildet die **St.-Wenzel-Kirche** in der Nähe des Marktplatzes. Sie wurde an Stelle einer durch Hussiten zerstörten Kirche in der zweiten Hälfte des 15. Jh. errichtet.

Im **Schloß** befindet sich das **Regional-Museum.** Neben einigen Räumen, die der Weinanbautradition gewidmet sind, ist hier eine Ausstellung über die Ausgrabungsstätte von Pohansko nahe Břeclav zu sehen. Antike Keramikobjekte, Trachten und Möbel bestreiten einen weiteren Teil der Ausstellung.

Wie bereits oben gesagt, entstand das heutige Schloß infolge eires **Umbaus** einer gotischen Burg im Auftrag von *Kardinal Franz von Dietrichstein.* Dessen Nachkommen ließen nach einem Brand im Jahr 1719 einen Teil des Schlosses im Stil des Spätbarock umbauen. Den *Dietrichsteins* gehörte das Schloß bis zum Jahr 1945.

Bei Kämpfen um die Stadt setzte am 22.4.1945 die auf dem Rückzug begriffene deutsche Armee das **Schloß in Brand,** bei dem die wertvolle Dietrichsteinsammlung zusammen mit der Schloßeinrichtung für immer verlorenging. Nach dem Krieg wurde das Schloß wieder aufgebaut.

Das Schloß von Mikulov war **Schauplatz vieler wichtiger historischer Ereignisse.** So fanden in Mikulov am 6.12.1805 die Friedensverhandlungen zwischen Frankreich, Österreich, Preußen und Rußland statt, nachdem *Napoleons* Heer die Armeen Österreichs und Rußlands bei Austerlitz besiegt hatte. 1866 trafen hier Vertreter Österreichs den Preußischen König und seinen Kanzler *Otto von Bismarck* und verhandelten über den Frieden zwischen beiden Staaten.

Im **Schloßkeller** steht ein Riesenweinfaß. Es wurde im Jahr 1643 an der Stelle, an der es heute noch steht, hergestellt. Es ist 6,5 Meter lang, 4,5 Meter hoch und hat einen Inhalt von 1.010 Hektoliter. *Kryštof Specht* und drei Freunde brauchten 250 Tage, um das vermutlich größte Faß Mitteleuropas fertigzustellen. Es war für das Zehntwein bestimmt und während der ersten fünfzig Jahre seines Bestehens ständig gefüllt. Nach einer schlechten Weinlese blieb es leer und wurde wegen seines schlechten Zustands nicht wieder benutzt.

TIP: Da der Schloßkeller in der Regel geschlossen ist, muß man das Personal bitten, auch das Faß sehen zu können.

● Schloß Mikulov, Tel. (0625) 2255, geöffnet Di.-So. April, Oktober 9.00-16.00 Uhr, Mai-September 8.00-17.00 Uhr.

Auf dem *Svatý kopeček (Heiliger Berg)* gegenüber dem Schloß steht die weiße *St.-Sebastian-Kirche* aus dem 17. Jh. Sie wurde von *Kardinal Dietrichstein* zum Gedenken an die Pestopfer von 1622 in Auftrag gegeben. Das kleine Gotteshaus ist dem *hl. Sebastian* geweiht, welcher als Schutzpatron vor der Pest galt. Seit 1625 ist der Heilige Berg ein ***traditioneller Wallfahrtsort,*** der Anfang September von Pilgern aus der Stadt und der Umgebung aufgesucht wird, um hier die Schwarze Loreto-Madonna zu ehren, die der großen Feuerbrunst von 1784 entging.

Bis zur Mitte des 19. Jh. lebte in Mikulov die zweitgrößte jüdische Gemeinde Böhmens und Mährens. Das jüdische Viertel erstreckte sich hinter dem Schloß, wo heute die Husova-Straße liegt. An der Husova befindet sich auch die ***ehemalige Alte Synagoge*** oder Altschule. Sie wurde im Jahr 1550 gegründet. Ihre heutige Gestalt datiert vom Jahr 1723.

Alter jüdischer Friedhof

Der **Jüdische Friedhof** liegt nördlich der Synagoge. Die ältesten der ca. 2.500 Grabmäler auf dem Friedhof stammen aus dem 17. Jh. Zu den bedeutendsten historischen Persönlichkeiten der jüdischen Gemeinde gehörte *Yehuda ben Bezalel Liva-Löw* (um 1511-1609), bekannter unter dem Namen **Rabbi Löw,** der einer Legende nach der Schöpfer des Golem, eines künstlichen Menschen, war.

Das Tor zum Friedhof ist gewöhnlich geschlossen, der Schlüssel ist bei der Familie *Částková,* Brnénská-Straße 28, unterhalb des Friedhofes zu erhalten.

## Information
● **Turistická informační kancelář,** Náměstí 32, Tel./Fax (0625) 2855, geöffnet Mo.-Fr. 8.30-12.00 Uhr, 13.00-17.00 Uhr, Sa. nur bis 14.30 Uhr. Kartenverkauf, Zimmervermittlung, Weinprobenvermittlung.

## Unterkunft
● **Hotel Rohatý Krokodýl,** Husova 8, Tel. (0625) 2692, Fax (0625) 3695, Kapazität 26 Betten, DZ 55 DM. Modern eingerichtete Zimmer mit TV, Dusche und WC. Das Hotel dient gleichzeitig als Galerie. Zu den prominentesten Hotelgästen der italienische Schauspieler *Franco Nero.* Neben einem Restaurant gibt es hier auch einen Weinkeller.
● **Hotel Réva,** Česká 2, Tel. (0625) 3901-2, Kapazität 48 Betten, DZ 45 DM. Zimmer mit Dusche, WC. Zentrale Lage etwa 100 Meter vom Marktplatz entfernt.
● **Pension Prima,** Piaristů 8, Tel. (0625) 3793, Fax (0625) 2383. Pension, nur wenige hundert Meter vom Zentrum entfernt, Zimmer mit Dusche, WC, DZ 40 DM. Parkmöglichkeit.

## Essen und Trinken
● **Dionýsos,** Náměstí, Tel. (0625) 3132, geöffnet Mo.-Sa. 11.00-23.00 Uhr, So. nur bis 20.00 Uhr. Ein einfach eingerichtetes, aber gutes und preiswertes Restaurant im Keller des Rathauses.
● **Zámecká vinárna,** geöffnet Di.-Sa. 18.00-2.00 Uhr. Der Schloßweinkeller nahe dem Eingangsbereich dient abends als Diskothek.
● **U hroznu,** Kamenný řádek 3, Tel. (0625) 2285. Geöffnet Mo.-Do., So. 16.00-23.00 Uhr, Fr., Sa. 16.00-1.00 Uhr. Eine Weinstube.

## Wanderungen
● Mikulov bietet sich als **Ausgangspunkt für Wanderungen ins Pálava-Gebirge** an. Eine Wanderkarte ist im Informationsbüro auf dem Marktplatz von Mikulov erhältlich. Die Karten Břeclavsko/Pavlovské vrchy, Verlag *Kartografie Praha,* oder Pálava, Verlag *SHOCart Zlín,* sind empfehlenswert.

## An- und Weiterreise
● **Busverbindungen** mit Znojmo, Brno, Bratislava, České Budějovice und anderen mährischen und tschechischen Städten. Die Stadt liegt an der **Bahnlinie** Znojmo - Břeclav, gute Verbindungen in beide Richtungen und über Břeclav nach Brno. Busbahnhof liegt im Stadtzentrum, Bahnhof ist etwa 10 Minuten zu Fuß vom Stadtzentrum entfernt.

## Umgebung von Mikulov

### Pálava-Gebirge
Der Pálava, auch Pavlovské kopce (Pavlov-Hügel) genannt, erstreckt sich nördlich der Stadt Mikulov. Das **Kalksteingebirge** mit einer Durchschnittshöhe zwischen 300-400 Metern hebt sich deutlich von der umliegenden Ebene ab und bildet die Dominante dieses Teiles Südmährens.

Das **Naturschutzgebiet** Pálava wurde 1986 in die UNESCO-Liste der Biosphärenreservate aufgenommen. Geschützt werden hier gleichermaßen Fauna und Flora. Der **Hauptkamm** des Pálava-Gebirges erstreckt sich zwischen Mikulov und

**Südmähren**

Pavlov am Ufer des Nové-Mlyny-Sees. Durch den etwa 10 km langen Kamm führt ein rot markierter **Wanderweg** von Mikulov nach Pavlov und Dolní Věstonice. Die **höchste Erhebung,** die Devín heißt, ist 554 Meter hoch und liegt nahe der Ortschaft Pavlov.

### Pavlov

Pavlov ist ein bekanntes Weinanbaudorf mit alten Weinkellern, die aus dem 17. Jh. stammen.

### Dolní Věstonice

Im Jahr 1924 wurde in der Nähe von Dolní Věstonice, das nördlich von Mikulov liegt, eine **25.000 Jahre alte Lagerstätte** entdeckt, die einst von Mammutjägern angelegt worden war. Ein Jahr später wurde hier eine Frauenfigur aus gebranntem Lehm gefunden.

Diese 25.000 Jahre alte Figur, auch als **Venus von Věstonice** bekannt, wird heute im Mährischen Landesmuseum in Brno aufbewahrt.

In den darauffolgenden Jahren wurden hier noch weitere Frauenfiguren, Tierfiguren und verschiedene Steingeräte ausgegraben. Diese Figuren, die teilweise aus Mammutknochen gefertigt sind, gehören zu den ältesten Kunstartefakten in Mitteleuropa. Leider fiel ein Teil der Funde, die auf dem Schloß in Mikulov aufbewahrt worden waren, einem Brand zum Opfer, der in den letzten Tagen des Zweiten Weltkrieges das dortige Schloß zerstörte.

Westlich von Dolní Věstonice in der Nähe des Dorfes Mušov am Zusammenfluß von Thaya und Svratka wurden **Reste eines römischen Militärpostens,** u. a. ein römischer Ziegel mit der Aufschrift LEGXGPF (Legio decima Gemina Pia Fidelis), entdeckt. Der Ziegel stammt aus einem römischen Militärlager, der die nördliche Grenze des römischen Imperiums gegen die "Barbaren" schützte. Die Schutzzone oder der Limes Romanus wurde von den Römern entlang des rechten Donauufers errichtet, und das heutige Wien, damals Vindobonna, beherbergte das Hauptlager der römischen Legion.

### Lednice

Lednice mit seinen 2.500 Einwohnern verfügt mit Ausnahme seines Schlosses nur über wenige historische Sehenswürdigkeiten. Umso mehr bietet die Umgebung der kleinen Stadt mit ihrem ausgedehnten englischen Park. Dank des Schlosses und des Parks ist Lednice **einer der meistbesuchten Orte Südmährens.**

Das **Schloß,** das vom 13. Jh. bis zum Jahr 1945 der Familie *Liechtenstein* gehörte, erfuhr im Laufe seines Bestehens eine **Reihe von Umbauten.** Im 17. Jh. wurde der Wandel vom Renaissancepalast zum Barockschloß vollzogen. Verändert wurde auch der Schloßpark. Zwischen 1688 und 1690 wurde nach einem Entwurf von *J. B. Fischer von Erlach* das Gebäude der Reitschule errichtet. In der zweiten Hälfte des 18. Jh. dann wurde das Schloß klassizistisch umgebaut.

Das innere und äußere Erscheinungsbild des heutigen Schlosses

Das Schloß in Lednice

sind das Resultat monumentaler Umbauten in den Jahren 1846 bis 1858, als das Schloß von Lednice sein heutiges neogotisches Aussehen erhielt. Das an seiner Ostseite errichtete **Gewächshaus** mit tropischen und subtropischen Pflanzen ersetzte zwischen 1842 und 1845 die barocke Orangerie. Es ist 92 Meter lang, 13 Meter breit und 10 Meter hoch.

Im westlichen Schloßflügel ist heute das **Landwirtschaftliche Museum** untergebracht, geöffnet April, Mai, September, Oktober Mo. 10.00-15.00 Uhr, Di.-So. 8.00-15.30 Uhr, Juni-August Mo. 10.00-15.30 Uhr, Di.-So. 8.00-16.30 Uhr. Themen: Umwelt, Waffenentwicklung, Obst- und Gemüseanbau.

In unmittelbarer Nähe des Schlosses erstreckt sich ein **französischer Park,** der allmählich in einen **englischen Waldpark** übergeht. Die Anlage des englischen Parks um den

Schloßteich (Zámecký rybník) ist aus romantischen Strömungen des 19. Jh. heraus zu erklären. Ein Spaziergang um den Teich ist empfehlenswert. Am anderen Ende des Teiches ist schon von weitem ein **Minarett** zu sehen. Es wurde von *Josef Hardmuth* entworfen und zwischen 1797 und 1802 errichtet. Der Architekt *J. Hardmuth,* der der Erfinder des Bleistiftes war, gründete die Firma *Hardmuth-Koh-i-nor,* die bis heute ihren Sitz in České Budějovice hat. Es besteht die Möglichkeit, die **Aussichtsplattform** des 65 Meter hohen Minaretts zu besteigen. Nach oben führen 302 Treppen. Öffnungszeiten: April, Oktober samstags, sonntags 10.00-17.00 Uhr, September Di.-So. 10.00-17.00 Uhr, Mai-August Di.-So. 9.00-18.00 Uhr.

● Schloß Lednice, Tel. (0627) 98306, geöffnet April, Oktober nur samstags, sonntags 9.00-12.00 Uhr, 13.00-16.00 Uhr, Mai-August Di.-So. 8.00-12.00 Uhr, 13.00-17.00 Uhr, September Di.-So. 9.00-12.00 Uhr,

13.00-16.00 Uhr. Das Palmentreibhaus (Palmový skleník) ist April-Oktober 8.00-16.00 Uhr geöffnet. April, Oktober Mo. Ruhetag, in den übrigen Monaten auch montags geöffnet.

## Information

●**Reisebüro Areal,** Zámek 1, Tel./Fax (0627) 98454, Mo. geschlossen, Di., Fr. 9.00-16.00 Uhr, Mi. nur vormittags, Do. nur nachmittags. Das Reisebüro befindet sich links vor dem Eingang ins Landwirtschaftliche Museum. Zimmervermittlung, Führungen (auch mit dem Mountainbike) durch den Landschaftskomplex von Lednice und Valtice.

## Unterkunft

●**Hotel Harlekin,** Tel. (0627) 98301, 98311, Fax (0627) 98434, DZ 80 DM. Zimmer mit Satelliten-TV, Telefon, Radio, Minibar, Bad und WC. Das neueste und gleichzeitig auch beste Hotel in der Umgebung, ruhige Lage etwas abseits des Ortszentrums, aber nur fünf Minuten vom Schloß entfernt. Café, Restaurant, Nachtklub.

●**Hotel Mario,** ul. 21. dubna 73, Tel./Fax (0627) 98396, Kapazität 20 Betten, DZ 70 DM. Ein kleines Hotel, das in der unmittelbaren Nähe des Schlosses liegt. Komfortabel eingerichtete Zimmer mit TV, Telefon, Dusche und WC.

●**Pension Jordan,** Podivínská 55, Tel. (0627) 98119, Kapazität 24 Betten, DZ 35 DM. Parkmöglichkeit, Möglichkeit zum Grillen, hauseigener Weinkeller.

## Wanderungen

●Durch die Umgebung von Lednice und Valtice führen markierte Wanderwege, die alle am Hauptplatz von Lednice, d.h. in Schloßnähe, beginnen. Die Gegend eignet sich auch für Radtouren. Die Karte Lednicko-Valtický areal, Verlag *SHOCart Zlín,* hilft bei der Orientierung.

## An- und Weiterreise

●Die **Bushaltestelle** liegt am Hauptplatz. Es fahren Busse nach Břeclav und Mikulov. Die Verbindung nach Valtice ist schlecht. Es existieren keine Zugverbindungen, da die Strecke nach Břeclav stillgelegt wurde.

## Lednicko-Valtický areál (Landschaftskomplex von Lednice und Valtice)

Die **Anfänge** des Landschaftskomplexes von Lednice und Valtice sind am Ende des 18. Jh. zu suchen. In dieser Zeit wurde in Lednice die **große Parkanlage** angelegt, die mit ihrer Umgebung im Laufe der Zeit zusammenwuchs. Diese Landschaft, die jahrhundertelang vom Menschen gestaltet wurde, bedeckt eine Fläche von ca. 100 qkm und ist einzigartig. Im Sommer 1997 wurde der Landschaftskomplex denn auch von der UNESCO zum Weltkulturerbe erklärt.

Eine Schneise durch den Landschaftskomplex bildet die seit 1715 bestehende **Verbindungsstraße zwischen Schloß Lednice und Valtice.** Ungefähr auf halber Strecke befinden sich drei **Teiche,** die zu gleicher Zeit angelegt wurden. Weitere Teiche befinden sich im östlichen und nördlichen Teil des Gebietes. Verschiedene **Schlößchen und romantische Gebäude** wurden hier im Laufe der ersten Hälfte des 19. Jh. errichtet. Als da wären: der Tempel der drei Grazien, der Diana-Tempel, das Minarett, die Ruine einer Ritterburg, das Grenzschlößchen, das Jagdschlößchen, der Apollo-Tempel usw.

Neben dem Minarett entwarf *J. Hardmuth* auch die sogenannte **Janův hrad (Johannsburg).** Die Kopie einer mittelalterlichen Ruine wurde zwischen 1801 und 1807 errichtet und diente als Versammlungsort vor und nach der Jagd. Heute beherbergt sie eine Abteilung des

Landwirtschaftlichen Museums. Die Johannsburg befindet sich am rechten Thayaufer etwa 3,5 km nordöstlich von Lednice und ist über den grünmarkierten Weg zu erreichen.

### Wanderweg von Lednice nach Valtice

Der längste Wanderweg ist etwa 15 km lang und führt von Lednice nach Valtice. Der rotmarkierte Weg führt zuerst zum **Mlynský rybník** (Mühlenteich), an dessen Ufer der zwischen 1817 und 1819 errichtete **Apollo-Tempel** steht. Der Weg führt weiter am Teichufer entlang zum **Nový dvůr (Neuer Hof),** einem Empirebau und weiter zum **Empire-Tempel Drei Grazien.** Das Schlößchen mit seinem Grundriß eines Halbkreises und zwölf ionischen Säulen wur-

de 1824-25 errichtet und ist nach der Skulptur Drei Grazien benannt.

Weiter wartet auf den Besucher die **Kapelle des hl. Hubertus** und damit der jüngste Bau des Komplexes aus dem Jahr 1855. Wie der Name bereits sagt, ist die Kapelle dem Schutzpatron der Jagd gewidmet. Kurz vor Valtice gelangt man zu dem 1810-12 errichteten **Diana-Tempel.**

### Valtice

Die **erste Erwähnung** der Stadt stammt von 1193. In einem Dokument, das in Regensburg verfaßt wurde, taucht sie unter dem Namen Veldesberch auf. Seit Ende des 14. Jh. war die Stadt im Besitz der Familie *Liechtenstein.* Schloß und Stadt erhielten ihre **heutige Gestalt** in der ersten Hälfte des 17. Jh.

**Südmähren**

Das Schloß von Valtice

Valtice gehört zu den Städten mit einer **alten Weinbautradition.** Davon zeugen vor Ort zwei große historische Weinkeller: der **Schloßwein-keller** aus dem Jahr 1640 und der **Kreuzweinkeller,** der heute in der Weinkellerei *Vinné sklepy Valtice* am Rande der Stadt zu besichtigen ist, Vinařská 1, Tel. (0627) 94329. Ein Besuch ist nur auf Voranmeldung und nicht während der Weinlese möglich. Außerdem gibt es hier eine ganze Reihe von **kleinen privaten Weinkellern,** die sich vorwiegend in der Josefská-Straße und der Střelecká-Straße befinden.

Am Ende der Josefská-Straße trifft man auf eine **Vinotek,** d.h. ein Weinkeller, wo verschiedene Weinsorten zum Probieren angeboten werden. Öffnungszeiten unregelmäßig.

Auf dem kleinen **Marktplatz** steht die **Barockkirche Mariä Himmelfahrt** aus den Jahren 1641-71 sowie eine Pestsäule aus dem Jahr 1680. Auch befindet sich hier einer der Zugänge zum Schloß.

Sein heutiges Aussehen erhielt das **Schloß** in der ersten Hälfte des 17. und zu Anfang des 18. Jh. Der **Auftraggeber** war *Karl Eusebius von Liechtenstein,* dem die Stadt damals gehörte. Die erste Phase des Aufbaus wurde unter der Regie von *Giovanni Giacomo Tencalla* vollzogen, der im Jahr 1641 nach Streitigkeiten mit *Liechtenstein* das Schloß verließ. Die **Umbauarbeiten** führte dann neben anderen der österreichische Architekt *Johann B. Fischer von Erlach* fort, der als Vermittler der französischen und italienischen Barocktraditionen in Mähren gilt. In Valtice entwarf *Fi-*

*scher* die beiden vorderen Flügel des Schlosses.

Um das Jahr 1790 wurde auf dem Schloß ein **Rokokotheater** erbaut, das die bestehende Freilichtbühne im Park ergänzte. Der **Schloßpark,** wie er sich heute präsentiert, wurde zum größten Teil Anfang des 19. Jh. angelegt. Der vorher bestehende französische Park wurde erweitert und in einen englischen Park umgestaltet.

Im August finden im Schloß alljährlich **Renaissance- und Barockkonzerte** statt, die ehemalige Reitschule dient heute als **Ausstellungssaal.** Der ganze Schloßkomplex ist ein beliebter Ort für Dreharbeiten.

●Schloß Valtice, Tel. (0627) 94423. Öffnungszeiten siehe Schloß Lednice.

### Unterkunft

●**Hotel Apollon,** P. Bezruče 720, Tel./Fax (0627) 94625, Kapazität 37 Betten, DZ ca. 50 DM. Ein neues Hotel, mit allem Komfort eingerichtete Zimmer, abgeschlossener Parkplatz.

●**Hotel Hubertus,** Zámek Valtice, Tel. (0627) 94537, Fax (0627) 94538, Kapazität 50 Betten, DZ 60 DM (Zimmer mit Dusche und WC). Hervorragende Lage, das Hotel befindet sich nämlich in einem Schloßflügel, malerischer Ausblick auf den Schloßpark. Das Angebot enthält auch einen Tennisplatz. Zu den Schattenseiten des Hotels gehört die etwas veraltete Einrichtung und die Tatsache, daß nur die Hälfte der Zimmer mit Dusche und WC ausgestattet sind.

●**Hotel Rendevouz,** Střelecká ulice, Tel. (0627) 94231, Kapazität 18 Betten, DZ 40 DM. Ein kleines Familienhotel, Zimmer mit Dusche und WC. In der gleichen Straße liegen viele private Weinkeller.

### Essen und Trinken

●**Valtická rychta,** Mikulovská 165, Tel. (0627) 94366, geöffnet Mo. 11.00-16.00

Uhr, Di.-So. 22.00 Uhr. Nachbildung einer volkstümlichen Gaststätte, einfache Holzmöbel, Balkendecken aus Holz. Empfehlenswert sind Spezialitäten der Region, wie z.B. Hirtenspieß (slovácký živáň) und Apfelstrudel (štrudl s jablkama) als Nachspeise. Zu trinken gibt es mährischen Wein. Zur guten Laune tragen auch die hier dargebotenen mährische Volkslieder bei. Unbedingt besuchen!

●*Albero,* náměstí Svobody 12, Tel. (0627) 94615, geöffnet Di.-Do. 10.00-23.00 Uhr, Fr., Sa. 10.30-24.00 Uhr, So. 10.30-20.00 Uhr, Mo. Ruhetag. Ein modern eingerichtetes Restaurant am Marktplatz, gute Küche

●*Valtická vinárna,* náměstí Svobody, Tel. (0627) 94613, geöffnet tgl. (außer So., Mo.) 18.00-4.00 Uhr. Einfache Weinstube, freitags und samstags mit einer Disko, vorwiegend junges Publikum.

●TIP: *Hradební vinný sklep,* Hradební ulice, Tel./Fax (0627) 94214. Ein alter Weinkeller, der früher zum Dominikaner-Kloster des Ortes gehörte. Sein heutiges Aussehen stammt aus dem Jahr 1680. Weinproben mit oder ohne Volksmusik werden auf Vorbestellung für größere Gruppen durchschnittlich dreimal wöchentlich veranstaltet. An diesen Weinproben können aber auch Einzelgäste teilnehmen.

## Museen und Galerien
●*Landwirtschaftliches Museum* (Národní zemědělské muzeum), Tel. (0627) 94144, náměstí Svobody 4, geöffnet Di.-So. 9.00-15.00 Uhr. Wechselnde Ausstellungen.

## An- und Weiterreise
●Valtice liegt an der Eisenbahnstrecke Znojmo – Břeclav. Es existieren gute *Zugverbindungen* in beide Richtungen. Der Bahnhof liegt etwa 10 Minuten zu Fuß vom Zentrum entfernt. *Busverbindungen* gibt es nach Břeclav, Mikulov, Brno, Wien. Die Busverbindung nach Lednice ist schlecht und den Bedürfnissen von Schülern angepaßt. Die Bushaltestelle liegt in der Nähe der Gaststätte Valtická rychta.

## Břeclav

Die etwa 25.000 Einwohner zählende Industriestadt Břeclav ist ein wichtiger *Verkehrsknotenpunkt.* Aus dem Blickwinkel eines Touristen ist Břeclav trotz des Schlosses eher eine *uninteressante Stadt.* Für archäologisch und historisch Interessierte ist der Besuch des in der Nähe gelegenen Pohansko hingegen lohnenswert.

## Pohansko

Die *großmährische Burgstätte Břeclav-Pohansko* liegt einige Kilometer südlich der Stadt Břeclav in der Nähe des Zusammenflusses von Thaya und Morava. Mit *archäologischen Ausgrabungen* wurde hier 1958 begonnen. Im Laufe der Zeit wurden hier Fundamente einer Kirche, eines Fürstensitzes und ca. 400 Grabstätten mit Waffen, Gold- und Silberschmuck und Keramik freigelegt.

Die Existenz einer *slawischen Siedlung* ist hier bereits für das 6.-8. Jh. nachgewiesen. Im 9. Jh., d.h. in der Zeit des Großmährischen Reiches, wurde Pohansko zu einem der wichtigsten Zentren der herrschenden mährischen Mojmír-Dynastie. Durch das Areal führt ein Lehrpfad.

Zwischen 1810-11 wurde in Pohansko im Auftrag der Familie *Liechtenstein* ein *Empireschloß* errichtet. Dies beherbergte während der sozialistischen Ära eine archäologische Ausstellung mit Funden aus der Umgebung. Zur Zeit wird das Schloß rekonstruiert. Es wird in Zukunft wieder als Museum dienen.

Südmähren

## Weinanbau in Böhmen und Mähren

Die **ersten Weinberge** auf dem Gebiet des mitteleuropäischen Donaubeckens wurden von römischen Legionen im 3. Jh., während der Regierungszeit des römischen Kaisers *Marcus Aurelius* (276-282), angelegt. Die erste schriftliche Erwähnung der Weinberge nahe der heutigen slowakischen Hauptstadt Bratislava stammt aus dem 5. Jh. Es ist sehr wahrscheinlich, daß zu dieser Zeit auch auf dem Gebiet des heutigen **Mähren** Weinreben angebaut wurden, worauf auch archäologische Funde hindeuten.

**Böhmischer Weinbau** wird **erstmals erwähnt** in der Legende des *hl. Wenzel* (Svatováclavské legendy) aus dem 10. Jh. und wenig später in der Kosmas-Chronik aus dem 12. Jh.

Die Entwicklung des Weinbaus in Böhmen und Mähren ist eng mit **Mönchen** des Zisterzienser- und des Prämonstratenserordens verbunden. Die Klosterbrüder waren die ersten, die Weinberge in ihren Klöstern anlegten und Wein kelterten.

Die **älteste historisch belegte schriftliche Erwähnung der Weinberge in Mähren** stammt aus dem Jahr 1101. Es handelt sich um die Gründungsurkunde des Benediktinerklosters der südmährischen Stadt Třebíč. Dank dieser Urkunde kennt man die Namen von drei historischen mährischen Weinbergen: Dernovice in der Nähe der heutigen Stadt Vyškov, Čočice in der Nähe von Rosice und Ivančice. In den darauffolgenden Jahrhunderten legten sowohl der Adel als auch die Städte viele neue Weinberge an, die damals eine einträgliche Geldquelle darstellten.

Von Mähren gelangten im 9. Jh. Weinreben auch nach Böhmen. Laut Überlieferung war es die *heilige Ludmila,* Frau des Přemyslidenfürsten *Bořivoj,* die die ersten Weinreben in der heutigen Stadt Mělník anpflanzen ließ. Der erste Weinberg wurde am Südhang des Schlosses Mělník angelegt, wo bis heute Wein angebaut wird.

Die **Intensivierung des Weinbaus in Böhmen** wurde von *Karl IV.* angeregt. Aus Frankreich, wo er einen Teil seiner Kindheit verbracht hatte, war er Wein gewohnt. Da ihm der böhmische Wein nicht schmeckte, ließ er aus Burgund neue Weinreben nach Böhmen einführen. Auch gründete er viele neue Weinberge; 1358 erließ er ein Weingesetz, und zum Schutz der einheimischen Winzer verbot er die Einfuhr von ausländischem Wein ins Land.

Ihren **Höhepunkt** erreichte die **Weinproduktion** in Böhmen und Mähren zwischen den hussitischen Kriegen und der Schlacht am Weißen Berg, d.h. im 15.-17. Jh.

Der Dreißigjährige Krieg führte zu einem **Rückgang des Weinbaus.** Nach dem Krieg entwickelte sich die Weinproduktion nur langsam, was durch den Mangel an finanziellen Mitteln für die Erneuerung und Erweiterung der Weinberge und durch Mangel an Arbeitskräften bedingt war. Erst gegen Ende des 17. Jh. ging es wieder voran. Jedoch war der **Zuwachs** nur von kurzer Dauer, da viele der Reben erkrankten. Die zweite Hälfte des 18. Jh. und das 19. Jh. führten zu einer **Verringerung der Weinanbaufläche** auf ein Viertel ihres ursprünglichen Volumens. Während der mährische Weinanbau 1678 auf einer Fläche von 21.000 ha betrieben worden war, waren es 1966 nur noch 8.000 ha. In Böhmen hatten die Weinberge im Jahr 1756 eine Fläche von 3.400 ha eingenommen, wohingegen es im Jahr 1966 nur noch 300 ha waren. Erst in den letzten Jahren wächst die Weinanbaufläche wieder an.

Das neue **Weingesetz aus dem Jahr 1995** berücksichtigt Böhmen und Mähren als Weinregionen, die folgendermaßen unterteilt sind. In Mähren werden folgende Regionen bzw. Städte als Weinanbaugebiete identifiziert: Brno, Bzenec, Mikulov, Mutěnice, Velké Pavlovice, Znojmo, Strážnice, Kyjov, Uherské Hradiště und Podluží. Für Böhmen werden folgende Weinregionen genannt: Prag, Čáslav, Mělník, Roudnice nad Labem, Velké Žernoseky (in der Nähe von Ústí nad Labem), Most.

# Brno (Brünn)

Brno, mit fast 500.000 Einwohnern *zweitgrößte Stadt Tschechiens* und *mährische Metropole,* liegt etwa 200 km südöstlich von Prag. Die im Brünner Kessel gelegene Stadt ist westlich und nördlich von bewaldeten Hügeln umgeben. Die Landschaft südlich und östlich der Stadt ist flach.

Wenn man durch die wenig pittoresken Vororte in Richtung Stadtzentrum fährt, wirkt Brno *zunächst wenig einladend.* Daß Brno eine *Industriestadt* ist, teilt sich dem Besucher relativ schnell mit. Doch obwohl die mährische Metropole keinen so kompakten und malerischen historischen Stadtkern besitzt wie z.B. Prag, kann man hier gut und gerne zwei bis drei Tage verbringen. Der Grund dafür ist, daß Brno neben *baulichen Sehenswürdigkeiten,* namentlich Kirchen, Museen und Galerien, auch eine *reizvolle Umgebung* bietet.

## Geschichte

Archäologische Funde zeugen davon, daß an der Stelle der heutigen Stadt bereits zur Zeit des Großmährischen Reiches, d.h. im 9.-10. Jh., eine *Siedlung* existierte. Brno lag jedoch damals nicht im Zentrum, sondern am Rande des ersten tschechischen Staatsgebildes. Zwischen 1021 und 1034 wurde hier eine *Burg* errichtet. Die erste schriftliche Erwähnung eines *Handelszentrums* namens Brenne datiert vom Jahr 1073. Die Stadt entwickelte sich unterhalb des Petrov-Hügels, wo heute die St.-Peter-und-Paul-Kirche steht. Hier wurden vor Jahrhunderten *zwei Marktplätze* angelegt: der heutige Kohlmarkt (Zelný trh) und der Frei-

heitsplatz (Náměstí Svobody). Bald nach ihrer Gründung wurde die Stadt von *Stadtmauern* umgeben, die in der ersten Hälfte des 19. Jh. niedergerissen wurden. An ihrer Stelle wurde ein *Verkehrsring um die Stadt* errichtet. Von der ehemaligen Maueranlage ist nur das Měninská-Tor erhalten geblieben, das heute als Ausstellungssaal dient. Ihre zahlreichen Kirchen und Klöster zeugen von der großen historischen Bedeutung der Stadt, die sich seit der Mitte des 17. Jh. nach Olomouc zur inoffiziellen Hauptstadt Mährens entwickelte.

## Sehenswertes

### Freiheitsplatz

Der dreieckig angelegte Freiheitsplatz (náměstí Svobody) bildet mit den umliegenden Straßen das *Zentrum der heutigen Stadt.* Zu den lebhaftesten gehören die Česká-Straße und ihre nach dem ehemaligen tschechoslowakischen Präsidenten *Masaryk* benannte Fortsetzung in Richtung Hauptbahnhof. Hier und in der näheren Umgebung konzentrieren sich nicht nur die meisten Geschäfte, sondern auch Cafés, Gaststätten, Kinos und Theater.

Zu den erwähnenswerten Gebäuden auf dem Freiheitsplatz gehört das Haus Nummer 17, das *Schwanz-Haus,* auch unter dem Namen Haus der Herren von Lipé bekannt. Das mit zahlreichen Sgraffiti und dem mährischen Adler geschmückte Gebäude hat einen aus der Zeit um 1590 stammenden Arkadenhof. Das prächtigste Renaissance-Gebäude der Stadt wurde am Ende des 16. Jh. für den Weinhändler *Christoph Schwanz* gebaut, nach dem es auch benannt ist. Der dritte Stock wurde erst in der Mitte des 19. Jh. errich-

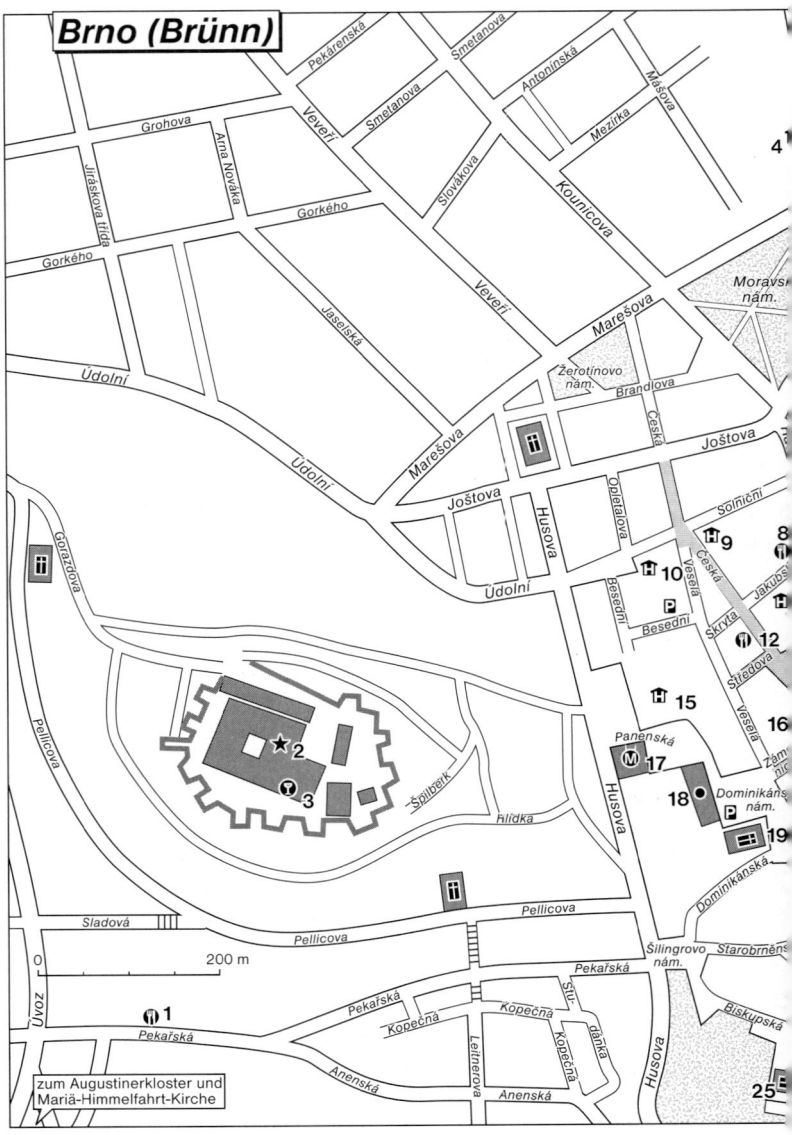

**Brno (Brünn)**

zum Augustinerkloster und
Mariä-Himmelfahrt-Kirche

0 — 200 m

**Südmähren**

tet. Leider ist das Haus heute in einem sehr schlechten Zustand.

Die in der Mitte des Platzes errichtete **Pestsäule** stammt aus dem Jahr 1680 und gehört zu den ältesten Objekten auf dem náměstí Svobody.

### Kohlmarkt
Etwa zweihundert Meter in Richtung Bahnhof befindet sich der zweitwichtigste Platz von Brno, der Kohl-

Kohlmarkt mit dem Parnaßbrunnen

markt (Zelný trh). In der Nähe des Kohlmarktes sind die meisten Sehenswürdigkeiten der Stadt angesiedelt.

Der Zelný trh diente einst als Marktplatz der Siedlung, die unterhalb des Petrov-Hügels entstand. Wie im Mittelalter beherbergt der Platz auch heute noch täglich einen **Gemüse- und Blumenmarkt.** Die Mitte des Platzes wird durch den **Parnaß-Brunnen** beherrscht. Der riesige Brunnen, um den die Obstverkäufer ihre Stände gruppieren, wurde zwischen 1691und 1695 nach einem Entwurf von *Johann B. Fischer von Erlach* errichtet.

### Dietrichsteinpalast

Der Dietrichsteinpalast am oberen Teil des Kohlmarktes ist das größte und prächtigste Gebäude auf dem Marktplatz. Es stellt den **größten Barockbau der Stadt** dar. Der Palast wurde 1613-16 von dem italienischen Architekten *G. G. Tencalla* für den mährischen Statthalter und Kardinal *Franz von Dietrichstein* errichtet. 1805 diente der Palast dem Heerführer der russischen Armee, *Marschall Kutuzov*, als Domizil. Die russische Armee unterlag in der Nähe von Brno gemeinsam mit der österreichischen Armee in der Schlacht von Austerlitz dem napoleonischen Heer. Seit 1923 ist im Palast das **Mährische Landesmuseum** untergebracht. Das Museum, das 1818 gegründet wurde, gehört zu den ältesten öffentlichen Ausstellungen Europas.

Zu den **Publikumsmagneten des historischen und archäologischen Museums** gehören sechs Frauenstatuen aus der Steinzeit. Die berühmteste ist die sogenannte Venus von Věstonice (Věstonická Venuše), die 25.000 Jahre alt ist und beim Ort Dolní Věstonice südlich von Brno bei Mikulov ausgegraben wurde (siehe auch Dolní Věstonice).

Der Besuch des Museums ist allen zu empfehlen, die sich für die Frühgeschichte von Mähren interessieren. Neben frühgeschichtlichen Exponaten werden auch Funde archäologischer Ausgrabungen eines mittelalterlichen Dorfes aus dem 15. Jh. ausgestellt. Des weiteren enthält das Museum eine **paläontologische Abteilung** mit zahlreichen Versteinerungen.

●Mährisches Landesmuseum (Moravské zemské muzeum), Zelný trh 8, Tel. (05) 42321205, Ap. 280, geöffnet Di.-So. 9.00-17.00 Uhr.

### Bischofshof

In der unmittelbaren Nachbarschaft des Palastes befindet sich der ehemalige Bischofshof, der heute Museumshof (Muzejní dvůr) genannt wird. Die bischöfliche Residenz wurde im 16.-17. Jh. errichtet. Seit 1818 ist hier ein **Teil des Mährischen Landesmuseums** untergebracht. Heute beherbergt das Gebäude eine **Ausstellung zur mährischen Fauna** und **zur Geschichte der Numismatik in Mähren.** Des weiteren befindet sich hier ein **Aquarium** mit zahlreichen Süßwasserfischarten.

●Mährisches Landesmuseum, Muzejní 1, Tel. (05) 42321202, Ap. 282 geöffnet Di.-So. 9.00-17.00 Uhr.

### Theater Reduta

Das rote Haus Nr. 4 auf dem Markt, genannt Reduta, ist das **älteste Theater der Stadt.** Seine heutige Gestalt erhielt das Gebäude in der zweiten Hälfte des 18. Jh. Jedoch diente es bereits seit 1734 als Theater. 1766 gab *W. A. Mozart* hier ein Konzert. Die erste Aufführung in tschechischer Sprache fand hier 1767 statt.

### Kapuzinerkloster mit Gruft und Kirche des hl. Kreuzes

Das **Kapuzinerkloster** am Kapucínské náměstí wurde 1648 gegründet und gemeinsam mit der **Kirche des hl. Kreuzes** 1648-51 errichtet. Obwohl die kleine Barockkirche über eine prunkvolle Innenausstattung verfügt, bildet sie nicht die Hauptattraktion des ehemaligen Klosters. Diese stellt zweifellos die benachbarte **Kapuzinergruft** dar.

In der Vergangenheit wurden in der unterirdischen Gruft zunächst Mönche, später auch Adlige bestattet. Durch ein ausgeklügeltes Lüftungssystem wurden die Leichen der Verstorbenen ausgetrocknet. Unter An-

---

### Franz Freiherr von der Trenck (1711-49)

*Franz Freiherr von der Trenck* wurde im Jahr 1711 in der italienischen Stadt Reggio geboren. Als 17jähriger wurde er **Offizier der österreichischen Armee.** Nachdem er wegen mangelnder Disziplin nach einigen Jahren aus der Armee entlassen wurde, zog er sich zunächst auf seine Güter in Slavonien (im heutigen Kroatien) zurück. Später trat er wieder in den militärischen Dienst und wurde zum **Führer der Panduren.** Der Zusammenschluß der Panduren (lat. banderium: Gruppe Freiwilliger) wurde von ehemaligen Häftlingen gebildet, die wegen ihrer Grausamkeit bei Plünderungen die Bevölkerung in Schrecken versetzten. Als Pandurenführer kämpfte *Trenck* mit etwa 5.000 Mann gegen den preußischen *König Friedrich II.*

Nach der **Niederlage der österreichischen Armee** im Kampf gegen die Armee von *Friedrich II.* 1745 wurde *Baron von Trenck* beschuldigt, diese verursacht zu haben. Obwohl seine Schuld nicht bewiesen wurde, verhängte das Militärgericht in Wien gegen ihn die **Todesstrafe.** *Kaiserin Maria Theresia* wandelte dieses Urteil später in **lebenslangen Freiheitsentzug** um. Auf diese Weise gelangte *Baron von Trenck* in die berüchtigten **Kasematten von Špilberk,** wo er nach drei Jahren im Alter von 38 Jahren starb. Nach seinem **Tod** wurde er bei den Mönchen im Kapuzinerkloster begraben. Die viertausend Gulden, die er dem Kloster vermachte, wurden für die Errichtung eines Anbaus am Klostergebäude, heute **Trenck-Haus** genannt, verwendet.

*Südmähren*

führung hygienischer Gründe verbot *Kaiser Joseph II.* im Jahr 1784 weitere Bestattungen in der Gruft, woraufhin die meisten Lüftungskanäle zugemauert wurden. Zugänglich wurde die Gruft erst wieder im Jahr 1925. Im ersten Raum ist *Franz Freiherr von der Trenck* bestattet.

●Kapuzinergruft (Kapucinská hrobka), geöffnet Di.-Sa. 9.00-12.00 Uhr, 14.00-16.30 Uhr, So. 11.00-11.45 Uhr, 14.00-16.30 Uhr, Mo. Ruhetag.

### Altes Rathaus

In der Nähe des Kohlmarktes in der Radnická ulice 8 steht das Alte Rathaus, das diese Funktion bis 1935 innehatte, als Rat und Verwaltung wegen Platzmangels ins Neue Rathaus auf dem Dominikanerplatz umzogen.

Das im 13. Jh. errichtete Alte Rathaus ist das **älteste weltliche Gebäude der Stadt.** In der zweiten Hälfte des 16. Jh. wurde es im Stil der Renaissance umgebaut. Etwa hundert Jahre später, nach der schwedischen Belagerung der Stadt, wurde das Gebäude erneuert und erweitert. Der bemerkenswerteste Teil des Rathauses ist das mit zahlreichen Skulpturen geschmückte **gotische Portal.** Durch dieses Tor betritt man den Rathausgang, dessen Decke vom sogenannten **Brünner Drachen** geschmückt wird. Darüber, wie der ausgestopfte Drachen, eigentlich ein Alligator, dorthin gelangte, existieren verschiedene Legenden. Einigen Quellen zufolge wurde der Alligator 1608 der Stadt von *Matthias,* dem mährischen Markgrafen und Bruder von *Kaiser Rudolf II.,* geschenkt. Der Alligator stellte damals eine große Attraktion dar, weil diese Gattung in Mitteleuropa weitgehend unbekannt war.

Gleich neben dem Alligator hängt ein **hölzernes Rad** an der Wand des Ganges, das ebenfalls ein außergewöhnliches Ausstellungsstück ist. Die Legende sagt hierzu folgendes: *Georg Birk,* ein Wagner aus Lednice, wettete 1636 um zwölf Taler, daß er innerhalb eines Tages einen Baum fällen, aus ihm ein Rad fertigen und dieses noch am gleichen Tag von Lednice nach Brünn (etwa 50 km) rollen könnte. Nachdem er die Wette gewonnen hatte, wurde das Rad im Rathaus ausgestellt.

Das **Innere des Rathauses** ist der Öffentlichkeit nicht zugänglich. Auch der Aussichtsturm am Rathaus wurde unlängst aus Sicherheitsgründen geschlossen.

Im **Rathaushof** ist lediglich der Renaissance-Laubengang aus der zweiten Hälfte des 16. Jh. sehenswert, der sich im ersten Stock befindet. Weiterhin bietet der Hof für Besucher ein Minigeschäft mit Keramik und Stichen mit Brünner Motiven, ein Café und einen Weinkeller.

### Dominikanerplatz

Durch den in der Barockzeit gestalteten hinteren Trakt des Alten Rathauses gelangt man durch den Hof in die Mečová ulice. Wenn man nach rechts abbiegt, erreicht man nach einigen Metern den Dominikanerplatz, auf dem die **St.-Michael-Kirche** liegt. Die einschiffige Kirche wurde in den Jahren 1658-67 errichtet und bietet dem Besucher ein prächtiges Barockinterieur.

## Neues Rathaus

Hinter der St.-Michael-Kirche befindet sich das Neue Rathaus, das diese Funktion erst seit 1935 innehat. Es ist im sogenannten **Landeshaus,** dem ehemaligen Sitz der mährischen Stände, untergebracht. Das Landeshaus entstand durch den Umbau des Dominikanerklosters am Ende des 16. Jh. Die Gestaltung der Hauptfassade datiert aus der ersten Hälfte des 18. Jh. Der historische Hof und die Innenräume wurden vor dem Einzug der Stadtverwaltung komplett rekonstruiert.

## St.-Peter-und-Paul-Kirche

In der Nähe des Kohlmarktes hoch auf dem Petrov-Hügel erhebt sich die St.-Peter-und-Paul-Kirche, **von weitem sichtbares Wahrzeichen von Brno.**

Die Kirche wurde in der zweiten Hälfte des 12. Jh. gegründet. Ihre heutige Gestalt erhielt sie trotz vieler

St.-Peter-und-Paul-Kirche

Umbauten bereits im 14.-15. Jh. Die Inneneinrichtung, Nebenaltäre und Gemälde stammen vorwiegend aus der Zeit des Barocks. Der elf Meter hohe Hochaltar wurde im Jahr 1891 angefertigt, als ein Teil der Kirche im neogotischen Stil umgebaut wurde.

●St.-Peter-und-Paul-Kirche, Petrov, geöffnet tgl. 9.30-18.30 Uhr.

## Augustinerkloster

Auf dem Mendlovo náměstí, etwa zehn Minuten zu Fuß von der St.-Peter-und-Paul-Kirche entfernt, befindet sich das ehemalige Augustinerkloster und die Mariä-Himmelfahrt-Kirche.

1333 rief *Eliška Rejčka, die Gründerin der* Mariä-Himmelfahrts-Kirche, gemeinsam mit *Johann von Luxemburg* das hiesige **Zisterzienserstift** ins Leben, das in der Gründungsurkunde Aula sanctae Mariae genannt wird. Das Damenstift existierte hier bis zum Jahr 1782, als es aufgelöst und der Komplex von Augustinermönchen übernommen wurde.

Im ehemaligen Kloster haben heute verschiedene Firmen und Organisationen ihren Sitz. Sehenswert ist hier das kleine **Mendel-Museum.** Der 1822 geborene *Johann Gregor Mendel,* der die Vererbungstheorie aufstellte, studierte und lebte hier als Mönch und Abt.

In dem kleinen Garten neben dem Museumseingang führte er seine Versuche mit Pflanzen, Erbsen und Obstbäumen durch.

●Mendel-Museum (Mendelianum), Mendlovo náměstí 1, Tel. (05) 337854, geöffnet Juli-August tgl. 8.00-18.00 Uhr, September, Oktober Mo.-Fr. 8.00- 17.00 Uhr, November-Januar Mo.-Fr. 8.00-16.00 Uhr, Februar-Juni Mo.-Fr. 8.00-17.00 Uhr.

**Südmähren**

Das zweite Museum im Augustiner-kloster ist das **Diözesenmuseum** im hinteren Trakt des Klosterareals.

● Diözesenmuseum (Diecezní muzeum), Mendlovo náměstí 1a, Tel. (05) 43321118, geöffnet Di.-So. 10.00-17.00 Uhr. Wechsel-ausstellungen.

### Mariä-Himmelfahrts-Kirche

Die Mariä-Himmelfahrts-Kirche, **eine der schönsten Kirchen der Stadt,** wurde 1323 von der Königin-witwe *Eliška Rejčka* (Elisabeth Richenza) und späteren Frau von *Johann von Luxemburg* **gegründet.**

Die Kirche wurde im Stil der **Backsteingotik** errichtet, was eine Seltenheit in Tschechien darstellt.

1335 erhielt die Gründerin der Kirche hier ihre letzte Ruhestätte. Das **Grab Eliška Rejčkas** wurde im Jahr 1900 im ersten Querschiff vor dem Altar gefunden. Die genaue Stelle ist mit dem Buchstaben E gekennzeichnet.

Die **Innenausstattung** des Gotteshauses ist stilistisch sehr einheitlich und stammt vorwiegend aus der zweiten Hälfte des 18. Jh. Das wertvollste Stück ist der sogenannte **Silberne Altar,** der 1735-36 angefertigt wurde. Dessen Mitte bildet das in der zweiten Hälfte des 13. Jh. entstandene Tafelgemälde der Madonna mit dem Kind (auch als **Schwarze Madonna** bekannt). Bei der Ikone soll es sich um ein Geschenk *Karls IV.* an seinen Bruder, den mährischen Markgrafen *Jan Georg,* handeln.

### Burg Špilberk

Špilberk ist die Bezeichnung für den zweiten Hügel von Brno und gleichzeitig für die Burg mit ehemali-ger Festung, die auf dem Gipfel des Berges errichtet wurde.

Zugang zum Špilberk erhält man durch die Parkanlage gegenüber dem Hotel International.

Die ehemalige Brünner Burg wurde in der zweiten Hälfte des 13. Jh. **gegründet.** Im Laufe der Zeit wurde die **königliche Burg** und Residenz der mährischen Markgrafen mehrmals umgebaut. Seit dem 17. Jh. wurde die ursprünglich gotische Burg zu einer **mächtigen Festung** umgestaltet, die zu den wichtigsten Befestigungen Mährens zählte. Der Bau der **Kasematten,** die den unteren Teil der Festung bilden, wurde 1742 abgeschlossen.

1783 errichtete der österreichische Kaiser *Josef II.* in den Kasematten ein **Gefängnis,** das **für Schwerverbrecher** bestimmt war. Das Gefängnis von Špilberk gehörte zu den gefürchtetsten der Monarchie. Neben "normalen" Kriminellen wurden hier auch die italienischen carbonari und andere Rebellen aus verschiedenen Teilen des Habsburgerreiches eingekerkert. Špilberk diente auch weiterhin als militärische Festung. Nachdem 1820 die Festung vom Militär aufgegeben wurde, bestand das Gefängnis noch 35 Jahre weiter. Ab 1855 diente die Festung als **Kaserne,** in der Zeit des Ersten und des Zweiten Weltkrieges wurden die Kasematten jedoch wieder als Gefängnis genutzt.

Heute gehören die Kasematten, die 1987-1992 komplett restauriert wurden, zu den **touristischen Attraktionen** der mährischen Metropole. Der obere Teil des Komplexes,

Kasematten auf dem Špilberk

die ehemalige Burg, wird immer noch restauriert und ist zur Zeit (1996) noch nicht zugänglich.

●Burg Špilberk, Tel. (05) 42214145, geöffnet: April-Mai 9.00-17.00 Uhr, Juni-September 9.00-18.00 Uhr, Oktober-März 9.00-16.45 Uhr. Montag Ruhetag.

### Villa Tugendhat

Die Villa Tugendhat, die vom Bauhaus-Architekten *Ludwig Mies van der Rohe* entworfen wurde, ist *eines der interessantesten modernen architektonischen Objekte Brnos*.

Die Villa wurde 1930-32 für den reichen jüdischen Kaufmann *Tugendhat* und seine Frau errichtet, die hier bis zu ihrer Emigration 1939 lebten. Zur Straßenseite hin liegt der hintere Trakt der Villa. Deshalb ist von ihr nur wenig zu sehen, wenn das Anwesen geschlossen ist. Von der Parkanlage der Villa aus bietet sich ein *Panora-*

*mablick* über die unterhalb gelegene Stadt.

Die Villa liegt in der Černopolní ulice 45, geöffnet Mi.-So. 10.00-18.00 Uhr. Die Anfahrt ist mit der Straßenbahn Nr. 5 von der Haltestelle am Ende der Česká ulice möglich. Man sollte an der dritten Haltestelle (Dětská nemocnice) aussteigen.

### Praktische Hinweise

### Information

●*Informační centrum,* Radnická 10, Tel. (05) 42211090, Fax (05) 42214625, 42213267, geöffnet Mo.-Fr. 8.00-18.00 Uhr, Sa., So. 9.00-17.00 Uhr. Wechselstube, Stadtführungen, Zimmervermittlung, Karten-, Reiseführerverkauf, Theater- und Konzertkartenvorverkauf.

●*Internet Café Goldstein,* Jánska 14, (im Zentrum in der Nähe des Platzes nám. Svobody), geöffnet Mo.-Sa. 11.00-24.00 Uhr, Fr., Sa. bis 2.00 Uhr.

●*Internet Café,* Lidická 17, (etwa 15 Fußminuten vom Zentrum), geöffnet Mo.-Fr. 10.00-22.00 Uhr, Sa., So. 14.00-22.00 Uhr.

## Unterkunft

●*Grandhotel,* Benešova 18, Tel. (05) 42321287, Fax (05) 42210345, Kapazität 170 Betten, DZ 190 DM. Eines der besten Hotels der Stadt, das am Rande der Fußgängerzone in der Nähe des Bahnhofs liegt. Das 1870 eröffnete Hotel gehört heute zu der österreichischen Hotelkette *Austrotel.* Die Zimmer bieten den üblichen Komfort von Vier-Sterne-Hotels. Außerdem Sauna, Fitneß-Raum, Diskothek, Casino und ein sehr schönes Wintergartenrestaurant. Eigener bewachter Parkplatz.

●*Hotel International,* Husova 16, Tel. (05) 42122111, Fax (05) 42210843, DZ ab 150 DM. Das Hotel gehört zu der Hotelkette *Best Western,* komfortabel eingerichtete Zimmer, zentrale Lage direkt im Stadtzentrum, Sauna, Fitneßzentrum und Solarium im Haus.

●*Hotel Slavie,* Solniční 15, Tel. (05) 42215080, Fax (05) 42211769, Kapazität 160 Betten, DZ 140 DM. Zentrale Lage, komfortabel eingerichtete Zimmer.

●*Hotel Pegas,* Jakubská 4, Tel. (05) 42210104, 42214314, Fax (05) 42211232, Kapazität 25 Betten, DZ 85 DM, während der Messezeit 140 DM. Ein modern eingerichtetes Familienhotel oberhalb der Familienbrauerei, zentrale Lage, Zimmer mit Dusche und WC.

●*Hotel Slovan,* Lidická 23, Tel. (05) 41321207, 41212020, Fax (05) 41211137, Kapazität 220 Betten, DZ 100 DM. Zimmer mit Dusche, WC.

●*Hotel Avion,* Česká 20, Tel. (05) 42215016, 42321303, Fax (05) 42214055, DZ 90 DM (Zimmer mit Dusche, WC). Zentrale Lage, befindet sich direkt in einer der lebhaftesten Straßen der Innenstadt. Nicht alle Zimmer sind mit Dusche ausgestattet.

●*Hotel U svatého Jakuba,* Jakubské nám. 6, Tel. (05) 42210795-6, Fax (05) 42210797, Kapazität 55 Betten, DZ 40 DM. Zentrale Lage direkt im Stadtzentrum, ein älteres Hotel, Zimmer mit Dusche, WC auf dem Flur.

●*Pension U královny Elišky,* Mendlovo nám. 1, Tel. (05) 43216898, 337872, Kapazität 12 Betten, Zimmer mit TV, Dusche, WC, DZ 35 DM. Die Pension befindet sich im ehemaligen Klosterareal, Eingang neben der Kirche, in der Nähe der Weinstube U královny Elišky.

●*Hotel Interservis,* Lomená 48, Brno-Komárov, Tel. (05) 45234232, 45233165, Kapazität 150 Plätze. IYHF-Jugendherberge, liegt südlich vom Zentrum, vom Hauptbahnhof mit der Bahn Nr. 12 oder 22.

●*Hotel Přehrada,* Kninicky 225, Brno-Přehrada, Tel. (05) 46210167, in Betrieb vom 1.3.-30.11., Kapazität 100 Plätze. IYHF-Jugendherberge, liegt am Stausee am nordöstlichen Rande der Stadt.

## Essen und Trinken

●*U královny Elišky,* Mendlovo nám. 1, Tel. (05) 43212578, Öffnungszeiten: Di.-Sa. 19.00-1.00 Uhr, die hauseigene Disko hat bis 3.00 Uhr geöffnet. Ein stilvoller, hinter der Kirche gelegener Weinkeller, der über zwei Räume verfügt. In einem wird der Gast durch Sinti- und Roma-Musik unterhalten, im zweiten ist eine Diskothek untergebracht. Gerichte vom Grill und mährische Weine.

●*Hradní vinárna Špilberk,* Špilberk, Tel. (05) 42211760, geöffnet tgl. ab 19.00 Uhr. Die Weinstube befindet sich auf dem Špilberk.

●*Maccaroni,* Pekařská 80, Tel. (05) 43214528, geöffnet 12.00- 24.00 Uhr. Eine von Italienern geführte Pizzeria, gute Küche.

●*Pegas,* Jakubská 4, Tel. (05) 42210104, 42214314, geöffnet tgl. 9.00-24.00 Uhr. Privatbrauerei mit Gaststätte, eine der wenigen Brauereien in Tschechien, in welcher Weizenbier gebraut wird.

●*Literární kavárna,* Jakubské nám. 5, geöffnet tgl. 11.00-24.00 Uhr. Das Café befindet sich im Foyer des Theaters von *B. Polívka.* Junges Publikum, vorwiegend Künstler und Studenten, Atmospäre eines englischen Pubs inklusive Guinness Bier.

●*Divadelní hospoda Veselá husa,* Petrská ulice, geöffnet Mo.- Fr. 10.00-24.00 Uhr, Sa., So. 12.00-24.00 Uhr. Einfaches Café in der Nähe des Kohlmarktes.

●*Stopkova plzeňská pivnice,* Česká 5, Tel./Fax (05) 42211094, Kapazität 170 Plätze im Erdgeschoß und im ersten Stock.

Weinstube Hradní vinárna Špilberk

Einst eine beliebte und gut besuchte volkstümliche Gaststätte (gegründet 1554), heute nach der Umgestaltung mit viel Marmor, Leder und modernen Möbeln eine sterile und oft halbleere Gaststätte.

●*Pod radničním kolem,* Mečová 5, Tel. (05) 42210986, geöffnet Mo.-Fr. 18.00-24.00, Kapazität 80 Plätze. Der mit einfachen Holzmöbeln eingerichtete Weinkeller befindet sich im Hof des Rathauses. Er bietet warme Gerichte, mährische Weine und ist bei den Brünnern sehr beliebt.

●*U Ječmínka,* Kapucínské nám. 8, Tel. (05) 42211412, geöffnet: Mo.-Sa. 10.30-16.00 Uhr, So. 11.00-16.00 Uhr, Kapazität 140 Plätze. Einfache Bierstube in alten Kellerräumen, zum Großteil einheimische Besucher.

●*Reduta Klub,* Kapucínské nám. 9, Tel. (05) 42212013, Öffnungszeiten: Mo.-Do. 11.00-23.30 Uhr, Fr., Sa., 11.00-1.00 Uhr, Sa. 11.00-20.00 Uhr.

●*Aviatik Klub,* Jakubská 7, Tel. (05) 42214555, geöffnet tgl. (außer So.) 11.00-24.00 Uhr. Einfaches und preisgünstiges Restaurant im hinteren Gebäudeteil und Café zur Straße hin.

●*Pivní restaurant U tří knížat,* Minoritská ulice, geöffnet Mo.-Fr. 10.00-21.00 Uhr. Einfache Bierstube.

### Museen und Galerien

●*Technisches Museum* (Technické muzeum), Josefská 1, geöffnet Di.-Fr. 9.00-18.00 Uhr, Sa., So. 9.00-16.00 Uhr, montags geschlossen. Geschichte der Wirtschaft in Brünn, Autos in Mähren, Dampfmaschinen, Jagdwaffen.

●*Ethnographisches Museum* (Etnografický ústav), Kobližná 1, Tel. (05) 42211161, geöffnet Di.-So. 9.00-17.00 Uhr. Volksmobiliar, Trachten, Spielzeuge, Töpferware, Steingut, Musikinstrumente. Eines der wenigen Museen der Stadt mit Erläuterungen auch in Deutsch und Englisch.

●*Mährische Galerie* (Moravská galerie v Brne), Moravské námésti 1a, Tel. (05) 42321100, geöffnet Di.-So. 9.30-18.00 Uhr. Die Dauerausstellung ist der Bildenden Kunst von der Gotik bis zum 19. Jh. gewidmet.

●*Kunstgewerbemuseum* (Uměleckoprůmyslové muzeum), Husova 14, Tel. (05) 42321250, geöffnet Di.-So. 10.00-18.00

Uhr. Das 1873 gegründete Museum vermittelt dem Besucher die Entwicklungsgeschichte der Kunstgewerbe vom Mittelalter bis heute.

- **Pavilon Anthropos,** Pisárecký park, Tel. (05) 43212415, geöffnet Mo.-Fr. 8.00-17.00 Uhr. Das Museum ist dem Ursprung und der Entwicklung des Menschen gewidmet, außerdem ethnographische und archäologische Wechselausstellungen.
- **Janáček-Museum** (Památník L. Janáčka), Smetanova 14, Tel. (05) 41212811, geöffnet Mo.-Fr. 8.00-12.00, 13.00-16.00 Uhr.
- **Blindenmuseum** (Slepecké muzeum), Chaloupkova 7, Královo Pole, Tel. (05) 41212810, geöffnet Mi. 8.00-10.00 Uhr, 14.00-17.00 Uhr, Do. 14.00-17.00 Uhr. Dauerausstellung mit Büchern, Druck- und anderen Geräten für Blinde.

### Einkaufen

- **Keramika Kunštát,** Starobrněnská ulice 7, Geschäft mit Keramik.
- **Indies,** Kozí ulice 12, Musikladen, CDs, Zeitschriften.
- **Starožitnosti,** Solniční ulice, gegenüber dem Hotel Slavia. Antiquitätenladen.
- **Galerie Dílo,** Starobrněnská ulice 16, Moderne tschechische Kunst, Verkauf von Gemälden, Glas, Keramik und grafischen Blättern.
- **Forte,** Jánská ulice 5, Musikladen.
- **Luta,** Česká ulice, neben dem Hotel Avion. Keramik, Spielzeuge aus Holz und ähnliches.

### Unterhaltung

- **Mersey Club,** Minská 15, Tel. (05) 745215. Ein Musikklub mit wechselndem Programm.

### Stadtverkehr

- Die meisten **Straßenbahnlinien** führen am Hauptbahnhof und an der Česká ulice vorbei. Die Straßenbahnen Nr. 1 und 10 fahren vom Bahnhof zum Messegelände, während die **Stadtbusse** vorwiegend entlegenere Orte mit zentralen Teilen der Stadt verbinden. Ein **Fahrschein** kostet 6 Kč und ist eine Stunde gültig, er muß in der Straßenbahn oder dem Bus entwertet werden. Billi-

ger ist es, wenn man mehrere Scheine auf einmal kauft. Vier Fahrscheine kosten dann 22 Kč, zehn Fahrscheine kosten 50 Kč und eine Tageskarte kostet 30 Kč. Fahrscheine bekommt man in Zeitungskiosken, Tabakläden oder in der zentralen Verkaufstelle Dopravní podnik města Brna gegenüber dem Hauptbahnhof in der Benešova-Straße 22. Öffnungszeiten: Mo.-Fr. 6.00-18.00 Uhr, Sa., So. 7.00-16.00 Uhr.

### An- und Weiterreise

- Der **Bahnhof** (nádraží ČSD) befindet sich am Rande der Altstadt etwa fünf Minuten vom Kohlmarkt entfernt. Es existiert eine gute Zugverbindung zu allen größeren Städten des Landes. Brno liegt an der Hauptstrecke Berlin – Prag – Brno – Bratislava – Budapest. Nach Prag und Bratislava fahren Schnellzüge etwa im Zweistundenrhythmus. Eine gute Verbindung besteht auch zu anderen Städten in Süd- und Nordmähren.

In der Bahnhofshalle befindet sich das Reisebüro *Natur,* geöffnet tgl. 7.00-22.00 Uhr. Geldwechsel, Stadtpläne, Kartenverkauf. Reisebüro *Taxatur,* geöffnet 24 Studen, Zimmervermittlung, Geldwechsel.

- Der **Busbahnhof** Zvonařka (nádraží ČSAD) liegt etwa zehn Minuten zu Fuß südlich vom Bahnhof. Auch hier bestehen gute Verbindungen nach Prag und zu anderen mährischen Städten. Außerdem gibt es Direktlinien nach České Budějovice, Wien, Bratislava und Košice in der Slowakei.

# Umgebung von Brno

## Slavkov u Brna (Austerlitz)

Etwa 20 km östlich von Brno liegt Slavkov, das historisch als Austerlitz bekannt wurde. Der deutsche Name Austerlitz entstand in Anlehnung an den früheren tschechischen Ortsnamen Novosedlice. In der Nähe der

Stadt fand am 2. Dezember 1805 die **Dreikaiserschlacht** statt, in der die von *Napoleon* geführte französische Armee die russische und österreichische Armee besiegte. Dreikaiserschlacht wurde sie genannt, weil außer *Napoleon* auch der österreichische Kaiser *Franz I.* und der russische Zar *Alexander I.* persönlich vor Ort waren. Obwohl die geeinten Armeen Österreichs und Rußlands mehr als 85.000 Männer umfaßten, unterlagen sie der etwa 75.000 Männer zählenden Armee *Napoleons*. Wer mehr über die Schlacht erfahren möchte, sollte die Schlußkapitel des ersten Teiles der Trilogie "Krieg und Frieden" von *L. N. Tolstoy* lesen. Obwohl der Roman beinahe 60 Jahre nach der Schlacht entstand und *Tolstoi* das Schlachtfeld selbst nie besuchte, gilt seine Schilderung als authentisch.

Das bemerkenswerteste Gebäude der Stadt ist das **Barockschloß,** das nach einem Entwurf von *D. Martinelli* entstand, der ein zuvor existierendes Renaissanceschloß dem neuen Stil anpassen sollte. Die Umbauarbeiten dauerten mehr als sechzig Jahre und wurden in den 60er Jahren des 18. Jh. abgeschlossen. Das Schloß befindet sich in unmittelbarer Nähe des länglichen Hauptplatzes.

Es gehörte lange Zeit der Familie *Kounic,* deren Gemäldegalerie und historische Inneneinrichtung hier bis heute erhalten geblieben sind. Im Erdgeschoß des Gebäudes befindet sich eine **Ausstellung zum Thema Napoleon und Dreikaiserschlacht**. Da *Napoleon* sich nach der Schlacht einige Male im Schloß aufhielt, und

hier auch der Waffenstillstand besiegelt wurde, stellt das Schloß einen geeigneten Rahmen für die Ausstellung dar.

● Schloß Slavkov, Tel. (05) 961685, geöffnet April, Mai, 1.9.-3.12. 9.00-16.00 Uhr, Mo. Ruhetag, Juni-August 8.00-17.00 Uhr, tgl. geöffnet.

In der Nähe von Slavkov beim Dorf Prace befindet sich ein **Friedensdenkmal.**

● Friedensdenkmal (Pamatnik Mohyla miru), Prace, Tel. (05) 91724, geöffnet Di.-So. 9.00-12.00 Uhr, 13.00-15.30 Uhr. Die Ausstellung ist der Dreikaiserschlacht am 2.12.1805 gewidmet.

### Unterkunft

● **Hotel Soult,** Nádražní 909, Tel./Fax (05) 941198, Kapazität 30 Betten, DZ 50 DM. Zwei-Sterne-Hotel, Zimmer mit Dusche, WC.

### Mährischer Karst

Der Mährische Karst erstreckt sich nördlich von Brno in der Nähe der Stadt Blansko. Er ist ein etwa 100 qkm großes **Naturschutzgebiet,** in dem Cañons, Höhlen, Schluchten und andere **bizarre Gebilde aus Sandstein** zu sehen. Die Hauptattraktion des Mährischen Karstes bilden die vier Höhlen und der Abgrund Macocha (Stiefmutter).

Die **Katherina-Höhle** (Kateřinská jeskyně) liegt ganz nah am Parkplatz und ist der Öffentlichkeit seit 1910 zugänglich. In der Höhle wurden Reste von Menschen- und Tierknochen aus der Steinzeit entdeckt.

Die **Punkevní-Höhle** (Punkevní jeskyně) gehört zu den attraktivsten und meistbesuchten Höhlen und wurde ebenfalls im Jahr 1910 für Besucher geöffnet. Sie ist nach dem unterirdischen Punkva-Fluß genannt. Eine **Bootsfahrt auf dem unterirdischen Fluß** gehört sicherlich zu den unvergeßlichen Erlebnissen des Karstbesuches. Während der Führung gelangt man an den tiefsten Punkt des Macocha-Abgrundes und kann auf diese Weise den Abgrund auch von unten betrachten.

Der **Macocha-Abgrund** (Propast Macocha) ist mit 138 Metern der tiefste Abgrund des Landes. Er ist von zwei Stellen zu sehen, nämlich von ganz oben und aus der Punkevní-Höhle von unten.

Die **Balcarka-Höhle** liegt höher als die beiden anderen Höhlen und wird durch ein weitverzweigtes Höhlensystem gebildet. Entdeckt wurde sie im Jahre 1923. Auch hier wurden Spuren von Steinzeitmenschen entdeckt.

Die **Sloup- und Šošůvka-Höhlen** (Sloupsko-šošůvské jeskyně) befinden sich im nördlichen Teil des Karstgebietes und liegen am weitesten vom Parkplatz Skalní Mlýn entfernt.

● Mährischer Karst (Moravský kras), Auskunft: Tel. (0506) 3575, Fax 55379, die Höhlen sind tgl. April-September 7.00-16.00 Uhr, Oktober-März 7.30-15.00 Uhr geöffnet. Der letzte Eintritt erfolgt eine Stunde vor Schluß.

TIP: Da Eintrittskarten im Sommer ab 10.00 Uhr morgens ausverkauft sind, ist es empfehlenswert, Karten bereits einige Tage im voraus zu reservieren. Reservierungen werden an den oben genannten Nummern entgegengenommen.

### Unterkunft

● **Hotel Skalní Mlýn,** Tel. (0506) 6041, Fax (0506) 2322, Kapazität 60 Betten. Zimmer mit Dusche, WC und TV. Schöne Lage inmitten der Karstregion.

Südmährische Landschaft

### An- und Weiterreise

●Anfahrt mit dem **Pkw** von Brno nach Blansko und dann weiter zum Parkplatz Skalní Mlyn.

Wenn man ohne Pkw unterwegs ist, empfiehlt es sich, in Brno einen **Ausflug bei einem Reisebüro** zu buchen oder mit dem Zug etwa 40 Minuten nach Blansko zu fahren. Achtung! Aussteigen an der ersten Haltestelle in Blansko (die heißt Blansko, nicht Blansko-město) und weiter zu Fuß gehen oder mit dem Pendelbus fahren.

### Moravský Krumlov

Das ca. 40 km südwestlich von Brno gelegene Moravský Krumlov entstand an einer Biegung des Rokytrá-Flusses inmitten einer hügeligen Landschaft. Zu den Attraktionen der kleinen Stadt, die 1536-37 den berühmten Arzt *Paracelsus* beherbergte, gehört das **Renaissance-schloß,** das in der zweiten Hälfte des 16. Jh. errichtet wurde und heute insbesondere für Liebhaber von Jugendstilmalerei bedeutsam ist.

●Schloß Moravský Krumlov, (0621) 2789, 2225, geöffnet April-Oktober Di.-So. 9.00-12.00 Uhr, 13.00-16.00 Uhr.

**Alfons Mucha** (1860-1939), der als einer der bedeutendsten Vertreter des Jugendstils gilt, wurde im benachbarten Ort Ivančice geboren. *Mucha* lebte jahrelang in Paris und machte dort mit Plakaten für das Sarah-Bernhardt-Theater auf sich aufmerksam. In Paris wurde sein Stil "stile Moucha" genannt. Im monumentalen **Gemäldezyklus "Das Slawische Epos"** sah *Mucha* den Höhepunkt seines künstlerischen Schaffens. Bei dem Zyklus handelt es sich um zwanzig große Gemälde, die die bedeutendsten Ereignisse der Geschichte der slawischen Völker darstellen.

Nachdem der Künstler 1928 die Gemälde der Stadt Prag geschenkt hatte, wo sie eine Zeitlang ausgestellt wurden, wanderten sie nach Brünn, wo die mit sechs mal acht Meter gigantischen Stücke schließlich im Schloß von Moravský Krumlov einen dauerhaften **Ausstellungsort** fanden. Die Stadt Prag hat bis heute keinen geeigneten Platz für *Muchas* Epos gefunden.

### Unterkunft

●**Hotel Jednota,** T. G. Masaryka, Tel. (0621) 2373, Kapazität 60 Betten, DZ 40 DM. Ein einfaches Hotel, Zimmer mit Dusche, WC auf dem Flur.

### Náměšť nad Oslavou

Etwa 40 km westlich von Brno liegt Náměšť nad Oslavou. Auf einem Hügel hoch über der Stadt liegt mit dem **Schloß** die einzige Attraktion, die die Stadt Besuchern zu bieten hat.

Das Schloß betritt man durch ein Tor, das mit dem Wappen der **Familie Žerotín** aus dem Jahr 1578 geschmückt ist. In diesem Jahr wurde der Umbau der gotischen Burg in das heute existierende Renaissance-Schloß abgeschlossen. Das Gebäude wurde im Auftrag von *Jan dem Älteren von Žerotín* errichtet, und es diente lange Zeit als Residenz dieses bekannten Geschlechts, aus dem auch der Politiker und Schriftsteller *Karl der Ältere von Žerotín* hervorging. Dieser verkaufte das Schloß an *Albrecht von Wallenstein*. Später ging das Schloß in den Besitz der Familien *Werdenberg* und *Haugwitz* über.

Die **Gobelin-Sammlung** gehört zu den wertvollsten und besten des Landes und ist der Hauptgrund, Náměšť zu besuchen. Die Sammlung besteht aus 22 Renaissance- und Barockgobelins aus Flandern und den Niederlanden, die zwischen dem 16. und dem 19. Jh. entstanden. Nach dem Zweiten Weltkrieg diente das Schloß eine Zeitlang als Sommerresidenz des Präsidenten *Edvard Beneš.*

●Schloß Náměšť nad Oslavou, Tel. (0509) 3319, geöffnet Di.-So. Juli-August 9.00-17.00 Uhr, Mai, Juni, September 9.00-16.00 Uhr, im April und Oktober nur samstags und sonntags 9.00-15.00 Uhr.

### Burg Pernštejn

Pernštejn, das trotz seiner Schönheit bei ausländischen Besuchern nur wenig bekannt ist, liegt inmitten von Wäldern ungefähr 40 km nordwestlich von Brno. Vom 13. Jh. bis 1596 war die Burg im Besitz der Herren *von Pernštejn,* einer einflußreichen Adelsfamilie. Obwohl die Burg im Laufe der Zeit oftmals umgebaut und erweitert wurde, hat sie ihren gotischen Stil und damit ihren **mittelalterlichen Charakter** erhalten können. Da die ursprüngliche Inneneinrichtung nur teilweise erhalten blieb, wurde sie um historische Möbel aus anderen mährischen Burgen und Schlössern ergänzt.

●Burg Pernštejn, Tel. (0505) 96101, geöffnet April, Oktober nur samstags, sonntags 9.00-15.00 Uhr, Mai, Juni, September tägl. 9.00-16.00 Uhr, Juli, August tägl. 9.00-17.00 Uhr, Montag immer Ruhetag.

Ungefähr 15 km nordwestlich der Burg Pernštejn beim Ort Zvole nad

Pernštejnem wurde unlängst eine **Western City** aufgebaut. Im Unterschied zu den Western Cities in vielen anderen Unterhaltungsparks wirkt sie relativ authentisch, da sie in einem Flußtal inmitten einer idyllischen Umgebung errichtet wurde. Goldgräber, Indianer, Saloons, Möglichkeiten zum Reiten, Goldwaschen und andere Attraktionen erwarten den Besucher im mährischen "Wilden Osten".

●Tagesausflüge von Brno aus organisiert: Informationszentrum, Radnická 4, Tel./Fax (05) 42213267. Es besteht auch die Möglichkeit, einen Aufenthalt von sieben Tagen Dauer zu buchen. Unterkunft in einfachen Zelten. Adresse: Western City - Šiklův mlýn, 59256 Zvole nad Pernštejnem, Tschechien, Tel./Fax (0505) 97400.

# Mährische Slowakei (Moravské Slovácko)

Das Gebiet an der tschechisch-slowakischen Grenze zwischen Uherské Hradiště und Břeclav ist unter dem Namen Mährische Slowakei bekannt. Der hier gesprochene Dialekt ist dem Slowakischen ähnlich, was auch den Namen des Gebietes erklärt. Dies ist ein ethnographisch interessantes Gebiet mit eigener Folklore und eigenen Sitten. Die hiesigen Volkstrachten sind heutzutage jedoch nur noch in Museen oder auf dem Folklore-Festival in Strážnice zu sehen.

### Uherské Hradiště

Etwa 70 km östlich von Brno am linken Ufer des Morava-Flusses liegt

Uherské Hradiště, eine Stadt mit etwa 30.000 Einwohnern. Uherské Hradiště ist das **Zentrum der Region Moravské Slovácko.**

Touristisch hat die Stadt Besuchern nur wenig zu bieten. Auf dem **Marktplatz,** Masarykovo náměstí, befindet sich die barocke Apotheke Zur Goldenen Krone, deren Fassade von zahlreichen Graffiti geschmückt wird. Nebenan steht der **Rathausturm** aus der Zeit der Renaissance. Das **Neue Rathaus** auf dem Marktplatz wurde am Ende des 19. Jh. errichtet.

Die **František-Xaversky-Kirche,** welche die architektonische Dominante der Stadt bildet, wurde im Jahr 1685 gebaut, ihre heutige Gestalt geht ins 18. Jh. zurück.

Im Stadtteil Staré Město am rechten Ufer der Morava befindet sich das **Museum Památník Velké Moravy (Denkmal des Großmährischen Reiches).** Das Museum liegt etwas versteckt in der Nähe der Abzweigung in Richtung Zlín von der Straße Brno – Trenčín. 1949 wurden hier die Überreste einer **Siedlung aus dem 9. Jh.** entdeckt, zuerst eine Kirche und daneben Fundamente vieler Häuser und zahlreiche Gräber. Der Meinung einiger Archäologen zufolge handelte es sich bei dem in der Nähe gelegenen Velehrad um die Hauptstadt des einstigen Großmährischen Reiches. Die Siedlung, deren Fläche in der zweiten Hälfte des 9. Jh. etwa 250 ha betrug, war eine der größten ihrer Zeit. Auf den Fundamenten der Kirche wurde das heutige Museum errichtet, das dem historischen Vorläufer des heutigen Tschechien gewidmet ist.

●Památník Velké Moravy, Staré Město u Uherského Hradiště, geöffnet Mo.-So. 9.00-12.00 Uhr, 12.30-17.00 Uhr.

### Information

●**ČEDOK,** Masarykovo nám. 35, Tel. (0632) 3342.
●**Hawaii Cafe,** nám. Miru 951, geöffnet tgl. 12.00-24.00 Uhr, Internetcafé.

### Unterkunft

●**Hotel Grand,** Palackého nám. 349, Tel. (0632) 3055, Fax (0632) 2119, Kapazität 110 Betten. Komfortabel eingerichtete Zimmer mit Telefon, TV, Minibar. Zentrale Lage.
●**Hotel Fojta,** Masarykovo nám. 155, Tel. (0632) 3440, Kapazität 60 Betten. Einfaches Hotel im Stadtzentrum auf dem Marktplatz, Dusche, WC auf dem Flur.

### Museen und Galerien

●**Museum der Mährischen Slowakei** (Slovácké muzeum), Smetanovy sady 179, Tel. (0632) 2923, geöffnet tgl. 9.00-16.00 Uhr. Das Regional- Museum ist der Volkskultur der Mährischen Slowakei gewidmet. Trachten, Keramik, Gemälde, Plastiken.
●**Das Flugzeugmuseum** (Slovácké letecké muzeum), Kunovice, Tel. (0632) 5680, geöffnet Di.-So. 9.00-16.00 Uhr. Das 1970 eröffnete Museum, das sich auf einer Wiese des *Aeroklubs Kunovice* befindet, präsentiert Flugzeuge, die im örtlichen Flugzeugbetrieb Let Kunovice hergestellt wurden. Meistens sind es kleine Sport- und Militärflugzeuge und Hubschrauber.

### Velehrad

Velehrad liegt etwa 6 km von Uherské Hradiště entfernt. Es ist eine kleine Gemeinde mit einem **großen Klosterkomplex.** Das Kloster wurde 1205 gegründet. In der gleichen Zeit wurde die ursprünglich dreischiffige romanische Basilika errichtet, die gemeinsam mit dem Rest des Klosters im Laufe der hussitischen Kriege durch Feuersbrünste vernichtet wurde.

**Südmähren**

Die heutige **Himmelfahrts-und-Hl.-Kyrillos-und-Methodios-Basilika** (Bazilika Nanebevzetí Panny Marie a sv. Cyrila a Metoděje) wurde im 17.-18. Jh. errichtet. Sie verfügt über schönes Barockinterieur, wobei der Chor vor dem **Hochaltar** mit seinem aufwendigen Schnitzwerk besonders zu beachten ist. Der Hochaltar selbst wurde in Rom anläßlich der Hl.-Kyrillos-und-Methodios-Feierlichkeiten (zu *Kyrillos* und *Methodios* siehe Kapitel Geschichte) 1863 gefertigt und besteht aus Carrara-Marmor. Die beiden Seiten des Hochaltars zieren Figuren der *hl. Ludmila* und des *hl. Wenzel.*

Im 19. Jh., in der Zeit der Nationalen Wiedergeburt, wurde Velehrad zu einer **beliebten Wallfahrtsstätte,** in der gleichen Zeit fand auch die Belebung der Tradition der slawischen Apostel hl. Kyrillos und Methodios statt. Anläßlich der Feierlichkeiten zum 1.100en Todestag des *hl. Methodios* kamen 1985 etwa 300.000 Pilger nach Velehrad. In Anbetracht der Tatsache, daß damals noch die Kommunisten das Land beherrschten, war dies eine enorme Zahl. Als *Papst Jan Paul II.* Velehrad 1990 besuchte, zog er eine halbe Million Pilger an, die jedoch mehrheitlich aus Polen kamen.

### Buchlovice

Nur etwa 7 km von Velehrad entfernt, an der Hauptstraße Brno – Uherské Hradiště, liegen Stadt und Schloß Buchlovice.

Als die Burg Buchlov im 17. Jh. ihre strategische Funktion verlor und den Ansprüchen ihrer Inhaber nicht mehr genügte, beschlossen diese, in der Nähe ein neues **Schloß** errichten zu lassen.

Die Auftraggeber *Jan Gerhard von Petřvald* und seine aus Italien stammende Ehefrau wählten hierfür die **Form einer italienischen Villa.** Diese wurde nach einem Entwurf des in Wien lebenden italienischen Architekten *Domenico Martinelli* 1690-1738 errichtet. Konkret nahm das Gebäude die Form von zwei einander gegenüberliegenden Gebäuden an, die auf einem halbkreisförmigen Grundriß errichtet wurden. Teil des Ensembles ist auch die Parklandschaft, in die es hineindrapiert wurde. Um die Jahrhundertwende wurde das Schloß für seinen neuen Besitzer, den östereichischen Diplomaten *Leopold Berchtold,* umgebaut.

●Schloß Buchlovice, Tel. (0632) 95110, geöffnet April, Oktober nur samstags, sonntags 9.00-16.00 Uhr, Mai, Juni, September 9.00-17.00 Uhr, Juli, August 9.00-18.00 Uhr, Montag Ruhetag.

### Burg Buchlov

Etwa 3 km von der Hauptstraße Brno – Uherské Hradiště entfernt auf einer Anhöhe, die zum Chřiby-Gebirge gehört, steht die Burg Buchlov. Die strategisch günstig an der Grenze Mährens gelegene Burg wurde im 13. Jh. als **Wachburg** an einer bedeutenden Handelsstraße errichtet, die über das Chřiby-Gebirge führte.

Von der Burg aus eröffnet sich dem Besucher ein **Blick auf die bewaldete gebirgige Umgebung.** Auch kann man von hier aus auf das Tal hinunterblicken, durch das einst der sogenannte Bernsteinweg führte.

Diese Route verband das Baltische Meer mit dem Mittelmeer. Bei schönem Wetter kann man auch die Weißen Karpaten sehen, welche die Grenze zwischen Tschechien und der Slowakei bilden.

Die *Inneneinrichtung* ist im Vergleich zu anderen Burgen und Schlössern etwas schlicht, der vordere Teil ist vorwiegend mit gotischen und barocken Möbeln ausgestattet, wohingegen Besucher am Ende der Führung Räume sehen, die im Stil des 19. Jh. eingerichtet sind. Zu beachten ist die mehr als 10.000 Bücher umfassende *Bibliothek* der Brüder *Leopold* und *Bedřich Berchtold.*

● Burg Buchlov, Tel. (0632) 95161, geöffnet 1.5.-31.8. Di.-So. 8.00-16.00 Uhr, 1 4.-30.4. und 1.10.-31.10. 9.00-15.00 Uhr. Im Juli und August auch montags geöffnet. Die Anfahrt mit dem Pkw erfolgt durch eine enge Straße, die zum Parkplatz unterhalb der Burg führt. Kein Zufahrt für Omnibusse.

## Uherský Brod

Uherský Brod, was übersetzt "die ungarische Furt" bedeutet, liegt am Handelsweg von Mähren nach Oberungarn (heute Slowakei). Zwischen 1272 und 1506 war es eine königliche Stadt, später gelangte sie in den Besitz verschiedener Adelsfamilien.

Der *Pädagoge Jan Amos Comenius* verbrachte hier einige Jahre seiner Kindheit. 1604 verließ der Knabe den Ort, um nach Strážnice zu ziehen, wo er 1604-05 die Schule besuchte.

Touristisch gesehen ist Uherský Brod eher uninteressant. *Sehenswert* sind hier lediglich das Comenius-Museum, das barocke Rathaus,

zwei barocke Marienkirchen und ein Renaissancehaus im Stadtzentrum.

### Unterkunft

● *Schloßhotel Nový Světlov,* Schloß Bojkovice, ca. 10 km östlich von Uherský Brod, Tel. (0633) 922525, Fax (0633) 921525. Komplett eingerichtete Zimmer, herrliche Lage, Fitneßzentrum, Schwimmbad, Tennisplatz, Reiten. DZ 60 DM.

● *Hotel Savary,* Nivnice, Tel. (0633) 93433, Fax 93434, Kapazität 52 Betten, DZ 30 DM. Ungefähr 6 km von Uherský Brod entfernt, es ist ein umgebautes Landgut, komfortabel eingerichtete Zimmer, Reitmöglichkeit, Tennisplatz.

● *Domov mládeže SOU,* Větrná 1370, Tel. (0633) 633190, Fax (0633) 634127, Kapazität 80 Plätze, Jugendherberge.

### Museen und Galerien

● *Comenius-Museum* (Muzeum J. A. Komenského), Přemysla Otakara II., Tel. (0633) 2288, geöffnet Di.-So. 9.00-17.00 Uhr. Das Museum ist Werk und Leben des berühmten Pädagogen gewidmet, der mit großer Wahrscheinlichkeit 1592 in Uherský Brod geboren wurde.

### Strážnice

Die Stadt liegt etwa 25 km südlich von Uherské Hradiště. Der Name der Stadt ist dem Wort *strážit,* d.h. wachen, entlehnt. Der Grund hierfür liegt in der *historischen Funktion der Stadt,* die Grenze zwischen Mähren und der Slowakei zu überwachen. Strážnices gotische Burg wurde im 16. Jh. in ein *Schloß* im Renaissancestil umgebaut, das seine heutige Gestalt in der Mitte des 19. Jh. erhielt.

Heute ist Strážnice besonders als *Veranstaltungsort internationaler Folklorefestivals* bekannt, die alljährlich im Juni stattfinden.

Südmähren

### Hodonín

Hodonín liegt am rechten Ufer des Morava-Flusses etwa 18 Kilometer südwestlich von Strážnice. Die **Geburtsstadt des ersten Präsidenten der Tschechoslowakei** ist aus touristischer Perspektive nur wenig interessant, da sie außer einer Barockkirche aus der zweiten Hälfte des 18. Jh. nur **wenige Sehenswürdigkeiten** zu bieten hat.

1850 wurde hier **T. G. Masaryk,** der erste Präsident der Tschechoslowakei, geboren. Sein Vater, der kaiserlicher Leibeigener slowakischer Abstammung war, diente als Kutscher auf kaiserlichen Gütern. Seine Frau war deutsch-tschechischer Abstammung und arbeitete als Köchin. Da sie besser Deutsch als Tschechisch sprach, wurde zu Hause Slowakisch, Deutsch und Tschechisch gesprochen. In Hodonín und Umgebung lebte der junge *Masaryk* bis 1865, als der Fünfzehnjährige sein Studium am deutschen Gymnasium in Brünn begann.

### Mikulčice

Wer sich für die Geschichte des Großmährischen Reiches interessiert, sollte Mikulčice besuchen, das etwa 8 km südwestlich von Hodonín liegt.

In Mikulčice wurde eine **großmährische Siedlung** mit Überresten von fünf Kirchen und einem Fürstenpalast entdeckt. Mit seiner Gesamtfläche von ungefähr 100 ha ist es eine der größten Siedlungen des Großmährischen Reiches; einige Forscher behaupten sogar, Mikulčice sei einst das Zentrum des Reiches gewesen. Zu den interessantesten **Funden** gehören sicherlich die drei ungefähr zehn Meter langen, aus ausgehöhlten Eichenbaumstämmen gefertigten Kähne, die heute im örtlichen Museum ausgestellt werden. In einzelnen Gräbern wurden Gold- und Silberschmuck, Waffen aus Eisen und Gegenstände des täglichen Gebrauchs entdeckt.

# *Mittelmähren*

# Überblick

Zwischen den Industrie-Regionen Ostrava und Brno liegt in Mittelmähren die fruchtbare Haná-Ebene. Durch das flache Gebiet, das zu den fruchtbarsten Tschechiens gehört, fließt in nord-südlicher Richtung der Morava-Fluß. Das Zentrum der Region ist die Stadt Olomouc, weitere größere Städte sind Prostějov, Přerov und Kroměříž.

Olomouc hat nach Prag den flächenmäßig größten und am besten erhaltenen historischen Stadtkern des Landes; die romantische Burg Bouzov nördlich von Olomouc ist ebenfalls einen Besuch wert. In der Schloßgalerie in Kroměříž sind Gemälde alter Meister, u.a. von *Tizian, Rubens, Dürer* und *Cranach,* ausgestellt.

# Olomouc (Olmütz)

Der gut erhaltene und unter Denkmalschutz stehende historische Stadtkern von Olomouc ist der zweitgrößte des Landes und damit eine Sehenswürdigkeit von Rang. Heute leben in Olomouc ca. 100.000 Einwohner, von denen etliche Tausend Studenten sind, die an der hiesigen Universität studieren.

## Geschichte

Nach der Vereinigung von Mähren und Böhmen 1019-20 wurde Olomouc neben Brno und Znojmo zu *einer der drei Residenzstädte der mährischen Přemysliden.* Diese errichteten hier eine Burg, von der bis auf den Turm (heute St.-Barbara-Kapelle) nichts erhalten geblieben ist.

In Olomouc endete auch die Ära der ersten böhmischen Königsdynastie, als hier im

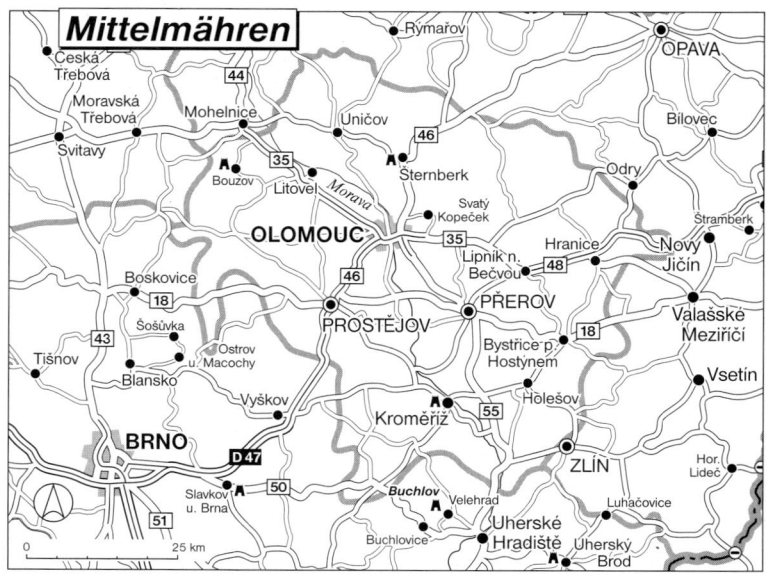

Jahr 1306 der letzte Přemyslide auf dem böhmischen Thron, *Wenzel III.*, ermordet wurde.

1469 wurde in Olomouc *Matthias Korvin* zum böhmischen König gekrönt, in dessen Händen die Stadt gemeinsam mit Mähren und Schlesien blieb. Olomouc wurde im Mittelalter zum **inoffiziellen Zentrum Mährens.** Das Landgericht tagte hier, und auch die Eintragungen in die Landtafeln wurden hier vorgenommen. Die wirtschaftliche und kulturelle Entwicklung der Stadt wurde erst durch den Dreißigjährigen Krieg gebremst

Zwischen 1642 und 1650, als die Stadt **vom schwedischen Heer besetzt** wurde, verlor sie einen großen Teil der Bevölkerung. Viele ihrer Häuser und Paläste wurden im Laufe dieser acht Jahre zerstört. Von den mehr als 40.000 Einwohnern, die die Stadt 1640 noch gehabt hatte, blieben nach dem Rückzug der Schweden nur etwa 1.600 Menschen übrig. Da die Stadt sich vor der Schlacht am Weißen Berg auf die Seite der protestantischen Stände geschlagen hatte, wurde sie von den habsburgischen Herrschern streng bestraft. Der Standortwechsel vieler wichtiger öffentlicher Institutionen von Olmütz, wie die Stadt auf deutsch hieß, nach Brno bedeutete den **Verlust allen Einflusses.** Zur mährischen Metropole wurde nunmehr Brno.

1655 wurde Olomouc infolge eines Erlasses von *Kaiser Ferdinand III.* zu einer **Festungsstadt.** Aufgrund ihrer schlechten Ausstattung war es jedoch ein Leichtes für die Preußen, diese 1741 einzunehmen. Nach dem verlorenen Krieg gegen Preußen trat Österreich 1742 den größten Teil Schlesiens an Preußen ab, und Olomouc wurde zur **Grenzstadt zwischen Österreich und Preußen.** Diese neue militärisch-strategische Bedeutung veranlaßte in der Folge die österreichische Kaiserin *Maria Theresia* dazu, die Stadt in eine mächtige Festung umzubauen. Die umfangreichen Umbauarbeiten, deren Fortschritt von der Kaiserin persönlich inspiziert wurde, dauerten bis zum Jahr 1756. Bereits zwei Jahre später zeigte sich, daß die **neuen Festungsanlagen** besser als ihre Vorgänger vermochten, den Preußen standzuhalten: Zwei Monate lang

dauerte die **preußische Belagerung,** die diesmal erfolglos endete. Olomouc' Ruf als uneinnehmbare Festung veranlaßte knapp 100 Jahre später den österreichischen Kaiser *Ferdinand,* das revolutionäre Wien zu verlassen und hinter den dicken Mauern von Olomouc Zuflucht zu suchen. Hier dankte er im gleichen Jahr zugunsten von *Franz Josef I.* ab. 1886 wurde die **Festung aufgegeben,** die Festungsmauern und andere militärische Gebäude wurden niedergerissen. An ihrer Stelle wurden Parkanlagen errichtet, die den historischen Kern der Stadt bis heute säumen.

## Sehenswertes

Das Zentrum der Stadt bildet der **Obere Platz** (Horní náměstí) mit dem Rathaus, einer reich geschmückten Dreifaltigkeitssäule und einigen pittoresken gotischen und Renaissancepalästen. Zu den prächtigsten gehört der **Edelmannspalast,** ein Renaissancegebäude aus der zweiten Hälfte des 16. Jh. Im ersten Stock des Gebäudes erinnert eine Gedenktafel an den berühmten österreichischen Heerführer *Marschall Radetzky,* der 1829-31 in Olomouc als Festungskommandant tätig war und damals im Edelmannspalast wohnte. Des weiteren liegt hier der **Petrašpalast,** ursprünglich ein gotisches Haus, das später im Stil der Renaissance und des Barocks umgebaut wurde. Ebenfalls sehenswert ist das **Mährische Theater** (Moravské divadlo) aus dem Jahr 1830.

1378 bewilligte *Markgraf Jost,* der Neffe von *Karl IV.,* den Bürgern der Stadt die Errichtung eines **Rathauses,** dessen erste Bauphase von 1378 bis 1411 andauerte. Nur wenig später, im 15.-16. Jh., wurde das Ol-

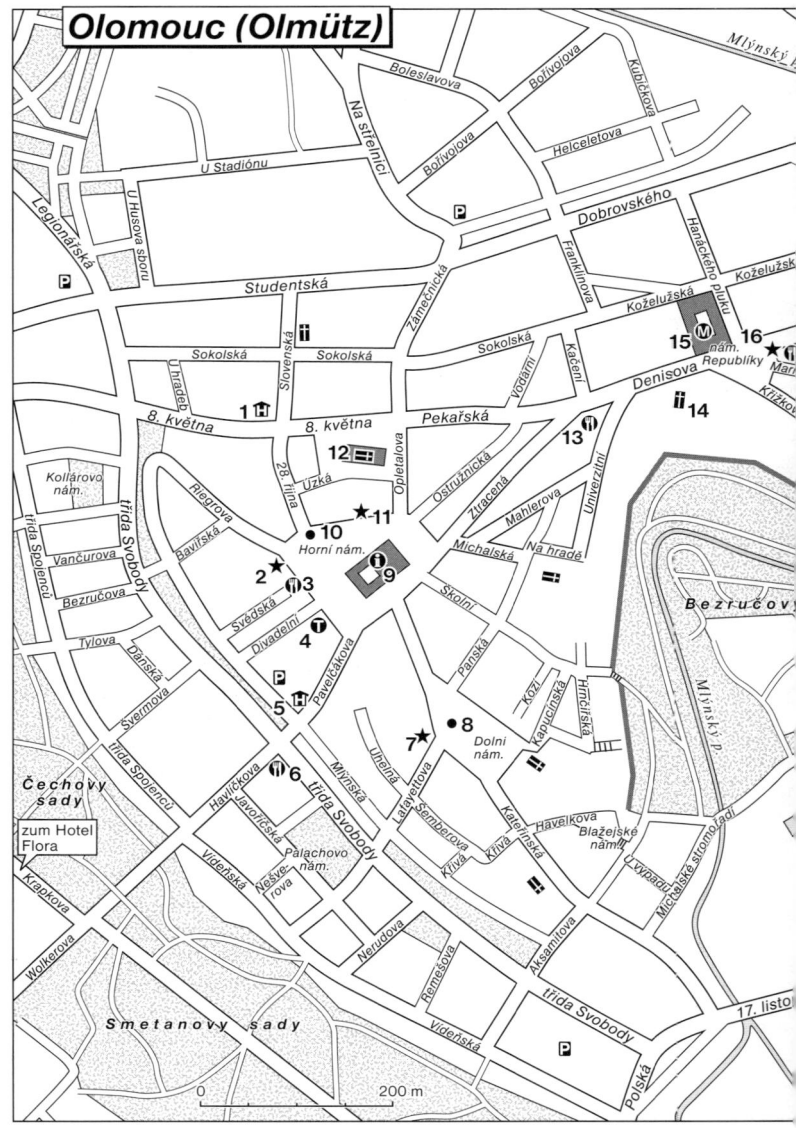

| | | |
|---|---|---|
| 🏨 | 1 | Hotel Národní dům |
| ★ | 2 | Petrašpalast |
| 🍴 | 3 | Weinstube Moravská restaurace |
| 🎭 | 4 | Mährisches Theater |
| 🏨 | 5 | Hotel Gemo |
| 🍴 | 6 | Restaurant Drapal |
| ★ | 7 | Haunschildpalast |
| ● | 8 | Dolní náměstí (Unterer Platz) |
| ℹ | 9 | Rathaus, Information |
| ● | 10 | Horní náměstí (Oberer Platz) |
| ★ | 11 | Edelmannspalast |
| ⛪ | 12 | St.-Moritz-Kirche |
| 🍴 | 13 | Studentenkneipe Vitriol |
| ⛪ | 14 | Maria-Schnee-Kirche |
| 🏛 | 15 | Regional-Museum |
| ★ | 16 | Tritonbrunnen |
| 🍴 | 17 | Studentenklub Klub depo No.8 |
| ● | 18 | Universität |
| ★ | 19 | Erzbischöfliche Residenz |
| 🏨 | 20 | Hotel Palác |
| ⛪ | 21 | St.-Wenzel-Kirche |
| ★ | 22 | ehem. Přemysliden-Palast |
| ▬ | | Stadtmauer |

mützer Rathaus um drei Flügel erweitert, so daß in der Mitte ein Innenhof entstand. Zwischen 1588 und 1592 wurde das mittlerweile recht stattliche Gebäude um Treppen und Loggia ergänzt. Seine heutige Gestalt erhielt das Rathaus zwischen 1902 und 1904, als das Gebäude gründlich umgebaut wurde. Die ursprünglich vorhandene **Aposteluhr,** nach der Prager die zweitälteste des Landes, wurde im Laufe von Kämpfen am Ende des Zweiten Weltkrieges vernichtet. 1955 erhielt das Rathaus eine neue Aposteluhr nach einem Entwurf von *Karl Svolinský.*

Die **Dreifaltigkeitssäule** auf dem Oberen Platz stammt aus der ersten Hälfte des 18. Jh. Die über 30 Meter

**Mittelmähren**

407

hohe, mit zahlreichen Skulpturen geschmückte Säule wurde 1754 eingeweiht, an der Einweihungszeremonie nahm *Kaiserin Maria Theresia* persönlich teil.

Den Oberen Platz schmücken außerdem zwei Brunnen: der **Herkulesbrunnen** und der **Caesarbrunnen.** Der Herkulesbrunnen und der Caesarbrunnen sind die ältesten der zwischen 1683 und 1735 errichteten sechs Brunnen, die heute verschiedene Plätze der Stadt schmücken.

Der Obere Platz geht allmählich in den **Unteren Platz** (Dolní náměstí) über, wo ebenfalls eine Reihe von interessanten Stadtpalästen, zwei Brunnen und eine Mariensäule für eine geschichtsträchtige Atmosphäre sorgen. Ein architektonisches Glanzstück bildet hier der **Haunschildpalast,** ein dreigeschossiges, mit zahlreichen Reliefs geschmücktes Renaissancegebäude aus dem 16. Jh.

Durch die Opletalova-Straße gelangt man vom Oberen Platz zur gotischen festungsartigen **St.-Moritz-Kirche** aus dem 15.-16. Jh. Die über 50 Meter lange und 22 Meter hohe dreischiffige Kirche gehört gemeinsam mit der St.-Jakobs-Kirche in Brno und der St.-Niklas-Kirche in Mikulov zu den kunsthistorisch bedeutendsten gotischen Kirchen Mährens. Bedauerlicherweise wurde die gotische Inneneinrichtung zum größten Teil durch eine Feuersbrunst im Jahr 1709 vernichtet, so daß das Interieur des Gotteshauses im Barockstil erneuert wurde.

Der Weg zu weiteren Sehenswürdigkeiten führt vom Oberen Platz durch die Ostružnická oder Ztracená

ulice. Auf dem **Platz der Republik** (Náměstí Republiky) befinden sich der **Tritonbrunnen** und die **Maria-Schnee-Kirche** aus den Jahren 1712-19. Neben dem Bau der prächtigen Barockkirche veranlaßten die jesuitischen Gegenreformatoren auch den Bau des **Jesuiten-Kollegs** sowie der angrenzenden Gebäude. Das links vom Kircheneingang gelegene Kollegsgebäude wurde zwischen 1718 und 1722 erbaut und dominiert das Erscheinungsbild des Platzes, so daß das gegenüber dem Kolleg liegende **ehemalige Klarissenkloster** mit seiner Kirche aus dem 18. Jh. erst auf den zweiten Blick wahrgenommen wird. Heute ist hier das **Regional-Museum** untergebracht.

●Regional-Museum (Vlastivédné muzeum), náměstí Republiky 5, Tel. (068) 22741, geöffnet Di.-So. 9.00-17.00 Uhr. Die Ausstellung ist der Geschichte sowie der Flora und Fauna Nordmährens gewidmet.

Vom Platz der Republik gelangt man in die Křížkovského-Straße. Die Paläste auf der rechten Seite sind die ehemaligen Residenzen der Kanoniker, heute gehören sie zum Teil zur **Universität.** Am Ende der Straße kann man links in die Wurmova-Straße abbiegen, wo sich in Haus Nr. 9 die **Erzbischöfliche Residenz** befindet. Der zweigeschossige Palast stammt aus der zweiten Hälfte des 17. Jh. und ist durch den Umbau eines Renaissancepalastes entstanden.

Wenn man die Wurmova-Straße weitergeht, gelangt man nach einigen Minuten zum Wenzelsplatz mit der St.-Wenzel-Kirche und der ehemaligen Přemyslidenburg, von der nur der ehemalige Bergfried (Hauptturm einer Burg), heute die **St.-Barbara-Kapelle,** erhalten ist.

Die **St.-Wenzel-Kirche** wurde um 1000 von den Přemysliden gegründet, im 13. Jh. wurde die gotische dreischiffige Kirche errichtet, die im Laufe ihres Bestehens mehrmals umgebaut wurde, zum letztenmal 1883 bis 1890, als sie ihr heutiges neogotisches Erscheinungsbild erhielt. An die nördliche Seite der Kirche wurden in der Mitte des 14. Jh. ein gotischer Kreuzgang und eine Kapelle angebaut.

Der Kreuzgang grenzt an die Mauern des **ehemaligen Přemysliden-palastes,** der bereits im 13. Jh. verlassen wurde. In den letzten Jahren wurde der alte Palast rekonstruiert und Reste von gotischen und Renaissancewandmalereien mit biblischen Motiven ans Tageslicht gebracht. Hier, in der ehemaligen Přemyslidenburg, wurde *König Wenzel III.,* der letzte Přemyslidenkönig, im Jahr 1306 ermordet. Etliche Jahrhunderte später, im Jahr 1767, wohnte *W. A. Mozart* in der Dekanei (heute die pädagogische Fakultät) gegenüber der Kirche und komponierte hier seine VI. Symphonie.

## Praktische Hinweise

### Information

●*Informační středisko,* Horní náměstí, Tel. (068) 5513385. Direkt auf dem Marktplatz im Rathauslaubengang, Auskunft, Zimmervermittlung, Führungen.
●*Tourist Centrum,* Rooseweltova 56, Tel. (068) 5431029. Auskunft, Geldwechsel, Zimmervermittlung, Verkauf von Karten und Stadtplänen. Liegt etwas außerhalb des Zentrums.

## Unterkunft

●*Hotel Lafayette,* Alsova 8, Tel./Fax (068) 5225089, Kapazität 20 Betten, DZ 85 DM. In der Nähe des Stadtzentrums, mittlere Preislage, Zimmer mit Dusche, WC, TV, bewachter Parkplatz.
●*Hotel Flora,* Krapkova 34, Tel. (068) 412021, Fax (068) 412129, Kapazität 330 Betten, DZ 130 DM. Komfortabel eingerichtete Zimmer mit TV, Telefon und Minibar, Hotel liegt außerhalb des Zentrums in der Nähe des Messegeländes, bewachter Parkplatz.
●*Hotel Národní dům,* třída 8. května 21, Tel. (068) 5224806, Kapazität 100 Betten, DZ mit Dusche 60 DM. Ein über hundert Jahre altes Zwei-Sterne-Hotel im Zentrum der Stadt.
●*Hotel Gemo,* Pavelčákova 22, Tel. (068) 28625, Kapazität 80 Betten, DZ 140 DM. Zentrale Lage in der Nähe des Marktplatzes, das Hotel ist in einem rekonstruierten Bürgerhaus untergebracht, komfortabel eingerichtete Zimmer, TV, Minibar.
●*Hotel Prachárna,* Křelovská 90, Tel. (068) 5411271, Fax (068) 5411281, Kapazität 56 Betten, DZ 70 DM. Das Hotel liegt am Rande der Stadt (Ausfahrtsstraße nach Hradec Králové) und entstand durch die Rekonstruktion eines Teiles der ehemaligen Festung. Zimmer mit Dusche, WC, TV und Telefon. Bewachter Parkplatz.
●*Hotel Palác,* třída 1. máje, Tel. (068) 5224096, Fax (068) 5223284, Kapazität 110 Betten. Zimmer nur teilweise mit Dusche, WC, Telefon. DZ ab 30 DM.
●*Pension Best,* Na střelnici, Tel./Fax (068) 28506, Kapazität 16 Betten. Zimmer mit Dusche, WC, TV, DZ 40 DM. Lage in der Nähe des Stadions, etwa 15 Minuten zu Fuß vom Marktplatz.
●*Hostel Plavecký stadion,* Legionárská 11, Tel. (068) 413181, Kapazität 50 Betten, DZ 30 DM. Einfache Jugendherberge im Areal des Schwimmbades. Dusche, WC auf dem Flur.
●Das **Studentenheim** des Ortes dient im Sommer als Jugendherberge und bietet einfache und billige Unterkunft. Adresse: VŠ koleje (Studentenheim), Šmeralova 12, Tel. (068) 295.65.

## Essen und Trinken

●*Moravská restaurace,* Horní náměstí 23, Tel. (068) 5222868, geöffnet tgl. 11.00-23.00 Uhr. Stilvolle mährische Weinstube mit Spezialitäten und gutem mährischem Wein. Empfehlenswert.

●*Restaurant Drapal,* Havlíčkova 1, Tel. (068) 5225818, geöffnet tgl. 10.00-24.00 Uhr. Mit Holzmöbeln und verschiedenen Trödelsachen eingerichtete Bierstube. Essen ist gut, auf der Karte gibt es auch vegetarische Gerichte.

●*Vitriol,* Universitní 6, geöffnet tgl. 16.00-23.00 Uhr. Eine Studentenkneipe, die sich in der Eigenwerbung Ethnischer Klub nennt, weil viel World Music gespielt wird. Auf der Getränkeliste finden sich außer vielen Sorten von Tee auch Absinth, Mezcal und Tequilla.

●*Klub depo No. 8,* nám. Republiky 1, Tel. (068) 5221273, geöffnet Mo.-Do. 10.00-4.00 Uhr, Fr. 10.00-6.00 Uhr, So. 16.00-6.00 Uhr, So. 16.00-1.00 Uhr. Ein Studentenklub, Disco, Konzerte.

## An- und Weitereise

●Der *Hauptbahnhof* (Hlavní nádraží), Jeremenkova ulice, Auskunft Tel. (068) 22671, liegt relativ weit vom Zentrum entfernt. Die Verbindung zum Platz der Republik im Zentrum der Stadt ist mit den Straßenbahnen Nr. 1,2,3,4,5 gegeben. Olomouc liegt auf der Strecke, die Prag mit Ostrava und der Slowakei verbindet, daher existiert eine gute Verbindung nach Prag (ca. 15 direkte Züge

tgl.), ebenfalls gut ist die Verbindung nach Ostrava und Brno.

●Der *Busbahnhof* (Nádraží ČSAD), Sládkovského ulice, Auskunft Tel. (068) 308111, liegt nicht weit vom Bahnhof entfernt. Vor dem Bahnhofsgebäude links abbiegen und noch mal links über die Bahnstrecke. Die Buslinien 4,5 fahren zum Platz der Republik im Stadtzentrum. Gute Busverbindungen existieren nach Brno, Ostrava und zu anderen wichtigen mährischen Städten, eine schlechte Verbindung nach Prag, deshalb sollte man nach Prag lieber den Zug nehmen. Direkte Busverbindungen bestehen nach Dresden, Berlin, Hannover, Bremen, Hamburg, Nürnberg, Frankfurt a. M., Bonn, Köln, Düsseldorf, München, Stuttgart und Karlsruhe.

# Umgebung von Olomouc

## Svatý Kopeček (Heiliger Berg)

Nur einige Kilometer nordöstlich von Olomouc, in Richtung Šternberk, liegt Svatý Kopeček, *Pilgerstätte* und *ehemaliges Prämonstratenserkloster* mit barocker *Marienkirche,* die 1669-79 nach einem Entwurf von *G. P. Tencalla* errichtet wurde. Anfang des 18. Jh. wurde die Kirche nach einem Entwurf von *D. Martinelli* um die Residenz des Ordens sowie einige weitere Gebäude erweitert.

In schöner Umgebung inmitten von Wäldern ist in Svatý Kopeček ein *Tierpark* untergebracht. Auf einer Fläche von ca. 42 ha leben hier fast 200 Tierarten.

●Tierpark (Zoologická zahrada), Svatý Kopeček, geöffnet April-Mai, September, 8.00-18.00 Uhr, Juni-August 8.00-19.00 Uhr, Oktober-März 8.00-16.00 Uhr.

## Šternberk

Ungefähr 15 km nördlich von Olomouc an den südlichen Ausläufern des Jeseníky-Gebirges liegt die Stadt Šternberk. Die Stadt und die Burg, die heute ein interessantes Uhrenmuseum beherbergt, wurden im 13. Jh. gegründet.

Die Herren von *Šternberk,* (siehe auch Český Šternberk) errichteten im 13. Jh. in der Nähe des Handelsweges nach Polen eine **Burg.** Von dieser ist heute nur noch ihr runder Turm mit seinen vier Meter dicken Wänden erhalten. Wie bei vielen anderen Burgen auch, erfolgte auch hier im Laufe des 16. Jh. der Umbau in ein Renaissanceschloß, weitere Umbauten wurden erst wieder in den 80er Jahren des 19. Jh. von den *Liechtensteins,* welche die letzten Besitzer des **Schlosses** waren, in Auftrag gegeben. Die historischen Räume des Schlosses sind heute mit Möbeln aus der Zeit der Gotik, der Renaissance und des Barocks ausgestattet. Kunstinteressierten bietet sich auch der Besuch der hiesigen Ausstellung mittelalterlicher Kunst, der Ledertapeten und besonders des **Uhrenmuseums** an, dessen Sammlung die Entwicklung des Zeitmessens von der Antike bis heute dokumentiert. Es handelt sich um die größte Uhrensammlung des Landes.
●Burg Šternberk, Tel. (0643) 2714, geöffnet April, Oktober Sa., So. 9.00-16.00 Uhr, Mai-September Di.-So. 8.00-17.00 Uhr.

### Information

●*Janatour,* Horní náměstí, Tel. (0643) 3490. Informationszentrum auf dem Marktplatz, Reiseführungen, Zimmervermittlung, Auskunft.

### Unterkunft

●*Hotel M,* Čechova 11, Tel./Fax (0643) 411742, Kapazität 50 Betten, DZ 60 DM. Zentrale Lage im Stadtzentrum, komfortabel eingerichtete Zimmer.

### An- und Weiterreise

●Gute Verbindung aus Olomouc, Fahrzeit aus Olomouc mit dem Bus oder dem Zug ca. 30 Minuten.

## Burg Bouzov

Etwa 35 km nordwestlich von Olomouc inmitten einer Hügellandschaft westlich der Stadt Litovel liegt die Burg Bouzov, *eine der schönsten Burgen Nordmährens.*

Die Burg ist über *zwei Brücken* zu betreten. Die erste führt zur Vorburg, von wo aus man über die zweite Brücke zum zentralen Teil der Burg gelangt, der einen 52 Meter tiefen Brunnen beherbergt.

Die Burg Bouzov wurde um das Jahr 1300 *gegründet* und gehörte zunächst unterschiedlichen Besitzern. Einer der bekanntesten Burgbesitzer war der böhmische König *Georg von Poděbrad,* der hier vermutlich 1420 geboren wurde. 1696 kaufte der **Deutsche Ritterorden** die Burg.

Am Ende des 19. Jh. wurden auf der Burg ausgedehnte **Umbauarbeiten** durchgeführt, bei denen die Burg ihre heutige neogotische Gestalt erhielt. *Erzherzog Eugen von Habsburg,* der Großmeister des Ritterordens, der zu dieser Zeit seinen Sitz in der nordmährischen Stadt Bruntál hatte, ließ die Burg im romantischen neogotischen Stil umbauen. Die Arbeiten begannen 1895 mit der

**Mittelmähren**

Rekonstruktion des Nordflügels. Gleichzeitig wurden der Turm der Burg, der Elisabethflügel und um das Jahr 1900 schließlich die hiesige neogotische Kapelle errichtet.

Nachdem die **Nationalsozialisten** 1939 den Ritterorden aufgelöst und das Ordenseigentum einschließlich der Burg konfisziert hatten, schenkte *Hitler* die Burg *H. Himmler.*

Heute sind die **Räume der Burg** mit historischem Mobiliar ausgestattet. Zu den schönsten Räumen gehören der Arbeits- und der Schlafraum des Großmeisters, die mit Barockmöbeln eingerichtet sind. Prächtig ist auch der Rittersaal, in dem die Großmeister des Ordens gewählt wurden.

● Burg Bouzov, Tel. (0644) 93202, geöffnet April, Oktober Sa., So. 9.00-16.00 Uhr, Mai-September Di.-So. 8.00-17.00 Uhr.

## Unterkunft

● **Hotel Zámeček Kozov,** Kozov (etwa 3 km von der Burg Bouzov entfernt), Tel. (068) 5446312, Fax 5446144. Kleines Schloßhotel, Zimmer mit TV, Dusche, WC.

## Prostějov

Im Zentrum der Haná-Ebene, etwa 20 km südlich von Olomouc, liegt Prostějov, **Zentrum der Textilindustrie,** die sich hier im 19. Jh. zu entwickeln begann.

Das Zentrum der Stadt wird durch einen langen **Marktplatz** gebildet, der nach dem ersten Präsidenten der Tschechoslowakei, *T. G. Masaryk,* benannt ist. In der Mitte des Masaryk-Platzes stehen die gotische **Hl.-Kreuz-Kirche** aus dem 14. Jh. und das **Rathaus** aus dem Jahr 1538

mit einer Loggia aus dem 17. Jh. Im Rathaus ist heute das **Regional-Museum** untergebracht. Neben der Geschichte der Region dokumentiert das Museum auch das Leben des 1900 in Prostějov geborenen Dichters *Jiří Wolker.* Besonders interessant ist die Uhrenausstellung. Zu den ältesten Exponaten gehören die Uhren aus China, andere Exponate datieren aus dem Mittelalter.

● Regional-Museum (Muzeum Prostějovska), náměstí T. G. Masaryka, Tel. (0508) 24387, geöffnet Mai-Oktober Di.-So. 9.00-17.00 Uhr.

Wenn man am Gebäude des Kaufhauses entlanggeht, gelangt man in wenigen Minuten zum Hlaváčkovo náměstí, wo sich das **Nationalhaus (Národní dům)** befindet. Das Národní dům, das nach einem Entwurf von *Jan Kotěra* in den Jahren 1905-07 errichtet wurde, bildet ein sehenswertes Beispiel moderner Architektur. Heute wie damals sind hier das Stadttheater, ein Restaurant und ein Café untergebracht.

## Information

● **Informační služba,** nám. T. G. Masaryka 12, Tel. (0508) 25511. Das Informationszentrum ist am Marktplatz im Gebäude des Neuen Rathauses untergebracht. Auskunft, Führungen, Kartenverkauf.

## Unterkunft

● **Grand Hotel Rolny,** Palackého 3, Tel. (0508) 22011, Fax (0508) 24636, Kapazität 70 Betten, DZ 120 DM. Zimmer mit Dusche, WC, TV, zentrale Lage. Jugendstilgebäude in der Nähe des Marktplatzes.
● **Pension U Antoníčka,** nám. Svatopluka Čecha 3, Tel. (0508) 25015, Kapazität 14 Betten, DZ 40 DM. Zimmer mit Dusche, WC, TV. Zentrale Lage.

### An- und Weiterreise

● Prostějov liegt an der **Eisenbahnstrecke** Olomouc – Brno und hat eine gute Verbindung zu beiden Städten, es fahren ca. 15 Züge täglich.

● Auch die **Busverbindungen** sind gut. So fahren tgl. Busse zu allen größeren mährschen Städten sowie nach Dresden, Berlin, Hannover, Bremen und Hamburg. Beide Bahnhöfe liegen nebeneinander. Zum Zentrum hat man etwa 15 Minuten zu Fuß durch die Svatoplukova ulice zurückzulegen.

### Přerov

Etwa 25 km südöstlich von Olomouc liegt Přerov, ein wichtiges **industrielles Zentrum** der Region mit 50.000 Einwohnern.

Die Umgebung der Stadt war bereits vor vielen tausend Jahren besiedelt. Dies belegen am nördlichen Stadtrand, in Předmostí, gelegene 20.000-30.000 Jahre alte **paläolithische Lagerstätten** von Mammutjägern, die hier vor einigen Jahren entdeckt wurden.

Die heutige Stadt entstand im 11. Jh. um die Burg herum, die zur Bewachung des nahe gelegenen Handelsweges angelegt wurde.

Die architektonische Dominate der Stadt bildet auch heute noch das **Schloß,** das durch den Umbau der gotischen Burg im 17. Jh. entstand. Im Laufe der Jahrhunderte gelangte die Burg bzw. das Schloß in den Besitz vieler Adelsfamilien. Zu den berühmtesten gehörten die *Pernštejns* im 15.-16. Jh. und die *Žerotíns* im 16.-17. Jh.

**Karl der Ältere von Žerotín,** ein einflußreicher mährischer Adliger, Politiker und Freund von *Comenius,* war der berühmteste von ihnen. Das Schloß, das von 1598 bis 1636 in seinem Besitz war, erhielt aufgrund seiner Initiative seine heutige Gestalt. Obwohl *Karl von Žerotín* Protestant war, vermochte sein Geschick als Vermittler zwischen den böhmischen protestantischen Ständen und den katholischen Habsburgern ihm nach der Schlacht am Weißen Berg sein Eigentum einschließlich dem Schloß in Přerov zu retten.

Zu jener Zeit lebte in Přerov auch **Jan Amos Comenius,** dem ein Teil der heutigen Schloßausstellung gewidmet ist. *Comenius,* der 1608 als Sechszehnjähriger nach Přerov kam, um hier am Gymnasium zu studieren, blieb bis 1611. Drei Jahre später kehrte er nach Přerov zurück, um insgesamt vier Jahre lang als Verwalter und Lehrer am selben Gymnasium tätig zu sein, das er selbst besucht hatte.

Das Stadtzentrum wird durch den rechteckig angelegten **Marktplatz** (Náměstí T. G. Masaryka) und den malerischen **Oberen Platz** (Horní náměstí) mit seinen alten Bürgerhäusern gebildet. Auf dem Oberen Platz befindet sich das Schloß mit dem **Comenius-Museum.** Der Hauptteil der Ausstellung ist Leben und Werk von *J. A. Comenius* gewidmet, ein weiterer behandelt das Schulwesen zwischen dem 17. und dem 20. Jh. Interessant sind besonders die Schulklassen aus der Komenský-Zeit, aus der Zeit der k.u.k. Monarchie, der ersten Republik und den 50er Jahren des 20. Jh.

Auch finden sich hier mineralogische und entomologische Sammlungen mit über 20.000 Insekten, darunter vielen Schmetterlingen.

**Mittelmähren**

●Comenius-Museum (Komenského muze-um) im Schloß, Horní náměstí 1, Tel. (0641) 3286, geöffnet April-September Di.-So. 9.00-12.00 Uhr, 13.00-17.00 Uhr, sonntags nur bis 12.00 Uhr, Oktober-März geöffnet nur mittwochs, samstags, sonntags.

## Information
●*Cylindr Tour,* Žerotínovo nám. 42, Tel. (0641) 66114.

## Unterkunft
●*Hotel Jana,* Koliby 2, Tel. (0641) 204466, Fax 204635, Kapazität 200 Betten, DZ 50 DM. Ein neues Hotel, komfortabel einge-richtete Zimmer, moderne Einrichtung, Fit-neßzentrum, Sauna, Bowling, Whirlpool und Schwimmbad im Freien, 17 Zimmer für kör-perlich Behinderte.
●*Grand Hotel,* Husova 12, Tel. (0641) 35623, Fax (0641) 3564, DZ 50 DM. Das Hotel befindet sich gegenüber dem Bahn-hof, Zimmer mit WC, Dusche.
●*Hotel Optik,* Dvořákova 21, Tel. (0641) 52661, Kapazität 150 Betten. Zimmer mit Dusche, WC, Kühlschrank.
●*Pension U Nováků,* Čechova 20, Tel./Fax (0641) 3680, Kapazität 9 Betten, DZ 30 DM.

## An- und Weiterreise
●Přerov ist ein wichtiger *Eisenbahnkno-tenpunkt,* die Stadt liegt an der Kreuzung der Strecken Brno – Ostrava und Olomouc – Ostrava. Daher hat sie gute Verbindungen zu allen drei Städten und nach Prag. Neben vielen *Buslinien* innerhalb Mährens gibt es auch Linien in die Slowakei nach Žilina und in die Hohe Tatra. Busbahnhof und Bahnhof liegen nebeneinander etwa 20 Minuten vom Marktplatz entfernt.

# Kroměříž

Seit ihren Anfängen, d.h. vom 12. Jh. an, war die ca. 40 km südlich von Olomouc am Morava-Fluß liegende Stadt im Besitz der dortigen Bischö-fe. Heute hat die Stadt fast 30.000 Einwohner.

Der großangelegte *Marktplatz,* Großer Platz (Velké náměstí) ge-nannt, ist zu allen Seiten mit alten Bürgerhäusern gesäumt. Eines von ihnen beherbergt auch das *Regio-nal-Museum.* Der größte Teil des Museums ist dem Schaffen des reali-stischen Malers Max Švabinský ge-widmet, der 1873 in Kroměříž gebo-ren wurde.
●Regional-Museum (Muzeum Kroměřížska), Velké náměstí 38, Tel. (0634) 20545, geöff-net Di.-So. 8.00-12.00 Uhr, 13.00-17.00 Uhr.

An der Ecke des Marktplatzes steht das *Rathaus,* das aus dem 16.-17. Jh. stammt.

Ebenfalls am Marktplatz, ein paar Schritte vom Regional-Museum ent-fernt, befindet sich das *Schloß* von Kroměříž, welches früher als Sitz der Erzbischöfe diente. Dieses Schloß, das, besonders was seine Ausstat-tung betrifft, als *eines der pracht-vollsten in Mähren* gilt, entstand im 16. Jh. durch den Umbau einer goti-schen Burg. Zwischen 1686 und 1698 wurde das Renaissanceschloß dann im Auftrag von Bischof Karl II. von Liechtenstein-Kastelkorn in ein Ba-rockschloß umgebaut. Der *Umbau* erfolgte nach Plänen des bekannten Architekten Giovanni Pietro Tencalla.

Der *Schloßpark* (Podzámecká záh-rada), der sich vom Schloß bis zum Morava-Fluß erstreckt, wurde zur gleichen Zeit angelegt. Das heutige Aussehen des englischen Parks geht jedoch ins 19. Jh. zurück.

*Bischof Karl II. von Liechtenstein-Ka-stelkorn* ist auch die Gründung der **Schloßgalerie** und der Bibliothek zu verdanken. Die Schloßgalerie liegt im zweiten Stock des Schlosses und enthält wertvolle alte Gemälde, u.a. von *P. P. Rubens, P. Breughel dem Jüngeren, A. Dürer, L. Cranach, A. van Dyck, Tizian* und *P. Veronese.* Es handelt sich um eine der bedeutendsten Sammlungen alter Meister in Tschechien.

Ein Stockwerk tiefer befinden sich die ehemaligen **Repräsentations-räume** der Olmützer Bischöfe.

Als in Wien 1848 die Revolution tobte, tagte der **österreichische Reichstag** hier im Erzbischöflichen Schloß. Der verfassungsgebende Reichstag, der in Kroměříž am 28. November 1848 seine Arbeit begann, entwickelte hier die **erste demokratische Verfassung des Reiches.** Hierbei ließen sich die Verfasser vom französischen und amerikanischen Liberalismus inspirieren. Die neue Verfassung sollte eine Reihe demokratischer Prinzipien, wie z.B. Gleichheit aller Bürger vor dem Gesetz, Abschaffung der Privilegien des Adels, Abschaffung der Todesstrafe, verbürgen. Nachdem jedoch *Kaiser Ferdinand* in Olomouc abgedankt hatte und der neue Kaiser *Franz Joseph I.* den Reichstag im März 1849 auflöste, wurde der neuen Demokratie ein Riegel vorgeschoben.

Als in Kroměříž 1885 die **Verhandlungen** zwischen dem österreichischen Kaiser *Franz Joseph I.* und dem russischen Zar *Alexander II.* stattfanden, zog die Stadt erneut die Aufmerksamkeit der Weltöffentlichkeit auf sich.

● Schloß Kroměříž, Velké náměstí, Tel. (0634) 21360, geöffnet Di.-So. April-Oktober 9.00-17.00 Uhr.

Als eine weitere Sehenswürdigkeit der Stadt ist der **Blumengarten** (Květná záhrada) zu nennen, der am westlichen Rand der Stadt liegt. Der französische Garten wurde in der zweiten Hälfte des 17. Jh. außerhalb der Stadtmauer errichtet. Der Blumengarten wurde auf einem rechteckigen Grundriß von 485x300 Metern angelegt. In seiner Mitte liegt eine etwa 200 Meter lange Kolonnade und eine achteckige Rotunde mit künstlichen Grotten und Springbrunnen.

Die älteste Kirche der Stadt ist die gotische **St.-Moritz-Kirche** in der Nähe des Marktplatzes. Etwa vierhundert Jahre nach der Gründung wurde das Gotteshaus im 19. Jh. im neogotischen Stil umgebaut.

Auf dem zweiten großen Platz des Ortes, dem Riegrovo náměstí, steht die **Barockkirche der Mariä Himmelfahrt,** deren prachtvolle Innenausstattung beeindruckt.

### Praktische Hinweise

#### Information
● **Informační kancelář,** Kovářská 116, Tel. (0634) 331473. Auskunft, Zimmervermittlung, Konzertkartenverkauf.

#### Unterkunft
● **Hotel Bouček,** Velké náměstí 31, Tel./Fax (0634) 88147, DZ 50 DM. Ein kleines Familienhotel in einem Bürgerhaus auf dem Marktplatz, Zimmer mit Dusche und WC.
● **Hotel Oskol,** Kroměříž-Oskol, Tel./Fax (0634) 24240, Kapazität 220 Betten, DZ 60 DM Ein außerhalb des Zentrums in einem Hochhaus untergebrachtes Hotel, Zimmer mit Dusche, WC.

**Mittelmähren**

415

### Weinkeller

●*Arcibiskupské vinné sklepy,* Na kopeč-
ku 1487, Tel. (0634) 20069. Der mit 1.000
qm sehr geräumige Erzbischöfliche Weinkeller wurde im Jahr 1266 gegründet und
seit 1345 zum Keltern von Meßwein benutzt.
Besuch und Weinprobe sind nach telefoni-
scher Anmeldung möglich.

### An- und Weiterreise

●Kroměříž liegt an einer Nebenstrecke nahe
der Verbindung Brno – Přerov – Ostrava. Da
die *Zugverbindung* sehr schlecht ist, empfiehlt sich die Fahrt mit dem *Bus.* Hier existieren gute Verbindungen nach Brno, das
eine gute Stunde entfernt liegt. Außerdem
gibt es direkte Busverbindungen auch zu anderen mährischen Städten sowie nach Prag,
Cheb, Mariánské Lázně, Bratislava und zu
anderen slowakischen Orten. Bahnhof und
Busbahnhof liegen dicht beieinander in der
Nähe des Morava-Flusses.

# Zlín

Zlín, das **Zentrum der mährischen
Schuhindustrie,** verdankt sein Pre-
stige den hiesigen **Svit-Werken**
(ehemals Baťa-Werke), die von der
**Familie Baťa** (Aussprache *Batja)*
1894 gegründet wurden. Das Vorhaben der drei Geschwister *Tomáš, Anna* und *Antonín Baťa* entwickelte sich
zu einer Schuhfabrik, die heute
Zweigstellen auf allen Kontinenten
der Erde hat. *Tomáš Baťa,* einer der
erfolgreichsten Unternehmer der ersten Republik, initiierte auch die
Gründung des Schuhmuseums, das
heute zu den Hauptattraktionen der
Stadt gehört.

Die heute 90.000 Einwohner zählende Stadt, die zwischen 1949 und
1989 nach dem kommunistischen
Führer *K. Gottwald* benannt wurde,
erstreckt sich entlang des Dřevnice-
Flusses. Obwohl im 14. Jh. gegründet, hat die Stadt dem Besucher nur
**wenig historische Substanz** zu
bieten. Das **Schloß,** in dem heute
das Regional-Museum und die örtliche Galerie untergebracht sind,
stammt aus dem 16. Jh. Im 18. Jh.
wurde es im Barockstil umgebaut.
Das aus dem 16. Jh. stammende
**Renaissance-Rathaus** und die um
die Mitte des 19. Jh. umgebaute gotische **Kirche** sind zwei weitere alte
Gebäude der Stadt.

Die architektonische Dominante des
Zentrums ist das administrative Gebäude der ehemaligen Baťa-Werke,
d. h. der heutigen Aktiengesellschaft
*Svit.* Das 16stöckige Gebäude, einfach **mrakodrap (Hochhaus)** genannt, ist fast 80 Meter hoch und wurde nach dem Entwurf des Architekten
*V. Karfík* 1938 aus roten Ziegeln errichtet. Damals war es das größte Gebäude der Stadt. Weitere vom Kon-
struktivismus geprägte Gebäude im
Stadtzentrum sind das heutige **Hotel
Moskva** und das 1933 errichtete
große **Kino,** in dem 2.000 Besucher
Platz finden.

Die **Bebauung des Stadtzentrums** ist modern und wurde in Auftrag von *Tomáš Baťa* in den 20er und
30er Jahren ausgeführt. Das hiesige
Projekt einer Arbeiterkolonie mit kleinen Wohnhäusern entwarf 1915 der
prominente Architekt *Jan Kotěra*. Die
aus roten Ziegeln in den 30er Jahren
erbauten Zweifamilienhäuser prägen
bis heute das Stadtbild.

1935 erarbeitete der französische
Architekt *Le Corbusier* ein **Projekt
zur Vergrößerung von Zlín.** Nach

dem Entwurf sollte die Stadt in Richtung Otrokovice erweitert werden. Doch das ambitiöse Projekt des Franzosen wurde zugunsten eines Plans von *František Gahura,* einem Schüler vom *J. Kotěra,* verworfen. Dessen großzügiger urbanistischer Plan aus dem Jahr 1934 war auf 100.000 Bewohner ausgelegt und vermag bis heute, die städtischen Anforderungen zu befriedigen.

Im **Schuhmuseum,** das im Verwaltungsgebäude der heutigen Svit-Werke untergebracht ist, sind mehr als 3.000 Schuhe ausgestellt. Die Kollektion wurde bereits 1931 gegründet und vermittelt dem Besucher die Geschichte der Herstellung von Schuhen vom 14. Jh. bis heute. Neben Schuhen, die in Zlín hergestellt wurden, finden sich hier auch historische Schuhe aus verschiedenen Regionen der Welt.

●Schuhmuseum (Obuvnické muzeum), Hochhaus (Mrakodrap) Svit, Tel. (067) 511, Ap. 2203, geöffnet Mo.-Fr. 8.00-16.00 Uhr, Sa. 8.00-14.00 Uhr.

### Praktische Hinweise

### Information
●**ČEDOK,** Kvitkova 80, Tel. 067/26868.
●**Internet centrum,** Kvitkova 4323 (im Hotel Ondráš), geöffnet Mo.-Fr. 8.00-22.00 Uhr.

### Unterkunft
●**Interhotel Moskva,** náměstí Práce 2512, Tel. (067) 8361111, Kapazität 300 Betten, DZ 100 DM. Zentrale Lage, Zimmer mit Bad, WC, Telefon und TV.
●**Hotel Vítkovice,** Zlín-Kostelec, Tel. (067) 7914340. Ein Kurhaushotel, ruhige Lage, etwa 5 km vom Stadtzentrum entfernt, Zimmer mit Dusche, WC, Schwimmbad, Tennisplatz. DZ 30 DM.

### Essen und Trinken
●**Zámecká restaurace,** Soudní 1, Tel. (067) 22267, geöffnet tgl. 11.00-23.00 Uhr. Das Restaurant befindet sich im ehemaligen Barockschloß.

### Museen und Galerien
●**Gemäldegalerie** (Galerie výtvarného umění), Soudní 1, Tel. (067) 26829, geöffnet Di.-So. 10.00-17.00 Uhr. Die Galerie ist gemeinsam mit dem Regional-Museum im Schloß untergebracht. Die Dauerausstellung der Galerie ist tschechischer Kunst des 20. Jh. gewidmet.

### An- und Weiterreise
●Da Zlín an einer Nebeneisenbahnstrecke liegt, empfiehlt es sich, für die Anreise den Bus zu nehmen. Eine sehr gute **Busverbindung** besteht nach Brno, Kroměříž, aber auch zu anderen mährischen Städten. Eine direkte Busverbindung existiert auch nach Prag. Der Hauptbahnhof (Zlín-střed) und der Busbahnhof liegen in der Nähe der Schuhwerke und somit des Stadtzentrums.

# Luhačovice

Der **berühmteste Kurort Mährens,** Luhačovice, befindet sich 15 km südlich von Zlín. Die Stadt, die auf einer Höhe von 250 Metern liegt, erstreckt sich entlang des Baches Šťávnice in einer bewaldeten Hügellandschaft an der Grenze zwischen zwei ethnographischen Gebieten: der Walachei und der Mährischen Slowakei.

Die Geschichte der Stadt ist eng mit dem **ungarischen Adelsgeschlecht Serényi** verbunden, in dessen Besitz die Stadt fast 300 Jahre lang war. Die *Serényis* erwarben die Stadt 1629. Obwohl man bereits in der zweiten Hälfte des 17.

**Mittelmähren**

## Die Baťa-Schuhdynastie

Weltenbummler kennen sicherlich die Schuhgeschäfte der Firma *Baťa,* die in Dutzenden von Ländern auf allen Kontinenten anzutreffen sind. Nur wenige wissen jedoch, daß es sich ursprünglich um eine mährische Firma handelt.

Im Jahr 1894 gründeten die Geschwister *Antonín, Tomáš* und *Anna Baťa* (ausgesprochen *Batja*) mit 800 Gulden in Zlín eine **kleine Schuhwerkstatt.** Trotz der vielen Ratschläge des Vaters, der selbst Schuster war, ging die Werkstatt der Jungunternehmer nach einem Jahr **beinahe pleite.** Einer der Brüder, der damals 19jährige *Tomáš Baťa,* der später zum erfolgreichsten Unternehmer der ersten Republik werden sollte, übernahm die Schulden und war entschlossen, weiterzumachen. Und er behielt recht. Der Erfolg kam mit der damals als verrückt geltenden Idee, **leichte Schuhe aus Leinen** zu produzieren. Als die Konkurrenz von der neuen Idee hörte, lachte sie sich ins Fäustchen. Doch nicht lange, denn es zeigte sich, daß die Idee des jungen Unternehmers Erfolg hatte. Der neue Schuhtyp, der in großen Mengen maschinell produziert wurde, wurde zum Hit. Bereits 1897 hatte *Tomáš Baťa* alle Schulden getilgt und **seine Firma gerettet.** Der Erfolg setzte sich fort, als *Baťa* im Ersten Weltkrieg einen Auftrag der österreichischen Armee bekam und große Schuhkontingente für Soldaten der k.u.k. Monarchie lieferte.

Wenige Jahre später gründete *Baťa* dann die **ersten ausländischen Filialen.** 1939 existierten im Ausland insgesamt 47 Baťa-Werke und -Filialen, in denen fast 70.000 Leute arbeiteten.

In Zlin baute *Baťa* nicht nur seine Schuhwerke weiter aus, sondern praktisch die **ganze Stadt** wurde nach seinen Vorstellungen **umgestaltet.** Für seine Arbeiter ließ er Familienhäuser, Kinderkrippen, Turnhallen, Krankenhäuser, Kinos usw. errichten. Es gab zahlreiche soziale Vergünstigungen für die Arbeiter, sie wurden überdurchschnittlich bezahlt und nahmen die Mahlzeiten in subventionierten Kantinen ein.

Für seine jungen Arbeiter rief *Baťa* die **Bewegung "Junger Mann" und "Junge Frau"** ins Leben. Die Idee hinter dieser Bewegung war die Verbindung manueller Arbeit mit der Erziehung der jungen

Jh. von den Mineralquellen am Ort wußte, wurde der **Kurort** offiziell erst 1789 **gegründet.** Im selben Jahr ließ *Vincenc Serényi* die ersten drei Kurhäuser und ein Gasthaus in Luhačovice errichten. Auch die **weitere Entwicklung des Kurortes** ist auf die Initiative der Familie *Serényi* zurückzuführen: *Jan Serényi* ließ in der ersten Hälfte des 19. Jh. ein neues Kurhaus errichten. Ein amüsantes Detail ist, daß er dessen Quellen nach seinen Verwandten *Vincent, Otto, Alois* und *Elektra* benannte. Diese Namen tragen die Quellen übrigens bis heute. Der **Kurhausbetrieb** blieb bis 1902 in den

Händen der Familie, danach ging er in die Hände einer Aktiengesellschaft über.

An den in der Folgezeit durchgeführten **architektonischen Neuerungen** war der renommierte slowakische Architekt **Dušan Jurkovič** zentral beteiligt. Da er es war, der die Modernisierung des aus dem 19. Jh. stammenden Empirekurhauses leitete, trägt das im Stadtzentrum stehende Kurhaus heute seinen Namen. Typisch für *Jurkovičs* Stil ist die Verbindung der traditionellen Architektur der Mährischen Slowakei mit Elementen des Jugendstils, wobei Holz und Beton kombiniert werden.

Leute im Sinne des Unternehmens. Die Schulung dauerte drei Jahre, während der die Lehrlinge die ganze Fabrik einschließlich der Verwaltung kennen ernten. Bei *Baťa* wurden die jungen Leute von Anfang an gut bezahlt und zu Selbständigkeit erzogen. So war es den Eltern der Lehrlinge verboten, ihren Kindern Geld und Essen zu schicken und umgekehrt. Um die "corporate identity", wie man heute sagen würde, zu stärken, trugen "Junge Männer" und "Junge Frauen" weiß-blaue Einheitskeidung. Zu *Baťas* "Jungen Männern" gehörten in ihrer Jugend zum Beispiel der Schriftsteller *Ludvík Vaculík* und der Führer der Kommunistischen Partei im Jahr 1989, *Miloš Jakeš.* Dieser gehörte, wie Zeugen behaupten, zu der schlechtesten Schülern der Baťa-Werke.

Seine Position als *einer der bedeutendsten Unternehmer des Landes* hinderte *Baťa* nicht daran, in den 20er Jahren in die USA zu gehen und dort als einfacher Arbeiter in den Ford-Werken neue Impulse zu suchen. Im Jahr 1932, als er bei einem Flugzeugunfall tödlich verunglückte arbeiteten für ihn weltweit etwa 30.000 Leute.

Sein Sohn Tomáš übernahm daraufhin die Geschäfte. Kurz vor der Besetzung der Tschechoslowakei durch die deutsche Armee 1939 ging *Tomáš Baťa Junior,* der damals noch in England studierte, nach **Kanada,** um die **neue Zentrale der Baťa-Werke** aufzubauen, welche *Baťa Shoes Corporation Canada* genannt wurde. *Baťa Junior* kaufte in der Provinz Ontario eine leerstehende Fabrik und ließ einen Teil der technischen Anlagen aus Zlín hierher überführen. Im August 1939 siedelten sich 170 Arbeiter aus Zlín in Kanada an, um hier in Baťawa, wie der kanadische Ort benannt wurde, zu Werke zu gehen. Bald darauf wurden Baťa-Schuhe nicht nur in Kanada, sondern auch nach Südamerika verkauft.

Das **Schicksal der Baťa-Werke in Zlín nach dem Krieg** glich dem aller anderen Unternehmen in Privatbesitz. Sie wurden enteignet, und Zlín wurde nach dem tschechischen Stalinisten und Parteiführer *K. Gottwald* benannt. Gleichzeitig wurde die kommunistische Propagandamaschinerie in Gang gesetzt, um *Tomáš Baťa* als kapitalistischen Ausbeuter zu diskreditieren. *Tomáš Baťa Junior* besuchte Zlín erst wieder 1989, 50 Jahre, nachdem er Zlín verlassen hatte und nach Kanada gegangen war.

**Mittelmähren**

Das Zentrum des Kurortes bildet der **Kurhausplatz** (Lázeňské náměstí) mit Kolonnade und Kurhäusern. Auf dem Platz befindet sich auch die **bekannteste Quelle, Vincentka,** deren Wasser in Flaschen abgefüllt auch als Tafelwasser verkauft wird. Geheilt werden hier Krankheiten der Atemwege, des Verdauungstraktes und des Bewegungsapparates.

## Praktische Hinweise

### Information
● **Luha-Info,** nám. 28. října 205 Tel. (067) 93657. Auskunft, Zimmervermittlung.

● **Lázně Luhačovice,** Lázeňské nám. 436, Tel. (067) 932261. Auskunft und Buchung von Kuraufenthalten.

### Unterkunft
● **Hotel Lužná,** Solná 280, Tel. (067) 932748, Fax (067) 932748, Kapazität 20 Betten, DZ 85 DM. Das Hotel ist in einer Villa untergebracht, komfortabel eingerichtete Zimmer, TV, Minibar, bewachter Parkplatz.
● **Hotel Alexandria,** ulice 28. října, Tel. (067) 932750, Fax (067) 933735, Kapazität 100 Betten, DZ 85 DM. Das Hotel liegt direkt im Zentrum des Kurortes, Zimmer mit Dusche, WC, TV.
● **Hotel Adamantino,** Luhačovice-přehrada, Tel. (067) 932618, Fax (067) 932617, Kapazität 160 Betten, DZ 60 DM. Das Hotel liegt am Stausee, komfortabel eingerichtete

Zimmer, Hotelschwimmbad, Tennisplatz, Fitneßzentrum und Montainbike-Verleih in der
Nähe.

## Baden
●Nördlich der Stadt befindet sich eine *Tal-*
*sperre* (přehrada), mit Möglichkeit zum Baden und Bootsverleih.

## An- und Weiterreise
●Bahnhof und Busbahnhof liegen nebeneinander etwa 1,5 km südlich vom Stadtzentrum entfernt. Da Luhačovice an einer Nebenstrecke liegt, ist die Anfahrt mit dem *Zug*
kompliziert. Man muß einige Male umsteigen. Ausnahmen sind zwei direkte Züge aus
Přerov mit einem direkten Wagen aus Prag.
Direkte *Busverbindungen* existieren nach
Prag, Brno, Karlovy Vary, Mariánské Lázně
und zu allen größeren Städten des Landes.
Sehr gute Verbindung besteht nach Zlín.

# *Nordmähren*

## *Überblick*

Nordmähren erstreckt sich zwischen dem Jeseníky-Gebirge im Nordwesten und dem Beskydy-Gebirge im Osten. Dieses bildet die Grenze zur Slowakei. Im Jeseníky-Gebirge liegt der mit 1.491 Metern höchste Berg Mährens, der Praděd. In der Mitte zwischen diesen beiden Gebirgszügen dehnt sich das industrielle Ostra-va-Becken mit der Stadt Ostrava aus.

Viele Leute stellen sich unter Nordmähren eine unattraktive industrielle Region mit Schornsteinen und Kohlegruben in der Umgebung von Ostrava vor und vergessen, daß es hier auch die landschaftlich schönen Jeseníky- und Beskydy-Gebirge gibt. Der Besuch der bei ausländischen Gästen nur wenig bekannten Jeseníky- und Beskydy-Gebirge ist be-

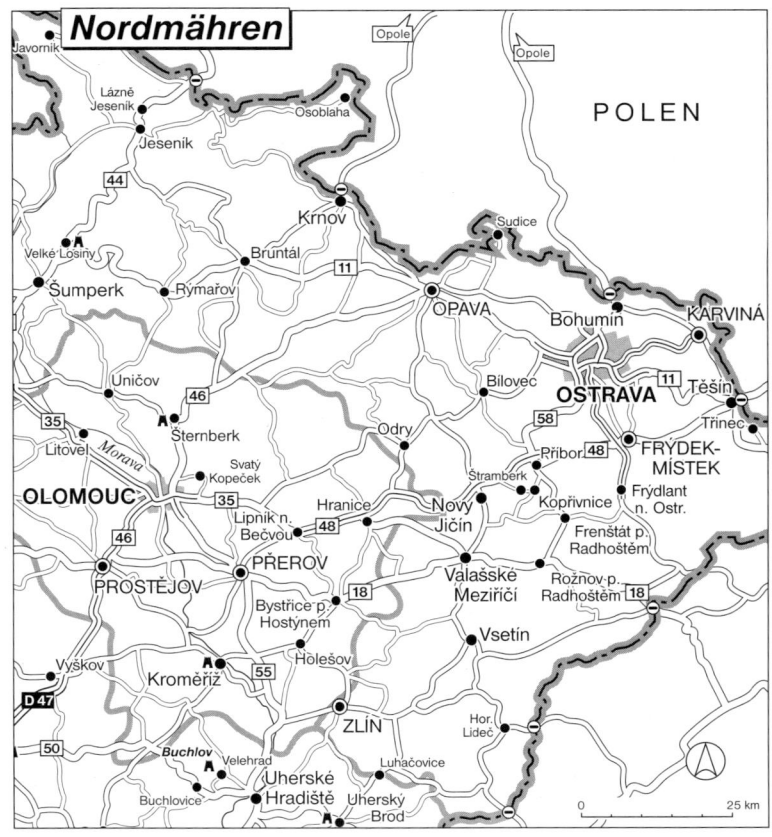

422

sonders Wandertouristen und Skiläufern zu empfehlen. Letztere finden hier zwar nicht so perfekt präparierte Loipen vor wie in den Alpen, dafür ist die Landschaft hier aber nur wenig zerstört. Die über 35 km lange Langlaufstrecke, die über den Kamm des Jeseníky-Gebirges führt, bleibt bestimmt allen Skifans positiv in Erinnerung. Sehenswert ist auch der Stadtkern von Nový Jičín und das Renaissanceschloß in Velké Losiny.

# Jeseníky-Gebirge

Im nördlichen Teil Mährens an der Grenze nach Polen erstrecken sich einige Gebirgszüge, die unter dem Namen Jeseníky-Gebirge zusammengefaßt werden. Der zentrale Teil des Jeseníky heißt **Hrubý Jeseník** und erstreckt sich zwischen den Städten Šumperk und Jeseník. Hier liegt auf einer Höhe von 1.491 Metern über dem Meeresspiegel der **Berg Praděd,** welcher der höchste Berg des Jeseníky-Gebirges ist. **Nízký Jeseník,** der zweite und niedrigere Teil des Gebirges mit einer Durchschnittshöhe zwischen 600 und 800 Metern, erstreckt sich zwischen der Stadt Bruntál und dem Ostrava-Becken. In der Nähe des Gipfels Králický Sněžník (1.423 Meter ü.M) liegt eine **Wasserscheide,** die mit drei Meeren verbunden ist. Der Fluß Morava, der hier entspringt, mündet in die Donau und weiter ins Schwarze Meer, der Fluß Ticha Orlice in die Elbe und später in die Nordsee, der Fluß Nisa Klodzka fließt in die Oder und somit in die Ostsee.

## Šumperk

Das **Zentrum der Jeseníky-Region** ist die Stadt Šumperk, die 60 km nordwestlich von Olomouc liegt. Die Stadt befindet sich an den südlichen Ausläufern des Hrubý Jeseník und wurde gemeinsam mit einer Burg im 13. Jh. gegründet. Seit 1496 gehörte die Stadt dem mächtigen mährischen Geschlecht *Žerotín.* Am Ende des 18. und in der ersten Hälfte des 19. Jh. wurden hier viele Leinen-Manufakturen gegründet. **Textilien** gehören bis heute zu den Hauptprodukten der Stadt.

●Regional-Museum (Vlastivědné muzeum), Hlavní ulice 22, Tel. (0649) 4070, geöffnet Di.-Fr. 9.00-17.00 Uhr, Sa. 9.00-13.00 Uhr, So. 12.00-16.00 Uhr. Die Ausstellungen sind der regionalen Geschichte sowie der Fauna und Flora gewidmet.

### Information

●*Jeseniatour,* Komenského 2, Tel. (0649) 84222. Zimmervermittlung für die gesamte Region des Jeseníky-Gebirges.

### Unterkunft

●*Hotel Štodt,* Langrova 29, Tel. (0649) 216110,Fax (0649) 6115, Kapazität 30 Betten,Zimmer mit Dusche und WC. DZ 80 DM.
●*Hotel Grand,* třída 17. listopadu, Tel. (0649) 2141, Fax (0649) 2220. Einfaches Hotel, Zimmer mit Dusche, WC auf dem Flur, DZ 20 DM.
●*Hotel Diana,* Velké Losiny, Tel. (0649) 235505, Kapazität 100 Betten, DZ 50 DM. Zimmer mit Dusche, WC, TV, schöne Lage etwa 10 km nördlich von Šumperk in Velké Losiny.

### An- und Weiterreise

●Etwa 10 mal tgl. existiert eine **Zugverbindung** nach Olomouc. Auch die **Busverbindungen** nach Olomouc, Brno, Opava und Ostrava sind gut.

**Nordmähren**

### Velké Losiny

Velké Losiny, ein kleiner Ort 10 km nördlich von Šumperk, ist hauptsächlich wegen seines Schlosses und wegen der hier unterhaltenen Papiermanufaktur bekannt.

Das Schloß von Velké Losiny ist *eines der prächtigsten Renaissanceschlösser Nordmährens*. 1496 gelangte das Schloß in den Besitz des mächtigen mährischen Adelsgeschlechtes *Žerotín,* dem bis 1562 auch die Stadt Šumperk gehörte. Seine heutige Gestalt erhielt das Schloß Ende des 16. Jh. Es wurde auf einem u-förmigen Grundriß mit dreigeschossigen offenen Renaissancearkaden errichtet.

Zwischen 1678-1692 tagte hier das berüchtigte *Inquisitionstribunal.* Die Hexenprozesse führten zum Tod von über hundert Frauen aus der Umgebung. Es handelte sich hierbei übrigens um die einzigen Massenprozesse gegen Hexen in Böhmen und Mähren.

Nachdem das Schloß im 17.-18. Jh. erweitert wurde, ging es 1802 in die Hände der *Liechtensteins* über, welche die *Umbauarbeiten* komplettierten. So ließen sie die barocken Gartenanlagen in einen englischen Waldpark umgestalten. Schloß und Umgebung erhielten während dieser Zeit ihr heutiges Aussehen.

Gut erhalten geblieben sind die *Innenräume* des Schlosses im Stil der Renaissance, die Portraitgalerie der *Žerotíns* sowie das Empiremobiliar der letzten Besitzer. Beachtenswert ist auch die Schloßbibliothek und die Waffensammlung.

● Schloß Velké Losiny, Tel. (0649) 949380, geöffnet April, Oktober Sa., So. 9.00-16.00 Uhr, Mai-September 8.00-17.00 Uhr, September nur bis 16.00 Uhr.

Eine weitere Attraktion von Velké Losiny bildet die hier ansässige *Papiermanufaktur* (ruční papírna). Sie befindet sich am Ortseingang links, wenn man von Šumperk kommt und in Richtung Jeseník fährt. Sie wurde Anfang der 90er Jahre des 16. Jh. von den *Žerotíns* gegründet. Damit gehört sie zu den ältesten noch betriebenen Papierfabriken. Heute wird in Velké Losiny das sogenannte *Handpapier* hergestellt. Es handelt sich um eine Papiersorte, für die ein altes manuelles Verfahren angewandt wird. Das sogenannte Handpapier wird vor allem von Künstlern für wertvolle Drucke, für Faksimiles alter Bücher oder auch als luxuriöses Schreibpapier verwendet.

Im Jahr 1987 wurde hier das *Papiermuseum* eröffnet. Das Museum präsentiert Materialien zur Geschichte der Papierherstellung allgemein und in Tschechien. Im Rahmen der Besichtigung bekommt man auch die alte Manufaktur zu sehen. Auch besteht die Möglichkeit, verschiedene Sorten Handpapier zu kaufen.

● Papiermuseum (Papírenské muzeum), Tel. (0649) 949233, geöffnet April, Oktober Mo.-Fr. 9.00-12.00 Uhr, 13.00-16.00 Uhr, Mai-September Di.-So. 9.00-12.00 Uhr, 13.00-17.00 Uhr.

### Jeseník und Lázně Jeseník

### Jeseník

Inmitten ausgedehnter Parkanlagen nur etwa 10 km von der polnischen

Grenze entfernt liegt die Stadt Jeseník, die einen guten Ausgangspunkt für Ausflüge ins Jeseníky-Gebirge darstellt.

In der Vergangenheit war Jeseník eine **Bergbaustadt.** In der ersten Hälfte des 15. Jh. gelangten Stadt und Festung in den Besitz der bekannten Bankiersfamilie *Fugger.* Da die hiesige Goldförderung jedoch keine großen Gewinne erbrachte verkauften die *Fugger* die Stadt im Jahr 1547. Später wurde hier Eisenerz gefördert. Am Ende des 18. Jh. lebte der deutsche Komponist und Gründer der komischen Oper *Karl Ditters von Dittersdorf* in Jeseník (siehe auch Südböhmen Červená, Lhota). An *Dittersdorf,* der in der benachbarten Stadt Javorník 1739 geboren wurde, erinnert heute ein in seinem Geburtshaus untergebrachtes **Museum.**

Als größte Sehenswürdigkeit von Jeseník gilt die **Wasserfestung** in der Nähe des Hauptplatzes.

Die Festung wurde gemeinsam mit der Stadt in der Mitte des 13. Jh. gegründet. Das Gemäuer, das sein heutiges Aussehen im 18. Jh. erhielt, widerstand in der Vergangenheit zahlreichen **Belagerungen.** Einer der wenigen Heerführer, der die Festung trotz ihrer zwei Meter dicken Mauern einnehmen konnte, war *Freiherr von Trenck* mit seinen berüchtigten Panduren (siehe auch Brno). So geschehen im Laufe des österreichisch- preußischen Krieges (Schlesienkrieges). Das **Regionalmuseum** in der Festung ist der Regionalgeschichte und Geschichte, insbesondere der Geschichte des Kurbades Lázně Jeseník gewidmet.

●Wasserfestung (Vodní tvrz), Zámecké náměstí 1, Tel. (0645) 2070, geöffnet Di.-Sa. 8.00-11.30 Uhr, 12.30-15.30 Uhr.

### Lázně Jeseník

Ungefähr 2 km nördlich der Stadt liegt auf einer Höhe von ca. 600 Metern das bekannte **Kurbad** Lázně Jeseník, ehemals Gräfenberg. Insgesamt sprudeln hier etwa 30 Mineralquellen, die über ausgedehnte Parkanlagen verstreut sind. Architektonisch wird der Ort vom riesigen **Priessnitz-Sanatorium** dominiert, das zu Anfang dieses Jahrhunderts errichtet wurde. Behandelt werden hier hauptsächlich Krankeiten des Blutkreislaufes.

Das Kurbad wurde von **Vincenc Priessnitz,** der hier mit seinen heute noch weltberühmten Wasserkuren begonnen hatte, 1822 gegründet. Zu den bekanntesten Patienten von *V. Priessnitz* (1799-1851) gehörte der russische Schriftsteller *Nikolaus Gogol.*

Vier Kilometer westlich liegt ein **zweites Kurbad, Lipová-lázně,** das im Jahr 1840 gegründet wurde, und in dem Diabetes, Übergewicht und Hautkrankeiten behandelt werden.

Es existieren regelmäßige **Busverbindungen** zwischen Jeseník und Lázně Jeseník. Die Busse halten am Bahnsteig C14.

### Information

●**Městské informační středisko,** Masarykovo náměstí 167, Tel. (0645) 3197. Auskunft, Zimmervermittlung, Kartenverkauf.

●**Priessnitzovy léčebné lázně,** Lázně Jeseník, Tel. (0645) 2851-4, Fax (0654) 3279. Information und Buchung von Kuraufenthalten.

**Nordmähren**

## Unterkunft

- **Priessnitzovy léčebné lázně,** Tel. (0645) 412161, Kapazität 300 Betten. Kurhaus, medizinische Behandlung, geöffnet auch für Nicht-Patienten.
- **Hotel Na Mýtince,** Dětřichov 35, Tel. (0645) 411537, Fax (0645) 2309, Kapazität 70 Betten, Zimmer mit Dusche, WC, DZ 30 DM. Das Hotel liegt in Dětřichov, ca. 3 km von Jeseník entfernt. Ruhige Lage, Schwimmbad in der Nähe, Fitneßzentrum, Sauna. Ideal als Ausgangspunkt für Wanderungen ins Jeseníky-Gebirge.

## Wanderungen

- Die schönste Wanderstrecke über den Kamm des Hrubý Jeseník führt von Ramzová südlich von Lipová-lázně über die Hügel Šerák, Keprník durch den Sattel Červenohorské sedlo zur Berghütte Švýcarna weiter zum Praděd, dem höchsten Berg des Jeseníky-Gebirges und über das Skisportzentrum Ovčárna zum Skřítek-Sattel. Länge der Tour: 35 km. Im Winter existiert hier die Möglichkeit zum Ski-Langlauf, entweder kann man die ganze Strecke oder nur einen Teil befahren. Weitere Skimöglichkeiten existieren in Orten wie Ramzová, Ovčárna und Praděd.

## An- und Weiterreise

- Die **Zugverbindung** ist etwas umständlich, da Jeseník an einer Nebenstrecke liegt. Eine Zugverbindung besteht über Šumperk nach Olomouc, einmal tgl. gibt es eine direkte Verbindung nach Brno. Relativ gute **Busverbindungen** bestehen auch zu weiter entfernten Städten wie Prag, Brno, České Budějovice und einigen anderen.

# Ostrava

Im nordöstlichen Teil Mährens, an der Grenze nach Polen, liegt Ostrava, das **Zentrum der Metallindustrie und der Kohleförderung.**

Die heutige Stadt ist aus einer Reihe kleiner Städte und Gemeinden entstanden, die sich 1924 zu einer Einheit namens *Velká Moravská Ostrava,* seit 1946 einfach *Ostrava,* zusammenschlossen.

**Kohlevorkommen** waren im sogenannten Schlesischen Ostrava bereits 1763 entdeckt worden. Etwa 20 Jahre später wurde mit ihrem **Abbau** begonnen, wobei die Produktion der Gruben zunächst nur gering war. Erst mit der **Gründung der Eisenhüttenwerke** 1828 in Vítkovice, heute ein Stadtteil von Ostrava, stieg die Kohleproduktion an.

Mit der Gründung weiterer Eisenhüttenwerke und der Eröffnung neuer Gruben in der zweiten Hälfte des 19. Jh. erhöhte sich auch die **Einwohnerzahl** der bis damals kleinen Gemeinden stark. Während hier 1843, als der Wiener Bankier *Salomon Meyer Rotschild* die Eisenhüttenwerke in Vítkovice kaufte, nur 2.000 Einwohner lebten, wuchs die Einwohnerzahl zu Anfang des 20. Jh. bereits auf 30.000. 1930, als die umliegenden Ortschaften eingemeindet wurden, lebten in Ostrava 125.000 Einwohner, heute sind es stolze 335.000 Einwohner.

Im Jahr 1847 wurde Ostrava an das **Eisenbahnnetz** angeschlossen und erhielt eine direkte Verbindung nach Prag, Wien und Krakau, was die weitere **Entwicklung der Schwerindustrie** und auch den Zuzug von Migranten aus dem Umland begünstigte.

Der Aufschwung der hiesigen Industrie setzte sich auch fort, nachdem 1948 die **Kommunisten** die Regierung übernahmen. Nach Meinung der neuen Herrscher brauchte der real existierende Sozialismus vor allem

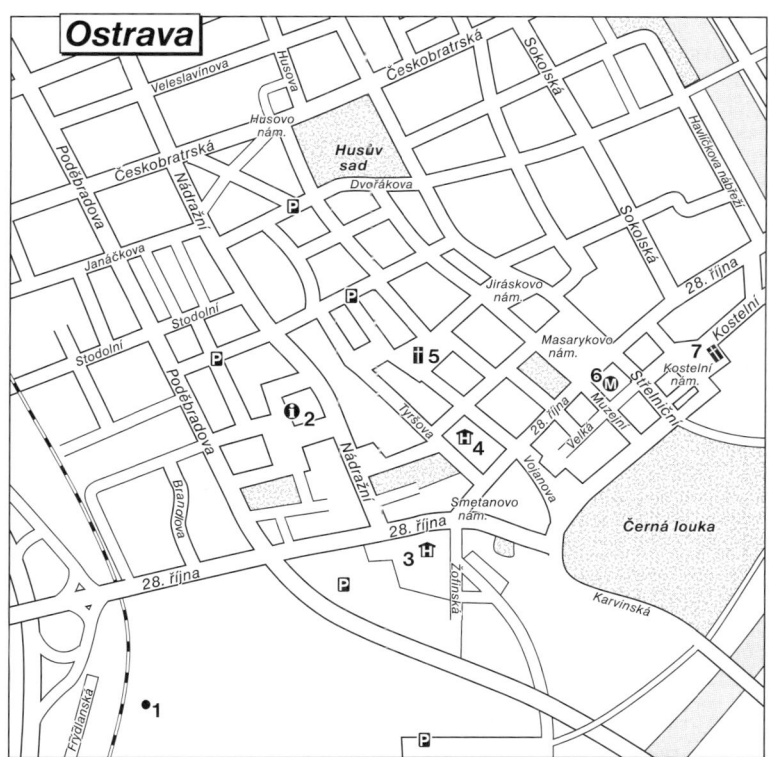

- **1** Bahnhof Ostrava-Střed
- **2** Information
- **3** Hotel Palace
- **4** Hotel Imperiál
- **5** Erlöserkirche
- **6** Regional-Museum
- **7** St.-Wenzel-Kirche

Schwerindustrie. **Neue Stahlwerke** wurden gebaut, und die Kohleförderung wurde erweitert, was wiederum den Zuzug neuer Arbeiter nach sich zog. Neue **Satellitenstädte** entstanden, **Luftverschmutzung** und Umweltzerstörung in der ganzen Region nahmen immer stärkere Ausmaße an.

Nach 1989 begann der **Niedergang der Schwerindustrie.** Da die Gruben nach und nach geschlossen werden und auch die Produktion der Metallindustrie stetig sinkt, steigt die **Arbeitslosigkeit** rapide an. Das

Nordmähren

427

größte, immer noch staatseigene Kombinat erwirtschaftet rote Zahlen, doch da die Regierung Angst vor noch größerer Arbeitslosigkeit und möglichen Unruhen der Arbeiter hat, **subventioniert** die Regierung heute, wie damals die Kommunisten, aus der Staatskasse die ineffektive Produktion der Schwerindustrie.

Im historischen Zentrum von Ostrava sind aufgrund von Luftangriffen der Alliierten im Jahr 1944 nur **wenige historische Sehenswürdigkeiten** erhalten geblieben. Auf dem zentralen Masaryk-Platz steht das **Renaissance-Rathaus** aus dem 16. Jh., das im 18. Jh. um einen barocken Turm erweitert wurde. Die umliegenden Häuser sind jedoch erheblich jünger und wurden zumeist im 19.-20. Jh. errichtet. Das Rathaus, in dem heute das Regional-Museum untergebracht ist, gehört gemeinsam mit der **St.-Wenzel-Kirche** zu den ältesten Gebäuden der Stadt. Die gotische St.-Wenzel-Kirche liegt in Rathausnähe und wurde im 14.-15. Jh. errichtet. Nördlich vom Masaryk-Platz befindet sich die **Erlöserkirche** (Božského Spasitele). Die dreischiffige Basilika wurde in den Jahren 1883-89 im Neorenaissancestil errichtet. Es handelt sich um die zweitgrößte Kirche Mährens mit Platz für 4.000 Gläubige.

## Praktische Hinweise

### Information

●*Městské informační centrum,* Jurečkova 12, Tel. (069) 233913, 6112190. Führungen, Zimmervermittlung, Kartenverkauf. Die Info-Stelle befindet sich in der Nähe der Nádražní ulice.

## Unterkunft

●*Hotel Imperiál,* Tyršova 701, Tel. (069) 6116621, Fax (069) 232065, Kapazität 230 Betten, DZ 220 DM. Das beste Hotel im Zentrum, komfortabel eingerichtete Zimmer, TV, Minibar, bewachter Parkplatz, zentrale Lage.

●*Hotel Palace,* 28. října 59, Tel. (069) 6112122, Fax (069) 6111616, Kapazität 200 Betten. Ein älteres Hotel im Stadtzentrum, nur ein Teil der Zimmer ist mit Dusche und WC ausgestattet. DZ mit Dusche 150 DM

●*Hotel Atom,* Zkrácena 2703, Tel. (069) 353821, Fax (069) 351360, Kapazität 380 Betten, DZ 150 DM. Modernes Hotel im Ortsteil Vítkovice, komfortabel eingerichtete Zimmer mit TV, Minibar und Durchwahltelefon. Bewachter Parkplatz, Schwimmbad und Sauna.

### Museen und Galerien

●*Regional-Museum* (Ostravské muzeum), Masarykovo náměstí, Tel. (069) 233760, geöffnet Mo.-Fr. 9.00-17.00 Uhr, Sa. 8.00-12.00 Uhr. Geschichte der Stadt und der Umgebung, Kunst, Kunstgewerbe, ethnographische, geologische Abteilungen, Flora und Fauna Nordmährens und Schlesiens.

●*Bergmanns-Museum* (Hornické muzeum), Důl Anselm, Ostrava-Petřkovice, Tel. (069) 6294387, geöffnet Di.-So. 8.00-17.00 Uhr. Das 1993 eröffnete Museum befindet sich auf dem Gelände einer geschlossenen Grube. Ausgestellt werden vorwiegend technische Einrichtungen und acht Gebäude aus dem 19. Jh. Das Museum wird fortlaufend erweitert.

●*Gemäldegalerie* (Galerie výtvarného umění), Jurečkova 9, Tel. (069) 6112566, geöffnet Di.-So. 10.00-18.00 Uhr, Sa., So. nur bis 15.00 Uhr. Tschechische Malerei und Skulptur.

### Sport

●Ein riesiges *Freibad* (Letní koupaliště) mit Wasserrutschen befindet sich im Ortsteil Poruba, Rekreační ulice, Tel. (069) 6912526.

### An- und Weiterreise

●Es gibt eine sehr gute *Zugverbindung* nach Prag, Brno, Olomouc und in die Slowakei. Es gibt mehrere Bahnhöfe in der

Stadt. Der Hauptbahnhof heißt Ostrava-hlavní nádraží und liegt nördlich vom Zentrum am Ende der Nádražní ulice. Viele Schnellzüge von Prag in die Slowakei und umgekehrt halten am Bahnhof im Vorort Ostrava-Vitkovice an.

● Der Busbahnhof liegt näher am Zentrum beim Palace Hotel. Von hier bestehen sehr gute **Busverbindungen** zu fast allen größeren Städten in Tschechien und in die Slowakei, aber auch nach Nürnberg, Würzburg, Frankfurt a. M., Köln, Bonn, Düsseldorf, Berlin, Hannover, Bremen, Hamburg, München, Karlsruhe und Stuttgart.

● Zwischen Ostrava und Prag existiert eine tgl. **Flugverbindung,** die private Fluggesellschaft *Air Ostrava* fliegt außerdem nach Wien und via Prag auch nach Nürnberg, Salzburg und Amsterdam. Auskunft bei *Air Ostrava,* Flughafen Mošnov, Tel. (069) 58247, 58209, Fax (069) 58202, 58206, die Vertretung in Prag findet man unter der folgenden Adresse: Palác Blaník, Václavské náměstí 56, Tel. (02) 24032731, 24032732, Fax (02) 24032733.

# Opava

Opava, das **Zentrum des mährischen Schlesiens,** liegt an der tschechisch-polnischen Grenze ca. 30 km nordwestlich von Ostrava. Die heute 60.000 Einwohner zählende Stadt wurde im 13. Jh. gegründet. Nachdem Österreich 1763 den Siebenjährigen Krieg gegen Preußen verloren hatte, wurde Opava zum Zentrum des mährischen Schlesiens.

Am Ende des Zweiten Weltkrieges erlitt die Stadt **starke Schäden durch Luftangriffe,** wobei auch ein großer Teil des historischen Zentrums vernichtet wurde. Insgesamt wurden 70% aller Gebäude der Stadt zerstört. Von den historischen Gebäuden, die erhalten geblieben sind,

ist an erster Stelle die gotische **Kirche Mariä Himmelfahrt** aus dem 14. Jh. zu nennen. Sie steht am Oberen Platz (Horní náměstí), einem der zwei Hauptplätze der Stadt, und ist eine der wenigen Kirchen Tschechiens, die im Stil der sogenannten Backsteingotik erbaut wurden. Auf dem Oberen Platz steht außerdem der **Stadtturm Hláska,** der zu Anfang des 17. Jh. errichtet wurde, und das nach dem Krieg wieder aufgebaute **Schlesische Theater** (Slezské divadlo).

Das **ehemalige Minoritenkloster** mit seiner **Barockkirche des hl. Geistes** diente als Grablege der Přemysliden aus Opava. Es befindet sich in der Masarykova-Straße. Wer mehr über die Geschichte Schlesiens wissen möchte, sollte das hiesige **Schlesische Landesmuseum** besuchen.

● Schlesisches Landesmuseum (Slezské zemské muzeum), U muzea 1, Tel. (0653) 214809, geöffnet Di.-So. 9.00-12.00 Uhr, 13.00-16.00 Uhr. Geschichte Schlesiens und Nordmährens sowie Flora und Fauna, Geologie, Kunstgewerbe und Malerei.

### Praktische Hinweise

### Information

● *Informační centrum Opavska,* Tyršova 1, Tel. (0653) 211384. Zimmervermittlung, Führungen, Kartenverkauf, Auskunft.

### Unterkunft

● **Parkhotel,** Městské sady, Lípova 2, Tel. (0653) 213745, Kapazität 80 Betten, DZ 40 DM. Zimmer mit Dusche und WC.

● **Pension Club,** Pekařská 65, Tel. (0653) 217502, Kapazität 34 Betten, DZ 50 DM. Zimmer mit Dusche, WC, TV, ruhige Lage etwa 10 Minuten vom Stadtzentrum.

**Nordmähren**

### An- und Weiterreise

● Von den zwei Bahnhöfen der Stadt existiert eine gute **Zugverbindung** nach Ostrava. Näher am Stadtzentrum ist der Bahnhof Opava-východ gelegen. Gute **Busverbindungen** bestehen besonders innerhalb Mährens, aber auch nach Prag, Brno, Olomouc, Düsseldorf, München, Karlsruhe, Frankfurt und Köln.

# Beskiden-Gebirge und Walachei

## Beskydy-Gebirge

Das Beskiden-Gebirge erstreckt sich im nordöstlichen Teil Mährens von der Stadt Valašské Meziříčí bis zur tschechisch-polnischen Grenze bei der Stadt Třinec und bis nach Polen hinein. **Moravskoslezské Beskydy** heißt der höchste Teil des Beskiden-Gebirges. Der **Lysá Hora** ist mit 1.323 Metern der höchste Berg und liegt östlich der Stadt Frenštát pod Radhoštěm. Das ganze Areal des Beskiden-Gebirges ist **Naturschutzgebiet.**

## Walachei (Valašsko)

Dieser Teil Mährens, der an der Grenze zur Slowakei liegt, wird auch Valašsko (Walachei) genannt.

Bis zum 15. Jh. waren das Beskiden-Gebirge und seine Umgebung nur dünn besiedelt. Die Bevölkerung wohnte in kleinen Orten unterhalb der ausgedehnten Wälder. Am Ende des 15. Jh. begann die Besiedlung durch die **Walachen** (Valaši), einer Hirtenbevölkerung, deren einzige Erwerbsquelle die Schafzucht war. Der Name *valach* bezeichnete ursprünglich Bewohner des südöstlichen Teils Europas, etwa des heutigen Rumäniens. Es handelte sich bei den Walachen um **Schafhirten,** die im Laufe der Jahrhunderte **aus Rumänien** über die Ukraine, die Slowakei und Polen **nach Mähren** kamen. Hier siedelten sie sich im westlichen Teil der Karpaten zu beiden Seiten der heutigen tschechisch-slowakischen Grenze an.

Die industrielle Revolution im 19. Jh. veränderte die **Lebensweise der Walachen** von Grund auf, so daß von der **alten Kultur der Walachen** im wesentlichen nur ein dem Slowakischen ähnlicher Dialekt sowie Volkslieder und -trachten, die heute nur auf Folklorefestivals getragen werden, übrig geblieben ist. Wer sich näher für die Walachen-Kultur interessiert, kann das Freilichtmuseum in Rožnov pod Radhoštěm besuchen, wo Wohngebäude und Alltagsgegenstände dieser Volksgruppe präsentiert werden.

### Rožnov pod Radhoštěm

Inmitten der bergigen Landschaft unterhalb des 1.129 Meter hohen Radhošť (Radegast) liegt auf einer Höhe von ca. 400 Metern der Ort Rožnov pod Radhoštěm.

Die nur 20.000 Einwohner zählende Stadt stellt einen Gegenpol zum 40 km nördlich liegenden Industriezentrum Ostrava da. Trotz seiner geringen Größe gilt Rožnov als das **touristische Zentrum der Walachei,** was dem Umstand geschuldet ist,

Das Freilichtmuseum

daß sich am Ort das **Freilichtmuseum der Walachei-Region** befindet. Dieses ist übrigens das älteste Freilichtmuseum des Landes. Das Freilichtmuseum liegt östlich des zentralen Platzes der Stadt.

Es **entstand 1925** durch eine Initiative des Malers *Bohumír Jaroněk*. Seit dieser Zeit wird das Museum stetig vergrößert. Heute werden hier auf einer Fläche von ca. 80 ha über 80 Häuser und viele Objekte des täglichen Bedarfs ausgestellt. Das ganze Areal ist in **drei Teile geteilt.**

Der älteste Teil heißt **Hölzerne Stadt** (Dřevěné městečko). Dieser Teil entstand in der Anfangsphase und vermittelt dem Besucher Einblick ins Alltagsleben einer kleinen Stadt in der Beskiden-Region während des 18.-19. Jh. Darüber hinaus befinden sich in diesem Teil auch einige Gebäude, die ursprünglich auf dem Marktplatz von Rožnov standen, wie das Rathaus aus dem Jahr 1770 und zwei alte walachische Wirtshäuser, die auch in der neuen Umgebung ihre ursprüngliche Funktion erfüllen. Heute werden hier lokale Spezialitäten angeboten.

Der zweite Teil, der den Namen **Walachisches Dorf** (Valašská dědina) trägt, ist größer als der erste und vermittelt Informationen über das Dorfleben und den Berufsstand der Hirten.

1982 wurde der dritte Teil des Museums eröffnet, der ein **Mühlental** (Mlynská dolina) mit einer Wassermühle, einer Sägemühle und weiteren heimischen Objekten darstellt. Im Freilichtmuseum werden im Laufe des Jahres verschiedene Folklorefestivals, Feste und Jahrmärkte veranstaltet.

**Nordmähren**

Im Freilichtmuseum

TIP: Wenn man die Richtung zum Freilichtmuseum erfragen möchte, fragt man am besten nach dem *"skanzen"*, wie die Tschechen das Freilichtmuseum nennen. Der Name ist vom ersten Freilichtmuseum der Welt, dem Stockholmer "Skansen", abgeleitet, das 1891 von *Arthur Hazelius* gegründet wurde.

- Freilichtmuseum der Walachei-Region (Valašské muzeum v přírodě), Palackého 147, Tel. (0651) 52331-5, Fax 55212, geöffnet tgl.:
  Hölzerne Stadt: 1.5.-29.9. 8.00-18.00 Uhr, 1.10.-15.11. 8.00-16.00 Uhr,
  Walachisches Dorf: 16.5.-31.8. 9.00-17.30 Uhr, 1.9.-29.9. 9.00-17.00 Uhr,
  Mühlental: 2.4.-15.5. 8.30-17.00 Uhr, 16.5.-15.9. 8.00-18.00 Uhr, 17.9.-13.10. 8.30-17.00 Uhr.

Im Winter (7.12.-31.3.) ist nur die Hölzerne Stadt geöffnet, und zwar Di.-So. 8.30-16.30 Uhr.

Das einzige erhaltene historische Gebäude im Stadtkern ist die in den Jahren 1745-49 errichtete **Pfarrkirche** des Ortes. Die übrigen erhaltenen historischen Bauwerke wurden ins hiesige Museum überführt.

### Information
- **Travel Office,** Palackého ulice, Tel. (0651) 54207. Auskunft, Unterkunft in der ganzen Beskiden-Region.

### Essen und Trinken
- Die **Vaškova-Gaststätte** im Freilichtmuseum ist eine walachische Gaststätte, die bereits Anfang des 17. Jh. auf dem Marktplatz von Rožnov stand. Zwischen 1927 und 1928 wurde sie ins Freilichtmuseum überführt, wo sie Besuchern regionale Spezialitäten bietet.
- Auf der Speisekarte der **Hospoda na posledním groši** (Zum letzten Groschen) im Freilichtmuseum dominieren ebenfalls regionale Spezialitäten. Das Haus ist die Nachbildung einer Gaststätte, die bis 1970 auf dem Marktplatz von Rožnov stand. Eine Spezialität ist der hier ausgeschenkte Vizovicer Sliwowitz (Pflaumenschnaps).

### Folklore
- Das Freilichtmuseum in Rožnov führt im Laufe des Jahres eine ganze Reihe von Veranstaltungen durch. Neben verschiedenen **Folklorefestivals** sind dies hauptsächlich **volkstümliche Feste,** die in ihren Ursprungsstädten nicht mehr begangen werden. Nähere Informationen erhält man bei der Museumsleitung, Tel. (0651) 52331-5, Fax (0651) 55212 oder (0609) 974187.

### An- und Weitereise
- Die Anreise mit dem **Zug** erfolgt über Valašské Meziříčí, eine direkte **Busverbindung** existiert nach Prag, Brno, Ostrava, Olomouc und zu weiteren mährischen Städten.

### Frenštát pod Radhoštěm

Etwa 10 km nördlich von Rožnov liegt Frenštát pod Radhoštěm, Ausgangspunkt für Ausflüge zum Radegast-Gipfel und zum Sportzentrum Pustevny, was übersetzt Einsiedelei heißt.

Das **Sportzentrum Pustevny,** das bekannteste Wintersportzentrum im Beskiden-Gebiet, liegt auf einer Höhe von 1.000 Metern nur 8 km südlich von Frenštát. Sein Name erinnert an einen Einsiedler, die hier bis zum 19. Jh. in Höhlen lebten.

Pustevny war das erste Sportzentrum der Beskyden; bereits 1891 errichtete hier der erste tschechische Tourismus-Verein (gegründet 1884) eine Schutzhütte. Architektonisch interessant sind die **Berghütten Libušín** und **Mamenka,** die nach einem Entwurf des slowakischen Architekten *Dušan Jurkovič* (siehe auch Luhačovice) während der Zeit der ersten Republik errichtet wurden. Ihm gelang es, die traditionelle Volksarchitektur mit modernen architektonischen Tendenzen zu verknüpfen.

Pustevny ist ein geeigneter **Ausgangspunkt für Wandertouren.** Besonders beliebt ist der Wanderweg zum **Gipfel des Radhošť (Radegast),** der 4 km westlich von Pustevny aufragt. Der Radegast mit seinem 1.129 Meter hohen Gipfel wurde nach dem altslawischen Gott der Ernte und der Gastfreundschaft benannt.

In **Ortsteil Frenštát Horečky,** etwa 2 km vom Zentrum entfernt, befindet sich ein **Sportareal mit drei Sprungschanzen.**

Im Rathaus auf dem Marktplatz ist das **Ethnographische Museum** untergebracht, in dem Volkstrachten, Textilien, Webstühle und Hausgeräte aus der Walachei ausgestellt werden.

●Ethnographisches Museum (Muzeum), nám. Miru 1, Tel. (0656) 5936, geöffnet Di.-So. 9.00-16.00 Uhr, Sa., So. nur bis 12.00 Uhr.

### Information

●**Dalibor,** Horní 26, Tel. (06565) 6534. Ausflüge, Zimmervermittlung.

### Unterkunft

●**Hotel EB Sport,** Školská 1393, Tel. (06565) 5120, Fax (06565) 5954, Kapazität 75 Betten, DZ 70 DM. Zwei-Sterne-Hotel, Zimmer mit Dusche, WC, TV, Radio.

### Sport

●Im Skisportzentrum Pustevny in der Nähe von Frenštát gibt es elf **Skilifte,** Zugang von Trojanovice mit dem Sessellift.

### An- und Weiterreise

●Die Anreise mit **Personenzügen** aus Kroměříž, Valašské Meziříčí und Ostrava ist zeitaufwendig. Auch die **Busverbindungen** sind schlecht.

### Kopřivnice

Die Stadt Kopřivnice, die nördlich von Frenštát pod Radhoštěm liegt, ist hauptsächlich wegen der hier ansässigen **Autofabrik Tatra** bekannt. Diese entwickelte sich aus einer in den 50er Jahren des 19. Jh. gegründeten Werkstatt für Kutschen.

Der erste **PKW,** der hier 1897 hergestellt wurde, hieß *Präsident* und war das erste in Österreich-Ungarn hergestellte Auto. Bis 1989 wurden in Kopřivnice neben LKWs auch die großen schwarzen *Tatra 603* und

**Nordmähren**

433

später die *Tatra 613* hergestellt, welche vorzugsweise von kommunistischen Funktionären benutzt wurden. Die **Nachfrage** nach diesen massiven schwarzen Wagen mit einem Spritverbrauch über 20 Litern pro 100 km sank nach 1989 auf Null, so daß die Fabrik seitdem ums Überleben kämpft.

Ähnlich schlecht steht es um die Produktion von **LKWs.** Nach dem Zusammenbruch der Ostblockmärkte, wo die Tatra-LKWs in der Vergangenheit einen guten Absatz fanden, steckt die hochverschuldete **Fabrik in der Krise.**

Auch der Versuch von drei US-amerikanischen Topmanagern, die Firma zu **sanieren,** schlug fehl. Nachdem die drei nach etwa einem Jahr attraktivere Angebote in den USA bekamen, verließen sie das Unternehmen sang- und klanglos. Ob die Tatra-Werke noch zu retten sind, bleibt abzuwarten. Bemerkenswert ist, daß Tatra-LKWs in den letzten Jahren große sportliche Erfolge bei der Paris-Dakar-Rallye feierten, die sie 1988, 1994 und 1995 gewannen. Diese Siege zogen jedoch keinen größeren Absatz der LKWs nach sich.

Autofans ist der Besuch des **Technischen Museums** zu empfehlen. Neben Repliken des ersten hier hergestellten Wagens *Präsident* sind hier viele ältere und neue Autos ausgestellt.

● Technisches Museum (Technické muzeum), Janáčkovy sady 226, Tel. (0656) 40732, geöffnet tgl. 8.00-16.00 Uhr, Dezember-März Mo. geschlossen.

## Information

● **Mirtour,** Sokolovská 404, Tel. (0656) 40250.

## Unterkunft

● **Hotel P Beam,** Záhumenní 1161, Tel. (0656) 472280, Fax (0656) 43202, Kapazität 150 Betten, DZ 85 DM. Drei-Sterne-Hotel, Zimmer mit Bad, WC, Satelliten-TV, Minibar und Telefon. Sauna, Fitneßzentrum, bewachter Parkplatz.

## An- und Weiterreise

● Die Anreise mit dem **Zug** ist zeitaufwendig, da die Stadt an einer Nebenstrecke liegt. Es besteht keine Fernbusverbindung, **Busverbindung** nach Nový Jičín und Příbor.

## Štramberk

Štramberk, eine kleine Stadt mit 5.000 Einwohnern, liegt am Rande von Kopřivnice an der Straße nach Nový Jičín. Burg und Stadt wurden von *Jan Jindřich,* dem Bruder von *Karl IV.* und mährischen Markgrafen, im 14. Jh. gegründet. Im Laufe des Dreißigjährigen Krieges litt die **Burg** stark und wurde bald darauf verlassen. Der einzige Teil, der erhalten geblieben ist und bis heute die architektonische Dominante der Stadt bildet, ist der runde **Turm** aus dem 14. Jh., **Truba** genannt.

Sehenswert sind hier einige alte, teilweise hölzerne **Häuser im walachischen Stil,** die unter Denkmalschutz stehen.

In der Höhle Šipka, 1 km von der Stadt entfernt, wurde 1879 eine ca. 40.000 Jahr alte **Lagerstätte von Neandertalern** entdeckt. Neben kleinen aus Stein gefertigten Geräten und verschiedenen Tierknochen wurde hier auch ein Teil des Kiefers eines Neandertal-Menschen gefunden.

### Příbor

Der **alte Marktplatz** von Příbor, der von prächtigen, zum Teil mit Laubengängen ausgestatteten Renaissance- und Barockhäusern umsäumt wird, steht seit 1989 unter Denkmalschutz.

In Příbor wurde 1856 **Sigmund Freud**, einer der Begründer der Psychoanalyse, geboren. Sein **Geburtshaus**, dessen Fassade mit *Freuds* Konterfei geschmückt ist, liegt in der Zámečnická-Straße.

Im ehemaligen Piaristen-Kolleg, das Ende des 17. Jh. errichtet wurde, ist heute das **Stadt-Museum** untergebracht. Der größere Teil der Ausstellung ist der Stadtgeschichte, ein kleinerer *Sigmund Freud* gewidmet.

● Stadtmuseum (Městské muzeum), Lidická 50, Tel. (0656) 911252, geöffnet Di., Do. 8.00-12.00 Uhr, 13.00-16.00 Uhr, So. 9.00-12.00 Uhr.

### Nový Jičín

An der Kreuzung der Handelswege, die Olomouc und Brno mit Ostrava und Polen verbanden, wurde im 13. Jh. die Stadt Nový Jičín gegründet. Der auf einem schachbrettartigen Grundriß errichtete **Stadtkern** von Nový Jičín steht unter **Denkmalschutz.**

Der zentral gelegene **Marktplatz** ist zu allen Seiten mit prächtigen Renaissance- und Barockhäusern umgeben, die über Laubengänge verfügen. Das prachtvollste Gebäude am Platz, das italienisch anmutet, heißt

**Stará Pošta (Alte Post)** und wurde etwa Mitte des 16. Jh. errichtet. Es verfügt in den unteren beiden Stockwerken über reich geschmückte Renaissance-Loggien.

Die nahe dem Marktplatz stehende **Kirche Mariä Himmelfahrt** erhielt ihre heutige Gestalt in der ersten Hälfte des 18. Jh. Der Kirchturm stammt aus der Zeit der Renaissance.

Das hiesige **Schloß** entstand in der ersten Hälfte des 16. Jh. durch den Umbau einer gotischen Burg. Das Schloß, das in der Nähe des Marktplatzes liegt, beherbergt heute das **Regional-Museum.** Besonders sehenswert sind die hier ausgestellten **Hüte** und anderen Kopfbedeckungen. Insgesamt sind hier etwa 200 Hüte aus verschiedenen Regionen und Zeitabschnitten zusammengetragen worden. Zum Teil stammen sie aus der örtlichen Hutfabrik.

● Regional-Museum (Vlastivědné muzeum), ulice 28. října, Tel. (0656) 20708, geöffnet April-September Di.-So. 8.00-17.00 Uhr, Sa., So. nur bis 12.00 Uhr, im Winter geöffnet nur bis 16.00 Uhr, Sa., So. nur bis 12.00 Uhr.

### Information

● **ČEDOK,** náměsti generála Hlaďo 22, Tel. (0656) 22232.
● **Internet Club,** Palackého 50, geöffnet Di.-Do. 15.00-19.00 Uhr.

### Unterkunft

● **Hotel Praha,** Lidická 6, Tel. (0656) 701229, DZ 60 DM. Zimmer mit Dusche, WC. Zentrale Lage in der Nähe des Marktplatzes.

### An- und Weiterreise

● Die Stadt liegt an einer Nebenstrecke in der Nähe der Hauptlinie Olomouc – Ostrava.

Nordmähren

Die **Züge,** die auf dieser Strecke verkehren, halten am Bahnhof Nový Jičín-město, wohingegen die aus südlicher Richtung kommenden Züge (Valašské Meziříčí) am Bahnhof in Nový Jičín-horní nádraží halten. Der **Busbahnhof** liegt in der Nähe des Bahnhofs Nový Jičín-město. Es existieren direkte Busverbindungen nach Prag, Olomouc, Ostrava und zu anderen mährischen Städten.

# *Anhang*

# Tschechische Sprachhilfe

## Aussprache

Deutschsprachigen Besuchern unbekannt ist in der Regel die Aussprache folgender Buchstaben:

| | | |
|---|---|---|
| **c** | = tz | wie Fra**tz**e |
| **č** | = tsch | wie Lu**tsch**er |
| **ch** | = ch | wie ho**ch** |
| **z** | = stimmhaftes s | wie Rei**s**e |
| **ž** | = stimmhaftes sch | wie **J**ournal |
| **s** | = stimmloses s | wie Fu**ß** |
| **š** | = sch | wie La**sch**e |
| **v** | = w | wie **W**ald |
| **ň** | = n+j | |
| **ř** | = Verschmelzung von Zungen-**r** und weichem **sch** | |
| **ě** | = je | wie **je**mals |
| **ů** | = langes u | |

Die **Betonung** liegt stets auf der ersten Silbe. **Vokale** werden kurz gesprochen, Vokale mit Akzent werden gedehnt. Das **r** wird gerollt, das **e** wie ä ausgesprochen. Um die Tönungen der Vokale genauer kennenzulernen, muß man genauer hinhören, auch wird man dann die Sprachmelodie der Tschechen kennenlernen.

### Gruß- und Höflichkeitsformeln

| | |
|---|---|
| Guten Tag! | *Dobrý den!* |
| Guten Morgen! | *Dobré jitro!* |
| Guten Abend! | *Dobrý večer!* |
| Hallo! | *Ahoj, Nazdar!* |
| Auf Wiedersehen! | *Na shledanou!* |
| Danke! | *Děkuji!* |
| Bitte! | *Prosím!* |
| Verzeihung! | *Promiňte!* |

### Verständigung

| | |
|---|---|
| Sprechen Sie deutsch? | *Mluvíte německy?* |
| Sprechen Sie englisch? | *Mluvíte anglicky?* |
| Ich verstehe nicht. | *Nerozumím* |
| ja | *ano* |
| nein | *ne* |

## Ortsangaben

| | |
|---|---|
| Wo? | *Kde?* |
| rechts | *vpravo* |
| links | *vlevo* |
| geradeaus | *přímo, rovně* |
| hier | *zde* |
| dort | *tam* |
| oben | *nahoře* |
| unten | *dole* |
| Wie komme ich zum ...? | *Jak se dostanu k ...?* |
| Wo ist es? | *Kde je to?* |
| Ich gehe nach ... | *Já jdu do ...* |
| Ist es weit? | *Je to daleko?* |
| | |
| Bank | *banka* |
| Brücke | *most* |
| Burg | *hrad* |
| Flugplatz | *letiště* |
| Garten | *zahrada* |
| Gasse | *ulice, ulička* |
| Haus | *dům* |
| Hotel | *hotel* |
| Insel | *ostrov* |
| Kirche | *kostel* |
| Kloster | *klášter* |
| Museum | *muzeum* |
| Park | *sady* |
| Platz | *náměstí (Abk. nám.)* |
| Postamt | *pošta* |
| Rathaus | *radnice* |
| Restaurant | *restaurace* |
| Straße, groß | *třída* |
| Straße | *ulice (Abk. ul.)* |
| Tankstelle | *benzínová pumpa* |
| Theater | *divadlo* |

### Verkehrsmittel

| | |
|---|---|
| Ankunft | *příjezdy* |
| Abfahrt | *odjezdy* |
| Bahnhof | *nádraží* |
| Bushaltestelle | *stanice autobusu* |
| Metrostation | *stanice metra* |
| Schiff | *lod* |
| Straßenbahnhaltest. | *stanice tramvaje* |
| Zug | *vlak* |
| Wann fährt es ab? | *Kdy to odjíždí?* |
| " der erste Bus? | *Kdy jede první autobus?* |
| " der letzte Bus? | *Kdy jede poslední autobus?* |
| " der nächste Bus? | *Kdy jede příští autobus?* |

### Essen und Trinken

| | |
|---|---|
| Ich bin hungrig. | *Mám hlad.* |
| Ich esse kein Fleisch. | *Nejím maso.* |
| Lebensmittelladen | *obchod s potravinami* |
| Butter | *máslo* |
| Brot | *chléb* |
| Eis | *zmrzlina* |
| Huhn | *kuře* |
| Karpfen | *kapr* |
| Milch | *mléko* |
| Fleisch | *maso* |
| Fisch | *ryba* |
| Suppe | *polévka* |
| Salat | *salát* |
| Salz | *sůl* |
| frisches Gemüse | *čerstvá zelenina* |
| Kaffee | *káva* |
| Mineralwasser | *minerální voda* |
| Bier | *pivo* |
| Wein | *víno* |
| Rotwein | *červené víno* |
| Weißwein | *bílé víno* |
| Zucker | *cukr* |

### Zeitangaben

| | |
|---|---|
| heute | *dnes* |
| heute abend | *dnes večer* |
| morgen | *zítra* |
| übermorgen | *pozítří* |
| | |
| Montag | *pondělí* |
| Dienstag | *úterý* |
| Mittwoch | *středa* |
| Donnerstag | *čtvrtek* |
| Freitag | *pátek* |
| Samstag | *sobota* |
| Sonntag | *neděle* |
| | |
| Januar | *leden* |
| Februar | *únor* |
| März | *březen* |
| April | *duben* |
| Mai | *květen* |
| Juni | *červen* |
| Juli | *červenec* |
| August | *srpen* |
| September | *září* |
| Oktober | *říjen* |
| November | *listopad* |
| Dezember | *prosinec* |

| | |
|---|---|
| Um wieviel Uhr? | *V kolik hodin?* |
| Wann? | *Kdy?* |
| täglich | *každý den* |
| morgens | *ráno* |
| abends | *večer* |
| geöffnet | *otevřeno* |
| geschlossen | *zavřeno* |

### Zahlen

| | |
|---|---|
| 1 | *jeden* |
| 2 | *dva* |
| 3 | *tři* |
| 4 | *čtyři* |
| 5 | *pět* |
| 6 | *šest* |
| 7 | *sedm* |
| 8 | *osm* |
| 9 | *devět* |
| 10 | *deset* |
| 11 | *jedenáct* |
| 12 | *dvanáct* |
| 13 | *trináct* |
| 14 | *čtrnáct* |
| 15 | *patnáct* |
| 16 | *šestnáct* |
| 17 | *sedmnáct* |
| 18 | *osmnáct* |
| 19 | *devatenáct* |
| 20 | *dvacet* |
| 21 | *dvacet jedna* |
| 30 | *třicet* |
| 40 | *čtyřicet* |
| 50 | *padesát* |
| 60 | *šedesát* |
| 70 | *sedmdesát* |
| 80 | *osmdesát* |
| 90 | *devadesát* |
| 100 | *sto* |

Anhang

439

# Literaturhinweise

## Belletristik (Tschechische Literatur in deutschen Übersetzungen)

● *Čapek, Karel:* **Aus der einer Tasche in die andere.** Anti-Detektivgeschichten. Fischer, Frankfurt. Geschichten und Erzählungen.

● *Čapek, Karel:* **Der Krieg mit den Molchen.** Diogenes, Zürich. Einer der ersten Sci-Fi Romane der Literaturgeschichte.

● *Čapek, Karel:* **Das Absolutum oder Die Gottesfabrik.** Suhrkamp, Frankfurt.

● *Čapek, Karel:* **Krakatit.** Ullstein, Berlin.

● *Filip, Ota:* **Café Slavia.** Fischer Frankfurt. Die skurrile Geschichte von Graf Belecredo, des gesellschaftlich entwurzelten Adeligen, der verschiedene Phasen der tschechischen Geschichte zwischen 1910 und 1968 erlebt.

● *Filip, Ota:* **Die Himmelfahrt des Lojzek Lapacek aus Schlesisch Ostrau.** Fischer, Frankfurt. Eine Geschichte aus der guten alten Zeit.

● *Hašek Jaroslav:* **Die Abenteuer des braven Soldaten Schwejk.** Rowohlt, Reinbek. Durch seine unübertreffliche Dämlichkeit enttarnt der "brave Soldat" die Machtmechanismen und starren gesellschaftlichen Konventionen der k.u.k. Monarchie.

● *Hašek, Jaroslav:* **Schwejkiaden.** Rowohlt, Reinbek. Kurzgeschichten und Humoresken.

● *Hašek, Jaroslav:* **Schule des Humors.** Fischer, Frankfurt. Kurzgeschichten.

● *Hašek, Jaroslav:* **Der Abstinenzlerabend und andere Humoresken.** Fischer Frankfurt. Kurzgeschichten aus dem Leben Prager Kleinbürger.

● *Hašek, Jaroslav:* **Von Scheidungen und anderen tröstlichen Dingen.** Fischer, Frankfurt. Humoresken.

● *Havel, Václav:* **Fernverhör.** Rowohlt, Reinbek. Ein Interview mit dem berühmten Dissidenten, in dem über die Atmosphäre in der kommunistischen Tschechoslowakei gesprochen wird.

● *Havel, Václav:* **Briefe an Olga.** Rowohlt, Reinbek. Briefe des Dissidenten aus dem Gefängnis an seine Frau Olga.

● *Havel, Václav:* **Versuch in der Wahrheit zu leben.** Rowohlt, Reinbek. Ein Band mit Essays des ehemaligen Dissidenten Havel. In den Beiträgen wird die Borniertheit und Vermessenheit der kommunistischen Herrscher an den Pranger gestellt.

● *Havel, Václav:* **Das Gartenfest/Die Benachrichtigung.** Rowohlt, Reinbek. Die ersten Dramen aus den 60er Jahren.

● *Havel, Václav:* **Vaněk-Trilogie: Audienz/ Vernissage/Protest und Versuchung.** Rowohlt, Reinbek. Die Dramen aus der Zeit des Dissidententums.

● *Hrabal, Bohumil:* **Erzählungen.** Suhrkamp, Frankfurt.

● *Hrabal, Bohumil:* **Harlekins Millionen.** Suhrkamp, Frankfurt.

● *Hrabal, Bohumil:* **Schöntrauer.** Suhrkamp, Frankfurt.

● *Hrabal, Bohumil:* **Die Schur.** Suhrkamp, Frankfurt.

● *Hrabal, Bohumil:* **Das Städtchen am Wasser.** Suhrkamp, Frankfurt.

● *Hrabal, Bohumil:* **Ich habe den englischen König bedient.** Suhrkamp, Frankfurt. Die Geschichte eines Kellners, der durch seine Anpassung die Jahre des Zweiten Weltkrieges übersteht und diese Strategie auch nach dem Krieg anwendet.

● *Klíma, Ivan:* **Liebe und Müll.** Hanser, München.

● *Kohout, Pavel:* **Ich schneie.** A. Knaus, München. Eine Geschichte aus Tschechien nach 1989.

● *Kriseová, Eda:* **Václav Havel – Dichter und Präsident.** Rowohlt, Berlin. Die Biographie des ehemaligen Dissidenten und des heutigen Präsidenten der Tschechischen Republik.

● *Kundera, Milan:* **Der Scherz.** Suhrkamp, Frankfurt. Ein Roman darüber, wie die Postkarte mit dem Text "Optimismus ist das Opium der Menschheit! Ein gesunder Geist rieft nach Dummheit. Es lebe Trotzki! Ludvik" das Leben eines Menschen in der Tschechoslowakei der 50er Jahre veränderte.

● *Kundera, Milan:* **Das Buch der lächerlichen Liebe.** Fischer, Frankfurt. Das Alltagsleben in der ČSSR der 60er Jahre.

● *Kundera, Milan:* **Das Leben ist anderswo.** Suhrkamp, Frankfurt.

Anhang

441

- *Kundera, Milan:* **Die unerträgliche Leichtigkeit des Seins.** Fischer, Frankfurt. Die fatale Geschichte von Tomas und Teresa, die die gesellschaftlichen Folgen der Okkupation der Tschechoslowakei 1968 schmerzhaft-heiter erleben.
- *Kundera, Milan:* **Das Buch vom Lachen und Vergessen.** Fischer, Frankfurt. Ein im wahrsten Sinne des Wortes phantastisches Buch über die Unmöglichkeit des Vergessens.
- *Neruda, Jan:* **Kleinseitner Geschichten.** Winkler, München. Alltagsszenen und psychologisch präzise Studien des Kleinseitner Bürgertums.
- *Seifert, Jaroslav:* **Im Spiegel hat er das Dunkel.** Auswahl aus der Lyrik des Nobelpreisträgers für das Jahr 1984.
- *Skácel, Jan:* **Wundklee.** Fischer, Frankfurt. Gedichte des berühmtesten tschechischen Poeten der letzten Zeit.
- *Skácel, Jan:* **Fahrgeld für Charon.** Merlin, Gifkendorf bei Lüneburg. Gedichte.
- *Škvorecký, Josef:* **Die Moldau.** Rowohlt, Reinbek. Eine politische Liebesgeschichte aus dem Prag der 60er Jahre.

## Reiseführer

- *Reiseführer Böhmerwald,* G. Brunner, E.M. Binder, Verlag Neue Presse, Passau.
- *Wandern im Böhmerwald,* G. Fruth, Morsak Verlag, Grafenau. Speziell auf Wanderenthusiasten zugeschnitten.

## Geschichte

- *Schicksalsjahre an der Moldau,* Rudolf Ströbinger, Casimir Katz Verlag, Gernsbach 1988. Populärwissenschaftliche Schilderung der tschechoslowakischen Geschichte von 1918 bis in die 70er Jahre.
- *Freie Bemerkungen über Berlin, Leipzig und Prag,* Karl Heinrich Krögen, Gustav Kiepenheuer Verlag, Leipzig 1986. Unbarmherzig-ironische Beschreibung des gesellschaftlichen Lebens in den drei Städten, die Karl Heinrich Krögen in der zweiten Hälfte des 18. Jh. besuchte. Erstausgabe 1785.

- *Das alte Prag,* Josef Janáček, Hermann Böhlaus Nachf. Gesellschaft m.b.H. Graz, Wien 1983. Detaillierte Stadtgeschichte.
- *Skizze einer Geschichte von Prag,* František Palacký, Verlag Werner Dausien, Hanau 1985. (Erstausgabe 1836). Das Büchlein war als geschichtlicher Führer für diejenigen gedacht, die die Stadt anläßlich der Krönung Kaiser Ferdinands I. besuchten.
- *Prager Jugendstil,* Petr Balajka, Verlag Asco d.i. Praha, Prag 1991. Eine hübsch gestaltete Broschüre mit vielen Bildern (nur in Prag erhältlich).
- *Kafka wohnte um die Ecke.* Ein neuer Blick aufs alte Prag, Bedřich Rohan, Verlag Herder, Freiburg i.B. 1986. Im unverbindlichen Plauderton verfaßte Schilderung des Prager Gesellschaftslebens zwischen den beiden Weltkriegen.

## Bildbände

- *Die Prager Burg,* Jiří Burian u.a., Werner Dausien Verlag, Hanau 1975. Solider Bildband zur Prager Burg.
- *Praha poetika,* Olympia Verlag 1989. Romantische Fotos von Prager Bauwerken.
- *Praha mého mládí,* Ladislav Sitenský, Olympia Verlag, Prag 1989. Ein Band mit Schwarzweißbildern zur jüngeren Geschichte Prags.
- *Domovní znamení staré Prahy* (Hauszeichen des alten Prag), Lydia Petráňová, Panorama Verlag, Prag 1988. Ein Bildband zu den alten Prager Hauszeichen. Das Buch ist in tschechischer Sprache (nur in Prag erhältlich).

## Textsammlungen & Lesebücher

- *Reisetextbuch Prag,* Deutscher Taschenbuch Verlag, München 1988. Lesebuch mit Kurztexten zu den Prager Sehenswürdigkeiten.
- *Prag. Ein Lesebuch,* Jana Halamíčková (Hg.), Insel Verlag, Frankfurt a.M. 1988. Chronologisch geordnetes Sammelsurium von Kurztexten zu Prag.
- *Das hunderttürmige Prag im Spiegel deutscher Dichtung,* Josef Mühlberger, Aufstieg Verlag, München 1969. Textsammlung zur Prager Geschichte.

● *Böhmen, Herzland Europas*, Verlag Wiedlich, Würzburg 1984. Thematisch gegliederte Textsammlung.

● *Prager Sagen*, Barbara Köplova (Hg.) Triangel Reihe, Prag 1991. Sammlung von böhmischen Sagen.

● *6 mal Prag*, Fritz Böhm, Piper Verlag, München 1988. Anekdoten aus verschiedenen Epochen der Prager Geschichte. Köstlich geschrieben.

## Verschiedenes

● *Václav Havel*, Dichter und Präsident, Eda Kriseová, Rowohlt, Berlin 1991. Schwärmerische Biografie Havels.

● *Bedřich Smetana Biographie*, Kurt Honolka, Rowohlt Taschenbuch Verlag, Reinbek bei Hamburg 1990. Mit Dokumenten gespickte Biographie des Komponisten.

● *Tschechische Küche*, Eva Kašparová, Merkur Verlag, Prag 1971. Eine Rezeptesammlung böhmischer Gerichte (nur in Prag erhältlich).

● *Kisch: Leben und Werk*, Dieter Schlenstedt, Verlag Das Europäische Buch, Berlin 1985. Vielschichtige Biografie, die das Werk Kischs in seinem historischen Kontext beschreibt.

● *šedá cihla* (der graue Ziegel), Ministerium für Kultur der ČSFR, Prag 1991. Ein in tschechischer Sprache verfaßtes Portrait tschechoslowakischer Künstler der Gegenwart. Ein deutscher Begleittext zur Geschichte des Buches erhellt die Situation von Künstlern in der Tschechoslowakei vor der Samtrevolution.

● *Výtvarné umění, the magazine for contemporary art*. Verlag des Mánes Ausstellungssaals, Prag. In dem Magazin werden Werke von tschechoslowakischen Künstlern der Gegenwart vorgestellt. Deutsche und englische Zusammenfassungen vermitteln einen Teil der Informationen. Viele Fotos geben Einblick in Themen und Techniken der tschechoslowakischen Kunst der Gegenwart.

## Sprachführer

● *Tschechisch Wort für Wort*, Martin Wortmann, Reise Know-How Verlag Peter Rump GmbH, Bielefeld, 5. Auflage 1998. Eine gelungene Einführung in die tschechische Sprache aus der Kauderwelsch-Reihe.

● *Slowakisch Wort für Wort*, John Nolan, Reise Know-How Verlag Peter Rump GmbH, Bielefeld, 2. Auflage 1996. Erster Reisesprachführer für das neue Land.

Beide Bücher auch mit Begleitcassette erhältlich.

Anhang

443

# City Guides / West

Alte Städte, klassische Ziele, neue Reiseführer. REISE KNOW-HOW bietet aktuelle Reisehandbücher für die schönsten Metropolen im Westen Europas:

Frank Schwarz
## *Rom und Umgebung*
264 Seiten, 24seitiger Farbkartenatlas,
durchgehend illustriert,
ISBN 3-89416-670-3

Werner Halmert
## *London und Umgebung*
336 Seiten, 20 Karten und Pläne,
durchgehend illustriert,
ISBN 3-89416-199-x

Heike Wiest, Tobias Büscher
## *Madrid und Umgebung*
384 Seiten, 20 detaillierte Stadtteilpläne,
durchgehend illustriert,
ISBN 3-89416-201-5

Izabella Gawin, Dieter Schulze
## *Oxford und Umgebung*
**Mit Spezialinformationen für Gastschüler,
Studenten und Sprachurlauber**
288 Seiten, 27 Karten und Pläne,
durchgehend illustriert,
ISBN 3-89416-211-2

Gabriele Kalmbach
## *Paris und Umgebung*
336 Seiten, 20 Karten und Pläne,
durchgehend illustriert,
ISBN 3-89416-667-3

REISE KNOW-HOW Verlag Peter Rump GmbH.
Bielefeld

Anhang

# Programmübersicht

REISE KNOW-HOW Bücher werden von Autoren geschrieben, die Freude am Reisen haben und viel persönliche Erfahrung einbringen. Sie helfen dem Leser, die eigene Reise bewußt zu gestalten und zu genießen. Wichtig ist uns, daß der Inhalt nicht nur im reisepraktischen Teil „Hand und Fuß" hat, sondern daß er in angemessener Weise auf Land und Leute eingeht. Die Reihe REISE KNOW-HOW soll dazu beitragen, Menschen anderer Kulturkreise näherzukommen, ihre Eigenarten und ihre Probleme besser zu verstehen. Wir achten darauf, daß jeder einzelne Band gemeinsam gesetzten Qualitätsmerkmalen entspricht. Um in einer Welt rascher Veränderungen laufend aktualisieren zu können, drucken wir bewußt kleine Auflagen.

## RAD & BIKE:

REISE KNOW-HOW RAD & BIKE sind Radführer von lohnenswerten Reiseländern bzw. Radreise-Stories von außergewöhnlichen Radtouren durch außereuropäische Länder und Kontinente. Die Autoren sind entweder bekannte Biketouren-Profis oder „Newcomer", die mit ihrem Bike in kaum bekannte Länder und Regionen vorstießen. Wer immer eine Fern-Biketour plant – oder nur davon träumt – kommt an unseren RAD & BIKE-Bänden nicht vorbei!

## Welt

**Abent. Weltumradling** (RAD & BIKE)
ISBN 3-929920-19-0
**Äqua-Tour** (RAD & BIKE)
ISBN 3-929920-12-3
**Auto(fern)reisen**
ISBN 3-921497-17-5
**CD-Rom Reise-Infos Internet**
ISBN 3-89416-658-4
**Fahrrad-Weltführer**
ISBN 3-9800975-8-7
**Der Kreuzfahrtführer**
ISBN 3-89416-663-0
**Motorradreisen**
ISBN 3-89662-020-7
**Outdoor-Praxis**
ISBN 3-89416-629-0
**Um-Welt-Reise** (REISE STORY)
ISBN 3-9800975-4-4
**Die Welt im Sucher**
ISBN 3-9800975-2-8
**Wo es keinen Arzt gibt**
ISBN 3-89416-035-7

## Europa

**Amsterdam**
ISBN 3-89416-231-7
**Bretagne**
ISBN 3-89416-175-2
**Budapest**
ISBN 3-89416-660-6
**Bulgarien**
ISBN 3-89416-220-1
**Costa Brava**
ISBN 3-89416-646-0
**Dänemarks Nordseeküste**
ISBN 3-89416-634-7
**England, der Süden**
ISBN 3-89416-224-4
**Europa Bike-Buch** (RAD & BIKE)
ISBN 3-89662-300-1
**Gran Canaria**
ISBN 3-89416-665-7
**Großbritannien**
ISBN 3-89416-617-7
**Hollands Nordseeinseln**
ISBN 3-89416-619-3
**Irland-Handbuch**
ISBN 3-89416-636-3
**Island**
ISBN 3-89662-035-5
**Kärnten**
ISBN 3-89662-105-x

## Europa

**Litauen & Königsberg**
ISBN 3-89416-169-8
**London**
ISBN 3-89416-199-x
**Madrid**
ISBN 3-89416-201-5
**Mallorca**
ISBN 3-89662-156-4
**Mallorca für Eltern und Kinder**
ISBN 3-89662-158-0
**Mallorca, Reif für die Insel**
ISBN 3-89662-168-8
**Mallorca, Wandern auf**
ISBN 3-89662-162-9
**Malta**
ISBN 3-89416-659-2
**Nordtirol**
ISBN 3-89662-107-6
**Oxford**
ISBN 3-89416-211-2
**Paris**
ISBN 3-89416-667-3
**Polen: Ostseeküste/Masuren**
ISBN 3-89416-613-4
**Prag**
ISBN 3-89416-204-x
**Provence**
ISBN 3-89416-609-6
**Pyrenäen**
ISBN 3-89416-610-x
**Rom**
ISBN 3-89416-670-3
**Schottland-Handbuch**
ISBN 3-89416-621-5
**Sizilien - Liparische Inseln**
ISBN 3-89416-627-4
**Skandinavien - der Norden**
ISBN 3-89416-653-3
**Toskana**
ISBN 3-89416-664-9
**Tschechien**
ISBN 3-89416-600-2
**Warschau/Krakau**
ISBN 3-89416-209-0
**Wien**
ISBN 3-89416-213-9

## Deutschland

**Berlin mit Potsdam**
ISBN 3-89416-226-0
**Borkum**
ISBN 3-89416-632-0
**Harz/Ost**
ISBN 3-89416-228-7
**Harz/West**
ISBN 3-89416-227-9
**Mecklenburg/Brandenburg Wasserwandern**
ISBN 3-89416-221-x
**Mecklenburg/Vorpommern Binnenland**
ISBN 3-89416-615-0
**München**
ISBN 3-89416-672-x
**Norderney**
ISBN 3-89416-652-5
**Nordfriesische Inseln**
ISBN 3-89416-601-0
**Nordseeinseln**
ISBN 3-89416-197-3
**Nordseeküste Niedersachsens**
ISBN 3-89416-603-7
**Ostdeutschland individuell**
ISBN 3-89622-480-6
**Ostfriesische Inseln**
ISBN 3-89416-602-9
**Ostseeküste/Mecklenburg-Vorpom.**
ISBN 3-89416-184-1
**Ostseeküste Schleswig-Holstein**
ISBN 3-89416-631-2
**Rügen und Hiddensee**
ISBN 3-89416-654-1
**Sächsische Schweiz**
ISBN 3-89416-630-4
**Schwarzwald**
ISBN 3-89416-611-8
**Schwarzwald/Nord**
ISBN 3-89416-649-5
**Schwarzwald/Süd**
ISBN 3-89416-650-9
**Thüringer Wald**
ISBN 3-89416-651-7

# Register

# Register

Anhang

# Register

Anhang

# Ortsnamenverzeichnis

## Tschechisch – Deutsch

| | |
|---|---|
| Brno | Brünn |
| Cheb | Eger |
| České Budějovice | Budweis |
| Český kras | Böhmischer Karst |
| Český Krumlov | Böhmisch Krummau |
| Český les | Böhmerwald-Nord |
| Františkovy Lázně | Franzensbad |
| Hradec Králové | Königgrätz |
| Jáchymov | Joachimsthal |
| Jizerské hory | Iser-Gebirge |
| Karlovy Vary | Karlsbad |
| Komorní hůrka | Kammerbühl |
| Krkonoše | Riesengebirge |
| Kutná Hora | Kuttenberg |
| Labe | Elbe |
| Labské pískovce | Elbsandsteingebirge |
| Liberec | Reichenberg |
| Mariánské Lázně | Marienbad |
| Olomouc | Olmütz |
| Orlické hory | Adlergebirge |
| Plzeň | Pilsen |
| Praha | Prag |
| Pravčická brána | Prebischtor |
| Radhošť | Radegast |
| Slavkov u Brna | Austerlitz |
| Sněžka | Schneekuppe |
| Soběslavská blata | Marschland von Soběslav |
| Špindlerův Mlýn | Spindlermühle |
| Šumava | Böhmerwald-Süd |
| Terezin | Theresienstadt |
| Trutnov | Trautenau |
| Valašsko | Walachei |
| Vltava | Moldau |
| Znojmo | Znaim |

## Deutsch – Tschechisch

| | |
|---|---|
| Brünn | Brno |
| Eger | Cheb |
| Budweis | České Budějovice |
| Böhmischer Karst | Český kras |
| Böhmisch Krummau | Český Krumlov |
| Böhmerwald-Nord | Český les |
| Franzensbad | Františkovy Lázně |
| Königgrätz | Hradec Králové |
| Joachimsthal | Jáchymov |
| Iser-Gebirge | Jizerské hory |
| Karlsbad | Karlovy Vary |
| Kammerbühl | Komorní hůrka |
| Riesengebirge | Krkonoše |
| Kuttenberg | Kutná Hora |
| Elbe | Labe |
| Elbsandsteingebirge | Labské pískovce |
| Reichenberg | Liberec |
| Marienbad | Mariánské Lázně |
| Olmütz | Olomouc |
| Adlergebirge | Orlické hory |
| Pilsen | Plzeň |
| Prag | Praha |
| Prebischtor | Pravčická brána |
| Radegast | Radhošť |
| Austerlitz | Slavkov u Brna |
| Schneekuppe | Sněžka |
| Marschland von Soběslav | Soběslavská blata |
| Spindlermühle | Špindlerův Mlýn |
| Böhmerwald-Süd | Šumava |
| Theresienstadt | Terezín |
| Trautenau | Trutnov |
| Walachei | Valašsko |
| Moldau | Vltava |
| Znaim | Znojmo |

454

# *Die Autoren*

**Karin Werner** (1960) bereiste Tschechien das erste Mal 1978 als Schülerin im Rahmen einer Klassenfahrt. Seit dieser ersten Begegnung mit Prag hält sie sich regelmäßig in Böhmen auf. Ihre Erfahrungen mit Land und Leuten flossen u.a. in das „Reisehandbuch Prag" ein, das sie gemeinsam mit Jozef Petro 1991 für den Rump-Verlag verfaßte. Nach der fruchtbaren Zusammenarbeit beschlossen beide Autoren, sich eingehender mit den zum Teil wenig bekannten Städten und Landschaften Mährens und Böhmens zu beschäftigen. Als Ergebnis dieser deutsch-tschechischen Zusammenarbeit präsentiert sich das vorliegende Handbuch.

**Jozef Petro** wurde 1954 in Košice (Slowakei) geboren. Er ist Verleger und Reiseschriftsteller. Nach dem Studium der Germanistik und Anglistik arbeitete er viele Jahre als Dolmetscher und Reiseleiter und führte ein "on the road"-Leben. Nach der Samtenen Revolution gründete er in Tschechien einen auf Reisehandbücher spezialisierten Buchverlag, in dem er u.a. mehrere von ihm selbst verfaßte Reisehandbücher zu Tschechien, Kroatien, Slowenien, Spanien und Paris verlegte. Wenn er nicht unterwegs auf Recherchen ist, lebt er in Südböhmen.

## *HILFE!*

**Dieses Reisehandbuch** ist gespickt mit unzähligen Adressen, Preisen, Tips und Infos. Nur vor Ort kann überprüft werden, was noch stimmt, was sich verändert hat, ob Preise gestiegen oder gefallen sind, ob ein Hotel, ein Restaurant immer noch empfehlenswert ist oder nicht mehr, ob ein Ziel noch oder jetzt erreichbar ist, ob es eine lohnende Alternative gibt usw.

Unsere Autoren sind zwar stetig unterwegs und versuchen, alle zwei Jahre eine komplette Aktualisierung zu erstellen, aber auf die Mithilfe von Reisenden können sie nicht verzichten.

**Darum: Schreiben Sie uns,** was sich geändert hat, was besser sein könnte, was gestrichen bzw. ergänzt werden soll. Nur so bleibt dieses Buch immer aktuell und zuverlässig. Gut verwertbare Informationen belohnt der Verlag mit einem Sprechführer Ihrer Wahl aus der über 100 Bände umfassenden Reihe „Kauderwelsch". Wenn sich die Infos direkt auf das Buch beziehen, würde die Seitenangabe uns die Arbeit sehr erleichtern.

Bitte schreiben Sie an:

REISE KNOW-HOW Verlag Peter Rump GmbH, Hauptstr. 198, D-33647 Bielefeld, oder per e-mail an: info@reise-know-how.de

**Danke!**

Anhang

# Kartenverzeichnis

| | | | |
|---|---|---|---|
| ***Karten-*** | ❶ Tourist-Information | ⓊU-Bahn | |
| ***legende*** | 🏠 Hotel | ❻ Theater | |
| | ⑪ Restaurant | 🅿 Parkplatz | |
| | ★ Sehenswürdigkeit | ☉ Café | |
| | Ⓜ Museum | ❾ Weinstube, Bierstube | |
| | ⅱ Kirche | 🄰 Burg | |
| | Ⓑ Busbahnhof | | |